FLORIAN GOOSMANN

ES LEBE KNIGHT RIDER

EIN AUTO, EIN COMPUTER, EIN MANN

40 JAHRE KULT

in Farbe und Bunt

2. Auflage | © 2026
Originalausgabe | © 2022
in Farbe und Bunt Verlag
Am Bokholt 9 | 24251 Osdorf

www.ifub-verlag.de
www.ifubshop.com

Herausgeber: Björn Sülter
Lektorat & Korrektorat: Telma Vahey
Cover-Gestaltung: EM Cedes
Satz & Innenseitengestaltung: EM Cedes
Cover- & Innenseitenillustrationen: Stefanie Kurt
Foto / Rückseite: mit freundlicher Genehmigung
von Andreas Winkler / myKITT.de

Print-Ausgabe gedruckt von:
Bookpress (Polen)

ISBN (Print): 978-3-95936-363-1
ISBN (Ebook): 978-3-95936-364-8
ISBN (Hörbuch): 978-3-95936-368-6

HINWEISE

INHALTSVERZEICHNIS

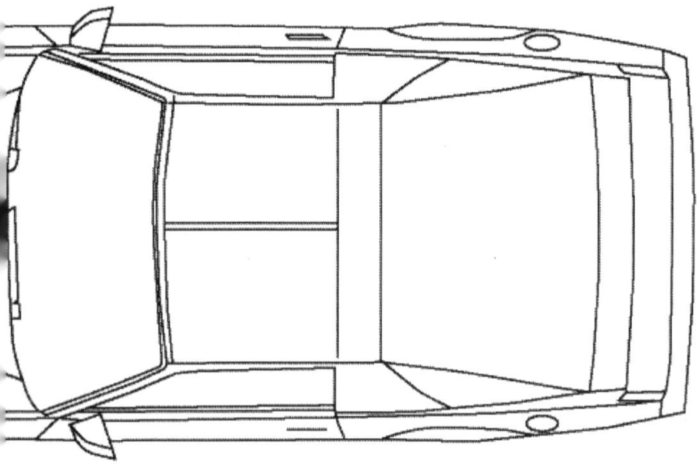

WIE ALLES BEGANN ...

»Darf ich Sie etwas fragen?«

Ich stehe in einem kleinen Raum in einem Schuheinlagenfachgeschäft und soll meine Füße vermessen bekommen, als meine Beraterin mich leicht irritiert und amüsiert anschaut. »Klar, was denn?«, antworte ich. »Naja«, zögert sie, »wie kommt ein Mann in Ihrem Alter dazu, einen *Knight Rider*-Pulli zu tragen?«

Ich muss lachen. Sie ist ja nicht die Erste, die Fragen dieser Art stellt. Was natürlich auch an mir liegt: Ich habe drei Hasselhoff- und vier *Knight Rider*-Shirts, dazu eben jenen Promo-Pulli vom Fernsehsender Das Vierte. »Nun«, antworte ich und überlege, wie ich tausende lose Gedanken in eine einzige sinnvolle Antwort gepackt kriege, »ich liebe diese Show, immer noch. Sie ist irgendwie ein Teil von mir.«

Bei meiner ersten *Knight Rider*-Begegnung war ich neun Jahre alt. Wir hatten Kabelfernsehen bekommen und endlich mehr als nur drei Programme zur Verfügung. Eine Offenbarung. Meine Leidenschaft zu jener Zeit, Ende der 1980er-Jahre, war *Glücksrad,* das ich einige Monate zuvor im Urlaub entdeckt hatte und nun täglich schauen konnte, um 19:30 Uhr auf Sat.1. Ich liebte mein *Glücksrad* so sehr, dass ich täglich über die Rätsel der drei Gewinnrunden Buch führte. Dann erwähnte meine Tante irgendwann einmal eine Sendung mit einem sprechenden Auto. »Kennst du die nicht?«

Ich weiß nicht mehr, warum ich das erste Mal vom *Glücksrad* auf RTLplus umschaltete, vielleicht in einer Werbepause, ich weiß nur noch, dass ich verwirrt war – denn an meinem ersten *Knight Rider*-Abend fuhren gleich zwei schwarze Autos über den Bildschirm (ich hatte als erste Folge ausgerechnet »Der schwarze Teufel taucht wieder auf« erwischt). Dennoch: *Glücksrad,* so entschied ich, musste dienstags ohne mich auskommen, es gab ja dafür noch Montag, Mittwoch, Donnerstag und Freitag. Der Dienstag war von nun an der *Knight Rider*-Abend, und der Mittwochnachmittag (dank Videorekorder) bald auch, denn mein bester Freund Andy war nach wie vor nicht mit einem Kabelanschluss ausgestattet, aber ebenso schnell mit der *Knight Rider*-Leidenschaft angesteckt.

Das Verrückte, so im Nachhinein: Als wir *Knight Rider* entdeckten, war die Serie in den USA schon längst Geschichte. Nur vier Staffeln gab's, von 1982 bis 1986 lief *Knight Rider* auf NBC. In Deutschland erlebte die Show erst Ende der 1980er- und Anfang der 1990er-Jahre ihre Blütezeit, als immer mehr Kinder und Jugendliche in den Genuss der Privatsender kamen. RTLplus zeigte die einzelnen Folgen damals in teils völlig willkürlicher Reihenfolge. Es dauerte noch ein paar Jahre, bis ich endlich alle Folgen gesehen und auf Band hatte. Ich weiß noch gut, wie verzweifelt ich war, als der Videorekorder eines Tages versagt hatte (ich weinte sehr!) und ich auf die mir letzte unbekannte Folge, »Tödliche Orchideen«, noch zwei weitere Jahre warten musste.

Mittlerweile habe ich dienstags anderes zu tun, meine Liebe zu *Knight Rider* aber ist ungebrochen. Nach einem schlechten Tag gibt's nur wenig, was mich wieder dermaßen in die Spur bringt wie »Sammys Sensationsshow«, »Killer K.I.T.T.« oder »Das endgültige Urteil«. Und geht's mir richtig schlecht, lege ich »Duft einer Rose« ein, um mir den Rest zu geben. Es ist die beste Folge der gesamten Serie – und die traurigste. Wir Fans wissen, warum.

Meine Einlagenfrau hat mich mit 39 Jährchen nicht in Verlegenheit gebracht, und das wird auch zukünftig niemand schaffen, obwohl sich meine Vorlieben verschoben haben. Als Kind fand ich vor allem die vierte Staffel toll, mit dem »Super Pursuit Mode«, bei dem sich K.I.T.T. ausklappte, um noch schneller zu fahren. Mittlerweile verehre ich vor allem Staffel 1, in der es noch etwas gemütlicher zuging, die Dialoge zwischen Michael und K.I.T.T. aber geschliffener waren, lustiger. Ich schätze heute das Original-Armaturenbrett von Michael Scheffé mehr als den Versuch, mit dem Umbau digitaler zu werden. Man kann mir also vieles vorhalten, nicht aber, dass ich nicht erwachsener geworden wäre.

Im direkten Umfeld herrscht allerdings oft kein umfassendes Verständnis. Meine Freundin – die Arme ist ohne Fernseher aufgewachsen! – weiß um meine Leidenschaft, sie geht größtenteils tapfer damit um. »Schau doch eine Folge *Knight Rider«,* rät sie mir oft, wenn ein Tag so völlig daneben war. Sie sagt es mit einem Augenzwinkern, aber sie weiß um die wohltuende Wirkung und den Charme.

Wobei auch das nicht immer so ganz der Fall ist. »Du hast diese Serie schon tausende Male gesehen, allein diese Folge schon hundert Mal«, meinte sie neulich mit einer ungewohnten Fassungslosigkeit, als wir gemeinsam auf dem Sofa saßen, K.I.T.T. uns entgegenbretterte und die legendäre Titelmelodie erklang. »Es kann doch nicht sein, dass du schon beim Vorspann mit derart glänzenden Augen davorsitzt!«

EIN VORWORT

Was dieses Buch ist …

Ein *Knight Rider*-Buch, 40 Jahre nach Serienstart, ist das wirklich nötig? Nein, natürlich nicht. Was ist schon wirklich nötig im Leben? Andererseits: Hey, warum nicht?

Solltet ihr Hardcore-*Knight-Rider*-Fans sein, habt ihr bestimmt ohnehin schon einiges an Material: die Bücher *Knight Rider Legacy, Knight Rider – 30 Years of a Lone Crusader and His Talking Car* oder der *Knight Rider Companion* – in den USA sind in den vergangenen Jahren gleich drei ausführliche Hintergrundwälzer herausgekommen. Alle sind auf ihre Art sensationell: Man erfährt vieles über die Hintergründe der Produktion, K.I.T.T.s Fähigkeiten, die Erinnerungen der Gaststars oder bekommt tolle fotografische Eindrücke. *Das Knight Rider Buch,* das 2009 in Deutschland erschienen ist, hat einen auch hierzulande bestens informiert – neben allem, was online so verfügbar ist.

Warum also noch ein Buch? Nun, vielleicht hat es etwas mit dem Alter zu tun. Als Kind habe ich *Knight Rider* natürlich wegen K.I.T.T.s Fähigkeiten geschaut und wegen David Hasselhoff. Hasselhoff ist bis heute mein Held, meine sonstigen Prioritäten haben sich aber verschoben, weg von der Technik und hin zu den Dialogen, auch zu denen im Original. Nichts gegen die deutsche Übersetzung, sie ist bei *Knight Rider* im Gegensatz zu vielen anderen Serien gut gelungen (man denke mit Schrecken an *Seinfeld* oder *Friends).* Aber William Daniels als K.I.T.T. klingt oft noch mal eine Spur eingeschnappter und besserwisserischer. Womit wir beim entscheidenden Punkt wären: Ich liebe mittlerweile am meisten die Plaudereien zwischen Michael und K.I.T.T., auch wenn *Knight Rider* hierfür nicht bekannt ist. Zu Unrecht, finde ich. Denn teilweise war es großes Kino.

Genau hierauf will ich mich auch in diesem Buch konzentrieren: auf die Beziehung zwischen Michael und K.I.T.T., die sich erst entwickeln musste. Die Beziehungen zu Devon, der vom steifen britischen Boss zum zweiten Vater für Michael wurde, zu Bonnie, April und RC. *Knight Rider* ist für mich mittlerweile ein Sinnbild für Freundschaft und Vertrauen. Anders gesagt: Das Buch soll eine Liebeserklärung sein, an die beste Serie der Welt.

Dieses Buch grenzt sich auch von bisherigen Werken ab, in denen es meist nur kurze Inhaltsbeschreibungen gab und Schwerpunkte auf technische Belange gelegt wurden. Ich versuche den umgekehrten Weg, mit ausführlichen Folgen-Analysen und der Entwicklung der Charaktere. Die Hintergründe versuche ich in Extra-Kapiteln zu erörtern, dank jahrelanger *Knight Rider*-Leidenschaft, dank oben genannter Quellen oder aktueller Videos der *Knight Rider Historians,* die in den vergangenen Jahren sensationelle Arbeit geleistet und viele Lücken um *Knight Rider* geschlossen haben. Viele Anmerkungen und Verweise am Ende sind gleichzeitig ein Tipp, bei Joe Huth und AJ Palmgren vorbeizuschauen: Bilder sagen bekanntlich mehr als tausend Worte. Ein Teil der Trivia-Infos ist an diversen Stellen zu finden. Wer genau sie zuerst aufgedeckt hat, ist leider kaum nachzuverfolgen.

Ein Risiko gehe ich beim Versuch ein, die einzelnen Folgen zu bewerten und eine gewisse Reihenfolge aufzubauen. Hier kann man eigentlich nur verlieren. Ich probier‘s dennoch. Nicht böse sein, wenn eure Lieblingsfolge vielleicht nicht dort rangiert, wo sie eurer Meinung nach sein sollte. Wir alle wissen: Selbst eine unterdurchschnittliche *Knight Rider*-Folge ist besser als alles andere, was die Mattscheibe so hergibt.

Was dieses Buch nicht ist …

Worauf ich verzichten will, sind Aufzählungen von Fehlern, Ungereimtheiten oder schlechtem Schauspiel (zumindest größtenteils, die ganz lustigen Pannen spreche ich gerne an). Auch wiederkehrende Gastdarsteller erwähne ich nur, wenn die Rollen es hergegeben haben, also einigermaßen denkwürdig waren.

Man sollte eins bedenken: Eine *Knight Rider*-Folge wurde in nur rund zehn Tagen fertiggestellt und wenig später gesendet. Computertechnik? Gab es nicht. Die Stunts waren also »echte« Stunts. Und damit gerechnet, dass die Serie rund 40 Jahre später noch so erfolgreich wiederholt oder auf gigantischen Flachbildfernsehern in hochauflösender Qualität unter die Lupe genommen wird, hat sowieso niemand. Daher wäre es unfair, entsprechende Maßstäbe anzusetzen und spitzfindig jeden Grasbusch zu verdächtigen, der womöglich eine Rampe verdecken soll.

TEIL 1

KNIGHT RIDER

(1982-1986)

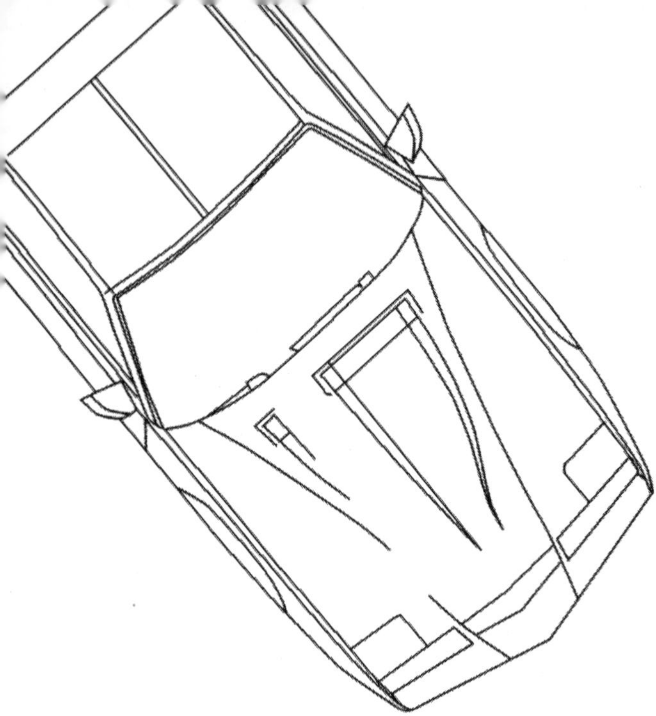

STAFFEL 1 (1982–1983)

»Knight Rider« / Pilot (Folge 1 – Doppelfolge)

Buch: Glen A. Larson; Regie: Daniel Haller
Filmdaten: 8. – 26. Juli, 18., 19., 26. August 1982
Erstausstrahlung USA: So, 26. September 1982 (NBC)
Erstausstrahlung DE: Mo, 28. / Die, 29. August 1985 (RTLplus)

Der Polizist Michael Long wird bei einer Verfolgungsjagd angeschossen und in einer Wüste Nevadas zurückgelassen. Milliardär Wilton Knight, der ihn als Fahrer seines neuen Superautos auserkoren hat, rettet ihn und gibt ihm ein neues Gesicht sowie eine neue Identität: Michael Knight. Dieser macht sich nach seiner Genesung auf die Suche nach den Menschen, die ihm derart übel mitgespielt haben …

Kommentar:
NBC: »Tonight, Knight Rider, the two hour movie spectacular crashes into your living room!«
Michael: »I don't believe this.«
NBC: »Well, you better believe it! A lone crusader for justice drives his crime crasher.«
Michael: »The world's most fantastic car.«
NBC: »And together, they can do just about anything.«
K.I.T.T.: »After all, we're only human.«
Michael: »Don't press your luck.«
NBC: »And now, buckle up for action with the fastest show on television: Knight Rider, The Movie!«

Der Trailer hatte nicht zuviel versprochen. Was war das für ein Auftakt! *Knight Rider* katapultierte sich am 26. September 1982 in die Wohnzimmer der US-Amerikaner. Und sie wurden nicht enttäuscht!

Der Aufhänger, Datendiebstahl in Form einer Diskette und das Gerede von Microchips, passte in die damalige Zeit, als das »Silicon Valley« zu einem Begriff wurde. Noch heute haben Apple, Facebook, Google und Co. hier ihren Hauptsitz.

Der *Knight Rider*-Pilot hatte fast alles, was die Serie auch später ausmachen sollte: Michael nimmt es mit übermächtigen Gangstern auf, die sich dank ihres Geldes über Recht und Ordnung stellen und die Polizei kontrollieren – gleichzeitig hilft er der einsamen und auf sich allein gestellten Maggie, die vom Leben enttäuscht worden ist. Die Action? Aber Hallo! K.I.T.T. macht bei einem Autorennen mit und zeigt dort gleich jede Menge Tricks (»Ski Mode«, »Turbo Boost«, Nebelwand!), am Ende des Films springt er durch schwerbeladene Trucks und nimmt es zum Finish mit einem Flugzeug auf. »Heart, humor and action« – »Herz, Humor, Action«: Das ist laut David Hasselhoff die Erfolgsformel für eine gute Show, und *Knight Rider* hat bereits in Folge 1 das Gesamtpaket am Start.

Auch K.I.T.T.s Persönlichkeit ist schon ausgereift. Als Michael ihn mit offener Tür stehen lässt und die Kleinganoven Jackson und Browne sich daran machen wollen, ihn zu stehlen, ist K.I.T.T. zunächst beleidigt und mosert dann, wie unverantwortlich es doch gewesen sei, ihn so zu parken. »Etwas mehr Rücksichtnahme hätte ich schon verdient«, erklärt er trotz Michaels Entschuldigung nachtragend. »Wenn ich nicht wäre, müssten Sie zu Fuß gehen.« K.I.T.T. pocht – nicht zum letzten Mal – auf eine gleichberechtigte Partnerschaft. Als Michael betont, ohne K.I.T.T. käme er nicht zu einem Treffen, dem wichtigsten Teil seines Auftrags, stellt K.I.T.T. klar: »Unseres Auftrags.«

Lustig ist auch die Szene, in der Michael eine hohe Mauer überwinden muss und laut grübelt, wie er das denn wohl schaffen solle. K.I.T.T. schaltet sich ein: »Wenn Sie den Schleudersitz auf genau 600 Pfund einstellen, dann müssten Sie ziemlich sanft landen.« – Michael: »Das ist alles? Und dann brauche ich nur noch einen Knopf zu drücken?« – K.I.T.T.: »Es wäre sinnvoll, wenn Sie vorher das Autodach öffnen.«

Spätestens nach 80 Minuten ist das Eis zwischen beiden endgültig gebrochen. Als sie durch einen schwer beladenen Laster springen, bezeichnet Michael zum ersten Mal K.I.T.T. als »Buddy«, als »Kumpel«. Es war, laut Hasselhoff, auch dieser Umgang mit dem Auto, der Show-Erfinder Larson beim Casting überzeugt hatte. »K.I.T.T., alles klar? Komm schon, Kumpel, wir dürfen beide nicht den Geist aufgeben.« – »Ich rede nicht mit Ihnen.« – »Jetzt weiß ich, dass es dir gutgeht.« – »Dann liegt Ihnen also was an mir?« – »Ja, so ist es. Aber sag's keinem weiter, okay?« – »Okay.«

Neben Herz, Humor und Action hat man speziell im Pilotfilm ein großartiges Line-up aufgestellt: Charakterschauspieler Richard Basehart als Wilton Knight, Richard Anderson (*Der Sechs-Millionen-Dollar-Mann*) als Dr. Ralph Wesley (er hat also das neue Michael-Knight-Gesicht erschaffen!). Dazu der klassische 80er-Jahre-»Ich-kann-gleichzeitig-böse-und-arrogant-schauen«-Mime Lance LeGault (*Magnum, Das A-Team*), der laut Glen A. Larson eine Stimme besaß, die »vier Oktaven tiefer als die von Gott ist«. Kein Wunder, dass er immer wieder die »Bad Guys« spielen musste! Außerdem dabei: die großartige Pamela Susan Shoop als Kellnerin Maggie (sie hatte Glen A. Larson offenbar bereits im *Magnum*-Pilotfilm überzeugt).

In der Stammbesetzung natürlich (aber ohne in den Credits aufzutauchen): William Daniels als K.I.T.T.s Originalstimme. Im Deutschen wird dieser kaum weniger großartig von Gottfried Kramer intoniert. Und: Edward Mulhare als Michaels künftiger und zunächst kritischer Boss, Devon Miles. Auf Mulhares englischen Akzent müssen wir in der deutschen Übersetzung leider verzichten, Devons britische Gepflogenheiten sorgen im Verlauf der Serie aber für schöne Geplänkel mit Michael. Unübersehbar ist die Ähnlichkeit zwischen Thomas Magnum und Higgins in der Serie *Magnum,* einem weiteren Produkt aus der Erfinderschule des Glen A. Larson. Im Gegensatz zu Magnum und Higgins bauen Devon und Michael aber schneller eine »Vater-Sohn-Beziehung« auf: Der Satz »Passen Sie auf sich auf«, wenn Michael zur nächsten Mission muss, kommt später fast in jeder Folge in irgendeiner Abwandlung vor. Wie eng die Beziehung schließlich wird, erleben wir in der Folge »Duft einer Rose« aus der vierten Staffel, in der Devon erklärt, er liebe Michael »wie einen Sohn«. Bei der Hochzeit zwischen Michael und Stevie geleitet er diese an den Traualtar. Schön zu wissen: Auch im realen Leben wurden Mulhare und Hasselhoff dank *Knight Rider* gute Freunde. Die Serien-Hochzeit war ein Abbild der Eheschließung zwischen Stevie-Darstellerin Catherine Hickland und Hasselhoff zwei Jahre zuvor, sogar der Reverend war derselbe. Mulhare spielte seine letzte Rolle in einer Folge der Hasselhoff-Serie *Baywatch Nights* im Jahr 1997. Nur kurze Zeit später verstarb er an Lungenkrebs. Am Tag zuvor hatte ihn Hasselhoff mit seiner Tochter Taylor-Ann noch besucht.

Hier, ganz am Anfang der Serie, stehen sich Devon und Michael noch kritisch gegenüber. Michael erklärt zwar vor seiner raschen Abfahrt: »Ich möchte, dass Sie noch eins wissen: Eigentlich kann ich Sie ganz gut leiden«, worauf Devon ein entsetztes »Was?« von sich gibt und in einer Übersprungshandlung seinen Anzug richtet. Am Ende hält er Michael vor: »Nur Sie konnten den Wagen so zurichten«, als K.I.T.T. von einem Abschleppwagen abtransportiert wird. Dennoch stoßen beide auf ihre gemeinsame Zukunft an.

Sie sollte einiges bereithalten.

Bester Dialog:
Michael zu K.I.T.T.: »Wieder gut?«
K.I.T.T.: »Ich denke schon. Schließlich sind wir ja auch nur Menschen.«
Michael: »Übertreibst du nicht, K.I.T.T.?«
K.I.T.T.: »War nur so ein Gedanke.«

Bester Monolog:
Devon: »Oh Wilton, er tut all das, was Sie vorausgesagt haben. Womit habe ich das verdient?«

Schade:
Knight Rider ist größtenteils gut synchronisiert, ein legendärer Satz geht aber in der Übersetzung verloren. Als Michael erstmals in K.I.T.T. steigt und das leuchtende Armaturenbrett betrachtet, sagt er im Original: »What's all this? Looks like Darth Vader's bathroom.« Im Deutschen hat man hier lediglich ein »Was ist das alles? Sieht aus wie in einem Cockpit« daraus gemacht.

Trivia:
• »One man *can* make a difference«, gibt Wilton Knight dem jungen Michael mit – es wird der Leitsatz der gesamten Serie.
• Michaels neues Aussehen wird im Skript so beschrieben: »A new face, far more rugged than his former image. Character and age somehow replacing youthful naivete.«
• Der Kamera-Schwenk durch K.I.T.T.s Cockpit, als Devon ihn Michael erstmals vorstellt, ist ein seltener Rundumblick auf das »echte« Armaturenbrett von Designer Michael Scheffé, zu erkennen vor allem an den eckigen Kanten von K.I.T.T.s Voicebox und dem »Knight Two Thousand«-Schriftzug am Lenkrad. Das Armaturenbrett wurde nach der »Pilot Presentation« (in der die Serie dem Sender NBC vorgestellt wurde) aus- und im Studio nachgebaut, unter anderem, um die Nahaufnahmen (quasi immer, wenn K.I.T.T. spricht) zu filmen.
• Noch wird genau unterschieden zwischen dem Knight 2000 und K.I.T.T.: Der Knight 2000 ist das Auto, K.I.T.T. ist der Computer. Diese Unterscheidung weichte im Lauf der Serie etwas auf, insbesondere nachdem Glen A. Larson seine Arbeit als Supervisor der Serie nach dem vereinbarten Pilotfilm und den ersten 13 Episoden erledigt hatte. Deutlich wird sie allerdings nochmals in »K.I.T.T. sitzt in der Falle« in Staffel 2, als das Auto gestohlen, K.I.T.T. aber zurückgelassen wird.
• Michaels neues Geburtsdatum und seine Adresse? Man wird nicht ganz schlau: Auf seinem Führerschein ist der 13. Januar 1953 aufgedruckt, auf seiner Sozialversicherungskarte der eher unglaubwürdige 25. Januar 1962 (demnach wäre er erst 20 Jahre alt). Als Adresse auf K.I.T.T.s Zulassung liest man »2457 Ybarra Rd., Norres, California.936664«. Auf dem Führerschein steht wiederum »2745 Ybarra Rd.«. Sind es Zahlendreher? Ist K.I.T.T. auf eine Adresse der Foundation zugelassen? Oder hat man einfach irgendwelche Zahlen genommen, weil diese auf den kleinen TV-Bildschirmen damals ohnehin kaum zu erkennen waren? Vermutlich letzteres.
• »Was möchten Sie gern hören?« ist K.I.T.T.s erster Satz der Serie – auf Michaels an sich selbst gerichtete Frage, ob unter all diesen Knöpfen wohl auch einer für's Radio sei.

• Immer wieder sind Szenen zu sehen, in denen K.I.T.T. eine andere Front hat und der Scanner weiter vorne platziert ist: die sogenannte »Jon-Ward-Nose«. Jon Ward hatte diese für die Vorstellung der Serie bei NBC designt, im finalen Pilot wurden Szenen aus dem Vorstellungsfilmchen immer wieder eingefügt. Vor allem in Staffel 1 taucht die »Jon-Ward-Nose« immer wieder auf, wenn es längere Fahrtszenen von K.I.T.T. gibt.
• Der Versuch der Kleinkriminellen Jackson (gespielt von Michael D. Roberts) und Browne (Bert Rosario), K.I.T.T. zu stehlen, wurde nachträglich gefilmt und eingefügt. Grund: Die Laufzeit des Films war etwas zu kurz geraten. Gedreht wurden die Szenen während der Filmerei für »Der Bandenkrieg«.
• Die Foundation sollte zunächst »Foundation for Law and Justice« heißen.
• In der deutschen Übersetzung lamentiert Devon gleich drei Mal sein berühmtes: »Womit habe ich das verdient …« Im englischen Original sagt er an allen drei Stellen etwas anderes.
• Shawn Southwick, die Tanyas Freundin Lonnie spielt, war die Ehefrau des legendären US-Talkmasters Larry King. Southwick sollte noch eine bedeutendere Rolle im Verlauf der Serie einnehmen: als Rita Wilcox in »Goliaths Geburt« / »Der Kampf mit Goliath«, dem Auftakt zu Staffel 2. Darin spielte sie die Freundin von Garthe Knight. Auch Pamela Susan Shoop (Kellnerin Maggie) übernimmt nochmals eine größere Rolle in *Knight Rider*, im Staffel-4-Opener »K.I.T.T.s Unfall mit Folgen« (als Marta Simmons). Auch Lance LeGault ist ein weiteres Mal dabei, natürlich wieder als Bösewicht, in »Die Schatzsuche« (als Christopher Stone).
• Phyllis Davis (Tanya Walker) hatte unter anderem eine wiederkehrende Rolle in *Magnum*. Verrückt: Für *Knight Rider* wurde sie im englischen Original synchronisiert! Der Grund: Davis sprach mit texanischem Akzent, der hier nicht gewünscht war (sie als Schauspielerin allerdings schon). Da auch Larry Anderson (Michael Long) synchronisiert wurde (von David Hasselhoff), unterhalten sich beide bei der anfänglichen Autofahrt nicht mit ihren Originalstimmen!
• Herrliche Antwort von Glen Larson an David Hasselhoff, warum nicht Larry Anderson (der eigentliche Michael Long) seine Rolle als Michael Knight bekommen habe: »Du warst billiger.« Larry Anderson selbst taucht nicht in den Credits auf.
• David Hasselhoffs erste Szene war die in der Wüste (noch mit dem alten Gesicht, vom Schatten verdeckt). Hier wäre es fast zu einem Unfall gekommen: Er hatte die Handbremse seines Autos nicht gezogen und der Wagen überrollte eine Kamera!
• Hasselhoff erklärte, zu Beginn extrem angespannt gewesen zu sein, speziell bei den Szenen mit Edward Mulhare und Richard Ba-

sehart – zwei gestandenen Schauspielern, während er gerade von einer Soap-Opera kam! Im Laufe des Pilotfilms lockerte er jedoch etwas auf.

Lustigster Fehler:

- Vielleicht der verrückteste Fehler der gesamten Serie: Michaels Schusswunde, die immer wieder zwischen rechter und linker Schulter hin- und herwandert. Wie es dazu kam? Universal hatte zunächst die »Pilot Presentation« gefilmt (im April 1982). Erst als NBC grünes Licht für eine Serie gab, drehte man den Rest (im Juli 1982). Dazwischen waren also einige Wochen vergangen, und David Hasselhoff hatte die Stelle seiner Schussverletzung (ursprünglich rechts) offenbar vergessen.

Soundtrack:

- *Proud Mary (Rollin' On The River)* (Creedence Clearwater Revival)
- *Take It Easy* (The Eagles)
- *Peaceful Easy Feeling* (The Eagles)
- *Carolina In My Mind* (James Taylor)
- *Don't Stop* (Fleetwood Mac)
- *Third Rate Romance* (Amazing Rhythm Aces)
- *Harden My Heart* (Quarterflash)
- *Hit Me With Your Best Shot* (Pat Benatar)

Bedeutung der Folge für die gesamte Serie:
* * * * *

Herz / Humor / Action:
* * * * / * * * / * * * * *

Gesamtwertung:
* * * * *

»Tödliche Manöver« / »Deadly Maneuvers« (Folge 2)

Buch: William Schmidt, Bob Shayne; Regie: Paul Stanley
Filmdaten: 20. – 30. August 1982
Erstausstrahlung USA: Fr, 1. Oktober 1982 (NBC)
Erstausstrahlung Deutschland: Mo, 2. September 1985 (RTLplus)

Michael gabelt die junge Leutnantin Robin Ladd auf, die bei ihrer Ankunft an der Army Base über den überraschenden Tod ihres Vaters informiert wird. Michael findet schnell heraus, dass der angebliche Unfall gar keiner war.

Kommentar:

Die zweite *Knight Rider*-Folge, die ausgestrahlt wurde – allerdings die vierte, die gefilmt worden war; die Reihenfolge zwischen gefilmten und ausgestrahlten Episoden wechselt über die gesamte Serie hinweg munter hin und her.

Eine ernsthafte Folge mit mächtig Militärgehabe, aber auch vielen amüsanten Dialogen, angefangen bei der Diskussion zwischen Michael und K.I.T.T., als dieser das Auto von Robin abschleppen soll, sich ziert und schließlich einen Schaden an seinem Alphastromkreis erleidet, was er Michael über die gesamte Episode hinweg vorhält. K.I.T.T.s nachtragende Art kommt also erneut zum Vorschein: Als Michael später Musik hören möchte, erklärt K.I.T.T., der defekte Alphastromkreis versorge auch das Radio. »Das wirst du mir wohl nie verzeihen, oder?«, stöhnt Michael. Verzeihen setze einen emotionalen Zustand voraus, erklärt K.I.T.T., finde also in seinem Fall keine Anwendung. »Ich bezweifle jedoch, dass ich es je vergessen werde.« Als K.I.T.T. schließlich Devon und Bonnie zu Hilfe ruft und diese gleich auf ein Abschleppmanöver als Grund für den defekten Alphastromkreis tippt, zeigt er allerdings Teamgeist: »Kein Kommentar.«

Für uns Zuschauer ist der kaputte Alphastromkreis ein Segen, denn so erhalten wir erstmals Einblick in den Semi der Foundation. Es ist auch der erste Auftritt von Bonnie in der Serie, wenngleich nur ein äußerst kurzer. Die Szene, in der Michael aus K.I.T.T. aussteigt und Devon und Bonnie begrüßt, ist auch im Vorspann zu sehen (die meisten anderen Szenen stammen aus dem Pilotfilm).

Interessantes Detail: Die Abschleppszene sollte angeblich gezeigt werden, allerdings wurde dieser Plan verworfen, nachdem der Trans Am dabei tatsächlich schlapp gemacht hatte! »Ich bin als Abschleppwagen völlig ungeeignet«, sagt K.I.T.T. in der Folge – es stimmt offenbar wirklich.

Zu Beginn der Folge vertreibt sich Michael die Fahrt in K.I.T.T. mit Computerspielen – nicht zum letzten Mal im Verlauf der Serie. Nachdem er beim »Auto Racing« seinen Wagen gecrasht hat, schimpft er: »Ach, diese Computerdinger sind doch bloß Zeitverschwendung, weiter nichts.« Auf ein energisches Räuspern von K.I.T.T. ergänzt er: »Oh, verzeih, Anwesende sind natürlich ausgeschlossen.«

Lustig ist auch die Szene, als Michael mit einem Süßigkeiten-Bauchladen undercover ermitteln will und gleich von den ersten Kunden, zwei Offizieren, zu einem Gesundheitscheck beordert wird. Dort erfahren wir, dass er eine ganze Reihe falscher Visitenkarten mit sich führt: »Michael Knight: Blitzschnelle Reparaturen«, »Michael Knight: Tag- und Nacht-Teppichreinigung«, »M. Knight: Geschäftsunternehmen« und »Schwedische Massagen, sanft und schonend«. Seine simple Erklärung: »Die Zeiten sind hart.«

Ansonsten wird viel geschossen und geballert. Auch an Explosionen hat man vor allem bei der Schießübung im Finale nicht gespart, aber was will man von einer Folge auf einem Army-Gelände schon erwarten? K.I.T.T. sollte hier wohl alles auspacken, was er drauf hat, und das musste er am Ende auch – nur gut, dass der Alphastromkreis zu diesem Zeitpunkt repariert war. Auf nennenswerte Tricks müssen wir jedoch verzichten, nicht einmal der »Turbo Boost« kommt zum Einsatz (zum einzigen Mal in Staffel 1).

Der Humor reißt letztlich einiges raus und macht die Folge sehenswert. So auch zum Ende hin, als Devon, dem Michaels eigenmächtige Übernahme des Falles ohnehin nicht gepasst hatte, über die »typische Michael-Knight-Situation« wütet, mit »totaler Verwirrung« und »Massenzerstörung«. Als das Telefon klingelt und jemand mit demjenigen sprechen will, der für alles verantwortlich ist, will Michael schon zum Hörer greifen. »Es ist das Weiße Haus«, erklärt man jedoch noch. Hier reagiert Devon blitzschnell: »Dann nehme ich es.«

Bester Dialog:
K.I.T.T.: »Michael, ich stelle einen ganz bestimmten Ton in Ihrer Stimme fest.«
Michael: »Oh, welcher Ton ist das denn?«
K.I.T.T.: »Das ist der, den Sie verwenden, wenn Sie überzeugt sind, eine brillante Idee zu haben. Als Nächstes werden Sie dann etwas Tollkühnes unternehmen, und ich werde auf Überwachung geschaltet.«
Michael: »K.I.T.T.?«
K.I.T.T.: »Ja, Michael …«
Michael: »Schalte jetzt auf Überwachung.«

Trivia:
• Devon Ericson (Robin Ladd) bespielte in den 1970ern- und 1980ern einige Serien, letztmals war sie jedoch 1991 aktiv. Alan Oppenheimer (General Duncton) war ein sehr bekanntes TV-Gesicht, er war in mehreren Episoden von *Der Sechs-Millionen-Dollar-Mann* zu sehen. Noch bekannter ist seine US-Stimme: Er vertonte zig Charaktere in Zeichentrickserien und Videospielen, unter anderem *Die Schlümpfe, Ghostbusters, DuckTales – Neues aus Entenhausen* oder *Chip & Chap – Die Ritter des Rechts.* 2021 war er in *Masters of the Universe: Revelation* zu hören. In *Knight Rider* ist er nochmals in »Mord nach Maß« in Staffel 3 zu sehen.
• Autor Bob Shayne wählte den Namen der Robin Ladd, um seine Ex-Freundin Robbin Ladd wiederzufinden. Das passierte nicht, Bob und Robbin trafen aber dennoch viele Jahre später wieder aufeinander.
• Das Gelände der Army Base ist in Wirklichkeit das »College of the Canyons«, es wird noch in einigen Episoden zu sehen sein (zum Beispiel in »Fahrerflucht«, auch das dortige Footballspiel findet hier statt).
• Der Semi war zwar bereits zum Ende des Pilotfilms von außen zu erblicken (in Schwarz-Gold und mit der Aufschrift »Knight Industries«), hier ist er allerdings weiß lackiert und parkt am Straßenrand (wie auch in den kommenden Folgen). Es dauert noch ein paar Episoden, bis er sein endgültiges schwarzes Design erhält.

Soundtrack:
• *Ricky Don't Lose That Number* (Steely Dan)

Bedeutung der Folge für die gesamte Serie:
* * *

Herz / Humor / Action:
* * / * * * * * * / * * * *

Gesamtwertung:
* * *

»Der Bandenkrieg« / »Good Day at White Rock« (Folge 3)

Buch: Deborah Davis; Regie: Daniel Haller
Filmdaten: 9. – 17. August 1982
Erstausstrahlung USA: Fr, 8. Oktober 1982 (NBC)
Erstausstrahlung Deutschland: Mo, 9. September 1985 (RTLplus)

Michael will einen Kletterurlaub im beschaulichen White Rock machen. Der Ort wird jedoch von einer Motorradgang heimgesucht. Michael will helfen, wird aber vom lokalen Sheriff eingebuchtet.

Kommentar:

Michael nimmt wieder auf eigene Faust einen Fall an, wie schon in der Folge zuvor, diesmal im Urlaub. Und wieder spielt der Zufall in Person einer hübschen Lady eine Rolle – diesmal Sherry als Tante-Emma-Laden-Besitzerin. Nach Pamela Susan Shoop im Pilotfilm hat man hier mit Anne Lockhart erneut einen bekannten Gaststar verpflichtet: Lockhart hatte schon als Kind in *Lassie* mitgespielt und in diversen 80er-Jahre-Serien. In *Kampfstern Galactica* hatte sie in einem weiteren Produkt von Glen A. Larson eine dauerhafte Rolle. In *Knight Rider* hätte sie ebenfalls fast eine größere Bedeutung eingenommen: Lockhart war nämlich im Casting als Bonnie! Immerhin sehen wir sie noch einmal wieder: in »Geheimversteck Cadiz« in Staffel 2.

Im Pilotfilm musste sich K.I.T.T. mit schwer beladenen Trucks anlegen, in »Tödliche Manöver« mit Army-Panzern, jetzt also mit Motorrädern – man wollte offenbar gleich zu Beginn der Serie zeigen, dass er es mit allem aufnehmen kann und unverwundbar ist. Eine Erklärung dafür gibt's auch, wenn auch (noch) nicht in Gänze: Als Michael und Sherry in K.I.T.T. Zuflucht suchen, während dieser von den Bikern bearbeitet wird, erklärt er in Seelenruhe, dass seine Metalllegierung »aufgrund ihrer chemischen Formel« unzerstörbar sei. Im Laufe der Serie werden wir hierzu noch mehr erfahren, sollten dem »unzerstörbar« aber schon mal ein »fast« vorwegsetzen.

Wie in »Tödliche Manöver« (und wie gesagt in vielen Folgen der ersten Staffel) ist das Tempo eher ruhig, dafür gibt's am Ende viel Action. Das Hindernisrennen mit den Bikern entscheiden Michael und K.I.T.T. klar für sich, dazu beschert uns die Episode einen der vielleicht schönsten »Turbo Boosts« der gesamten Serie, als kurz vor Schluss ein Teich übersprungen wird. Ist K.I.T.T. jemals schöner geschwebt? Vermutlich nicht. Wir sehen diese Szene noch ein paar Mal im Vorspann von Staffel 2, sollten aber dankbar sein, dass die Landung (außerhalb der Outtakes) nicht gezeigt wurde.

Die Handlung an sich ist eher überschaubar, dafür glänzt die Folge mit einem Feuerwerk an herrlichen Dialogen. So platzt Michael gleich zu Beginn in ein französisches Lokal, um mit Devon zu sprechen. »Im Büro sagten sie mir, dass Sie hier sind«, erklärt er. »Wirklich umsichtig von denen«, antwortet Devon ironisch. Damit nicht genug: Während Feinschmecker Devon seine Schnecken mit Rotwein genießt, ordert Michael einen Cheeseburger, Pommes Frites und Cola – und gibt dem irritierten Kellner mit: »Wenn Sie das nicht hinkriegen, gegenüber ist eine Imbissbude, da können Sie's ja holen.«

Auf der Fahrt nach White Rock vertreiben sich Michael und K.I.T.T. dann die Zeit mit dem Wortspiel »Geography«, bei dem Michael natürlich den Kürzeren zieht, sich Belehrungen anhören muss und K.I.T.T. am Ende das Wort abschneidet: »K.I.T.T.?« – »Ja?« – »Halt's Maul.« Derartige Konversationen sind typisch für die ersten Folgen der Serie. Später mäßigt sich Michael, der Umgang wird entspannter (wenngleich weniger lustig). Vielleicht auch, weil er irgendwann einsieht, dass Spiele gegen K.I.T.T. (einen Computer!) selten erfolgsversprechend für ihn ausgehen.

Wir bekommen zudem wieder Einlick in K.I.T.T.s Denkweise: Das Spiel sei ohnehin ein sinnloser Zeitvertreib gewesen, erläutert er, viel sinnvoller wäre es, wenn Michael ihn über den nächsten Auftrag in Kenntnis setze. Den Sinn eines Urlaubs versteht K.I.T.T. nicht: Ausruhen – zu welchem Zweck? Relaxen – was bedeutet das? Und wieso überhaupt klettern gehen? K.I.T.T.: »Was passiert, wenn Sie an der Spitze von so einem Berg ankommen?« – »Gar nichts.« – »Warum dann erst hochsteigen?« – »Naja, nur so.« – »Ich verstehe. Ich vermute, das hat ungefähr so viel Sinn wie Wortspiele.« Immerhin zeigt sich K.I.T.T. besorgt ob der Gefährlichkeit des Kletterns, »eine Tätigkeit, die Sie leicht töten oder schwer verletzen könnte.« Michael ist gerührt – kurzzeitig. Das würde K.I.T.T. also erschüttern? »Natürlich würde es das«, erklärt der lapidar, »schließlich bin ich so programmiert worden.«

Das mit dem Urlaub hat K.I.T.T. aber trotz Michaels Erklärungsversuchen nicht verstanden, wie wir feststellen: Als Michael zu seinem Berg aufbricht, mahnt K.I.T.T. erneut, »dass ein beträchtlicher Risikofaktor mit diesem Einsatz verbunden ist.« Kein Einsatz, erklärt Michael wieder, »Urlaub!« Als K.I.T.T. sich schließlich sonnt, wird er zu allem Übel von einem Hund beschnüffelt – zum ersten, aber nicht zum letzten Mal im Verlauf der Serie kommt er also in Kontakt mit Tieren. Seine, nun ja, Abneigung gegen Hunde wird schnell offensichtlich: Als zwei Aufforderungen zum Abflug nicht reichen, erschreckt er den bemitleidenswerten Vierbeiner mit dem Geräusch-Einspieler eines brüllenden Löwen. Der Hund rennt panisch weg, und K.I.T.T. wundert sich: »Das soll nun der beste Freund des Menschen sein …«

Urlaub hin oder her, am Ende war es ohnehin keiner, Devon jedoch zeigt sich ob eines erneuten Versuchs offen. Michael stört seinen Boss für diese Bitte erneut beim Dinieren, scheint in Sachen Haute Cuisine aber keine Fortschritte gemacht zu haben (wie sollte er, in White Rock hatte er ja auch einen Burger bestellt). Am Rotwein bedient er sich selbst und schüttet ihn sich fast randvoll ins Wasserglas, was Devon mit einem vernichtenden Blick quittiert. Den abgeschlossenen Fall tut er mit den sarkastischen Worten ab: »Ich werde noch so einen goldenen Stern auf Ihre Einsatzkarte kleben.« Wie die eigentlichen Aufgaben für Michael und K.I.T.T. aussehen? Wird noch nicht ganz klar, der erste »reale« Auftrag soll erst in der kommenden Episode auf sie zukommen.

Immerhin genießt Michael seine freien Tage bis dahin nun in Begleitung von Sherry: Ob dank seiner schamlosen Flirtkünste, die er bereits beim ersten Treffen ausgepackt hatte, oder dank seiner Hilfe im Kampf gegen die Biker? Man weiß es nicht. Sicher ist, dass er und Sherry nach dem Urlaub wieder getrennte Wege gehen werden – in der nächsten Folge wirft Michael sein Auge nämlich schon wieder auf eine andere junge Dame …

Bester Dialog:
K.I.T.T.: »Ich vermute, wir werden wohl irgendwas dagegen tun müssen.«
Michael: »Irgendeine Idee?«
K.I.T.T.: »Ich dachte, ich lasse Sie erst mal suchen. Es tut Ihnen immer so gut, wenn Sie hin und wieder eine bessere Idee als ich haben.«

Trivia:
• Der englische Originaltitel ist angelehnt an den Film *Bad Day at Black Rock.*
• Im Originalvorspann (der deutschen DVDs) ist erstmals das legendäre Intro, gesprochen von Wilton Knight, zu hören: *»Knight Rider, a shadowy flight into the dangerous world of a man who does not exist. Michael Knight, a young loner on a crusade to champion the cause of the innocent, the helpless, the powerless, in a world of criminals who operate above the law.«* In deutscher Sprache hört man das bekannte: *»Er kommt: Knight Rider. Ein Auto, ein Computer, ein Mann. Knight Rider, ein Mann und sein Auto kämpfen gegen das Unrecht.«*
• Dies ist die einzige Episode der gesamten Serie, in der Michael zu Beginn eine alte Mission abschließt und eine neue beginnt. Ursprünglich sollte er hierbei eine Zeugin auftreiben, die im Rahmen einer Geiselnahme festgehalten wurde – so sah es das Skipt vor. Als das S.W.A.T.-Team ihm hier die Sachlage erklärt, sagt Michael: »I don‘t think we can wait that long. Thanks for your time« – und brettert mit K.I.T.T. in das Gebäude.

• Das französische Restaurant »Le Petit Chateau«, in dem Devon am Anfang (und Ende) der Folge speist, ist dasselbe, in dem Michael und Stevie in »Duft einer Rose« zusammenkommen. Stevie hatte zuvor hier gesungen. Es befindet sich nur unweit der Universal Studios, firmiert mittlerweile allerdings unter »The Comedy Chateau«, einer Art Comedyclub (mit lecker Essen).
• Der Stadtkern von »White Rock« ist für Serien- und Filmfans kein unbekannter: Gedreht wurde hier auf dem Studiogelände von Universal. Der Stadtplatz sollte drei Jahre später in *Zurück in die Zukunft* große Bekanntheit erlangen.
• Ein wichtiges Zusammentreffen in »Der Bandenkrieg« ist weniger das zwischen »Big Lonny Spencer« und Michael Knight als vielmehr das zwischen dem Schauspieler Alex Daniels und David Hasselhoff. Während »Big Lonny« im weiteren Verlauf der Serie nicht mehr auftaucht, wurde Alex Daniels einer von Hasselhoffs Stuntdoubles in dessen Zeit nach *Knight Rider,* unter anderem in *Baywatch Nights*. Beide wurden auch enge Freunde.
• James T. Callahan (Sheriff Bruckner) spielte in zig Serien mit, für 104 Folgen auch in der bekannten US-Serie *Charles in Charge.* In *Knight Rider* ist er in »Der Tod unter der Zirkuskuppel« (Staffel 3) nochmals zu sehen. Ach ja: Kommt euch seine Synchronstimme bekannt vor? Kein Wunder: Sprecher Horst Schön sollte ein paar Jahre später auch einem der fähigsten Männer im Auftrag von Recht und Ordnung seine Stimme leihen: Lieutenant Frank Drebin (Leslie Nielsen) in den *Nackte Kanone*-Filmen.
• Keith Mitchell (Davey) gewann für seinen Auftritt einen *Young Artist Award* als »bester junger Schauspieler« als Gast in einer Serie.
• Als Michael im Gefängnis sitzt und ausbrechen will, fragt K.I.T.T., ob er helfen solle. Nein, das schaffe er schon alleine, beruhigt Michael. Und er angelt sich den Türschlüssel mithilfe eines Fadens und einer Klammer seines Bettes. Hätte es mit *Knight Rider* nicht geklappt, wäre David Hasselhoff vielleicht als *MacGyver* durchgegangen?
• Gleich zwei Mal erwähnt Michael in dieser Folge Burt Reynolds und Sally Fields – ein Verweis auf den Film *Ein ausgekochtes Schlitzohr (Smokey and the Bandit)* aus dem Jahr 1977. Auch hier spielte ein Pontiac Trans Am eine tragende Rolle. Angeblich war Reynolds ein neuer Trans Am als Geschenk zugesagt worden, sollte der Film ein Erfolg werden. Das wurde er, ebenso wie der Trans Am. Den Gratiswagen erhielt Reynolds aber nicht: Auf seine Nachfrage hin wurde ihm mitgeteilt, dass der leitende Angestellte, der ihm die Zusage gemacht hatte, im Ruhestand sei und der Nachfolger das Angebot nicht aufrechterhalte.
• Die Telefonnummer der Foundation lautet: 223-553-0433
• »Der Bandenkrieg« erreichte ein Rating von 17,2 und landete auf Platz 26 der Wochencharts. Die Folge wurde im Verlauf der

TV-Season 1982/1983 noch zwei Mal wiederholt und holte kurioserweise bei der dritten Wiederholung am 17. Juni 1983 die stärkste Quote. Mit einem Rating von 17,7 landete *Knight Rider* dabei sogar auf Platz 2 der Wochencharts, so hoch wie nie zuvor (und nie mehr danach)! Dass ein nur leicht höheres Rating zu einem deutlich höheren Ranking führte, lässt sich dadurch erklären, als dass im Sommer weniger Menschen fernsehen. Weitere Infos zum Rating findet ihr im Anhang.

Soundtrack:
• *Born To Be Wild* (Steppenwolf)
• *After Midnight* (Eric Clapton)
• *Can I See You Tonight* (Tanya Tucker)

Bedeutung der Folge für die gesamte Serie:
* * *

Herz / Humor / Action:
* * * / * * * * * / * * * * *

Gesamtwertung:
* * * *

»Sammys Sensationsshow« / »Slammin' Sammy's Stunt Show Spectacular« (Folge 4)

Buch: E. Paul Edwards, John Alan Schwartz; Regie: Bruce Bilson
Filmdaten: 13. – 21. September 1982
Erstausstrahlug USA: Fr, 22. Oktober 1982 (NBC)
Erstausstrahlung Deutschland: Mo, 23. September 1985 (RTLplus)

Michael nimmt einen Job bei einer Stuntshow an, weil Eigentümer »Slammin' Sammy« nach einem vermeintlichen Unfall außer Gefecht gesetzt ist und sein Familienunternehmen vor dem Aus steht. Nun hat es man es allerdings auf Michael und K.I.T.T. abgesehen …

Kommentar:
Der erste »offizielle« Auftrag für Michael und K.I.T.T., und wir erfahren endlich, wie ein konkreter Einsatz der Foundation für Recht und Verfassung aussieht. Hier hatte die Foundation schon längere Zeit die Machenschaften eines gewissen Lawrence Blake auf dem Schirm, der Zweithypotheken von Kleinunternehmen auf-

kauft, die wenig später vom Pech verfolgt werden und pleite gehen. Blake kauft die entsprechenden Grundstücke dann günstig auf. Michael und K.I.T.T. sollen diesmal rechtzeitig eingreifen.

Eine lockere Folge mit einer sympathischen Familie, die ihren Betrieb mit Leib und Seele aufrecht erhält und gerade so über die Runden kommt – eine Ausgangslage, die wir noch öfter erleben werden und die *Knight Rider* ausmacht: Michael und K.I.T.T. sollen nicht die Welt retten, sondern »den Unschuldigen, den Hilflosen, den Machtlosen« helfen, wie es im Originalvorspann ja auch heißt. Die, bei denen »one man« den Unterschied ausmachen kann. »One man« und sein Auto halt.

K.I.T.T. darf bei Sammy also seine Stuntkünste auspacken, wenngleich er über das, was er anfangs vorführen darf, nicht sonderlich glücklich ist. K.I.T.T. ist sich seiner Sonderstellung als Superauto also bewusst, Bescheidenheit ist ihm ohnehin eher fremd (diese sei »eine Geisteshaltung«, wie er erklärt). »Diese sogenannten Stuntautos kann ich doch spielend ausstechen«, prahlt er vor der ersten Testfahrt. Das Problem: Man dürfe nicht zu sehr auffallen, erklärt Michael, was K.I.T.T. mit einem enttäuschten »Oh« zur Kenntnis nimmt – eine Szene, die im englischen Original deutlich lustiger daherkommt. Etwas Angeberei gehört aber nun mal zu K.I.T.T.: Wir erinnern uns an die Testfahrt im Pilotfilm, als K.I.T.T. einen Laster überholt hatte. Auf Michaels Frage, warum er nicht die sicherere Variante gewählt und abgebremst habe, erklärte Devon, K.I.T.T. habe vor Michael etwas angeben wollen.

Interessant (und lehrreich) der Dialog, als Michael silberne Sternchen auf K.I.T.T. (als Stuntauto!) klebt, dieser aber nicht verstehen kann, wie das seine Leistung steigern solle. Michael kapituliert vor einer seriösen Erklärung – wohl wissend, dass es keine gibt. Eine Szene, die nachdenklich macht: Sollten wir vielleicht auch hinterfragen, warum wir auf optische Aufputzereien hereinfallen, obwohl wir durch logisches Denken wissen, dass Dinge nicht dadurch besser werden, dass sie bunt glitzern?

Das Verhältnis zwischen Michael und K.I.T.T. muss zu Beginn der Folge indes erneut geklärt werden. Trotz der durchaus aufregenden Fälle der letzten Episoden, die vor allem dank K.I.T.T.s Fähigkeiten erfolgreich abgeschlossen wurden, scheint Michael die bereits geführte Diskussion aus dem Pilotfilm vergessen zu haben. Auf K.I.T.T.s Frage, warum Mr. Miles sie zu sich bestellt habe, vermutet Michael, »dass er mich über einen neuen Auftrag informieren will«. K.I.T.T.: »Sie, Michael?« – Michael: »Oh, Entschuldigung, ich meinte uns.« Auf die folgende Bemerkung, dass K.I.T.T. für einen Computer »etwas zu empfindlich reagiere«, stellt dieser klar, seine Schaltkreise funktionierten eben besser, »wenn wir der Realität ins Auge sehen.«

Extrem merkwürdig und unpassend mutet der anfängliche Dialog zwischen Michael und Bonnie an. Was sie von Michael hält, macht ihr Kommentar gegenüber K.I.T.T. in der Eröffnungsszene bereits deutlich: K.I.T.T. sollte nach ihrer Wartung nun fehlerfrei funktionieren, »zumindest solange dieser Irre nicht wieder anfängt, dich zu missbrauchen.« Michael macht die Sache nicht besser, als er den Einbau eines Sauerstoffgerätes mit den Worten kommentiert: »Das müsste eine große Hilfe für den Morgen danach sein.« Anschließend setzt zu allem Unglück sanfte Musik ein, Michael will einen erneuten (diesmal offenbar seriöseren) Flirtversuch starten, blitzt aber wieder ab. Man wollte zu Beginn der Serie offenbar eine Art romantische Beziehung zwischen Michael und Bonnie heraufbeschwören – was noch einige Folgen anhalten (und ebenso merkwürdig anmuten) sollte. Das Ganze wirkt umso abwegiger, wenn man um die freundschaftliche, ja fast familiäre Bindung der beiden in den späteren Staffeln weiß.

Das Verhältnis zu Devon? Bleibt vorerst distanziert. Herrlich die Szene zu Beginn im Büro, als Devon sich seine Pause mit einem Croquet-Spielchen vertreibt und Michael hinter ihm auftaucht. »Devon, Sie können sagen, was Sie wollen. Aber ich finde, Sie sind ein bisschen merkwürdig.« Devons Konter: »Dies ist ein Spiel für Gentlemen. Ein Spiel der Kurzweil.« Einen Dämpfer erhält er dennoch: Als er ans Telefon muss, schnappt sich Michael den Croquet-Schläger und trifft direkt durchs Tor, im Gegensatz zu Devon zuvor. Sein Kommentar: »Eine Kleinigkeit für mich.«

Ein Lob nach dem erneut erfolgreichen Abschluss des Falles bekommt er von seinem Boss wieder nicht: »Geht es denn bei Ihnen nie ohne Chaos und Zerstörung ab?«, klagt er, als Michael und K.I.T.T. zurückkehren. Michaels schlichte Antwort: »Die Welt ist nun mal hart, Devon.«

Bester Dialog:
K.I.T.T.: »Ich verstehe immer noch nicht, inwiefern diese Sternchen meine Fähigkeiten steigern sollen.«
Michael: »Darum geht es nicht, K.I.T.T.«
K.I.T.T.: »Worum geht es dann?«
Michael *(denkt nach):* »Ich kann's nicht so erklären, dass du's verstehen würdest.«
K.I.T.T.: »Das ist kein Argument.«
Michael: »Okay, hör zu: Entweder kriegst du Sterne, oder du wirst angemalt, rot, weiß, blau, wie alle anderen Autos. Also, was willst du?«
K.I.T.T.: »Kleben Sie weiter, Michael, kleben Sie weiter.«

Trivia:

• Michael liest zu Beginn der Folge im »Owner's Manual«, K.I.T.T.s Betriebsanleitung. Es ist das einzige Mal in der gesamten Serie, dass wir diese zu Gesicht bekommen.

• Als Michael und K.I.T.T. von einem Polizisten verfolgt werden, drückt Michael den »Turbo Boost«, um zu beschleunigen (und nicht etwa, um ein Hindernis zu überspringen). Diese Doppelfunktion des »Turbo Boost« erleben wir zu Beginn der Serie des Öfteren, später wird zum Schnellfahren ausschließlich die »Pursuit«-Funktion genutzt – und ab Staffel 4 der »Super Pursuit Mode«.

• Als Michael in Devons Büro beim Croquet trifft, vergräbt Devon sein Gesicht in den Händen und murmelt sein berühmtes »Womit hab ich das verdient ...« vor sich hin. Allerdings – wie schon im Pilotfilm – erneut nur in der deutschen Synchronisation: Im englischen Original sagt er diesmal gar nichts.

• Sammys Stuntparcours ist dasselbe Gelände, auf dem das Wohltätigkeitsrennen im Pilotfilm stattgefunden hatte: der Saugus Speedway in Santa Clarita.

• Der Kuss zwischen Lisa und Michael: zunächst »rein geschäftlich«, wie sie erklärt, gefolgt wird er von einem nicht-geschäftlichen. Michaels Quote: vier Folgen, zwei Küsse. Den »freundschaftlichen« Kuss mit Maggie aus dem Pilotfilm zählen wir mal nicht mit.

• K.I.T.T.s »Oxygen Vent«, den Bonnie zu Beginn der Folge eingebaut hat, kommt am Ende der Episode gleich zum Einsatz. Ein Muster, das sich in einigen ersten Folgen wiederholen wird: K.I.T.T. bekommt ein neues Gimmick – das direkt gebraucht werden wird.

• Eddie Firestone (Sammy Phillips) klingt wie der Künstlername eines Stuntprofis, ist aber keiner. Firestone spielte in fast allem mit, was in den 1950ern bis 1980ern Rang und Namen hatte: *Perry Mason, Bonanza, Die Straßen von San Francisco, Rauchende Colts, Detektiv Rockford – Anruf genügt, Drei Engel für Charlie, Hawaii Fünf-Null, Quincy, Kampfstern Galactica, Dallas* ... Susan Kase (Lisa Phillips) kommt hingegen nur auf fünf Credits, neben *Knight Rider* war sie immerhin auch bei *Ein Colt für alle Fälle* und *Cheers* zu sehen. Bereits 1985 beendete sie ihre Schauspielkarriere im TV.

• Marc Alaimo (Bill Gordon) hat eine hingegen eine weitreichende Schauspielkarriere vorzuweisen. Am bekanntesten sein Mitwirken in *Star Trek: Deep Space Nine* als Gul Dukat in 35 Folgen – auch wenn man ihn hier nicht zwingend erkennt. Bereits in *Raumschiff Enterprise: Das nächste Jahrhundert* hatte er in vier Episoden in unterschiedlichen Rollen mitgespielt.

• Zwischen dem Ende der Folge und dem Abspann sehen wir erstmals seit dem Pilotfilm wieder Michael Knights Fahrt durch die Wüste, unterlegt mit den folgenden Worten von Wilton Knight:

»One man can make a difference, Michael« und »Michael Knight, a lone crusader in a dangerous world, the world of the Knight Rider.«

Bedeutung der Folge für die gesamte Serie:
* *

Herz / Humor / Action:
* * * * / * * * * * * / * * * *

Gesamtwertung:
* * * *

»Minister auf Abwegen« / »Just My Bill« (Folge 5)

Story: Catherine Bacos; Drehbuch: Deborah Davis, David Braff; Mitautor: Steven E. de Souza; Regie: Sidney Hayers
Filmdaten: 22. – 30. September 1982
Erstausstrahlung USA: Fr, 29. Oktober 1982 (NBC)
Erstausstrahlung Deutschland: Die, 3. September 1985 (RTLplus)

Die grundsympathische Senatorin Maggie Flynn stellt sich einer umstrittenen Gesetzesvorlage entgegen, was der Gegenpartei gar nicht passt. Nach einigen »Unfällen« werden Michael und K.I.T.T. eingeschaltet. Sie sollen Maggie bis zur Abstimmung beschützen.

Kommentar:
Eine stabile Folge, nicht mehr, aber auch nicht weniger. Carole Cook spielt glaubhaft eine mutige und offenbar anständige Politikerin mit dem Herzen am rechten Fleck. Und eine, die sich für das Gute einsetzt, sich von skrupellosen Gegnern nicht einschüchtern lässt. Kein Wunder, dass Michael und K.I.T.T. sie bewundern und sich gerne für sie stark machen.

Die Action zu Beginn ist überschaubar: eine kleine Verfolgungsjagd in der Stadt, bei der sich die Frage stellt, warum K.I.T.T. nicht mal versucht, das verfolgte Auto nach dem Kreuzen des LKWs erneut zu orten. Dann schließlich das Finale, bei dem Maggie schnellstmöglich zur Abstimmung ins Kapitol kommen muss. Herrlich, als Michael eine Abkürzung nimmt und vor Devons Augen durch den Hinterzaun brettert! Die Aktion an sich erklärt wiederum Bonnies Kommentar zu Beginn, als Michael meint, K.I.T.T. würde ohne ihre Hilfe zusammenbrechen. Bonnies Antwort: »Oh ja, so wie du mit ihm umgehst …« K.I.T.T. muss am Ende dann heftige Angriffe via Hubschrauber aushalten – nicht zum letzten Mal im Verlauf der Serie.

Ungewohnt sind die Aufnahmen von K.I.T.T.s Voicebox, die aus mehreren Perspektiven gefilmt wird. Auch hier hat man wohl noch getestet, was am besten wirkt – dauerhaft durchgesetzt hat sich schließlich die Frontalaufnahme, die wir über fast die gesamte restliche Serie hinweg sehen.

Apropos Armaturenbrett: Maggies Assistentin Jane fallen bei der Fahrt in K.I.T.T. natürlich »all die Lichter da vorne« auf. Was sie bedeuten? »Ein kleines Computerteil«, antwortet Michael, »das zeigt mir die Radarfallen an.« Ganz klar ist (und wird) nie, wann er die gesamte Geschichte um K.I.T.T. auspackt oder seine Rolle herunterspielt. Im konkreten Fall darf K.I.T.T. sich dann doch noch erklären, als er Jane Gesellschaft leisten soll. »Wer ist K.I.T.T.?«, fragt sie. K.I.T.T.s (beleidigte) Antwort: »Das kleine Computerteil.« Allen zu erklären, wer er denn sei, sei nun wirklich nicht leicht, so Michael. K.I.T.T. entgegnet, er solle das in Zukunft einfach ihm überlassen, was Michael dann auch des Öfteren tun wird.

Auffällig ist, wie schnell K.I.T.T. sich bestimmter Themen annimmt, am Ende meist zum Leidwesen seiner Mitfahrer. Bei »Sammys Sensationsshow« führte er am Schluss aus, welche Stunts ihm künftig vorschweben würden; hier will er mit Maggie über die Vor- und Nachteile verschiedener Staatsformen philosophieren.

Haben wir in »Tödliche Manöver« noch K.I.T.T.s Teamgeist gegenüber Michael gelobt? Nun, nichts ist perfekt: Als Devon Michael über den neuen Auftrag in Kenntnis setzt (und Michaels Verabredung mit einer gewissen Sabrina eigenmächtig abgesagt hat), beendet er die Ausführungen mit dem Hinweis, er solle sich bei weiteren Fragen an K.I.T.T. wenden. Das tut Michael auch, allerdings stellt er K.I.T.T. vor allem eine entschlossene Frage: nämlich die, wer Devon überhaupt Sabrinas Nummer gegeben habe …

Interessant: Bonnie nennt Devon zu Beginn der Folge »Sir«, Michael spricht ihn im Telefonat mit »Buddy« an (nur im englischen Original) – ein Ausdruck, der doch eigentlich für K.I.T.T. reserviert ist.

Ach ja: Wir erfahren nebenbei etwas über die Organisation und die Rechtstreue der Foundation. Zum einen ist Maggie ein Mitglied des Treuhänderausschusses. Obwohl die Foundation nichts mit Politik zu tun hat, da biege man diese Regel halt ein bisschen?, fragt Michael. Das sei für ihn ja nichts Neues, erläutert Devon. Ein interessanter Punkt: Bereits im Pilotfilm hatte Devon eine entsprechende Diskussion mit Wilton Knight geführt, in dem dieser ihm erklärt hatte, seine eigenen Regeln zu verfolgen.

Bester Dialog:
Devon *(auf Michaels Kommentar hin, er könne den Auftrag nicht annehmen, weil er etwas vorhabe)*: »Oh, das wurde bereits erledigt.«
Michael: »Was meinen Sie mit ›Das wurde erledigt‹?«
Devon: »Das arme Mädchen … Sabrina? Es hat ihr fast das Herz gebrochen.«

Trivia:
• Es ist die einzige Folge der gesamten Serie, in der K.I.T.T.s Lämpchenfarben der Voicebox auf der rechten Seite vertauscht sind.
• Auch der Scanner zeigt ein ungewöhnliches Muster: Als Michael K.I.T.T. bezüglich Sabrinas Telefonnummer zur Rede stellt, läuft der Scanner nur in eine Richtung. Grund: Er hatte in Wirklichkeit acht Einstellmöglichkeiten. Eine weitere Variante sehen wir in »K.I.T.T. sitzt in der Falle«.
• »Minister auf Abwegen« hatte mit einem Rating von 11,5 die schlechteste Quote der gesamten Laufzeit.
• Wir sehen erstmals eine Szene, die in Abwandlungen alle paar Folgen vorkommen wird: K.I.T.T. steht im Halteverbot, wird entdeckt, soll abgeschleppt werden – und sucht sich während der telefonischen Beauftragung des Parkwächters kurzerhand selbst einen neuen Parkplatz. Ebenfalls die erste Version eines Running Gags: Michael fährt mit K.I.T.T. zu einem Restaurant, der Valet will ihn parken – was K.I.T.T. zu dessen Überraschung selbst tut.
• David Hasselhoff war beim Helikopter-Stunt selbst am Start. »Dieser Tag war nicht wirklich beängstigend«, erklärte er später. »Es war so aufregend und ich war so erstaunt, dass die Produzenten der Show mich haben machen lassen, dass ich einen Riesenspaß hatte. Wenn man einmal da oben ist, 30 Meter über dem Boden, will man natürlich nicht mehr loslassen.«
• Nach und nach werden K.I.T.T.s Funktionsbuttons angepasst, in dieser Folge schien noch keiner für »Instant Replay« vorhanden zu sein: Als Michael die Videoaufzeichnung nach der missglückten Verfolgungsjagd abrufen will, drückt er den rechten Knopf unter den Bildschirmen – wie wir wissen, befindet sich hier allerdings der »Pursuit«-Button. Auch die Abschaltung des »Surveillance Mode«, in dem er ein Rädchen rückwärts dreht, sehen wir so nicht noch einmal. Warum Michael zuvor Knöpfe an der Kopfkonsole gedrückt hat, bleibt ebenso unklar.
• Carole Cook (Maggie Flynn) hat eine lange Schauspielkarriere hinter sich. Sie war ein Schützling von Lucille Ball aus der legendären US-Serie *I love Lucy.* Cook trat in einigen Nachfolgeserien auf, ebenso in den klassischen 70er- und 80er-Shows wie *Magnum, Der Denver-Clan* oder *Mord ist ihr Hobby.* Sie war bis ins Alter von weit über 90 Jahren aktiv! Nancy Lee Grahn (Jane Adams) be-

spielte ebenso viele 80er-Jahre-Shows und hatte dauerhafte Rollen in *California Clan, Melrose Place, Eine himmlische Familie* und in mehr als 1.500 Folgen von *General Hospital,* wo sie immer noch mitmischt.

• Wie wir erfahren, wurden einige von K.I.T.T.s Systemen an der Stanford Universität entwickelt.

Bedeutung der Folge für die gesamte Serie:
* *

Herz / Humor / Action:
* * * / * * * / * * *

Gesamtwertung:
* * *

»Die große Dürre« / »Not a Drop to Drink« (Folge 6)

Buch: Hannah L. Shearer; Regie: Virgil W. Vogel
Filmdaten: 1. – 11. Oktober 1982
Erstausstrahlung USA: Fr, 5. November 1982 (NBC)
Erstausstrahlung Deutschland: Die, 3. Dezember 1985 (RTLplus)

Ein reicher Landbesitzer will Ranchern das Wasser abdrehen. Michael und K.I.T.T. werden zu Francesca Morgan geschickt, um sie zu unterstützen – aber auch, um sie vor eigenmächtigen Taten zu schützen.

Kommentar:

Es wird immer klarer, worin die Aufgaben der Foundation bestehen – und wie Michael und K.I.T.T. hineinpassen. Devon hatte im Pilofilm ja eine Menge Papierkram angedeutet, aber auch den Gedanken von Wilton Knight, dass in einigen Fällen nur unmittelbares Handeln erfolgversprechend sei. Diese Folge ist das perfekte Beispiel: Dank der Foundation haben acht Rancherfamilien einen Gerichtsprozess gegen Herb Bremen gewonnen, der sich jedoch nicht so leicht geschlagen gibt und einen Staudamm in die Luft jagt. Was tun? Devons entschlossener Kommentar: »Da kann nur einer helfen: Michael Knight!«

Es scheint also, als ob Michael die vergangenen Fälle doch zur Zufriedenheit seines oftmals kritischen Bosses ausgeführt hat. Einen Seitenhieb kann sich Devon freilich nicht verkneifen. Als er Michael zu Fran schickt, erklärt er, diese sei fast so impulsiv wie er: »Stur, widerspenstig und immer über irgendetwas ungehalten.«

Devon sagt das mit einem Lächeln, Bonnie hingegen scheint mit Michael immer noch nicht warm zu werden. Als sie mit dem Einbau eines neuen Gimmicks an K.I.T.T. fertig ist (ein Enterhaken), fragt Michael mit gespielt falscher Stimme: »Was hast du dem Monster getan?« Bonnies Blick spricht Bände … was auch Michael merkt und seinen misslungenen Scherz mit einem »Schon gut« abtut (im englischen Original ist es ein resigniertes »Yeah«). Es folgt dennoch ein erneuter Annäherungsversuch von Michael, und wie bereits erwähnt: Szenen dieser Art sind vielleicht teilweise lustig, aber rückblickend komplett irritierend.

Michael nutzt weiterhin ordentlich aus, dass K.I.T.T. allein fahren kann. Auch in späteren Episoden ist er oft längere Strecken unterwegs, auch nachts, hier sehen wir ihn schlafend. Und mit dem Lob, K.I.T.T. sei besser als jedes Hotel, er habe gar wunderbar geträumt. Kurz nach dem Aufwachen dann der Empfang mit den drei Baggern – eine Szene, die immer etwas gestellt wirkt. Der »Ski Mode« rückwärts ist natürlich großes Kino, aber wäre nicht ausreichend Platz gewesen, um den ersten Bagger einfach zu umfahren? Andererseits: Wieso einfach, wenn‘s auch spektakulär geht?

Michaels Empfang ist eher ungastfreundlich – als die Personalien geklärt sind, sieht die Sache anders aus. Nicht so für K.I.T.T., der sich mit Hund Harry herumschlagen muss. Der »brüllende Löwe«, den K.I.T.T. wieder einspielt (und mit dem er in »Der Bandenkrieg« erfolgreich war), schlägt bei Harry nicht an. K.I.T.T.s resignierter Kommentar: »Ich glaube, heute ist einfach nicht mein Tag.«

Wirklich Tempo nimmt die Folge im Anschluss nicht auf. Auch die Beziehung zur Michael nun wohlgesonnenen (und tatsächlich sehr netten) Gastfamilie bleibt oberflächlich – leider. Im Gegensatz zu Harry kommt K.I.T.T. mit Bumper, dem Stier, besser klar; später erschreckt er Bremens Helfer Dewey, indem er so tut, als sei er ein Außerirdischer – zwei Szenen, die eher albern als lustig wirken. Gut, dass im Lauf der Serie von derlei Kinkerlitzchen Abstand genommen wird.

Interessant ist der Nachklapp beim Wacheschieben, als K.I.T.T. Dewey verscheucht hat, was laut Michael nicht Zweck der Übung war. Die blinde Abstimmung zwischen den beiden hat noch Luft nach oben.

Unrund bleibt die persönliche Ebene zwischen Michael und Fran. Die kann anfangs gar nichts mit ihm anfangen und hält ihn für einen weiteren Anwalt – ein amüsanter Gedanke. Später kommen sich die beiden näher, wenn auch nicht zu nahe. Hier hätte man mehr daraus machen und einigen sonstigen inhaltlichen Leerlauf streichen können (wäre man eine normale Serie): Michaels und K.I.T.T.s Wacheschieben, K.I.T.T.s UFO-Aktion, das Abschleppen des Baggers – wirklich weitergebracht haben diese Szenen die Episode nicht. Aber klar: K.I.T.T. musste Stoff bekommen, leider auf Kosten der Handlung und der Herz-Komponente.

Also bleibt es für Michael und Fran bei einem kurzen Spaziergang bei Sonnenuntergang am Fluss, der wie aus dem Nichts daherkommt und eher nach Soap als nach Actionserie anmutet. Nimmt man das nicht so genau, sind Michaels Lebenserfahrungstipps gegenüber der scheinbar so starken, aber innerlich doch zweifelnden Fran natürlich großes Kino. Fran will nicht, dass Sohn Kevin so aufwächst wie sie selbst oder ihr Schwiegervater. Michael weiß die Antwort: Ob sie Kevin viel Liebe gebe? Ja. Ob sie auch streng sei? Jep. Und ob Kevin die Chance habe, er selbst zu sein? Meistens. Michaels Fazit: »Dann wächst er gut auf.« Und ihre eigene schlechte Laune, ihr aufbrausendes Temperament? Sie müsse diese Energie nur anders einsetzen, positiver, so Hobbypsychologe M. Knight. Niemand könne dauernd stark sein. »Nicht einmal Sie?«, fragt Fran. »Nicht einmal ich«, gesteht Michael.

Und auch wenn man Frans Bedürfnis nach einer Umarmung in der deutschen Übersetzung unsinnigerweise zu einem Wunsch nach Zärtlichkeit umgedichtet hat, stellt sich die entscheidende Frage: Wozu dicke Wälzer zur Persönlichkeitsentwicklung lesen, wenn‘s eine Folge *Knight Rider* auch tut?

Trivia:

• Stand der Semi zuletzt an einem Hang, ist er nun neben einer Straße postiert – wie auch in einigen kommenden Folgen.

• Sondra Currie (Francesca Morgan) ist eine bekannte und noch aktive Schauspielerin in den USA. Sie hatte immer wieder Auftritte in den klassischen Shows der 70er- und 80er-Jahre *(Männerwirtschaft, Starsky und Hutch, Magnum, Simon und Simon ...).* Zu sehen war sie auch in zwei *Columbo*-Folgen sowie in den drei *Hangover*-Filmen.

• Ein schöner Insider, den die *Knight Rider Historians* ausgegraben haben: Zu Beginn der Folge, bei Michaels Beauftragung, kratzt sich Devon am Ohr – was er im Lauf der Serie noch einige Male tun wird. Warum? Laut seiner Nichte habe Edward Mulhare auf diese Art und Weise seine Familie gegrüßt.

Bedeutung der Folge für die gesamte Serie:
*

Herz / Humor / Action:
* * * / * * / * *

Gesamtwertung:
* *

»Ein Richter spielt sein Spiel« / »No Big Thing« (Folge 7)

Buch: Judy Burns; Regie: Bernard L. Kowalski
Filmdaten: 13. – 22. Oktober 1982
Erstausstrahlung USA: Fr, 12. November 1982 (NBC)
Erstausstrahlung Deutschland: Die, 10. September 1985 (RTLplus)

Devon will den Reporter Frank Reston treffen, wird auf dem Weg jedoch wegen eines vermeintlichen Verkehrsdelikts festgenommen. Im Gefängnis trifft er tatsächlich auf Reston, der kurz darauf bei einem »Verhör« stirbt. Devon ist der einzige Zeuge der Festnahme – und soll nun seinerseits beseitigt werden …

Kommentar:

Dies ist die erste Folge der Serie, in der Devon die tragende Rolle spielt – und die ihn von einer ganz anderen Seite zeigt: als zwar anspruchsvollen, aber überraschenderweise recht entspannten Gefängnisinsassen, schließlich sogar als ausgebufften Ausbrecher! Erstmals sehen wir auch Devons berühmten roten Mercedes im Einsatz.

Zudem gibt es mehrere Anspielungen auf Devons britische Herkunft. Sein Akzent im englischen Original ist deutlich, in der deutschen Übersetzung hört man davon allerdings nichts. Der schönste Dialog: Pink spricht Devon bei der Schuhausgabe im Gefängnis mit »Eure Hoheit« an (»Your Highness« im englischen Original), sein Kollege bittet ihn dann zum Gehen, »sonst lädt er Sie noch zum Tee ein«. Woher Devon seine Erfahrungen in Sachen Gefängnisausbruch hat, erfahren wir später, konkret aber wieder nur im englischen Original: Demnach ist er im zweiten Weltkrieg aus zwei Kriegsgefangenenlagern in Deutschland geflohen!

Wir erfahren zudem wieder ein Teilchen in Sachen »Aufgaben der Foundation«: Reston hatte Devon einen Brief über seine Nachforschungen um Richter Paxton und die korrupte Polizei geschrieben. Devon war deshalb auf dem Weg, um sich mit ihm zu treffen. Auch Devon spielt also nicht nur den Boss und Aufgabenverteiler, sondern hin und wieder einen Mann der Tat. Am Ende im wahrsten Sinne des Wortes, als er Richter Paxton persönlich festnehmen will und ihn kurzerhand k.o. schlägt. Zitat im englischen Original: »That felt simply wonderful.«

»Ein Richter spielt sein Spiel« ist eine kurzweilige Folge von Anfang bis Ende, mit einem der schönsten Soundtracks, dem Song *Love's Been A Little Bit Hard On Me*, im Original von Juice Newton. Es geht los mit dem Ausflug von Michael und K.I.T.T. an die Tankstelle, deren Pächter beim Anblick von K.I.T.T. den Eispickel herausholt und die Reifen zerstechen will, um etwas zusätzlichen

Profit zu machen. Michaels Besorgnis, ob er etwas kaputtgemacht habe, wiegelt K.I.T.T. entschlossen ab: »Mit einer Plastikbombe oder einem Diamantbohrer hätte er vielleicht eine minimale Chance gehabt, ein paar Stromkreise zu unterbrechen. Aber an mir was kaputt machen?« K.I.T.T.s Selbstverständnis in Ehren – ab der zweiten Staffel werden wir immer wieder erleben, wie er durchaus größere Schäden erleidet. Man muss sich zudem fragen, ob er den defekten Alphastromkreis aus »Tödliche Manöver« vergessen hat, den er sich bei einer eher simplen Aufgabe, dem Abschleppen eines anderen Autos, zugezogen hat.

Kurze Zeit später sehen wir, wie Michael sich auf langen Fahrten die Zeit vertreibt, neben Nickerchen halten und Computerspiele spielen: Er nutzt K.I.T.T.s Computer, um Football-Quoten auszurechnen, als Bonnie durchklingelt. Dass Devon im Gefängnis sitzt? Ist für ihn zunächst ein großer Spaß. »Hat er eine Fliege ermordet?«, fragt er amüsiert. Und später: »Ich möchte die Chance nicht verpassen, nicht für alles Geld der Welt, unseren großen Meister da rauszuholen«, gefolgt von einem herzlichen (und leicht schadenfrohen) Lachen. Erst nach und nach wird ihm die Ernsthaftigkeit der Sache klar.

Merkwürdig mutet indes die Szene an, in der K.I.T.T. vor Pauly und dessen LKW seine Schnelligkeit beim Rückwärtsfahren unter Beweis stellt. Michael begründet seinen Verzicht auf den »Turbo Boost« damit, dass er an Pauly dranbleiben wolle, um dessen Auftraggeber zu finden; von einer Verfolgung sieht er allerdings ab. Die Gründe erfahren wir nicht.

Auch scheint die Planung zu Beginn der Serie noch vorgegeben zu haben, dass K.I.T.T. den Ton angibt. Dass Michael womöglich noch nicht um K.I.T.T.s Rückwärtsgeschwindigkeit wusste? Geschenkt. Dass K.I.T.T. ihn aber auch bei der Flucht am Ende nach Devons Rettung noch darauf hinweisen muss, die Bremse zu treten … nun ja. Dafür gibt's bei der Flucht zur Bezirksgrenze einen von Michael initiierten herrlichen »Turbo Boost«, und das sogar mit weicher Landung.

Michael scheint zudem aus seinem Fehler gegenüber Jane aus »Minister auf Abwegen« gelernt zu haben (Stichwort: »Das kleine Computerteil«). K.I.T.T. erhält gegenüber Carol die Chance, sich selbst vorzustellen. 40 Minuten Zeit hat er, diese sollten gerade so ausreichen. Die genauen Ausführungen hören wir nicht; K.I.T.T. beginnt erneut (wie schon gegenüber Sherry in »Der Bandenkrieg«) mit seiner unzerstörbaren Legierung.

Michael hält sich in Sachen Romanzen diesmal zurück, das Telefonat mit Bonnie bleibt kollegial freundlich. Man hat den Versuch, den beiden eine Liebelei anzudrehen, ab dem Dreh dieser Folge (Mitte Oktober 1982) offenbar aufgegeben. Dass Michael in einer noch folgenden Episode wieder in alte Muster zurückfällt – in »Gangster wider Willen« –, ist dem Umstand geschuldet, dass diese vor »Ein Richter spielt sein Spiel« gedreht, aber erst danach ausgestrahlt wurde.

Auch die Verbindung zu Carol bleibt rein geschäftlich. Die beiden essen lediglich gemeinsam zu Abend, um über die Nachforschungen von Frank Reston zu Richter Paxton zu sprechen. Wir erfahren allerdings nebenbei, dass Michael eine andere Lady am Start hatte, aufgrund derer man überhaupt erst den Weg zur Tankstelle aufsuchen musste, weil, wie K.I.T.T. ausführt, »Bonnie den 200 Meilen langen Umweg nicht berücksichtigt hat, den Sie und die junge Dame gemacht haben, die Sie kennengelernt haben in, äh …« Hier unterbricht Michael, den Namen erfahren wir leider nicht.

Trivia:
• Mary Margaret Humes (Carol Reston) war ebenfalls eine der Schauspielerinnen, die für die Rolle der Bonnie vorsprach. Humes spielte in einer Reihe von Serien der 80er- und 90er-Jahre mit. Weltweite Bekanntheit erlangte sie mit *Dawson's Creek,* wo sie Dawsons Mutter spielte. Logan Ramsey (Richter Paxton) war bereits Ende der 1940er-Jahre aktiv, Rollen als Richter spielte er im Lauf seiner Karriere mehrfach.
• Eine Anzeige für den »Security Alert« fehlt in K.I.T.T. Man hat das Problem dadurch gelöst, dass die Anzeige auf einem seiner Bildschirme aufflackert – zum einzigen Mal im Verlauf der Serie.
• Einen der größten Schnittfehler erleben wir, als K.I.T.T. rückwärts vor Paulys Truck wegfährt. Während bei den Außenaufnahmen ausschließlich vertrocknete Landschaft zu sehen ist, blicken wir aus der Innenaufnahme heraus auf herrlichen grünen Wald. Warum K.I.T.T. nicht einfach außen an Pauly vorbeigefahren ist, erklärt sich damit ebenfalls, denn er hätte nur eine 50/50-Chance gehabt: Bei den Außenaufnahmen wäre mehr als genug Platz gewesen. Blickt man hingegen Michael über die Schulter, ist die Straße tatsächlich sehr schmal, weil Bäume am Rand stehen.
• Beim Abendessen zwischen Michael und Carol läuft im Hintergrund der Song *Always On My Mind.* David Hasselhoff sollte ihn ein paar Jahre später (1987) auf seiner zweiten LP *Lovin' Feelings* covern.
• Ab dieser Folge hören wir am Ende bei der »Wüstenfahrt« im englischen Original nur noch Wilton Knight mit: »Michael Knight, a lone crusader in a dangerous world … the world of the Knight Rider.« Den Satz »One man can make a difference, Michael«, lässt man von nun an weg.

Soundtrack:
• *Eine kleine Nachtmusik* (Wolfgang Amadeus Mozart)
• *Love's Been A Little Bit Hard On Me* (Juice Newton)
• *Always On My Mind* (Willie Nelson)

Bedeutung der Folge für die gesamte Serie:
* * *

Herz / Humor / Action:
* * * / * * * * * * / * * * * *

Gesamtwertung:
* * * * *

»Der Doppelgänger« / »Trust Doesn't Rust« (Folge 8)

Buch: Steven E. de Souza; Regie: Paul Stanley
Filmdaten: 27. Oktober – 4. November 1982
Erstausstrahlung USA: Fr, 19. November 1982 (NBC)
Erstausstrahlung Deutschland: Mo, 16. Dezember 1985 (RTLplus)

Die Kleinganoven Rev und Tony brechen ins geplante *Knight Museum of Technology* ein und reaktivieren versehentlich K.A.R.R., den Prototypen von K.I.T.T. Im Gegensatz zu K.I.T.T., dessen wesentlicher Auftrag ist, menschliches Leben zu schützen, wurde K.A.R.R. programmiert, sich einzig um sich selbst zu sorgen.

Kommentar:

Knight Rider hatte im US-Fernsehen eine undankbare Aufgabe: Man war im ersten Jahr am Freitagabend-Slot um 21 Uhr angesetzt und lief in direkter Konkurrenz zum Publikumsmagneten *Dallas.* Kaum eine Show hatte gegen die Öl-Soap zuletzt eine Chance gehabt, auch für *Knight Rider* war es das Ziel, zumindest den zweiten Platz dahinter zu belegen. Nach einem verheißungsvollen Auftakt bröckelten die Quoten jedoch, die Gefahr einer Absetzung drohte.

»Der Doppelgänger« war eine, wenn nicht die Folge, die *Knight Rider* wieder in die Spur bringen sollte. Für viele ist sie die beste Episode der ersten Staffel. »Es war das Jekyll and Hyde der sprechenden Autos«, so David Hasselhoff. Autor war Steven E. de Souza, der bereits die erste reguläre Folge »Gangster wider Willen« geschrieben hatte (diese wurde aber erst als neunte Folge ausgestrahlt). De Souza sollte später auch als Produzent in Staffel 1 tätig werden.

Die größte logische Ungereimtheit des Plots ist freilich die Frage, wieso man K.A.R.R.s CPU nicht einfach ausgetauscht hat, als man gemerkt hatte, dass er »bösartig« agiert – das Auto an sich hätte ja auch mit K.I.T.T.s Computer laufen können. Die Antwort lautet: Weil es diese Episode sonst nicht gegeben hätte, und das wäre äußerst schade gewesen. Lässt man diesen Gedanken beiseite, ist »Der Doppelgänger« in vielerlei Hinsicht großartig, angefangen vom gerne genommenen 1980er-Serien-Dreh eines bösen Zwillings bis hin zum Finale, in dem Michael die unterschiedlichen Programmierungen der beiden Computer schlau ausnutzt.

Wir erfahren zudem, dass Bonnie (die ja nie offiziell eingeführt wurde) noch nicht lange bei der Foundation arbeitet. Auf Michaels Vorwurf, dass man ihm nichts von K.A.R.R. erzählt hatte, erklärt sie: »Oh bitte, sieh mich nicht so an, das war lange vor meiner Zeit, Michael.« Aber auch Devon wusste offenbar nicht von K.A.R.R.s weiterer Existenz. Er sei beauftragt worden, ein sichereres Modell zu bauen, das andere sei in dieser Zeit im Lager untergebracht worden. »Ich dachte, Wilton hätte es vor seinem Tod demontieren lassen, aber ich hab mich geirrt.«

Sehr interessant und hier zum ersten Mal ausgeführt: K.I.T.T.s Aufgabe, menschliches Leben zu schützen, und zwar um jeden Preis – das wurde bislang noch nie derart ausführlich dargelegt, wird aber im Lauf der Serie immer wieder deutlich. »K.I.T.T.s primäre Funktion, menschliches Leben zu retten, ist uneigennützig, ja selbstlos«, erklärt Bonnie. Der große Unterschied zwischen K.I.T.T: und K.A.R.R.: Letztererer hat diese Programmierung nicht. »Er ist nur eigennützig, fast animalisch von Natur aus«, ergänzt Devon. Genau das wird schließlich K.A.R.R.s Verhängnis, als beide Autos in direkter Konfrontation aufeinander zufahren, K.A.R.R. in letzter Sekunde ausweichen will, die Kontrolle verliert und vom Kliff stürzt. Eine gedankliche Meisterleistung letztlich – von Michael. Woher er gewusst habe, dass K.A.R.R. ausweichen würde, fragt K.I.T.T. am Ende erstaunt. Nun, wegen der unterschiedlichen Programmierung, erklärt Michael. K.I.T.T.s Aufgabe sei es, menschliches Leben zu schützen, K.A.R.R.s hingegen die Selbsterhaltung. »In der direkten Konfrontation wusste ich, dass K.A.R.R. kneifen würde.«

Trotz aller Unterschiede: Gemeinsam haben K.I.T.T. und K.A.R.R. ihren Stolz darin, einzigartig zu sein. Haben wir im Fall von K.I.T.T. schon in den vergangenen Folgen mehrfach darüber gesprochen, hält sich auch K.A.R.R. mit dem Gedanken, der Prototyp zu sein, nicht zurück. K.I.T.T., das betont er mehrfach, auch im direkten Dialog, sei nur ein minderwertiges Fließbandmodell.

Apropos Gespräche: Als Michael und Bonnie am Ende das Duell mit K.A.R.R. suchen, wollen sie offenbar miteinander »ins Reine« kommen, und es entspinnt sich ein schöner Dialog, wobei sie sich für ihr bisheriges Verhalten entschuldigen (»impulsiv und verantwortungslos«; »herrisch und anstrengend«). K.I.T.T.s Kommentar: »Michael? Bonnie? Warum belügt ihr euch gegenseitig?« Noch schöner: Nachdem K.A.R.R. besiegt ist, sind Michael und Bonnie kurz davor, einander erleichtert in die Arme zu fallen, machen aber kurzfristig einen Rückzieher – schade eigentlich.

Spannend ist das Verhältnis zwischen Tony, Rev und K.A.R.R., der die beiden Kleinganoven am Ende entzweit. Der Charakter von (The) Rev ist hierbei einer der interessantesten der *Knight Rider*-Geschichte: (The) Rev hat seinen Spitznamen erhalten, weil er eine gewisse Art von Religiosität innehat. Mehrfach zitiert er Bibelstellen; schon zu Beginn der Episode versucht er, Tony vom Einbruch ins *Knight Museum of Technology* abzubringen. »Du sollst nicht unbefugt den Besitz deines Nachbarn betreten … so ähnlich heißt es«, erklärt er. Tony hat dafür wenig übrig: Rev solle nicht wieder mit den zehn Geboten kommen. »Hier, sauf noch einen Schluck, dann wird es dir gleich wieder besser gehen.« Auch am Morgen nach K.A.R.R.s Befreiung ist Rev unsicher, was er tun soll. Er will die gesamte Sache am liebsten abbrechen. Gegen etwas schnelles Geld hat er dann aber nichts einzuwenden. Deutlich zu weit geht ihm jedoch Tonys eigenmächtige Entführung von Bonnie. Im Streit will er Tony mit der Geschichte um den Engel Luzifer beikommen (der von Gott erschaffen worden war, dann gegen ihn rebellierte, ihm gleich sein wollte) … Tony wird wütend: »Fang nicht wieder mit diesem heiligen Zeug an, Rev, ich warn dich!«, flucht er und schlägt seinen Partner mit einer Flasche bewusstlos. Wir erleben also, wie K.A.R.R. es geschafft hat, Menschen zu verändern – einen Punkt, den Michael in »Der schwarze Teufel taucht wieder auf« gegenüber Mandy erwähnen wird.

Rührend das Gespräch zwischen Michael und K.I.T.T. zu Beginn, als dieser erklärt, er hätte Verständnis dafür, wenn Michael ohne ihn weiterarbeiten wolle – aus Angst, es könne wieder zu einer Verwechslung zwischen ihm und K.A.R.R. kommen. Nein, keinesfalls, versichert Michael. »Ich hatte viele Partner, als ich noch bei der Polizei war. Aber du bist der beste von allen.« K.I.T.T. kann mangels Erfahrung keinen derartigen Vergleich bieten, erwidert aber: »Ich wette eins zu tausend, dass ich keinen verträglicheren Menschen als Sie kennenlernen könnte.«

Romantische Anwandlungen gibt es keine, auch wenn Michael – natürlich – wieder auf der Pirsch war. Und auch wenn die beiden erst wenige Abenteuer zusammen erlebt haben, kommt K.I.T.T. mit Michaels »Damen-Bekanntschaften« schon nicht mehr mit. In »Ein Richter spielt sein Spiel« hatte er den Namen der letzten Romanze vergessen; hier unterläuft ihm eine Verwechslung, als die beiden zu Beginn der Folge erst sehr spät nachts vom letzten Auftrag zurückkommen. »Wir hätten diesen Auftrag erledigen können, wenn Sie nicht diese Rosalie besucht hätten.« Michael: »Sie heißt Roselynn. Roselynn! Rosalie ist ein anderes Mädchen, die wohnt am Strand.« Warum er denn so viele Frauen am Start habe, wundert sich K.I.T.T., »wäre eine nicht genug?« K.I.T.T. klinge schon wie seine Mutter, erwidert Michael und fragt, was falsch an etwas Abwechslung sei. Ob er das nicht verstehe? »Nein, Michael, das verstehe ich nicht. Irgendwo haben die Gefühle eines Computers ihre Grenzen.«

Im englischen Original spricht Michael übrigens von »Companionship«, also Gesellschaft. K.I.T.T. entgegnet, dass, wenn man ein Unikat sei, Gesellschaft keinen Sinn ergebe. Eine schöne Anspielung der Autoren auf das, was uns in der Folge erwarten sollte.

Bester Dialog:
K.I.T.T.: »Ich habe ein sehr merkwürdiges Gefühl.«
Michael: »Was redest du da, Kumpel, du hast keine Gefühle.«
K.I.T.T.: »Naja, das ist ja das Merkwürdige.«

Trivia:
- William Sanderson (Rev) hat eine extrem illustre Karriere. Neben Gastrollen in den klassischen 1980er-Serien spielte er für 91 Folgen in *Newhart* mit, außerdem in *True Blood.* Auch in *Der Blade Runner* und *Last Man Standing* war er zu sehen. Michael MacRae (Tony) ist ebenfalls ein bekanntes Gesicht aus Serien bis zur Jahrtausendwende.
- Sanderson erinnerte sich an eine lustige Begebenheit im Nachgang der Folge. Bei der Vorbereitung zum Dreh sei er bereits in seiner Rolle gewesen, also auch mit der Whiskeyflasche in der Papiertüte. Monate später habe einer seiner Freunde eine Statistin aus jener Episode getroffen, und als sie von der Freundschaft der beiden erfuhr, habe sie geklagt: »Ich habe mal mit ihm gedreht – er war schon morgens um 10 Uhr betrunken!« Das Lustige sei, so Sanderson, dass er in Wirklichkeit gar keinen Alkohol trinke.
- Bei der Compilation von K.A.R.R.s Einbrüchen hat man auch eine Szene von K.I.T.T. aus »Sammys Sensationsshow« genommen – mit Sternchen.
- Wir sehen K.I.T.T. auf dem Parkplatz der Foundation mit dem Schild »Authorized Foundation Personnel only« – es ist das einzige Mal im Verlauf der Serie.
- Bonnie meldet sich dem Sicherheitsdienst gegenüber mit »Dr. Barstow«, zum ersten Mal erfahren wir so von ihrem Doktortitel.
- Die zwischenzeitliche Verfolgungsjagd auf K.A.R.R. brechen Michael und K.I.T.T. aus Schutz vor Menschen im Wohngebiet ab. Wo? Am »Courthouse Square« der Universal Studios, der auch schon in »Der Bandenkrieg« bespielt wurde.
- David Hasselhoff ist bekennender Freund des positiven Denkens. Offenbar ebenso wie Michael Knight: Als Michael und K.I.T.T. auf der Suche nach Bonnie sind, meint Michael, Bonnie werde den

Laser justieren, »sobald wir sie gefunden haben«. K.I.T.T. insistiert: »Sie meinen, *wenn* wir sie finden.« Michaels Antwort: »Nein, ich meine, *sobald* wir sie gefunden haben. Denk immer positiv, K.I.T.T., denk immer positiv.«
• K.A.R.R.s Voicebox im Synthesizer-Stil sollte wohl auch die Inspiration sein, K.I.T.T.s Voicebox zeitnah entsprechend anzupassen (in »Herzen aus Stein«).
• Unbewusst oder nicht: Tony bezeichnet K.A.R.R. (in der deutschen Übersetzung) als »schwarzen Teufel«. Passend dazu der Titel der Staffel-3-Folge »Der schwarze Teufel taucht wieder auf«. Im Englischen fehlt diese Anmerkung, die Folge-Episode heißt hier auch schlicht und langweilig »K.I.T.T. vs. K.A.R.R.«.

Bedeutung der Folge für die gesamte Serie:
* * * * *

Herz / Humor / Action:
* * * / * * / * * * * *

Gesamtwertung:
* * * * *

»Gangster wider Willen« / »Inside Out« (Folge 9)

Buch: Steven E. de Souza; Regie: Peter Crane
Filmdaten: 29. Juli – 6. August 1982
Erstausstrahlung USA: Fr, 26. November 1982 (NBC)
Erstausstrahlung Deutschland: Mo, 16. September 1985 (RTLplus)

Michael steigt in die Verbrecherbande um Colonel Kincaid ein, um dessen nächstes Ziel ausfindig und ihn selbst dingfest zu machen. Hierbei unterläuft ihm ein folgenschwerer Irrtum.

Kommentar:
»Gangster wider Willen« ist eine sehr solide Folge mit einem clever konstruierten Plot und gutem Tempo. Wir werden zudem direkt in das Geschehen geworfen, denn gleich die erste Szene zeigt einen äußerst schwankend fahrenden K.I.T.T. Der einfache Grund: Michael ist damit beschäftigt, Dugan zu überwältigen, was ihm schwerfällt. Auch K.I.T.T. ist keine große Hilfe. »Michael, wenn Sie wollen, dass ich fahre, dann treten Sie nicht immer gegen die Steuerung«, bittet er, gefolgt von einem ungeduldigen: »Setzen Sie ihn doch endlich matt und übernehmen Sie dann wieder.«

Einen besonderen Stellenwert hat »Gangster wider Willen« vor allem deshalb, weil es die erste abgedrehte Episode nach dem Pilotfilm ist. Aus produktionsbedingten Gründen wurde sie aber zunächst zurückgehalten. Wir sehen damit auch Patricia McPhersons ersten eigentlichen Auftritt in *Knight Rider*, und der beginnt mit dem, was zum Running Gag werden sollte: »Wir waren schon in Sorge, bist du in Ordnung?«, fragt sie, als Michael und K.I.T.T. in den Semi fahren. »Ja, alles paletti, ich hab nur ein paar blaue Flecken«, antwortet Michael fröhlich, doch Bonnie ignoriert ihn komplett. Natürlich gilt ihre Besorgnis allein K.I.T.T. … Vor der Abfahrt dann der herrliche Dialog, als K.I.T.T. sein neues Stromausfallgerät vorgeführt hat. »Ein Problem hat der Wagen allerdings noch«, erklärt Bonnie – und Michael weiß, was auf ihn zukommt, und spricht es synchron mit aus: »Den Schwachkopf hinterm Steuer …« Das deutet an, dass die beiden sich wohl schon kennen (sollten). Gab es etwa bereits Fälle für Michael und K.I.T.T., die leider nicht mitgefilmt wurden?

Auch Michael und Devon treffen »eigentlich« erstmals nach dem Pilotfilm aufeinander, mit einer Referenz, als Michael trotz Devons deutlicher Warnung vor Kincaid energisch aufbricht. »Wenn der alte Knight aus unverständlichen Gründen nicht so begeistert gewesen wäre …«, klagt er. »… wären wir beide arbeitslos«, beendet Michael den Satz, was Devon nur zu einem mäßig begeisterten »Haha« animiert. Der Blick der beiden im Anschluss ist jedoch schön, ebenso wie auch das distanzierte, aber wohl doch ehrlich gemeinte »Viel Glück« von Devon. Auf das besorgte »Passen Sie bitte auf sich auf«, das in den kommenden Staffeln in irgendeiner Variante zu seinem Standardsatz werden soll, müssen wir aber noch verzichten.

Lustig ist die längere Szene, als K.I.T.T. losgeschickt wird, um einen »eigenen« Auftrag auszuführen, nämlich den Anruf an Devon außerhalb des abgehörten Bereichs. Er unterhält sich zunächst mit einem Polizisten, der erklärt, dass die Straße gesperrt sei, wobei er nicht merkt, dass kein Mensch am Steuer sitzt. Dann ruft er Devon an, lobt nach einem kurzen Missverständnis dessen englische Sprache (im Original), bietet einen ausführlicheren Bericht an (auf den Devon dankend verzichtet), korrigiert den losen Hinweis auf die fortgeschrittene Uhrzeit und »meldet« sich am Ende ab, was Devon mit einem genervten »Gott sei Dank« quittiert. Auf die Bitte, Michael viel Glück zu wünschen, antwortet K.I.T.T. mit einem Hüsteln, und Devon verbessert sich umgehend: »Das gilt auch für dich, K.I.T.T.«

Herrlich ist die Standpauke, die Devon am Ende hält, zunächst in ein leeres Fahrercockpit von K.I.T.T., dann gegenüber Michael. »Sie haben mir eine Menge Schwierigkeiten bereitet, eine ganze

Menge.« Dann fällt sein Blick auf den Inhalt des Trucks und den gefesselten Colonel Kincaid. »Das erspart mir eine Menge Papierkram«, stellt er erleichtert fest. Tirade und Erleichterung erinnern hierbei an das Ende von »Tödliche Manöver« (»typische Michael-Knight-Situation«). Weil's so schön war, lassen wir die Variante aber gerne durchgehen.

»Der Fahrer«, also der »echte« Dugan, wird gespielt vom *Knight Rider*-Stuntman (und späteren Stuntkoordinator) Jack Gill, dessen Redeanteil allerdings gegen null tendiert. Aber Gill ist ja auch kein Schauspieler, sondern Fahrer. Und, wie wir wissen, ein sehr guter.

Zum Thema »Michael und die Frauen« gibt's den schönen Seitenhieb von K.I.T.T., als Michael erklärt, er hoffe, dass er von Linda etwas über den Coup erfahren könne. Er würde jeden Auftrag für einen Ausflug ins Privatleben nutzen, findet K.I.T.T. Michaels Kommentar: »Mach dich doch nicht lächerlich. Die Kleine ist eine Informationsquelle, das ist alles.« K.I.T.T.s »I've heard that one before« hat man in der deutschen Fassung leider nicht adäquat übersetzt. Ob's am Ende für mehr reicht, klärt sich leider nicht auf. Wir wollen es mal nicht ausschließen.

Bester Dialog:
Devon *(am Telefon)*: »Ist Michael ganz sicher, dass sie's auch tun?«
K.I.T.T.: »Ich bin es, Sir. Möchten Sie, dass ich Ihnen darüber einen 40 Punkte umfassenden statischen Bericht übermittle?«
Devon: »Guter Gott, nein, es ist 2 Uhr.«
K.I.T.T.: »2 Uhr und 2 Sekunden, um genau zu sein.«
Devon: »Danke.«

Trivia:
• Judith Chapman (Linda Elliot) hat eine illustre Karriere hinter sich. Neben Gastrollen in den klassischen 1980er-Serien spielte sie dauerhaft in *General Hospital* und *Zeit der Sehnsucht* mit. Seit 2005 ist sie in *Schatten der Leidenschaft* dabei und hat hier nunmehr fast 1.000 Folgen absolviert.
• K.I.T.T.s neues »Stromausfallgerät« wird hier noch nicht als »Micro Jam« bezeichnet oder mit einem entsprechenden Button bedacht, kommt als solcher im Lauf der Serie aber ziemlich oft zum Einsatz.
• Noch einmal ist vor dem Abspann Wilton Knights Satz »One man can make a difference, Michael« zu hören (im englischen Original). Grund: Die Folge war schon längere Zeit im Kasten, wurde aber erst als neunte Episode gesendet.
• Bonnie wird im Skript beschrieben als: »... a young engineer who makes her Knight Industries overalls look like a Bob Mackie original.« Bob Mackie ist ein US-amerikanischer Modedesigner, er

stattete unter anderem Cher, Oprah Winfrey, Tina Turner, Madonna, Britney Spears, Dolly Parton und Whitney Houston mit seiner Mode aus.

Soundtrack:
• *Do You Wanna Make Love?* (Peter McCann)
• *Long, Long Time* (Linda Ronstadt)
• *Always On My Mind* (Willie Nelson)

Bedeutung der Folge für die gesamte Serie:
* *

Herz / Humor / Action:
* * / * * * * * / * * * *

Gesamtwertung:
* * * *

»Das endgültige Urteil« / »The Final Verdict« (Folge 10)

Story: Tom Greene, John Alan Schwartz, E. Paul Edwards; Drehbuch: John Alan Schwartz, E. Paul Edwards; Regie: Bernard L. Kowalski
Filmdaten: 5. – 15. November 1982
Erstausstrahlung USA: Fr, 3. Dezember 1982 (NBC)
Erstausstrahlung Deutschland: Die, 24. September 1985 (RTLplus)

Michaels Freundin Cheryl wird beschuldigt, ihren Chef ermordet zu haben. Cheryl hat ein Alibi, den Buchhalter Marty. Der allerdings wird seinerseits von der Polizei gesucht. Michael und K.I.T.T. versuchen, Marty zuerst zu finden.

Kommentar:
Zum ersten Mal übernimmt Michael einen privaten Fall: Er muss seiner Freundin Cheryl helfen, die (unschuldig) im Gefängnis sitzt. »Ich hab ein Problem«, führt er sein Anliegen an Devon heran, als dieser ihm eigentlich selbst einen neuen Fall präsentieren will. »Mein lieber Junge, nur nicht so bescheiden, Sie haben eine ganze Reihe von Problemen«, antwortet er. Michael bedient sich hier eines kleinen Tricks, um Devon zu überzeugen: »Wilton Knight sagte: ›Ein Mann kann etwas ändern.‹« Devon: »Genau das sagte er.« – Michael: »Okay, ich wusste, Sie würden nichts dagegen haben.« Warum »Wilton Knight« in der deutschen Über-

setzung stets wie »Wilson Knight« klingt, bleibt allerdings eine der größeren Fragen.

Gleich zu Beginn werden wir wieder in eine Neuerung von K.I.T.T. eingeführt: »noch genauere Porträts« könne er nun darstellen, heißt es in der deutschen Übersetzung, was etwas irritiert, denn bis dahin hatte K.I.T.T. noch überhaupt keine Porträts auf seinem Bildschirm gezeigt. Die Auflösung bringt das englische Original: K.I.T.T. könne nun ein »composite drawing« zusammensetzen, also ein Bild nach vorheriger Beschreibung. Wieder einmal handelt es sich um eine Neuerung zum Auftakt einer Folge, die K.I.T.T. kurze Zeit später einsetzen wird – hier für die Fahndung nach Marty, auch wenn Sheryls Erklärung, er sehe ein wenig wie Woody Allen aus, hierfür wohl ausgereicht hätte. Ein amüsanter Fact am Rande: Marty wird in der deutschen Übersetzung von Wolfgang Draeger gesprochen, und das ist kein Wunder – Draeger ist der langjährige Synchronsprecher von Woody Allen!

Auf der Fahrt zu Marty lässt Michael wieder einmal K.I.T.T. übernehmen, obwohl er nichts Spezielles zu tun hat (wie ein Buch zu lesen oder ein Spiel zu spielen). Am Ende erklärt er, es sei ein schöner Tag für eine Autofahrt, und hält ein Nickerchen. Fragen wirft allerdings die Szene auf, als Michael sich an der Elektrik vor Martys Büro zu schaffen macht – in passender Montur mit Hasselhoff-gerecht weit aufgeknöpftem Hemd, Werkzeuggürtel und Werkzeugkasten. Wo hat er die Sachen her? Waren sie zufällig in K.I.T.T.s Kofferraum gelagert? Wir wollen es nicht ausschließen und erinnern an seine Sammlung diverser Visitenkarten im Geldbeutel in »Tödliche Manöver«. K.I.T.T. ist mittlerweile auch mit einem Button für den »Micro Jam« ausgerüstet, auf den wir in »Gangster wider Willen« noch verzichten mussten.

Als es darum geht, aus Martys Schlamassel um die gefälschten Geschäftsbücher für seine Firma herauszukommen, spielt Michael seinen Trumpf als »Nicht-Polizist« aus. Ein Einbruch sei illegal, erklärt Marty. Genau deswegen könne die Polizei das nicht tun, kontert Michael. »Wir können es.« Marty ist hiervon allerdings nur wenig begeistert. »Ich bin ein Feigling«, sagt er im englischen Original. Es folgen herrliche Minuten, als Michael den ängstlichen Marty über den Zaun und durch die Büroräume schleppen muss, wunderbar unterlegt von Draegers Woody-Allen-Stimme. Michael muss wieder einmal seine Kenntnisse der Hobbypsychologie anwenden, die wir schon aus »Die große Dürre« kennen. Diesmal nutzt er sie, um Marty zu beruhigen, und suggeriert, dass dieser auf einem Segelboot sei. Das gelingt zunächst nicht. »Kein Segelboot, ich werde seekrank«, fleht Marty. Durch den Gedanken, der Frau seiner Träume, einer gewissen Alice Melkin (in der deutschen Übersetzung zu »Alice Schmelkin« verunstaltet), den Rücken mit

Sonnenöl einreiben zu dürfen, kommen beide weiter. Schön ist auch die anschließende Verfolgungsjagd, die erste richtig lange durch einen größeren Ort, mit Berg- und Talfahrten – und einem »Turbo Boost« zum Ende.

Die beiden lustigsten Szenen der Folge finden jedoch in der Bar mit dem passenden Namen »Bent Arm« statt. Beim ersten Armdrück-Duell mit Kraftprotz Butch ist Michael nach wenigen Sekunden so gut wie am Ende, als K.I.T.T. sich via Comlink meldet. Den Überraschungseffekt nutzt Michael zum Sieg. »Seine Uhr hat geredet!«, verteidigt sich der unterlegene Butch vor seinem Publikum. Bei der Revanche im Finale schlägt er Michael in nicht einmal einer Sekunde. Die Folge endet mit einem der schönsten Standbilder, mit Butch beim Sieg und einem überwältigten Michael. Den Trick aus dem ersten Kampf hat Butch indes scheinbar durchschaut: »Du kannst mit deiner Uhr reden, soviel du willst. Ich weiß, du bist ein Bauchredner.«

Bester Dialog:
Michael: »Haben Sie eine Lehre daraus gezogen?«
Marty: »Oh Mann, das können Sie mir glauben. Aber von jetzt an gehe ich einen geraden Weg. Ich hab mehr Glück mit Pferden.«

Trivia:
• Der Kanadier Marvin Karon (Marty Keene) spielte in *Knight Rider* erst die zweite TV-Rolle seines Lebens und hat rückblickend nichts als Lob für David Hasselhoff übrig, wie so viele andere. »Ich habe nur die besten Erinnerungen an die Arbeit mit David«, sagte er 2012. »Er hätte nicht großzügiger, herzlicher oder unterstützender sein können.« Am ersten Tag habe Hasselhoff an seiner Tür geklopft, sich vorgestellt und erklärt: Auch wenn es sich nicht um Shakespeare handele, würde man eine Menge Spaß haben. Eines Abends, nach Mitternacht, sei er am Set gewesen, und Hasselhoff habe ihn erblickt. »Was machst du denn hier?«, habe er gefragt, schließlich hätte Karon erst Stunden später eingreifen müssen. Hasselhoff habe ihn in seinen persönlichen Trailer geschickt – er solle etwas essen, trinken, etwas TV schauen, was er auch wolle. »So ein Typ war er. Ein großer, netter, mitfühlender und unglaublich großzügiger und unprätentiöser Star.«
• Tim Rossovich, der Armdrücker Butch spielt, ist ein bekanntes Gesicht – er hatte viele Auftritte in den Klassikern der 1980er-Jahre, unter anderem in *Magnum, Ein Colt für alle Fälle, MacGyver* und *ALF.* In *Knight Rider* taucht er in Staffel 3 nochmals auf, in »Fahrerflucht«. Don Gordon (Lt. Dickerson) spielte unter anderem in *Bullitt, Flammendes Inferno und Papillon,* in allen drei Streifen an der Seite von Steve McQueen.

• Cheryl Burns wurde von Autor Tom Greene nach seiner ehemaligen Freundin benannt. Greene wurde von ihr am Ende verlassen (»burned«) – daher ihr Nachname.
• Zu Beginn der Folge bekommen wir gleich zwei mit Musik unterlegte Fahrten von K.I.T.T. durch Wüste und Wälder zu Gesicht. Gibt's etwas Entspannenderes? Wohl kaum. Wer also etwas zum Runterkommen braucht, dem seien diverse YouTube-Clips empfohlen, in denen *Knight Rider*-Fans die »Cruise Scenes« zusammengeschnitten haben.
• Erstmals im Verlauf der Serie geht Michaels Comlink kaputt, nämlich bei Martys Sturz vom Zaun.
• Die Folge endet mit dem Hinweis: »In Remembrance of R.A. Cinader. He was an Original.« Cinader war Co-Executive Producer der ersten *Knight Rider*-Episoden. Er verstarb kurz nach den Dreharbeiten zu dieser Folge.

Soundtrack:
• *Highways Run Forever* (Johnny Lee)
• *Love Will Turn You Around* (Kenny Rogers)
• *It Ain't Easy Being Easy* (Janie Fricke)

Bedeutung der Folge für die gesamte Serie:
*

Herz / Humor / Action:
* * * / * * * * * / * * *

Gesamtwertung:
* * * *

»Das Gipfeltreffen« / »A Plush Ride« (Folge 11)

Buch: Gregory S. Dinallo; Regie: Sidney Hayers
Filmdaten: 31. August – 10. September 1982
Erstausstrahlung USA: Fr, 10. Dezember 1982 (NBC)
Erstausstrahlung Deutschland: Mo, 9. Dezember 1985 (RTLplus)

Devon hat ein Treffen zwischen den Präsidenten dreier Entwicklungsländer organisiert, die einen Anti-Terrorismus-Vertrag unterzeichnen sollen. Im Sicherheitsteam befindet sich jedoch ein Attentäter. Michael und K.I.T.T. sollen ihn im Trainingscamp ausfindig machen.

Kommentar:

Keine Folge für die Geschichte, aber eine mit guter Story, gutem Tempo und überraschendem Twist. Eine irritierende Szene ereignet sich zu Beginn, als Devon darum bittet, dass Michael ihn irgendwohin fahren soll. K.I.T.T. brauche man nicht, stellt er klar – Michael fährt also Devons Limousine, die von Redmond attackiert wird. Warum man nicht K.I.T.T. genommen hat? Vielleicht, weil Redmond um dessen Fähigkeiten wusste und Michael allein testen wollte. Wirklich aufgelöst wird das aber nicht. Uns bringt es um eine schöne Actionsequenz, denn die (recht langsame) Verfolgungsjagd bleibt eher wenig spannend, so sehr der gute Edward Mulhare sich auch mimisch anstrengt. K.I.T.T. indes beschäftigt es, warum er nicht mit durfte, und er fragt Bonnie. Sie wisse es nicht, antwortet sie, aber K.I.T.T. solle es bitte nicht persönlich nehmen. »Das tue ich nicht. Du weißt doch, ich kann nichts persönlich nehmen.«

Auf der Fahrt zum Camp erklärt Michael sein Vorhaben, jeden Verdächtigen so weit zu reizen, dass er seine Tarnung aufgebe. Ein äußerst cleverer Plan, so K.I.T.T. »Muss Mr. Miles‘ Idee gewesen sein.« Wieso das? »Mit dem bei Ihnen gewohnten Mangel an Feinfühligkeit wäre es für Sie überhaupt kein Problem, selbst diejenigen in Panik zu versetzen, die nichts zu verbergen haben.«

Interessant ist die Szene, als Redmond die Halloween-Rauchbomben in den Zimmern hinterlegt und Michael anschließend belehrt, er müsse wachsamer sein. Michael geht daraufhin zu K.I.T.T. (»Michael, wo sind Ihre Hosen?«) und gibt den Tadel weiter: Er habe K.I.T.T. doch auf Überwachung geschaltet, warum er nicht Bescheid gegeben habe. Nun, erklärt K.I.T.T., es habe doch geheißen, dass man Redmond trauen könne. »Ist das vielleicht ein Beispiel für deine Art von Logik?«, schimpft Michael. »Nein«, kontert K.I.T.T., »es ist ein Beispiel für Ihre Logik.«

Gut gelöst ist das Problem, warum Michael am Ende nicht erschossen wird, sondern in K.I.T.T. einen Unfall haben soll. Es ist ja immer wieder die übliche Frage in Actionserien: Warum wird der Held nie direkt erschossen, sondern soll anderweitig beseitigt werden? (Die grundlegende Antwort: Weil die Serie dann zu Ende wäre.) Hier sollen keine Fragen über Michaels Verbleib aufkommen. Er selbst bringt indirekt einen Unfall ins Gespräch, was K.I.T.T. mithören soll, um zu kooperieren. Der tut das auch und wiegt sich in vollem Stolz, während das Auto in höllischem Tempo auf eine Schlucht zurollt. In Panik gerät K.I.T.T. nicht ob des Problems, dass er gleich hinunterstürzen wird, er referiert gar noch über die Dominanz der Schwerkraft und Newtons Gesetze der Bewegung. Michael muss schließlich (erstmals!) den »Turbo Boost« in Rückwärtsfunktion einsetzen, um einen Sturz in letzter Sekunde abzuwenden. »Ein treffender Beweis für Newtons drittes Gesetz der Bewegung«, freut sich K.I.T.T. Einen echten »Reverse Turbo Boost« sehen wir allerdings erst in »Die Schatzsuche«.

Herrlich ist auch die Szene im »Buckaroo Club«, in dem Michael sich mit Devon und Bonnie trifft und von beiden anfangs überrascht wird: Bonnie erscheint im Cowgirl-Outfit (Michael: »Hast du eine andere Frisur oder so was?«), Devon mit Cowboy-Hut (»Devon! Sie sehen lächerlich aus.«). Als sich Feinschmecker Devon über Michaels Chili hermachen will, nimmt er nach einem kurzen Bissen schnell Abstand. »Schmeckt sehr bescheiden. Einfach gewöhnlich. Cayenne-Pfeffer ist wirklich kein Ersatz für Kümmel.« In besagtem Club endet auch die Folge, mit Michael als Unterhalter der Präsidenten – zum Unmut von Devon. Dieser verliert komplett die Fassung, als ihn Redmond mit »Devvy« anspricht. Am Ende singt »Devvy« dann widerwillig mit.

Eine feine Hintergrundinfo zum Kartenspiel kam 2020 seitens Steven E. de Souza ans Tageslicht. Weil das erste Shooting zu lange gedauert hatte, musste nochmals gefilmt werden (der Original-Regisseur sei ein Sportexperte gewesen, er hatte das Pokerspiel zu kleinteilig dargestellt). Außerdem sei Hasselhoffs Darstellung eines Betrunkenen nicht wirklich gut gewesen. Bob Cinader habe Hasselhoff daraufhin erklärt, er habe zu sehr versucht, einen Betrunkenen zu spielen. Aber ein echter Betrunkener versuche doch immer verzweifelt, nüchtern zu wirken! Hasselhoff bedankte sich für den Hinweis und versprach, es besser zu machen. Am nächsten Tag gab es ein neues Problem: Hasselhoff habe die Methode insofern umgesetzt, als dass er tatsächlich betrunken ans Set gekommen sei!

Bester Dialog:
Michael: »Hey Kumpel, wie wär‘s mit einem Schnappschuss von diesem kleinen Koffer? Ist da irgendwas?«
K.I.T.T.: »Eine halbautomatische Pistole, Kaliber 32, und drei volle Magazine.«
Michael: »Und?«
K.I.T.T.: »Ferner sieben Blusen, vier Paar Hosen, zwei Paar Schuhe, fünf Garnituren Unterwäsche …«
Michael: »K.I.T.T.«
K.I.T.T.: »Ja, Michael?«
Michael: »Das reicht.«

Trivia:
• Die deutsche Übersetzung gibt die Zeit bis zum Gipfeltreffen teilweise falsch wieder. Anfangs spricht man von »1.120 Stunden bis zum Gipfeltreffen«, dabei steht (auf Englisch) geschrieben: »Tag 1.

120 Stunden bis zum Gipfeltreffen«. Danach heißt es, es seien noch »296 Stunden bis zum Gipfeltreffen«, geschrieben aber steht »Tag 2. 96 Stunden bis zum Gipfeltreffen«. Erst zu Tag 4 wird richtig übersetzt.
• Gleich zwei Mal innerhalb recht kurzer Zeit weist Michael K.I.T.T an: »Shut up.« Beide Male wird es nur gemäßigt übersetzt: Einmal wird in der deutschen Übersetzung ein »Schluss jetzt«, einmal ein »Das reicht« daraus.
• Wendy Fulton (Margot Wells) hat keine allzu große Schauspiel-Vita, der Auftritt in *Knight Rider* war erst ihr vierter. Interessant ist, dass sie mit Dwight Schultz verheiratet ist, der »Murdock« im *A-Team*. Hier spielte übrigens auch William Lucking (Redmond) eine wiederkehrende Rolle.

Soundtrack:
• *Pickin' Up Strangers* (Johnny Lee)
• *Home On The Range* (Knight Rider Cast)

Bedeutung der Folge für die gesamte Serie:
*

Herz / Humor / Action:
* / * * * / * * * * *

Gesamtwertung:
* * *

»Zwischen zwei Frauen« / »Forget Me Not« (Folge 12)

Story: Chris Lucky, Richard Christian Matheson, Thomas Szollosi; Drehbuch: Richard Christian Matheson, Thomas Szollosi, Karen Harris, Deborah Davis; Regie: Gil Bettman
Filmdaten: 22. November – 1. Dezember 1982
Erstausstrahlung USA: Fr, 17. Dezember 1982 (NBC)
Erstausstrahlung Deutschland: Die, 17. September 1985 (RTLplus)

Michael soll Marie Elena beschützen, deren Vater, ein lateinamerikanischer Präsident, Morddrohungen erhalten hat. Auf einer Party trifft er auf Micki, die versehentlich ein Gespräch mithört und daraufhin entführt wird. Michael und K.I.T.T. nehmen die Verfolgung auf und finden am Ende eine Micki, die unter Gedächtnisverlust leidet.

Kommentar:

Eine, nun ja, etwas andere Folge. Der eigentliche Fall – der Schutz von Marie Elena und die Suche nach dem Attentäter – gerät schnell in den Hintergrund, als die ahnungslose Micki ins Geschehen stolpert, vielleicht etwas zum Fall beitragen kann, aber unter Gedächtnisverlust leidet, was im Lauf der Serie noch einige andere Beteiligte treffen wird: Michael selbst (in »Gedächtnisschwund«) und auch K.I.T.T. (in »K.I.T.T. kriegt einen Schlag«).

Wir wollen uns ja in diesem Buch nicht allzu sehr mit Logikfehlern aufhalten, das ist hier allerdings unvermeidbar. Es fängt spätestens bei Michaels Handtaschensuche an: Michael seilt sich die Klippe herunter zum Strand ab. Dort ist es menschenleer, nur die beiden Micki-Entführer sind gerade mit einem motorisierten Schnellboot angekommen. Warum Michael die beiden nicht wahrgenommen hat? Vielleicht entschuldbar, weil er sich abgeseilt und den Blick entsprechend abgewendet hat (hören müssen hätte er sie natürlich trotzdem). Aber warum hat K.I.T.T. ihn nicht gewarnt – schließlich war er doch auf Überwachung geschaltet?

Auch der folgende »Turbo Boost« ist einer der schlechtesten der Serie: K.I.T.T springt von einem hohen Kliff und »fällt« senkrecht herunter. Hier hat man eine Szene aus dem Film *The Car* recycelt, die bereits bei K.A.R.R.s Absturz in »Der Doppelgänger« zu sehen war – das Auto ist alles, nur kein Trans Am. Im Gegensatz zu K.A.R.R., der beim Aufprall explodiert ist, landet K.I.T.T indes butterweich, in einem völlig unglaubwürdigen Winkel.

Die nächste Ungereimtheit: Michael macht den gesuchten Ray in einem Hotelzimmer mit der Nummer 719 ausfindig und bricht die Tür auf. Ray ist verschwunden, kann aber nur wenige Sekunden zur Flucht gehabt haben. Michael blickt entnervt den Balkon hinunter, ein Zeichen, dass Ray hierüber geflohen sein soll. Aber wie, aus dem siebten Stock?

Und es geht weiter: Als Micki sich wieder an alles erinnert und Michael sie in ihrem Haus befreit, überlegen beide, wo man nun in Sachen Attentat auf Marie Elenas Vater ansetzen könne. Micki erwähnt eine Menschenveranstaltung. Man kommt schließlich auf das Reitturnier, wo sich Marie Elenas Vater gerade mit Devon aufhält. Wieso musste man hier den Umweg über Micki nehmen?

Während der Fall ohne klare Linie verläuft, punktet die Folge durch den vielleicht amüsantesten Dialog zwischen Michael und K.I.T.T. der gesamten Serie. Eigentlich beginnt es harmlos: Michael will einige Autos der Party checken lassen, aber es waren angeblich zu viele, so K.I.T.T., der eine Rückverfolgung bis ins Werk erwähnt. Eine Art Stammbaum, grübelt Michael. »Ich sag Ihnen das nur ungern. Aber Automobile sind wirklich keine Menschen. Sie haben weder Verwandtschaft noch Persönlichkeit«, erklärt

K.I.T.T. »Ich wundere mich, wieso ich das immer wieder vergesse, K.I.T.T.«, entgegnet Michael ironisch. Was bei K.I.T.T. nicht ankommt: »Sie haben womöglich eine psychologische Beziehung zu mir aufgebaut. Das wäre eine logische menschliche Reaktion«, erläutert er sachlich. Michael macht eine Kunstpause. »Nein«, sagt er dann. »Den 56er-Chevy, den ich in der High School hatte, den hatte ich gern. Mann, hatte ich das Auto gern …«, schwärmt er grinsend. Und trifft ins Schwarze. »Ach ja?«, antwortet K.I.T.T. (beleidigt). Als beide schließlich am Kliff ankommen, wird K.I.T.T. auf Überwachung geschaltet. »Michael«, fragt er nachtragend, »konnten Sie Ihren 56er-Chevy auch auf Überwachung schalten?« Die geniale Antwort: »Nein. Aber wir hatten viel Spaß, wenn wir Hamburger essen gingen.«

Gut oder schlecht? Fast das gesamte Geschehen spielt zur Abwechslung in einem Strandhaus, das die Foundation angemietet hat. Wir müssen also auf die gewohnte Umgebung verzichten: kein Semi, keine Updates für oder Reparaturen an K.I.T.T. diesmal. Leider hat daher auch Bonnie nur einen Mini-Auftritt, bei dem sie lediglich einen recht unbedeutenden Satz sagen darf.

Neben dem Humor etwas Licht ins Geschehen bringt Judy Landers als liebenswerte Micki. Landers ist hier in ihrem ersten von zwei *Knight Rider*-Auftritten zu sehen; in beiden Folgen spielt sie eine tragende Nebenrolle (was nicht allzu häufig vorkommt). Interessant: Landers mimt in »Die Waffenbörse« in Staffel 3 einen fast identischen Charakter, eine hübsche, gutmütige, aber zu naive junge Frau, sodass es fast eine Überlegung hätte wert sein können, sie auch dort als Micki auftreten zu lassen und Michael und ihr ein (überraschendes) Wiedersehen zu ermöglichen. Leider ist das nicht passiert.

Bester Dialog:
K.I.T.T.: »Sie wissen, dass ich mit Instinkt nichts anfangen kann. Kann ich sonst irgendetwas tun?«
Michael: »Ja, versprich mir, dass du irgendwann einen Hamburger mit mir essen gehst.«
K.I.T.T.: »Wenn's sein muss …«

Trivia:
• Als Michael sich zu Beginn in Schale wirft und Marie Elena mit ihm flirtet, blickt er am Ende in den Spiegel und sagt: »Schön bin ich ja.« Warum? Das wissen wohl nur die Übersetzer. Im englischen Original jedenfalls warnt sich Michael selbst: »She's dangerous«, sagt er dort.
• Als Michael und K.I.T.T. die beiden Gangster am Strand mit dem Schnellboot entkommen lassen müssen, sagt Michael, dass

er Bonnie einmal um Schwimmflossen für K.I.T.T. bitten werde. Es war als Scherz gemeint – in »Geheimversteck Cadiz« wird es April dann tatsächlich fertigbringen, K.I.T.T. übers Wasser fahren zu lassen.

• Judy Landers hat in den 1970ern und -80ern in vielen TV-Shows mitgespielt. Ihr für deutsche Fans vielleicht bekanntester Auftritt erfolgte in *ALF* als Geliebte von Wayne Schlegel (von der Michigan Lebens- und Unfallversicherung). Lustiger Zufall: Während Landers in ihrer Rolle in *Knight Rider* unter Gedächtnisverlust leidet, hat ALF bei Landers' Auftritt in »Gestatten, mein Name ist Schlegel« sein Gedächtnis verloren!

• Maria Conchita (Marie Elena) war 1971 »Miss Teenager World« und schaffte es 1977 unter die Top 7 bei der Wahl zur »Miss World«. In Lateinamerika bespielte sie diverse Telenovelas, als Sängerin wurde sie für drei Grammys nominiert.

• Ein Chevrolet-Fan scheint Michael tatsächlich zu sein. K.I.T.T. muss dies viele Jahre später sogar am eigenen Leib erfahren: Im *Knight Rider*-Nachfolgefilm *Knight Rider 2000* baut Michael das Computermodul von K.I.T.T. in seinen Chevy ein! Ob sich die Produzenten des Films tatsächlich an den Dialog in »Zwischen zwei Frauen« erinnert hatten?

• Die Darstellung der verfolgten Autos auf K.I.T.T.s Monitor sind Schnipsel des Computerspiels »Auto Racing«. Die erste Szene ist identisch mit jener in »Tödliche Manöver«, in der Michael das Spiel tatsächlich gespielt hat.

• In Großbritannien war »Zwischen zwei Frauen« die meistgesehene Folge der Serie. In den USA war es hingegen die zweitschlechteste, was die Quote anging – kurioserweise waren bei der Wiederholung im Sommer fast vier Millionen Zuschauer mehr dabei. Kein Einzelfall in Staffel 1, dass ein Rerun deutlich mehr Reichweite erzielte als die Erstausstrahlung.

Soundtrack:
• *Get Closer* (Linda Ronstadt)

Bedeutung der Folge für die gesamte Serie:
*

Herz / Humor / Action:
* * / * * * / *

Gesamtwertung:
* *

»Herzen aus Stein« / »Hearts of Stone« (Folge 13)

Buch: Robert Foster; Regie: Jeffrey Hayden
Filmdaten: 13. – 21. Dezember 1982
Erstausstrahlung USA: Fr, 14. Januar 1983 (NBC)
Erstausstrahlung Deutschland: Mo, 30. September 1985 (RTLplus)

Michael und K.I.T.T. sollen den illegalen Verkauf einer neuen Automatik-Waffe von Texas nach Mittelamerika stoppen. Michael gibt sich gegenüber Kontaktfrau Angie als Käufer aus – diese setzt sich jedoch mit dem Geld ab.

Kommentar:

»Herzen aus Stein« stellt aus vielerlei Hinsicht einen Cut dar. Es ist die erste Folge unter der Leitung von Robert Foster als Executive Producer und mit Don Peake als Musik-Komponist. Er tritt damit die Nachfolge von Stu Phillips an, der zusammen mit Serienerfinder Glen A. Larson auch die legendäre Titelmelodie geschrieben hatte.

Foster ging einige Neuerungen an: Der Semi wurde auf seinen Wunsch hin wieder schwarz lackiert (wie schon im Pilotfilm) und mit der Foundation-Schachfigur bemalt (diese wurde später noch etwas vergrößert). »Als Foster übernommen hat, sagte er: ›Ändert alles in Schwarz. Lackiert den Truck schwarz und steckt David in schwarze Sachen, damit er zum Auto passt‹«, erinnerte sich Produzent Gerald Sanford. Bislang war K.I.T.T. zudem immer in den am Wegrand stehenden Semi hineingefahren beziehungsweise aus dem dort parkenden Truck heraus. Auch das änderte Foster: K.I.T.T. solle von nun an (meist) aus einem fahrenden Semi kommen oder in ihn hineinfahren.

Die vielleicht prägnanteste Neuerung in dieser Folge aber ist K.I.T.T.s Voicebox, die erstmals mit den drei Streifen auftaucht und so auch, wenngleich ab Staffel 3 in leichter Abwandlung, bis zum Serienende beibehalten werden sollte. Auch K.A.R.R. hatte bereits in »Der Doppelgänger« eine ähnliche Voicebox. Der Gedanke liegt nahe, dass man auf eine entsprechende Idee für K.I.T.T. in diesem Zusammenhang kam. Eine feine Referenz: Michael und K.I.T.T. greifen die Änderung der Voicebox auf. »Michael, was halten Sie von meinem Stimmenmodulator?«, fragt K.I.T.T. gleich zu Beginn. »Schön, K.I.T.T., sehr schön«, antwortet Michael.

Die Folge an sich ist ungewohnt ernsthaft von Anfang bis Ende, es ist vielleicht die seriöseste bislang. Michael versucht, illegale Waffengeschäfte aufzudecken, muss sich mit gefährlichen Händlern einlassen sowie eine falsche Identität annehmen und fliegt auf. Dabei wird er von seiner Kontaktperson Angie zunächst über's Ohr gehauen, was immerhin für einen auflockernden Dialog inmitten der Folge sorgt: Das Geld, stolze 240.000 US-Dollar, das Michael sich von Devon zum Waffenkauf geliehen hat, ist weg. K.I.T.T. macht die Sache nicht besser, als er das eigentliche Bestimmungsziel der Kohle erwähnt: die jährliche Benefizveranstaltung der Foundation, in diesem Jahr sollte sie Witwen und Waisen zugutekommen … Michael und K.I.T.T. verfolgen zwar noch den Hubschrauber, und Michael erklärt, er werde K.I.T.T. für alle Zeiten ein Denkmal setzen, wenn er so viel Strom abziehe, dass dieser landen müsse. Das klappt jedoch nicht. »Witwen und Waisen, Michael«, erklärt K.I.T.T. nach der missglückten Verfolgung. »K.I.T.T.«, entgegnet Michael, »kein Denkmal.« Als das Geld wieder da ist – nach einem wiederum äußerst intensiv geführten Gespräch mit Angie und Roberto –, muss Michael dennoch Abbitte leisten bei einem hypernervösen Devon, den er vorher zwei Mal hatte abblitzen lassen.

Mittendrin steht die »Romeo und Julia«-Liebesgeschichte zwischen Roberto und Angie, die Michael am Ende gerade noch von der großen Dummheit abhalten kann, sich in den Schusswechsel zu werfen. Hier kommt auch Action auf, als Michael und K.I.T.T. die wilde Ballerei mittels Tränengas unter Kontrolle bringen und den fliehenden Ricky mit einem »Turbo Boost« auf die Ladefläche stellen. »Das war's. Sie sind jetzt frei, Sie und Roberto«, gibt Michael mit.

Sehr an Profil gewinnt in »Herzen aus Stein« indes die Beziehung zwischen Michael und Devon. Nachdem in vielen Fällen vorher Michael auf eigene Faust einen Fall übernommen oder einen Auftrag zwar erfolgreich, aber nicht unbedingt nach Devons Vorstellung erledigt hatte, führen die beiden in dieser Folge immer wieder ernsthafte Diskussionen über die nächsten Schritte. Als sich die Lage zuspitzt, weil Michaels Deckung aufgeflogen ist, die Übergabe aber noch aussteht, bittet Devon darum, dass Michael den Fall abbricht. Zu groß erscheint ihm die Gefahr. »Ich möchte in keinem Fall Ihren Tod beklagen«, erklärt er äußerst besorgt. Michael ist das Risiko ebenso bewusst, er aber weist hin auf die bisherigen Opfer und die Gefahr für die vielen anderen Menschen, sollte er sich nun zurückziehen. Devon versteht. »Michael, wozu Sie sich auch entschließen, ich stehe voll und ganz hinter Ihnen.« Da der Fall größtenteils in oder in der Nähe von Houston spielt, finden die Gespräche zwei Mal in einem dunklen Motelzimmer statt anstelle von Devons Büro in Los Angeles, was allem einen noch unbehaglicheren Eindruck verleiht.

Echte Entspannung kommt somit einzig in der Schlussszene auf, als Michael, Devon und K.I.T.T. zum Semi kommen, wo Bonnie sie in einem Sommerkleid erwartet. K.I.T.T. schmeichelt ihr auf Spanisch, was Michael nicht unkommentiert lässt: »Aufschneider.«

Das Ende ist dann der Beginn eines Running Gags, der sich durch die restliche Serie ziehen wird: Michael wird von einem Autofreund zur Wettfahrt aufgefordert, tritt an und rast dann lachend davon …

Bester Dialog:
Michael: »Was ist das?«
Devon: »Eine Empfangsbescheinigung.«
Michael: »Sie vertrauen mir nicht?«
Devon: »Mein lieber Junge, eine reine Formalität.«
Michael: *(unterschreibt)*
Devon: »Danke. Oooh. Kann ich sogar lesen.«

Trivia:
• Mary McCusker (Angie Martin) hat keine extrem lange Schauspielvita, war aber immerhin in drei Folgen von *Ein Engel auf Erden* sowie in den Filmen *Scott & Huutsch* und *Der Klient* (als »Pretty Girl«) zu sehen.
• K.I.T.T. fährt nicht nur erstmals in den fahrenden Semi, sondern er verlässt ihn auch, während er fährt, und überholt ihn dann.
• Ein Satz, der in verschiedenen Abwandlungen immer wieder fällt: »Es hörte sich so an, als sei es ein Fall für die Polizei.« Michael sagt ihn zu Beginn der Folge gegenüber Pater Carlos Laguna, der entgegnet, die Polizei stelle Fragen, mache Fotos, zähle die Einschusslöcher. Mit anderen Worten: Es passiert danach zu wenig. Ähnliche Gründe, warum die Foundation sich einmischt anstatt der Polizei, lernen wir im Lauf der Serie noch kennen.
• Bei »Herzen aus Stein« sowie in der folgenden Episode »Ein mysteriöser Saboteur« wird bei den Opening Credits eine andere Schrift als üblich verwendet.

Soundtrack:
• *Skin Game* (John Hiatt & Ry Cooder)
• *Lonesome, On'ry And Mean* (Waylon Jennings)
• *Don't You Think This Outlaw Bit Has Done Gone Out Of Hand* (Waylon Jennings)

Bedeutung der Folge für die gesamte Serie:
★ ★ ★

Herz / Humor / Action:
★ ★ / ★ ★ / ★ ★ ★

Gesamtwertung:
★ ★ ★

»Ein mysteriöser Saboteur« / »Give Me Liberty ... or Give Me Death« (Folge 14)

Buch: David Braff; Regie: Bernard L. Kowalski
Filmdaten: 23. Dezember 1982 – 4. Januar 1983
Erstausstrahlung USA: Fr, 21. Januar 1983 (NBC)
Erstausstrahlung Deutschland: Die, 15. Oktober 1985 (RTLplus)

Michael und K.I.T.T. nehmen am »Alternative 2000«-Autorennen teil, um einen Saboteur ausfindig zu machen.

Kommentar:

Michael und K.I.T.T. bei einem Autorennen, nicht zum ersten (wir erinnern uns an den Pilotfilm) und auch nicht zum letzten Mal. Zur Verteidigung: Es liegt in einer Serie mit einem Superauto nahe, auch wenn K.I.T.T. das hiesige Rennen unnötig findet. »Warum?«, wundert sich Michael. K.I.T.T.s logische Erklärung: »Das Auto der Zukunft ist schon da. Ich bin es.« Interessant: In »Ein Richter spielt sein Spiel« hatte K.I.T.T. noch darauf hingewiesen, mit jeglicher Form von brennbarer Flüssigkeit klarzukommen. Hier fährt er mit Flüssigwasserstoff.

Zu Beginn sehen wir – nach längerer Zeit – wieder einen Annäherungsversuch von Michael an Bonnie, als er sie um ein gemeinsames Abendessen bittet. Die Szene wirkt jedoch bei weitem nicht mehr so merkwürdig wie in den ersten Folgen (auch wenn Michael gefährlich nahe an sie heranrückt). Der Witz liegt vor allem in Bonnies Korb: »Das würde ich sehr gerne, Michael. Aber ich verbringe den Abend mit K.I.T.T.« Natürlich nur, um K.I.T.T. zu warten.

So ganz egal ist ihr Michael aber offenbar nicht. Als sie am zweiten Morgen des Rennens mithört, dass Michael und Liberty die Nacht zusammen verbracht haben, wirkt sie pikiert. Was genau in der Nacht geschehen ist, bleibt allerdings unklar: Während der Fahrt fragt K.I.T.T. bei Michael nach, ob Liberty denn herausgefunden habe, was ihn auf Touren bringe (eine Formulierung, die Liberty am Abend zuvor gewählt hatte). Michael ist sauer: »K.I.T.T., hat dir eigentlich noch niemand gesagt, dass lauschen sehr unfein ist?« K.I.T.T.s Rechtfertigung: »Was blieb mir anderes übrig? Ich war doch auf Überwachung geschaltet.« Passiert ist jedoch offenbar nichts: Liberty sei gegangen, und er habe sich schlafen gelegt, klärt Michael auf. Bonnie war also grundlos eifersüchtig.

Unschön ist das Problem mit K.I.T.T.s Enterhaken, den er einsetzt, um das Solarauto vor dem Absturz zu retten. Der Haken schießt aus seiner Rücklichter-Verblendung heraus, die jedoch bekanntermaßen glatt ist. Das hätte man anders lösen können und müssen. Einen Schmunzler bietet die Szene, als Michael in der Rennfahrerrunde vorgestellt wird, kurz die Hand hebt, sich einen genervten Blick von Devon einhandelt und irritiert zurückschaut. Hätte er sich aus der Sicht seines Bosses anders verhalten sollen? Oder wundern sich beide nur über die herzlose Begrüßung seitens der Konkurrenz? Man weiß es nicht so recht.

Michael ist zudem – in Teilen – zumindest gedanklich gar nicht weit von MacGyver entfernt. Er könne besser helfen, wenn er um die Strategie wüsste, den Fall anzugehen, erklärt K.I.T.T. zu Beginn, und Michael gibt ihm recht: Er plane, zurückhaltend zu agieren und sich unter die anderen zu mischen. »Wir beobachten, folgern, analysieren.« K.I.T.T. schließt daraus (im englischen Original): Man improvisiere also, wie immer.

Was man am Ende von der Episode halten soll? Schwierig. Der Plot ist gut, die Auflösung auch, die Szenerie um das Rennen herum bleibt jedoch blass (viel wurde auf dem Universal-Gelände gedreht). Die Autos wirken aus heutiger Sicht komplett veraltet, wofür die Folge freilich nichts kann. Vor allem aber fehlt das Tempo, im wortwörtlichen Sinn: Denn beim Rennen wechseln sich kurze dramatisch gedrehte Szenen mit längeren Sequenzen ab, in denen sowohl Michael mit K.I.T.T. als auch die gesamte Truppe so gemütlich fahren, als befinde man sich auf einem Sonntagsausflug. Selbst bei der Zieleinfahrt, als der Sprecher erklärt, K.I.T.T.s Tempo sei »unbeschreiblich«, rechtfertigen die gezeigten Bilder diese Aussage in keiner Weise. Auch das Bild auf K.I.T.T.s Monitor, auf dem Michael die Unfälle und aufgebauten Kameras erkennen will, ergibt kaum einen Sinn. Hätte man da nicht zumindest einen Streckenplan einfügen können?

Hängen bleibt einer der schönsten »Turbo Boosts«, als Michael und K.I.T.T. diagonal über den roten Dodge Charger springen. Hier machte man sich über die Konkurrenzserie *Ein Duke kommt selten allein (The Dukes of Hazzard)* auf CBS lustig und wollte zeigen, dass K.I.T.T. deutlich mehr drauf hat als der Dodge Charger dieser Serie, der General Lee. Eine entsprechende Werbung für *Knight Rider* vor Serienstart (»The Competition is NO Competition«) hatte damals schon für einigen Ärger gesorgt.

Bester Dialog:
K.I.T.T. *(als er Informationen über die Konkurrenten auspacken soll)*: »Das ist Dorothy Ackridge, die Frau, mit der Sie geflirtet haben.«
Michael: »K.I.T.T., ich wollte nur ein bisschen freundlich sein.«
K.I.T.T.: »Das hab ich doch schon mal gehört …«

Trivia:
• Robin Dearden (Liberty Cox) spielte in zwei US-Serien in den 1970ern im erweiterten Cast, später hatte sie Gastrollen in *Mag-*

num, Das A-Team und Mord ist ihr Hobby, außerdem in *Breaking Bad* – was kaum verwundert: Sie ist mit Bryan Cranston verheiratet. Kai Wulff spielt den deutschen Rennteilnehmer Helmut Gras. Er taucht noch in einigen weiteren 80er-Jahre-Serien auf, ebenfalls gerne als Rennfahrer. Auch in *Knight Rider* darf er noch einmal versuchen, Michael und K.I.T.T. auszuschalten: in »Mord nach Maß«, dort abermals als »Autokiller«.

• Als Devon zu Beginn über K.I.T.T.s Monitor den Fall erklärt, schaut er irritierenderweise nicht direkt in die Kamera. Der Grund: Die Szene sollte ursprünglich im Semi, dann in seinem Büro stattfinden, wo sie offenbar auch gedreht wurde.

• Das Gelände, wo sich zu Beginn des Rennens die Fahrer aufhalten, befindet sich hinter den Universal Studios. Man sieht sogar das berühmte Haus aus dem Film *Psycho,* das auch in der *Knight Rider*-Folge »Tödliches Kostümfest« auftaucht.

• Zum ersten Mal sehen wir, wie K.I.T.T. seine Fenster verdunkelt, als Liberty ein Foto von seinem Armaturenbrett schießen will. Einen besonderen Button gibt es hierfür nicht, auch nicht im späteren Verlauf der Serie.

• Vor dem Sprung über den Dodge Charger drückt Michael »Rocket Boost« anstatt »Turbo Boost«. Ähnliche Fehler/Unklarheiten sind in Staffel 1 öfter zu beobachten. In einer späteren Szene wird auch der »Turbo Boost« wieder zum Beschleunigen eingesetzt.

• Als das Rennen wiederholt werden soll, erklärt Devon gegenüber dem ursprünglichen Gewinner Michael fröhlich: »Sic transit gloria mundi.« Auf Deutsch: »So vergeht der Ruhm der Welt.«

Soundtrack:

• *Hold Me* (Fleetwood Mac)
• *Hurts So Good* (John Cougar Mellencamp)

Bedeutung der Folge für die gesamte Serie:
*

Herz / Humor / Action:
* * / * * / * * *

Gesamtwertung:
* *

»Geheimcode Topaz« / »The Topaz Connection« (Folge 15)

Buch: Stephen Katz; Regie: Alan Myerson
Filmdaten: 5. – 13. Januar 1983
Erstausstrahlung USA: Fr, 28. Januar 1983 (NBC)
Erstausstrahlung Deutschland: Die, 1. Oktober 1985 (RTLplus)

Michael und K.I.T.T. untersuchen den Tod des *Escape*-Magazin-Herausgebers Philip Royce. Dieser hatte die Foundation kurz zuvor wegen einer brisanten Story mit dem Codenamen »Topaz« kontaktiert.

Kommentar:

Kann man eine Folge auch für die schönen Bilder loben? Absolut, und hier müssen wir das mehrfach.

• Gleich zu Beginn fährt K.I.T.T. in den rollenden Semi, die Annäherung wird aus einer feinen Perspektive rechts vor dem Hinterrad gefilmt. Zudem erleben wir zwei Ausfahrten, eine »normale« bei Tag, eine bei Sonnenaufgang, mit sprühenden Funken, als K.I.T.T. von der Rampe donnert. Gefolgt von der ersten 180-Grad-Drehung beim Verlassen der mobilen Zentrale. Ein super Anblick!

• Erstmals im Verlauf der Serie erleben wir, wie K.I.T.T. durch ein Parkhaus brettert. Was sich offenbar bewährt hat, denn das bekommen wir noch häufiger zu sehen.

• Herrlich ist auch die Fahrt von K.I.T.T. durch die Wüste nach Las Vegas, um das Flugzeug mit Lauren einzuholen, die Michael bereits zum zweiten Mal entwischt ist. Die Staubwolke, die er hinter sich herzieht, verstärkt das Tempogefühl, dazu läuft der Song *Down Under.*

• Kitschig, aber dennoch mit Charme (es sind die 1980er!): der Spieleabend im Casino, unterlegt vom wunderbaren *Love's Been A Little Bit Hard On Me*. Ein wahrer Ohrwurm, den wir schon in »Ein Richter spielt sein Spiel« gehört haben.

• Außerdem sehen wir hier erstmals den am häufigsten wiederverwendeten »Turbo Boost« der Serie, als Michael und K.I.T.T. über das ausgetrocknete Flussbett springen.

• Und zu guter Letzt hat es K.I.T.T. tatsächlich aufs Centerfold des *Escape*-Magazins geschafft, umgarnt von einem Model. K.I.T.T.s grandioser Kommentar, als er gefragt wird, was er davon halte: »Alles in allem ist das ein sehr schmeichelhaftes Foto. Nur eine winzige Kleinigkeit stört noch die Perfektion des Bildes.« Michael ist irritiert: »Findest du? Was denn?« K.I.T.T.: »Entfernen Sie diese Person von meinem Kotflügel!« Damit war man in der deutschen Übersetzung kreativer als im Original: Dort bittet K.I.T.T. nur darum, die Heftklammer zu entfernen.

Die Story ist auch rund: Royce hat eine Story über ein kritisches Medikament aufgedeckt, schützt sie via Passwort auf dem Computer und wird ermordet. »Topaz« ist der Codename, und quasi die gesamte Folge dreht sich darum, den sechsstelligen Zahlencode zu knacken, um dahinter zu kommen, um was es sich dreht und wer den Mord verübt hat. Ein sechsstelliger Zahlencode ist aus heutiger Sicht natürlich ein Witz, erst recht für einen Computer, und laut Bonnie arbeitete ja jeder verfügbare Computer daran. Damals, Anfang 1983, sah die Welt noch anders aus. Die Zahlenkombinationen seien »unbegrenzt«, erklärt K.I.T.T., und Michael rät ihm, seine Fantasie spielen zu lassen. »Wie wäre 000001?« Am Ende kommt Michael selbst auf die Lösung, auch wenn man im Deutschen nicht ganz versteht, warum. Denn »36-24-36« klingt zunächst zufällig, »Topaz« oder »Miss November« hin oder her. Es sind jedoch Zoll-Werte. In Zentimetern sind es die typischen Modelmaße: 90-60-90. Und so wird ein Schuh draus. Zur Zahlenkombi 36-24-36 findet man übrigens einige Anspielungen in der Popkultur, unter anderem ist sie die Schulschrank-Kombi von Bart Simpson.

In Sachen Foundation-Familie erleben wir zwei lustige Szenen: Zu Beginn erscheint Devon in Begleitung von Bonnie bei der Party; ein Fotograf hält sie fälschlicherweise für »Miss Juni«. Devon interveniert: »Ich glaube, Sie verwechseln die junge Dame«, erklärt er, blickt zu Bonnie und ergänzt: »Oder den Monat.«

Michael indes hat Bonnies Geburtstag vergessen. Das Datum aber, den 24. November, hat er immerhin parat, als ihm dieses Missgeschick auffällt. »Sie waren da gerade unterwegs«, kommt Devon zur Hilfe und ergänzt, er habe Michael vertreten. »Auch würdig?«, fragt der. »Natürlich.« Der Zusammenhang, in dem der Geburtstag erwähnt wird, ist »Topaz« (im Deutschen eigentlich »Topas«), eigentlich ein Geburtsstein (hier fälschlicherweise als »Geburtstagsstein« übersetzt), in diesem Fall der von Bonnie. Fun Fact: Bonnie-Schauspielerin Patricia McPherson hat nur drei Tage später tatsächlich Geburtstag, am 27. November.

In Las Vegas macht K.I.T.T. zudem erstmals Erfahrungen mit Spielautomaten. Er empfange ein paar merkwürdige Schwingungen, berichtet er Michael. Keine Sorge, beruhigt der, das seien die »einarmigen Banditen«. K.I.T.T.s Reflex: »Sollen wir sie verfolgen?« Immerhin sorgt er dann dafür, dass die ältere Dame, die gerade ihre letzte Münze eingeworfen hat, doch etwas gewinnt. K.I.T.T.s weitere Zauberkünste in Casinos und sein Interesse an »Black Jack« erleben wir noch ausführlich im Auftakt zu Staffel 2, in »Goliaths Geburt« / »Der Kampf mit Goliath«.

Ach ja, und was lief da mit Michael und Lauren? Die hatte Michael zu Beginn gleich zwei Mal die kalte Schulter gezeigt, in Las Vegas dreht sich das Ganze aber. Michael beweist sich zudem als großer Romantiker: Hatte er Bonnies Geburtstag noch vergessen, überrascht er Lauren nach dem Casino-Besuch mit Geschenk, Champagner und Kuchen. Respekt!

Bester Dialog:
K.I.T.T. *(als er und Michael am Escape-Mansion ankommen)*: »Michael.«
Michael: »Ja?«
K.I.T.T.: »Warum laufen diese jungen Damen alle so dürftig bekleidet herum?«
Michael: »Wenn ich's herausgefunden hab, erfährst du's als Erster.«

Trivia:
• Jeanna Michaels (Lauren) war ein bekanntes Gesicht in den Seifenopern der USA, sie spielte unter anderem in *General Hospital, The Young and the Restless* und *California Clan* mit. Und in der weltweit vielleicht bekanntesten Soap *Dallas,* hier sogar in 33 Folgen. Tina Louise (Anne Tyler) ist den US-Zusehern vor allem dank ihrer Rolle als Ginger in der Sitcom *Gilligans Insel* im Gedächtnis.
• Die junge Dame, die sich zu Beginn an K.I.T.T. heranmacht und am Ende auf dem Centerfold posiert, heißt Natalie Carroll. Sie war zunächst Fließbandarbeiterin bei Pontiac. Dort beförderte man sie aber bald zum firmeninternen Model, um den neuen Trans Am zu bewerben. Sie trat hierzu auch an der Seite von David Hasselhoff auf.
• Erstmals sehen wir, dass K.I.T.T. über einen Drucker verfügt.
• Beim »Turbo Boost« am Ende über das Flussbett scheint Michaels Lederjacke beinahe zum Fenster hinauszufliegen. Tatsächlich war es so: Stuntfahrer Jack Gill steckte bereits in voller Montur, als der Kostümkollege auf die fehlende Jacke aufmerksam machte. Gill legte sie sich über, beim »Turbo Boost« machte sie sich dann selbstständig.

Soundtrack:
• *Hold Me* (Fleetwood Mac)
• *Down Under* (Men At Work)
• *Love's Been A Little Bit Hard On Me* (Juice Newton)

Bedeutung der Folge für die gesamte Serie:
* *

Herz / Humor / Action:
* * * / * * * / * * * *

Gesamtwertung:
* * * *

»Eine Musterstadt ohne Verbrechen« / »A Nice, Indecent Little Town« (Folge 16)

Buch: Frank Telford; Regie: Gil Betteman
Filmdaten: 25. Januar – 2. Februar 1983
Erstausstrahlung USA: Fr, 18. Februar 1983 (NBC)
Erstausstrahlung Deutschland: Mo, 14. Oktober 1985 (RTLplus)

Michael entdeckt zufällig den Geldfälscher Ron Austin – ausgerechnet in einem kleinen Ort, der von der Foundation für ihre geringe Kriminalitätsrate ausgezeichnet wird. Was hat Austin hier zu suchen?

Kommentar:

Man muss einfach mal ein Lob aussprechen für die Kreativität der Autoren, wenn es um die Zusammenkünfte und Dialoge zwischen Michael, Devon und Bonnie geht – in Staffel 1 hat man sich hier gewiss die größte Mühe gegeben. Diesmal berichtet Michael aufgeregt von seiner Jagd nach Geldfälscher Ron Austin, der ihm gerade entwischt ist. Allerdings spricht er ziemlich ins Leere: Devon wirkt vor seiner Ansprache in Alpine Crest recht nervös (hätte man gar nicht gedacht), Bonnie werkelt an K.I.T.T. herum. Herrlich dann das Zusammenspiel mit Bonnie zum Ende der Szene: Devon erklärt, Michael könnte sich ruhig ausruhen, die Ansprache würde ihn ohnehin nicht interessieren. Michael will intervenieren, aber Bonnie macht eindeutig klar: Klappe halten! (Frei nach dem Motto: Wenn man schon mal ein Gratis-Päuschen bekommt …) Überraschend sehen wir kurz darauf, dass Michael doch zur Rede schlendert, sogar im Anzug, immerhin ohne Krawatte. Natürlich lässt er es sich nehmen, direkt die ihm bis dahin unbekannte Jobina anzusprechen und ihr eine Limo auszugeben.

Haben wir in der Folge zuvor die schönen Bilder gelobt, müssen wir hier ein paar Fehlerketten ansprechen, und das in einer ohnehin eher überschaubar starken Folge.

• Es beginnt damit, dass Michael im Rahmen von Devons Rede zufällig Austin entdeckt, woraus wir schließen müssen, dass die Verfolgung am Anfang der Episode nicht in Alpine Crest stattgefunden hat. Nun gut. Michael verfolgt Austin erneut und wird von einem Polizisten gestoppt. »Er ist ein alter Freund von mir«, rechtfertigt er sich. Nur wieso? Wenn Austin wegen Geldfälschung gesucht wird, wieso hat Michael den Polizisten nicht darüber aufgeklärt und ihn im Zweifel mit Unterstützung weiter verfolgt? (Die einfache Antwort: Weil die Folge dann zu Ende gewesen wäre. Dennoch hätte man das anders lösen können.)

• Die nächste Ungereimtheit folgt, als Michael im Gefängnis sitzt. K.I.T.T. ist ebenfalls in Polizeigewahrsam, als Devon durchklingelt.

Er vermutet, dass Michael im Knast sitzt, aber K.I.T.T. schweigt. Warum? Devon lobt ihn anschließend für seinen Teamgeist. Wieso? Dann stellt er selbst die Verbindung zur Lösung des Falles her und belässt es dabei. Die gesamte Szene wirkt absurd, schließlich ist Michael im Auftrag der Foundation hinter Austin her. Wovor will K.I.T.T. ihn beschützen, und warum sorgt Devon nicht dafür, dass er ihn schnellstmöglich aus dem Gefängnis bekommt?

• Der Dialog mit Jobina in der Garage, in der K.I.T.T. aufgebockt ist, ist durchaus charmant. Aber wieso muss sie K.I.T.T. herunterhelfen, wieso schafft er das nicht allein? Immerhin wurde ihm erstmals eine recht schlaue Falle gestellt.

• Bei der finalen Verfolgung überholt Michael die fliehenden Austin und Barnswell links – die breite Straße führt jedoch rechts weiter. Wieso Austin und Barnswell ebenfalls links einschwenken, ist beim besten Willen nicht erkenntlich.

• Kein logischer Bruch, aber schade: Sowohl Austin als auch Barnswell bleiben die gesamte Folge über äußerst blass. Austin sitzt eigentlich fast durchweg irgendwo herum und beschwert sich.

Lichtblicke gibt's jedoch auch, als da wären die charmante Jobina, vor allem aber ihre fröhliche Tante Martha – schade, dass ihr nicht mehr Zeit und Interaktion mit Michael zugestanden wurde. Tante Martha (»Yoo-hoo!«) bringt Tempo, Herz und gute Laune in die Episode! Dass sie in K.I.T.T. fährt, um die Polizei abzulenken, ist ein schöner Einfall der Autoren, wenn auch ein sinnfreier: K.I.T.T. ist nun mal K.I.T.T. und hätte ohne Weiteres auch alleine durch die Gegend cruisen können. Spaß macht die Szene dennoch, denn Tante Martha ist mit vollem Herzen dabei.

Ebenfalls schön: Devon nennt Michael im Telefonat »lieber Freund«, im englischen Original ist es ein noch schöneres »my dear fellow«. Am Ende folgt zudem ein freundschaftliches »old boy«. Ach ja: Hat man Devon/Edward Mulhare jemals breiter und herzlicher grinsen sehen als beim Verlassen des Semi, als Michael seine Bibelstunde für K.I.T.T. beginnt?

Auch gibt's direkt nach dem legendären »Turbo Boost« in »Geheimcode Topaz« eine der schönsten Flugeinlagen, als K.I.T.T. durch die kleine Gasse springt, über eine größere Straße hinweg. Speziell die Einstellung von der Seite ist großes Kino! Der Sprung selbst war offenbar gar nicht so ohne: Stuntman Jack Gill erinnerte sich, dass ein Professor im Vorfeld allerhand Daten und Berechnungen angestellt und ihm schließlich davon abgeraten hatte – Gill würde in ein Gebäude krachen, habe er gemeint. Gill wagte den Sprung dann doch und konnte beim Aussteigen gerade noch den offenbar in seiner Ehre gekränkten Experten wegfahren sehen. Fun Fact: Genau diese Sprungszene verwendete RTL einst im Teaser für die gleich folgende *Knight Rider*-Episode.

Trivia:

• Die Gaststars werden zu Beginn in alphabetischer Reihenfolge aufgezählt – zum ersten und einzigen Mal im Verlauf der Serie.

• Devon hält seine Rede am »Courthouse Square« der Universal Studios, der schon in »Der Bandenkrieg« und »Der Doppelgänger« zu sehen war.

• Michael erwähnt in der deutschen Übersetzung »Schneewittchen und die sieben Zwerge«, als er Alpine Crest mit einem Ort aus den 1950er-Jahren vergleicht. Im englischen Original spricht er von »Wally and the Beaver«, also der US-Sitcom *Leave It To Beaver,* die zwischen 1957 und 1963 gedreht wurde und in einem Vorort spielt. In Deutschland ist die Serie unbekannt geblieben: Nur 13 der 234 Folgen wurden synchronisiert und unter dem Titel *Erwachsen müsste man sein* ausgestrahlt, zuletzt im Jahr 1967. In den USA ist die Serie nach wie vor populär, das *TIME*-Magazin wählte sie 2007 unter die 100 besten englischsprachigen TV-Shows.

• Michael trägt zwischenzeitlich dieselbe Kleidung wie im Pilotfilm, also den legendären roten Rollkragenpulli unter seiner schwarzen Lederjacke. Grund: Man hat die Ausbruchsszene aus dem Gefängnis wiederverwendet. Wie er all seinen Krempel immer in seiner kleinen Sporttasche unterbringt, bleibt offen.

• K.I.T.T.s Monitor, auf dem er die umherfahrenden Polizeiautos anzeigt, hat (noch) keine Straßenkarte. Wie Michael den Zusammenstoß der Polizeiwagen ausbaldowert hat? Bleibt ebenfalls sein Geheimnis.

• Jean Bruce Scott (Jobina Bruce) hat eine Reihe bekannter Serien bespielt, viele davon ausführlich: In *Airwolf* war sie 44 Folgen lang als Caitlin O'Shannessy dabei, in *Magnum* für 10 Folgen als Lieutenant Maggie Poole. Außerdem spielte sie für 105 Folgen in der US-Soap *Zeit der Sehnsucht (Days of Our Lives)* mit. Lustig: In *Chefarzt Dr. Westphall (St. Elsewhere)* war sie für acht Episoden in derselben Serie wie William Daniels, die Originalstimme von K.I.T.T.! Amzie Strickland (Tante Martha) hat laut *imdb.com* in verrückten 268 verschiedenen TV-Produktionen mitgespielt, von 1937 bis 2001!

• Erstmals wird vor dem Abspann nicht mehr die Wüstenfahrt mit der Stimme von Wilton Knight, sondern die an den Vorspann angelehnte Fahrt im Sonnenuntergang gezeigt. In »Die Helios-Nadel« ist die Wüstenfahrt jedoch noch einmal zu sehen. Grund: »Die Helios-Nadel« wurde vor »Eine Musterstadt ohne Verbrechen« gedreht, aber erst danach ausgestrahlt.

Soundtrack:

• *I've Got A Rock 'n' Roll Heart* (Eric Clapton)

• *Shame On The Moon* (Bob Seger)

Bedeutung der Folge für die gesamte Serie:
★

Herz / Humor / Action:
★ ★ / ★ ★ / ★ ★

Gesamtwertung:
★ ★

»Die Helios-Nadel« / »Chariot of Gold« (Folge 17)

Buch: William Schmidt; Regie: Bernard L. Kowalski
Filmdaten: 14. – 24. Januar 1983
Erstausstrahlung USA: Fr, 25. Februar 1983 (NBC)
Erstausstrahlung Deutschland: Mo, 21. Oktober 1985 (RTLplus)

Bonnie wird in die Helios-Gemeinschaft aufgenommen, einer Gruppierung von Genies. Diese hat jedoch ein kriminelles Ziel: K.I.T.T. zu stehlen, um einen Goldraub durchzuführen. Bonnie und K.I.T.T. werden einer Gehirnwäsche unterzogen und wenden sich gegen Michael …

Kommentar:
»K.I.T.T., das Haus ist mir nicht geheuer«, sagt Michael, als er erstmals durch das Helios-Gebäude streunt. Das englische Original bringt es eher auf den Punkt: »K.I.T.T., this place gives me the creeps«, sagt er hier. Das kann man auf die gesamte Folge beziehen.

Dabei hat sie einen interessanten Ansatz: Was passiert, wenn K.I.T.T. umprogrammiert wird und sich gegen Michael wendet, dessen Befehle er normalerweise entgegennehmen muss? Es ist das erste Mal, dass eine Episode in diese Richtung verläuft, mit »K.I.T.T. sitzt in der Falle« und »Killer K.I.T.T.« folgen zwei weitere; dass K.I.T.T. sein Gedächtnis verliert, erleben wir zudem in »K.I.T.T. kriegt einen Schlag«. Alle drei Episoden sind im Gegensatz zu dieser hier Highlights der gesamten Serie. Kurios eigentlich, meist sind ja wiederholende Storylines eher die schwächeren.

Ausgehend von diesem Wissen stellt »Die Helios-Nadel« auch das unglaubwürdigste Ende. K.I.T.T. erhält den Auftrag, Michael zu töten, der aber überzeugt ihn durch eindringliche Worte, dies nicht zu tun. Am Ende gelangt K.I.T.T. zu seiner ursprünglichen Programmierung zurück. »Ich kann Sie nicht töten, Michael. Das wissen Sie.« – »Darauf hab ich mich verlassen, Kumpel.« Das ist natürlich schön und gut, man kann sich auch noch einreden, dass

K.I.T.T. trotz neuer Programmierung keinen Menschen töten würde, wobei er auch in »K.I.T.T. kriegt einen Schlag« und »Killer K.I.T.T.« kurz davor steht. Dort jedoch verhindert Michael dies durch die Installation einer neuen CPU. Hier braucht er offenbar keinen Ersatz für die von Bonnie abgebrochenen Platinen. Dass er auch Bonnie mit lieben Worten um die Foundation-Familie wieder ins wahre Leben zurückholt, mag zumindest etwas realistischer sein, sie ist nun mal kein Computer. Unglaubwürdig wirkt es dennoch. Auch kann man sich fragen, warum K.I.T.T. es überhaupt zugelassen hat, dass Bonnie sich an ihm zu schaffen gemacht hat: Er sollte ja mitbekommen haben, dass etwas mit ihr nicht stimmt, nachdem sie Michael mit einer Waffe bedroht und dazu gezwungen hatte, zum Helios-Anwesen zurückzufahren.

Im Gegensatz zu den anderen »Gehirnwäsche-Folgen« kommt »Die Helios-Nadal« düster, gruselig und zerfahren daher. Aus dem vielen Klein-Klein wird zu keinem Zeitpunkt ein klares Ganzes. K.I.T.T. einzig für den Golddiebstahl zu entwenden? Und dafür die gesamte Szenerie um das Grusel-Haus, das Labor, die Ausgrabungsstätte und die geplante Stadt unter der Erde aufbauen? Schade eigentlich, denn die Ausgangslage war insofern keine schlechte, da auch Bonnie erstmals im Mittelpunkt einer Episode steht, nachdem sich mit »Ein Richter spielt sein Spiel« bereits eine Folge um Devon gedreht hatte.

Zu all dem passt die wirre Verfolgungsjagd am Ende, bei der K.I.T.T. völlig unnötig in den »Ski Mode« wechselt (zumindest hätte man das etwas besser schneiden sollen, denn dem gezeigten Ausschnitt nach hätte er locker normal weiterfahren können) und dann über eine zufällig herumstehende Rampe springt (oder hätte man die gar nicht sehen sollen?), wobei völlig unklar bleibt, was denn übersprungen werden musste. Dass Deauville mit seinem Transporter in Richtung Sandhaufen schwenkt und umkippt, statt einfach geradeaus weiterzufahren, bleibt ebenfalls sinnfrei.

Wie immer in Staffel 1 können wir zumindest ein wenig auf den Humor bauen, wobei dieser (verständlicherweise) nur zu Beginn zum Tragen kommen kann. Zum einen hat Devon mit seiner eigenen Aufnahme in die Helios-Gemeinschaft gerechnet, nicht mit der von Bonnie, und es fällt ihm sichtlich schwer, Haltung zu bewahren. Als eine durchweg fröhliche Bonnie ihn auf der Fahrt zum Helios-Anwesen damit aufmuntern will, dass er nun immerhin Ehrenmitglied sei, entgleisen ihm die Gesichtszüge, und er setzt rasch seine Sonnenbrille auf.

Bei Helios angekommen, lernt Bonnie den jungen Irving Farber kennen, der sie mit seinen Aufzeichnungen zu Renaissance langweilen will. Irving stellt sich am Ende des Gesprächs nochmals vor: »Irving Farber. Meine Freunde nennen mich Irving«, sagt er in der deutschen Übersetzung. Im englischen Original ist die Stelle lustiger. Hier gibt er Bonnie die Hand und erklärt nervös: »Irving. Irving. My friends call me Irving … Farber.« *Simpsons*-Fans denken hier gerne an Homers erste Begegnung mit Nachbar Flanders. »Ich bin Flanders, aber meine Freunde nennen mich Ned.« – »Hallo, Flanders.«

Irving schaut wenig später erneut in die Röhre, als er Bonnie zum Tanzen auffordern will. Zuerst schreitet Michael ein, danach löst Devon ab. Leider kommt Irving anschließend nicht mehr zum Zug, auch nicht am Ende. Seinen lustigen Charakter hätte man lieber für eine komplett andere, eine bessere Folge aufgehoben.

Trivia:

• Zum ersten und einzigen Mal sehen wir, dass K.I.T.T. ein Blutdruckmessgerät an Bord hat (»Blood Analyzer«). Später ist dies wohl nicht mehr nötig, K.I.T.T. kann dann auch aus der Ferne die Werte abrufen.

• Die Szenen von K.I.T.T., die sich die Helios-Mitglieder anschauen, stammen aus dem Pilotfilm sowie aus »Tödliche Manöver«, »Der Bandenkrieg«, »Das endgültige Urteil« und »Herzen aus Stein«. Zudem sehen wir eine Szene (K.I.T.T.s Rückseite in der Wüste), die bislang nicht gezeigt wurde.

• Michael (oder eher David Hasselhoff) unterläuft ein Fehler, als er K.I.T.T. (gleich zwei Mal) als »Knight Industry Two Thousand« bezeichnet. Richtig müsste es »Knight Industries Two Thousand« heißen.

• Lynne Topping (Charlene Hanover) und David Hasselhoff kannten sich noch aus ihrer gemeinsamen Zeit bei *The Young And The Restless.* Sandy Helberg (Irving Farber) ist in Frankfurt geboren und war ein Gründungsmitglied der L.A.-Comedytruppe *The Groundlings.* Theodore Bikel (Graham Deauville) ist ein bekanntes Film- und TV-Gesicht. 1959 war er für einen Oscar für den Film *Flucht in Ketten* nominiert; dort spielte er an der Seite von Tony Curtis und Sidney Poitier.

• Am Ende sehen wir nun zum allerletzten Mal die »Wüstenfahrt«, unterlegt von Richard Baseharts Worten um den »lone crusader«.

Bedeutung der Folge für die gesamte Serie:
*

Herz / Humor / Action:
* * / * * / *

Gesamtwertung:
*

»Weißer Vogel« / »White Bird« (Folge 18)

Buch: Virginia Aldridge; Regie: Winrich Kolbe
Filmdaten: 3. – 11. Februar 1983
Erstausstrahlung USA: Fr, 4. März 1983 (NBC)
Erstausstrahlung Deutschland: Mo, 7. Oktober 1985 (RTLplus)

Michaels frühere Verlobte Stephanie Mason steckt in Schwierigkeiten: Sie soll gegen ihren Boss als Kronzeugin aussagen, der aber hat ihr ein Vorstrafenregister angehängt. Michael schaltet sich ein und steht vor einer großen Aufgabe: Er will Stevie helfen, muss aber seine neue Identität für sich behalten.

Kommentar:

Wer in dieser Folge keine Tränen in den Augen hat, hat keine Gefühle – Entschuldigung, aber man muss es einfach in dieser Deutlichkeit ausdrücken. Denn »Weißer Vogel« ist die mit Abstand emotionalste Episode der ersten Staffel und eine der schönsten, traurigsten und besten der gesamten Serie. Oder sogar die beste? Zumindest gilt sie als Lieblingsfolge von David Hasselhoff und Produzent Robert Foster. Also: Willkommen zu Folge 1 der »Stevie«-Trilogie!

»Weißer Vogel« wird gerne als etwas andere *Knight Rider*-Folge beschrieben, nämlich als eine erwachsenere. So ist es auch: Durchweg schwingt eine gehörige Portion Melancholie mit, unterlegt vom vielleicht schönsten Soundtrack. Wir Zuschauer wissen stets mehr als Stevie; die große Frage ist weniger die nach der Ergreifung der Bösewichte als die Frage, ob sich Michael und Stevie am Ende »kriegen« dürfen. Oder wenigstens: Ob Stevie am Ende wissen wird, wer Michael Knight wirklich ist. Was sonst noch passiert, verkommt zur Nebensache, beinahe auch K.I.T.T., der mit ein paar amüsanten Dialogen glänzen und einen schönen »Turbo Boost« hinlegen darf. Aber all das ist diesmal eigentlich egal.

Erstmals seit dem Pilotfilm tauchen wir in Michaels Vergangenheit ein, in die Zeit, als er noch der Polizist Michael Long war. Michael musste – davon gehen wir jedenfalls aus – nach seinem offiziellen Tod (ausgestattet mit neuer Identität und neuem Gesicht) alle Kontakte abbrechen. Nun liest er zufällig, dass seine Verlobte Stevie verhaftet wurde.

Schon auf der Fahrt zum FBI-Büro versinkt er in Tagträumen zu seiner Vergangenheit. Im Warteraum läuft er nervös umher. »Michael, wieso tun Sie das alles?«, fragt Stevie, als Michael sie zu ihrem Appartement gebracht hat. »Ich weiß, die Foundation und all das. Aber es sieht so aus, als würde da noch was anderes hinter stecken. Ist das so?« Michael zögert: »Nein.« Auch später kommt es immer wieder zu Irritationen: Michael blickt Stevie lange an, diese ist ebenso irritiert, spricht von einem Gefühl, »dass ich Sie kenne«. Sie fasst dabei immer wieder an ihre Halskette.

Am Zufluchtsort in den Bergen packt Stevie über ihre Vergangenheit aus. Sie habe hart daran gearbeitet, ihr Leben wieder in den Griff zu kriegen, auf sich aufzupassen. Und nun sei sie von Michael abhängig. »Der, von dem ich zuletzt abhängig war, den hab ich verloren«, erklärt sie. »Es ist noch gar nicht so lange her. Er hieß Michael, wie Sie. Michael Long.« Dabei schaut sie Michael intensiv an, fast herausfordernd. Erhofft sie sich womöglich eine Antwort? Michael aber reagiert nicht: Devon hatte ihn erst Minuten zuvor instruiert, seine alte Identität nicht preiszugeben.

Neben der gesamten Dramaturgie um Michael und Stevie ist »Weißer Vogel« auch der entscheidende Wendepunkt in der Beziehung zu Bonnie. Sie konnte anfangs wenig mit Michael anfangen, erst recht nicht mit dessen willenlosen und teils banalen Flirtversuchen. Diese waren zuletzt zwar kaum noch erkennbar, das Verhältnis der beiden auf einem guten Weg, wie wir schon in Michaels »Rückholaktion« in »Die Helios-Nadel« erkannt haben. »Wer ist Stephanie Mason?«, fragt sie nun im Semi energisch, und Michael rückt endlich mit der Sprache heraus (auch für die TV-Zuschauer, nach erst elf Minuten). »Das tut mir leid, das wusste ich nicht«, sagt sie, als Michael es erzählt. »Keiner wusste es. Außer Devon. Und jetzt du«, erklärt er traurig. Als Bonnie aus K.I.T.T. aussteigt, erwartet man kurz eine Umarmung, die aber (noch) nicht kommt (im Skript war gar eine angeregt). Bonnie fängt sich und informiert Michael sachlich über Gilbert Cole. Dass es in ihr arbeitet, kann sie jedoch nicht verbergen: Als Michael in K.I.T.T. einsteigt, schaut sie ihn perplex an und gibt ihm zögernd den Satz mit, den vor allem Devon in den kommenden Jahren prägen sollte: »Michael … Bitte sei vorsichtig.«

Nicht dass man es bislang nicht wusste, aber in dieser Folge wird zudem überdeutlich, welch großartiger Schauspieler Edward Mulhare doch ist! Schade, dass man ihm bislang nur recht wenig Platz eingeräumt hatte. Nehmt euch die Zeit und schaut euch die Dialoge mit Michael an, gerne auch im englischen Original. Denn die Gespräche sind intensiv wie nie: Michael habe sich das Schwierigste ausgesucht, »was sich ein Mann in Ihrer Position aussuchen kann: Dem zu helfen, den man liebt«, erklärt er, als er mit Michael am Zufluchtsort in den Bergen spricht. »Wenn es ein anderer wäre als Sie, und wenn die Kleine da drin eine andere wäre, würde ich es verbieten.« Nach dem Attentat auf Stevie kann Michael dann kaum an sich halten, erst recht nicht, als Devon ihn auffordert, nicht zu emotional zu werden. »Ist es erlaubt, zu fühlen? Gestattet es die Foundation? Tun Sie es?« Devon stellt beim anschließenden Spaziergang das Problem dar: Wie Michael sich die Zukunft vorstelle? Wolle er mit Stevie zusammenleben, ihr sagen, wer er wirklich sei? Eine Sache der Unmöglichkeit, und Michael wisse es genau. »Sie haben viel zu viele Feinde in der Welt. Sie können nicht zurück. Sie können es sich nicht mal leisten, zurückzublicken.« Interessant ist der folgende Satz von Devon, der leider nicht passend übersetzt ist: »I suppose … loving her … means making another kind of choice«, erklärt er. Heißt: Wenn Michael Stevie wirklich so sehr liebt, muss er sie gehen lassen. Noch einmal: Achtet auf Edward Mulhare, schaut die Szene im Original!

Devon kann sich, wie sich herausstellt, aus eigener Erfahrung in Michaels Lage hineinversetzen. Er war während des Krieges im Dienst der O.S.S. (damals der Nachrichtendienst des US-Kriegsministeriums) in Paris stationiert und hatte eine junge Dame kennengelernt. »Ich weiß noch: Sie trug ein weißes Kleid und sah aus wie ein Engel (…) Wir hatten uns sehr ineinander verliebt.« Aber auch er habe eine Entscheidung treffen müssen, habe wie Michael einen gefährlichen Beruf ausgeübt. »Ich liebe sie, Devon«, erklärt Michael nach langem Schweigen. »Wollen Sie mir sagen, dass ich nie lieben darf?« Er könne nicht in die Zukunft sehen, alles ändere sich, antwortet Devon. »Aber ich weiß, dass Sie jetzt eine Entscheidung treffen müssen. (…) Und ich weiß, Sie treffen die richtige.«

Michael wird die Entscheidung am Ende quasi abgenommen, nachdem Stevies Boss verhaftet wurde und sie ebenfalls eine neue Identität annehmen muss, im Rahmen eines Zeugenschutzprogramms. Vor dem Abschied kommt es zum ersten Kuss zwischen beiden, dann zu einem noch innigeren zweiten. »Ob sie‘s wirklich gewusst hat, K.I.T.T.?«, fragt Michael im Anschluss hinsichtlich seiner wahren Identität. »Schauen Sie mal ins Handschuhfach«, antwortet K.I.T.T. Hier hat Stevie ihre Halskette hinterlegt: Sie war ein Geschenk von Michael Long.

Es ist ein perfektes Ende einer perfekten Folge. Vor allem erleben wir Michael im kompletten Wechselbad der Gefühle: Er weint vor Liebe und Sorge, als er Stevie am Krankenbett besucht, und küsst verzweifelt ihre Hand. Er sitzt einsam und tief in Gedanken versunken am Frühstückstisch und kann nichts essen, ist genervt von seiner Machtlosigkeit. Er wütet in Coles Büro, nachdem Devon ihn von Stevies angeblicher Vorstrafe unterrichtet hat. Ähnliche Entschlossenheit, die dann beinahe in blinde Wut ausartet, erleben wir bei ihm nur noch einmal in dieser Dimension: in »Duft einer Rose«.

Bester Dialog:
K.I.T.T. *(als Michael zu einem Lied im Radio mitsummt)*: »Das C schaffen Sie nicht. Und das D brauchen Sie gar nicht erst zu versuchen.«

Michael: »Ich wusste gar nicht, dass du das absolute Gehör hast.«
K.I.T.T.: »Das ist eben das Kreuz, das ich tragen muss.«
Michael: »Und du trägst es so geduldig.«

Trivia:

• Als wäre die gesamte Konstellation nicht schon emotional genug, kommt hinzu, dass David Hasselhoff und Catherine Hickland zu jener Zeit liiert waren. Mehr noch: Der letzte Drehtag zu »Weißer Vogel«, der 11. Februar 1983, fiel auf Hicklands 27. Geburtstag, ebenso die große Party zum Ende der ersten Staffel. Hasselhoff hatte einen Ring gekauft und einen Spielzeug-K.I.T.T. geschenkt bekommen, den er auf eine große Torte stellte, auf die er »Schau unter die Haube« schrieb. Als Hickland nachschaute und den Ring entdeckte, fragte er: »Catherine, willst du mich heiraten?« Hickland brach in Tränen aus – und sagte Ja.

• Es war der Wunsch von David Hasselhoff, mehr Herz in die Serie zu bringen. Man habe sich also zusammengesetzt und an der Idee für diese Folge gewerkelt. Er habe gewollt, dass Hickland die Rolle der Stevie übernehme. »Es hat eine Weile gedauert, bis ich das allen verkauft hatte«, so Hasselhoff. »Ich habe gesagt: Sie ist Schauspielerin, sie ist hübsch, lasst es uns machen.« Catherine Hickland selbst erklärte, die Rolle der Stevie entwickelt zu haben.

• Erstmals sehen wir das neue Anwesen der Foundation: die Arden Villa in Pasadena. Außenaufnahmen gibt's künftig häufiger, mit K.I.T.T. in der Einfahrt, meist dann mit Schnitt in Devons Büro, das allerdings in den Universal Studios aufgebaut war. Im restlichen Gebäude sowie im Anwesen drumherum (am Pool) wurde nur in vier Folgen gedreht, konkret in »Weißer Vogel«, »Der Erpresser«, »Die Schatzsuche« und »Goliath kommt zurück«. Allerdings tauchen kurze Schnipsel in anderen Episoden auf.

• Die Arden Villa wechselte mehrfach den Eigentümer, steht mittlerweile aber unter Denkmalschutz. Heißt: Es dürfen keinen wesentlichen Veränderungen daran vorgenommen werden – ein Glück für *Knight Rider*-Fans! Die Arden Villa wurde neben *Knight Rider* für viele Serien und Filme als Schauplatz genutzt. Unter anderem sieht man sie in *Der Denver-Clan, Mord ist ihr Hobby* oder *Full House.* Und im Hasselhoff-Film *Wings of Freedom!*

• Als Michael am Ende in das zerschossene Haus in den Bergen zurückläuft, findet er einen konsternierten Devon beim Aufräumen vor, der »Womit hab ich das verdient« vor sich hinmurmelt – wieder einmal nur in der deutschen Übersetzung (im englischen Original sagt er an dieser Stelle gar nichts).

• Die Folge trug den Arbeitstitel »The Long Way Home« – hinsichtlich Michaels ursprünglichem Serien-Nachnamen ein schönes Wortspiel.

• Catherine Hickland wurde durch ihre Rolle in der US-Soap *Texas* bekannt. Sie hatte zudem Gastrollen in *CHiPs, Airwolf, Capitol.* Auch in der Soap *One Life to Live* spielte sie viele Jahre mit. Zur Folge »Weißer Vogel« hatte sie angeblich als Mitautorin beigetragen, tauchte in den Credits aber nicht auf. Charlie Picerni (Donner) arbeitete als Schauspieler, deutlich mehr aber noch als Stuntman und Stuntkoordinator, unter anderem in sechs *Knight Rider*-Episoden, aber auch in Filmen wie *Stirb langsam, The Fast and the Furious und Demolition Man.*
• K.I.T.T. kritisiert zu Beginn der Folge die stimmlichen Qualitäten von Michael, als dieser eine Melodie im Radio mitsummt. Wer konnte da schon ahnen, dass Michael in Staffel 2 bei einer Rockband unterkommt? Aber so geschieht es in der zweiten Folge der »Stevie«-Trilogie mit dem Titel »Ich werd' ewig dein Freund bleiben«. Dass K.I.T.T. selbst kaum einen Ton halten kann, erleben wir in »Die Bodenspekulanten«.
• Im Skript ist Devon zu Beginn nicht erreichbar, und Michael muss Bonnie bitten, den Fall zu einem der Foundation zu machen, um die Kaution freizugeben. Er erklärt, Devon wisse um Stephanie Mason und würde es genehmigen. Später sagt Bonnie, Devon habe einen früheren Flug zurück genommen, weil er persönlich mit Michael sprechen wolle.
• Stevie wird im Skript beschrieben als »a strikingly pretty young woman«.
• Das Album *It's A Beautiful Day* der gleichnamigen Band (mit *White Bird)* wurde vom US-Musikmagazin *Rolling Stone* auf Platz 24 der 100 besten Albumcover gewählt.

Soundtrack:
• *Heart Of The Night* (Juice Newton)
• *White Bird* (It's A Beautiful Day)

Bedeutung der Folge für die gesamte Serie:
★ ★ ★ ★ ★

Herz / Humor / Action:
★ ★ ★ ★ ★ / ★ ★ / ★ ★ ★

Gesamtwertung:
★ ★ ★ ★ ★

»Unerwünschte Konkurrenz« / »Knight Moves« (Folge 19)

Buch: William Schmidt; Regie: Christian I. Nyby II
Filmdaten: 14. – 22. Februar 1983
Erstausstrahlung USA: Fr, 11. März 1983 (NBC)
Erstausstrahlung Deutschland: Die, 22. Oktober 1985 (RTLplus)

Michael und K.I.T.T. sollen einen Überfall auf einen Truck untersuchen. Wie sich herausstellt, wurden dem »Verband der unabhängigen Trucker« bereits sechs Lieferungen gestohlen, das Familienunternehmen um Terri Calley steht kurz vor dem Aus.

Kommentar:

Nach dem Staffel-Highlight folgt eine eher durchschnittliche Folge, eine für zwischendurch sozusagen. Michael und K.I.T.T. gehen unter die Trucker. Die Szenerie wechselt entsprechend fast ausschließlich zwischen der Straße und Besprechungen in Lagerhäusern, Motels oder Cafés. Immerhin sind Devon und Bonnie des Öfteren zu sehen, wobei Bonnie leider erneut nur wenig Textanteil hat.

Warum Michael sich als »freischaffender Detektiv« (und nicht als Mitarbeiter der Foundation für Recht und Verfassung) vorstellt, bleibt zunächst offen. Devon vergibt später unter falscher Identität als »Cedric Bagshaw« einen Auftrag an die Trucker. Erstmals wird hierbei auch der Semi in einer etwas anderen Funktion genutzt.

Auch wenn die Szenerie eine völlig andere ist, weist die Folge durchaus Ähnlichkeiten mit »Die große Dürre« auf: Michael und K.I.T.T. müssen sich in ein etwas anderes Metier einarbeiten. Michael trifft auf die nach außen hin starke Terri, die sich in einem vermeintlichen Männer-Business behauptet, aber doch eine weiche Schale hat – ähnlich wie Francesca Morgan. Michael und Terri kommen einander zwar rasch näher – noch am ersten Abend bringt er sie nach Hause und will sie am Ende küssen –, es bleibt aber beim Versuch. Die Folge endet damit, dass der anfänglich nervige Trucker Curt sich durchaus Hoffnungen auf ein Date mit ihr machen darf.

Schön ist die Idee, K.I.T.T. in die Truckersprache einzuführen, auch wenn er anfangs nur wenig begeistert ist. »Die Sprache der Trucker wäre dem Niveau meines gespeicherten Wortschatzes abträglich«, mosert er hochtrabend, als Michael ihm etwas »Trucker lingo« empfiehlt. K.I.T.T. findet dann aber durchaus Gefallen an den Truckern, als er den CB-Funk abhört. »Jedes Mal, wenn einer von ihnen ein Häschen am Straßenrand sieht, gibt er es gleich an alle anderen weiter. Ich finde das sehr lobenswert.« Hier hat man allerdings den eigentlichen Gag nicht übersetzt: Im englischen Original spricht K.I.T.T. nicht von einem Häschen, sondern von einem »Bear«, also einem Bären. In der Truckersprache ist der »Bear« eine Anlehnung an »Smokey Bear«, ein bekanntes Werbemaskottchen, das die Bevölkerung dazu aufruft, Waldbrände zu vermeiden. Weil der »Smokey Bear« auf dem entsprechenden Plakat einen Ranger-Hut ähnlich dem der Highway Patrol trägt, warnt ein Trucker mit dem Begriff »Bear« oder »Smokey« also vor der Polizei. In der deutschen Übersetzung wäre daher vielleicht der Begriff »Bulle« passender gewesen.

Auch wenn »Unerwünschte Konkurrenz« eher eine mittelprächtige *Knight Rider*-Folge darstellt, schenkt sie uns eine Szene, die uns lange begleiten wird: nämlich die, als Devon (mit Hut) und Michael um den Semi laufen. Den Schnipsel sehen wir in Staffel 2 und 3 im Vorspann bei der Vorstellung von Edward Mulhare.

Interessant ist an dieser Stelle auch der originale Dialog, als Devon zur Vorsicht mit dem Sattelschlepper warnt. »This semi's worth a king's ransom«, sagt er. »Or a Knight's yearly salary«, meint Michael. »At the very least«, antwortet Devon. Konkreter wird es leider nicht. Dabei wäre es doch durchaus interessant gewesen, zu wissen, was der »Knight« im Jahr so verdient. Ach ja: Ist euch aufgefallen, dass K.I.T.T. zu Beginn allein fährt, Michael aber übernimmt, als Devon anruft? Ob es seinem Boss etwa nicht passt, wenn er sich ab und an während der Fahrt einen feinen Lenz macht?

Eine ähnliche Episode wie »Unerwünschte Konkurrenz« erleben wir in Staffel 3 mit »Shattners Komplott«, die deutlich lebendiger daherkommt, womöglich, weil sie nicht so viele Nacht- und Innenszenen aufweist, vor allem aber dank der coolen Renee Props alias Sally Flynn.

Trivia:

• Yvonne McCord (Terri Calley) hat trotz ihrer doch größeren Rolle in dieser Folge die Schauspielkarriere schnell an den Nagel gehängt. Insgesamt hat sie im Verlauf von sieben Jahren nur in sechs Serien/Filmen mitgespielt.
• Michael fragt Devon, wie er auf den Namen »Cedric« gekommen sei – es sei der Name seines Vaters gewesen, antwortet Devon.
• Erstmals nutzt man im englischen Folgen-Titel den Begriff »Knight«, was im restlichen Serienverlauf noch oft der Fall sein wird.
• Michael erklärt, den Film *Alamo* bereits 15 Mal gesehen zu haben.
• Beim Telefonat mit Devon zu Beginn der Folge trägt Michael ein anderes Outfit als kurz zuvor und kurz danach.
• Beim Abspann »steht« K.I.T.T. weit hinten im Bild, zum einzigen Mal im Verlauf der Serie.

Unnützes Wissen:
Michael erwähnt zu Beginn, dass es die beste Pizza in Chicago gäbe. Tatsächlich wurde in Chicago die »Chicago-style Pizza« oder »Deep Dish« erfunden (die Michael bei Devon »ordert«). Deren Boden bildet hier sozusagen die Schale mit dem hohem Rand. Varianten sind die »Stuffed Pizza« oder die »Pan Pizza«, die man auch hierzulande von »Pizza Hut« kennt.

Soundtrack:
• *Nobody* (Sylvia)

Bedeutung der Folge für die gesamte Serie:
*

Herz / Humor / Action:
* * * / * * / * *

Gesamtwertung:
* *

»Computerspiele« / »Nobody Does it Better« (Folge 20)

Buch: David Braff; Regie: Harvey Laidman
Filmdaten: 23. Februar – 4. März 1983
Erstausstrahlung USA: Fr, 29. April 1983 (NBC)
Erstausstrahlung Deutschland: Die, 29. Oktober 1985 (RTLplus)

Michael und K.I.T.T. sollen den Diebstahl von Computersoftware aufklären. Einen Hauptverdächtigen haben sie bald im Blick, dieser wird allerdings auch von Privatdetektivin Flannery wegen angeblichen Ehebruchs verfolgt.

Kommentar:
Ein schöner Beginn: Wir sehen, wie ein vermeintlicher Einbrecher sich geschickt Zugang zu einem Gebäude verschafft. Drinnen angekommen, wird er geschnappt. Er wird dem Firmenchef ausgeliefert, die Security-Männer verschwinden, und Devon erscheint mit den Worten: »Guten Abend, Michael.«

Michael hatte also den Auftrag, zu checken, ob jemand (außerhalb der Firma) in der Lage ist, in den Programmierungsraum zu gelangen, um Codes für neue Spiele zu stehlen. Sein Fazit: nicht möglich. Anders gesagt: Wenn es ein Michael Knight nicht schafft, wer dann? Um den Einbruch möglichst realitätsnah durchzuführen, hatte Michael gar auf K.I.T.T.s Hilfe verzichtet, was Devon lobend anerkennt.

Für Computer-Nostalgiker ist diese Folge ein Traum, allein schon deshalb, weil in Elliott Stevens‘ Büro einige große Konsolen herumstehen. Michaels Liebe zu Computerspielen kennen wir ja schon seit »Tödliche Manöver«. Hier finden auch Bonnie und Devon durchaus Gefallen daran. Auch dank K.I.T.T.s Segen: Als Bonnie »Space Cadet« zockt und verliert, überredet K.I.T.T. sie zu einem erneuten Versuch. Das Spiel sei nicht nur für die Auge-Hand-Koordination entwickelt worden, sondern auch, um das taktische Denken zu trainieren, erklärt er. Als Devon und Michael den Semi betreten, beendet Bonnie ihre »Arbeit« allerdings schnell. Lustig: Devon bekommt am Ende das vielleicht legendärste 80er-Jahre-Spiel »Pac-Man« geschenkt, und genau das erwähnt K.I.T.T. noch viele Jahre später im Spielfilm *Knight Rider 2000!*

Einen gewissen Charme entwickelt die Episode durch das Zusammentreffen von Michael mit Privatdetektivin Flannery. Eine starke Idee der Autoren: Michael muss sich mit Konkurrenz herumschlagen, die komplett auf dem falschen Dampfer ist, aber ständig dazwischenfunkt. Ein erster Versuch, Flannery zur Rede zu stellen, scheitert nach einer amüsanten Verfolgungsjagd daran, dass Michael erneut eingebuchtet wird, wenn auch diesmal nur kurz. K.I.T.T. macht ebenfalls nicht zum letzten Mal seine Abneigung gegen Polizeigewahrsam deutlich. Als Michael der guten Flannery in deren Büro einen Besuch abstatten will, ergibt sich eine herrliche Szene, als sie nach Hause kommt, Michael sich unbeholfen hinter einer Tür versteckt und diese beim Öffnen geräuschvoll gegen seinen Kopf donnert. Seine Reaktion: »Aua.« Flannery lässt sich trotz Michaels eindringlicher Worte weiterhin nicht von »ihrem« Fall abbringen. Sie kommt Michael und K.I.T.T. noch bis zum Ende in die Quere.

Ach ja, warum *Knight Rider* meist positiven Charme versprüht, insbesondere durch Michael? »I‘m an eternal optimist« – »Ich bin ein ewiger Optimist«, erklärt er zwischendurch, als K.I.T.T. fragt, warum er sich seiner Sache so sicher sei. Trotz Michaels positivem Ausblick aufs Leben bleibt »Computerspiele« optisch etwas trist, wofür allerdings keiner etwas konnte: Es regnete fast über die gesamte Drehzeit hinweg. Ein bisschen Sonne hätte dem Ganzen sicherlich gut getan.

Ist eine *Knight Rider*-Folge im Normalfall recht einfach gestrickt und geradeaus, bleibt in »Computerspiele« lange Zeit undurchschaubar, wer der eigentliche Bösewicht sein soll. Am Ende müssen Devon, Michael und Bonnie der verdutzten Flannery (und durch diesen Dreh auch den Zuschauern) die gesamten Zusammenhänge aufdröseln. Diese ergeben größtenteils auch Sinn. Für 44

Minuten Laufzeit musste man jedoch etwas viele Hintergedanken denken, zumal die Nebenhandlung zwischen Michael und Flannery viel Platz beansprucht hatte, ohne die Handlung tatsächlich voranzubringen. Was soll man also davon halten? »Computerspiele« ist keine schlechte Folge, aber sie hätte das Potenzial zu einer deutlich besseren Umsetzung gehabt.

Bester Dialog:
Michael *(als er zu einer Runde »Space Cadet« ansetzt)*: »Hey, Devon, wollen Sie nicht mitspielen und versuchen, mich zu schlagen?«
Devon: »Michael, ich denke doch nicht daran, in so einem Spiel gegen Sie anzutreten.«
Michael: »Wieso nicht?«
Devon: »Weil ich keinen Sinn in so einem wertlosen Zeitvertreib sehe.«
Michael: »Ich wette, Ihre Mutter hat dasselbe zu Ihnen gesagt, als Sie Cricket spielen gingen.«

Lektion aus der Michael-Knight-Flirtschule (auch wenn er diesmal gar nicht flirten will):
Michael *(bringt Flannery einen Orangensaft)*: »Ich habe mir die Freiheit genommen und Ihnen ein neues Glas mitgebracht.«
Flannery: »Das war doch nicht nötig.«
Michael: »Nein, aber dadurch habe ich einen Grund, mich hierher zu setzen.«

Trivia:
• Gail Edwards (Flannery Roe) spielte in mehreren Folgen der Serien *Blossom* und *Full House* mit. Nach einer Schauspielpause von mehr als 20 Jahren erschien sie dann nochmals für zwei Episoden in ihrer alten Rolle in der Neuauflage *Fuller House.* Bei Angel Tompkins (Connie Chasen) hat man in den Credits ein »p« vergessen, bei ihrem zweiten *Knight Rider*-Auftritt in »Devon Miles in Nöten« allerdings daran gedacht.
• Elliott Stevens hat unter anderem die Spielekonsolen »Alpine Ski«, »Jungle Hunt« und »Q*Bert« in seinem Büro stehen – wie es sich für einen Spielentwickler gehört. Das in der Folge oft erwähnte (und gespielte) »Space Cadet« heißt eigentlich »Space Battle«.
• Erstmals sehen wir Michael einen frisch gepressten Orangensaft trinken (einen doppelten!), nachdem er sonst im Zweifel ein Bierchen bestellt hat.
• Autor David Braff arbeitete viele Jahre auch bei *Baywatch* als Autor und Produzent.

Soundtrack:
• *Get Closer* (Linda Ronstadt)

Bedeutung der Folge für die gesamte Serie:
*

Herz / Humor / Action:
* * / * * * / * * *

Gesamtwertung:
* *

»Gekidnappt« / »Short Notice« (Folge 21)

Buch und Regie: Robert Foster
Filmdaten: 8. – 16. März 1983
Erstausstrahlung USA: Fr, 6. Mai 1983 (NBC);
Erstausstrahlung Deutschland: Die, 8. Oktober 1985 (RTLplus)

Michael nimmt die Anhalterin Nicole mit – unwissend, dass deren Tochter entführt wurde. Nachdem er sie bei der Übernachtung gegen einen Motorradfahrer verteidigt hat, wird er wegen Totschlags festgenommen.

Kommentar:
Die erste (reguläre) Folge »Tödliche Manöver« begann damit, dass Michael eine Anhalterin mitnahm – genauso startet auch die letzte Folge der ersten Staffel. Michael wird diesmal erst klar, worauf er sich eingelassen hat, als er wegen Totschlags angezeigt wird und Nicole dringend als Zeugin braucht. »Wegen Notwehr können die einen nicht ins Gefängnis stecken«, erklärt er K.I.T.T. zwar, als die Polizei auftaucht. »Naja … vielleicht versuchst du doch, Devon zu erreichen«, fügt er nach einer kurzen Denkpause an.

Im Gespräch mit Devon wird die brenzlige Situation klar: Notwehr ist schwer nachzuweisen. Michaels Fingerabdrücke sind an der Waffe. Die Waffe ist nicht registriert. Seine Zeugin Nicole ist verschwunden. Und die Voruntersuchung wurde zeitnah angesetzt. Hier würde der Staatsanwalt freilich Michaels Vergangenheit beleuchten. »Ich brauche Ihnen ja nicht erst zu sagen, welche Schwierigkeiten das für Sie, die Foundation und für unsere weitere Zusammenarbeit bringen könnte«, erklärt Devon.

Die ganze Sache bleibt knifflig, als Michael die gute Nicole ausfindig gemacht hat. Sie könne keine Zeugenaussage machen, erklärt sie, ihr Ex-Mann würde sie umbringen: Sie habe etwas, das ihn belaste (einen Film). Er habe ihre Tochter. Und das vorläufige Sorgerecht, weil er das nötige Geld gehabt habe, um vor Gericht zu siegen. Die beiden einigen sich auf einen Deal: Nicole wird für Michael aussagen – er wird ihr helfen, Natalie wiederzubekommen.

Nach zwölf Minuten bekommen wir dann zum ersten Mal Harold zu hören und zu sehen. Er wird verkörpert von William Smith, und es hätte keinen besseren Schauspieler für seine Rolle geben können, allein schon wegen seines Bartes. Smith verkörperte im Lauf seiner Karriere den klassischen »tough guy«. Amüsant: Smith hatte nach wenigen Ausflügen ins Showbiz eigentlich eine andere Karriere eingeschlagen. Er sprach fünf Sprachen fließend und war bei der NSA gelandet. Die Filmdatenbank *imdb.com* schreibt dazu: »Als er gerade an seinem Doktortitel arbeitete, bekam er einen Vertrag bei der Filmgesellschaft MGM und das war's. Über die kommenden 30 Jahre hinweg wurde Smith zum König der Bösewichte in B-Movies. Mit weitreichenden Auftritten in Western, Biker-, Horror-, Sci-Fi- und Actionfilmen ist sein Gesicht und seine Statur vielen Generationen von Filmfans bekannt.« Man muss es nicht extra erwähnen, aber Smith verkörpert den »harten« Harold auch in *Knight Rider* herausragend. Sein erster Satz, als Nicole ihm damit droht, den besagten Film beim Staatsanwalt abzugeben: »Wenn du das wagen solltest und zur Staatsanwaltschaft gehst, muss Natalie sich eine neue Mama suchen.«

Michael ist zwar klar, gegen wen er sich nun auflehnen muss. »Harold T. Turner ist ein knallharter Typ. Aber wir hatten es schon mit anderen Typen zu tun«, meint er zu Devon (im englischen Original noch eine Spur entschlossener). Devon klärt auf: Als ehemaliger Präsident eines kriminellen Motorradclubs habe Harold »mehr als 300 harte Kerle hinter sich«, dazu andere Typen aus der Unterwelt. Auch Bonnie warnt, doch Michael wird laut: »Ich versuche euch ja nicht, eine Geschichte aufzuschwatzen. Ich versuche, meine Haut zu retten. Und die Glaubwürdigkeit der Foundation. Und wenn ich helfen kann, Nicoles Tochter zurückzubringen, umso besser!«

Die Sache wird noch kritischer: Dass Michael die Übergabe vornehmen soll, spielt Harold und seiner Gang auch aus einem anderen Grund in die Karten. Man müsse ihn damit nicht noch länger jagen, hatte er zuvor erklärt – auch wenn man als Zuschauer noch nicht genau wusste, warum er gejagt werden sollte. Als Michael, unter großer Anspannung, schließlich in Harolds Haus ankommt und von Tiny begrüßt wird, wird klar, wieso man auf seinen Besuch hingefiebert hat: Der Mann, den Michael in Notwehr erschossen hat, war Tinys Bruder. »Wenn wir erst bei Nicole waren, kommen wir wieder zurück«, droht Harold. »Wir wollen alle hören, wie Sie Tiny sagen, dass es Ihnen leid tut, seinen Bruder umgebracht zu haben.« Mit anderen Worten: Michaels letzte Stunde soll geschlagen haben.

Absolut amüsant, obwohl tödlich ernst gespielt, ist das Finale in der Geisterstadt, bei der man sich nicht einmal die Mühe gemacht hat, diese eindeutig als Kulisse erkennbare »Stadt« (ein Teil der Universal Studios) als echt zu verkaufen. K.I.T.T. springt bei seiner Ankunft sogar überdeutlich durch ein »Stadtteil«-Plakat. Dann stehen sich zunächst K.I.T.T. und Tinys Auto gegenüber wie zwei Cowboys, wobei Tiny den Kürzeren zieht. Es geht weiter mit dem Aufeinandertreffen von Michael und Harold, in dem sich die beiden wie in einem klassischen Western bekämpfen – ohne Gewehr, Mann gegen Mann. Herrlicher Gimmick: das dezente »Kassenklingeln«, als Michael mit dem letzten Schlag auf Harold für das K.O. sorgt.

K.I.T.T. hat über die gesamte Folge hinweg nicht allzuviel zu tun, was der Action keinerlei Abbruch tut. Er hat ohnehin andere Probleme. Seine Abneigung gegen Polizeigewahrsam haben wir schon angesprochen, hier tut er es selbst in aller Ausführlichkeit: »Da Sie nicht gefragt haben, werde ich es Ihnen einfach sagen. Es war demoralisierend. Erniedrigend.« Michael hakt nach: »Was?« K.I.T.T.: »So ein Polizeigewahrsam. (…) Ich war umringt von kriminellen Typen mit verbeulten Kotflügeln und Einschusslöchern.« Michael kontert: Sein Aufenthalt im Gefängnis sei auch kein Erholungsurlaub gewesen. Später, als Michael direkte Mittel anwenden muss, um Nicole nach Long Pine zu bekommen, und K.I.T.T. zu sich beordert, erklärt dieser: »Michael, ich hoffe, Sie wissen, was Sie tun. Wenn ich wieder in Polizeigewahrsam ende, dann bin ich gezwungen, eine offizielle Beschwerde einzureichen.«

Die relativ »harte« Folge hat man auch anderweitig geringfügig aufzuweichen versucht, und auch das funktioniert: dank Nicoles Tochter Natalie. Die macht auf der Fahrt nach Long Pine erste Bekanntschaft mit K.I.T.T., der sie sofort für sich begeistert. Dass auch Michael mit Kindern wunderbar umgehen kann, haben wir bereits geahnt. Im Zusammenspiel mit Natalie zeigt er noch einmal klar, was für ein herzlich guter Typ er ist. Ein Sonderlob geht hier an David Hasselhoff, der in Szenen mit Kindern allgemein großartig natürlich schauspielert. Als hätte er in der gesamten Folge nicht genug zu tun, vermittelt Michael auch noch in der Beziehung zwischen Nicole und ihrem Vater.

»Gekidnappt« ist eine starke Folge von Anfang bis Ende, mit perfektem Tempo, und eine der stärksten »regulären« Episoden der gesamten Serie. Regulär in dem Sinne, dass weder K.I.T.T. zerstört oder umprogrammiert wird oder K.A.R.R., Garthe mit Goliath oder Stevie auftauchen. Michael und K.I.T.T. kämpfen regulär gegen das Unrecht, um eine weitere gemeinsame Zusammenarbeit, um eine

Zukunft von Nicole mit ihrer Tochter. Was dabei alles in nur 44 Minuten passiert, ohne hektisch zu wirken, ist bemerkenswert. Neben allem Genannten ist darunter auch eine schöne Musikmontage auf der gemeinsamen Fahrt von Nicole, Natalie und Michael unter den Klängen des Bob-Seger-Hits *Night Moves.* »Gekidnappt« ist ein mehr als würdiger Abschluss der ersten, der vielleicht schönsten, liebevollsten *Knight Rider*-Staffel.

Bester Dialog:
K.I.T.T.: »Ich begreife den Sinn des Fischens nicht, Michael.«
Michael: »Was verstehst du daran nicht, Kumpel?«
K.I.T.T.: »Soweit ich informiert bin, ist der Sinn des Fischens, einen Fisch zu fangen.«
Michael: »Das ist richtig.«
K.I.T.T.: »Aber wir machen das schon seit zwei Tagen. Und trotz der langen Zeit, die Sie nun fischen, haben Sie noch keinen einzigen Fisch gefangen.«

Trivia:
• Robin Curtis (Nicole Turner) erlangte in klassischen 1980er-Jahre-Serien *(MacGyver, Mike Hammer, Full House)* einige Berühmtheit. Viele kennen sie vor allem durch ihre Verkörperung von Lieutenant Saavik in *Star Trek III* und *Star Trek IV.*
• William Smith war ja schon Thema, aber einige weitere amüsante Trivia-Facts verdienen ebenfalls Erwähnung: Smith war zweifacher Armwrestling-Weltmeister. Er hat eine 31:1-Bilanz als Amateurboxer. Er hat 5.100 aufeinanderfolgende Sit-ups innerhalb von fünf Stunden geschafft. Er spielte halbprofessionell Football in Deutschland. Er gab den »Marlboro Man« in der letzten TV-Werbung. Er hat die kalifornischen Waldbrände bekämpft und als Lebensretter an der französischen Riviera gearbeitet. Sein Lieblingsschriftsteller ist Dostojewski. Man kann zusammenfassen: Smith ist eine Legende.
• Der Originaltitel »Short Notice« – zu Deutsch: »kurzfristig« – geht wohl zurück auf einen Dialog im Skript, der es nicht auf den Bildschirm gebracht hat: Im Motel hatte Nicole noch etwas zu essen besorgen wollen, statt Michaels Order eines New-York-Steaks, Backkartoffeln und einer guten Flasche Wein hat sie aber nur ein Six-Pack Bier mitgebracht. »It‘s the best I could do on short notice«, sagt sie. »Short notice is good with me«, antwortet Michael.
• Auf der Fahrt zu Nicole in die »Little Nashville Bar« sieht man K.I.T.T. durch eine (etwas dunklere) Wüstenlandschaft rasen. Man hatte dabei Material genutzt, das beim Filmen des Vorspanns entstanden und bisher nicht genutzt worden war.

• Komponist Don Peake ist in der Bar als Gitarrist zu sehen.
• Erst während der Dreharbeiten zu »Gekidappt« (in der »Little Nashville Bar«) erfuhr das *Knight Rider*-Team, dass die Show für eine weitere Staffel verlängert worden war.

Soundtrack:
• *Skin Game* (John Hiatt & Ry Cooder)
• *Sweet Home Alabama* (Lynyrd Skynyrd)
• *Night Moves* (Bob Seger)

Bedeutung der Folge für die gesamte Serie:
* * *

Herz / Humor / Action:
* * * * / * * * / * * * * *

Gesamtwertung:
* * * * *

STAFFEL 1: EIN PERSÖNLICHES FAZIT

Das war sie also, die Premierenstaffel *Knight Rider.* Und, wenn ich das sagen darf: Mir ist sie die liebste. Was nicht heißt, dass die kommenden Folgen schlecht sind. Im Gegenteil, speziell Staffel 2 gilt für viele als das Nonplusultra und hat womöglich tatsächlich mehr Qualitätsfolgen und weniger Durchschnitt. Mir gefällt – aus heutiger Sicht als mittelalter Mensch – in Staffel 1 einfach das gemütlichere Tempo, ebenso der feine, oft ironische Humor, der mir als Kind noch nicht in diesem Maß aufgefallen war.

Beeindruckend ist, wie schnell David Hasselhoff seine Rolle eingenommen und gefunden hatte. Vielleicht war es sein Geheimnis, dass er sich nicht allzu sehr verstellen musste? Hasselhoff sagte einst, er sei auch im wirklichen Leben so wie Michael Knight (oder wie sein *Baywatch*-Alter-Ego, Mitch Buchannon). Auch das Zusammenspiel mit K.I.T.T. passte von Anfang an. Wobei wir für den echten Vergleich die Folge »Gangster wider Willen« nehmen müssen, diese wurde als erste Episode nach dem Pilotfilm gedreht. Der Humor, die Dialoge (wir erinnern uns an die Szene, als Michael sich an Linda heranpirscht und K.I.T.T. bittet, Kontakt mit Devon aufzunehmen): Hasselhoff behandelt K.I.T.T. wie einen guten Kumpel, eben auch in Sachen sarkastische Kommentare. Wie viele Schauspieler hätten wohl glaubhaft eine solche Beziehung mit einem Auto/Computer hinbekommen? Vermutlich nur wenige. Es ist eines der großen Geheimnisse des Erfolgs. Und eines der oft unterschätzten.

Auch das anfangs schwierige Verhältnis zu Devon besserte sich im Lauf der Staffel, die Diskussionen der beiden waren aber von Beginn an herrlich. Und Edward Mulhare, ich erwähnte es ja, war einfach ein großartiger Schauspieler. Schade, dass ihm nicht mehr Platz eingeräumt wurde.

Das gilt ebenso für Bonnie, die in manchen Episoden völlig unterging und kaum Redeanteil hatte, insbesondere, wenn sie gerade kein neues Gimmick an K.I.T.T. installieren durfte. Andererseits: *Knight Rider* drehte sich um den »lone crusader«, den einsamen Reiter mit seinem Pferd. Wie zuviel Drumherum dieses Erfolgsrezept gestört hätte, haben wir in den missglückten Versuchen einer Neuauflage erlebt. »Mehr« ist nicht immer »besser«. Vielleicht war also auch alles richtig so.

Speziell in den finalen Folgen der ersten Staffel hatte man das Gefühl, dass aus Michael, K.I.T.T, Devon und Bonnie eine Familie erwachsen war, man spricht in Fankreisen ja gerne von der »F.L.A.G.-Familie« (F.L.A.G. = »Foundation for Law And Government«). Verrückt eigentlich, dass diese Familie für Staffel 2 getrennt wurde.

Knight Rider wurde in den USA anfangs keine Chance eingeräumt, auch weil man gegen das quasi unschlagbare *Dallas* lief, damals die Serie mit der größten Reichweite. Mit einem Rating von 15,4 war *Knight Rider* mit der ersten regulären Folge »Tödliche Manöver« durchaus gut dabei. Die Zuschauerzahl sei höher gewesen als alles, was in den vergangenen vier Jahren gegen *Dallas* gelaufen sei, so Hasselhoff. Er selbst musste allerdings auch einiges einstecken: Die *Washington Post* begründete sein Casting damit, dass man einen Schauspieler gebraucht habe, »der absolut unfähig ist, ein Auto an die Wand zu spielen«. Auch als »Kühlerfigur« sei er bezeichnet worden, erinnerte sich Hasselhoff. Der auf seine Weise konterte: »Hey, wir haben schlechte Kritiken bekommen. Das bedeutet: Wir werden ein Hit!« Hasselhoff sollte Recht behalten. Er sorgte am Ende auch selbst für den Erfolg: Hasselhoff tourte – mit einem Trans Am – durch 40 Städte in den USA, um *Knight Rider* zu promoten!

»Obwohl es zu früh für finale Schlüsse ist, zeigen die bisherigen Quoten, dass *Knight Rider* einen Platz in den Herzen, wenn nicht auch in den Köpfen der Zuschauer findet«, schrieb die *Chicago Tribune's TV Week* nach den ersten Wochen schließlich, wenngleich die Zuschauerzahlen zwischenzeitlich fielen und kurzzeitig eine Absetzung drohte. Man bekam allerdings doch noch die Kurve. »Mit ironischem Unterton und bemerkenswert wenig Gewalt und Verletzungen (trotz der schnellen Action werden nur wenige Charaktere getötet, und nicht mal die Bösen) überzeugt *Knight Rider* in Sachen Quote und Wohlwollen für NBC«, urteilte die *New York Times* am Ende der Staffel. David Hasselhoff gewann im Januar 1983 sogar den »People's Choice Award« als beliebtester männlicher Darsteller in einer neuen Serie.

Knight Rider ging also in seine zweite Runde – und diese sollte direkt mit einem Hammer beginnen!

Gestatten, mein Name ist Michael

DIE FOUNDATION-FAMILIE IM ÜBERBLICK

Wilton Knight

Der Milliardär Wilton Knight hat sich ein eigenes Imperium erschaffen, ähnlich wie die Fords oder Rockefellers. Wilton Knight lebt größtenteils nach seinen eigenen Regeln – speziell, nachdem ihm vergangene Erfindungen »weggenommen« wurden. Unter dem Dach von Knight Industries gründet Wilton unter anderem die Foundation für Recht und Verfassung (»Foundation For Law And Government«, kurz F.L.A.G.), die sich der Verbrechensbekämpfung widmen soll. Weil er der Ansicht ist, dass in manchen Fällen nur unmittelbares Handeln zielführend ist, will er das Auto der Zukunft bauen, das mit seinem Fahrer gegen das Verbrechen ankämpft und Fälle übernimmt, die den regulären Ordnungsbehörden als zu klein, zu unwichtig oder nicht greifbar erscheinen.

Wiltons erstes Auto ist K.A.R.R. (»Knights Automatisch Reagierender Roboter«), der jedoch nicht auf den Schutz menschlichen Lebens programmiert ist, sondern auf die Selbsterhaltung – ein schwerer Fehler. Wilton Knight lässt ihn stilllegen und macht sich an das verbesserte Modell: K.I.T.T. (»Knight Industries Two Thousand«), dessen primäre Funktion es ist, menschliches Leben zu schützen.

Als Fahrer hat Wilton den Polizisten Michael Long im Blick. Dieser wird jedoch bei einem vorherigen Einsatz durch einen Schuss ins Gesicht lebensgefährlich verletzt. Wilton sammelt ihn in der Wüste von Nevada auf und verschafft ihm eine neue Identität: Michael Knight. Kurz nach der Fertigstellung von K.I.T.T. stirbt Wilton Knight, nachdem er schon lange Zeit gegen den Tod angekämpft hat. Am Sterbebett hält er Michaels Hand und gibt ihm seinen Leitsatz mit: »Ein Mann kann etwas verändern, und du wirst dieser Mann sein.«

Wilton Knight hat zusammen mit seiner Frau Elizabeth (geb. Bishop) zwei leibliche Kinder, Garthe und Jennifer. Während Jennifer eine tragende Rolle bei Knight Industries übernehmen wird, der Foundation aber kritisch gegenübersteht, gerät Garthe auf die schiefe Bahn. Er wird zu drei lebenslänglichen Strafen in Afrika verurteilt. Nach Wiltons Tod gelingt ihm der Ausbruch, und er macht sich daran, das Imperium seines Vaters zu zerstören, unter Mithilfe seiner Mutter. Vor allem will er seinen »Bruder« Michael Knight töten, den er als Beleidigung seiner eigenen Existenz betrachtet.

Michael Knight

Ehemals als Polizist Michael Long für Recht und Ordnung im Einsatz, wird er nach einem Schuss ins Gesicht lebensgefährlich verletzt. Michael hat Glück im Unglück: Die Kugel prallt an einer Metallplatte, die er im Vietnamkrieg eingesetzt bekam, an seiner Stirn ab. Sie zerstört jedoch sein Gesicht. Er erhält von einem plastischen Chirurgen ein neues Aussehen und von Wilton Knight eine neue Identität: Michael Knight. Mit seiner neuen Aufgabe als »starker Mann« der Foundation für Recht und Verfassung will er sich zunächst nicht anfreunden. Am Ende aber schwärmt er regelrecht vom Gedanken, den Traum von Wilton Knight fortzuführen.

Mit K.I.T.T. hat er anfangs seine Probleme. Ein Auto, das mit ihm spricht? Zudem mag er K.I.T.T. nicht als gleichberechtigten Partner ansehen. Beide liefern sich von Beginn an Plänkeleien, im Lauf der Serie aber werden sie beste Freunde, was Michael auch immer wieder äußert. Im direkten Gespräch nennt er K.I.T.T. meist »Kumpel«, anderen gegenüber bezeichnet er ihn auch mal als »kleines Computerteil«, rechtfertigt dies aber damit, dass es nun mal nicht die leichteste Sache der Welt sei, ein sprechendes Auto in aller Kürze zu erklären. Wie eng die Verbindung der beiden ist, erlebt man in den Folgen, in denen K.I.T.T. stark beschädigt wird und Michael sich extrem sorgt. Gegenüber Devon, Bonnie und April halten Michael und K.I.T.T. zusammen, wenn es darum geht, den anderen zu decken, beispielsweise wenn Michael sich unerlaubterweise Geld vom Spesenkonto der Foundation für Pferdewetten geliehen oder eine größere Summe »verlegt« hat. Um sich die Zeit während der vielen Autofahrten zu vertreiben, spielen beide gerne »Geography« oder »Black Jack« gegeneinander, wobei Michael stets den Kürzeren zieht.

Michael ist ein Sonnyboy, er flirtet gerne und beendet seine Missionen meist mit einer neuen Lady im Schlepptau. Die Verbindungen halten jedoch nie für längere Zeit. Michael ernährt sich am liebsten von Fast Food, also Burgern, Hot Dogs, Pommes Frites und Milchshakes, zum Entsetzen seines Chefs Devon Miles, der die feine Küche sehr schätzt. Seine Vitamine holt sich Michael über frisch gepressten Orangensaft, von dem er sich auch mal »einen doppelten« gönnt. Gerne ordert er auch ein Bierchen. Michael ist durchaus pflichtbewusst; zu Anlässen, bei denen es gilt, Anzug und Krawatte zu tragen, ist er um eine gute Ausrede jedoch selten verlegen. Michael ist ein großer Sportfan, geht gerne angeln und schwimmen und versucht sich auch an anderen Aktivitäten wie Bergsteigen oder Parasailing. An den wenigen freien Tagen, an denen er diesen Hobbys nachgehen will, klingelt jedoch meist Devon durch und beauftragt ihn mit einem neuen Fall.

Michaels Jugendhelden sind der Abenteurer Charlie Granger und »Swamp Fox«, ein Brigadegeneral während des Amerikanischen Unabhängigkeitskrieges. Ebenso zeigt er sich als Fan der Filme *Ein ausgekochtes Schlitzohr* mit Burt Reynolds und Sally Field und von *Alamo* mit Westernheld John Wayne, der »Duke«, von dem er angeblich keinen Film verpasst hat. Auch den Streifen *Butch Cassidy und Sundance Kid* erwähnt er. Michael hatte einst eine Karriere als Sänger angepeilt, eine Plattenfirma interessierte sich gar für ein Demo-Tape von ihm. Entsprechend trällert er auf Autofahren öfters mal ein Liedchen, zum Leidwesen von K.I.T.T., der den stimmlichen Qualitäten seines Fahrers nur wenig abgewinnen kann. Dennoch taucht Michael in einem Fall undercover bei einer Rockband unter.

Trotz seiner vielen Flirts gehört Michaels Herz einzig und allein Stephanie »Stevie« Mason, seiner ehemaligen Verlobten zu seiner Zeit als Michael Long. Im Lauf seiner Arbeit bei der Foundation treffen sich die beiden wieder, und Michael hilft Stevie zwei Mal aus der Klemme. Als er selbst in einer mentalen Krise steckt und seine Arbeit bei der Foundation beenden will, bittet Devon wiederum Stevie um Hilfe. Michael und Stevie heiraten schließlich. Direkt nach dem Ja-Wort wird Stevie erschossen. Michael kehrt nach ursprünglichen Kündigungsgedanken zur Foundation zurück.

K.I.T.T.

K.I.T.T. ist die zentrale Steuereinheit des Autos, des Knight 2000, und steht für »Knight Industries Two Thousand«. K.I.T.T. ist also derjenige, der den aufgrund einer speziellen Metalllegierung quasi unzerstörbaren Knight 2000 allein fahren oder Tricks wie »Turbo Boost«, »Ski Mode« oder »Super Pursuit Mode« ausführen kann. K.I.T.T. ist dennoch stolz auf sein Äußeres, einen Pontiac Firebird Trans Am, was spätestens dann deutlich wird, als das Auto gestohlen und er selbst zurückgelassen und zeitweise in ein tragbares Fernsehgerät eingebaut wird, was ihm gar nicht passt.

K.I.T.T. kann sprechen, was neue Fahrgäste immer wieder überrascht, auch wenn diese Fähigkeit noch eine seiner unspektakulärsten ist. K.I.T.T. ist darauf programmiert, menschliches Leben zu schützen, insbesondere das von Michael. Während K.I.T.T. ähnlich wie Devon zu Beginn die scheinbar verantwortungslose Art von Michael kritisiert, ändert sich seine Meinung bald, und er hält fest zu seinem Partner. Im Lauf der Serie ist K.I.T.T. immer wieder damit beschäftigt, menschliche Verhaltensweisen oder Gefühle einzuordnen, was ihm als Computer schwerfällt, aber nach und nach einigermaßen gelingt. K.I.T.T. zeigt gern, was er drauf hat. Umso schwerer fällt es ihm, bei Undercover-Aufträgen einen Gang zurückzuschalten, um nicht zu sehr aufzufallen. Im Gegensatz zu Michael geht K.I.T.T. die Dinge logisch an, während Michael sich oft auf sein Bauchgefühl verlässt, was nicht selten zu Diskussionen führt.

Ähnlich wie Michael schlittert auch K.I.T.T. in eine kleine Krise, als er in eine Giftgrube befördert wird; er leidet danach unter mangelndem Selbstvertrauen. Am Ende ist es Michael, der ihn wieder in die Spur bringt. K.I.T.T. legt großen Wert darauf, von Michael als gleichberechtigter Partner angesehen zu werden, was diesem anfangs misslingt, sich aber im Lauf der Serie bessert. Gegenüber Bonnie und April gibt sich K.I.T.T. gerne als Drama-Queen, wenn er im Rahmen eines Auftrags verdreckt oder leicht beschädigt wurde. Wenngleich K.I.T.T. menschliche Verhaltensweisen oft fremd sind, zeigt er häufig selbst welche auf. Nicht selten ist er eingeschnappt oder gibt sich sarkastisch. Wie Michael ist auch er über Devons Geschick, immer zu Unzeiten mit einem neuen Auftrag um die Ecke zu kommen, äußerst erstaunt.

K.I.T.T. kann nur wenig mit Michaels Leidenschaften für Popmusik, Frauen in Bikinis oder Dingen wie »Urlaub« anfangen, trotz dessen Erklärungsversuchen. K.I.T.T. selbst ist Fan des Sängers Charley Conners sowie von Vivaldi. Großen Respekt hat K.I.T.T. vor Hunden, mit denen er es immer wieder zu tun bekommt und denen er anfangs sehr abweisend begegnet oder sie vertreibt. Später erklärt er, sie doch leiden zu können, wenn sie sich benehmen. Als Mitfahrer sind sie ihm allerdings weiterhin nicht geheuer.

Devon Miles

Devon ist ein Mann mit höchsten moralischen Standards. Er wurde von seinem alten Freund Wilton Knight bei Knight Industries angestellt und überwachte zu Beginn die Entwicklung von K.I.T.T., der kurz vor Wiltons Tod fertiggestellt wurde. Michael steht er zunächst kritisch gegenüber. Ihm erschließt sich einfach nicht, warum Wilton ausgerechnet ihn als Fahrer auserwählt hat. Auch nach den ersten erfolgreich gelösten Fällen ist Devon mit der Ausführung unzufrieden und beklagt zu viel Zerstörung und Chaos. Nach und nach erkennt er aber, dass er und Michael dieselben Ideale haben und dieselbe Hingabe für den Job. Wie persönlich die Beziehung zu Michael wird, erläutert Devon ein paar Jahre später: Er habe seine Arbeit eines Tages nur noch als Pflicht empfunden, bis Michael mit seiner Lebensfreude und seiner Leidenschaft zum Team gestoßen sei. Devon wird im Lauf der Zeit zu einer Vaterfigur und erklärt, Michael zu lieben wie einen Sohn.

Devon ist britischer Herkunft, sein Urgroßvater stammt aus Argyle in Schottland. Er war in früheren Jahren unter anderem für die O.S.S. tätig und im Krieg in Frankreich stationiert. Dort war er für drei Monate undercover im Zirkus Major als »Valentino, der Messerwerfer« aktiv. In Paris hatte Devon auch seine Traumfrau gefunden, sich aber zwischen ihr und seinem gefährlichen Job entscheiden müssen. Eine Liaison mit Amelia Clermont hatte ebenfalls keine Zukunft. Sie heiratete schließlich einen anderen Mann, trotz diverser Liebesbriefe von Devon.

Devon ist bestens vernetzt mit FBI und Konsorten, auch wenn er teils ehrgeizigere Grundsätze vertritt, wie den, jedem einzelnen Menschen zu helfen. Auch mit sonstigen spannenden Sportsfreunden ist Devon bekannt, unter anderem mit Schatzsucher Charlie Granger oder einem Bekannten aus Kriegstagen, Commander Smythe, dessen Oldtimer er leiht und der ihm gestohlen wird. Devon zeichnet sich durch große Geduld aus, wenn diese allerdings aufgebraucht ist, kann er extrem wütend werden – speziell, wenn es um das Leben von Michael geht. Trotz des Vertrauens, das Michael und er schnell aufbauen, legt Devon großen Wert auf Formalitäten, wie einen unterschriebenen Schuldschein, wenn Michael mit höheren Geldbeträgen der Foundation aufbricht.

Der private Devon hat bereits in jungen Jahren eine große Leidenschaft für Motorrad- und Autorennen entwickelt. Auch wenn ihm Preise hierfür verwehrt blieben, weist er stolz auf die Tatsache hin, jedes Autorennen beendet zu haben. Zu einem weiteren früheren Hobby zählt Cricket; ein Pokal, den er im Semi als Andenken ausgestellt hat, wird zu seinem Verdruss vom Praktikanten Elliott zerstört. Zudem hat Devon eine Croquet-Ausrüstung in seinem Büro deponiert, wo er sich ab und an die Zeit mit einem kleinen Spielchen vertreibt.

Devon schätzt gute Manieren und die »Haute Cuisine«, speziell die französische Küche. Ebenso hat er einen Hang zu klassischer Musik, die er beim Autofahren hört; meist fährt er einen roten Mercedes Cabriolet. Kleinere Atempausen von seinem stressigen Alltag mit viel Papierkram gönnt er sich in typisch britischer Manier beim Teetrinken. Devon ist stets adrett gekleidet, auch wenn seine Anzüge offenbar keine Maßanfertigungen sind, sondern welche »von der Stange«, wie ein Modeexperte herausfindet. Möglichen Veränderungen an den Räumlichkeiten der Foundation steht Devon abweisend gegenüber, im Gegensatz zu Michael, der mit etwaigen Modernisierungsgedanken jedoch durchweg auf Widerstand stößt.

Dr. Bonnie Barstow

Bonnie ist K.I.T.T.s Elektromechanikerin (nicht: Automechanikerin!) der ersten Stunde, allerdings kam sie offenbar erst kurz vor Michael zur Foundation. Mit der Entwicklung von K.A.R.R. hatte sie noch nichts zu tun, obgleich sie im Kampf gegen ihn aufgrund ihrer technischen Fähigkeiten entführt und gezwungen wird, einige Reparaturen an ihm durchzuführen.

Bonnie ist vor allem für Michael zu Beginn ein großes Geheimnis. Er ist es kaum gewohnt, dass Frauen seinem Charme nicht erliegen. Bei Bonnie ist aber genau das der Fall. Immer wieder versucht Michael, allerdings oft hölzern und platt, Bonnie anzubaggern oder zumindest zu einem Essen auszuführen – ohne Erfolg. »Das würde ich sehr gerne, Michael. Aber ich verbringe den Abend mit K.I.T.T.«, ist noch eine ihrer freundlicheren Antworten.

Kommen Michael und K.I.T.T. von einer Mission heim, gilt ihre Sorge anfangs vor allem K.I.T.T., zumindest bis sie auch Michael besser kennenlernt. Als sie von seiner Verlobten Stevie erfährt, sieht sie ihn mit anderen Augen. Beide verbindet seither eine freundschaftliche Beziehung, auch wenn Bonnie leichte Anflüge von Eifersucht nicht verbergen kann, zum Beispiel, als Michael im Rahmen eines Auftrags mit einer Fotografin anbandelt. Michael geht es ähnlich, als Bonnie sich mit dem Magier Templeton trifft, den er wegen Mordes in Verdacht hat (und später auch überführt). Bonnie hat am 24. November Geburtstag und mag Western, ansonsten ist wenig über ihr Privatleben bekannt – allenfalls weiß man noch, dass sie eine Schwester hat. Als sie zu deren Hochzeit aufbricht, wird bekannt, dass sie unter Flugangst leidet und auch K.I.T.T. entsprechend programmiert hat.

Bonnie verlässt die Foundation zwischenzeitlich und tritt ein weiterführendes Studium an der Universität von San Francisco an. Mehrere Versuche von Michael und Devon, sie zu einer Rückkehr zur Foundation zu bewegen, scheitern – erst im Rahmen eines Falles vor Ort (und ihres überführten Mentors) kehrt sie zurück. Bonnie zieht nach ihrer Rückkehr in ein neues Appartement, von dem aus sie einen Mord beobachtet. Nachdem Michael den Fall aufgeklärt hat, wohnt sie dennoch weiterhin dort. Bonnie scheint sich für Tennis zu interessieren und selbst zu spielen, verfügt laut Michael allerdings über eine schwache Rückhand – womöglich ein Grund, warum sie von der Rückhand ihrer kurzzeitigen Liebelei Templeton sehr schwärmt.

K.I.T.T. muss sie gleich drei Mal von Grund auf reparieren; sie verpasst ihm schließlich ein neues Dashboard und später auch den »Super Pursuit Mode«.

Durch ihren Kontakt kommt auch RC3 zur Foundation.

April Curtis

April übernimmt Bonnies Dienst während deren Abwesenheit und macht in diesem Jahr einiges mit: Gleich zwei Mal muss sie Michael, Devon und K.I.T.T. im Kampf gegen Garthe und Goliath unterstützen und schrammt am Ende nur knapp am Tod vorbei. Michael unternimmt ihr gegenüber keine Annäherungsversuche, das Verhältnis wirkt von Beginn an professioneller – auch wenn beide durchaus ihre Freude daran haben, Devon gemeinsam auflaufen zu lassen.

Mit Bonnie teilt April ihre große Sorge um K.I.T.T., an dem sie einige neue Gimmicks ausprobiert, wie einen Hitzemantel, einen Schwimm-Modus und einen Fallschirm – über das Versuchsstadium kommt jedoch keines der drei Hilfsmittel hinaus (auch wenn sie Michael und K.I.T.T. in den konkreten Fällen eine große Unterstützung sind).

Über ihre frühere Tätigkeit wird wenig offengelegt. Einzig weiß man, dass sie einmal in einem Reisebüro gearbeitet hat. April hat eine Schwester, Laura, und eine Nichte, Becky, die eine Knochenmarktransplantation benötigt – Michael und K.I.T.T. schaffen es gerade noch rechtzeitig, den einzig möglichen Spender aufzutreiben.

April ist äußerst sportlich und trainiert im Fitnessclub »Health Haven Gym & Spa«.

Über den Verbleib nach ihrem Abschied von der Foundation ist nichts bekannt.

RC3

Reginald Cornelius der Dritte alias RC3 (alias RC) kommt im Sommer 1985 zur Foundation. Zuvor hat er in Chicago als »Street Avenger« (alias »Der schwarze Rächer«) mit einem Gummigewehr für Recht und Ordnung gesorgt und ist hier auch Michael begegnet. Am Ende ist es Bonnie, die RC anfunkt, damit er und ein paar seiner Freunde ihr bei der Reparatur von K.I.T.T. helfen. Woher die beiden sich kennen, ist nicht bekannt.

RC ist ein euphorischer Mensch und Sportfan, vor allem ein treuer Unterstützer seiner Vereine aus Chicago, die er auch von seiner neuen Heimat Los Angeles anfeuert (und mit Michael die eine oder andere Wette abschließt) und deren T-Shirts er trägt. Offiziell ist er als Fahrer des Semi im Einsatz und damit anfangs nicht allzu glücklich, weil er die »Street Avenger«-Action vermisst. Im Lauf der Zeit unterstützt er Michael immer öfter bei dessen Missionen und rettet ihm dabei auch das Leben.

Ein großes Verantwortungsbewusstsein zeichnet auch RC aus, selbst wenn er es sich nicht nehmen lässt, beim Semi-Fahren nebenher Basketballspiele zu schauen. Als ihm der Semi gestohlen wird, plagen ihn große Schuldgefühle. RC ist eine treue Seele, doch als sich ein alter Freund aus Jugendzeiten als Verbrecher enttarnt, bekennt er sich klar zur Foundation und hilft, diesen hinter Gitter zu bringen.

RC bekommt schließlich ein schrottreifes Motorrad geschenkt, das er begeistert repariert und das bei den diversen Einsätzen immer wieder zu Schaden kommt. Von Michael, Devon und Bonnie muss er sich immer wieder blöde Sprüche über seinen »Schrotthaufen« anhören, dennoch ist seine »Mühle« sein großer Stolz.

DIE IDEE ZU *KNIGHT RIDER*

Brandon Tartikoff gab einst eine interessante Version zur *Knight Rider*-Entstehung zu Protokoll. Er habe mit einem Mitarbeiter über die Schwierigkeit gesprochen, einen gut aussehenden Mann als Star einer Serie zu besetzen, und man sei zum Schluss gekommen, die Herausforderung liege darin, dass die meisten hübschen Männer nicht schauspielern könnten. Warum sollte man also nicht einmal eine Serie mit dem Titel »The Man of Six Words« – »Der Mann mit sechs Worten« angehen? Sie könnte damit beginnen, dass der Typ aus dem Bett einer Frau klettert und sagt: »Danke schön.« Dann würde er Verbrecher jagen und »Freeze!« rufen. Am Ende würden ihm die Geretteten danken, woraufhin er murmeln würde: »Ist gern geschehen.« Das wär‘s. Den restlichen Text könnte einfach das Auto sprechen.

Tartikoff hatte NBC im Jahr 1981 übernommen, als der Sender abgeschlagen auf dem letzten Platz notiert war, hinter ABC und CBS (Fox kam erst später hinzu). Sogar Kult-Talkmaster Johnny Carson hätte mit seiner *The Tonight Show Starring Johnny Carson* kurz vor dem Absprung zu ABC gestanden, so hieß es. Ein Hit musste her, wenn möglich sogar mehrere. Und Universal Television sollte ihn liefern, in Form einer neuen Abenteuerserie.

Actionserien-Experte Glen A. Larson war eigentlich schon zu 20th Century Fox Television gewechselt, stand allerdings noch für eine Sache bei Universal im Wort. Larson war der Mann für die perfekte Familienunterhaltung, dank Serien wie *Der Sechs-Millionen-Dollar-Mann, Quincy, Kampfstern Galactica, Magnum* und *Ein Colt für alle Fälle.* Sein Erfolgsgeheimnis: nicht allzu ernst gemeinter Stoff, wenig Gewalt und sympathische Hauptfiguren. Dick Lindheim von Universal erinnerte sich, dass Larson für seine Serie *B.J. und der Bär* eine Folge um ein futuristisches Wunderauto geschrieben hatte – warum nicht eine entsprechende Serie versuchen? Larson machte sich in einem Hawaii-Urlaub mit Familie im Schlepptau ans Skript, und das mit Erfolg. Als Gattin Janet und Universal-Vize Kerry McCluggage es gelesen hatten, kamen sie schnell auf den Titel: *Knight Rider.* Larsons Inspiration für K.I.T.T. war HAL, der Computer aus *2001: Odyssee im Weltraum.* Als Auto hatte er einen Trans Am vor Augen. Und den berühmten Scanner verwertete er aus seiner Serie *Kampfstern Galactica.*

Larson drehte einen Kurzfilm, eine »Pilot Presentation« – aus Zeitgründen, aber auch, weil man sehr unsicher war, ob das Projekt verkauft würde. NBC gab tatsächlich den Zuschlag, hatte allerdings an zwei Sachen seine Zweifel. Sollte wirklich David Hasselhoff der Hauptdarsteller werden? Und sollte das Auto wirklich sprechen?

Kommentar Larson: »Was zum Teufel haben wir dann verkauft?« Die Idee ging auf. Hasselhoff brachte als Frauenschwarm aus *The Young and the Restless* die Damenwelt zum Zuschauen, K.I.T.T. begeisterte sowohl die Kids als auch die Herren der Schöpfung. »Nach der Erstausstrahlung wurde mein Büro von Anrufen überflutet«, so Larson. »Nicht nur von Freunden, die mir sagten, wie sehr ihre Kinder diese neue 20-Uhr-Show liebten. Sondern von allen möglichen Leuten aus meinem professionellen Umfeld: von meinem Arzt, meinem Zahnarzt, meinem Anwalt, von Studiobossen, Agenten, meinem Postboten, dem Poolreiniger.« Er habe zum ersten Mal erlebt, welche Bedeutung Autos für Männer jeglichen Alters hätten.

Ein weiteres Erfolgsgeheimnis: »Es musste mit einem Augenzwinkern gespielt werden«, erklärte Larson. »So wie es Sean Connery in *James Bond* getan hat, oder Christopher Reeve in *Superman.* Wenn wir es seriös versucht hätten, wäre es lächerlich geworden.«

Nicht alles aus Larsons ersten Entwürfen schaffte es jedoch auf den Bildschirm. K.I.T.T. sollte ursprünglich T.A.T.T. heißen (»Trans Am Two Thousand«). Die Foundation war als »Foundation for Law and Justice« angelegt (statt »Foundation for Law and Government«). Und der Satz »One man can make a difference« (»Ein Mann kann etwas verändern«) sollte erstmalig von Michael gesprochen werden, worauf Wilton Knight die Frage aufgeworfen hätte, ob Michael wirklich daran glaube. Dessen Konter: »Sagen wir‘s so: Ich möchte in keiner Welt leben, in der ich das nicht glauben könnte.«

Für NBC erwies sich *Knight Rider* als Glücksgriff, auch wenn zu Beginn viele mit einer schnellen Absetzung gerechnet hatten. *Knight Rider* war im ersten Jahr als Konkurrenzprogramm zu *Dallas* am Freitagabend angesetzt, der erfolgreichsten Serie jener Zeit. Das Ziel war freilich nicht, *Dallas* zu schlagen, sondern den zweiten Platz zu sichern, und das gelang. *Knight Rider* fand nach und nach seinen Platz in den Herzen der Zuschauer. Viele entdeckten die Serie dabei erst in den Wiederholungen, die teilweise bessere Quoten als die Erstausstrahlungen einfuhren. Am Ende des TV-Jahres 1982/1983 landete *Knight Rider* auf Platz 48 aller Shows, im internen NBC-Ranking war man die Nummer 9. Im zweiten Jahr, am Sonntagabend und hier ohne *Dallas* als direkten Gegner, kam man insgesamt sogar auf Platz 25 und auf Rang 6 bei NBC.

Als Tartikoff in 1981 den Chefposten bei NBC übernommen hatte, waren mit *Little House on the Prairie* (*Unsere kleine Farm*), *Diff'rent Strokes* (*Noch Fragen Arnold?*) und *Real People* lediglich drei Shows unter den erfolgreichsten zwanzig Sendungen platziert gewesen. Als er sich 1991 nach zehn Jahren seiner Regentschaft verabschiedete, waren es neun. Unter seiner Ägide wurden unter anderem *Das A-Team, Cheers, Die Bill Cosby Show, Miami Vice, Golden Girls, ALF* und *Seinfeld* zu Hits und Kultshows. Und auch *Knight Rider.*

Für Glen A. Larson war *Knight Rider* ebenfalls ein Glücksgriff, auch wenn er nur die ersten 13 Folgen überwachte (danach aber weiterhin in Castings involviert war, wie Gaststars berichteten). Larson hatte nämlich mit einer 50-prozentigen Beteiligung am Merchandising einen gigantischen Deal abgeschlossen und dürfte auch dank *Knight Rider* eine unbeschwerte Rentenzeit verlebt haben. Viele Jahre arbeitete er übrigens auch an einem *Knight Rider*-Kinofilm – leider wurde dieser Traum keine Realität mehr für den großen Serientäter der 1970er- und 1980er-Jahre.

»Ich bin der Knight Rider!«

SO WURDE DAVID HASSELHOFF ZU MICHAEL KNIGHT

Kann man sich heute noch jemand anderen als David Hasselhoff in der Rolle des Michael Knight vorstellen? Wohl kaum. Aber tatsächlich war keineswegs klar, dass Hasselhoff der *Knight Rider* werden würde.

David Hasselhoff wurde einem breiteren amerikanischen Publikum durch seine Rolle als Dr. Snapper Foster in der Soap *The Young and the Restless* bekannt, in Deutschland lief sie kurzzeitig als *Schatten der Leidenschaft.* Nach sechs Jahren hatte Hasselhoff jedoch genug, er wollte seinen eigentlichen Traum verwirklichen: als Theaterschauspieler am Broadway in New York. Hasselhoff kündigte, nahm aber noch an einem Termin in Las Vegas teil und wurde dort von weiblichen Fans überrannt.

Auf dem Flug zurück nach Los Angeles zog Hasselhoff einen weiteren Blick auf sich: den von NBC-Chef Brandon Tartikoff. »Wer ist der Typ, der mich dauernd anstarrt?«, fragte Hasselhoff seinen Sitznachbarn. »Weißt du das nicht? Das ist Brandon Tartikoff!« Hasselhoff wollte die Chance nutzen und sich vorstellen. Unglücklicherweise jedoch durchflog das Flugzeug heftige Turbulenzen, ein Aufstehen war nicht gestattet. Im Nachhinein war das aber nicht nötig. Tartikoff hatte seinerseits den neben ihm sitzenden Earl Greenberg über den jungen Mann ausgefragt, der die Damen in Las Vegas dazu gebracht hatte, ihre Glücksspielautomaten zu verlassen. »Das ist David Hasselhoff, der größte Star im Tagesprogramm.« Und Tartikoff erklärte: »Er ist der Typ, den ich für den *Knight Rider* testen will.«

Was Tartikoff nicht wusste: NBC-Castingdirektor Joel Thurm hatte Hasselhoff ebenfalls bereits im Blick gehabt und ihn schon zum *Knight Rider*-Casting eingeladen. Hasselhoff musste sich dort noch beweisen, unter anderem gegen Don Johnson (der später mit *Miami Vice* seine eigene Hit-Show bekommen sollte) und Jeffrey Osterhage (der in der *Knight Rider*-Folge »Der schwarze Teufel taucht wieder auf« als John Stanton eine tragende Rolle bekam). Osterhage erinnerte sich rückblickend, dass er und Johnson sehr entspannt gewesen seien, Hasselhoff und der vierte Kandidat sehr nervös. Johnson habe seiner Ansicht nach nicht überzeugt, er selbst wiederum die Rolle sehr ernsthaft, sehr dramatisch angelegt.

Trotz der großen Namen kam die Absage an alle, keiner hatte überzeugt. »Was war falsch an Hasselhoff?«, hakte Serienerfinder Glen A. Larson schließlich nach. Larson hatte an Hasselhoff gefallen, dass er K.I.T.T. als »Buddy«, als »Kumpel«, bezeichnet hatte. »Sein Gesichtsausdruck und der Tonfall seiner Stimme sind perfekt«, argumentierte Larson. »Er sagt quasi: ›Das meint ihr doch alles nicht ernst!‹ Das ist genau das, was ich will.« Wenige Stunden später war die Sache durch.

Hasselhoff musste jedoch nochmals zum Casting antreten und überzeugte erneut nicht. Er bat um fünf Minuten Auszeit, in denen er sich selbst anfeuerte: »Ich bin der Knight Rider, ich bin der Knight Rider, reiß dich zusammen!« Eine Lektion aus dem Buch *Die Macht Ihres Unterbewusstseins* von Dr. Joseph Murphy, mit dem sich Hasselhoff bereits bei seiner Seifenoper die Selbstzweifel wegtrainiert hatte (er hatte damals einen beliebten Schauspieler ersetzt und anfangs böse Fanpost erhalten). Auch diesmal klappte es.

Die Rolle des Michael Knight sollte seinen großen Durchbruch bedeuten. »Das Skript glühte quasi in meinen Händen«, erinnerte sich Hasselhoff an den Moment, als er das erste Drehbuch per Post zugeschickt bekommen hatte. Nur seinen Vater musste er noch überzeugen. »Dad, ich habe *The Young and the Restless* verlassen und drehe einen Pilotfilm für eine neue Serie. Es geht um ein sprechendes Auto.« Antwort Joe Hasselhoff: »Hast du was getrunken?«

David aber war seiner Sache sicher. So sicher, dass er sich für die nächste Zeit auch im privaten Kreis nur noch als »Michael Knight« ansprechen ließ und seinen Anrufbeantworter entsprechend aufsetzte. Dem etwas neuartigen Konzept der Serie setzte Hasselhoff einen ganz bestimmten schauspielerischen Ansatz entgegen. »Ich hatte immer einen etwas schelmischen Blick in den Augen. Nach dem Motto: ›Ihr glaubt das alles eh nicht, lehnt euch einfach zurück und genießt es.‹«

Wie perfekt David Hasselhoff für die Rolle des Michael Knight war, bestätigen fast alle, die an der Serie mitgearbeitet haben. So auch Tom Greene, der als Autor und Produzent ab der zweiten Staffel zum Team stieß. Hasselhoff habe ihn direkt treffen wollen, sei in sein Büro gekommen, mit einem breiten Grinsen im Gesicht. »Ich habe ihn direkt gemocht«, erinnert sich Greene. Man habe ein paar Dinge besprochen, und Hasselhoff habe am Ende die typische Knight-Rider-Daumen-hoch-Geste gemacht. »Er war ein absoluter Profi. Während der gesamten Show war er unglaublich hilfsbereit. Ein bemerkenswerter Mensch«, so Greene. Hasselhoff sei vielleicht nicht der größte Schauspieler aller Zeiten. »Aber er hat etwas an sich, das die Leute lieben – eine ganz besondere Ausstrahlung.«

»Was war das?« – »Ein Pontiac!«

Fragt man heutzutage nach den bekanntesten und beliebtesten Film- und Serienautos, fällt schnell der Name K.I.T.T., neben anderen berühmten Autos wie dem Batmobil, Thomas Magnums Ferrari oder dem A-Team-Truck. K.I.T.T. hatte allen voraus, dass er sprechen konnte und quasi unzerstörbar war. Aber war er das tatsächlich? Nun ja, wir wollen hier ja keine Illusionen zerstören … aber: Natürlich wurde in *Knight Rider* einiges getrickst. Und natürlich gab es nicht nur einen K.I.T.T., sondern mehrere.

David Hasselhoff saß oft im »Hero Car«, das immer schön glänzte und mit dem berühmten Armaturenbrett ausgestattet war (ein Backup hierfür war nur mit Klebebildern bestückt). Für Frontal-Aufnahmen auf Michael während der Fahrt nutzte man ein »Insert Car«, das auf der Kühlerhaube und an den Seiten mit Kameras ausgestattet war und gezogen wurde (Hasselhoff sollte sich schließlich aufs Schauspielern konzentrieren). Wenn K.I.T.T. alleine fuhr, war ein »Blind Drive Car« im Einsatz, bei dem auf der Fahrerseite meist Stuntman Jack Gill im beziehungsweise hinter dem Sitz versteckt war (»Left Hand Blind Drive Car«), ab der dritten Staffel auch im Beifahrerbereich (»Right Hand Blind Drive Car«). Dazu gab es extra stabilisierte Stunt-Autos, die einiges mitmachten und oft entsprechend ramponiert waren. Außerdem gab es eine Art Überzug aus Gummi, der K.I.T.T. übergestülpt wurde, wenn andere Autos ihn rammen sollten.

Im Laufe der Zeit waren pro Folge acht, neun oder manchmal sogar zehn verschiedene Autos im Einsatz. Zu Beginn hatte man allerdings nur vier Trans Ams zur Verfügung, man musste auf die Autos also gut aufpassen. Auch deshalb hatte man für den »Turbo Boost« einen speziellen Dune Buggy entworfen, in K.I.T.T-Verkleidung. *Knight Rider*s Glück während der Dreharbeiten zu Staffel 1: Ein Zug, auf dem nagelneue Trans Ams geladen waren, entgleiste, die Autos durften im regulären Handel nicht mehr verkauft werden. Zum Verschrotten befand sie General Motors allerdings zu schade und vermachte sie Universal für 1 Dollar pro Stück. Larson verteilte sie an *Knight Rider* und *Ein Colt für alle Fälle*. Einige Autos wurden anschließend als Stuntautos genutzt, andere für Ersatzteile ausgeschlachtet. Die Bedingung: Nach Ablauf der Serie sollten die Autos aus dieser Lieferung zerstört werden. Das ist der traurige Grund dafür, warum nur noch so wenige »Original«-K.I.T.T.s existieren – nämlich nur noch fünf Stück. Laut der *Knight Rider Historians* wurden im Verlaufe der Serie wohl 20 Trans Ams genutzt.

General Motors schlug übrigens kaum Kapital aus der Serie. Zwar spielte man anfangs mit dem Gedanken, ein spezielles *Knight Rider*-Modell der 1982er-Serie auf den Markt zu bringen, verwarf die Idee aber wieder – vielleicht, weil man vor gerichtlichen Konsequenzen Angst hatte, wenn Zuschauer mit »ihrem« K.I.T.T. auch über Hindernisse gesprungen (und gescheitert) wären? Angeblich hatte ein Mann tatsächlich einst versucht, in seinem handelsüblichen Trans Am einen Zug zu überspringen.

General Motors bestand nach Staffel 1 sogar darauf, dass K.I.T.T. in der Serie nicht mehr als »Pontiac« oder »Trans Am« bezeichnet würde – angeblich, weil vermeintliche Interessenten immer wieder nach dem *Knight Rider*-Auto fragten. Die Szene in »Gangster wider Willen«, als K.I.T.T. einen Polizeiwagen überspringt und der verwirrte Polizist seinen Kollegen fragt, was das gewesen sei, und dieser »Ein Pontiac« antwortet, hat somit Seltenheitswert. Gleiches gilt für die Szene, als K.I.T.T. sich in »Der Doppelgänger« darüber besorgt zeigt, dass der Trans Am wegen K.A.R.R. einen schlechten Ruf bekommen könne. In späteren Folgen wurde K.I.T.T. von Außenstehenden nur noch als »schwarzer T-Top« benannt. (Zumindest im englischen Original. In der deutschen Übersetzung wurde er weiterhin meist als »schwarzer Trans Am« bezeichnet.)

Dass die Autos vor allem zu Beginn der Serie nur flüchtig repariert und einzelne Teile mit Klebeband fixiert wurden? Letztlich unvermeidbar. Man hatte schließlich nur wenige Tage Zeit, eine Folge abzudrehen. Die Computertechnik war damals nicht so ausgereift, wie sie dargestellt wurde, es mussten also noch echte Stunts her. Oder später, leider: Miniaturen.

Aber wir sollten auch nicht zu genau hinschauen. Denn wer hätte gedacht, dass unser geliebtes *Knight Rider* noch Jahrzehnte später auf gigantischen Flachbildfernsehern in bester Qualität angeschaut würde?

Eben.

»Looks like Darth Vader‘s bathroom«

Der erste Satz von Michael, als er sich im Pilotfilm auf den Fahrersitz setzt, bringt es auf den Punkt: »Looks like Darth Vader‘s bathroom«, sagt er staunend zu Devon, jedenfalls im englischen Original. In der deutschen Übersetzung hat man leider ein nur wenig legendäres »Sieht aus wie in einem Cockpit« daraus gemacht. Klar ist aber: K.I.T.T.s Armaturenbrett ist ein absoluter Hingucker – und das sollte es auch sein.

Verantwortlich dafür war der Designer Michael Scheffé. Der hatte von Serienschöpfer Glen A. Larson den Auftrag bekommen, das Interieur von K.I.T.T. zu designen. »Der Sinn des Ganzen war, etwas völlig anderes abzuliefern als das, was man beim Pontiac-Dealer um die Ecke oder bei Radio Shack bekommen würde«, erklärte Scheffé rückblickend. Er war der geeignete Mann dafür: Seine Mutter war Malerin, der Vater war Mathematiker. Scheffé trommelte sein Team zusammen. 15 bis 18 Tage hatte man, bis alles stehen sollte, damit Universal die »Pilot Presentation« (den Verkaufsfilm für den Sender NBC) filmen konnte. »Glen wollte ein futuristisches Armaturenbrett, aber wir waren uns einig, dass es auf den ersten Blick auch glaubwürdig aussehen sollte«, beschrieb Scheffé die diffizile Aufgabe. Man kann sagen: Er hat sie wundervoll erfüllt. Interessant ist die Denkweise des Designers, warum man nicht nur auf futuristisch wirkende Zahlen setzen wollte: Der Fahrer sollte mit einem Blick auf die Displays erkennen, dass alles okay sei – bei einer simplen Zahl wäre das nicht möglich gewesen. Man wollte also Skalen und Graphen, einen »Von – bis«-Bereich, zusätzlich oder allein neben konkreten Werten. Von den altmodischen Zeigern der damals bekannten Anzeigegeräte wollte man Abstand nehmen.

Scheffé war zunächst nur für das Interieur eingekauft. Nachdem NBC sein Okay für die Serie gegeben hatte, arbeitete er auch am Frontbereich des Autos mit. Denn K.I.T.T.s »Nase« war ursprünglich von Jon Ward entwickelt worden. Scheffé war schließlich derjenige, der mit Larson das endgültige Außendesign um den Scanner erarbeitete. Schaut speziell im Pilotfilm genau hin: Hier wechseln die »Jon-Ward-Nose« und die spätere Front immer wieder ab, denn die Teile, die für die »Pilot Presentation« gedreht worden waren, wurden nicht nochmals gefilmt, sondern mit dem neuen Material vermengt. Speziell in Staffel 1 sieht zudem man immer wieder Szenen, in denen K.I.T.T. mit der alten Außenfassade herumfährt. Man verwertete also des Öfteren einiges an Material, das bereits ganz zu Beginn gedreht worden war.

Für Staffel 3 sollte schließlich ein komplett neues Armaturenbrett her, um das Auto weiterhin futuristischer als die Wirklichkeit erscheinen zu lassen. Scheffé war auch diesmal mit an Bord, allerdings nun von Universal selbst und lediglich für Skizzen angefragt. Es sei ein anderer Ansatz gewesen als der mit Larson, erklärte Scheffé, und wirklich begeistert vom Endergebnis war er nicht. »Die Grenze zwischen ›Wow, das ist cool!‹ und ›Also bitte, meint ihr das ernst?‹ wurde überschritten«, urteilte er. »Aber das ist manchmal ein schmaler Grat.«

Ach ja: Das Armaturenbrett, das man in den Folgen in Nahaufnahme sah, also wenn K.I.T.T. redete oder bestimmte Funktionen gezeigt oder Knöpfe gedrückt wurden, war quasi nie das aus dem Auto selbst (den Pilotfilm ausgenommen). Universal hatte in seiner Soundstage jeweils ein Armaturenbrett nachgebaut, das abgefilmt wurde. Speziell in Staffel 1 ist der Unterschied deutlich zu sehen, vor allem unter der Voice-Box: Scheffés Anzeigen darunter (»Auto Cruise«, »Normal Cruise«, »Pursuit«) waren viereckig eingerahmt, die in der Soundstage abgerundet.

K.I.T.T. sollte übrigens nicht das einzige legendäre Film- und TV-Auto bleiben, bei dem Michael Scheffé seine Finger im Spiel hatte: Er war nach seiner Tätigkeit für *Knight Rider* auch der mit entscheidende Mann hinter der DeLorean-Zeitmaschine aus *Zurück in die Zukunft!*

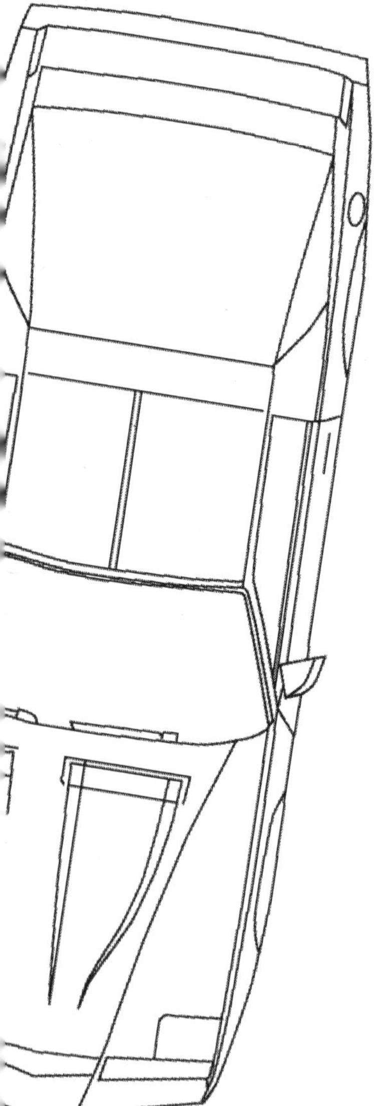

STAFFEL 2 (1983–1984)

»Goliaths Geburt«, »Der Kampf mit Goliath« / »Goliath« (Folge 22 – Doppelfolge)

Buch: Robert Foster, Robert W. Gilmer; Regie: Winrich Kolbe
Filmdaten: 8. – 25. August 1983
Erstausstrahlung USA: So, 2. Oktober 1983 (NBC)
Erstausstrahlung Deutschland: Mo, 25. / Die, 26. November 1985 (RTLplus)

Michael erfährt von der Existenz seines »bösen Zwillings« Garthe Knight, dem leiblichen Sohn von Wilton Knight. Dieser plant, mit einem riesigen Laster namens »Goliath« Raketen zu stehlen und die Foundation zu zerstören.

Kommentar:

Eine Wüstenlandschaft. Ein Mann auf einem Motorrad fährt an, führt eine Kamera mit. Er sieht, wie ein anderer Mann mit einem Stock aus einer Limousine aussteigt und in ein Fabrikgebäude schreitet. Dort werkeln viele Arbeiter; der Mann mit der Kamera beobachtet, schießt Fotos. Dann: Der Schatten des Mannes mit dem Stock erscheint, sein Gesicht ist erst mit Verzögerung erkennbar. Er sieht aus wie Michael Knight, trägt allerdings einen Bart. Er nimmt seinen Stock und erschießt den Mann mit der Kamera.

Schnitt auf K.I.T.T., der über eine Landstraße donnert. Darin sitzt der echte Michael Knight. Aber wer ist der andere?

So also beginnt die zweite *Knight Rider*-Staffel. Was los ist? Die Puzzleteilchen fügen sich langsam zusammen, nach 17 Minuten können wir endlich eine Verbindung herstellen: Der Mann mit dem Bart und dem Stock, der aussieht wie Michael Knight, ist Wilton Knights Sohn, ausgebrochen aus einem afrikanischen Gefängnis nach drei lebenslänglichen Strafen. »Was hat Wilton Knight sich dabei gedacht, mir einfach sein Gesicht zu geben?«, will Michael wissen. Er sei davon überzeugt gewesen, dass man nie mehr etwas von Garthe Knight hören würde, erklärt Devon. Der war gerade bei einem Abendessen mit Elizabeth Knight, der Witwe von Wilton Knight, und wurde dort vergiftet. Garthe und Elizabeth seien vermutlich hinter der Formel für K.I.T.T.s unzerstörbare Metalllegierung her, die Devon später als »K.I.T.T.s Molekularverbindungsschutz« bezeichnet (im Original: »K.I.T.T.s Molecular Bonded Shell«). Es ist das erste Mal im Verlauf der Serie, dass wir konkret davon hören. Die Formel, so Devon, habe Wilton Knight in drei Teile separiert und drei Menschen jeweils zwei Teile davon anvertraut. Sollten zwei Leute sich zusammentun, hätten sie die Formel. Einer der Männer sei er selbst. »Meine Metalllegierung ist einmalig«, erklärt K.I.T.T., als ihn Michael unterrichtet. »Ich weiß. Hoffen wir, dass es so bleibt.«

Dann, fast unvermittelt, das direkte Aufeinandertreffen zwischen K.I.T.T. und Goliath. Selbst K.I.T.T. fehlen beim ersten Anblick die Worte: »Sieht aus wie ein riesiges … heilige Elektronik… riesig ist wohl nicht ganz passend. Es ist gewaltig (…) Ich glaube, es ist Zeit für einen strategischen Rückzug«, stammelt er. Michael sieht das anders.

Erstmals also erleben wir einen fast völlig zerstörten K.I.T.T., vielleicht so realistisch dargestellt wie nie mehr wieder (zumindest, als er dann daniederliegt). Wir lernen, dass K.I.T.T. über einen »Systemplan für Notfälle« verfügt, den ESB, im englischen Original als »Emergency Schematic Blueprint« bezeichnet, bei dem Michael jedoch an seine Grenzen stößt: »Und das mir, wo ich noch nicht mal einen Grill zusammensetzen kann«, stöhnt er. Dennoch bekommt er K.I.T.T. irgendwie auf alle Viere, wenngleich auch die Fahrt aus der Wüste zwar schnell, aber unkoordiniert abläuft. Kurz darauf erleben wir einen der großartigeren Hasselhoffschen Ohnmachtsanfälle der Neuzeit.

Aber Schwamm drüber, denn Hasselhoffs Darstellung von Garthe Knight ist dafür große Klasse, die gesamte Erscheinung und In-Szene-Setzung des »bösen Zwillings« sind großes Kino. Garthe wirkt komplett erhaben, wenn er durchs Casino schreitet oder beim zweiten Treffen zwischen Elizabeth und Devon auf der Empore steht – perfekt gefilmt aus tiefer Perspektive – und in seiner tiefen Stimme Sätze brummt wie: »Sie sind meinem verstorbenen Vater sehr ähnlich. Vielleicht hasse ich Sie deshalb so.« David Hasselhoff erzählt immer wieder gerne die Story, dass sein Vater einst erklärt habe: »Michael Knights böser Zwilling ist ein besserer Schauspieler als Michael Knight!« Im englischen Original ist die Garthe-Stimme noch eine Oktave tiefer als in der deutschen Übersetzung, tiefer und fieser und besser. Warum Hasselhoff nicht öfter im Lauf seiner Karriere einen »Bad Guy« gespielt hat, ist aus diesem Blickwinkel eine der größeren Fragen der Filmgeschichte.

Erstmals machen wir auch Bekanntschaft mit April Curtis als K.I.T.T.s neuer Mechanikerin. April ersetzt Bonnie; leider wird sie uns weder vorgestellt noch auf Bonnies Verschwinden eingegangen. Warum man April nicht zumindest kurz eingeführt hat? Drehbuch-Schreiber und Produzent Robert Foster bedauerte das nachträglich immerhin. Dabei war ausgerechnet er es, der nach Staffel 1 darauf gedrängt hatte, Patricia McPherson zu ersetzen, um mehr »Glamour« hineinzubringen.

Rebecca Holden indes fügt sich ein, als arbeite sie schon seit Ewigkeiten für die Foundation. Sie scheint mit allen Aktivitäten vertraut; ihre Sorge um Devon, als dieser vergiftet wurde und sie Michael zurückbeordert, nimmt man ihr sofort ab. Das liegt vielleicht auch daran, dass »Goliath« zwar als Premierenfolge der Staffel gesendet, aber als sechste Folge produziert worden war. Als erste Folge wurde »Geheimversteck Cadiz« gedreht. Ach ja, noch etwas ist anders in Staffel 2: Michaels Frisur. Er trägt sie breiter gefächert als noch im Premierenjahr. Nach subjektiver Einschätzung waren seine Haare niemals schöner als im Zusammenspiel mit April im Semi.

»Goliath« ist einer der Meilensteine der *Knight Rider*-Historie. Nachdem K.I.T.T. mit K.A.R.R. bereits seinen »bösen Zwilling« hatte, trifft es nun auch Michael. Schön ist auch, dass man mehr über die – wenngleich nicht sehr schönen – Hintergründe der Knight-Familie erfährt. Ein großes Highlight ist zudem das erste »echte« Zusammentreffen zwischen Michael und Garthe im Casino, auch dank der schönen Verabschiedung seitens Michael: »Grüßen Sie Ihre Mami.« Die Szene der beiden Zwillinge im direkten Gespräch ist eine für die Ewigkeit und fast besser als der Endkampf in der Wüste.

Unter die alleralleraller besten Folgen kommt »Goliath« dennoch nicht. Die Langatmigkeit der Szene um den Raketendiebstahl in »Red Bluff« lassen wir mal durchgehen, auch, um Goliath in voller Pracht zu sehen. Nicht aber die Miniatur-Filmerei, die speziell in Staffel 2 oft eingesetzt werden sollte – leider. Speziell in den »Goliath«-Folgen erscheint sie extrem billig. Der Zusammenstoß zwischen K.I.T.T. und Goliath hätte filmisch ohnehin Luft nach oben gehabt, vor allem aber wirkt der rasende »Miniatur«-Goliath deutlich weniger angsteinflößend als der stehende, und das beim ersten echten Auftritt! Auch K.I.T.T.s Überschlag passt überhaupt nicht, und man hat sich nicht einmal die Mühe gemacht, den Miniaturwagen etwas besser als Trans Am zu kaschieren. Wieso hat man in einer solch wichtigen Szene nicht einen schon schrottreifen Trans Am genommen, zumal die Szene als Standbild für den Cliffhanger herhalten sollte? Eine Kosten- und Zeitfrage, klar. Aber immerhin sprechen wir von der ersten Folge der neuen Staffel einer Hitserie, die am Sonntagabend in der Primetime lief!

Dafür kommt der Humor in »Goliath« nicht zu kurz. Durch die gesamte Doppelfolge, die in Las Vegas spielt, zieht sich passenderweise der Versuch von K.I.T.T., Glücksspiele wie »Blackjack« zu verstehen. Michael erklärt anfangs großspurig, es sei alles eine Frage der Mathematik. Natürlich gewinnt K.I.T.T. dennoch das Spiel um letztlich 2 US-Dollar. »Das nenne ich Anfängerglück, Kumpel«, tut Michael dies ab. Im Lauf der Folge schieben beide immer wieder ein Intermezzo ein: »Das ist Anfängerglück, weiter nichts!«, erklärt er nach einer erneuten Niederlage deutlich energischer. »Das sagten Sie gestern schon, aber ich bin kein Anfänger mehr. Auch mit Glück hat das nichts zu tun«, kontert K.I.T.T. Am Ende steht Michael bei überraschenden 413 US-Dollar im Soll. Dass die beiden so viel Zeit zum Zocken hatten, überrascht bei der Gesamtfolge dann doch.

Bester Monolog (im englischen Original, auch aufgrund der tiefen Garthe-Stimme):
Garthe Knight: »Michael Knight is a living, breathing insult to my existence.«

Trivia:
• Der Beginn des Vorspanns wirkt klarer, heller. Im Vergleich zu Staffel 1 fällt auf, dass auch die Wolken anders aussehen. Grund: Man hat eine andere Sequenz gewählt, in der es noch heller war – diese wurde bis zum Serienende beibehalten. Erstmals steht auch der Titel *Knight Rider* unter K.I.T.T. (statt darüber, wie in Staffel 1).
• Die Szenen von K.I.T.T., die Garthe anschaut, stammen aus »Herzen aus Stein«, »Tödliche Manöver« und (einem herausgeschnittenen Teil von) »Die Helios-Nadel«.
• Barbara Rush (Elizabeth Knight) erlangte erste Berühmtheit durch den Film *Gefahr aus dem Weltall* aus 1953. Danach spielte sie in vielen bekannten Serien mit, zuletzt in einer wiederkehrenden Rolle in *Eine himmlische Familie.*
• Shawn Southwick (Rita Wilcox) darf wieder zum Auftakt einer *Knight Rider*-Staffel antreten, diesmal in einer deutlich größeren Rolle. Verrückt: Katrin Miclette ist ihre deutsche Synchronstimme, sie synchronisierte auch Phyllis Davis (Tanya Walker) im Pilotfilm (und eben nicht Southwick) sowie später Ann Turkel (Adrianne Margeaux) im zweiten »Goliath«-Teil – die dann ja wiederum die Freundin von Garthe darstellt!
• Statt der Cliffhanger-Enden zwischen einzelnen Szenen, die im US-Original (und den deutschen DVDs) immer K.I.T.T. zeigen, sehen wir hier die Sequenz, in der K.I.T.T. und Goliath aufeinander zufahren.
• Die Foundation hat auch in Las Vegas eine offizielle Niederlassung.
• Als Michael (in Garthe-Verkleidung) Rita im Casinohotel abholen kommt, scheint auch David Hasselhoff noch im »Garthe-Modus« gewesen zu sein: »Rita, it‘s me, it‘s Michael Knight«, sagt er im englischen Original noch im klassischen Garthe-Tonfall, bevor er zur »Michael-Knight-Stimme« wechselt.
• Wie in »Die Helios-Nadel« spricht David Hasselhoff vom »Knight Industry Two Thousand« (auch in der deutschen Übersetzung). Richtig wäre der »Knight Industries Two Thousand«.

• Garthe wird am Ende mit ›e‹ geschrieben, auch wenn man online oft andere Schreibweisen sieht. Aber Robert Foster hatte das ›e‹ sogar explizit im Drehbuch erwähnt, die Szene wurde jedoch nicht gefilmt (oder veröffentlicht). Rita erklärt hierbei den Namen so: »Garthe. With an ›e‹. He's very particular about the ›e‹.« (Auf Deutsch: »Garthe. Mit einem ›e‹. Er legt sehr viel Wert auf das ›e‹.«)
• Der Innenbereich des Semi wurde zwischen Staffel 1 und Staffel 2 umgestaltet. Er wirkt nun gemütlicher, mit braunen Wänden und rotem Teppich. Erstmals sehen wir auch das Analyse-Gerät für K.I.T.T., das vor ihm von der Decke herunterkommt, sowie die Teeküche.
• »Goliath« begründet den Trend, K.I.T.T. zu Beginn einer neuen Staffel fast komplett zu zerstören und wieder herzurichten. Ebenso den, zum Staffelauftakt in einer anderen Location zu drehen: Hier sind wir in Las Vegas, zu Staffel 3 in San Francisco und bei der Saisonpremiere von Staffel 4 in Chicago.

Soundtrack:
• *Gimme Shelter* (The Rolling Stones)

Bedeutung der Folge für die gesamte Serie:
* * * * *

Herz / Humor / Action:
* * / * * * / * * * * *

Gesamtwertung:
* * * * *

»Der Erpresser« / »Brother's Keeper« (Folge 23)

Buch: E.F. Wallengren; Regie: Sidney Hayers
Filmdaten: 22. – 30. Juni 1983
Erstausstrahlung USA: So, 9. Oktober 1983 (NBC)
Erstausstrahlung Deutschland: Do, 20. März 1986 (RTLplus)

Peter McCord soll begnadigt werden, lehnt jedoch entschieden ab. Michael wird ins Gefängnis eingeschleust, um ihn herauszuholen. Bald stellt sich heraus, dass mehr dahintersteckt: McCords Halbbruder will eine Bombe detonieren lassen, sollte er den verhassten Peter nicht ausgeliefert bekommen. Ein Wettlauf gegen die Zeit beginnt.

Kommentar:

Wir erleben eine interessante Ausgangslage: Phillip Hunt von der »Special Investigative Unit« bittet Devon um Hilfe, rückt jedoch nicht mit der gesamten Problematik um Peter McCord, dessen Halbbruder und die Bombe heraus. Es kommt zu einem Zwist, der politisch immer aktuell ist: Hunt ist bereit, ein Menschenleben (eines vermeintlichen Verbrechers) gegen das Leben vieler Unschuldiger zu tauschen. Devon nicht: »So einfach ist die Rechnung nicht«, erklärt er. Die Hauptaufgabe der Foundation sei es, Menschenleben zu schützen, jedes einzelne. »Und ich hasse den Gedanken, dass die Foundation vielleicht dazu beigetragen hat, ein Leben zu opfern, ohne dass jemand versucht hat, dem Mann zu helfen.«

»Der Erpresser« ist eine solide Episode zum »regulären« Staffel-Auftakt, die zum Ende hin schließlich auch eine gewisse Portion Emotionalität mit sich bringt, als die zuvor so distanzierte Tochter Lisa darum bittet, McCord zu finden. Die Atmosphäre in Fentons Büro ist schließlich geladen bis zum Anschlag: Michael überzeugt McCord, mitzukommen, um mit seiner Tochter Lisa ein neues Leben zu beginnen – Fenton erklärt, die Verantwortung für Tausende Tote läge damit in den Händen der beiden, bei nur noch 22 Minuten Restzeit bis zur Explosion.

Das Finish ist gut, wenn man nicht allzu kleinlich ist. Stark ist die Fahrt durchs Parkhaus, dankenswerterweise noch ohne künstliche Beschleunigung, indem das Band schneller abgefahren wurde. Es kommt auch so gutes Actiongefühl auf, speziell aufgrund Michaels Fahrkünsten. Warum K.I.T.T. dann jedoch gefühlte Ewigkeiten, genauer gesagt 45,7 Meilen, zum angeblich nächsten unbewohnten Platz fahren will, um die Bombe hochgehen zu lassen, ergibt wenig Sinn: Schon in der nächsten Einstellung sieht man, dass Michael, McCord und K.I.T.T. auf dem Weg zu diesem Ort ausnahmslos ländliche Gegenden durchfahren. Und die Explosion der angeblich so gemeingefährlichen Bombe ist, nun ja, dann doch recht überschaubar (was womöglich wiederum an der Miniaturhilfe lag). Herrlich ist hingegen Michaels Kommentar, als eine Polizeiblockade übersprungen werden muss: »Hey K.I.T.T., bitte ganz sanft«, mahnt er, man habe schließlich eine Bombe an Bord.

Amüsant wie immer, wenn es um eine Ausgangslage mit einem speziellen Kniff geht: K.I.T.T.s Fähigkeit, sich für etwas zu begeistern. Wie haben in »Sammys Sensationsshow« bereits gesehen, dass er sich nach anfänglicher Skepsis mehr in Dinge einarbeitet als von Michael erwartet, ebenso in »Goliath«, Stichwort »Blackjack«. Hier ist K.I.T.T.s Thema die Polizeifahndung. Er und Michael sind fast über die gesamte Episode hinweg auf der Flucht. »Denken Sie mal nach. Wir sind doch gewissermaßen Flüchtlinge, quasi Verzweifelte auf der Flucht. Wir müssen sehr vorsichtig sein.

Wenn man uns findet, wird man uns in Ketten legen«, erklärt er begeistert. »Lebendig kriegen die mich nie«, zitiert er dann noch einen klassischen Verbrecherspruch. Hinzu erwähnt er »Willie ›Der Ausbrecher‹« (im Original: Willie »The Fly« Carruthers) sowie »Bonnie und Clyde« (hier spricht er eigentlich von »Tommygun Taylor«). K.I.T.T. sei wohl überprogrammiert, grübelt Michael. So etwas sei nicht möglich, erwidert April, die, genau wie Bonnie, großen Stolz auf ihre Tätigkeit hegt. Als Michael fragt, ob der »Bombenschnüffler« fertig sei, erklärt sie energisch, es handele sich um ein hoch empfindliches elektronisches Gleichrichtermodul (»Electronic Detection Mudule«). »Es ist kein Bombenschnüffler!«

Trivia:
• K.I.T.T. kann sein Kennzeichen »KNIGHT« in »KNI 667« wechseln. Die Funktion »Lic. Plates« sehen wir hier zum ersten und einzigen Mal.
• Autor Ernie »E.F.« Wallengren ist Hasselhoff-Fans ein klarer Begriff: Wallengren war Executive Producer der gesamten ersten *Baywatch*-Staffel, für die er zudem zwei Episoden schrieb (»Die große Hitze«, »Die Nacht des schwarzen Mondes«). Auch Gerald Gordon (Peter McCord) war in der ersten Staffel zu sehen, in »Schatten der Vergangenheit«. Catherine Mary Stewart (Lisa Martinson) kennt man womöglich aus *Immer Ärger mit Bernie*.
• Nach »Weißer Vogel« wird hier zum zweiten Mal in der Arden Villa, also dem Hauptsitz der Foundation, gedreht.
• Ein herrlicher Insider-Gag der *Knight Rider*-Crew, den Joe Huth von den *Knight Rider Historians* aufgedeckt hat: Die Stelle, die K.I.T.T. als perfekten, unbewohnten Platz für die Bombe auf der Landkarte anzeigt, ist der Mount Lee Drive – kein geringerer Ort als der des legendären Hollywood-Schriftzugs!

Soundtrack:
• *She Works Hard For The Money* (Donna Summer)

Bedeutung der Folge für die gesamte Serie:
*

Herz / Humor / Action:
* * * / * * * / * * *

Gesamtwertung:
* * *

Buch: William Schmidt; Regie: Alan Myerson
Filmdaten: 2. – 10. Juni, 7. September 1983
Erstausstrahlung USA: So, 16. Oktober 1983 (NBC)
Erstausstrahlung Deutschland: Mo, 28. Oktober 1985 (RTLplus)

Als Amelia Clermont verschwindet, bittet ihre Tochter Camela die Foundation um Hilfe. Michael und K.I.T.T. finden heraus, dass Amelia einer gestohlenen Sledgehammer Missile auf der Spur war.

Kommentar:

Eine komplizierte Folge, nichts Halbes und nichts Ganzes. Manchmal ist weniger dann eben doch mehr. Dabei fängt es vielversprechend an, als Devon gleich zu Beginn die persönliche Dringlichkeit erklärt: »Michael, die Sache ist mir persönlich wichtig. Tun Sie's für mich.«

Haben wir es mit einer »Devon-Folge« zu tun, wie sie die *Knight Rider Bible* ja in aller Regelmäßigkeit vorgibt? Jein. Wir erfahren, dass Devon Liebesbriefe an Amelia Clermont geschrieben hat, ihrer Tochter zufolge waren sie »wunderschön« (wir hätten nichts anderes erwartet). Bislang hatte Devon einzig in »Weißer Vogel« aus seiner privaten Vergangenheit erzählt, einen großen Einblick in sein Gefühlsleben gezeigt. Als Michael ihn schließlich schweren Herzens anruft, um von Amelias Tod zu berichten, muss er mächtig an sich halten. »Sie haben sie sehr geliebt«, fragt Michael kurz später, als die beiden wieder zusammen sind. »Ja, das habe ich«, erklärt Devon traurig. »Ich glaube, irgendwo in meinem Hinterkopf dachte ich immer an die Möglichkeit, dass sie eines Tages vielleicht … jemand anderen heiraten könnte. In all den Jahren haben wir uns sehr selten gesehen. Aber jedes Mal, wenn wir uns trafen, war es so, als wären wir nie getrennt gewesen.«

Im restlichen Verlauf verzettelt man sich leider. Devons Story kommt zu kurz, ebenso die Beziehung zwischen Amelia und Camela. Dazu passt der doch sehr harte Fall um den Helikopter und die tödliche Sledgehammer nicht wirklich. Ebenso unnötig ist der politische Nebenschauplatz, der letztlich völlig untergeht; man hätte auch einen »normalen« Verbrecher nehmen können. Es fehlt der klare Gegenspieler, zu viele verschiedene Gestalten sind »die Bösen«. Gut gelöst ist indes das Ende, als Camela in K.I.T.T. steigt, der vom Semi verdeckt wird und in diesem Moment Michael unbemerkt übernimmt. Der Kampf zwischen K.I.T.T. und dem Helikopter? Geht so. K.I.T.T. bedient sich immerhin einiger seiner Features, andererseits ist vieles erkennbar Miniatur. Irgendwie passen Duelle zwischen K.I.T.T. und anderen Autos einfach besser.

Zudem scheinen wir in einer kleinen Wiederholungsfalle gelandet zu sein, dabei sind wir erst am Beginn der zweiten Staffel: Zunächst die beiden Biker, die Michael davon abhält, zwei junge Damen zu begrapschen und die Michael und K.I.T.T. natürlich später auflauern (nicht zum ersten, nicht zum letzten Mal), wie auch immer sie zufällig (?) an den entlegensten Plätzen auftauchen. Dann der Stopp an der Tankstelle Elmo's Garage, in der sich der Tankwart an K.I.T.T.s Reifen zu schaffen macht, ohne Erfolg. Nicht nur gesamte Szene erinnert an jene in »Ein Richter spielt sein Spiel«, auch der Tankwart selbst sieht ähnlich aus. Wir sehen darüber hinweg. K.I.T.T. und sein Umgang mit zwielichtigen Gestalten, die einen schnellen Dollar machen wollen, ist ja immer irgendwie lustig.

Auch Michael in Söldnerkleidung haben wir bereits gesehen (»Herzen aus Stein«), ebenso die Art und Weise, wie seine Tarnung auffliegt. Amüsant ist K.I.T.T.s Kommentar: »Michael, wie kommt es, dass Sie nie als Aristokrat oder Graf getarnt sind?« Wobei uns dieser Anblick später tatsächlich vergönnt sein wird, »Dr. Michael Knightwood« ist das Stichwort (»Michael Knight und die Zuflucht« in Staffel 3). Lustig ist auch, als sich K.I.T.T. gegenüber Camela vorstellt. Wo diese Stimme herkomme? Ein Computer, erklärt Michael. Und der könne reden? »Manchmal ist das auch ein Fehler.«

Was also ist von »Händler des Todes« zu halten? Die Bausteine für eine deutlich bessere Episode wären da gewesen, wenn man den Fall etwas aufgeweicht, einige Teile herausgenommen und dafür Devons Geschichte mehr Raum gegeben hätte, ähnlich, wie man es in »Weißer Vogel« um Michael und Stevie so wunderbar hinbekommen hatte.

Bester Dialog:
K.I.T.T.: »Ich verstehe nicht, was an diesen Songs so reizvoll sein soll. Sie handeln alle vom Surfen, Sonne und Mädchen in Bikinis. Was reizt die Leute nur so an Südkalifornien?«
Michael: »Du hast es gerade gesagt, Kumpel.«

Trivia:
• Michael und K.I.T.T. vertreiben sich die Fahrzeit wieder einmal mit einem Spielchen. Diesmal: Lieder erraten. Michael scheitert blamabel an *California Girls* von den Beach Boys. Dem »späteren« Michael wäre das sicher nicht passiert: 2004 coverte David Hasselhoff diesen Song auf seinem Album *Sings America.*
• Im Skript erhält Michael ein Kompliment von April für einen Fahrtest. Eine grobe deutsche Übersetzung: »Trotz seines eigenwilligen Fahrers?«, fragt Devon. »Vielleicht wegen seines eigenwilligen Fahrers.« Devon ist überrascht: »Ich bin schockiert. Sie

loben Michael?« Antwort April: »Nur wenn er nicht hier ist und es nicht mitbekommt.«

• Am Ende will Michael weiter an den Strand und lädt April ein. »Und wenn ich Glück habe, habe ich die Chance und sehe dich im Bikini«, sagt er. »Und wenn ich Glück habe, bleibst du angezogen«, kontert sie herrlich (wenn auch nur in der deutschen Übersetzung). Glück hin oder her: Selbst wenn April in diesem Fall noch davongekommen sein mag, gab‘s ein paar Jährchen später (ab 1989) wohl kein Entrinnen mehr, als David Hasselhoff die Hauptrolle in *Baywatch* übernahm.

• Dana Elcar (Edward Strock) hatte bereits eine lange Schauspielkarriere hinter sich. Große Berühmtheit erlangte er kurz nach seinem *Knight Rider*-Auftritt als Pete Thornton in *MacGyver* (1985 – 1992). Elcar spielte darin quasi die Devon-Rolle von *Knight Rider.* Fun Fact: Sowohl Edward Mulhare als auch Patricia McPherson hatten Gastauftritte in *MacGyver,* beide in erinnerungswürdigen Folgen. Mulhare durfte in »Mord an einem Cadillac« einen alternden Schauspieler mimen, McPherson in »Der Meisterlügner«, der ersten Episode mit und um Jack Dalton (Bruce McGill), dabei sein. McGill war übrigens auch einmal an der Seite von Hasselhoff zu sehen, in der kurzlebigen Sitcom *Semi Tough.* Deborah Allison (Camela/Amelia Clermont) hat nur eine kurze Schauspielvita.

Soundtrack:
• *California Girls* (The Beach Boys)
• *Breakdown* (Tom Petty & The Heartbreakers)

Bedeutung der Folge für die gesamte Serie:
★ ★

Herz / Humor / Action:
★ ★ ★ / ★ ★ / ★ ★

Gesamtwertung:
★ ★

»Blindes Vertrauen« / »Blind Spot« (Folge 25)

Buch: Jackson Gillis; Regie: Bernard L. Kowalski
Filmdaten: 26. August – 7. September 1983
Erstausstrahlung USA: So, 23. Oktober 1983 (NBC)
Erstausstrahlung Deutschland: Mi, 19. März 1986 (RTLplus)

Die Foundation wird von einem Informanten gebeten, die Ausbeutung und Ermordung illegaler Einwanderer auf einem Schrottplatz zu untersuchen. Als der vermeintliche Informant die Beweise liefern will, wird er angeschossen. Die einzige Zeugin: die blinde Julie.

Kommentar:

K.I.T.T. ist zu Beginn irgendwie schlecht gelaunt. Michaels Mütze der L.A. Dodgers, die er als Erkennungszeichen trägt? »Sehr unorthodox.« Das Treffen mit dem Informanten, das laut Michael »ganz leicht« sein werde? »Das habe ich schon mal gehört, Michael, zum Beispiel, als wir gegen Goliath gekämpft haben.« Dann das Gelände. »Parkplätze deprimieren mich«, erklärt K.I.T.T. und spielt auf die vielen Autos an, »hier stehen sie ganz allein in der glühenden Sonne. Ihr praktischer Zweck ist vergessen. Und ihre Besitzer halten sich in klimatisierten Räumen auf.« Am Treffpunkt soll er das Fenster offen lassen, damit der Informant einen Umschlag einwerfen kann. »Jetzt bin ich auch noch ein mobiler Briefkasten.« Und auf Michaels Hinweis, K.I.T.T. solle ihn bitte benachrichtigen, wenn der Umschlag da sei, entgegnet er: »Ungeachtet dessen, was Sie jetzt denken, bin ich sehr gut in der Lage, meine Aufgabe selbst zu übernehmen.« Michaels Vermutung für den »Grumpy Day«: »Bist du vielleicht mit dem linken Vorderreifen aufgestanden?«

Zwei Punkte, die auffallen: Zum einen K.I.T.T.s Referenz an Goliath, eine seltene Erinnerung an einen vorher abgeschlossenen Fall. Diesmal ist es kaum ein Wunder: »Goliath« war als direkte Folge vor »Blindes Vertrauen« gedreht worden! Und, weniger wichtig, aber merkwürdig: Michaels Erkennungs-Mütze, die ihren Zweck insoweit nicht erfüllen kann, da gar nicht er erkannt werden musste, sondern K.I.T.T. Die Selbstverständlichkeit, mit der Hasselhoff gar nicht erst versucht, seine beneidenswerte Matte damit niederzudrücken, ist dennoch Chef.

K.I.T.T.s Stimmung wird (zunächst) nicht besser: Julie ist nun ständige Begleitung und damit auch ihr Blindenhund namens Sugar. »Auch ein abgerichteter Hund ist ein Hund!«, beschwert sich K.I.T.T. über die Mitfahrerin auf der Hinterbank. Dann kritisiert Julie auch noch K.I.T.T.s Stimme, was diesen doch arg verunsichert. Später schlägt er Michael vor, den Bass etwas zu vertiefen (im englischen Original sogar zu hören) und zitiert Julie gegenüber Shakespeare, damit sie die »Klangreinheit« seiner Stimme höre. Am Ende kommt es noch schlimmer: K.I.T.T. und Michael landen in der Schrottpresse. »Meine schlimmsten Alpträume werden wahr!«, zeigt sich K.I.T.T. verzweifelt, bevor Michael die beiden via »Turbo Boost« befreien kann (in einer der besseren Modellauto-Szenen, wenn man von der Landung absieht).

In Sachen Logik wollen wir ja generell nicht mit dem Adlerauge hinschauen. Dass Devon bei der Videoaufzeichnung die Szene mit Sugar zunächst übersehen haben will, lassen wir daher unkommentiert und loben vielmehr, dass Johns und Julies Geschichte um die Zufälligkeit der Szenerie auf dem Parkplatz funktioniert. Dass John zu K.I.T.T. läuft und angeblich Sugar sucht? Das erscheint tatsächlich so, wenn man genau hinschaut. Als er und Julie auf den Parkplatz fahren, sitzt Sugar auf der Rückbank. Nachdem John die Tür geöffnet hat, ist sie verschwunden. Johns Blick deutet darauf hin, dass sie gerade entwischt ist. Man hat uns als Zuschauer also »richtig« auf die falsche Fährte gelockt.

»Blindes Vertrauen« ist eine gelungene, eine unterschätzte Episode – mit den bekannten Elementen Herz (Julie, John und Sugar!), Humor (K.I.T.T.s Stimm-Probleme, seine Hassliebe zu Hunden und der Running-Gag mit dem Streifenpolizisten, der ständig auftaucht) und Action (schöne Verfolgungsjagd zu Beginn). Ein guter Einfall, auch wenn es mit Tante Martha in »Eine Musterstadt ohne Verbrechen« schon einmal ähnlich vorkam, ist es, die blinde Julie in K.I.T.T. zu platzieren, um den Eindruck zu erwecken, sie würde Auto fahren und könne somit gar nicht blind sein. Eine Falle, in die Dudley und Mel tappen. Michael als Jogger – standesgemäß in passenden Klamotten mit großartigem Stirnband – ist ebenso lustig.

Schön, wenn auch nur kurz, ist der erneute Auftritt von Hobbypsychologe M. Knight: Julie und John stehen sich sehr nahe, ein Paar sind sie jedoch nicht – was Michael keine Ruhe lässt, nachdem er die beiden zusammen erlebt hat. »Sie sind so damit beschäftigt zu beweisen, dass Sie niemanden brauchen, dass Sie übersehen, dass Sie jemand braucht. Jemand, der Sie sehr liebt und verehrt«, erklärt er Julie. Und als sich Julie am Ende verwundert über Johns schnelle Genesung äußert, folgt ein weiterer großartiger Satz aus der Michael-Knight-Lebensschule: »Es geht immer schneller, wenn man einem Mann etwas gibt, für das es sich lohnt, nach Haus zu kommen.«

Nur zu Beginn erleben wir Michael von einer ungewohnten, gänzlich unaufmerksamen Seite: Als er das Einkaufszentrum betritt, lässt er die Eingangstür gnadenlos zufallen, direkt vor einer Frau mit Kinderwagen. Wie war das noch mit dem Michael-Knight-Charme?

Trivia:

• In der vorherigen Folge war »Pete Thornton« Dana Elcar aus *MacGyver* dabei, hier ist es »Nikki Carpenter« Elyssa Davalos, die in acht Episoden bei unserem Lieblingsimprovisationskünstler am Start war (in zwei Folgen allerdings in einer anderen Rolle). Sam Vlahos (Alfredo Diaz) kennen wir noch als Pater Laguna in »Herzen aus Stein«.

• Laut Skript bezeichnet Michael den Versuch von Julie, keine Gefühle für John zuzulassen, als ihren möglichen »blind spot«, daher wohl der Originaltitel. Julie kommt in der Schlussszene noch einmal darauf zurück.

• Wir sehen erstmals den »Trajectory Guide«, den April eigentlich erst im Staffelfinale »Einer spielt falsch« installieren wird. Wie kommt's? »Einer spielt falsch« wurde als eine der ersten Episoden der Staffel gedreht, »Blindes Vertrauen« jedoch deutlich früher ausgestrahlt.

• Das Bild von April, die den Anruf von Julie in der Foundation entgegennimmt, kennen wir gut: Es ist in Staffel 2 durchweg im Vorspann zu sehen.

Soundtrack:

• *Oye Como Va* (Santana)
• *Maniac* (Michael Sembello)

Bedeutung der Folge für die gesamte Serie:
*

Herz / Humor / Action:
* * * * / * * * * * / * *

Gesamtwertung:
* * * *

»Geheimversteck Cadiz« / »Return to Cadiz« (Folge 26)

Story: Larry Forrester; Drehbuch: Sonny Mathias; Regie: Alan Myerson
Filmdaten: 10. – 19. Mai 1983
Erstausstrahlung USA: So, 30. Oktober 1983 (NBC)
Erstausstrahlung Deutschland: Die, 5. November 1985 (RTLplus)

Michael und K.I.T.T. finden den bewusstlosen Taucher Bobby am Strand. Wie sich herausstellt, hat er offenbar einen gesunkenen Schatz gefunden – hinter dem allerdings auch ein paar Gangster her sind.

Kommentar:

Wir erleben gleich mehrere Premieren. Eine der wichtigsten ist der erste »echte« Auftritt von Rebecca Holden in *Knight Rider*. »Geheimversteck Cadiz« war zwar bereits die fünfte ausgestrahlte Folge der zweiten Staffel, allerdings wurde sie als erste gedreht! Die Schlussszene, als April K.I.T.T. am Strand bewerkelt, war laut Rebecca Holden ihre erste überhaupt in der Serie. Einige Fans der Serie ziehen vielleicht Bonnie als »Original«-Mechanikerin vor, aber auch sie müssen zugeben: April hat K.I.T.T. interessante Neuerungen eingebaut – hier die »Schwimmflügel«, oder technischer gesprochen den »Third Stage Aquatic Synthesizer«, ein paar Folgen später dann die Hitzebeschichtung in »Ein Ring aus Feuer«.

K.I.T.T. ist allerdings wenig begeistert: Er hasse den Geruch von Fisch und möge kein Salzwasser, erklärt er. Später muss er auch noch eine Taucherausrüstung im Kofferraum mitschleppen. Erstmals erleben wir auch den »Chemical Analyzer«, der in der Serie später immer wieder in Anspruch genommen wird. Wie in aller Welt eine vermeintliche Muschel darin zu einer Goldmünze mutieren kann, erschließt sich jedoch nicht. War die Goldmünze in der Muschel? Wenn ja: Wohin sind die Muschelreste verschwunden?

Amüsant ist die Diskussion zwischen Michael, Devon und April, ob man den Fall übernehme. Ein Mordversuch sei Sache der Polizei, erklärt der mit Schreibkram beschäftigte Devon zunächst, während April drauf drängt, K.I.T.T.s Test weiterzuführen. Bis Michael sein Ass, die Goldmünze, aus dem Ärmel zieht. Womöglich Azteken-Gold, begeistert sich Devon und schaltet die Forschungsabteilung der Foundation ein. Und K.I.T.T.s Test? Habe dann ja noch Zeit. »April, sei kein schlechter Verlierer«, witzelt Michael.

Ein zweiter Treffer: Der Dialog zwischen K.I.T.T. und Michael, dass Jennifer doch einen gewissen Reiz auf sie ausübe. Sie habe ein wunderbares Lächeln, erklärt Michael – ob K.I.T.T. das nicht ähnlich sehe? Für ihn seien Silizium-Stromkreise wunderbar, oder 200 Meilen mit einer Gallone Benzin zu fahren, erwidert K.I.T.T. »Ich bin nicht darauf programmiert, auf das Lächeln eines Mädchens zu reagieren. Sie jedoch sind darauf programmiert, auf nichts sonst zu reagieren.« Später gibt K.I.T.T. Michael jedoch recht.

Ansonsten kriegen wir eher wenig Amüsement hin. Die Episode wirkt ständig beengt, im Krankenhaus, auf dem Boot, in der Höhle, im Restaurant … K.I.T.T.s Wasserfahrt hätte natürlich ein starker Moment in der *Knight Rider*-Geschichte werden können. Die Mischung aus Modell- und Studiofilmerei hat dies jedoch vereitelt, was auch Stuntman Jack Gill so sah: »Die Miniaturautos sahen so schlecht aus, dass niemand sie wirklich mochte. Aber die Produzenten waren eine Zeitlang an sie gebunden. Wir haben dagegen protestiert, so gut es ging. Erst im letzten Jahr der Serie hat man davon wieder Abstand genommen. Aber die Miniaturen auf dem Wasser sahen ziemlich übel aus.« Es sollte ohnehin K.I.T.T.s einziger Ausflug aufs Meer sein. Erst in *Knight Rider 2000* ging es für ihn erneut auf (und ins) Wasser.

Die Ironie des Schicksals: Während K.I.T.T. künftig trocken bleiben sollte, angelte sich David Hasselhoff nach dem Ende von *Knight Rider* mit *Baywatch* einen Dauerarbeitsplatz am Meer, womit man beim Dreh von »Geheimversteck Cadiz« nicht gerechnet hatte. »Als wir die Szene gefilmt haben, wo David ins Wasser musste, hatte er Angst, dass seine Hose nass würde«, erinnert sich Anne Lockhart alias Shelly rückblickend. »In *Baywatch* sind seine Hosen dann ja ständig nass geworden.«

Lockhart hatte bereits ihren zweiten Auftritt in einer tragenden Nebenrolle. Wir kennen sie noch als Sherry in »Der Bandenkrieg« aus Staffel 1. Dass aus der Romanze mit Michael auch hier, trotz eines erneuten Kusses am Ende, nicht mehr wurde, ist eigentlich schade.

Bester Dialog:
Devon: »Michael, tun Sie nichts Unbesonnenes.«
Michael: »Sie kennen mich doch.«
Devon: »Eben.«

Trivia:
• K.I.T.T. gibt im Verlauf der Folge ständig Seemannszitate von sich, eine Anspielung auf John Long Silver aus dem Roman *Die Schatzinsel.*
• Guy Stockwell (Zachary Sloate) gibt erneut den Bösewicht, wie schon als Riggins in »Unerwünschte Konkurrenz«.

Soundtrack:
• *Every Breath You Take* (The Police)

Bedeutung der Folge für die gesamte Serie:
*

Herz / Humor / Action:
* * / * * / * *

Gesamtwertung:
* *

»Der Fassadenkletterer« / »K.I.T.T. the Cat« (Folge 27)

Buch: Janis Hendler; Regie: Jeffrey Hayden
Filmdaten: 13. – 21. September 1983
Erstausstrahlung USA: So, 6. November 1983 (NBC)
Erstausstrahlung Deutschland: Die, 19. November 1985 (RTLplus)

Michael und K.I.T.T. verfolgen beinahe zufällig einen Fassadenkletterer – offenbar ein bekannter Juwelendieb, der wieder aufgetaucht ist. Das Problem: Der damals Verdächtige ist mittlerweile gestorben. Ist seine Tochter in seine Fußstapfen getreten?

Kommentar:

Nach teils durchwachsenem Beginn folgt die womöglich stärkste Reihe an *Knight Rider*-Folgen, mit guten, tollen und herausragenden. Einen Aussetzer nach unten erleben wir erst zum Ende der Staffel wieder.

»Der Fassadenkletterer« ist in zweierlei Hinsicht eine bemerkenswerte Folge: Zum einen erweist man hier dem Film *Über den Dächern von Nizza* von Alfred Hitchcock die Ehre (nicht zum letzten Mal adaptiert man einen Hitchcock-Film), zum anderen verkörpert mit Geena Davis ein späterer Weltstar die Gastrolle der Grace Fallan. Davis spielte in *Knight Rider* in ihrer ersten TV-Serie (ihr zweiter Schauspiel-Auftritt überhaupt nach *Tootsie)*, danach startete sie durch, gewann 1989 einen Oscar als beste Nebendarstellerin in *Die Reisen des Mr. Leary* und 2006 einen Golden Globe für *Welcome, Mrs. President* – neben vielen anderen Auszeichnungen.

Die Parallelen zu *Über den Dächern von Nizza* sind, wenn man den Film kennt, herrlich. Auch in der Vorlage treibt scheinbar ein altbekannter Juwelendieb mit einer bestimmten Methode sein Unwesen und wird als »Die Katze« bezeichnet. Der großartige Cary Grant (ein Idol von David Hasselhoff!) spielt die Hauptrolle und kommt am Ende mit der wunderbaren Grace Kelly zusammen. Die ist wiederum die Namenspatin für unsere Grace Fallan. Es gibt zudem einen Verdächtigen mit Holzbein (in »Der Fassadenkletterer« hat man Butler Griffin »nur« humpeln lassen), und das Finale steigt bei einem Maskenball (hier ist es eine feine Party).

Sind einem diese Schmankerl in der Jugend noch entgangen und hat man »Der Fassadenkletterer« eher als »normale« Folge in der hauseigenen Datenbank abgespeichert, wird daraus aus heutiger Sicht ein kleines Meisterwerk, zumal auch der Rest überzeugt.

Das beginnt direkt mit dem Einmarsch von Michael in Devons Büro. Michael fühlt sich (wieder einmal) nicht ausreichend von seinem Chef gewürdigt und plant eigentlich einen Urlaub, aus dem (wieder einmal) nichts wird. Erstmals bezeichnet Michael die

Foundation übrigens als »Familie«, als er sich über das nicht erfolgte Willkommen beschwert: »Für meinen Empfang erwarte ich ja nicht eine Blaskapelle oder einen roten Teppich, nein. Aber ich hoffte mindestens, ihr arrangiert eine kleine Feier oder so. Nur die Familie: Sie, Devon, April, ich, ein nettes kleines Abendessen, eine Flasche Champagner, ein bisschen Häuslichkeit wäre schön gewesen.« Devons lakonischer Kommentar: »Sie waren nur eine Woche weg.«

Herrlich ist auch die Szene, als Michael und April in Devons Büro sitzen und ihm, wohl wissend um seine folgende Reaktion, die Rechnungen für die Party präsentieren, brillant gefilmt mit Devon im Zentrum und Michael und April von hinten, sich dabei aber immer wieder Blicke zuwerfend. Devons Reaktion enttäuscht nicht: »Orchester? Ist denn wirklich ein Orchester nötig?« Ebenso schön ist die sich anschließende Szene auf besagter Party, als Michael und April vor Grace und Griffin improvisieren, indem sie Devon (alias Harold) und April als verlobt ausgeben, woraufhin Devon erneut die Gesichtszüge entgleisen. Allerdings nur kurz: Als Michael ob seiner Einbruchs-Theorie unsicher wird und sich kurz aus dem Staub macht, denkt Devon wieder grummelnd an seine Rechnungen.

Zum einzigen Mal im Verlauf der Serie lässt Michael übrigens einen überführten Bösewicht ungeschoren davonkommen. Der edle Grund: »Robin Hood« Griffin hat bewusst Gangster bestohlen und das Geld für wohltätige Zwecke gespendet. Das Thema »Herz« ist spätestens damit überfüllt, zumal auch Michael und Grace die Herzen der Zuschauer haben höher schlagen lassen, in ihrem Anwesen dazu noch in einem herrlich sommerlichen Ambiente. »Humor« liefern Michael, Devon und April und der bemitleidenswerte Gärtner, die »Action« erleben wir mit einem größtenteils gut umgesetzten Klassiker, dem zweifachen Sprung von K.I.T.T. von einem Hochhaus/Parkhaus aufs andere.

Apropos Klassiker: Zu Beginn der Folge sah das Drehbuch vor, dass Michael und K.I.T.T. den noch unbekannten Gangster verfolgen und in eine Gasse treiben, K.I.T.T. ihn aber (aus unerfindlichen Gründen) nicht mehr orten kann. Herrlich sind in diesem Zusammenhang die Beobachtungen eines Amazon-Rezensenten über den typischen *Knight Rider*-Folgenablauf:

• *1. Michael fährt in eine Stadt, in der er einen Auftrag erledigen soll, der ihn unmittelbar mit einer hübschen Frau zusammenbringt. Die Frau wird gegen Ende einer Folge vom Bösewicht entführt und von Michael gerettet.*

• *2. Der Frau fällt erst bei der zweiten Mitfahrt auf, dass das Armaturenbrett keine Serienausstattung ist – und das bei ein oder zwei Bildschirmen und zig bunten blinkenden Knöpfen.*

• 3. Spielt ein Sheriff in der Folge mit, lässt dieser früher oder später den obligatorischen Spruch »Wir wollen Sie hier nicht, Knight« oder »In dieser Stadt war es friedlich, bis Sie hier aufgetaucht sind, Knight« ab.
• 4. Natürlich darf auch der Spruch »Ich hab Sie überprüfen lassen. Bis vor wenigen Monaten/Jahren haben Sie noch gar nicht existiert« nicht fehlen.
• 5. Bei der ersten Verfolgungsjagd entwischt der Bösewicht IMMER, weil K.I.T.T. ihn nicht mehr orten kann.
• 6. Grundsätzlich wird mit durchdrehenden Reifen losgefahren und mit quietschenden Reifen gebremst (auch auf Rasen oder erdigem Untergrund ;-)) und um die Kurven gedriftet, auch wenn keine Eile geboten ist.
In »Der Fassadenkletterer« treffen gleich drei dieser Punkte zu, nämlich die Nummer vier, fünf und sechs!

Bester Dialog:
• K.I.T.T.: »Ach ja, übrigens, was haben Sie für die Manschettenknöpfe bezahlt, die Sie gestern Nacht getragen haben?«
Michael: »Die waren ein Geschenk. Wieso?«
K.I.T.T.: »Sie hatten nur eine Goldauflage. Nichts liegt mir ferner, als über ihren Wert zu spekulieren …«
Michael: »Dann lass es.«
K.I.T.T.: »Also schön: Drei Dollar, im Schlussverkauf.«

Trivia:
• Geena Davis sorgte bei Autor Tom Greene für schlaflose Nächte: Davis hatte bei Regisseur Jeffrey Hayden geklagt, wie einsam es in Los Angeles sei. Hayden habe daraufhin Greene gefragt, ob er nicht mit Davis ausgehen wolle. Der aber verwies auf seine Professionalität. »Heute hämmere ich meinen Kopf gegen die Wand«, so Greene rückblickend. Greene verriet auch, dass Davis anfangs diverse Texthänger hatte und zur Debatte stand, sie auszutauschen. Warum es dann besser lief? Habe ihm David Hasselhoff viele Jahre später erzählt: Er habe sich bei Davis' Szenen das Skript auf seine Brust geklebt, um ihr Sicherheit zu geben! »So ein Mensch war David«, sagte Greene.
• Jack Starrett (Lt. Barth) ist einer der wenigen Nebendarsteller, die gleich drei Mal in *Knight Rider* mitspielten: außer in »Der Fassadenkletterer« bereits in »Geheimcode Topaz« und später noch in »Die Flugzeugentführung«.

Soundtrack:
• *Telephone (Long Distance Love Affair)* (Sheena Easton)

Bedeutung der Folge für die gesamte Serie:
* *

Herz / Humor / Action:
* * * * / * * * / * * *

Gesamtwertung:
* * * *

»Devon Miles in Nöten« / »Custom K.I.T.T.« (Folge 28)

Story: William Schmidt, Robert Specht; Drehbuch: William Schmidt; Regie: Georg Fenady
Filmdaten: 27. September – 5. Oktober 1983
Erstausstrahlung USA: So, 13. November 1983 (NBC)
Erstausstrahlung Deutschland: Mo, 18. November 1985 (RTLplus)

Devon wird das Auto seines Freundes Commander Smythe geklaut, ein wertvoller Pennington Ascot Regency. Michael und K.I.T.T. sollen ihn wiederfinden und landen bei einer Oldtimer-Ausstellung, bei der K.I.T.T. als Köder teilnimmt.

Kommentar:

Wir alle lieben und schätzen den guten alten Devon ja sehr, dennoch gibt es teilweise nichts Schöneres, als ihn etwas leiden zu sehen. Michael geht es ähnlich, wir erinnern uns an »Ein Richter spielt sein Spiel«, wo es am Ende aber doch deutlich ernster zuging als hier. In »Devon Miles in Nöten« erleben wir den sonst so souveränen Chef der Foundation von einer ganz anderen Seite: angsterfüllt vor dem Besuch seines Freundes Commander Smythe, dessen Auto er in seiner Obhut hatte und das – leichtfertig – Opfer eines Diebstahls wurde.

Devon verfällt schon vor dem Erscheinen des Commanders in ziemliche Panik; seine Gesichtszüge entgleisen komplett, als Smythe dann schließlich verfrüht während eines Videotelefonats mit Michael im Hintergrund erscheint. Mit welchen Notlügen Devon ihn bei Laune hält, um Zeit zu gewinnen – es sind die Highlights der Folge. Smythe ist dabei mit Bernard Fox großartig besetzt, der Waliser spielt den Commander mit einer perfekten Mischung aus übertriebenem Militärgehabe und nur scheinbar unfreiwilliger Komik. Fox' und Mulhares Szenen sollte man sich ohnehin im englischen Original anhören, zum einen aufgrund des britischen Dialekts der beiden großen Schauspieler, zum anderen, weil einige Passagen dann lustiger sind:

zum Beispiel Devons herrliche Erläuterung, dass er den Pennington bei der Oldtimer-Ausstellung angemeldet habe, um der Menschheit etwas Gutes zu tun und um »das triste Dasein der Benachteiligten etwas aufzuhellen«. Oder die Fahrt der beiden am frühen Morgen mit den völlig absurden Ausführungen des Commanders, der sich sehnsüchtig an seine Zeit im Krieg erinnert.

Auch präsentiert K.I.T.T. in »Devon Miles in Nöten« wieder einmal die komplette Portion Eitelkeit: zunächst, als Michael vom Pennington Ascot Regency schwärmt, seinen Fehler bemerkt und sich dann gleich drei Mal bei ihm entschuldigen muss. Dann, als K.I.T.T. mit der Aufgabe betraut wird, zig irritierte Frauen anzusprechen, um Fotos zu machen. Zitat Michael: »Ich weiß, es ist ein Idiotenjob. Nur irgendjemand muss ihn ja tun.« Den Auftritt bei der Ausstellung genießt K.I.T.T. dann aber doch, auch wenn ihm die ganze Sache eigentlich gegen den Strich geht. Als sich die Zuschauer über ihn hermachen, öffnet er die Türen und lässt verschiedene Lichter blinken. Michaels Versuch, ihn etwas zu bremsen (»Jetzt reicht's!«) wirkt nicht.

Eine gute Comedyshow bieten zudem die Kleinkriminellen Leroy und Hector: Hectors Gedankenblitze sind mit Glöckchenklängen unterlegt; die Fahrt in K.I.T.T. erinnert an den Pilotfilm, wobei man hier K.I.T.T.s neues Design wunderbar zur Schau stellen konnte.

Herrlich ist das Finale: Zunächst ist da der völlig verblüffte Buck, als K.I.T.T. über seinen verehrten Longhorn hinwegspringt – immerhin erspart dies Michael einen weiteren Faustschlag. Dann die Ankunft der ölverschmierten Carrie und der innige Jubel mit Michael, sehr zum Leidwesen von K.I.T.T. »Sie werden nicht einsteigen, bevor Sie sich nicht einer gründlichen Reinigung unterzogen haben!«, erklärt er klipp und klar und fährt davon. Einen Dämpfer erhält er am Ende: Es reicht für ihn bei der Ausstellung nur für die Plakette über die »Ehrenvolle Anerkennung«, die Michael ihm genüsslich aufklebt. »Eine Beleidigung«, stellt K.I.T.T. klar.

Und Devon? Der gewinnt auf der Ausstellung gerade noch genug Zeit, bis Michael den Pennington vorfährt. Dass der eitle Smythe gar nicht bemerkt, dass er offenbar weder gewonnen noch überhaupt teilgenommen hat, gewinnt umso mehr an Komik, als er dem staunenden Publikum befiehlt, was es zu tun oder zu unterlassen hat (»Hören Sie, treten Sie nicht so dicht ran. Und fassen Sie ihn nicht an!«), was Devon immerhin erneut Aufschub gibt, um sich eine Erklärung für die Kratzer am hinteren Kotflügel auszudenken. Die Reaktion des Commanders hätten wir allerdings gerne erlebt.

Bester Dialog:
Michael *(über den anstehenden Besuch von Commander Smythe)*: »Sie müssen ihn hinhalten, Devon.«

Devon: »Mein lieber Junge. Hinhalten. Einen Commander. Man kann nur versuchen, zu überleben.«

Trivia:

• Bernard Fox (Commander Smythe) ist in Deutschland vor allem für seine Rolle als Dr. Bombay in *Verliebt in eine Hexe* bekannt. Auch in *Columbo* hatte er zwei größere Auftritte. Fox blickt auf eine große Reihe an TV-Rollen zurück, auch als Sprecher *(Familie Feuerstein, Bernard und Bianca im Känguruland, Chip & Chap – Die Ritter des Rechts).* Auch in *Titanic* (1997) war er zu sehen, verrückterweise sogar in der Vorversion *Die letzte Nacht der Titanic* (1958). Denise Miller (Carrie Haver) war nur bis Mitte der 1990er-Jahre aktiv, danach nur noch ein Mal in einer kleinen Filmrolle.

• Der Begriff »Pennington Ascot Regency« ist fiktiv. In Wirklichkeit handelte es sich um einen »Duesenberg II SJ Boattail Speedster« aus dem Jahr 1933, der recht individuell gestaltet werden konnte. Jedes Auto war sozusagen ein Einzelstück und damit sehr wertvoll. Für »Devon Miles in Nöten« wurde auf einen Nachbau zurückgegriffen.

Soundtrack:

• *One Thing Leads To Another* (The Fixx)

• *Promises, Promises* (Naked Eyes)

Bedeutung der Folge für die gesamte Serie:

*

Herz / Humor / Action:

* * * / * * * * * * / * * *

Gesamtwertung:

* * * *

»K.I.T.T. sitzt in der Falle« / »Soul Survivor« (Folge 29)

Buch: Robert Foster, Robert W. Gilmer; Regie: Harvey Laidman
Filmdaten: 6. – 14. Oktober 1983
Erstausstrahlung USA: So, 27. November 1983 (NBC)
Erstausstrahlung Deutschland: Die, 18. Februar 1986 (RTLplus)

Ein junger Computernerd schafft es, Zugang zu K.I.T.T. erlangen und den Knight 2000 zu stehlen. Michael und K.I.T.T. machen sich auf die Suche nach »ihrem« Auto.

Kommentar:

Eine der wichtigsten Episoden der *Knight Rider*-Geschichte, in zweifacher Hinsicht:

• Wir lernen Adrianne Margeaux kennen, die es ein paar Folgen später noch einmal mit Michael und K.I.T.T. aufnehmen wird, in der nicht minder spektakulären (Doppel-)Folge um Goliaths Rückkehr.

• Wir werden daran erinnert, dass der Knight 2000 und K.I.T.T. nicht dasselbe sind: Der Knight 2000 ist das Auto, K.I.T.T. ist der Computer.

Den Unterschied zwischen dem Knight 2000 und K.I.T.T. haben wir im Pilotfilm eigentlich kennengelernt, im Lauf der Serie nimmt man ihn allerdings nicht durchweg wahr. Dabei war es Serien-Erfinder Glen A. Larson ein großes Anliegen, zu betonen, dass das Auto eben nicht mit K.I.T.T. gleichzusetzen ist.

Während K.I.T.T. in mehreren Folgen in irgendeiner Weise gehackt wird (in »Die Helios-Nadel« durch Gehirnwäsche, in »Killer K.I.T.T.« durch ein ersetztes Modul), wird er hier zum einzigen Mal physisch vom Knight 2000 getrennt (von Reparaturarbeiten abgesehen). Michael scheint dabei nichts aus der vorangegangenen Folge gelernt zu haben, als Devon der Pennington geklaut wurde. Hier lässt er sich selbst von der attraktiven Adrianne austricksen. Drei Ausgangspunkte nehmen wir mal so hin: die »Hypnosemusik«; dann die Tatsache, dass Randy doch äußerst schnell Zugang zu K.I.T.T. bekommen hat, obwohl Devon später erklärt, K.I.T.T. zu knacken sei »so gut wie unmöglich, aber es würde gehen«; und wie Michael in der Garage vor Adriannes Anwesen K.I.T.T.s Präsenz gespürt haben will (und Devon nicht).

Entschädigt werden wir dann über alle Maßen. April hat dem karosserielosen K.I.T.T. ein neues Format gegeben, ihn in ein Fernsehgerät einbauen lassen, was freilich an dessen Stolz und später auch am Selbstvertrauen nagt. »Absolut lächerlich« sei das, motzt er zunächst, »ich fühle mich wie der Hauptpreis in einer Tombola.« Auf der Fahrt in Devons Mercedes schlägt K.I.T.T.s Wut in Zweifel um. Michael scheine die Fahrt mit offenem Verdeck ja zu genießen, klagt er und lässt in seine Seele blicken: »Michael, sehe ich erbärmlich aus – ehrlich, bitte?« Michael zeigt sein ganzes Herz: Ihm sei es wichtiger, wer K.I.T.T. sei, wie es ihm gehe, nicht wie er zurzeit aussehe. Okay, man habe aktuell keinen »Turbo Boost«, könne keine 200 Sachen fahren. Aber darum gehe es nicht. »Das sind alles nur Äußerlichkeiten, weißt du? Das bist nicht du. (…) Das Auto war fantastisch, aber gebaut war's nur aus etwas Stahl, Gummi und Glas. Wir können es ohne weiteres nachkonstruieren lassen.« K.I.T.T. sei hingegen viel mehr wert: »Du bist mein Freund. Du bist mein Kumpel. K.I.T.T., du bist einzigartig.«

Irritierend ist es dennoch, Michael ein anderes Auto fahren zu sehen, wenngleich er es sich nicht nehmen lässt, eine einwandfreie 180-Grad-Drehung mit dem Mercedes zu absolvieren. Und trotz Michaels schöner Worte bleibt K.I.T.T. unsicher. Als dem Mercedes das Benzin ausgeht und Michael fragt, warum K.I.T.T. ihn nicht gewarnt habe, entgegnet der, dafür sei die Benzinuhr da. »Sie sind der Fahrer. Ich lasse mich nur chauffieren.« Ein Glanzstück folgt beim Tauschgeschäft zwischen Mercedes und Studebaker, bei dem Michael zwischenzeitlich wie der gute alte Jörg Draeger in *Geh aufs Ganze* agiert – nur mit dem Ergebnis, dass er am Ende selbst den Zonk zieht.

Studebaker hin, Humor her: Mit Adrianne Margeaux haben wir die vielleicht bösartigste, gewiefteste Gegnerin der *Knight Rider*-Historie vor uns. Michael bezeichnet sie passenderweise als »Schwarze Witwe«: Der Diebstahl war von Grund auf geplant, wie ihre Liaisons mit dem (ehemaligen) Foundation-Vorstandsmitglied und K.I.T.T.-Kenner George Atherton (den sie letztlich ausrauben will) sowie mit dem jungen, beeinflussbaren Randy beweisen. Wie Adrianne ihre Intelligenz und ihr hübsches Äußeres ausspielt, erleben wir speziell im Dialog mit dem erstmals widerspenstigen Randy, dem nicht entgangen ist, dass Adrianne ein Auge auf Michael geworfen hat, was ihn wütend macht (wenn auch nicht so wütend wie einige Folgen später Garthe.) Als Randy aussteigen will, packt sie das volle Programm aus: »Die Welt gehört dann uns«, spielt sie dem Computergenie eine gemeinsame Zukunft vor. Und Michael? Gut aussehende Männer seien nett, sagt Adrianne. »Aber eine junge Frau will mehr als nur eine Fassade. Jedenfalls auf Dauer. Und Frauen fliegen auf die Macht eines Mannes, und die Macht eines Mannes ist sein Geist. (…) Dein Genie ist deine Macht.« Der gute Randy kann sich am Ende mit der Hilfe von Michael und K.I.T.T. jedoch rehabilitieren.

Der große Gewinner der Episode ist allerdings (der in der deutschen Übersetzung namenlose) Elmer, der nun offenbar in Devons Mercedes durch die Gegend fährt. Womöglich ist das ein Grund, wenn nicht gar der Hauptgrund dafür, dass Michael am Ende den Anruf seines Chefs lieber nicht entgegennehmen will.

Bester Dialog:
K.I.T.T. *(nach dem fragwürdigen Tausch zwischen Mercedes und Studebaker)*: »Der war ja ganz schön gerissen.«
Michael *(genervt)*: »Ja.«
K.I.T.T.: »Ein richtiger Betrüger, was, Michael?«
Michael *(noch genervter)*: »Jaaa …«
K.I.T.T.: »Also Michael, ich finde, wir sind sehr langsam.«
Michael *(komplett genervt)*: »K.I.T.T., bitte hör jetzt mal zu. Ich kann ganz schnell ein Videospiel aus dir machen!«

Trivia:
• Ann Turkel (Adrianne Margeaux) wurde von der *Vogue* entdeckt und machte zunächst Karriere als Model auf Fashion-Zeitschriften. In *Knight Rider* spielte sie gleich in drei Folgen mit, ihre sonstige TV- und Filmkarriere ist vergleichsweise überschaubar. Brian Robbins (Randy Merritt) agierte in einigen klassischen 80er-Jahre-Serien. Eine Dauerrolle hatte er in der hierzulande eher unbekannten Serie *Ganz große Klasse.* Robbins sattelte später um und arbeitet mittlerweile als Produzent (unter anderem *Smallville, One Tree Hill),* zudem ist er Vorsitzender von Kids & Family Entertainment bei ViacomCBS Domestic Media Networks.
• Michael spielt zu Beginn »Pac-Man«, sehr zum Missfallen von K.I.T.T., der Michaels Argument, er habe gedacht, K.I.T.T. freue sich, wenn er endlich etwas über Computer lerne, nicht gelten lässt. Von »Pac-Man« hält K.I.T.T. offenbar überhaupt nichts, dabei gibt er viel später, im Film *Knight Rider 2000*, indirekt zu, es offenbar selbst ab und an gezockt zu haben!
• K.I.T.T.s Seriennummer lautet: Alpha Delta 227529.
• Als Randy die Macht über den Knight 2000 hat, sehen wir einen anderen Scanner-Modus als üblich.
• Die TV-Box, in die K.I.T.T. verfrachtet wird, sehen wir nochmals in »Eine schreckliche Falle« und »K.I.T.T.s Unfall mit Folgen«. Sie wurde aus einem transportablen Fernseher der Marke JVC CX-710 gebaut.
• Ann Turkel war eng mit Serienerfinder Glen A. Larson befreundet. »Wir sind damals drei, vier Mal pro Woche bei ihm gewesen und haben Filme geschaut«, erinnerte sie sich.

Bedeutung der Folge für die gesamte Serie:
★★★★★

Herz / Humor / Action:
★★★★ / ★★★★★ / ★★★

Gesamtwertung:
★★★★★

»Ein Ring aus Feuer« / »Ring of Fire« (Folge 30)

Buch: Janis Hendler; Regie: Winrich Kolbe
Filmdaten: 20. – 31. Mai 1983
Erstausstrahlung USA: So, 4. Dezember 1983 (NBC)
Erstausstrahlung Deutschland: Mo, 4. November 1985 (RTLplus)

Die junge Layla fürchtet um ihr Leben, nachdem sie vor Gericht gegen ihren Mann wegen Mordes ausgesagt hatte – und dieser nun seiner Gefängnisstrafe entkommen ist. Sie setzt einen Hilferuf an die Foundation ab. Michael und K.I.T.T. jedoch haben im Bayou von Louisiana so ihre Probleme: Michael auf der menschlichen Ebene, K.I.T.T. auf der technischen …

Kommentar:
Wie zerstörbar ist K.I.T.T.? Es ist eine der größere Fragen der Seriengeschichte, die nie ganz aufgeklärt wird. In »Goliath« wird er fast zerstört, auch später, in den Start-Episoden der dritten und vierten Staffel, muss er fast komplett wiederhergestellt werden. Noch krasser ist das Bild in der regulären Folge »Eine schreckliche Falle«. Für alles gibt es aber Gründe: Goliath hatte K.I.T.T.s Molekularverbindungsschutz aufgetragen und war größer. In »Ein geheimnisvoller Roboter« / »Der chinesische Tunnel« sind es Raketen, die K.I.T.T. zerstören. In »K.I.T.T.s Unfall mit Folgen« wird seine Außenschicht neutralisiert, bevor er vom Juggernaut-Panzer malträtiert wird. Und in »Eine schreckliche Falle« ist eine Giftwasser-Grube schuld.

Insofern ist die Ausgangslage in »Ein Ring aus Feuer« interessant: K.I.T.T. wird nicht absichtlich beschädigt, muss bei einer Verfolgungsjagd aber im schlammigen Bayou bestehen, landet früh in einem Sumpf und muss geborgen werden. Ärgerlich ist an dieser Stelle zum wiederholten Mal die Miniaturfilmerei, als K.I.T.T. versucht, sich mit dem Haken zu befreien: Sowohl er als auch Cray Callans Auto sind derart deutlich als Miniaturen erkennbar, dass es in der Seele weh tut; der umkippende Baum und der Tauchgang von Callans »Spielzeugauto« wirken völlig billig.

Der Aufenthalt im Sumpf hat Folgen: Ein unbekanntes Element habe verschiedene Funktionen neutralisiert, inklusive des »Turbo Boosts«, erklärt K.I.T.T. Was noch? Das erfahren wir später: Die Verbindung zum Comlink funktioniert nur noch in eine Richtung. K.I.T.T. hört Michael, kann aber nicht senden. Der Diagnose-Analysator ist auch ausgefallen, was es schwierig macht, einen Schadensbericht zu erstellen. »Ich komme mir vor wie ein Arzt, der einen Patienten hat, der nicht sagen kann, wo es ihm wehtut«, bringt Michael es auf den Punkt. Auch die Verbindung zur Foundation hält nur kurz. Immerhin erfahren wir von April, dass der Defekt des Diagnose-Analysators wohl auf einen Kurzschluss zurückzuführen ist. Sie will Michael die Schaltkreise durchgeben, der gibt sich überraschend selbstsicher, die Reparatur allein durchführen zu können (vielleicht hat er nach dem Crash mit Goliath dazugelernt?), dann bricht die Verbindung ab. So kommt es, dass die eigentlich zu rettende Layla beiden den Weg nach draußen weisen muss, auf der Flucht vor Wilderern. Die Fahrt durch die Wildnis hat ihren Charme, weil K.I.T.T. den Weg nicht dirigieren kann, völlig verdreckt ist und peinlicherweise auch noch in eine Tierfalle tappt. »Das ist erniedrigend«, schämt er sich. Dann lockert sich die Verbindung zwischen Gaspedal und Benzineinspritzung, Michael kann aber helfen. »Trotz Ihrer Ungeübtheit glaube ich, dass Sie es geschafft haben«, lobt K.I.T.T. »Gut, aber kündige April trotzdem noch nicht«, kontert Michael. Daran habe er noch nie gedacht, versichert K.I.T.T. Am Ende entkommt man dank des Feuerschutzes, der eigentlich zu Beginn der Episode erst hätte getestet werden sollen, der explodierenden Hütte.

Ansonsten sehen wir ein bekanntes und bewährtes Muster: Michael kommt in eine Kleinstadt, schnüffelt herum und zieht sich damit schnell den Unmut des örtlichen Polizisten zu, hier im Auftrag von Richter Callan. Die Polizisten-Szene erinnert an »Ein Richter spielt sein Spiel«, als Devons Rücklicht einfach zerschlagen wurde, was bei K.I.T.T. freilich nicht funktioniert, es flackert nach dem Versuch fröhlich. Der gereizte Polizist verweist dann ebenfalls auf ein vermeintlich überfahrenes Stopp-Schild.

Auch Hunde spielen erneut eine Rolle. »Ich bin kein Hydrant, du Flohkutsche, zisch ab!«, verfällt K.I.T.T. bei der Ankunft in Fleur du Lac zunächst in alte Muster. Als der Hund winselt und sich abwendet, relativiert er: »Ich wollte nicht laut werden. Aber du hast mir keine andere Wahl gelassen. Eigentlich mag ich Hunde sogar. Wenn sie sich benehmen.« Im Bayou verteidigt K.I.T.T. dann sogar einen Hund, mit dem er sich offenbar die Zeit vertrieben hat, und bezeichnet ihn als seinen Freund. »Der ist in Ordnung, Michael. Hunde, die bellen, beißen nicht«, erklärt er – nachdem Michael ja gerade von einer bellenden Hundemeute angegriffen worden war. Später ist er doch wieder genervt: »Ich bin schon so lange hier, dass ich wahrscheinlich schon anfange, wie ihr zu riechen.« Und am Ende, zurück in Fleur du Lac, wird er gleich von fünf Hunden bespaßt. »Hört zu, was zuviel ist, ist zuviel. Wir haben nichts gemeinsam.«

Herrlich ist die Schlussszene, als April in die Fußstapfen von Bonnie tritt. Michael und K.I.T.T. fahren in den Semi, beide sind völlig verdreckt. Michael steigt aus, und April ist entsetzt: »Oh mein Gott, was haben sie denn mit dir gemacht!?« Als Michael relativeren will und zu einem »Nun, das ist nicht so schlimm, wie es aussieht …«

ansetzt, ist April schon an ihm vorbeimarschiert. Ihre Sorge galt, wie sollte es anders sein, einzig und allein K.I.T.T.

Rebecca Holden erinnerte sich im Rückblick auf diese Szene, dass sie K.I.T.T. als ihr »Baby« angesehen habe, »das hat alle meine mütterlichen und beschützenden Instinkte geweckt«, erklärte sie. Natürlich habe April Michael und K.I.T.T. geliebt, »ich denke, sie wäre am Boden zerstört gewesen, wenn eine ihrer Erfindungen dafür verantwortlich gewesen wäre, dass einer von beiden in irgendeiner Art verletzt worden wäre.« Holden fügte auch das an, was wir alle, bewusst oder unbewusst, so an *Knight Rider* schätzen: »Neben der ganzen Action, den Sprüngen oder Verfolgungsjagden drehte sich die Show vor allem um die Beziehungen.«

Bester Dialog:
K.I.T.T.: »Michael, wir fahren nach Nordosten.«
Michael: »Ganz sicher?«
K.I.T.T.: »Unter anderen Umständen wäre diese Frage eine Beleidigung gewesen, Michael. Aber durch die Verschmutzung meines integrierten magnetischen Navigators ist diese Frage entschuldbar.«
Michael: »Du bist also nicht sicher.«
K.I.T.T.: »Um ehrlich zu sein: Nein.«

Trivia:
• Leslie Wing (Layla Charon Callan) hatte in *Knight Rider* erst ihre zweite TV-Rolle, danach spielte sie in einigen Klassikern wie *Das Model und der Schnüffler, Mike Hammer, Magnum* und *Matlock* mit. Zuletzt war sie in den drei *High School Musical*-Filmen zu sehen. Ein bekannteres Gesicht ist hingegen George Murdock (Richter Oliver Callan), der von 1961 bis 2012 aktiv war. Wiederkehrende Rollen hatte er unter anderem in *Rauchende Colts, Kampfstern Galactica, Wir vom 12. Revier* und *Zeit der Sehnsucht.*

Soundtrack:
• *Mr. Radio* (Trisha Yearwood)
• *Personally* (Karla Bonoff)
• *I'm So Lonesome* (Willie Nelson)

Bedeutung der Folge für die gesamte Serie:
* * *

Herz / Humor / Action:
* * * / * * * / * * * *

Gesamtwertung:
* * * *

»Gedächtnisschwund« / »Knightmares« (Folge 31)

Buch: Tom Greene, Janis Hendler; Regie: Sidney Hayers
Filmdaten: 17. – 25. Oktober 1983
Erstausstrahlung USA: So, 11. Dezember 1983 (NBC)
Erstausstrahlung Deutschland: Die, 10. Dezember 1985 (RTLplus)

Bei einer Explosion prallt Michael mit dem Kopf gegen einen Staudamm und verliert sein Gedächtnis. Als er im Krankenhaus aufwacht, glaubt er, wieder Michael Long zu sein.

Kommentar:

Endlich, ja endlich tauchen wir wieder einmal in die Vergangenheit von Michael Knight ein. Oder besser: in die von Michael Long. Bis auf den Pilotfilm, »Weißer Vogel« und die Doppelfolge um »Goliath« haben wir nur wenig vom früheren Leben unseres Helden oder der Familiengeschichte der Familie Knight erfahren. Das soll sich nun zumindest ein bisschen ändern.

Der Gedächtnisverlust ist ein immer wieder gern genommener Aufhänger in Serien. Wir erinnern uns beispielsweise an MacGyver, der ein tödliches Serum verabreicht bekam, sich an nichts mehr erinnern konnte (außer ans Basteln) und nur noch sechs Stunden zu leben haben sollte. Oder an ALF, dessen Sprudelbad mit Mixer in der Badewanne derart schieflief, dass er sich für den Versicherungsagenten Wayne Schlegel hielt. Michael trifft es aufgrund seines »neuen« Gesichts anders als seine Kollegen, er erkennt sich selbst nicht einmal wieder. »Mein Gesicht. Mein Gott … was ist mit meinem Gesicht?«, ist er völlig baff, als er sich im Krankenhaus beim Anziehen zufällig im Spiegel sieht. »Ich fürchte, Michael lebt wieder das Leben eines Mannes, der schon seit zwei Jahren tot ist«, folgert Devon, als er mit April im Krankenhaus weilt und den Namen »Michael Long« in der Patientenakte liest. Zur Erinnerung: Michael Long wurde im Pilotfilm für tot erklärt, er führt sein Leben mit neuem Gesicht und neuer Identität als Michael Knight fort.

Davon weiß Michael nun aber nichts mehr: Er lässt sich von einem Taxi zu seinem Apartment in 1834 Shoreborne Ave. bringen, um festzustellen, dass das Apartmenthaus abgerissen wurde. Er streift weiter, zu seinem (ehemaligen) Polizeirevier im elften Bezirk. Jerry am Empfang? Sei mittlerweile in Rente, teilt man ihm mit. Michael erwähnt seine Markennummer, »ich arbeite hier«, erklärt er. »Das ist der falsche Bezirk, Sir, um sich als Michael Long auszugeben. Er war ein guter Polizist. Vielen der Jungs ist sein Tod sehr nahe gegangen«, wird ihm vermittelt. Sein Glück: Ein Officer, der anscheinend über seine neue Identität Bescheid weiß, hört das

Gespräch mit und kontaktiert Devon. Wobei sich die Frage stellt: Wieso ist Jim Courtney in »Fahrerflucht« dann nicht eingeweiht?

Spannend ist das »Wiedersehen« mit K.I.T.T., der Michael aufspürt, verfolgt und schließlich von ihm beschossen wird, freilich in der Annahme, es säße ein Bösewicht hinter dem Steuer. Umso überraschter ist Michael, als er die Tür öffnet. »Haben Sie mich wirklich vergessen?«, fragt K.I.T.T. verblüfft. Michael ist nun komplett verwirrt. »Ich bin völlig durcheinander. Nichts ergibt einen Sinn für mich. Und mein Gesicht … ist nicht mein Gesicht. Meine ganze Welt hat sich verschoben. Und jetzt spreche ich mit einem Auto.« K.I.T.T. bittet um Vertrauen, muss dieses aber dann missbrauchen, schließlich soll er Michael zur Foundation bringen. »Bitte verzeihen Sie.« Als auch Devon und April nicht an ihn herankommen und Michael – so kennen wir ihn – auf eigene Faust weitermachen will, weiß Devon um den großen Trumpf: »K.I.T.T. passt auf ihn auf.« Der tut genau das dann auch mit großer Penetranz, sodass Michael schließlich nachgibt. Schön ist die Testfahrt der beiden, inklusive eines herrlichen »Turbo Boosts«, und freilich der Dialog, wie Michael Knight denn so als Typ war. Man spürt mit jeder Minute: Die beiden bauen wieder Vertrauen zueinander auf – zumal in Michaels Kopf auch wieder einzelne Szenen der Erinnerung auftauchen.

Auch Devon und Michael kommen sich langsam wieder näher – oder wollen es zumindest. Als K.I.T.T. auf der Flucht vor der Polizei in den Semi fährt, zeigt sich Devon zunächst erleichtert in der Annahme, dass sich Michael wieder erinnere. »K.I.T.T. brachte mich her«, gesteht Michael leicht enttäuscht. Und fragt Devon, ob sie denn Freunde gewesen seien. »Das waren wir, ja«, erklärt Devon, im englischen Original sagt er das noch schönere »I'd like to think so«. Michaels Antwort: »Wie schön, das zu hören.«

Lustige Szene aus der *Nackte Kanone*-Schule: Als K.I.T.T. einen Geldbeutel analysiert, kann er Michael sogar den Laden sagen, in dem dieser gekauft wurde. »Ich bin beeindruckt«, staunt Michael. »Wie kann man durch eine chemische Analyse das Geschäft rauskriegen?« Das könne man nicht, erklärt K.I.T.T., aber in diesem Falle stecke eine Karte im Geldbeutel.

Nachdem der Fall abgeschlossen ist – die Handlung ist diesmal wirklich fast egal –, bleibt noch unklar, inwieweit Michaels Erinnerung wieder da ist, auch wenn er K.I.T.T. wieder als »Kumpel« bezeichnet. Die Auflösung folgt in einem herrlichen Ende: Devon und April machen sich zu einer Geschäftsreise auf. Michael schneit herein, er wolle Tschüss sagen. Die beiden könnten die Reise alleine bewerkstelligen, er würde ein, zwei Wochen Auszeit nehmen, sein Erinnerungsvermögen sei immer noch nicht wieder vollends da. Er wolle etwas Zeit am Strand verbringen, seine alten »Swamp

Fox«-Techniken ausprobieren – über diese hatte er ganz zu Beginn schon gesprochen. Natürlich, erklärt Devon, kein Thema. Michael verschwindet humorlos, als es seinem Chef dämmert: »Swamp Fox?«, ruft er irritiert. »Ist das ein Schwindler. (…) Er ist völlig gesund, er erinnert sich an alles. Er wollte nur Urlaub machen.«

»Gedächtnisschwund« reiht sich damit in eine kleine Reihe über Michaels (altes) Leben ein, weitere Bausteine folgen schon bald im nächsten »Goliath«-Doppelpack, »Gefährliches Spielzeug« und vor allem in »Ich werd‘ ewig dein Freund bleiben«, als er Stevie wiedertrifft. Bis zum nächsten Berührungspunkt mit seiner alten Arbeit als Polizist dauert es hingegen noch eine Weile, bis zur Folge »Fahrerflucht« in Staffel 3.

Im Übrigen hatte man im englischen Original in Sachen Titel mit »Knightmares« so etwas wie den Beginn dafür gefunden, den Namen »Knight« unterzubringen. War dies bislang einzig in »Knight Moves« in Staffel 1 passiert, sollten nun regelmäßige Wortspiele mit »Knight« folgen – manche besser (wie das folgende »Silent Knight«), manche schlechter.

Bester Dialog:
Michael: »K.I.T.T., du sagtest, du hättest mich vor dem Unfall gekannt. Wie war Michael Knight eigentlich?«
K.I.T.T.: »Michael Knight war intelligent, rege, dachte oft ziemlich logisch. *(Pause)* Er war auch stur, ungeduldig und ließ sich gern von hübschen Mädchen ablenken. Und er hörte gern die wohl entsetzlichste Musik, die je meine Kurzwellen erschüttert hat.«
Michael: »Hört sich an, als ob ich den kenne.«
K.I.T.T.: »Ja, das fürchte ich auch. (…) Oh, und noch etwas zu Michael Knight.«
Michael: »Was denn?«
K.I.T.T.: »Ich mochte ihn ausgesprochen gern.«

Trivia:
• Mike Genovese (Frank Poole) hatte Gastrollen in einer Reihe klassischer Shows, wie *Falcon Crest, Alle unter einem Dach* und *Wer ist hier der Boss?* Oft verkörperte er einen Polizisten, wie auch in seinen zwölf Auftritten in *Emergency Room: Die Notaufnahme.* Laura Bruneau (Cara Caulfield) ist hierzulande weniger bekannt, eine Hauptrolle hatte sie in der kanadischen Serie *Material World.*
• Der von Michael zitierte »Swamp Fox«, der angebliche Held seiner Kindheit, war ein Brigadegeneral während des Amerikanischen Unabhängigkeitskrieges namens Francis Marion. Er gilt als einer der Begründer der modernen Guerillakriegsführung und Mitbegründer der US Rangers. Aufgrund seiner Fähigkeit, Lockvogel-

und Hinterhaltstaktiken zu verwenden, die feindliche Kommunikation zu stören, Nachschub zu unterbinden und Kriegsgefangene zu befreien, erhielt er den Beinamen »Sumpf-Fuchs« (»Swamp Fox«). Eine achtteilige Serie über ihn wurde von 1959 bis 1961 von Walt Disney gedreht, mit dem damals noch seriösen Leslie Nielsen in der Hauptrolle! Zudem gab es entsprechende Comic-Hefte.

• Lustig ist aus heutiger Sicht der Name des Krankenhauses, in dem Michael untergebracht ist: das *Hoff Medical Center.* Oder wie Schwester Langly sagt: »Im Moment sind Sie im Hoff-Krankenhaus.« Hasselhoff sollte seinen Spitznamen »The Hoff« allerdings erst mehr als 20 Jahre später verpasst bekommen. Mitte der 2000er-Jahre machte die Meldung die Runde, der Rapper Ice-T und Hasselhoff würden an einem Hip-Hop-Album arbeiten. »The Hoff wird die Leute mit seinen Rap-Skills und seinem Humor überraschen«, wurde Ice-T von der britischen Klatschzeitschrift *The Sun* zitiert. Daraus wurde (leider) nichts, »The Hoff« aber wurde Kult.

• Eine seltene Szene, in der K.I.T.T. nicht von Michael gefahren wird. Hier hat April die Ehre, als sie mit Devon zur Polizeistation fährt – es ist das einzige Mal, dass sie am Steuer sitzt.

• »Gedächtnisschwund« enthält einige Anspielungen auf den Film *2001: Odyssee im Weltraum,* den Lieblingsfilm von Autor Tom Greene, wie die Namen von Frank Poole und Officer Bowman. K.I.T.T. paraphrasiert zudem den Bordcomputer »HAL 9000« mit den Worten: »I'm afraid I can't do that, Michael.«

Bedeutung der Folge für die gesamte Serie:
* * * * *

Herz / Humor / Action:
* * * * / * * * / * * * *

Gesamtwertung:
* * * *

»Eine schöne Bescherung« / »Silent Knight« (Folge 32)

Story: Stephen B. Katz; Drehbuch: Robert W. Gilmer, Janis Hendler; Regie: Bruce Kessler
Filmdaten: 26. Oktober – 4. November 1983
Erstausstrahlung USA: So, 18. Dezember 1983 (NBC)
Erstausstrahlung Deutschland: Die, 24. Dezember 1985 (RTLplus)

Auf der Flucht vor Bankdieben kollidiert der junge Tino mit K.I.T.T. und simuliert den Verletzten. Michael will helfen und Tino in Sicherheit bringen. Der gibt sich furchtlos – und schwebt bald in großer Gefahr.

Kommentar:

Jede gute Serie hat mindestens eine gute Weihnachtsfolge, und *Knight Rider* bildet keine Ausnahme – wenngleich es in vier Jahren Laufzeit die einzige bleiben sollte.

Gleich der Beginn ist köstlich und schenkt uns zwei feine Dialoge: Devon ruft an – und es geht diesmal nicht um einen neuen Auftrag, sondern um die Weihnachtsfeier der Foundation. Und um Michaels Abendgarderobe. Wir wissen ja, wie unser Held förmliche Anlässe und entsprechende Kleidung hasst. Hier ist er angeblich auf dem Weg in ein Geschäft. Devon kennt Michael jedoch, das Gespräch endet damit, dass er einen völlig absurden Mehrteiler in die Kamera hält. »Was ist denn das?«, fragt Michael entsetzt. »Das ist das, was Sie tragen werden, wenn Sie es nicht fertigbringen, für sich einen Smoking zu kaufen für das alljährliche Weihnachtsbankett«, erklärt Devon. Michael bringt nur noch ein angestrengtes »Okay« über die Lippen – und wirft Devon mehr oder weniger aus der Leitung. Wie sich indirekt herausstellt, hatte Michael auch im letzten Jahr zugesagt, am Weihnachtsbankett teilzunehmen, offenbar hat es damals nicht geklappt. Diesmal werde er es aber tatsächlich tun, erklärt daraufhin K.I.T.T., denn er habe es Devon versprochen. »Einer von uns muss ja zuverlässig sein.« Herrlich ist später der Anruf von April und deren absurder Hinweis, Devon habe Michael extra zwischen Lady Pinwall und der Herzogin von Chipstead platziert.

Während Michael unabhängig von seiner Anziehproblematik von Weihnachten schwärmt, ist der Aufhänger natürlich eine Steilvorlage für K.I.T.T. »Also mich verwirrt das. Was hat ein dickbäuchiger Mann in einem roten Kostüm mit der Geburt Christi zu tun?«, fragt er durchaus gerechtfertigt. Sein Problem ist aber ein anderes: Er sei etwas ratlos, was er Michael schenken solle. »Wenn man ein Auto ist, weiß man nicht so recht, was angebracht ist.« Wobei einen als Zuschauer weniger das »Was«, als eher das »Wie« nachdenken lässt: Geld hat K.I.T.T. keines zur Verfügung. In ein Geschäft fahren kann er auch schlecht, zumindest nicht ohne Folgeschäden. Und das Internetshopping war 1983 noch nicht erfunden.

Die Stadtrundfahrt und Plänkelei kommen zu einem jähen Ende, als Tino auf K.I.T.T.s Kühlerhaube donnert. K.I.T.T. ist von Tino schnell genervt: Sein Ammenmärchen vom gebrochenen Bein bezeichnet er nach einer Analyse als »Affentheater« und weist schnell auf die gestohlene Uhr hin, die der Auslöser der ganzen Geschichte ist. Überhaupt ist es herrlich, wie K.I.T.T. eine Räuberpistole Tinos nach der anderen aufdeckt. Die beste Szene der Folge ist es, als Michael ihn zu Onkel Stephano fahren soll und Tino erst einmal K.I.T.T.s Kofferraum mit seinem Gerümpel vollpackt. Als er am Ende noch ein gigantisches Telefon einpacken will, schließt K.I.T.T. zu Michaels Amüsement eigenständig den Kofferraum. Sein großartiger Kommentar im englischen Original: »I'd like to see you deck the halls if some mud-covered moppet was filling your trunk with junk.« Tino hat dann die Chuzpe, Michael einen Deal vorzuschlagen, was diesen irritiert: »Das ist mein Auto, und du schlägst mir einen Deal vor? Ich fahr dich doch schon.« Tino führt weiter aus: Michael würde ihn auf dem Weg kurz ans Steuer lassen – und er verzichte auf das Telefon. »Abgemacht«, ruft K.I.T.T., noch bevor Michael reagieren kann, und auch Tinos Reaktion ist Weltklasse: Er schmeißt das Telefon (das er zuvor noch als »Kunstwerk« bezeichnet hat) scheppernd zur Seite.

Auf der Fahrt drückt Tino dann wild irgendwelche Knöpfe, erklärt K.I.T.T.s »Chemical Analyzer« für unnötig, um Dinge zu analysieren (»Ich wüsste das schon, wenn ich es mir nur ansehe«), und antwortet auf Michaels Frage, ob er die Bibel gelesen habe, mit dem grandiosen Satz: »Sicher. Ich gebe nur nicht damit an.« Als K.I.T.T. sein Versprechen einlöst und Tino hinters Steuer lässt, überrascht der mit zwei sehenswürdigen 180-Grad-Drehungen. Sein Kommentar nach der Testfahrt: »Ich bin schon Schnellere gefahren. Aber nicht schlecht, nicht schlecht.«

Michael ist zwar auch von Tino genervt, aber – das spürt man schnell – er mag ihn. Als Tino ihm mitteilt, dass er der Polizei gesagt habe, Michael würde ihn zu seiner Schwester fahren, stöhnt er zunächst, muss dann aber doch grinsen, ebenso nach K.I.T.T.s Testfahrt. Tinos Schwester Marta beruhigt er mit der Notlüge, Tino habe die Uhr gefunden (das »found« betont er im englischen Original extrastark), und bringt es auf den Punkt: »Er ist ein guter Junge. Im Prinzip.« Die Folge zeigt auch wieder mal, wie natürlich David Hasselhoff mit Kindern umgehen kann: Was wir sehen, so hatte man den Eindruck bereits in »Gekidnappt« mit der deutlich jüngeren Natalie, ist nicht geschauspielert, es wirkt natürlich, von Herzen, echt. Und deckt sich mit den Erinnerungen vieler Gaststars, wie großartig Hasselhoff bei den Dreharbeiten gewesen sei.

Weihnachten hin, lustige Dialoge her: »Eine schöne Bescherung« bietet zudem ordentlich Action. K.I.T.T. darf zig Kunststücke zeigen, nicht zuletzt dank Tinos Aktionen, aber auch Michael drückt mehrmals mächtig auf die Tube. Ein toller Anblick ist am Ende K.I.T.T.s »Turbo Boost« ins Maisfeld. Noch zwei Parallelen zu »Gekidnappt«: Da ist zum einen die Musikmontage auf der Fahrt zu Onkel Stephano, passend zum Thema der Folge mit dem Song *Gypsy* (im Original von Fleetwood Mac) unterlegt, dazu mit einigen Szenen von K.I.T.T. bei Nacht – toll. Zum anderen kann man feststellen, wie viel Handlung, Herz, Humor und Action in eine Folge passen, ohne sie hektisch wirken zu lassen, stattdessen wartet sie mit einem perfekten Tempo auf. Außerdem sehen wir einige tolle, ungewöhnliche Aufnahmen von K.I.T.T.s Armaturenbrett: einmal, als Michael und Tino vom Unfallort wegfahren; dann, als die beiden vorm Polizeigebäude in K.I.T.T. einsteigen. Auch der nachfolgende Shot von oben, als Tino das Dach öffnet und er und Michael begeistert beziehungsweise genervt hochschauen (in Richtung Kamera), ist fein.

Schöner Fun-Fact: »Eine schöne Bescherung« lief bei der deutschen Erstausstrahlung tatsächlich am 24. Dezember und dürfte bei den – damals noch wenigen mit Kabelanschluss ausgestatteten – Familien womöglich den einen oder anderen Zwist ausgelöst haben, wenn es den Nachwuchs statt an den festlich gedeckten Weihnachtstisch verständlicherweise vor den Fernseher gezogen hat.

Bester Dialog:
K.I.T.T.: »Das Ausmaß der Ölflecken scheint eher größer zu werden statt kleiner.«
Michael: »Dann halt deine Nase schön auf dem Asphalt, Kumpel.«
K.I.T.T.: »Wenn man bedenkt, dass manche Tiere gezwungen sind, so ihr Dasein zu fristen …«

Trivia:
• Die Bank trägt den Namen »Bank of R. Gilmer« – ein Wink in Richtung des Autors Robert W. Gilmer.
• Devons Urgroßvater kam laut K.I.T.T. aus der Grafschaft Argyle in Schottland.
• Zum ersten Mal im Verlauf der Serie ist Devon nur telefonisch zugeschaltet, »live« sehen wir ihn nicht (ebensowenig wie April).
• Die Stadtszenen zu Beginn wurden in Covina gedreht, eine Stadt im Los Angeles County, nordöstlich von L.A., wo auch schon Alpine Crest in »Eine Musterstadt ohne Verbrechen« angesiedelt war.
• Martas Blumenladen ist auch in Wirklichkeit ein Blumenladen namens »Covina Hills Flowers«.
• Die Szenen mit dem Sinti-Camp wurden auf dem Universal-Gelände gedreht, mehrfach sieht man die Stufen zum *Psycho*-Haus.

• Janet DeMay (Marta) spielte in der ersten Staffel von *Remington Steele* die Rolle der Bernice Fox. Giorgio Tozzi (Onkel Stephano) war vor allem als Musical-Darsteller und Opensänger bekannt, er war viele Jahre Mitglied der Metropolitan Opera in New York.

• Paul LaGreca (Tino) kam zufällig zu seiner Rolle, wie er in einem extrem sehenswerten Interview mit Jacob Pedersen erzählte. Er war beim Casting für eine kleine Szene bei *Airwolf* eingeladen und sah beim Verlassen des Büros eine in Tränen aufgelöste Sekretärin. Er ging zu ihr hin, tröstete sie und wurde angesprochen, ob er für *Knight Rider* vorsprechen wolle, der eigentliche Tino-Schauspieler sei ausgefallen. LaGreca durfte sich also bei *Knight Rider*-Castingchefin April Webster vorstellen, dann bei Glen A. Larson. Er habe direkt gespürt, dass die Rolle perfekt zu ihm passe: »Tino war ein Schlaumeier. Das bin ich auch, ein Schlaumeier aus New York«, so LaGreca rückblickend. LaGreca äußerte sich auch ausführlich zu seiner Zusammenarbeit mit David Hasselhoff. »David war ein Gentleman durch und durch. Er hat mich behandelt, als ob ich sein Gast wäre. Am ersten Tag, als ich krank war, kam er zu meinem Trailer und fragte, ob ich okay sei und was er tun könne.« Er habe LaGreca auch erklärt, sich von niemandem einreden zu lassen, dass er die Rolle wegen seiner Krankheit abgeben solle. »Er war wie ein Sicherheitsnetz. Ich wusste: Wenn David in meiner Nähe ist, bin ich sicher.« Mit Hasselhoff habe er während der Zeit am Set über alles Mögliche gesprochen, über die Schauspielerei, über Gefühle … Ein Zuschauer habe irgendwann von der Straße gerufen: »*Knight Rider* ist schlecht!« Das habe Hasselhoff arg verletzt. Er, LaGreca, habe ihn aufgemuntert und gefragt, warum er das derart an sich heranlasse. Wen kümmere es, was dieser Typ sage – wer sei er im Gegensatz zu Hasselhoff? »Er war sehr sensibel, ein sehr sensibler Mann.« Man wisse ja um seine Geschichte, spielte LaGreca auch auf Hasselhoffs Alkoholprobleme viele Jahre später an. »Das ist Teil einer solchen Persönlichkeit, bei der man sich alles zu Herzen nimmt, übermäßig sensibel ist.« Er habe auch Catherine Hickland kennengelernt. »Sie war wunderhübsch, der netteste Mensch, den es gibt«, schwärmte LaGreca. »Aber David war unglaublich, ein 1-A-Typ. Und er hat viel Blödsinn gemacht am Set.« Die Zeit bei *Knight Rider* sei seine liebste TV-Arbeit gewesen, »und überhaupt ein Highlight meines Lebens.«

• LaGreca erzählte auch vom ersten *Knight Rider*-Event, an dem er ein paar Jahre zuvor teilgenommen hatte, nicht ahnend, dass *Knight Rider* und speziell seine Folge noch einen solch großen Kultstatus besäße. Ihn freue das sehr: »Ich mag es, für Fans zugänglich zu sein. Ich denke, das ist der Grund, warum man das macht: nicht fürs Geld oder die Kunst. Es ist die Verantwortung anderen Leuten gegenüber, daran glaube ich. Wenn ich jemandem Freude gemacht

habe, einem kleinen Jungen, der krank in seinem Bett lag und diese Folge geschaut hat, macht mich das glücklich. Darum geht es.«
• Paul LaGreca hat 2020 seine Memoiren veröffentlicht: *The Boy Behind the China Cabinet: A Memoir about Addiction, Hollywood, Mother Teresa and Me*. Das Buch wurde mehrfach ausgezeichnet.

Soundtrack:
• *Eye Of The Tiger* (Survivor)
• *Owner Of A Lonely Heart* (Yes)
• *Gypsy* (Fleetwood Mac)

Bedeutung der Folge für die gesamte Serie:
* *

Herz / Humor / Action:
* * * / * * * * * / * * * * *

Gesamtwertung:
* * * *

»Die Schatzsuche« / »A Knight in Shining Armor« (Folge 33)

Buch: Janis Hendler, Tom Greene; Regie: Bernard McEveety
Filmdaten: 8. – 16. November 1983
Erstausstrahlung USA: So, 8. Januar 1984 (NBC)
Erstausstrahlung Deutschland: Mo, 7. Mai 1986 (RTLplus)

Devons alter Freund, der Abenteuer Charlie Granger, wird bei einem Besuch im Gästehaus der Foundation ermordet. Wie sich herausstellt, hat er seiner Tochter Katherine einen Schatz hinterlassen – hinter dem ist allerdings auch sein Mörder her.

Kommentar:
Wenn einer weiß, wie man einen galanten Auftritt hinlegt, dann ist es Michael Knight. »Die Schatzsuche« mag mehrere lustige Szenen haben, Michaels Einmarsch aufs Tanzparkett in der Mädchenschule ist schlicht und einfach großes Kino. Die Kamera filmt also das tänzerische Treiben, und da kommt er um die Ecke: lässiger Gang in Richtung Zuschauer, ernster Blick in Richtung Kamera, dann – zack! – das Michael-Knight-Grinsen angeschaltet, als

sich sein Blick mit dem von Katherine trifft. Die Kamera zoomt aus, und Michael kommt (alle anderen überragend) auf Katherine zu und übernimmt mit einer Frage, die keine ist, also mit den Worten »DarfichSievielleichtablösenvielenDank« vom armen Chip als Katherines Tanzpartner. Alles mit einer typischen Michael-Knight-Tiefenentspanntheit, die heutzutage noch ihresgleichen sucht. Unterlegt mit klassischer Tanzmusik. Herrlich! Die Szenerie, die Kameraführung, Hasselhoffs Spiel – ein großes Kompliment an die *Knight Rider*-Crew für diese Perle!

Und die Szene ist ja noch nicht vorbei: Katherine sträubt sich, was Michael nach wie vor relaxed hinnimmt, ihr aber auch klarmacht, dass er sie mitnehmen werde, »so oder so«. Und das tut er: Michael schwingt Katherine schnurstracks über die Schulter und trägt sie locker nach draußen. Und während Katherine sich windet, schwenkt die Kamera auf die junge Stacey, deren Blick eindeutig ist: Sie würde in dem Moment liebend gerne mit Katherine tauschen …

»Die Schatzsuche« überrascht ohnehin mit feinen Settings: Es wurde viel im Grünen gedreht, schon beim Verfolgen des Pferdes zu Beginn, dann im Wald, wo Katherine einen Fluchtversuch startet und ihr Kleid ruiniert. »Okay, okay, okay, wir werden Sie umziehen«, meint Michael. »WIR werden das nicht tun!«, kontert Katherine. Auch die Idee, sie dann in Michaels Klamotten zu stecken, ist herrlich. »Ich hoffe, jetzt sind Sie glücklich. Ich sehe furchtbar aus.« Klare Antwort von Michael: »Ja, das tun Sie.« Dann müssen beide endlich einmal lachen. Zwischenzeitlich, als Katherine sich im abgedunkelten K.I.T.T. neu einkleidet, erhaschen wir zudem einen tollen Blick auf das leuchtende Armaturenbrett.

Ein weiteres Plus in »Die Schatzsuche« ist die Tatsache, dass wieder in der Arden Villa als Hauptsitz der Foundation gedreht wurde, erst zum dritten Mal (auch wenn in anderen Folgen Teile davon wiederverwendet wurden). Zum ersten und einzigen Mal hören und sehen wir auch etwas vom Gästehaus der Foundation. Zudem haben wir hier das Vergnügen eines Wiedersehens mit dem Hobbypsychologen Michael Knight: Er schafft es natürlich im Lauf der Zeit, der verbitterten Katherine ihren Vater näherzubringen, auch wenn sie ihm den Grund für ihre Zurückweisung erklärt. »Wenn man sich abkapselt, kann einem keiner weh tun«, erklärt sie unter Tränen. »Aber dann können Sie auch niemanden lieben«, weiß Dr. Michael.

Trotz aller Hingucker ist »Die Schatzsuche« nicht nur Spaß. Der Mord am alten Charlie Granger ist einer der brutaleren der Seriengeschichte, er passt allerdings auch zum skrupellosen Christopher Stone, der vom klassischen Bösewicht Lance LeGault verkörpert wird. LeGault hatte bereits einen kurzen Auftritt im Pilotfilm, man kennt ihn natürlich gut aus *Magnum* und aus *Das A-Team.* Tipp: Schaut euch seine Szenen im englischen Original an. Wie Glen A.

Larson einst bemerkte, hatte LeGault eine Stimme, »die vier Oktaven tiefer als die von Gott ist«.

Ach ja, was ist eigentlich mit K.I.T.T.? Der ist freilich bei der Schatzsuche gefordert, beweist sich als Schnellleser und zeigt sich als Buchkritiker. Und er legt zum Ende den einzigen »Rückwärts-Turbo Boost« der Serie hin, als Michael und Katherine aus der Schatzhöhle flüchten müssen (im kommenden »Goliath«-Zweiteiler sehen wir zwar auch einen, allerdings dort mit einem Miniaturmodell). K.I.T.T. ist natürlich wieder überprogrammiert, wie meist, wenn es ein spezielles Themengebiet zu beackern gibt. Als Michael ihn fragt, wo Stone wohl die Karte versteckt haben könne, weist er auf einen gewissen Schatzsucher namens Stephen de Blois hin, der seine Karten in nachgemachten Kanonen an seinem Schlafzimmerfenster versteckt habe. Michael überzeugt das nicht. »Ich glaube, wir sollten nach etwas Gebräuchlicherem suchen. Wie nach einem Safe.« K.I.T.T.s Konter: »Sie sind eben nicht romantisch.« Als K.I.T.T. den Safe gefunden hat, empfiehlt er Michael dennoch, auch die Vorhänge zu durchsuchen: Albert II. von Österreich habe seine Schatzkarten immer darin eingenäht.

Bester Dialog:
K.I.T.T.: »Sollte Katherine nach ihrem Schatz suchen, so glaube ich, dass ich zur Suche einiges beitragen könnte.«
Michael: »Wie willst du das tun? Mit einer Spitzhacke?«

Trivia:
• Daphne Lee Ashbrook (Katherine Granger) stand für *Knight Rider* in einer ihrer ersten TV-Rollen vor der Kamera. Sie spielte seither in einer ganzen Reihe TV-Klassikern als Gaststar mit, unter anderem *Star Trek: Deep Space Nine* und *Doctor Who.* Wiederkehrende Rollen hatte sie zudem in *J.A.G. – Im Auftrag der Ehre, O.C., California* und *Hollywood Heights.* Thomas F. Wilson (Chip) war in *Knight Rider* erstmals in einer TV-Serie dabei, bekannt wurde er dann als Biff im Filmklassiker *Zurück in die Zukunft.* Auch er bespielte diverse Serien, unter anderem *Ed – Der Bowlinganwalt, Still Standing* oder *Ghost Whisperer – Stimmen aus dem Jenseits.* Außerdem ist Wilson eine beliebte und bekannte Stimme, unter anderem in *SpongeBob Schwammkopf* als Vater von Patrick (den er auch im Spin-off spricht). Amüsant: Ashbrook erkannte Wilson in *Zurück in die Zukunft* wieder, konnte sich aber einige Zeit lang nicht erinnern, wo sie denn schon einmal mit ihm zusammengearbeitet hatte. Über Lance LeGault (Christopher Stone) hatten wir uns ja bereits im Pilotfilm begeistert.
• Charlie Granger war für Michael »der Held meiner Kindheit«. Wir kennen nun also schon zwei Idole des jungen Michael Knight:

Charlie Granger und »Swamp Fox« (siehe: »Gedächtnisschwund«).
• Im Skript versucht Michael, die schmollende Katherine mit »Hey – you've got a talking car!« aufzumuntern – jenem Satz, den er normalerweise immer von seinen Beifahrerinnen zu hören bekommt. Ohne Erfolg.
• Wenn man genau hinschaut, konnte man in K.I.T.T. bereits den »Reverse Turbo Boost«-Button entdecken (unter »Oil«). In »Die Schatzsuche« legt K.I.T.T. zwar den einzigen »Reverse Turbo Boost« der Serie hin, allerdings drückt Michael ausgerechnet hier den Knopf für den regulären »Turbo Boost«!
• NBC wollte eigentlich ein anderes Ende, Katherine sollte einen »echten« Schatz finden. Autor Tom Greene aber weigerte sich und erhielt hierbei die klare Unterstützung von David Hasselhoff.
• Der Außenbereich der »Schatzkammer« ist der Bronson Canyon in Los Angeles, wo auch für »Goldschmuggel« / »Das Schlangenmaul« und »Die heilige Grabstätte« gedreht wurde. Kommt euch die Gegend auch sonst sehr bekannt vor? Dann vielleicht aus der *Batman*-Serie: Hier befand sich auch der Batcave!
• »A Knight in Shining Armor« ist auch der Titel einer *Knight Rider*-Folge der Neuauflage aus 2008.

Bedeutung der Folge für die gesamte Serie:
* *

Herz / Humor / Action:
* * * * / * * * * * / * * * * *

Gesamtwertung:
* * * *

»Diamantenschmuggel« / »Diamonds Aren't a Girl's Best Friend« (Folge 34)

Buch: Robert Foster, Robert W. Gilmer; Regie: Jeffrey Hayden
Filmdaten: 17. – 28. November 1983
Erstausstrahlung USA: So, 15. Januar 1984 (NBC)
Erstausstrahlung Deutschland: Mo, 11. November 1985 (RTLplus)

Als das Model Rachel ermordet wird, gibt sich Michael als Freund ihrer Kollegin Lauren aus, um den Fall zu untersuchen. Er findet heraus, dass der Chef der Model-Firma die Mädchen benutzt, um Diamanten in die USA zu schmuggeln.

Kommentar:

Man hätte es uns ja gönnen können, dass Michael endlich eine (dauerhaftere) Freundin hat, die wir sogar in einer Folge *Knight Rider* zu Gesicht bekommen. Am Ende einer Episode durften wir zwar oft davon ausgehen, speziell in Staffel 1, dass nach dem abgeschlossenen Fall noch etwas gemeinsame Zeit zu zweit drin gewesen ist, aber niemals über eine Folge hinweg.

Hier rennt Lauren zu Beginn also auf Michael zu, fällt ihm um den Hals und küsst ihn innig. Als die beiden fertig sind, erklärt Michael: »Übrigens, ich bin Michael Knight.« Also alles nur Tarnung, eine Idee von Lauren, mit der sich Michael gerne anfreundet.

»Diamentenschmuggel« gehört sicher nicht zu den Highlights in Staffel 2, was aber weniger an der Folge an sich liegt als eher daran, dass es drumherum einfach stärkere Episoden gibt. Der Plot ist dennoch okay, die Idee mit dem geschmuggelten Schmuck lässt uns auch den Spaß, einigen der Modeshootings beizuwohnen. Lauren ist zudem von Beginn an von Grund auf sympathisch, nachdem man bei den Gaststars der vergangenen drei Episoden doch etwas Zeit gebraucht hatte, um größere Sympathien zu entwickeln. Schade, dass sie in keiner weiteren *Knight Rider*-Episode mehr auftaucht.

Das Thema Mode ist zudem eines, das K.I.T.T. mit seiner rein logischen Denkweise wieder nur schwer versteht. »Die Mode im letzten Jahr war doch zufriedenstellend. Warum erfindet man dann neue Kleidung?«, fragt er Michael. »Warum können die Menschen nicht mit dem zufrieden sein, was sie haben?« Ein guter Punkt eigentlich, den man vielen Menschen in mehreren Belangen des Lebens aufzeigen sollte. Die lustige Antwort von Michael im konkreten Fall: Wäre man mit K.I.T.T. zufrieden, wäre er längst ein Serienauto. (Was er, Achtung Wortspiel, ja gewissermaßen auch ist.) Als Michael in einen Smoking schlüpft, erhält er dennoch ein Kompliment von K.I.T.T. Wie passt das zusammen? Der Smoking sei klassisch und habe sich in den vergangenen hundert Jahren kaum verändert, erklärt K.I.T.T. Michael kann dem allerdings nichts abgewinnen: Der Smoking sei zu eng, kratzig und zu steif. »Ein kleiner Preis, den man zahlen muss, um elegant gekleidet zu sein«, findet K.I.T.T.

Der Spaßfaktor in »Diamantenschmuggel« ist durchaus hoch: Herrlich, als Michael im Büro im Rahmen der Party in den Schrank flüchten muss, weil jemand das Zimmer betritt. Es ist allerdings nur ein verliebtes Paar auf der Suche nach etwas Zweisamkeit. Michael bittet K.I.T.T. um Hilfe. Die beiden seien nicht bewaffnet, erklärt der, was Michael schon klar ist. Er brauche etwas Ablenkung. K.I.T.T. gibt sich also als Lichtzauberer und klappert schließlich mit dem Türöffner (wie auch immer er das anstellt). »Ein Poltergeist!«, ruft der Mann, und die beiden flüchten. Michael kann sich davonmachen und muss lachen: »Poltergeist«, witzelt er in den Comlink. Lustig ist auch eine Szene, als zwei Models in K.I.T.T.s Fenster schauen – jedoch nicht, wie es sonst meist der Fall ist, um sein Armaturenbrett zu bewundern, sondern um ihr Spiegelbild zu mustern. »Wie findest du diese Ohrringe?«, fragt Model eins. »Die sind schön«, antwortet Model zwei. K.I.T.T. ist das zu blöd: »Freut mich, dass ich nützlich sein konnte«, sagt er – und fährt das Fenster nach unten.

Zudem hat er es diesmal mit einem Hund zu tun, dessen Frauchen irritiert ob K.I.T.T.s Sprachvermögen ist. Der Hund, ein Kläffer, nervt K.I.T.T. tierisch. Er droht in der deutschen Übersetzung damit, zurückzubellen. Im englischen Original ist sein Kommentar deutlich bissiger: »Keep that up, and you'll be on the wrong end of a ›Car Bites Dog‹ story!«

Wir erhaschen außerdem einen seltenen Blick auf die Rückseite des Foundation-Quartiers, also der Arden Villa, auch wenn es sich nur um Archivmaterial handelt. Extra gedreht wurde hier für »Diamantenschmuggel« nicht.

Bester Dialog:
K.I.T.T. *(nachdem Michael und Lauren sich geküsst haben)*: »Ich habe gar nicht gewusst, dass Sie die junge Frau kannten.«
Michael: »Lauren? Kannte ich nicht, nein.«
K.I.T.T.: »Dafür, dass Sie sich fremd waren, schienen Sie sich aber unheimlich vertraut.«
Michael: »Hast du mir hinterherspioniert?«
K.I.T.T.: »Ich habe Sie nur überwacht. Das ist ein Teil meiner Arbeit.«
Michael: »Tja, also was du da überwacht hast, war ein Teil meiner Arbeit. Eine angenehme Arbeit, wenn du sie kriegst.«

Schönste Genussszene:
• Devon gönnt sich ja des Öfteren eine Tasse Tee. Hin und wieder sehen wir gar einen kleinen Servierwagen in seinem Büro stehen, auf dem er sein Teekännchen platziert hat (zum Beispiel in »Der Fassadenkletterer«). Hier bereitet er sich im Gespräch mit Michael eine Tasse zu, und man muss sich ehrlich fragen: Hat man Devon je entspannter und glücklicher gesehen als am Ende der Szene, als er den ersten Schluck zu sich nimmt?

Trivia:
• Wendy Kilbourne (Lauren Janes) bespielte einige klassische 1980er-Jahre-Serien. Ihre wohl bekannteste Rolle hatte sie als Constance Flynn Hazard in der Miniserie *Fackeln im Sturm*. Came-

ron Mitchell (Bernie Mitchell) hat stolze 243 Schauspieleinträge, er war seit den 1940er-Jahren aktiv. Lustig: In *Knight Rider* durfte er sogar seinen echten Nachnamen verwenden.
• Michael trägt eine neue Lederjacke, leicht abweichend vom bisherigen Modell. Diese wird er auch bis zum Ende der Serie tragen.
• Devon erklärt Michael, die Foundation habe keine gerichtliche Zuständigkeit in Mexiko. Heißt im Umkehrschluss, dass diese in den USA also besteht.
• K.I.T.T. spricht erstmals von seiner Abneigung gegen das Fliegen, eine Eigenschaft, auf die er in »Die Flugzeugentführung« in Staffel 4 zurückkommt.

Soundtrack:
• *Ain't Nobody* (Chaka Khan & Rufus)
• *Human Touch* (Rick Springfield)

Bedeutung der Folge für die gesamte Serie:
*

Herz / Humor / Action:
* * * / * * * / * *

Gesamtwertung:
* * *

»Eine Kleinstadt lebt gefährlich« / »White-Line Warriors« (Folge 35)

Buch: Richard C. Okie; Regie: Robert E.L. Bralver
Filmdaten: 29. November – 7. Dezember 1983
Erstausstrahlung USA: So, 29. Januar 1984 (NBC)
Erstausstrahlung Deutschland: Die, 12. November 1985 (RTLplus)

Michael soll eine Einbruchsserie in der Kleinstadt Vista Beach untersuchen. Eine alte Bekannte von Devon betreibt hier ein Rahmengeschäft. Die Hauptverdächtigen sind eine Gruppe von Rennfahrern, denn offenbar finden die Überfälle immer dann statt, wenn ein Rennen läuft.

Kommentar:
Wir zäumen das Pferd einmal von hinten auf. Also: Chief Craig hat sich Geschäfte ausgesucht, die man ausrauben könnte. Er hat sie dem lokalen Radio-DJ Handsome Anson mitgeteilt. Der hat

Mace das aktuelle Ziel gegeben. Dann haben alle auf die Rennfahrer gewartet. Immer, wenn Chief Craig ihnen nachgejagt ist, hat Handsome Anson den Song *Crumblin' Down* gespielt. Mace hat daraufhin das jeweilige Geschäft ausgeraubt, um dem Chief eine etwas großzügigere Pension zu gönnen.

Joa. Lassen wir's mal so stehen, auch wenn das alles vielleicht etwas komplizierter wirkt als eine kurze Telefonschalte. Aber wir wollen uns ja mit Manöverkritik in Sachen Drehbuchlogik zurückhalten. Und deswegen kann man »Eine Kleinstadt lebt gefährlich« durchaus als sehr gelungene Folge mit einigen Hinguckern und Hinhörern ansehen.

Als da wären zum Beispiel …

• … der bemitleidenswerte Autoalarmsystem-Vertreter Manny Carmichael. Er darf Knightmichael mehrmals deutlich länger als seine geforderten 30 Sekunden vorführen, wie er – ein ausgewiesener Amateur – K.I.T.T. knacken kann, was natürlich nicht klappt. Am Ende schleppt er gar zwei Profis an, aber ausgerechnet da muss Michael los. Der arme Manny hat also nicht nur keine Alarmanlage verkauft, sondern muss noch draufzahlen.

• … Tante Marietta. Sie begrüßt Michael mit einer Knarre im Anschlag und hat wohl zu viele schlechte Filme gesehen. Ihr erstes Wort (im englischen Original): »Freeze!« Als sie erkennt, dass Michael von Devon geschickt wurde, entschuldigt sie sich – gewissermaßen. »Devon hat Sie geschickt? Wieso sagen Sie das nicht gleich?« Michaels Reaktion: »Weil Sie die ganze Zeit mit einer Flinte auf mich zielen.«

• … Cindy. Sie ist eine Gute und fragt Michael endlich einmal das Naheliegende, als sie erstmals in K.I.T.T. steigt: »Fahren Sie Rennen?« Und: »Sehen Sie viel fern?«

• … Devon. Er bekommt glänzende Augen, als Michael von Marietta erzählt, und sagt den wundervollen Satz über das Alter von Frauen: »Das ist wie bei Wein. Wenn er älter wird, kommt sein Geschmack erst richtig zur Geltung.«

• … Chief Craig. Er ist der Prototyp des Kleinstadt-Polizisten oder Sheriffs, der es immer gleich auf Michael abgesehen hat. Und der bei Nachforschungen feststellt: »Sie haben noch nicht mal einen Strafzettel bekommen. Keiner hat je von Ihnen gehört. Weder das FBI noch die Polizei. Irgendwie eigenartig, finden Sie nicht?«

• … Handsome Anson. Allein dafür, dass ein Radio-DJ sich so nennt, gehört er eigentlich in den Knast. Wo er am Ende auch landet.

• … Michael. Der gibt sich mal wieder als Philosoph. Zu Beginn der Folge schwärmt er von seiner Arbeit: »K.I.T.T., ich sag dir: Manchmal denke ich, ich hab den besten Job auf der ganzen Welt. Viele würden für einen solchen Job alles einsetzen.« Und später gibt er Ron mit: »Wenn Sie unschuldig sind, rennen Sie nicht weg. Vielleicht war Weglaufen in der Vergangenheit die Lösung für Ihre Probleme. Aber irgendwann müssen Sie damit aufhören. Und wenn Sie jetzt damit aufhören, helfe ich Ihnen.«

• … und natürlich K.I.T.T., dem Bescheidenheit nach wie vor fremd ist. Was der Sinn der Beschleunigungsrennen sei, will er wissen. »Warum sind da alle so in Eile?« Als Michael es erklärt, befindet K.I.T.T.: »Wer hier der Schnellste ist, das ist doch ganz klar: Das bin ich.« Das sei ihm bewusst, erklärte Michael, letzten Endes ein Geheimnis zwischen ihm und K.I.T.T.

»Eine Kleinstadt lebt gefährlich« hat also einige Elemente, aufgrund derer die Folge anschauenswert ist. Ein schöner Zusatz: Ein Großteil der Episode findet bei Nacht statt. Das ist normalerweise nicht zwingend gut, hier aber gestattet uns die *Knight Rider*-Crew mehrfach einen feinen Blick auf K.I.T.T.s leuchtendes Armaturenbrett in der Dunkelheit. Und das ist immer wieder zum Dahinschmelzen, so oft man es in seinem Leben auch schon bewundert hat. Nicht bei Nacht, dafür aber aus einer großartigen Perspektive gefilmt ist die Szene, als Michael am Ende der Festnahmen vor K.I.T.T. in Gitarrenpose dasteht, gefilmt vom Beifahrersitz mit Blick über K.I.T.T.s Armaturenbrett durch die Windschutzscheibe. Schade, dass dieser Ausschnitt nie als Promotionfoto oder Poster veröffentlicht wurde. Dafür steht David Hasselhoff auf seinem ersten Album *Night Rocker* in Gitarrenpose auf K.I.T.T.s Kühlerhaube, auch nicht schlecht.

Wir sehen auch wieder den »Grappling Hook« im Einsatz, der immer eine andere Form zu haben scheint. Diesmal ist er ein fester Metallhaken, den K.I.T.T. nicht wirft, sondern ausschiebt. Ach ja, ganz wichtig für den restlichen Verlauf der Serie ist eine Neuerung: April hat K.I.T.T. den »Silent Mode« eingebaut, den wir natürlich gleich in Aktion erleben und der auch bis zum Serienende immer wieder zum Einsatz kommen wird.

Bester Dialog:

Chief Craig: »Ich werd Sie überprüfen lassen und auch Ihren schönen Wagen. Und wenn ich was finde, was mir nicht gefällt, dann werde ich Sie holen.«

Michael: »Suchet, so werdet Ihr finden. Viel Glück, Chief.«

Trivia:

• Mary Beth Evans (Cindy) begann Anfang der 1980er-Jahre ihre Schauspielkarriere. Fortlaufende Rollen hatte sie unter anderem in *General Hospital* und *Port Charles.* In der bekannten Soap *Days of Our Lives,* die hierzulande einige Jahre als *Zeit der Sehnsucht* lief, spielte sie bislang in knapp 2.000 Folgen mit. Auch Allyn Ann Mc-

Lerie (Marietta Matheson) und Milt Oberman (Manny Carmichael) waren bekannte Gesichter im US-TV.
• Mariettas Rahmengeschäft befindet sich in 220 Main Street in Seal Beach, im Süden von Los Angeles. Das Gebäude gibt es noch, allerdings ist dort ein Bekleidungsgeschäft angesiedelt. Die Straße sehen wir wieder in »Der schwarze Teufel taucht wieder auf«, denn hier befindet sich auch »Endless Summer«, der Bikini-Laden, in dem Johns Freundin Mandy arbeitet.
• Ein früher Drehbuchentwurf sah vor, die Folge um Autoalarmsystem-Vertreter Manny kreisen zu lassen. Entsprechend hieß der erste Arbeitstitel auch »Mister Alarm«. Man entschied sich dann aber doch, dies als Nebenstory zu nutzen.
• Wer sich noch so glücklich schätzt, *Knight Rider* auf VHS zu besitzen oder sich an frühere Ausstrahlungen zu erinnern: Als K.I.T.T. auf Michaels Frage antwortet, ob man verfolgt worden sei, war seine Voice Box stets schwarz geblieben. Bei der DVD-Veröffentlichung hat man diesen Fehler behoben.
• Apropos DVDs: Auf der deutschen Version ist diese Episode nur im englischen Original zu hören. Grund sind die Musikrechte, konkret der gecoverte Prince-Song *Little Red Corvette*. Prince hatte in den 2000ern die Nutzung seiner Songs untersagt. In »Tödliche Orchideen« stellt sich das Problem auch. Dort hat man einen alternativen Song gewählt, zumal währenddessen nicht gesprochen wurde.
• Wieder einmal hat man für einen Polizisten die Synchronstimme von Horst Schön genommen (ebenso wie in »Der Bandenkrieg«). Wir kennen sie natürlich als Stimme eines anderen legendären Ordnungshüters, nämlich von Lt. Frank Drebin aus *Die nackte Kanone.*

Soundtrack:
• *Maniac* (Michael Sembello)
• *Breakdown* (Tom Petty)
• *Little Red Corvette* (Prince)
• *Crumblin' Down* (John Cougar Mellencamp)
• *Rhiannon* (Fleetwood Mac)
• *Love Is A Battlefield* (Pat Benatar)
• *I've Got It* (Andraé Crouch & The Disciples)

Bedeutung der Folge für die gesamte Serie:
★ ★

Herz / Humor / Action:
★ ★ ★ / ★ ★ ★ / ★ ★ ★

Gesamtwertung:
★ ★ ★

»Wettlauf mit dem Tod« / »Race for Life« (Folge 36)

Buch: Bruce Belland, Roy M. Rogosin; Regie: Georg Fenady
Filmdaten: 8. – 16. Dezember 1983
Erstausstrahlung USA: So, 5. Februar 1984 (NBC)
Erstausstrahlung Deutschland: Die, 11. Februar 1986 (RTLplus)

Aprils Nichte Becky liegt im Krankenhaus, sie braucht innerhalb von 48 Stunden eine Knochenmarktransplantation. Michael und K.I.T.T. machen sich auf, um den einzig möglichen Spender Julio zu finden – sie sind auf ihrer Suche jedoch nicht allein.

Kommentar:

Die erste und einzige Episode der Serie, in der April im Mittelpunkt steht, dreht sich um ihre Nichte Becky. Ein Fall der Foundation-Familie also, und wie eng der Zusammenhalt von Michael, Devon, April und K.I.T.T. ist, erleben wir direkt zu Beginn: Michael holt April im Fitnessclub ab, um sie schnellstmöglich ins Krankenhaus zu bringen. Beckys Mutter Laura bedankt sich bei ihm, dass er auch mitgekommen sei. »Dafür ist die Familie doch da«, antwortet Michael. Auch Devon nimmt Laura wie selbstverständlich in die Arme, später zockt er mit Becky mehrere Runden des Brettspiels Dame und bangt offenbar auch die gesamte Zeit im Krankenhaus. Es zeigt: Auch wenn April erst einige Monate bei der Foundation arbeitet, hat sich der Zusammenhalt längst auf das Privatleben ausgeweitet. Mehr noch: Wir können uns vorstellen, dass Michael, Devon und April (und K.I.T.T.) sich oft auch nach Feierabend treffen und sich sehr nahestehen – ein schöner Gedanke, oder?

Das Thema Familie beschäftigt auch K.I.T.T. Ihm erscheint das gesamte Konstrukt kompliziert, zumal Becky adoptiert ist. Eine Familie müsse nicht nur aus Menschen bestehen, die miteinander verwandt seien, erklärt Michael, sondern auch aus Menschen, die sich lieben, sich umeinander kümmern. »Nimm Devon, April, dich und mich. Wir sind wie eine Familie.« K.I.T.T. versteht das indirekte Kompliment: »Danke Michael.«

Amüsant sind auch Beckys Gespräche mit K.I.T.T.: Er wird von ihr geheimnisvollerweise »Black Beauty« genannt und hat ihr einige Tricks beim Brettspiel Dame gezeigt, auch wenn nicht ganz klar wird, ob ihr Gegner absichtlich schlecht spielt. »Dein Dame-Unterricht hat sich gelohnt. Devon hat andauernd verloren«, erklärt sie fröhlich. K.I.T.T. freut das. »Wenn wir uns wiedersehen, zeige ich dir ein paar Tricks beim Schach.«

Natürlich erleben wir auf der Suche nach Julio auch Action: Michael schafft es geschickt, Santos auszutricksen, und K.I.T.T. spielt richtig gut Polizei, mit entsprechendem Sound und Lichteffekten.

Ein paar Schwachpunkte gibt's leider: Zwischenzeitlich entkommt Julio aus K.I.T.T., dabei hatte Michael diesen ausdrücklich angewiesen, auf ihn aufzupassen. Wie es da hineinpasst, dass Julio den Button fürs Schiebedach aktivieren kann? Auch bleibt unglaubwürdig, dass Santos zunächst Michael und K.I.T.T. ausfindig macht, die beiden dann zufällig auch die Gangs in der Holzhütte – letztlich hätten sie ja überall sein können. K.I.T.T. steht dann plötzlich in der Hütte. Hier hätte man ihn doch wenigstens hineinbrettern lassen können, anstatt einfach ein paar Bretter auf ihn zu werfen. Zumal bereits genug an Stunts gespart wurde, wie beim »Turbo Boost« über den Van vor der Kirche und bei der Bahnfahrt (alles Miniaturen). Über die Frontalaufnahme des völlig absurden Mini-K.I.T.T. auf Schienen hüllen wir ohnehin den Mantel des Schweigens. Man hätte also besser ein paar Actionszenen ausgelassen (und andere dafür aufgewertet), wobei all das in dieser Folge nicht einmal im Mittelpunkt steht. Das Herz in »Wettlauf mit dem Tod« ist Becky – mit der Versöhnung der rivalisierenden Banden und der privaten Situation um Julio und Freundin Terri hatte man zudem eine starke zweite Ebene.

Immer wieder schön hingegen sind die Situationen, in denen Michael seine Entschlossenheit zeigt, wenn ihm etwas gegen den Strich geht. Julio will kurz vor dem Eingriff kneifen, aber Michael lässt das nicht zu. »Du willst das kleine Mädchen im Stich lassen? Das sagst du ihr selbst«, wütet er und verfrachtet Julio ins Krankenzimmer zu Becky – mit Erfolg.

»Wettlauf mit dem Tod« ist allerdings nicht nur aufgrund der Familien-Situation eine besondere Folge, sondern auch aufgrund der Begleitumstände, wie wir in der Schlusseinstellung mitgeteilt bekommen: »Dieser ›Knight Rider‹ ist Marcel Rafael Marcelino gewidmet, der während der Dreharbeiten starb. Sein Vater spielte die Rolle des Julio.«

Bester Dialog:

K.I.T.T. *(als er mit der Computerstimme der Spenderdatei kommuniziert)*: »Ich verstehe nicht, warum man diesen Maschinen nicht ein bisschen mehr …«

Michael: »… Charme verleiht?«

K.I.T.T.: »Genau.«

Michael: »Ach, sie ist nur nicht dein Typ, K.I.T.T.«

Trivia:

• April trainiert im Fitnessclub »Health Haven Gym & Spa«.

• Der Arbeitstitel hieß »Short Notice«. Man stellte dann aber zu Recht fest, dass dies schon der echte Titel einer Folge aus Staffel 1 war.

• Robyn Lively (Becky Phillips) spielte bereits als Kind in einigen Serien mit, später auch unter anderem in *Parker Lewis – Der Coole von der Schule*, *Chicago Hope: Endstation Hoffnung* oder *30 Rock*. Lynne Marta (Laura Phillips) war unter anderem in *Footloose* zu sehen, ebenso in *Columbo* und in *Drei Männer und eine kleine Lady*.

• Lively wurde für ihren Auftritt für einen *Young Artist Award* als »beste junge Schauspielerin« in einer Serien-Gastrolle nominiert.

• Lively erinnerte sich 2021 in einem Instagram-Post an ihre Drehzeit mit dem »traumhaften« David Hasselhoff. »Mein inneres Ich ist in Ohnmacht gefallen«, schrieb sie. Zum Abschied habe sie zudem eine Crewjacke geschenkt bekommen, »mit meinem Namen in Goldschrift aufgedruckt. Heutzutage kriegt man am Ende als Gaststar allenfalls einen Tritt in den Hintern.« Auch von sich in der Jacke postete Lively ein Foto. »Bis heute das beste Geschenk, das ich je bekommen habe.«

• Mario Marcelino (Julio Rodriquez) kannte David Hasselhoff noch aus seiner Zeit als Produktions-Supervisor bei der Soap *The Young and the Restless* einige Jahre zuvor. Am ersten Drehtag sei er unsicher gewesen, ob Hasselhoff ihn noch erkennen würde. »Aber er kam gleich rüber und meinte: ›Mario, bist du jetzt bei unserem Produktionsteam dabei?‹« Er habe erklärt, dass er der Gaststar in dieser Folge sei. »Es war ein wundervolles Wiedersehen, es war großartig, mit ihm zu arbeiten. Er war geduldig, aufmerksam und sehr respektvoll gegenüber seinen Co-Stars – viele Stars sind das nicht.«

• Marcelinos Sohn war bereits sehr krank und verstarb während der Dreharbeiten. »Alle vom Team, die Schauspieler und die Crew, waren so mitfühlend«, erinnerte sich Marcelino. Die gesamte Crew habe Geld gespendet für ein Kinderhospital. Viele Leute würden oft negativ über die Leute in Hollywood denken, aber er habe sie großzügig, nett, mitfühlend und verständnisvoll gefunden. »Die Widmung für meinen Sohn wird immer eine der wundervollsten Gesten im Laufe meiner Karriere bleiben.«

• Stichwort Originaltitel: Ende 1985 beteiligte sich David Hasselhoff am Indycar-Rennstall von Aat Groeneveld, die beiden gründeten das Rennteam namens »Race for Life«. Die Einnahmen gingen an Hasselhoffs unterstützte Charity-Organisationen zugunsten chronisch kranker Kinder, wie die »Make-A-Wish-Foundation« und die »Starlight Children's Foundation«. Hasselhoff war auch in seiner Popularitäts-Hochphase in den 1990er-Jahren bekannt dafür, immer wieder Kinderkrankenhäuser zu besuchen.

Bedeutung der Folge für die gesamte Serie:
★★★★

Herz / Humor / Action:
* * * * * / * * * / * * *

Gesamtwertung:
* * * *

»Schnelle Teufel« / »Speed Demons« (Folge 37)

Story: Stephen B. Katz; Buch: Tom Greene, Janis Hendler; Regie: Bruce Seth Green
Filmdaten: 21. – 30. Dezember 1983
Erstausstrahlung USA: So, 12. Februar 1984 (NBC)
Erstausstrahlung Deutschland: Mo, 2. Dezember 1985 (RTLplus)

Die Foundation sponsert ein Motocross-Rennen, erhält allerdings kurz vor dem Start einen anonymen Brief, dass ein tödlicher Zusammenstoß im Jahr zuvor kein Unfall gewesen sei. Michael und K.I.T.T. nehmen sich der Sache an.

Kommentar:
K.I.T.T. im Duell mit Motorrädern? Hatten wir ja schon mal, in »Der Bandenkrieg«. Hier darf er allerdings ein offizielles Rennen mitfahren, und das macht tatsächlich großen Spaß. Auch, weil hier echte Action geboten wird, keine Miniatur. Das Rennen ist zudem stark gefilmt, K.I.T.T. kommt aus verschiedenen Perspektiven super zur Geltung und hält dank seiner neuen haftverstärkenden Stoßdämpfer toll mit den Motorrädern mit. Spektakulär sind der Sprung durchs Heu und der »Ski Mode« zwischen den beiden Bäumen hindurch.

Ein versöhnliches Ende also, denn die Folge an sich hat bis dahin Höhen und Tiefen. Michael verfolgt lange Zeit keine echte Spur. Immer wieder taucht er in der Werkstatt von Kelly auf, ohne wirklich voranzukommen. Auch die Rolle von Sabrina ist lange Zeit undurchsichtig. Dass sie Kelly durch den Brief an die Foundation und letztlich durch eine Manipulation an dessen Maschine stoppen will, statt mit ihm zu sprechen – nun ja. Der Dreh über die Werbeverträge zur Lösung des Falles ist jedoch kein schlechter, zumal Lee Carstairs den typischen Rennprofi (stets mit zwei jungen Damen am Start) perfekt darstellt. Schade irgendwie, dass ausgerechnet er der Täter ist, denn gefühlt hat er mehr Sympathie in die Folge gebracht als Kelly und Sabrina.

Eine technische Ungereimtheit bei Michaels Videosichtung des Vorjahresunfalls besteht allerdings: Kelly verlor die Kontrolle, weil der vordere Teil des Motorrads hochkippte. Wäre das Vorderrad blockiert worden, hätte es sich dann nicht eher überschlagen müssen?

Während die Lösung des Falles bis zum Rennen dahinplätschert, reißt der Humor es größtenteils raus. K.I.T.T. kann mit Motorradrennen erst einmal nichts anfangen. Warum habe man so viel Zeit und Geld in ein Fortbewegungsmittel verwendet, das sich seit der Jahrhundertwende kaum weiterentwickelt habe, fragt er sich. Vielleicht mögen die Leute die frische Luft, versucht sich Michael an einer Erklärung. K.I.T.T. überzeugt das nicht. »Wenn sie frische Luft wollen, können sie das Fenster aufmachen, ohne dass sie die halbe Autobahn ins Gesicht kriegen.« Amüsant sein erster Eindruck von der Rennstrecke: »Der Kurs ist auf Rennen nicht zugeschnitten. Überall Schutt, Schlaglöcher, große klaffende Spalten und zahlreiche Matschlöcher.« Außerdem bringt K.I.T.T. seine Abneigung gegen Agenturen zum Ausdruck, als er mit einer Kontakt aufnehmen soll. »Muss ich wirklich?«

Und dann ist da noch der arme *Talkabout*-Reporter Roger Floyd, der ständig von seiner Co-Moderatorin Darlena Webster vorgeführt wird und K.I.T.T. seine Seele ausschüttet. Als er seinem Kameramann dessen Sprachkünste vorführen will, geht auch das schief: »Die Erfindung des Autos liegt schon ein paar Jahre zurück, Roger«, erklärt dieser, als Roger mit großer Geste auf K.I.T.T. zeigt. Als Darlena am Ende zu nah am Wassergraben steht und vollgespritzt wird, kriegt Roger seine verdiente Rache: Er kann ein Lachen live auf Sendung kaum unterdrücken. Die Szene retten will er dann nicht: »Das sehen wir uns in der Wiederholung noch mal an«, erklärt er grinsend. Eine gelungene Nebenstory!

Und dann haben wir freilich noch Devon als Rennfahrer. Der Einfall, ausgerechnet ihn als Motorrad-Fan ins Spiel zu bringen, ist vielleicht etwas weit hergeholt; auch Edward Mulhare selbst war nur wenig begeistert davon. Es bedurfte angeblich einiger Überredungskunst von Tom Greene, damit er am Ende tatsächlich auf ein Motorrad stieg. Dennoch ist die Schlussszene ein Spaß, zumal sich der Rahmen zu K.I.T.T.s Abneigung gegenüber Motorrädern schließt: »Die Tatsache, dass Devon diesen zweirädrigen Dosenöffner der Bequemlichkeit eines Automobils vorzieht, ist mir völlig unverständlich«, grübelt er, als Devon davonfährt. Was Michael als perfekten Aufhänger nimmt: »Ich finde, wir sollten ihm die Überlegenheit eines vierrädrigen Fahrzeugs vorführen«, kontert er – und drückt genüsslich den »Turbo Boost«.

Bester Dialog:
Michael: »Was hat die Foundation eigentlich mit einem so harten Sport wie Motocross zu tun?«

April: »Du wirst es wahrscheinlich nicht glauben, aber Devon ist zufällig ein echter Fan davon.«
Michael *(nach einem irritierten Blick auf Devon)*: »Du hast recht. Ich glaub's nicht.«

Trivia:
• Die Schauspielkarriere von John Macchia (Kelly Travis) fiel recht kurz aus. Lydia Cornell (Sabrina Travis) war dafür in mehreren der klassischen 1980er-TV-Serien zu sehen. Ihre bekannteste Rolle hatte sie in der Sitcom *Too Close For Comfort,* die in den USA sechs Staffeln lang lief, es allerdings nicht nach Deutschland schaffte. Madison Mason (Roger Floyd) ist hierzulande durch Gastrollen in mehreren Folgen von *MacGyver,* in *Baywatch* oder in der finalen Doppelfolge von *Monk* ein bekannteres Gesicht.
• »Schnelle Teufel« sollte als Grundgedanke für ein erstes Spin-off von *Knight Rider* dienen, am Ende entschied man sich dann aber für *Code of Vengeance* (siehe: »Goldschmuggel« / »Das Schlangenmaul«). Die Idee der »Verbrecherjagd auf Motorrad« wurde 1985 allerdings mit der kurzlebigen Serie *Street Hawk* realisiert. Die 13 Folgen wurden in Deutschland mehrfach ausgestrahlt und sind auf DVD erschienen.
• Devons Motorradliebe bringt uns ein schönes Wiedersehen: Er trägt am Ende denselben Helm wie Michael in »Sammys Sensationsshow« (mit Michaels Initialen darauf)!
• Im Skript erklärt Devon, früher den Spitznamen »Dusty Miles« verpasst bekommen zu haben.
• Ein weiteres Déjà-vu haben wir aus »Der Bandenkrieg«: Zum einen wurde K.I.T.T.s Sprung über den See wiederverwertet, zum anderen spielt erneut Michael Champion (Wade Fontaine) mit – er hatte in »Der Bandenkrieg« den Motorradfahrer Monk gemimt.

Bedeutung der Folge für die gesamte Serie:
* *

Herz / Humor / Action:
* * / * * * * * / * * * *

Gesamtwertung:
* * *

»Goliath kommt zurück«, »Goliath wird vernichtet« / »Goliath Returns« (Folge 38 – Doppelfolge)

Buch: Robert Foster, Robert W. Gilmer, Tom Greene, Janis Hendler; Regie: Winrich Kolbe
Filmdaten: 4. – 20. Januar 1984
Erstausstrahlung USA: So, 19. Februar 1984 (NBC)
Erstausstrahlung Deutschland: Mo, 2. / Die 3. April 1986 (RTLplus)

Garthe Knight bricht aus dem Gefängnis aus – dank Adrianne Margeaux, die Goliath wieder zusammengebaut hat. Kurz darauf werden Devon und April entführt. Was haben Garthe und Adrianne vor? Michael und K.I.T.T. machen sich auf die Suche.

Kommentar:

»Fasten your seat belts«, Leute! Denn hier kommen anderthalb Stunden beste *Knight Rider*-Unterhaltung! Vielleicht sogar die beste überhaupt? Was die Action angeht, sicherlich.

Schon allein die Idee, Garthe und Adrianne zu vereinen, verdient großen Applaus – sie sind vielleicht die beiden bösesten aller *Knight Rider*-Bösewichte. Bei Adrianne kommt noch hinzu, dass sie immer schon ein Auge auf Michael geworfen hat, wie Randy in »K.I.T.T. sitzt in der Falle« festgestellt hatte. Und wenn Garthe nicht hasserfüllt genug ist, treibt ihn der Gedanke hieran immer wieder in den Wahnsinn.

Poetisch sind über die gesamte Doppelfolge hinweg die philosophischen Ausführungen von Adrianne über Garthe und Michael. »Armer Garthe«, erklärt sie, »die Leute sagen so viele hässliche Dinge über ihn. Aber so viel Gutes über Michael Knight. Ich beginne mich zu fragen, ob er wirklich aus Fleisch und Blut ist. Und freue mich darauf, es selbst herauszufinden.« Garthe wendet sich nach diesen Worten entnervt ab. Wenig später wird die unterschiedliche Interessenlage zwischen Garthe und Adrianne deutlich. »Du willst ihn lebend. Und ich will ihn tot. Einer von uns beiden wird schrecklich enttäuscht werden«, erklärt Garthe. Er bekommt Michael schließlich als Erster zu Gesicht. Wie schon im Casino im ersten Teil stehen sich die beiden »Zwillinge« gegenüber. Der angewiderte Gesichtsausdruck von Garthe, als er Michael beim Abgang als »mein Bruder« bezeichnet, ist Abneigung auf allerhöchstem Schauspielniveau.

Adrianne hingegen macht sich erst mal hübsch, bevor sie auf eine Stippvisite in den Kerker geht, und philosophiert erneut. Es mache ihr so viel Spaß, schlafende Männer zu betrachten, beginnt sie. Sie stelle sich dann immer vor, wovon diese träumen. Sie selbst habe seit der letzten Begegnung täglich von Michael geträumt. »Das macht mein Verlangen noch stärker.« Michael, eher genervt als geschmeichelt, bringt einen guten Punkt ein: »Was sagt Garthe zu diesem Verlangen?« Eine Frau wie sie liebe die Abwechslung, erklärt Adrianne. Sie bezeichnet Michael und Garthe wie zwei Seiten einer Münze – grundverschieden. »Einer ist gut, und der andere böse.« Sie wolle herausfinden, was ihr lieber sei. Adrianne macht Michael klar, dass davon sein Leben abhänge. Michael, ehrbar bis ins Mark, wendet sich ab – doch Adrianne reißt ihn an sich und küsst ihn.

Woher sich Garthe und Adrianne überhaupt kennen, bleibt bis zum Schluss offen, dann bekommen wir eine leise Ahnung. »Ich erinnere mich noch, wie du vor meiner Tür gestanden hast, hungrig nach mir, nur weil ich so aussehe wie er«, sagt Garthe kurz vor Ende. Adrianne hat von Garthe inzwischen genug, zu einem Wiedersehen mit Michael kommt es dennoch nicht mehr. Dabei hätte man mit einem kleinen Twist die Geschichte um Adrianne und Michael wunderbar weiterspinnen können (mehr dazu unter »Michael Knight und die Zuflucht«).

Die Rückkehr Goliaths ist dem ersten Goliath-Zweiteiler überlegen. Nicht, weil der schlecht gewesen wäre, keinesfalls. Aber dieser hat einfach alles. Garthe und Adrianne, den »Evil Twin« und das pure Böse. Tempo ohne Hektik. Eine perfekte Dramaturgie und ein starkes Drehbuch. Dazu die Entführung von Devon und April, um Michael und K.I.T.T. zu ködern. Der Einbruch in der Foundation: brutal! Die Szene, in der Garthe an Devons Schreibtisch thront, mit den Füßen darauf, seine Zigarre raucht und »Ich will Michael Knight!« wütet: genial! Gedreht wurde hierfür wieder in der Arden Villa, zum letzten Mal. Dafür sehen wir einige bislang unbekannte Teile des Hauses, wie die Treppe in den ersten Stock, die in »Der Erpresser« im Hintergrund zu erkennen war. Außerdem lernen wir beim Einbruch, wenn auch nur in aller Kürze, zwei Mitarbeiterinnen kennen. Eine davon, Kathy, trifft auch auf Michael, der kurz darauf ankommt. Später ruft sie Michael in K.I.T.T. an.

K.I.T.T. bekommt als Letzter mit, was los ist – also dass Goliath im Spiel ist. »Erwähnte ich das nicht schon?«, versucht Michael sich herauszureden. »Nein, das taten Sie nicht.« Dann gibt sich K.I.T.T. ruhig und nachdenklich. Er sei es gewohnt, sich Sorgen zu machen (um Michael, wie er im englischen Original sagt), nach der Entführung von Devon und April fühle er sich aber hilflos. Er hat zudem eigene Probleme, als er in der Gefangenschaft in die Hände von »Nussknacker« Karl gelangt, der ihm erklärt, K.I.T.T.s Zentralprozessor in Goliath einbauen zu wollen, sobald er ihn geknackt habe. Michael hat also alle Hände voll zu tun: Er muss sich selbst retten, dann K.I.T.T., schließlich Christina, dann Devon und April.

Danach muss er Dr. Bergstrom aus Goliath befreien und letztlich noch Garthe, Goliath und Adrianne stoppen.

Wieder einmal, zum dritten Mal in dieser Staffel, nutzen Michael und K.I.T.T. übrigens eine Erfindung von April, die eigentlich erst getestet werden sollte: Nach K.I.T.T.s »Schwimmflügeln« (in »Geheimversteck Cadiz«) und dem »Hitzemantel« (in »Ein Ring aus Feuer«) nun also den Fallschirm. Wie bei den anderen beiden Gimmicks ist K.I.T.T. auch hiervon nicht begeistert, obwohl der Not-Sprung stark gelöst wurde.

Apropos Gimmicks, zwei Dinge sind dann doch enttäuschend, so großartig alles ist: Teile der Miniaturarbeit. Konkret K.I.T.T. im Treibsand, als er und Michael zunächst auf die Devon-und-April-Attrappen hereinfallen – hätte man hier Kosten sparen wollen, wäre die Szene doch auch ohne diese schrecklichen Aufnahmen aufgegangen. Dann die Schlussszene mit dem Haken, als K.I.T.T. ohnehin schon in Zeitlupe fährt, sowie der Sturz des deutlich zu kleinen Goliath ins Meer. Und ja, bei aller Liebe und dem Gedanken an kleinere Fernseher in den 1980er-Jahren: Beide Szenen hatten früher schon befremdlich gewirkt. Die erste hätte man sich sparen können (letztlich die gesamte falsche Fährte), die zweite – immerhin die Zerstörung von Goliath – besser lösen müssen!

Viel Zeit und Muße für Humor bleibt natürlich nicht, es wäre auch unangebracht in dieser Folge. Am Ende immerhin wird's lustig, als Devon die Schäden in seinem Büro begutachtet und April und Michael mit (unwillkommenen) Tipps zur Neugestaltung kommen. Auch zu Beginn bestand noch Muße für kleine Scharmützel. »Ach Michael, es wäre nett, wenn Sie etwas Passendes anziehen«, bittet Devon ihn ob des anstehenden Empfangs für Dr. Bergstrom. Michael hat zudem keine Lust, den Touristenführer zu geben. »Ich verlauf mich ständig«, erklärt er – um, nachdem er Christina kennengelernt hat, zu erklären, er kenne die Stadt »wie meine Westentasche«. Der großartige Kommentar von Devon: »Das ist ja ein bemerkenswerter Fortschritt in so kurzer Zeit.« Dann wird die Lage ernst, und eine der stärksten anderthalb Stunden Fernsehunterhaltung (überhaupt?) beginnt. Hierzu übrigens erneut der Tipp: Schaut euch die Folge unbedingt im Original an. Die böse Hasselhoff-Stimme ist weiterhin der Hammer!

Bester Dialog:
Michael *(kommt in Devons zerstörtes Büro)*: »Aber hallo, Devon! Wieder eine von Ihren wilden Partys!«
Devon: »Das finde ich gar nicht witzig, Michael.«
Michael: »Oh. Also ich fand, dass die Einrichtung hier ein wenig … veraltet … war.«
Devon: »Veraltet? Was meinen Sie mit veraltet?«

Michael: »Also, wissen Sie, ich finde, die Foundation könnte ein neues Image gebrauchen. Die Wände hier könnten aufgehellt werden. Und … ja, hier könnten wir ein kleines Dachfenster einsetzen.«
Devon *(völlig entrüstet)*: »Da-da-das kommt nicht in Frage. Kein Dachfenster! Kein verändertes Image! Und wenn Sie wissen wollen, was Sie brauchen …«
Michael *(flüchtet aus dem Büro)*: »Das war ja nur ein Vorschlag.«

Trivia:

• Peter Mark Richman (Dr. Klaus Bergstrom) war seit den 1950er-Jahren aktiv und bespielte viele klassische Action-Serien. Wiederkehrende Rollen hatte er in *California Clan, Der Denver-Clan* und *Beverly Hills, 90210.* Suzanne Barnes (Christina) war nicht so aktiv, sie spielte unter anderem in *Wer ist hier der Boß?* eine Gastrolle.
• Ann Turkel wird in den Credits zu Beginn als »Adrianne St. Clair« angekündigt. Warum? Man weiß es nicht. Auch laut den frühen Drehbuchentwürfen sollte sie bereits »Adrianne Margeaux« heißen.
• Eine schöne Weiterführung ist die Bezugnahme auf General Maddux aus dem ersten »Goliath«-Zweiteiler, auch wenn er diesmal nicht zu sehen ist. Ebenfalls ein schöner Bezug: die Hintergrundmusik von *Gimme Shelter,* als Garthe anfangs zu Adrianne in den Pool marschiert.
• Turkel erinnert sich noch gut an die Kampfszene zwischen Garthe und Adrianne. Sie habe David Hasselhoff zuvor gebeten, »das wirklich durchzuziehen, andernfalls sieht es gefälscht aus«. Die Backpfeifen waren also echt, »man sieht, wie ich aus der Kameraeinstellung fliege«. Hasselhoff sei danach direkt zu ihr gekommen und habe gefragt, ob alles okay sei. Die Szene sei aber wichtig gewesen, so Turkel. »Ich bin stolz auf diese Szene, weil wir beide böse Charaktere waren. Sie hat der Episode eine Realität verliehen.« Sie habe zudem darum gebeten, Adrianne am Ende nicht sterben zu lassen. »Aber wenn man in Goliath über ein Kliff fliegt, ist es wohl schwer, zurückzukommen. Wobei, jetzt wo ich es sage, bin ich doch sicher, es hätte einen Weg gegeben, sie zurückzubringen.«
• Rebecca Holden hatte auch so ihre Schwierigkeiten mit dem »bösen« David Hasselhoff. »Ich bewundere David, er ist so ein herzensguter Mensch. Ich musste mich sehr konzentrieren und die Realität ausschalten, um ihn mir als bösen Zwilling vorzustellen. Ich denke, Michael hat sich so sehr um April gesorgt, umso schwieriger war es vermutlich auch für David, Garthe zu spielen, mich gegen die Wand zu stoßen und wegzuschubsen. Also habe ich ihn

vor der Szene ermutigt, sich nicht zurückzuhalten und so hart wie möglich vorzugehen, damit die Szene echt wirkt.«

• Bei Turkel hat die Szene zu Beginn im Pool einige Wirkung hinterlassen. »Ich mag keine Männer mit Bart und ich schiebe es auf die Szene, in der ich Garthe mit Vollbart küsse. Ich mochte es auch später nicht, als er seinen Schnurrbart hatte. Die Männer in meinem Leben müssen glattrasiert sein.«

• Ann Turkel und Rebecca Holden spielten nochmals zusammen in der *Mike Hammer*-Folge »Tödliches Puzzle«. Turkel und Edward Mulhare standen gemeinsam für *Mord ist ihr Hobby* vor der Kamera, in der Episode »Mord nach dem ersten Akt«.

• Eine dritte Folge von Garthe und Goliath scheiterte angeblich an David Hasselhoff, bei dem die Doppelrolle einen enormen Drehstress verursacht hatte. Verständlich: Er war ja fast in jeder Szene zu sehen!

Soundtrack:
• *Gimme Shelter* (The Rolling Stones)

Bedeutung der Folge für die gesamte Serie:
* * * * *

Herz / Humor / Action:
* * * / * * * * * / * * * * *

Gesamtwertung:
* * * * *

»Gefährliches Spielzeug« / »A Good Knight's Work« (Folge 39)

Buch: Richard C. Okie; Regie: Sidney Hayers
Filmdaten: 23. – 31. Januar 1984
Erstausstrahlung USA: So, 4. März 1984 (NBC)
Erstausstrahlung Deutschland: Fr, 7. Februar 1986 (RTLplus)

Michael wird wiedererkannt – als Michael Long – und soll nun endgültig getötet werden. Dabei hat er gerade selbst einen interessanten Auftrag: Er soll den Diebstahl von Schaltplänen für einen sprechenden Teddybär aufklären.

Kommentar:
Es ist vielleicht die beste Szene der *Knight Rider*-Geschichte, auf *YouTube* wird sie als »Greatest Knight Rider sequence EVER!« an-

gekündigt: Michael muss kurz vor Ende dem mit einem Schwert um sich schlagenden Zachary entfliehen. Er springt aus dem Fenster des vierten Stockes und landet genau in K.I.T.T. Damit nicht genug: Er muss ja noch Gina retten, die von Zachary festgehalten wird. Also geht's ins benachbarte Parkhaus, dort wird der »Turbo Boost« gezündet, und die beiden landen … punktgenau in Zacharys Wohnung. Der ist, man kann's ihm nicht verübeln, leicht irritiert, was Michael mit einem entschlossenen Faustschlag ausnutzt. Gina ist gerettet, beide steigen in K.I.T.T., und der hat dann doch eine Frage: »Wie komme ich hier eigentlich wieder runter?«

Diese Szene hat wirklich alles, und Hasselhoff spielt sie so tödlich ernst, dass Leslie Nielsen alias Lt. Frank Drebin stolz auf ihn gewesen wäre. Das »Good Grief!«, das William Daniels im englischen Original ausstößt, als K.I.T.T. durch in Wohnung springt und dabei notgedrungen alles verwüstet, ist ebenfalls nicht von dieser Welt.

Dabei ist »Gefährliches Spielzeug« durchaus seriös. Nach »Gedächtnisschwund« geht es erneut um die Vorgeschichte von Michael Long: Michael nämlich wird erkannt, an seiner Bewegung, seiner Statur, seiner Stimme. Wir könnten uns fragen, warum ausgerechnet Stevie ihn nicht auch eindeutig daran erkannt hat, lassen es aber. Cameron Zachary war laut Devon der Auftraggeber, um Michael Long zu töten – auch wenn von ihm im Pilotfilm nicht die Rede gewesen war. Devon und April klären später die Geschichte um Zachary auf: Seine Firma stehle Geheimpläne von Regierungen, Firmen, Erfindern. Auch Wilton Knight habe zu den Opfern gehört (Devon sagt sogar in der deutschen Übersetzung »Wilton«, nicht »Wilson«). Tanya Walker sei eine von Zacharys Mitarbeiterinnen gewesen, außerdem seine Geliebte. Zachary mache wiederum Michael für ihren Tod verantwortlich. Zacharys typisches Vorgehen: Er ködere Männer, der er zerstören wolle, mit wunderschönen Frauen, dasselbe habe er auch über Tanya Walker mit Wilton Knight getan. Schön: Auch wenn die Geschichte erst nachträglich erfunden wurde, ist sie durchaus rund.

Kleine Ungereimtheiten: Devon spricht davon, Michael Long sei vor drei Jahren niedergeschossen worden, dabei war es doch vor knapp zwei Jahren. Auch die Überraschung von Zachary, als er von K.I.T.T. erfährt, verwundert. Es ist doch davon auszugehen, dass über ihn schon medial berichtet worden ist – bei bislang 38 gelösten Fällen – und dass speziell Zachary das Geschehen um die Foundation weiterhin verfolgt haben sollte.

»Gefährliches Spielzeug« hat zu viele Twists, um zu den stärkeren Episoden zu gehören. Den Weg über Gina zu gehen, der angebliche Diebstahl der Schaltpläne von »Mighty Mouth«, okay. Erst nach zwanzig Minuten kommt heraus, was wirklich Sache ist. Dann aber wird es abenteuerlich. Michael klärt zunächst Devon dank seiner hobbypsychologischen Kenntnisse über Gina auf: Ihr Blick, als man auf ihn geschossen habe, »das war ehrlich«. Völlig in der *Knight Rider*-Seifenoper angekommen sind wir, als Gina ihre Pistole herausholt. »Ich sehe Sie an und sehe, dass Sie völlig anders sind als andere Menschen«, schwadroniert Michael »Ich sehe Wärme. Und Zärtlichkeit. Sie sind eine gute Schauspielerin. Aber nicht gut genug für mich.« Exakt zwei Sekunden nach Michaels Überzeugungsarbeit klingelt dann Zachary durch, bereits im Wissen, dass Gina kapituliert hat. Es geht weiter mit K.I.T.T.s dubioser Selbst-Deaktivierung, dann mit der Aktivierung des »speziellen Talismans«, wie April ihn bezeichnet hatte – im englischen Original spricht sie immerhin von einem »Homing Device«, man kann das mit »Zielsuchgerät« übersetzen. Bei einem Druck darauf würden alle von K.I.T.T.s Programmen überschrieben, er würde sofort zur Rettung kommen. So geschieht es auch, was uns schließlich die »Greatest Knight Rider sequence EVER!« beschert.

Was also nehmen wir mit? Positiv jedenfalls Folgendes:

- die »Greatest Knight Rider sequence EVER!«, mit dem Sprung, in dem sowohl das Haus als auch K.I.T.T. (alles Modell-Aufnahmen!) richtig gut aussehen
- einen Rückblick auf Michaels Geschichte
- K.I.T.T.s Scharade mit dem Gebrauchtwagenhändler
- die süße Idee mit »Mighty Mouth«, den Michael gerne dazu genutzt hat, K.I.T.T. zu triggern. »Komm schon, red mit ihm. Ihr habt einiges gemeinsam«, sagt er zu Beginn. »Mit Sicherheit nicht«, entgegnet K.I.T.T. Seine Fähigkeiten seien eine Sache, »dummes Gerede von einem Bären eine andere.« Später erklärt Michael gegenüber Gina: »K.I.T.T. ist seiner Zeit weit voraus. Aber er ist auch fürchterlich sensibel.« Zum Schluss darf »Mighty Mouth« dann verdientermaßen den Abflug machen.
- und die Gewissheit, dass Michael »sein neues Ich« mag. Ob er nun wieder seine alte Identität annehmen werde, fragt Gina am Ende der Folge. Nein, erklärt der. »Ich mag Michael Knight. Und ich bin stolz, den Namen meines Lebensretters zu tragen.«

Bester Dialog:

Gina *(als K.I.T.T. ein Gebäude scannt)*: »Und ich dachte, ›Mighty Mouth‹ wäre auf dem letzten Stand der Technik.«
K.I.T.T.: »›Mighty Mouth‹ ist das Letzte, aber nicht an Technik.«

Trivia:

- Alexa Hamilton (Gina Adams) war in den 1980er-Jahren recht aktiv. Sie trat dann nur noch vereinzelt im TV auf, 2018 war sie aber in *Navy CIS* zu sehen. John Vernon (Cameron Zachary) spielte seit den 1950er-Jahren in diversen Serien mit, zu sehen war er auch

als Bürgermeister im Filmklassiker *Dirty Harry.* Auch im *Sledge Hammer*-Pilot mimte er den Bürgermeister. Ein Wiedersehen mit David Hasselhoff gab's 1989 in *Wings of Freedom.* Vernon ist zudem eine bekannte Stimme im US-TV, unter anderem aus den Zeichentrickversionen von *Batman* und *Hulk.*
• Auf dem Grabstein sehen wir das Geburtsdatum von Michael Arthur Long: der 9. Januar 1949. Als Todestag ist der 8. August 1982 angegeben.

Bedeutung der Folge für die gesamte Serie:
* * * *

Herz / Humor / Action:
* * / * * * / * * *

Gesamtwertung:
* * *

»Goldschmuggel (I)«, »Das Schlangenmaul (II)« / »Mouth of the Snake« (Folge 40 – Doppelfolge)

Buch: Robert Foster, Robert W. Gilmer; Regie: Winrich Kolbe
Filmdaten: 16. Februar – 8. März 1984
Erstausstrahlung USA: So, 8. April 1984 (NBC)
Erstausstrahlung Deutschland: Die, 25. Februar 1986 / Mo, 3. März 1986 (RTLplus)

Michael und K.I.T.T. untersuchen den Tod eines Regierungsbeamten an der mexikanischen Grenze – seine Frau Joanna hat sich an die Foundation gewandt. Doch noch jemand scheint an dem Fall zu arbeiten: ein gewisser David Dalton, ein geheimnisvoller, äußerst sportlicher Geheimagent.

Kommentar:
»Goldschmuggel« / »Das Schlangenmaul« ist eine *Knight Rider*-Folge, die zumindest zwei Erklärungen braucht. Warum? Nun, zum einen haben Michael und K.I.T.T. verhältnismäßig wenig Spielzeit, vor allem im zweiten Teil der Doppelfolge. Und zum anderen hat David Dalton recht viel Spielzeit.
Die Doppelfolge wurde als letzte der Staffel gedreht (wenngleich nicht als letzte ausgestrahlt), und für die geringe Spielzeit unserer beiden Helden werden gerne recht praktische, romantische Gründe angeführt: David Hasselhoff habe nach seiner Hochzeit mit Cathe-

rine Hickland angeblich mehr Zeit in den Flitterwochen verbringen wollen und soll deswegen nur für wenige Drehtage zur Verfügung gestanden haben. Das passt jedoch nicht ganz: Hasselhoff und Hickland heirateten erst am 24. März 1984, da war diese Episode schon abgedreht. Vielleicht musste Hasselhoff im Vorfeld noch Einladungskarten unterschreiben oder Kuchen backen, die Flitterwochen können's zumindest nicht gewesen sein.

Zum anderen hatte man seit längerer Zeit schon mit einem Spinoff von *Knight Rider* geliebäugelt, diese Folge sollte als sogenannter Backdoor-Pilot um David Dalton herhalten.

Die Doppelfolge funktioniert in »Goldschmuggel« noch, ist teils sogar recht ansprechend: Der geheimnisvolle David Dalton ist an sich ein Guter, er rettet Michael sogar das Leben. Und die Idee, Michael für eine Folge mit einem anderen Partner als K.I.T.T. zu verbünden, klappt überraschend gut. Zumindest, nachdem die beiden sich geeinigt haben, es miteinander zu versuchen. Interessant die »Arbeitsbeschreibung« von Dalton: Er sei »nur ein Typ, der hier und da auftaucht«, erklärt er irgendwann.

In »Das Schlangenmaul« sind wir dann weit von *Knight Rider* entfernt. Michael und K.I.T.T. spielen quasi keine Rolle mehr. Hin und wieder kommt ein Schnitt, der die beiden bei ihrer Verfolgung der Waffentransporter zeigt – das war's bis zum Ende. Die spannenden Szenen spielen David und Joanna. Und der Schluss ist, für *Knight Rider*-Verhältnisse, ungewöhnlich brutal. Ach ja: Von K.I.T.T.s Funktionen sehen wir ebenfalls kaum etwas, erst zum Finale zwei »Turbo Boosts« (allerdings Miniatur!) und ein kurzer Einsatz des »Micro Jams« (der hier wieder nicht als solcher bezeichnet wird). Auch Devon wird insgesamt nur zwei Mal kurz per Video zugeschaltet, auf April müssen wir ganz verzichten. Dabei ist der Plot nicht komplett verkehrt, auch David und Joanna geben zwei interessante Figuren ab.

Stürzen wir uns in die positiven Auffälligkeiten, die vor allem aus dem ersten Teil stammen. Hier wird uns immerhin ein weiterer Grund präsentiert, warum sich die Foundation anstatt des FBIs um bestimmte Dinge kümmert. »Das FBI in seiner unendlichen Weisheit wird die Sache mit dem Eifer und der Schnelligkeit eines Nilpferdes verfolgen«, erklärt Joanna. »Ich benötige jemanden, der die Sache untersucht und schnell aufklärt.« Im englischen Original macht sie noch expliziter klar, dass sie jemanden brauche, der außerhalb der Bürokratie agieren könne. Schön ist dann Michaels liebevolle Vorstellung von K.I.T.T.: »Mein Computer, mein Partner und mein Freund«, sagt er, als sei es das Selbstverständlichste auf der Welt.

Politisch spannend ist das Verständnisproblem von K.I.T.T., der diesmal den Sinn und Unsinn von Landesgrenzen in Frage stellt. Wie ihm Mexiko denn gefalle, fragt Michael – es sehe genauso aus wie Kalifornien, entgegnet K.I.T.T. »Ich verstehe das wirklich nicht mit den Grenzen und verschiedenen Ländern. Es sind doch alles Menschen, oder nicht? (…) Warum grenzt ihr euch so gegeneinander ab? Wäre es nicht einfacher, nur so zusammenzuleben, ohne all diese künstlichen Linien?« Michaels Antwort ist nicht weniger passend: »Wahrscheinlich. Aber dann würden auch eine Menge Politiker arbeitslos werden.«

Ein Gimmick, das sich ja durch *Knight Rider* insgesamt zieht und das wir bislang nie angesprochen haben: Michaels »Schumi-Daumen«, wenn er läuft, joggt und rennt. Hier kommt ihm diese Eigenheit gelegen: Als er sich in nach seinem Goldsuch-Manöver aus dem Truck schleicht, aber von einem Hund gestellt wird, sucht er den heraneilenden Schmugglern gegenüber eine Ausrede, wer er sei. Dabei schaut er zufällig auf seine linke Hand, die noch mit dem Daumen nach oben fixiert zu sein scheint. Seinen Geistesblitz »Ich bin ein Anhalter!« nimmt man ihm aber doch nicht ab.

Bester Dialog:
David Dalton: »Ich arbeite allein.«
Michael: »Das mache ich auch, aber ich mache keine Religion draus.«

Trivia:
• Glen A. Larson und Robert Foster hatten ursprünglich einen *Knight Rider*-Ableger namens *All That Glitters* geplant, die Hauptfiguren sollten in einer *Knight Rider*-Folge vorgestellt werden und die Episode als Backdoor-Pilot herhalten. Angeblich wies die Show aber zu große Ähnlichkeit mit Larsons CBS-Serie *Mode, Models und Intrigen* auf, sodass NBC das Projekt nicht weiter verfolgte. 1985 ging man die Sache dann erneut an, allerdings mit Konzentration auf David Daltons Vergangenheit. Der Titel: *Code of Vengeance*. Die Serie spielt damit vor »Goldschmuggel« / »Das Schlangenmaul« und eben auch ohne weitere Charaktere hieraus. Während Dalton in der »späteren« *Knight Rider*-Folge den Einsatz von Schusswaffen ablehnt und recht gewaltfrei kämpft, ist der »frühe« Dalton deutlich härter drauf. Werbespots kündigten die Serie mit dem Teaser »Auf den Spuren von Rambo« an, denn *Rambo II – Der Auftrag* war kurz zuvor in den Kinos angelaufen. Larson war an *Code of Vengeance* nicht beteiligt, Foster steuerte eine Episode als Autor bei, ebenso wie *Knight Rider*-Musicman Don Peake die Musik. In Deutschland lief *Code of Vengeance* nicht.
• Die grobe Inhaltsbeschreibung von *Code of Vengeance*: »David Dalton, ein Vietnam-Veteran und mittlerweile ein Landstreicher, reist nur mit seinem Camper und Hund durch die USA. Dalton hilft Menschen, die er trifft, und nutzt dabei seine Kampfkünste.«

• *Code of Vengeance* wurde von NBC nicht als Serie bestellt, überraschte allerdings in Sachen Einschaltquote. NBC orderte daraufhin sechs Folgen, der Titel sollte nun lediglich *Dalton* lauten. Skript- und Produktionsprobleme verzögerten jedoch den Start, am Ende beschränkte NBC die Serie auf die vier abgedrehten Folgen. Diese sollten in zwei Doppelfolgen als »Movie of the Week« ausgestrahlt werden. Bereits der erste Teil namens *Dalton: Code of Vengeance II* wurde jedoch von den Kritikern zerrissen, auch die Quoten waren schlecht. Die zweite Doppelfolge wurde erst einmal nicht gezeigt. 1986 brauchte NBC irgendwann einen kostengünstigen Füller; der erste Teil der letzten Doppelfolge wurde daraufhin unter dem Titel *Dalton's Code of Vengeance* gezeigt. Später wurde der originale Pilotfilm nochmals ausgestrahlt und schließlich der letzte, bislang unveröffentlichte Teil. Die Quoten lagen hier zwar im grünen Bereich, eine Fortsetzung gab NBC aber nicht in Auftrag.
• Charles Taylor (David Dalton) spielte in *Knight Rider* seine erste auf *imdb.com* gelistete Rolle. Während seiner Schulzeit habe er nur etwas Theater gespielt und war unter anderem Türsteher der New Yorker Disco *Studio 54.*
• Pedro Armendáriz Jr. (Eduardo O'Brian) spielte unter anderem in *James Bond 007 – Lizenz zum Töten, Irgendwann in Mexiko* und *Die Maske des Zorro* mit, Joanna Pettet (Joanna St. John) in einigen Serien jener Zeit, ihre letzte Rolle allerdings bereits in 1990.
• Dass David Hasselhoff höchstpersönlich ein richtig guter Autofahrer ist, sehen wir in Minute 21: Die 180-Grad-Rückwärts-Drehung stemmt er hier selbst!
• Erstmals sehen wir die Sonnenbrille, die Michael in Staffel 3 regelmäßig tragen wird.
• Als Michael und David gegenseitig ihre Informationen über den jeweils anderen herunterbeten, sagt David, Michael würde seit knapp drei Jahren für die Foundation arbeiten. Dabei sind es knapp zwei Jahre. Zufall? Auch Devon hatte in »Gefährliches Spielzeug« fälschlicherweise davon gesprochen, dass Michael Long vor drei Jahren niedergeschossen worden sei.

Soundtrack:
• *Stay With Me Tonight* (Jeffrey Osborne)

Bedeutung der Folge für die gesamte Serie:
★ ★

Herz / Humor / Action:
★ ★ / ★ / ★ ★ ★

Gesamtwertung:
★ ★

»Ich werd' ewig dein Freund bleiben« / »Let it Be Me« (Folge 41)

Story: William Elliott; Drehbuch: Robert Foster, Robert W. Gilmer; Regie: Bernard McEveety
Filmdaten: 1. – 9. Februar 1984
Erstausstrahlung USA: So, 13. Mai 1984 (NBC)
Erstausstrahlung Deutschland: Mo, 17. Februar 1986 (RTLplus)

Michael soll den Tod von Greg Noble, dem Leadsänger der Band »Class Action«, untersuchen. Er trifft hierbei unerwartet auf seine Ex-Verlobte Stevie.

Kommentar:

Die zweite Folge der »Stevie-Trilogie« steht an. Anders gesagt: »Ich werd' ewig dein Freund bleiben« ist wirklich nichts für zwischendurch, sondern etwas für traurige einsame Abende bei einem Glas Wein.

Die Folge ist aus zwei Gesichtspunkten eine der wichtigsten der *Knight Rider*-Historie und der Hasselhoff-Historie. Zum einen ist sie natürlich die Fortsetzung der Liebesgeschichte um Michael und Stevie. Zum anderen sollte sie, wenn auch mit einiger Verzögerung, die Gesangskarriere von David Hasselhoff begründen. Dazu später mehr.

Wir erinnern uns kurz an das Ende von »Weißer Vogel«: Stevie muss ins Zeugenschutzprogramm, ein neuer Name und eine neue Identität stehen ihr bevor. Aus Stephanie Mason ist also Stevie March geworden, und sie ist nach Los Angeles gezogen (wo sie vorher gelebt hat, war in »Weißer Vogel« nicht erwähnt worden). Der Gedanke von Stevie, dass sie Michael im Supermarkt über den Weg hätte laufen können, lag also einigermaßen nahe – aufgrund der schieren Größe von L.A. hätte es allerdings doch einigen Glücks bedurft.

»Stevie, du hättest anrufen können. Oder wenigstens schreiben«, klagt Michael, als die beiden miteinander sprechen. »Du weißt nicht, wie sehr ich das wollte«, antwortet Stevie. Das erste Gespräch der beiden ist emotional hart für Michael, er muss sich sehr zusammenreißen. Stevie erklärt ihm, wie sie Greg Noble kennengelernt hatte und mit ihm zusammengekommen war. »Ich suchte etwas, worauf ich ein neues Leben aufbauen konnte. Es kam alles ziemlich plötzlich«, sagt sie. »Greg wusste, was ich für dich empfand. Trotzdem liebte er mich. Auf seine Weise. Er gab mir etwas, wofür es sich wieder lohnte zu leben, denn ich war nicht mehr allein.« Hier hat die deutsche Übersetzung allerdings einen entscheidenden Teil weggelassen. Im englischen Original sagt Stevie: »In a strange way, that gave me something to live for right after the Witness Protection Program ended.« Sie erwähnt also das Ende ihres Zeugenschutzprogramms. Ob sie hier – theoretisch – auch mit Michael wieder hätte Kontakt aufnehmen dürfen? Oder wäre es ihr verboten geblieben, weil Michaels seinerseits ein »neues« Leben führt und er bei einem Bekanntwerden seines alten Ichs sofort wieder auf der Abschussliste gelandet wäre? Wir wissen es nicht genau. Wie es um Stevies Gefühle steht, macht sie aber klar: »Als ich die Foundation anrief, hatte ich Angst, dass du nicht kommen würdest. Dann hatte ich wieder Angst, dass du's tust.«

Michael übernimmt, hat aber auch weiterhin an der Situation um Stevie und Greg zu knabbern. Als er in ihre Wohnung kommt und ein Bild der beiden sieht, verdreht er emotional getroffen die Augen. Als er Gregs Kleidung in Stevies Schrank entdeckt, kann er nicht mehr. »Es macht mich verrückt«, flucht er, mehr zu sich selbst. »Aber ich kann ja nicht erwarten, dass du nie einen anderen Mann hast. Und du dich nie wieder verliebst.« Stevie gibt sich ehrlich: »Er war ein wunderbarer Mann. Und ich liebte ihn«, sagt sie, während Michael weiter mit sich ringt. »Aber wenn ich abends ins Bett ging«, fährt Stevie fort, »habe ich von dir geträumt.« Es kommt schließlich zum ersten Kuss der beiden in dieser Folge.

Der zweite große Punkt in »Ich werd' ewig dein Freund bleiben« ist freilich der Popsänger Michael Knight. Die Idee mit dem Demo-Tape seiner Arbeit in Australien ist großartig und in einer Zeit ohne Internet gar nicht so weit hergeholt. Heutzutage wäre ein solcher Move mit nur einem Klick enttarnt, hier kommt Michael (zunächst) durch. Herrlich ist die Szene, in der Michael (mit April) diese Idee erstmals Devon verklickert. »Ein Videotape von Ihrer Arbeit? Sie waren nie in Australien, noch haben Sie da gesungen!« Michaels Grinsen, als er sich selbst ankündigt, ist ebenfalls groß: »Michael Knight in concert, aus Australien!«

Der seriöse Hintergrund: David Hasselhoff hatte zu jener Zeit schon seit Ewigkeiten versucht, sich eine Chance als Sänger zu eröffnen. 1977 war er in der *Merv Griffin Show* mit *Nadia's Theme* aufgetreten, dem Titelsong der Soap *The Young and the Restless,* wo er einst mitspielte, allerdings ohne weitere Folgen. »Ich werd' ewig dein Freund bleiben« war auch vor dem Hintergrund geschrieben worden, Hasselhoffs Gesangskarriere anzukurbeln. Toll für alle Fans: Er performt gleich drei Songs seines späteren Albums *Night Rocker* in dieser Folge, alle drei mit Stevie alias Catherine Hickland!

Was den Fall angeht, erleben wir ein paar schöne Twists. Wer die Bösen sind, erfahren wir erst zur Mitte der Folge, nachdem Barbara eine schöne Falle für Michael gestellt hat. Dass der »Silver Palace« nicht in Sydney, sondern in Melbourne lokalisiert war, pariert

Michael noch; dass er längst abgebrannt ist, hatte er nicht auf dem Schirm.

K.I.T.T. hat ebenso einige Action, zum einen die schöne Verfolgungsjagd zu Beginn mit herrlichen Drifts, dann die Rettungsaktion via »Turbo Boost«, als beim Videodreh-Auto die Bremsen versagen (auch wenn der Sprung schlecht geschnitten ist, die Straße ist hier komplett eben). Zwischendurch mokiert er sich über Michaels Gesang und schließt damit einen Kreis zu »Weißer Vogel«: Da hatte er zu Beginn gemosert, als Michael vor sich hingesummt hatte. Auch hier hat er eine gewisse Ahnung, was auf ihn zukommt, als er den Namen »Class Action« hört. K.I.T.T. löst schließlich auch das Geheimnis um die verschlüsselte Nachricht, was er Michael mit den Worten erklärt: »Während Sie so schrecklich gesungen haben, habe ich den zweiteiligen Code geknackt.« Später versichert er: »Wenn Sie mich mit Ihrem Rock 'n' Roll verschonen, kann mich nichts erschüttern.«

Das Ende ist traurig-schön: zunächst der Auftritt zu zweit in der Convention Hall, als Michael das so wunderbare *Let It Be Me* mit Stevie anstimmt; dann natürlich der erneute Abschied der beiden. »Wir sagen wohl immer nur ›Auf Wiedersehen‹«, meint Stevie, was Michael nicht akzeptieren will. »Mein Leben hat sich vielleicht geändert, aber deins nicht«, sagt sie. Er könne der Foundation kündigen, erklärt Michael, es wäre »im Moment« ein zu hoher Preis, entgegnet Stevie. »Irgendwann vielleicht nicht mehr.«

»Irgendwann« ist zwei Jahre später, in »Duft einer Rose« in Staffel 4 – der vielleicht besten und traurigsten Folge *Knight Rider* überhaupt.

Bester Dialog:
Stevie: »Ich habe gelernt, ohne dich zu leben. Ich hatte nicht gedacht, dass ich es könnte. Doch ich habe einen Weg gefunden. Solange ich weiß, dass es dich gibt und ich dir über den Weg laufen kann. Ja, ich könnte vielleicht durch den Supermarkt gehen und du wärst da. Und so schaffe ich es.«
Michael: »So schaffe ich es auch.«

Trivia:
• Michael C. Gwynne (Paul Block) war ein ehemaliger Radio-Moderator unter den Namen »Lee Vaunce« in Los Angeles und »Mike Sheppard« in San Francisco und New York. Als DJ in Honolulu schaffte er es durch 92 Stunden Trommeln am Stück ins *Guinness Buch der Rekorde.* Shanna Reed (Barbara Bellingham) spielte zwei Jahre lang in der US-Soap *Texas* mit, zur selben Zeit wie Catherine Hickland übrigens. Ebenso hatte sie eine längere Rolle in *Die Colbys – Das Imperium.* Gastauftritte hatte sie auch in *Magnum* und *Cheers.*

• Hasselhoffs Album *Night Rocker* (mit den Songs *No Way To Be In Love, Our First Night Together* und *Let It Be Me)* erschien erst knapp ein Jahr nach »Ich werd' ewig dein Freund bleiben«, nämlich im Januar 1985. Es floppte in den USA, schaffte es zu Hasselhoffs Überraschung aber zwei Jahre später auf Platz 1 der österreichischen Charts.
• April hat laut eigener Aussage einmal im Reisebüro gearbeitet.
• Der geknackte Code hat leider einen Fehler: Man liest sowohl »F19« als auch »F20«. Wenn aber »Freitag, der 19.« gemeint gewesen sein soll, kann schlecht »Freitag, der 20.« folgen. Ebenso verhält es sich mit »F24« und »F25«.
• Wir sehen April zum letzten Mal im Verlauf der Serie. In »Einer spielt falsch« (das viel früher gefilmt worden war) hat sie keinen Auftritt.

Soundtrack:
• *No Way To Be In Love* (David Hasselhoff & Catherine Hickland)
• *Our First Night Together* (D. Hasselhoff & Catherine Hickland)
• *White Bird* (It's a Beautiful Day)
• *Runaway* (Del Shannon)
• *Let It Be Me* (David Hasselhoff & Catherine Hickland)

Bedeutung der Folge für die gesamte Serie:
* * * * *

Herz / Humor / Action:
* * * * * / * * / * * *

Gesamtwertung:
* * * * *

»Einer spielt falsch« / »Big Iron« (Folge 42)

Buch: Julie Friedgen; Regie: Bernard L. Kowalski
Filmdaten: 13. – 21. Juni 1983
Erstausstrahlung USA: So, 27. Mai 1984 (NBC)
Erstausstrahlung Deutschland: Die, 27. März 1986 (RTLplus)

Michael und K.I.T.T. sollen den Diebstahl mehrerer Baugeräte untersuchen. Michael hat bald die Ehefrau des bestohlenen Frank Sanderson als Mitverdächtige im Blick.

Kommentar:
Gemeinerweise könnte man feststellen: Michael ist über sein Wiedersehen mit Stevie gut hinweggekommen. Gleich zu Beginn, beim Einchecken im Motel, grinst er seine Zimmernachbarin an, als gäb's kein Morgen. Wenig später, in Tulley's, schäkert er entspannt mit der Barkeeperin. Und er lacht in beiden Fällen wiederum so herzlich-nett, dass man ihm einfach nicht böse sein kann. Wegen Stevie muss man das auch nicht: »Einer spielt falsch« war bereits als vierte Folge dieser Staffel gedreht worden und damit weit vor »Ich werd' ewig dein Freund bleiben«. Warum es bis zum Staffelfinale zurückgehalten worden ist? Weiß man nicht.

Ach ja, wem es aufgefallen ist, die Zimmernachbarin hat enorme Ähnlichkeit mit Lucy Sanderson, und ein Blick ins Drehbuch beweist: Es ist Lucy Sanderson. Michael nimmt allerdings keinen Bezug darauf, als er sie erstmals offiziell im Haus der Sandersons trifft oder später ihre Untreue herausfindet, auch wenn im Drehbuch zunächst ein »Wiedererkennen« vorgegeben war.

Frank Sanderson gehört mit zu den sympathischsten Klienten, denen Michael unter die Arme greift. Es ist ein typischer Foundation-Fall: Frank ist ein ehrlich arbeitender Mann und wird bestohlen, für die Polizei ist er jedoch ein zu kleines Licht, um seinem Fall ausführlich nachzugehen. Er droht pleitezugehen, sollte Michael die Sache nicht aufklären. Etwas emotional wird es zunächst, als Lloyd Newald unter Verdacht steht; dieser aber überzeugt Michael eindringlich, dass er seinen langjährigen Partner wirklich nie im Leben bestehlen würde. Noch gefühlvoller wird es, als Lucys Affäre mit Vance Burke auffliegt und sie verdächtig erscheint. Lucy beteuert ihre Unschuld und hilft am Ende, Burke zu fassen. Im Finale wird den Emotionen ebenfalls nochmals viel Raum gegeben, als sie beinahe von zu Hause auszieht, das Auto steht schon zu Abfahrt bereit. Und es erwärmt das Herz zu erleben, wie Frank sich einen Ruck gibt und ihr verzeiht. Wie sehr er sie liebt, hat man schon beim ersten Treffen zwischen Michael, ihm und Lucy gespürt. Es ist ein schöner Abschluss der Folge – und der zweiten Staffel.

Etwas merkwürdig mutet die ständige Erwähnung von K.I.T.T.s neuem »Ultraphonic Analyzer« an. Diesen hatte April zu Beginn der Folge eingebaut und Michael erklärt (laut Skript), ebenso wie den »Trajectory Guide«. Am Ende ist diese Szene aber nicht in der Episode gelandet.

Der »Trajectory Guide« hatte bereits in »Blindes Vertrauen« seinen ersten Auftritt – auch das wurde nach »Einer spielt falsch« gedreht, aber viel früher ausgestrahlt. Diesmal muss sich K.I.T.T., unter der Erde begraben, damit freispringen – leider. Denn die Miniatur-Filmerei ist wieder einmal sehr unbefriedigend gelöst. Ebenso ist es mit der Einstellung zuvor, als K.I.T.T. ein reguläres Fließband-Auto ohne Scanner ist, das weggeschoben wird. Ansonsten lässt auch das Verhältnis der Sandersons zueinander K.I.T.T. nicht los, beziehungsweise das umgebende Gefühlschaos. Als sich am Ende alles zum Guten zu wenden scheint, ist er völlig verwirrt. »Michael, ich verzeichne heftige Schwankungen im Hormonspiegel der beiden, genauso heftig wie damals, als sie sich stritten. Aber jetzt deutet doch alles darauf hin, dass sie sich wieder versöhnt haben? (…) Wenn aber die chemischen Reaktionen auf Glück und auf Ärger identisch sind, woher weiß man, welche Gefühle man gerade durchlebt? Also ich muss sagen, das verwirrt mich.« Michael schließt den Kreis: »Nun, das beweist nur, dass du doch nicht alles analysieren kannst«, sagt er. »Und manches ist eben reine Gefühlssache.«

Trivia:

• Stuart Whitman (Frank Sanderson) war seit den 1950er-Jahren in Film und TV aktiv und ist laut *imdb.com* für seine »robusten Rollen« bekannt. Patch Mackenzie (Lucy Sanderson) spielte in einigen klassischen Serien der 1980er-Jahre mit, war danach aber nur noch selten zu sehen.

• Weil »Einer spielt falsch« in den USA so lange zurückgehalten wurde, feierte es seine offizielle Premiere bereits am 9. Februar 1984 im britischen TV!

• Ein bekanntes Behind-the-Scenes-Foto entstand im Rahmen dieser Folge, nämlich das von Hasselhoff und Rebecca Holden mit Geburtstagstorte. Holden feierte einen Tag vor Drehbeginn für »Einer spielt falsch« ihren 26. Geburtstag und präsentierte der Crew einen K.I.T.T.-Kuchen! Umso trauriger ist es, dass sie in dieser Episode gar nicht zu sehen ist.

• Es ist die einzige Folge der gesamten Serie, in der Michael zu keinem Zeitpunkt seine Lederjacke trägt.

Soundtrack:

• *Mamas, Don't Let Your Babies Grow Up To Be Cowboys* (Waylon Jennings)

Bedeutung der Folge für die gesamte Serie:
*

Herz / Humor / Action:
* * * * / * * / * * *

Gesamtwertung:
* * *

STAFFEL 2: EIN PERSÖNLICHES FAZIT

Halbzeit, Freunde! Und nach dieser Staffel muss man sagen: leider. Warum es *Knight Rider* nur noch auf zwei Staffeln bringen sollte, mag man zum jetzigen Zeitpunkt nicht verstehen. Zu hoch war die Qualität, objektiv gesehen um einiges höher als in Staffel 1. Wenn wir mal schauen: Von »Der Fassadenkletterer« bis zum Finale gab es fast durchweg sehr starke Folgen. Der einzige Aussetzer ist hier »Goldschmuggel« / »Das Schlangenmaul«, aus den dort genannten Gründen. Ansonsten ist das *Knight Rider* at its best!

Staffel 2 ist vor allem für drei Dinge berühmt: zunächst aufgrund der Goliath-Folgen; wir werden hier gleich mit zwei Doppelpacks beglückt, wobei der zweite Teil der stärkere war. Zum anderen geht die »Stevie-Trilogie« weiter. Und es ist die einzige Staffel mit April. Schade eigentlich: Es gab keinen Abschied für sie, wie zuvor auch nicht für Bonnie. Auch ihr Fernbleiben ab Staffel 3 wird mit keinem Wort erwähnt. Hier hätte man sich ja zumindest die Mühe machen können, eine zehnsekündige Alibi-Erklärung einzubringen (Umzug, Heirat, neuer Job).

Größter Kritikpunkt ist die Miniaturfilmerei. Sie war anfangs so schlecht! Okay, man hatte damals kleinere Fernseher, dennoch waren speziell die K.I.T.T.-Nachbauten auch zu jener Zeit deutlich als falsch erkennbar. Als Kind hatte man womöglich nicht an Miniaturautos gedacht, aber durchaus gemerkt, dass etwas nicht rund wirkte. Und bei allen Sparmaßnahmen von Universal, sowohl auf zeitlicher als auch finanzieller Ebene: Im Vergleich zur ersten Staffel hatte man die »Turbo Boosts« fast komplett eliminiert. Aber der »Turbo Boost« war neben K.I.T.T.s Sprachfunktion doch das größte Aushängeschild der Serie!

Staffel 2 gilt dennoch als die beste der *Knight Rider*-Geschichte, und das wurde auch mit den besten Quoten belohnt. Im Schnitt erreichte man in den USA seinerzeit ein durchschnittliches Rating von 17,2 und belegte damit in dieser TV-Season den 25. Platz. Im NBC-internen Ranking war man sogar die Nummer 6. So gut stand *Knight Rider* noch nie (und nie wieder) da!

»Turbo Booooooost!!!«
STUNTS IN KNIGHT RIDER

»I might fall from a tall building,
I might roll a brand-new car.
'Cause I'm the unknown stuntman,
that made Hasselhoff such a star.«

Jaja, okay. Eigentlich Redford. Und gesungen hat das Lied vom *Unknown Stuntman* natürlich Lee Majors, der Colt Sievers aus *Ein Colt für alle Fälle*, auch einer Serie aus der Feder von Glen Larson. Aber es hätte auch zu Jack Gill gepasst. Denn der ist wohl der berühmteste Stuntman aus dem *Knight Rider*-Universum.

Neben der Tatsache, dass K.I.T.T. sprechen konnte, ist *Knight Rider* in der breiten Öffentlichkeit hierbei vor allem für eines bekannt: den »Turbo Boost«, mit dem diverse Hindernisse übersprungen werden konnten. Natürlich war dazu etwas mehr nötig als Glycerin in den Reifen. Konkret also ein richtig guter Stuntman! Jack Gill war zunächst Stuntfahrer in *Knight Rider*, später Stuntkoordinator und Leiter der Second Unit. Er war anfänglich also vor allem dafür zuständig, David Hasselhoff zu doubeln und K.I.T.T. zu fahren. »Als wir angefangen haben, sollte es eher entspannt sein: David sollte die Bösewichte bekämpfen und K.I.T.T. sollte ihn fahren und mit ihm sprechen. Aber es wurde mehr zu einer Partnerschaft. (…) Ich hätte nie gedacht, dass ein sprechendes Auto so populär werden würde«, erinnerte sich Gill in einem Interview im Jahr 2020.

Als Gill nach rund einem halben Jahr befördert wurde, brachte er seinen Bruder Andy Gill in die Show. Beide sind immer wieder zu sehen – die *Knight Rider Historians* haben sich gar einmal den Spaß gemacht, zu prüfen, ob Jack Gill in jeder einzelnen Episode zu sehen ist! (Ja, ist er.) Gill war später nicht mehr allzu oft als Stuntman im direkten Schlagabtausch aktiv, aber eben, wenn es um eine Explosion ging oder man irgendwo runterspringen musste, wie er sagte. Und natürlich beim »Turbo Boost«. (Dass geschärfte Augen in diesem Zusammenhang hin und wieder eine Rampe erblicken – nun gut, wir lassen es mal so stehen.)

Zu *Knight Rider*-Zeiten war noch echte Handwerksarbeit gefragt, ohne CGI oder sonstige Computertechnik. »Wir haben einen Typen vom Beifahrersitz rausgeschleudert und einfach gehofft, dass er hinter dem Auto landet. Wir haben natürlich den Boden entsprechend präpariert, damit er sich nicht wehtut. Aber so etwas hat zu dieser Zeit keiner gemacht«, so Gill. Das Tolle an *Knight Rider*: Man habe Dinge einfach beim Dreh ändern können. »Das geht heute nicht, ohne dass es erst mal Meetings mit 25 oder 30 Leuten gibt.«

David Hasselhoff läuft er heute noch regelmäßig über den Weg. »Er war ein toller Fahrer. Ich habe vielleicht drei Episoden benötigt, damit er sich im Auto wohlfühlt.« Hasselhoff habe 180-Grad-Drehungen gelernt, auch rückwärts, und ebenso, wie man bis zu einer bestimmten Stelle driftet und punktgenau stoppt. »Er war einer, der das lernen wollte, er wollte die Parameter verstehen. Mit so jemandem macht das Spaß. (…) David war jede wache Minute auf dem Parkplatz und wollte lernen, wie man fährt.«

Hasselhoff selbst hatte schon zu Drehzeiten riesigen Respekt vor Jack Gill. »Ich weiß nicht, wie hoch das Auto geflogen ist, aber es waren 55 Meter weit vom Absprung bis zur Landung«, erzählte er einst. »Das Auto war ruiniert, als Jack wieder gelandet ist, wir dachten alle nur, er ist verrückt. Diese Stunts sind unglaublich.«

Nachdem man anfangs nur wenige Autos zur Verfügung hatte, bekam Universal dann Nachschub von Pontiac, ein Segen für Stuntman Gill: »Als die Autos da waren, war ich wie ein Kind im Süßigkeitenladen. Hab mich nachts hingesetzt und aufgeschrieben, was die Autos alles tun sollen. Und eine Woche später waren alle entsprechend getuned.«

Spektakulär war auch immer das Einfahren in den Semi sowie das Verlassen desselben. »Das haben wir in echt gemacht«, so Gill. Der »Trick« beim Hinausfahren und Wenden: Der Gang musste im Leerlauf sein, wenn die Räder die Straße berührten – man habe circa 50 Meilen pro Stunde beim Rausfahren draufgehabt. Dann auf »Drive«, den Semi wegfahren lassen, Vollbremsung und eine 180-Grad-Drehung in die andere Richtung hinlegen. »Ab und zu habe ich einen Seitenspiegel abgebrochen«, erklärte Gill. Denn er habe mit dem Auto im Semi nur rund acht Zentimeter seitlich Platz gehabt. (Die Innenszenen im Semi wurden stets auf einem Set im Filmstudio gedreht.)

Dass *Knight Rider* nach vier Staffeln zu Ende ging, sei ein Problem jener Zeit gewesen. »Damals waren vier Jahre eine lange Zeit für eine Actionserie. Die meisten Serien gab es nicht so lange – von Sitcoms abgesehen. Die waren einfach zu machen. Aber *Knight Rider* war teuer. (…) In der heutigen Welt hätte es *Knight Rider* auf 10 oder 15 Jahre gebracht. Da will man ein Publikum aufbauen, auf das man sich verlassen kann, das Woche für Woche zuschaut.«

Der vielleicht verrückteste Stunt neben dem »Turbo Boost« war freilich der »Ski Mode«. K.I.T.T. konnte hier auf zwei Rädern fahren und sich eben zwischen Hindernissen durchmogeln. Kein Fall für Jack Gill, sondern einer für Buzz Bundy. Der saß immer am Steuer, wenn es ans »Skifahren« ging, vor allem also in den ersten beiden Staffeln.

»Buzz ist seit 40 Jahren im Business und ist einer der wenigen Jungs, die das richtig gut können«, erzählte Hasselhoff zu *Knight*

Rider-Zeiten. »Ich habe ihn mal eine halbe Stunde lang auf zwei Rädern um einen Laster rumfahren sehen. Er hat mich auch mal auf so eine Fahrt mitgenommen, das ist aufregender als Disneyland.«

Jack Gill und Buzz Bundy waren natürlich noch in einer ganzen Reihe an Shows dabei: Gill als Stuntman unter anderem in *Kampfstern Galactica, Ein Duke kommt selten allein, Kuck' mal, wer da spricht,* als Stunt-Koordinator und Second-Unit-Chef in den *Hangover*- und *Fast & Furious*-Filmen, Bundy als Stuntman beispielsweise in *Police Academy, Twins – Zwillinge* und *Fast & Furious 5.*

Auch Jack Gill würde gerne eine Neuauflage der Serie erleben. »Ich glaube, sie hätte ein Publikum in der heutigen Zeit. Vielleicht etwas düsterer, wie man es bei *Batman* gemacht hat. *Batman* war auch keine Comedy, als man Kinofilme gedreht hat.« Er selbst wäre sofort dabei, wie wohl auch die Originalcrew. »Unsere Stylisten wären sofort am Start, die Ausstatter ebenso, die Leute von den Effekten. Es wäre toll, die ganzen Kollegen wieder zusammenzubekommen und eine neue Serie oder einen Film zu drehen. Ich denke, wir würden das hinbekommen und hätten die Zuschauer dafür.«

DIE KNIGHT RIDER BIBLE

»Am Anfang erschuf Wilton Knight Devon und die Foundation. Und die Foundation war bürokratisch und groß, und Michael lag in der Wüste; und der Geist Wilton Knights schwebte über dem schwarzen Trans Am. Und Wilton sprach: Es werde K.I.T.T.! Und es ward K.I.T.T. Und Wilton sah, dass K.I.T.T. gut war …«

Nun ja, die Bibelfesten unter euch werden erkannt haben: Die Schöpfungsgeschichte ging dann doch etwas anders. Auch die von *Knight Rider*. Aber wie? Besser gesagt, wie gibt man einer grundlegenden Idee gewisse Rahmenbedingungen? Speziell, wenn immer andere Autoren an einer Show werkeln? Die Antwort: Man erfindet die *Knight Rider Bible.*

Und die gibt es tatsächlich. Sie ist interessant für jeden Einsteiger, aber auch für die Experten. Denn viele Hintergrundinfos zu unseren Helden waren tatsächlich vorgegeben, wurden nicht nur zufällig für eine Storyline geschrieben und sind daher über die gesamte Laufzeit größtenteils stringent.

Neben dem Bekannten sind vor allem diese Vorgaben spannend:

- Michael wird als »starke Hand der Foundation« beschrieben, als ungestüm und intuitiv, ein unkonventioneller ›not-by-the-book‹-Typ und als einer, der Antworten kriegt. Er sei hartnäckig, ein Kämpfer, der Typ Mann, der so lange an den Fassaden rüttele, bis das Dach einstürze. Einer, der nie aufgebe. Und einer, auf den die Frauen stünden. Michael habe die Sensibilität eines Arbeiters und das Auftreten eines Gentleman – sanft, mit ein paar Ecken und Kanten.
- Diese Ecken und Kanten würden die Zusammenarbeit mit Devon teils schwierig machen. Aber auch wenn Michael und Devon oft aneinandergeraten sollten, ginge es immer um die Art und Weise, nicht um die Sache an sich.
- Michael habe kein dauerhaftes Zuhause, er sei eine »Road Person«.
- K.I.T.T. sei der zuverlässige Held der Show, eher vorsichtig, und versuche, Michael ungestüme Aktionen auszureden – woran er regelmäßig scheitere. Weil K.I.T.T. stets logisch denke, habe er Schwierigkeiten damit, den unlogischsten aller Menschen zu verstehen: Michael. Zu Devon sei er respektvoll, fast wie ein Babysitter, der einem etwas mürrischen Elternteil die Verrücktheit dessen Mündels (also Michael) erklären müsse. K.I.T.T.s Loyalität zu Michael ärgere Devon manchmal.
- K.I.T.T. sei unaufhörlich daran interessiert, menschliche Emotionen und Gefühle zu verstehen. K.I.T.T. solle ebenso viel Sprechzeit wie Michael, Devon und Bonnie erhalten. Er sei ein Co-Star und als solcher zu behandeln.

• K.I.T.T.s Computerfunktionen sollten aus drei Teilen bestehen: das, worauf er bereits programmiert sei, zum Beispiel seine Fähigkeit, zu sprechen; das, was er spontan tun könne; und das, worauf ihn Bonnie programmiere. Man sei nicht sicher, was K.I.T.T. alles wisse, aber vermutlich kenne er die Welt-Enzyklopädie, Wörterbücher, alle Welt-Almanache und eine Menge wissenschaftlicher Arbeiten. Anders gesagt, das meiste von dem, was bekannt sei, wisse K.I.T.T., allerdings könne Bonnie ihm weitere Informationen einprogrammieren: etwa Listen, Namen, Adressen, und sie könne K.I.T.T. neben seiner Standardausrüstung mit einem speziellen Gerät für nur eine bestimmte Folge bestücken. Die Faustregel: K.I.T.T. könne nur das tun kann, wozu er programmiert sei, und nur auf Befehl von Michael. Er könne also nur eigenständig handeln, wenn er auf Überwachung geschaltet sei. Ansonsten müsse Michael die Funktionen auslösen.
• Neben den bekannten Funktionen dürfe sich jeder *Knight Rider*-Autor eine beliebige Funktion ausdenken, sofern er sie sich vorstellen könne. Auf die Frage, wie schnell K.I.T.T. fahren könne, laute die Antwort: so schnell, wie man will, dass er fahren solle.
• Um mit Devon oder Bonnie zu sprechen, müsse Michael einige Buttons auf der Konsole über sich drücken, um das Telefonat durchzustellen. Eine weitere Vorgabe: Unter der Motorhaube solle nicht gefilmt werden. (Wir erhaschen dennoch ab und zu einen Blick, wenn Bonnie ihn wartet.)
• K.I.T.T. sei zwar praktisch unzerstörbar, man dürfe aber nie aus den Augen verlieren, dass er dennoch ein Auto sei. Er könne also keine Elemente kontrollieren, seine Funktionen seien nicht allmächtig.
• Devon wird als extrem einfühlsam, aber doch stark und fast väterlich zu Bonnie charakterisiert. Michael verstehe er in vielen Dingen nicht, vom Essen angefangen bis hin zu seinen vielen Frauen. Devon sei extrem organisiert und stehe oft im Widerspruch zu Michaels emotionalen, intuitiven und eher direkten Methoden, ein Problem zu lösen. Insgeheim bewundere er Michael aber – wie Michael umgekehrt auch Devon bewundere.
• Bonnie sei ein Rätsel: süß, aber doch abenteuerlustig. Sie habe sich ihrem Beruf und K.I.T.T. verschrieben, Michael aber zeige ihr immer wieder, dass es auch andere Dinge im Leben gebe, die man entdecken solle. Bonnie sei Elektromechanikerin, keine Automechanikerin. Einige Zwists zwischen Bonnie und Michael sollen daher rühren, dass Bonnie sehr auf K.I.T.T.s Wohlbefinden bedacht sei, während Michael ihn oft übermäßig beanspruche.
• Jede Episode solle ordentlich Action für K.I.T.T. und Michael aufbieten. Der Schlüssel aber seien Michaels Beziehungen zu den Leuten, die er treffe. Michael solle stets einen sympathischen Kli-

enten haben, meist weiblich (aber nicht ausschließlich). Und die Bösewichte sollten Michael ebenfalls würdig sein, echte Charaktere, die Menschen angreifen, die ohne Michael keine Hilfe hätten.

• Michael, Devon und Bonnie seien eine Art Familie. Keine Waltons, aber sie würden zusammen am Traum der immer präsenten Vater-Figur Wilton Knight arbeiten.

• Michaels Wärme, die er den Leuten entgegenbringe – auch Devon und Bonnie gegenüber – zeige: Er sei so stark, dass er seine Gefühle offenbaren könne!

• Jede Episode solle eine werbewirksame Logline haben; einen großen Stunt für K.I.T.T. beinhalten; zeigen, warum Michael Knight der Mann sei, der den Unterschied ausmachen könne; ein sympathisches Opfer haben; und einen amüsanten Part für K.I.T.T. aufbieten.

• Auch ein grundlegender Inhalt einer Staffel (hier der ersten) war vorgegeben: vier Folgen, die man gut bewerben könne (darunter eine Doppelfolge); zwei »November sweeps shows« (Februar, Mai, Juli und November sind entscheidende Zeiträume für Quotenerhebungen in den USA); eine Kick-off-Folge für den Januar; zwei »February sweeps shows«.

• Inhaltlich sollten die 22 Folgen wie folgt aufgeteilt werden: neun Episoden mit einem Schwerpunkt auf K.I.T.T.; drei Michael-Storys; eine Devon-Geschichte; sechs »offene« Abenteuer (nach Western-Art); drei Mystery-Plots.

• Zu Beginn der zweiten Staffel wurden einige Vorgaben angepasst und generelle Informationen ergänzt: K.I.T.T.s Scanner beispielsweise solle immer laufen, wenn er fahre, bei Verfolgungen auch schneller. Auch die Lichter des Armaturenbretts sollten immer leuchten, auch wenn K.I.T.T. geparkt und der Motor aus sei, vor allem nachts.

• Michael solle K.I.T.T. nicht auf Automatik schalten, wenn er nicht gerade etwas Spezielles zu tun habe; er solle immer die Kontrolle haben. Eine weitere Neuerung in Staffel 2: Die aufklappbaren Scheinwerfer sollten nicht mehr genutzt werden, sondern die Nebelscheinwerfer.

• Michael solle immer stehen und nicht sitzen, wenn es dafür keinen speziellen Grund gebe.

• Hervorgehoben wird auch, dass es sich um eine 20-Uhr-Show am Sonntagabend handele: Stunts, Küsse und Alkohol sollten entsprechend gehandhabt werden, frei nach dem Motto: Weniger ist mehr.

MINIATURARBEIT IN *KNIGHT RIDER*

Knight Rider war im ersten Produktionsjahr ein ziemlicher Erfolg für NBC, für viele gar ein überraschender. Denn Michael und K.I.T.T. mussten sich gegen die Hitserie *Dallas* auf CBS behaupten. Das war zuvor keiner anderen Show so recht gelungen. *Knight Rider* aber fand seine Fangruppe, es ging also in die Verlängerung.

Ein Problem für das Produktionsstudio Universal bestand jedoch. *Knight Rider* war extrem kostspielig aufgrund der Stunts. Man hatte speziell zu Beginn nur eine begrenzte Zahl an Trans Ams zur Verfügung. Wer die »Behind the Scenes«-Videos der *Knight Rider Historians* angeschaut und genauer hingeblickt hat, wie notdürftig manche Autos am Ende zusammengeschustert waren (teils mit schwarzem Klebeband!), weiß um das Problem.

Für die zweite Staffel suchte man also eine Lösung, zum einen, um allzu kostspielige oder gefährliche Stunts zu vermeiden, zum anderen, um die Autos zu schonen. Universal wandte sich also an »Sessums & Slagle Productions«, eine Firma zweier Experten für Miniaturarbeit: Jack Sessums und Pete Slagle. Die beiden arbeiteten ebenso für andere Actionserien, wie *Ein Duke kommt selten allein, Magnum* und *Airwolf.* Die Folge: Auch die »echten« Stunts in *Knight Rider* wurden reduziert und Miniaturszenen eingeführt. Das geschah nicht zur Freude von allen. »Die Miniaturautos sahen so schlecht aus, dass sie niemand wirklich mochte«, erinnert sich *Knight Rider*-Stuntlegende Jack Gill. »Aber die Produzenten waren eine Zeitlang an sie gebunden. Wir haben dagegen protestiert, so gut es ging. Erst im letzten Jahr der Serie hat man davon wieder Abstand genommen.«

Um etwas einzuschränken: Zu jener Zeit konnte man nur selten ausmachen, was echt oder was Miniatur war – die Fernseher waren deutlich kleiner und verrauschter, viele Haushalte hatten Anfang der 1980er-Jahre gar noch ein Schwarz-Weiß-Gerät. Zumal man auch bei den Miniaturszenen unterscheiden muss: Szenen wie die, als K.I.T.T. in »Ein Ring aus Feuer« oder »Eine schreckliche Falle« untergeht oder von Goliath demoliert wird, sahen selbst auf kleinen Bildschirmen grottig aus. Der Zusammenprall zwischen K.I.T.T. und K.A.R.R. in »Der schwarze Teufel taucht wieder auf« hingegen war sehr gut gelöst und wohl viele Jahre lang nicht als Miniaturarbeit erkennbar. Viele andere Szenen liegen irgendwo dazwischen.

Letztlich kann man sich natürlich fragen, ob nicht ein, zwei Actionszenen weniger, dafür aber die vorhandenen in echt gedreht besser gewesen wären – womöglich wäre es so, aus heutiger Sicht. Zu seiner Zeit stand *Knight Rider* allerdings für ordentlich Action. Und die Kinder, eine große Zielgruppe, liebten *Knight Rider* vor allem dafür.

MUSIK IN *KNIGHT RIDER*

Auch wenn kurioserweise nicht die gesamte Menschheit unser geliebtes *Knight Rider* zu schätzen weiß, besteht in einer Sache weitgehend Einigkeit: Die *Knight Rider*-Titelmelodie ist legendär! Offiziell stammt sie aus der Feder von Musikkomponist Stu Phillips und Serienschöpfer Glen A. Larson, Teile des *Knight Rider*-Sounds hatte man aber schon zuvor gehört. Falls ihr euch überzeugen wollt: Hört mal in *Sphinx* des deutschen Musikers Harry Thumann und in *Cortège de Bacchus* des französischen Komponisten Léo Delibes rein. Larson erklärte einst, von der klassischen Komposition *Cinderella Project* inspiriert worden zu sein.

Phillips war neben dem Titelsong für die Musik der Episoden bis »Zwischen zwei Frauen« verantwortlich, dann gab er das Zepter ab. Der Grund: Larson verpflichtete ihn für *Ein Colt für alle Fälle,* und beide Serien waren für Phillips zeitlich nicht zu bewerkstelligen. Für die restliche Laufzeit von *Knight Rider* zeichnete dann Don Peake verantwortlich. Ihn hatte Robert Foster an Bord geholt.

Die Musik der einzelnen Episoden spielte Peake teils mit verschiedenen Musikern und Bands ein, teils via Synthesizer. Legendär sind die Untermalungen von Episoden wie »Der Doppelgänger« (noch von Stu Phillips), »Goliath« oder thematische Annäherungen an bekannte Filmmusik wie in *Psycho* (für »Tödliches Kostümfest«) oder *Beverly Hills Cop* mit dem *Axel Foley Theme* (für »Eine schreckliche Falle«). Einen ganz besonderen Stellenwert haben auch die Stevie-Folgen, darin natürlich *White Bird* und speziell das Ende von »Duft einer Rose«. Es ist vielleicht das schönste Stück der Serie.

Interessant ist, was Peake einst über die »bekannten« Songs in *Knight Rider* erzählte. Hierfür nutzte man nämlich nicht die Originale, sondern man nahm sie neu auf. Der offensichtliche Grund: Man sparte sich Lizenzgebühren. Rückblickend, auch wenn damals wohl noch niemand so weit im Voraus gedacht hatte, ein riesiges Glück: Wer weiß, ob oder unter welchen Umständen *Knight Rider* ansonsten auf DVD erschienen wäre? Man denke an die Serie *Wunderbare Jahre,* die extrem von der Musik der darin verkörperten Zeit zum Ende der 1960er- und Anfang der 1970er-Jahre gelebt hatte, weswegen sich die DVD-Veröffentlichung viele Jahre in die Länge zog und extrem kostspielig wurde – aufgrund der immensen Lizenzkosten für die Originalmusik. Ein weiteres Beispiel ist *Baywatch,* für dessen remasterte Version man völlig neue Musik aufnahm. Offiziell tat man das, um es zeitgemäßer zu machen; wahrscheinlicher geschah das jedoch, um Geld zu sparen und das Paket finanziell attraktiv zu gestalten (zum Unmut vieler Fans). Bei *Knight Rider* bestand dieses Problem dankbarerweise nicht.

Die *Knight Rider*-Titelmusik wurde übrigens für jede Staffel neu aufgenommen, allerdings minimal abgewandelt. Für Staffel 3 hatte NBC sich angeblich eine komplett neue Melodie gewünscht, aber Glen Larson bewies sich als Mann der Tat: ein Anruf beim Sender, und die Sache war vom Tisch.

Das Tolle für alle Fans: Sowohl Stu Phillips als auch Don Peake haben ihre Musik mittlerweile zugänglich gemacht. Phillips veröffentlichte *Knight Rider: The Stu Phillips Scores* mit den Sounds einiger früher Folgen, Don Peake vertreibt neben einigen CD-Zusammenstellungen auch die Tracks zu einzelnen Episoden via USB-Speicher und Download.

BONNIE & APRIL

K.I.T.T. zwischen zwei Frauen

Schaute man *Knight Rider* in den späten 1980er- und frühen 1990er-Jahren auf RTLplus, war alles etwas irritierend. Wieso sah K.I.T.T.s Dashboard mal so und mal anders aus? Wieso hatte Michael in der einen Woche seine Lockenpracht so hoch wie breit, in der anderen eher längs geföhnt? Und wieso war an diesem Dienstag nun Bonnie für K.I.T.T.s Wohlbefinden zuständig und am nächsten plötzlich April?

Nun, RTLplus machte sich damals nichts aus strengen Episodenreihenfolgen und zeigte *Knight Rider* teils bunt gemischt. So kam es, dass Bonnie und April sich wochenweise die Mechanikerinnenarbeit aufteilten. Im wahren Leben gab es einen anderen Grund für den Wechsel.

Bonnie Barstow (Patricia McPherson) gab ihre Premiere in der ersten regulären Folge »Tödliche Manöver«, im Pilotfilm hatte sie gefehlt. Die einfache Erklärung laut Serienerfinder Glen A. Larson: Im Pilotfilm brach Michael quasi mit der Foundation und machte sich allein mit K.I.T.T. davon. Im Anschluss habe man jemanden gebraucht, der Reparaturen durchführen würde.

Bonnie kam zu ihrem ersten Auftritt, als K.I.T.T. wegen seines zerstörten Alphastromkreises repariert werden musste. Patricia McPhersons tatsächliche erste Episode war »Gangster wider Willen«, die als Folge nach dem Pilotfilm gedreht, dann aber noch zurückgehalten wurde. Bereits hier erkannte man, wem ihre Hauptsorge galt: K.I.T.T. – und nicht Michael. Oder, wie sie es selbst in »Gangster wider Willen« formulierte: »Ein Problem hat der Wagen allerdings noch: den Schwachkopf hinterm Steuer.« Michael hatte sich diesen Spruch offenbar bereits anhören müssen, denn er sprach das Ende von Bonnies Beleidigung synchron mit.

Zu Beginn der Serie versuchte man, die Beziehung zwischen Michael und Bonnie auf eine romantische Ebene zu hieven. Fast in allen Folgen startete Michael einen meist unbeholfenen Flirtversuch. Bonnie aber ließ ihn stets abblitzen. Eine neue Ebene erreichte man in der Folge »Weißer Vogel«, in der Bonnie sich erstmals um Michael besorgt zeigte, als sie von seiner ehemaligen Verlobten Stevie in seinem Vorleben als Michael Long erfahren hatte. Ohnehin war »Weißer Vogel« ein Wendepunkt in der Serie: Die »F.L.A.G.-Familie« wirkte tatsächlich erstmals wie eine Familie. Da erschien es nur passend, dass Michael am Ende von »Duft einer Rose« in Staffel 4 zu K.I.T.T. sagt, man fahre nach Hause, »zur Familie. Wir fahren zur Foundation.«

Bereits zum Ende von Staffel 1 also hatten sich Michael, K.I.T.T., Devon und Bonnie gefunden – umso erstaunlicher, dass man das erfolgreiche Team für Staffel 2 aufbrach. Anstelle von Bonnie kam nun April Curtis (Rebecca Holden) als K.I.T.T.s Mechanikerin ins Team. Bonnies Abgang blieb in der Serie selbst unkommentiert. Der reale Hintergrund: Produzent Robert Foster, der ab Folge 13 (»Herzen aus Stein«) übernommen hatte, wollte mehr Glamour in die Serie bringen – und laut McPherson auch seine Freundin. Am Ende wurde es Rebecca Holden. Aus Quotensicht vielleicht eine richtige Entscheidung (Staffel 2 war in den USA die erfolgreichste), menschlich jedoch eine fragwürdige, die vor allem bei David Hasselhoff nicht gut ankam. »Man hat Patricia entlassen und ich hatte nicht genügend Mumm, für sie zu kämpfen, weil ich nach wie vor um mich kämpfen musste«, machte sich Hasselhoff rückblickend Vorwürfe. Vor Staffel 3 jedoch habe er sich zusammen mit Edward Mulhare für ein Comeback eingesetzt, und man habe Foster überzeugt, so heißt es. »Ich hatte nichts gegen Rebecca, sie hat einen tollen Job gemacht und war großartig. Aber ich spürte eine Verbindung zu Patricia als ein Mitglied des Originalensembles«, so Hasselhoff. Rebecca Holden gibt den Abschied von April allerdings als ihre Entscheidung aus – beziehungsweise der ihres Managements.

Ach ja, und was war mit K.I.T.T.? Der wurde in dieser Sache ausnahmsweise nicht gefragt. Und sollte überhaupt froh sein, zwei derart talentierte Mechanikerinnen an seiner Seite gewusst zu haben. Wir erinnern uns: Bonnie musste in den Folgen »Ein geheimnisvoller Roboter / Der chinesische Tunnel«, »Eine schreckliche Falle« und »K.I.T.T.s Unfall mit Folgen« den jeweils fast vollständig zerstörten K.I.T.T. wieder herrichten und zeichnete überdies verantwortlich für das neue Dashboard und den »Super Pursuit Mode«. Zudem musste sie zwei Duelle mit K.A.R.R. überstehen, in »Der Doppelgänger« wurde sie sogar entführt!

Aber auch April hatte es nicht leicht. Obwohl sie nur eine Staffel lang an Bord war, bekam sie es gleich zweifach mit Goliath und Michael-Knight-Zwilling Garthe Knight zu tun. In »Goliaths Geburt« / »Der Kampf mit Goliath« musste sie ebenso einen komplett demolierten K.I.T.T. wieder fahrfähig bekommen, und in »Goliath kommt zurück« / »Goliath wird vernichtet« hatte auch sie eine Entführung zu überstehen. April verdanken wir zudem K.I.T.T.s Ausflug aufs Wasser in »Geheimversteck Cadiz«.

REBECCA HOLDEN IM INTERVIEW

„*Knight Rider* bringt die Menschen immer noch zusammen, über die gesamte Welt hinweg“

Rebecca Holden hatte eigentlich gar nicht vor, ins TV- und Filmgeschäft einzusteigen. Ihre eigentliche Leidenschaft: die Musik! Durch Zufall landete sie doch bei der Schauspielerei, nach Gastrollen in diversen Hitshows wurde ihr die Rolle der April Curtis in *Knight Rider* angeboten – der Rest ist Fernsehgeschichte. Holden ist heute noch als Schauspielerin und Sängerin aktiv, sie tritt bei vielen Charity-Events auf, mit dem Song *Dreams Come True* gelang ihr zudem eines der beliebtesten Hochzeitslieder weltweit. Wenn Rebecca Holden über *Knight Rider* spricht, spürt man, wie sehr sie die Serie nach wie vor liebt, wie eng sie sich ihr verbunden fühlt und wie ihr die Fans am Herzen liegen. Das zeigt auch dieses Gespräch. Nur einen Tag, nachdem die Anfrage um ein Interview für *Es lebe Knight Rider* rausgeht, schreibt Holden persönlich zurück: Es wäre ihr eine Freude, sich dafür Zeit zu nehmen! Gerade mal eine Woche später sind wir via Zoom verbunden und am Ende der Unterhaltung besteht sie darauf: Bitte anrufen oder schreiben, wenn man irgendwann noch mal irgendetwas von ihr brauche – jederzeit, nicht zögern, »we‘re buddies now«! Dazwischen liegt ein herzliches und emotionales Gespräch über Erinnerungen an die Drehzeit, ihre Zusammenkünfte mit Fans und den einzig wahren *Knight Rider*.

Rebecca, wenn ich einen schlechten Tag habe, schaue ich mir abends oft eine Folge *Knight Rider* an – und es geht mir sofort besser. Ich glaube, das geht vielen Fans ähnlich. Es muss für dich doch ein tolles Gefühl sein, vor rund 40 Jahren etwas miterschaffen zu haben, das auch heute noch so viele Menschen glücklich macht und ihnen das Leben verschönert, oder?

Es ist ganz lieb von dir, dass du das sagst! Etwas, das uns aufmuntert und eine positive Botschaft vermittelt: Das benötigen wir doch alle, oder? *Knight Rider* war ein großes Highlight meines Lebens, und es ist ein Geschenk, ein Teil von etwas zu sein, das bei den Fans solch einen Nachhall findet und ihnen immer noch so viel Freude vermittelt. *(überlegt)* Siehst du meine Tasse hier?

Ja, sehe ich: »Choose Joy« steht darauf, »wähle Freude«.

Viele von uns haben in ihrem Leben doch eine Wahl. Wir können uns einen glücklichen Weg aussuchen, uns mit Dingen umgeben, die unser Gemüt aufheitern – oder eben nicht. Wir können versuchen, Schönheit und Spaß am Leben zu finden – oder nicht. Für

Schauspieler, Produzenten und Autoren ist es sehr wichtig, sich bewusst zu machen, was sie in die Außenwelt tragen. Weil es die Menschen sehr beeinflussen kann. Diese Verantwortung sollten wir nicht auf die leichte Schulter nehmen.

***Knight Rider* ist ein wunderbares Beispiel, weil es eine sehr positive Botschaft vermittelt.**

Da stimme ich dir völlig zu! Natürlich ist *Knight Rider* vor allem wegen K.I.T.T. so populär geworden. Aber auch dank des Mottos: »One man can make a difference«. Es stammt von Glen Larson, der die Show erfunden hat. Er hat diesen Satz aufs Papier gebracht, David Hasselhoff hat ihn perfekt umgesetzt, und er wurde für so viele Menschen, die *Knight Rider* geschaut haben, zu einer Art Mantra. Es hat sie ebenfalls motiviert! Man muss kein Superheld sein: Wenn du selbst mit einer gewissen Großherzigkeit in die Welt hinausgehst, wenn du im Leben der Menschen um dich herum einen positiven Einfluss nimmst, in deinem kleinen Kreis, dann inspirierst du sie wiederum, das auch in ihrem Bekanntenkreis zu tun. Es kommt zu einem Welleneffekt. Die Welt kann so zu einem besseren Ort werden.

Wenn du über *Knight Rider* sprichst, spürt man immer noch eine solch große Liebe und Dankbarkeit darüber, dass du bei dieser Serie dabei sein durftest.

Ich bin sehr dankbar, dass es mir eine TV-Serie nach so vielen Jahren noch ermöglicht, mich mit anderen Menschen zu verbinden, Leute zu treffen, neue Freunde kennenzulernen – wie nun auch dich. Wenn man an die vielen TV-Shows denkt, die geschrieben, gedreht und gesendet wurden ... Und dann gibt es *Knight Rider*, das eine solch treue Fangemeinde hat, sodass wir uns nach 40 Jahren hier treffen und uns darüber unterhalten! *Knight Rider* bringt die Menschen immer noch zusammen, über die gesamte Welt hinweg. Man spricht ja gerne über den »It-Faktor«, wenn eine spezielle Magie durch etwas entstanden ist, weil alles gepasst hat. Bei *Knight Rider* war das der Fall. Es hat mir so viele Möglichkeiten eröffnet, wie auch diese: mit dir darüber zu sprechen und zu hören, welchen Einfluss die Serie auf dein Leben hatte. Erzählt zu bekommen, dass *Knight Rider* für dich einen nicht so tollen Tag in einen schönen Tag drehen kann – besser geht es nicht.

Hast du bereits zu Drehzeiten gespürt, dass *Knight Rider* etwas Besonderes ist?

Wir wussten damals natürlich, wie erfolgreich *Knight Rider* war. Die Serie war bereits in der ersten Staffel ein Hit, sie erzielte gute Einschaltquoten. Wir hatten Cover auf dem *TV Guide*, wurden oft für Interviews angefragt. Aber es war unmöglich abzusehen, dass sie so viele Jahre später noch so populär sein würde. Dass kleine Kinder heute noch herumlaufen und rufen: »Ich bin Michael Knight!« Das hat niemand voraussehen können. Uns war aber klar, wie glücklich wir uns schätzen konnten, eine Hitshow zu haben. In Hollywood ist es ein Geschenk, überhaupt zu arbeiten. Jeden Morgen aufzustehen und einen Job zu haben, den man liebt. Mir ist sehr bewusst, wie selten das vorkommt.

Zumal du eigentlich ein Karriere als Musikerin angestrebt hattest, nicht als Schauspielerin.

Stimmt, ich habe mit sieben Jahren mit Klavierspielen begonnen, habe mich im College auf Musik spezialisiert, auf Klavier und Gesang. Weil ich selbst so lernbegierig war, dachte ich immer, ich würde Lehrerin, vielleicht Musiklehrerin. Ich gehörte nie zu den jungen Mädels, die von Hollywood geträumt haben, von einer großen Schauspielkarriere. Ich habe Musicals geliebt und mochte es, live zu performen. Dass ich vor der Kamera stehen würde, hat sich zufällig ergeben.

Wie denn?

Ich war damals in New York, für mein Musikstudium. Dort wurde ich von einem Agenten entdeckt, der mich für eine Werbeanzeige unter Vertrag nahm, für Haarshampoo – ich war das »Breck Girl«. Mir wurde daraufhin eine Werbung nach der anderen angeboten, für *Kellogg's*, *Chevrolet*, *7 Up* ... Während des Superbowls hat Hollywood-Produzent Aaron Spelling einen Werbefilm von mir gesehen. Ich wurde nach Kalifornien geschickt und hier ging es weiter. Alles, was ich tue, will ich gut machen, also habe ich Schauspielunterricht genommen. Das meiste habe ich aber am Set gelernt, wenn ich mit anderen Schauspielern und Regisseuren zusammengearbeitet habe. Ich habe damals viele Drama- und Actionshows gedreht, aber auch Sitcoms, weil ich Comedy liebe.

In Sachen Comedy hast du eine legendäre Rolle in *Die nackte Pistole* gespielt, der eher unbekannten Vorgängerserie der *Nackte Kanone*-Filme.

Oh, ja, und es war großartig, mit Leslie Nielsen zu arbeiten! Er ist eine Legende, er war so lustig – sowohl auf dem Bildschirm als auch hinter den Kulissen. Von dieser Show gab es leider nur sechs Episoden, aber sie hat einen ziemlichen Kultstatus entwickelt.

Vor *Knight Rider* warst du in diversen bekannten Hitserien als Gaststar dabei, in *Happy Days*, *Magnum*, *Taxi*, *Quincy*, *T.J. Hooker*, *Matt Houston* – um nur einige zu nennen. In einem Interview mit Jacob Pedersen hast du kürzlich so schön gesagt,

dass man als Schauspielerin oder Schauspieler an einem neuen Set sehr schnell gemerkt hat, ob dort ein »Happy Set« bei der Arbeit ist, ein glückliches Team. War das bei *Knight Rider* der Fall?

Absolut, das war es! Wir hatten viel Spaß, haben viel gelacht. Wir wussten natürlich alle: Zeit ist Geld – deshalb mussten wir viel Disziplin mitbringen. Es gab bestimmte Ablaufpläne, die man an einem Tag durchkriegen musste, man wollte ja nicht in Verzug kommen. Aber wir haben uns die Zeit genommen, zu lachen. Jeder hat jeden gemocht. Das kommt selten vor, aber es ist wundervoll.

Wie bist du zur Rolle der April gekommen?

Ich hatte damals schon viel für NBC und Universal gearbeitet, die Verantwortlichen des Senders und des Studios kannten mich und meine Arbeit also. Ich musste deshalb kein riesengroßes Casting mitmachen. Ich wurde gebeten, eine Szene mit David zu spielen, um zu sehen, ob die Chemie zwischen uns beiden stimmen würde. Das tat sie, wir hatten viel Spaß. Was lustig war: Die Verantwortlichen wollten mich als Computerexpertin nicht ganz so glamourös daherkommen lassen, eher etwas gelehrter. Da habe ich meine Brille aus meiner Tasche geholt und gesagt: Ich kann durchaus wie ein Nerd aussehen! Diese Brille wurde dann ein Teil von April.

War es schwierig für dich, in Staffel 2 neu reinzukommen, in ein eingespieltes Team, das schon ein Jahr lang zusammengearbeitet hatte?

Nein, ich habe mich vom ersten Tag an sehr willkommen gefühlt. Meinen ersten Dreh hatte ich in »Return to Cadiz« (»Geheimversteck Cadiz«), diese Folge wurde als erste Episode der zweiten Staffel gedreht. Und ausgerechnet die letzte Szene dieser Folge war meine erste. Ich kam also in diesen pinken Shorts ans Set und habe dort erstmals die Shooting-Crew getroffen *(lacht)*.

Bei *Knight Rider* warst du dann als festes »Ensemble«-Mitglied dabei – hast du aus deiner Zeit als Gaststar bei anderen Serien etwas hierfür mitgenommen?

Es ist ein großer Unterschied, ob man in einer Serie als reguläres Mitglied im Hauptcast dabei ist oder als Gaststar dazustößt. Mit dem Hauptcast fühlt es sich im Idealfall wie eine Familie an, als Gaststar bist du immer wieder »die Neue« für eine Woche. Ich wusste, wie sich das anfühlt, deshalb habe ich mir vorgenommen, jedem Gaststar bei *Knight Rider* ein gutes Gefühl zu geben, zu zeigen, dass er bei uns herzlich willkommen ist. Was aber auch vorgekommen ist: dass ich manche Gaststars gar nicht kennengelernt habe, weil wir nicht am selben Tag gearbeitet haben.

Die Kunst in *Knight Rider* war für euch auch, mit einem Auto zu sprechen und das möglichst natürlich wirken zu lassen.

Das stimmt – zumal William Daniels, K.I.T.T.s Stimme, nie mit uns am Set war. Sein Text wurde beim Dreh recht monoton vom Skript-Girl vorgelesen. David und ich mussten uns also vorstellen, mit welcher Stimme ihn Bill sagen würde, wie er den Charakter zum Leben erwecken würde, mit all seinem Humor und seinem Witz. Wir hatten also seine Stimme im Kopf und haben so reagiert, wie wir dachten, dass er es rüberbringen würde. Bill ist dann einmal die Woche ins Studio gekommen, ganz relaxed angezogen, er musste kein Make-up auftragen – er hat einfach seinen Text eingesprochen und fertig.

Wenn wir über *Knight Rider* sprechen, müssen wir natürlich auch über den großen Edward Mulhare reden, mit ihm hattest du ja viele Szenen zusammen. Was war er für ein Mensch?

Ich habe Edward geliebt! Er war eine erstklassige Persönlichkeit, ein englischer Gentleman. Ich habe auch einen englischen und irischen Hintergrund, unsere eher blasse Hautfarbe hatten wir also gemeinsam. David hingegen war stets so braungebrannt, er war immer draußen in der Sonne. Man hat Edward und mich also mit dunklerem Make-up bearbeitet, damit wir auf dem Bildschirm etwas einheitlicher wirken würden. Wir haben jeden Tag so lustig ausgesehen, wenn wir das Studio verlassen haben! Aber ja, Edward war ein wundervoller, unglaublich netter Mann.

Wusstest du, dass man dich in den *Knight Rider*-Romanen als Tochter von Devon eingeführt hat?

Tatsächlich? Das wusste ich nicht, aber die Idee gefällt mir! Das wäre mir eine große Ehre gewesen. Sollte mal ein Film gedreht werden – vielleicht tritt April ja dann in Devons Fußstapfen und wird Chefin der Foundation? David müsste natürlich als *Knight Rider* weitermachen, denn er ist der einzige *Knight Rider*!

Kannst du aufklären, warum du nach der zweiten Staffel nicht mehr dabei warst? Es sind zwei Versionen im Umlauf: Zum einen, dass die entscheidenden Leute hinter *Knight Rider* das Original-Team wieder zusammenbringen wollten, mit Patricia McPherson als Bonnie. Und zum anderen, dass dein Management dir gesagt hat, dass du etwas anderes machen sollst.

Es war tatsächlich die Entscheidung meines Managements. Ich hatte damals einige große internationale Filmangebote, als *Knight Rider* in anderen Ländern in Europa lief. Wenn man jung ist, neigt man dazu, auf das zu hören, was die Älteren sagen. Ich denke, später in meiner Karriere hätte ich meine eigene Entscheidung getroffen. Aber *Knight Rider* hat mir seinerzeit viele Türen geöffnet: Ich konnte Filme drehen und Musik machen, bin dabei auch mit meiner Band durch die Schweiz gereist, durch Österreich und Deutschland. Ich war damals bei BMG Switzerland unter Vertrag, da haben wir viele große Festivals gespielt. Ich habe das sehr genossen!

Deine Verbindung zu *Knight Rider* ist nie abgebrochen, im Gegenteil: Es gibt kaum jemanden aus der Serie, der so oft bei *Knight Rider*-Festivals am Start ist wie du. Erst kürzlich warst du wieder bei den »Southern Knights Atlanta« als Stargast dabei.

Das ist ein großartiges Event! Mark Puette stellt dieses Festival jedes Jahr auf die Beine, und Fans aus der ganzen Welt kommen hin. Diesmal waren welche aus Großbritannien, Frankreich, Neuseeland, den Philippinen und Dänemark dabei. Bei diesen Events höre ich auch immer wieder Storys, die ich bislang nicht kannte. Ron Martinez, einer der Produzenten, hat mir zuletzt erzählt, wie man an die vielen Autos gekommen ist: Ein Zug mit geladenen Pontiacs war entgleist, sie durften aus Versicherungsgründen nicht mehr verkauft wurden und wir haben sie für *Knight Rider* bekommen. Das ist das Tolle an diesen Zusammenkünften: Man sitzt beisammen und hört immer neue Geschichten. Ich hatte auch die wundervolle Gelegenheit, Paul LaGreca kennenzulernen. Paul hat in »Silent Knight« (»Eine schöne Bescherung«) den jungen Tino gespielt, allerdings hatten wir keine Szene zusammen und einen unterschiedlichen Drehplan. Jetzt, so viele Jahre später, haben wir uns bei den »Southern Knights Atlanta« erstmals getroffen, und es war großartig.

Bei diesen Events sind meist auch viele Fans mit K.I.T.T.-Nachbauten dabei. Ich habe mal jemanden getroffen, der fährt seinen K.I.T.T. jeden Tag und hat erzählt, wie sehr die Leute sich freuen, wenn sie das Auto sehen. Wie ihnen das ein Lächeln ins Gesicht zaubert – und den Tag verschönert.

Mittlerweile gibt es sogar Menschen, die ihren Lebensunterhalt mit *Knight Rider* bestreiten! Sie bauen diese K.I.T.T.-Replikas, mit dem Armaturenbrett, der gesamten Elektronik. K.I.T.T. ist legendär! Ich habe mal für ein politisches Event in Miami gesungen und wurde gefragt: Kannst du das *Knight Rider*-Auto mitbringen? Da habe ich Stephen Laskowski kontaktiert, einen *Knight Rider*-Fan, den ich kenne – er hat sich in Florida eine wunderschöne K.I.T.T.-Replika gebaut. Steven hat das Auto nach Miami gebracht, es war das Highlight des gesamten Events. Die Politik war vergessen – jeder wollte ein Foto mit K.I.T.T. *(lacht)*.

Seit ein paar Jahren gibt es auch die *Knight Rider Historians*, die versuchen, alle möglichen Originalteile der Serie zu retten. Kürzlich haben sie sogar den Semi ausfindig gemacht!

Ja, Joe Huth und AJ Palmgren! Den Semi haben sie auf einer Farm gefunden *(lacht)*. Es ist großartig, das zu verfolgen. Was sie alles herausfinden, wie sie recherchieren, wo welche Autos herstammen und wann sie genutzt wurden! Bei uns in Los Angeles befindet sich das »Petersen Automotive Museum«, von dem ich wusste, dass sie das Batmobil und viele andere Autos aus TV-Shows haben. Ich habe sie mit AJ bekannt gemacht, er hat seinen K.I.T.T. dort ausgestellt. AJ und Joe haben schon so viel herausgefunden, auch über die Computer in Devons Büro, sie haben eine komplette Replika des Büros gebaut. Oder Mark Puette von den »Southern Knights Atlanta«: Er hat mir beim letzten Event als Geschenk denselben Teddybär gegeben, wie »Mighty Mouth« einer war – nicht der, den sie in der Show verwendet haben, aber einen identischen. Das gesamte Interesse an allem, das ist fantastisch.

Stehst du mit David Hasselhoff eigentlich noch regelmäßig in Kontakt? Kürzlich ist ein Foto von euch beiden im Internet rumgegangen, von seiner Feier zum 70. Geburtstag.

Ja, das war wirklich toll! David geht es so gut – ich finde, er sieht glücklicher und zufriedener aus als jemals zuvor, was mich unheimlich freut. Er ist natürlich viel beschäftigt, ich bin es auch, von daher sehen wir uns nicht regelmäßig, aber immer wieder mal auf Events oder eben Geburtstagen. Ich behaupte immer: Es gibt niemanden außer ihm, der den *Knight Rider* hätte spielen können. David ist der *Knight Rider*! Er ist größer als das Leben selbst, er hat diese Freude, diese Überschwänglichkeit, diesen Enthusiasmus! Er verkörpert den *Knight Rider*, wie es kein anderer hätte tun können.

Da stimme ich dir absolut zu! Vielen herzlichen Dank, Rebecca, dass du dir Zeit für dieses Gespräch genommen hast – und alles Liebe und Gute für dich!

STAFFEL 3 (1984–1985)

»Ein geheimnisvoller Roboter (I)«, »Der chinesische Tunnel (II)« / »Knight of the Drones« (Folge 43 – Doppelfolge)

Buch: Robert Foster, Gerald Sanford; Regie: Sidney Hayers
Filmdaten: 24. Juli – 11. August 1984
Erstausstrahlung USA: So, 30. September 1984 (NBC)
Erstausstrahlung Deutschland: Die, 4. / Mi, 12. März 1986 (RTLplus)

Der Schwerverbrecher C.J. Jackson bricht aus dem Gefängnis aus. Mithilfe eines selbst fahrenden Autos. Michael und K.I.T.T. nehmen die Spur auf und landen bald bei David Halston, dem Mentor von Bonnie an der Universität von San Francisco.

Kommentar:

Der große Punkt dieser Doppelfolge ist natürlich die Rückkehr von Bonnie. Weder ihr Abflug nach der ersten Staffel noch Aprils Auftauchen (und Verschwinden) waren je thematisiert worden. Hier bekommen wir zumindest einen paar indirekte Anhaltspunkte. Bonnie sei aktuell hier, in San Francisco, studiere wieder an der hiesigen Universität, berichtet Devon. Anders gesagt: Sie war zuvor woanders, wohl eher weiter weg. Er, Devon, habe bereits mit ihr über eine Rückkehr zur Foundation gesprochen und sich »ein sehr höfliches, aber bestimmtes Nein« eingefangen. Im Gespräch mit Bonnie erwähnt Michael später, er habe mit Devon gewettet, dass sie nach einem Jahr zurückkomme, und sie habe es nicht getan. Offenbar hatte man eine Rückkehr schon zigmal diskutiert. Bonnie lässt sich zumindest überreden, bei diesem Fall mitzuhelfen, und Michael verspricht, dass es dabei bleiben werde: »Pfadfinderehrenwort.« Gut, dass er kein Pfadfinder mehr ist.

Bonnies Mitwirkung ist von enormer Bedeutung. Wie in »Goliath« wird K.I.T.T. schwer beschädigt, auch wenn er diesmal äußerlich noch einigermaßen okay aussieht. Die inneren Schäden sind groß. Er wird in den Semi gezogen und stottert: »Bonnie, bist du es? Ich fühle mich so schwach. Wo sind wir? Alles ist so dunkel hier, ist es Nacht?« Im Gegensatz zu »Goliath« wird er diesmal aber nicht »nur« wieder zusammengebaut. »K.I.T.T., ich mache dich so gut wie neu«, erklärt Bonnie zunächst. Nach kurzem Nachdenken fügt sie an: »Nein, ich mache dich noch besser.« Das Ergebnis ist – neben einigen neuen Funktionen – das »zweite« (und letzte) Armaturenbrett, das K.I.T.T. erhalten sollte und das deutlich digitaler daherkommt. Der Unfall hatte letztlich die einfache Begründung, dass K.I.T.T.

einen moderneren Zuschnitt verpasst bekommen sollte. »Die Technologie hat aufgeholt«, erklärte Produzent Gino Grimaldi später. »Zwischen der zweiten und dritten Staffel wurde uns bewusst, dass Autos auf den Markt kamen, deren Armaturenbretter jenem von K.I.T.T. nicht unähnlich waren.« Auch gewisse Sprachfunktionen, beispielsweise für nicht abgeschlossene Türen oder Benzinknappheit, seien entwickelt worden. »Da K.I.T.T. etwas ganz Spezielles war, ein Auto der Zukunft, mussten wir einige Änderungen vornehmen, um dabei zu bleiben.« Dass Bonnie das im Alleingang schafft, nicht nur technisch, sondern auch in Sachen Konstruktion und Design, und das in kurzer Zeit … wir nehmen es mal so hin.

Das neue Design ist unter Fans umstritten. Viele hängen an dem doch liebevolleren Ursprungsarmaturenbrett von Michael Scheffé. Das neue Armaturenbrett wurde ebenfalls von Scheffé designt, allerdings nicht auch gebaut, das übernahm diesmal Universal selbst. Etwas enttäuschend sind K.I.T.T.s neue Funktionen. Sie haben umständliche Namen oder Abkürzungen und sind ohnehin nicht allesamt neu. Sounds imitieren konnte K.I.T.T. schon in Staffel 1, sich selbst diagnostizieren ebenso.

Der Fall an sich hat seinen Reiz. »Das hier betrifft das Herz und die Seele der Foundation«, legt Devon zu Beginn dar, warum der Ausbrecher C.J. Jackson unbedingt gefasst werden müsse. Später begründet er das: Jackson habe Ken Franklyn erschossen – dieser sei eigentlich der Mann für Michaels Position gewesen. Kein Polizist, aber sonst mit allen Qualifikationen ausgestattet, wie Devon erklärt. Nach seinem Tod habe Wilton Knight das gesamte F.L.A.G.-Projekt auf Eis gelegt und erst reaktiviert, als man Michael gefunden habe. »Wilton Knight wird nicht in Frieden ruhen, solange der Bursche nicht wieder im Gefängnis sitzt. Und ich auch nicht.« Michael versteht: »Dann sind wir schon drei. Das sind wir Wilton schuldig.« Mehr erfahren wir nicht. Jackson wird am Ende von David Halston getötet.

Dessen Persona ist schwer zu greifen. Dass er den Schmerztest mit Michael durchführt (und dabei betrügt), macht keinerlei Sinn. Menschlich ist er vor allem für Bonnie eine große Enttäuschung als ihr eigentlicher Mentor. Immerhin und Gott sei Dank widersetzt er sich dem Wunsch von Margo, sie zu töten. Apropos Margo: Ihr Charakter ist spannend. Was da mit Clifton und Turk läuft, weiß man nicht, ebensowenig in Sachen David Halston. Auf Michael scheint sie ein Auge geworfen zu haben. Sie erinnert in ihrer Art an Adrianne Margeaux: böse, geldgetrieben und machtbesessen – die Männer, die sie zum Erreichen ihrer Ziele braucht, besticht sie durch ihr Äußeres und klare Ansagen. Sie nimmt für sich, ebenso wie Adrianne, die Projektleitung in Anspruch. Den eigentlich sympathischen Peter Wong fragt sie beim Kennenlernen: »Wieso bist du nicht ein guter, folgsamer Junge und lässt Margo entscheiden, was das Beste für dich ist?«

Zum einzigen Mal im Verlauf der Serie sehen wir übrigens etwas anderes als einen üblichen Teaser vorm Start der Folge. Zunächst wild zusammengeschnittene (alte) Szenen von K.I.T.T., dann den Gefängnisausbruch von C.J. Jackson. Erst danach kommt das Intro, auch hier ein seltener Hingucker mit einem »Turbo Boost« aus (dem erst deutlich später gedrehten) »Das 19. Loch«, Szenen von David Hasselhoff und Patricia McPherson, die in den weiteren Intros der Staffel nicht mehr auftauchen sollten, oder, wie bei Edward Mulhare, erst in Staffel 4. Völlig absurd: Auch Peter Parros wird vorgestellt. Er ist jedoch erst ab der vierten Staffel dabei! Heißt: Dieses Intro hat es erst in Wiederholungen als reguläres Intro für diese Folge geschafft. Bei der Original-NBC-Ausstrahlung sah man eine Mischung aus Staffel 2 und 3. Vor allem K.I.T.T.s neues Dashboard sollte hier noch nicht vorgestellt werden. Auch irritierend: Der erste Teil endet nicht mit dem Cliffhanger der Zerstörung von K.I.T.T., sondern bereits vorher. Für die Erstausstrahlung in den USA, als die Doppelfolge in Form eines Einteilers gezeigt wurde, war das nicht schlimm. Hier gab es zig Werbepausen. Für die spätere Aufteilung in zwei Folgen wirkt es etwas merkwürdig. Beim Unfall selbst wird übrigens wieder einmal K.I.T.T.s Programmierung erwähnt, menschliches Leben zu schützen. Kurz vor der Explosion schießt er Michael via Schleudersitz aus dem Auto, ohne dass dieser überhaupt widersprechen kann. Im englischen Original klingt K.I.T.T. hier wie Michael: »Sorry, pal. Forgive me!«

Noch ein Gedanke zu Bonnie. Es ist, als wäre sie nie weg gewesen, sie fügt sich wieder glänzend ein. Herrlich die Szene, als sie die CPU des selbstfahrenden Autos untersucht und Michael, eine Box mit chinesischem Essen mümmelnd, an einem überdimensionierten Rechner lehnt. »Das ist ein Computer, kein Sofa«, mahnt Bonnie, ohne aufzuschauen und völlig nebenbei. »Hm? Oh, ich habe mich schon gefragt, warum das so hart ist«, antwortet Michael. All das ist völlig nebenher gespielt und wirkt natürlich und lustig.

Eine schöne Klammer: Michaels geplatzter Segelausflug. Zunächst erinnert K.I.T.T. ihn an einen missglückten Versuch (»Wenn mich mein Gedächtnis nicht täuscht, Captain Bligh, und ich bin sicher, es täuscht mich nicht …«). Am Ende ist Michaels Boot tatsächlich wieder gesunken, diesmal schon vor dem Ablegen. Weitere amüsante Szenen beinhalten unter anderem Michaels Kampf mit Clifton und Turk, denen er mehrere Hiebe verpasst, am Ende aber mehr Schmerzen in seiner Hand verspürt als die beiden im Gesicht. Ein kleines Gimmick allein für die deutschsprachigen Fans: Als Michael erstmals Bonnie aufsucht und mit verstellter Stimme spricht, kommt diese einem doch sehr vertraut vor. Er klingt nämlich wie Kermit, der Frosch. Die Erklärung hierfür ist einfach: Kermit hatte denselben Synchronsprecher wie David Hasselhoff, Andreas von der Meden.

Bester Dialog:
Michael: »K.I.T.T., in dem Wagen ist niemand.«
K.I.T.T.: »Das ist unmöglich. Ein Wagen fährt nicht von alleine.«
Michael: »Tut er das nicht? Was du nicht sagst.«

Trivia:
• Wie schon zum Auftakt von Staffel 2 befinden wir uns an einem anderen Ort als üblicherweise (in L.A.): In »Goliath« war es Las Vegas, hier sind wir in San Francisco.
• Jared Martin (David Halston) rezensierte Bücher für die *New York Times* und wechselte dann zum Fernsehen. Er war unter anderem längere Zeit in *Dallas* und *Krieg der Welten* zu sehen, ebenso in den klassischen Serien jener Zeit. Barbara Stock (Margo Sheridan) spielte einige Folgen in *Dallas* und dauerhaft in *Spenser;* auch in *Baywatch* hatte sie eine Gastrolle. Jim Brown (C.J. Jackson) gilt als einer der besten Footballspieler aller Zeiten. Nach seiner Karriere verdingte er sich als Schauspieler: Er war unter anderem in *Das dreckige Dutzend, Running Man* und *An jedem verdammten Sonntag* zu sehen.
• David Paul (Clifton) und Peter Paul (Turk) sind Zwillinge. Die beiden brachten es unter dem Pseudonym *The Barbarian Brothers* zu überschaubarer Berühmtheit. Für ihren Film *Die Barbaren* wurden sie für die »Goldene Himbeere« in der Kategorie »Worst New Star« nominiert.
• Im ersten Skript zu dieser Folge war auch ein Wiedersehen zwischen Bonnie und K.I.T.T. enthalten, in dessen Dialog auch Aprils Abgang erwähnt wurde. Wie sie sehe, habe April ihn in einem super Zustand gehalten, sagt Bonnie hier. K.I.T.T. entgegnet, dass sie nun ein Angebot einer französischen Firma angenommen habe. Im finalen Skript war diese Szene allerdings nicht mehr enthalten, sie wurde entsprechend nicht gedreht.
• Bonnie hat zudem die Ehre, K.I.T.T. zu fahren, wenn auch nur kurz. Es ist das einzige Mal im Verlauf der Serie.
• Erstmals erleben wir das »Passive Laser Restraint System« im Einsatz, auf das K.I.T.T. und Michael explizit eingehen – übrigens schon vor K.I.T.T.s Zerstörung, es war also schon da. Man wollte offenbar eine Begründung anbringen, warum Michael immer ohne Gurt fährt, Stichwort Vorbildfunktion.
• Nicht nur K.I.T.T. ist in dieser Episode neu, auch der 1980er-Semi (ein GMC General) wurde gegen das aktuelle 1984er-Modell

ausgetauscht. Grund: Die Product-Placement-Firma von Universal hatte einen Deal mit GMC, also wollte man auch das neueste Modell präsentieren.

• Margo Sheridans Haus stand im echten Leben im Eigentum der Familie Ham – und deren Sohn Tyler Ham erinnert sich noch gut an die Dreharbeiten, zumal er ein riesiger *Knight Rider*-Fan war! Alle Schauspieler und die gesamte Crew seien supernett gewesen, so Ham, der auch für David Hasselhoff nur bewundernde Worte fand. Hasselhoff habe alles mitgemacht, obwohl er ihn als verrückter Fan sicherlich genervt habe, er sei »einfach ein aufrichtig freundlicher, glücklicher Typ« gewesen. Es habe ihn traurig gemacht, später zu sehen, wie Hasselhoff durch seine privaten Probleme gehen musste. Noch heute verteidige er Hasselhoff vor Leuten, die ihm mit blöden Sprüchen kommen – er habe ihn als »total coolen Typen in Erinnerung, der sein Leben und seinen Job einfach genossen hat«.

• Der Grund, warum die Episode in San Francisco gefilmt worden sei, hatte den Ursprung, dass in L.A. zu jener Zeit gestreikt worden sei, so Ham. Mehr Erinnerungen von Tyler Ham gibt's in der »Commentary«-Episode der *Knight Rider Historians.*

• »Ein geheimnisvoller Roboter (I)« / »Der chinesische Tunnel (II)« wurde zwar als Staffelauftakt gesendet, aber erst als fünfte Folge gedreht. Bei genauem (und teils auch äußerst ungenauem) Hinschauen sieht man immer wieder im ersten Teil, also vor K.I.T.T.s Zerstörung, dass Michael bereits im mit neuem Armaturenbrett ausgestatteten Auto sitzt (mit nur einem TV), zum Beispiel, als er nach der Verabschiedung von Devon vom Gefängnis losfährt oder als er Peter Wong in seinem Apartment aufsuchen will und K.I.T.T. parkt. Der Grund: Man hatte für diese Staffel ein anderes Auto als »Hero Car« genommen und nicht einfach nur das Armaturenbrett ausgetauscht. Das bisherige »Hero Car« war bereits zum neuen »Right Hand Blind Drive Car« (mit Lenkrad rechts) umgebaut worden. Das alte Dashboard war in das »Left Hand Blind Drive Car« eingebaut worden.

• Der Prince-Song *Little Red Corvette* ist auf den DVD-Versionen nicht zu hören: Prince hatte (wie bereits bei »Eine Kleinstadt lebt gefährlich« erwähnt) mittlerweile die Nutzung seiner Lieder untersagt.

Soundtrack:
• *Torture* (The Jacksons)
• *Jump (For My Love)* (The Pointer Sisters)
• *Little Red Corvette* (Prince)

Bedeutung der Folge für die gesamte Serie:
* * * *

Herz / Humor / Action:
* * * / * * * / * * * * * *

Gesamtwertung:
* * * *

»Das zweite Gesicht« / »The Ice Bandits« (Folge 44)

Buch: Gerald Sanford; Regie: Georg Fenady
Filmdaten: 15. – 23. Juli 1984
Erstausstrahlung USA: So, 7. Oktober 1984 (NBC)
Erstausstrahlung Deutschland: Die, 31. Dezember 1985 (RTLplus)

Zwei Gangster erbeuten Juwelen im Rahmen einer Auktion, die von der Foundation organisiert wurde. Michael und K.I.T.T. haben bald eine Spur – diese führt sie in eine Weinkellerei und ein Kloster.

Kommentar:
Es ist fast schon Gewohnheit: Die erste reguläre Folge einer Staffel nach dem – meist spektakulären – Auftakt ist eher Mittelmaß. Das war bei »Tödliche Manöver« so, das durch einige Humoreinlagen und Bonnies erstmaligen Auftritt sehenswert ist. Aber auch »Der Erpresser« gehört nicht zu den absoluten Highlights der Serie. Auch bei »Das zweite Gesicht« ist es nicht anders. Ebenfalls ist es beinahe zur Gewohnheit geworden, dass eine Episode einer länger laufenden Serie (teilweise) in einem Kloster spielt. Wir denken an *ALF, Die Simpsons, Monk* … Lustig irgendwie.

Der Plot für »Das zweite Gesicht« ist durchaus clever: Zwei Ganoven, die sich nach erfolgreichem Raub streiten, und einer, der eine neue Identität sucht. Etwas irritierend ist, warum Austin (der zweite Gangster) nicht ausgepackt und Charley erwähnt hat, als Michael ihn gefunden hatte. Laut Skript versuchte Austin, sich aus der Sache herauszureden. Seine Verletzung? Jemand habe ihn für einen Elch gehalten. Das Problem der Folge ist aber ein anderes: Charley bleibt völlig konturlos, man erfährt fast nichts über ihn oder von ihm. Die Geschehnisse laufen größtenteils über Freundin Jody ab, die zwar sehr sympathisch erscheint, aber ebenso blass bleibt. Denkt man an die größeren *Knight Rider*-Bösewichte oder schützenswerte Nebenrollen, tauchen Charley und Jody sicher nicht auf.

»Das zweite Gesicht« hat dennoch seine guten Momente. Sehr lustig ist das Zusammentreffen zwischen Michael, K.I.T.T. und den Brüdern Francis und Tyrone, die beim Lastentransport einen kleinen Unfall hatten. Bruder Tyrone habe ein Schweigegelübde abgelegt, erklärt Bruder Francis, »er war nie in der Lage zu arbeiten, ohne zu reden.« Michaels Reaktion: »Jaja, ich weiß, wie das ist«, gefolgt von einem Blick zu K.I.T.T. … Es geht weiter: Der Esel heißt zufälligerweise Kit, und dass K.I.T.T. reden könne ..? »Möglicherweise ist es ein Zeichen, Bruder Tyrone?« K.I.T.T. will den Moment der Irritation dann zu einem Abschluss bringen. »Michael, ich schlage vor, wir helfen schnell und fahren dann weiter.« Michael will genau das tun: »K.I.T.T., ich brauche den Abschlepphaken«, ruft er – woraufhin sich der Esel in Bewegung setzt!

Michael verdingt sich zudem wieder einmal als Hobbypsychologe, in diesem Fall mehr als Seelentröster. Der guten Jody erklärt er, als diese die schwarze Seite von Charley nicht erkennen will und darauf besteht, dass Charley sie liebe: »Vielleicht sagt er das nur. Und außerdem ist das nicht die Art von Liebe, die Sie sich wünschen oder die Sie brauchen.«

Deutlich wird die klare Kante der Verantwortlichen zum Verhältnis zwischen Michael und Bonnie. Wir erinnern uns: Speziell zu Beginn der ersten Staffel hatte man immer wieder ungelenke Anbandelungsversuche von Michael und kühle Abweisungen von Bonnie eingebaut; erst zum Ende hin hatte man darauf verzichtet. Als die beiden nun zu Beginn der Episode zur Auktion fahren, erklärt Michael, er könne sich zehn bessere Alternativen vorstellen, seinen freien Tag zu verbringen – bei der Sichtung einer hübschen Dame konkretisiert er diese Vorstellung noch. Die »frühe« Bonnie hätte daraufhin sicher die Augen verdreht (sie wäre wohl ohnehin mit Devon gefahren), mittlerweile findet sie es lustig. Wir sind also im Freundschaftsmodus, und da bleiben wir auch. Zur Sicherheit erwähnt Michael auch noch einmal, wie schön es sei, dass Bonnie wieder zurück ist.

Ach ja: K.I.T.T. erleben wir ein paarmal herrlich in Aktion. Einmal zu Beginn, als er die Ganoven im (wasserlosen) Flussbett des Los Angeles River verfolgt – diese Auf- und Ab-Fahrt macht richtig Spaß! Und, starke Idee: auf dem Autotransporter, als er mit Michael die gekidnappte Jody verfolgt. Auch die Verfolgungsjagd durch die Weinberge ist toll, das Ende wiederum amüsant: Nachdem Jody ein Bild von Michael gezeichnet hat, präsentiert sie auch eins von Kit, dem Esel. Zum Missfallen von K.I.T.T.: »Vielleicht ist ein Glas Wein genau das, was ich jetzt brauche.« Andererseits: K.I.T.T. wurde in »Blindes Vertrauen« ja bereits ausreichend künstlerisch gewürdigt.

Bester Dialog:
Bruder Juliano: »Gott segne dich, mein Sohn. Und schnapp dir dieses Schwein!«
Michael: »Amen.«

Trivia:

• Bruce Fairbairn (Charley Winters) hatte eine dauerhafte Rolle in *Die Rookies* und mehrere Auftritte in *L.A. Law.* Hasselhoff-Fans könnte er auch bekannt sein als Sam aus der ersten *Baywatch*-Staffel: Hier spielte er in »Kampf der Seehunde« den Eigentümer des Surfladens. Janet Julian (Jody Tompkins) war mehrfach in *The Hardy Boys, B.J. und der Bär* und *Falcon Crest* zu sehen.

• Janet Julian heiratete später den Neffen des *Knight Rider*-Produzenten Bruce Lansbury!

• Der Los Angeles River (L.A. River) ist eine bekannte Kulisse in Film und Fernsehen. Er ist 82 Kilometer lang, beginnt im Westen des San Fernando Valley und mündet bei Long Beach in den Pazifik. Die Wasserführung ist variabel: Abgesehen von Hochwasserereignissen führt er meist wenig oder gar kein Wasser und wird daher gerne für Autorennen in Szene gesetzt. Unter anderem ist er in *Terminator 2 – Tag der Abrechnung, Grease, L.A. Story, Last Action Hero, The Dark Knight Rises* oder *24* zu sehen. In *Knight Rider* sehen wir ihn mehrfach, unter anderem nochmals in »Die Boxmeisterschaft«.

• Zur dritten Staffel feierte ein umgebauter Trans Am seine Premiere, den man von der Beifahrerseite steuern konnte (»Right Hand Blind Drive Car«). Mit dem »Right Hand Blind Drive Car« war es nun möglich, dass K.I.T.T. allein vorfahren und Michael einsteigen und direkt weiterfahren konnte, ohne Schnitt. In dieser Folge sieht man gleich zwei derartige Szenen. Vermutlich wollte man das neue Gimmick vorzeigen.

Soundtrack:

• *The Politics Of Dancing* (Reflex)

Bedeutung der Folge für die gesamte Serie:

*

Herz / Humor / Action:

* * / * * * * * / * * *

Gesamtwertung:

* * *

»Fahrerflucht« / »Knights of the Fast Lane« (Folge 45)

Buch: Richard C. Okie; Regie: Winrich Kolbe
Filmdaten: 12. – 20. August 1984
Erstausstrahlung USA: So, 14. Oktober 1984 (NBC)
Erstausstrahlung Deutschland: Mo, 23. Dezember 1985 (RTLplus)

Die Cheerleaderin Stacy Courtney wird bei einem illegalen Autorennen lebensgefährlich verletzt. Michael nimmt sich des Falls an, denn Stacy ist die Tochter seines alten Partners bei der Polizei.

Kommentar:

Wieder einmal eine Folge, die sich mit Michaels Vergangenheit auseinandersetzt, zumindest indirekt. Michael untersucht den Unfall von Stacy Courtney. Der Grund: Ihr Vater Jim Courtney war sein Partner bei der Polizei, als er noch Michael Long war. »Als Anfänger, als kleines Licht, hat man keinen Partner (…), sondern einen zweiten Vater. Und das war Jim für mich«, erklärt er Devon.

Wir erleben also erneut einen Fall, der Michael persönlich nahegeht – und seine entsprechende Entschlossenheit. Devon macht er deutlich, dass er sich des Falls annehmen werde (auch wenn er nichts mit der Foundation zu tun hat); K.I.T.T. bittet er beim Abrufen des Polizeiberichts: »Streng dich bitte an. Tu mir den Gefallen, Kumpel.«

Michaels Eingreifen geht dem unwissenden Jim Courtney – wie jedem Polizisten – zunächst auf die Nerven. Am Ende gibt‘s mehr als den versöhnlichen Handschlag. Jim vermacht Michael dessen alte Marke, weil er ihn an seinen alten Partner Michael Long erinnere: »Ein besonderer Mensch. In jeder Hinsicht.« Im Hintergrund ertönt, wie immer öfter seit Staffel 3, die »Foundation-Trompeten-Musik«. Ohnehin bildet die Ebene um Michael und Jim eine schöne Klammer und einen weiteren Einblick in Michaels Vorleben.

Neben der emotionalen Schiene erleben wir in »Fahrerflucht« ordentlich Action. Michael preist K.I.T.T. gegenüber Mark Taylor an als »das schnellste Ding auf vier Rädern«, und als er mit K.I.T.T. aufs Footballfeld fährt, triggert er ihn mit den Worten: »Jetzt kannst du mal richtig angeben!« Nachdem K.I.T.T. sich beim Autorennen zuvor hatte zurückhalten müssen, zum üblichen Verdruss. »Michael, manchmal können Sie einen wirklich sehr verletzen. Von dem Wagen da lasse ich mir nicht mal die Stoßstange polieren.«

Das Thema Football spielt natürlich eine große Rolle, schon zu Beginn. Denn Michael kommt nur durch Zufall und durch eine Rüge von K.I.T.T. an den Fall. Er studiert die Sportseiten des *The Daily Chronicle,* als K.I.T.T. interveniert: »Michael, wenn Sie ein Millionen-Dollar-System schon dazu benutzen, eine 25-Cent-Zeitung zu lesen, dann aber bitte wenigstens die Titelseite. Sie sollten sich auf dem Laufenden halten.« Hier stößt Michael auf Stacys Unfall und erfreut das Fan-Herz mit einer der schönsten (und immer wieder gerne genommenen) 180-Grad-Drehungen. Apropos: Über die Fahrkünste von David Hasselhoff himself hatten wir ja schon gesprochen. Aber dennoch: Diesmal legt er, gut erkennbar, nach Besichtigung von Stacys Unfallort eine tadellose 180-Grad-Drehung rückwärts hin!

K.I.T.T. kann mit Football natürlich nur wenig anfangen. »22 Männer in lächerlicher Kriegsausrüstung, die sich gegenseitig niederschlagen, nur um an eine luftgefüllte Blase aus Schweinsleder zu kommen … Einige der menschlichen Bräuche verwirren mich, aber Football ist mir ein einziges Rätsel«, klagt er. Dass er schließlich mitspielen muss, auch noch ein zweites Mal am Ende, ist natürlich Blödsinn, aber macht Spaß.

Schön ist auch, dass Rückkehrerin Bonnie speziell in den ersten Folgen dieser Staffel oft eingebunden wird. Sie ist natürlich sauer, dass Michael tatsächlich K.I.T.T. »verloren« hat, darf sich dafür aber mit Laptop (tatsächlich im Jahr 1984!) an der Suche beteiligen und mitkommen. Die beiden fahren hierfür in Devons Mercedes, den Michael mit quietschenden Reifen durch eine Kurve wuchtet. Interessant bei der gesamten Sache um K.I.T.T.s »Verlust«: Michael zieht tatsächlich den Zündschlüssel und wirft ihn zu Mark Taylor hinüber. Bislang wusste man ja nie, ob K.I.T.T. nur via Knopfdruck gestartet wird; Michael führt zumindest nie einen Schlüssel mit. Wir können es uns aber auch anders erklären: Wenn K.I.T.T.s Systeme laufen, braucht er ihn wohl kaum abzuschließen, das kann K.I.T.T. selbsttätig übernehmen.

Eine Sache, die immer wieder lustig und absurd ist: Fast jeder Gangster, der K.I.T.T. knacken will, hat offenbar das Bedürfnis, mit einem Bohrer (!) zu versuchen, die Tür oder Motorhaube aufzubohren. Wie das gehen soll, ist die eine Frage. Die andere: Wenn man nicht um K.I.T.T.s unzerstörbaren Molekularaußenschutz weiß, würde man dann tatsächlich in Kauf nehmen, einen massiven Lackschaden zu produzieren?

Bester Dialog:
Michael *(über Videotelefon):* »Hallo Devon!«
Devon: »Hallo Michael.«
Michael: »Setzen Sie sich doch.«
Devon: »Wieviel wollen Sie?«

Trivia:
• Alan Feinstein (Mark Taylor) war in mehreren Daytime-Soaps dabei, unter anderem auch in *Nip/Tuck: Schönheit hat ihren Preis,*

Crossing Jordan: Pathologin mit Profil und *New York Cops: NYPD Blue.* Cliff Osmond (Jim Courtney) war in *Rauchende Colts* zu sehen sowie in diversen Serien und TV-Filmen. Für *Die Straßen von San Francisco* und *The Hardy Boys* steuerte er je eine Folge als Autor bei. Über Tim Rossovich (Tom Bloodworth) hatten wir in »Das endgültige Urteil« bereits gesprochen, dort spielte er den Armdrücker.

• Als Michael erstmals illegal das Banzai-Gelände betritt, grüßt er indirekt Bruce Springsteen: »Like the Boss says, cars like this were ›Born to Run‹.«

• Das »Cougar Stadium« gibt es tatsächlich, es befindet sich auf der Anlage des »College of the Canyons«, wo die Folge gedreht wurde (ebenso wie »Tödliche Manöver«). Die Sportmannschaften des Colleges tragen den Spitznamen »Cougars« (zu Deutsch: »Pumas«). Das College verfügt aktuell über acht Männer- und neun Frauenteams, darunter Baseball, Männer- und Frauenbasketball, Männer- und Frauencrosslauf, Football, Männer- und Frauengolf, Männer- und Frauenfußball, Softball, Männer- und Frauenschwimmen, Frauentennis, Männer- und Frauenleichtathletik und Frauenvolleyball.

• Eine kleine Unregelmäßigkeit: Michaels alte Polizeimarke, die ihm Jim Courtney am Ende schenkt, hat die Nummer 4262. In »Gedächtnisschwund« hingegen nennt Michael die 8043 als seine Nummer.

• Die Episode wurde durch einen Zeitungsartikel inspiriert, so Autor Richard Okie – Robert Foster habe ihm die Idee geliefert. Es gab zu jener Zeit wohl tatsächlich einige Verrückte, die nachts um 3 Uhr Straßenrennen veranstalteten.

• Der Dagger DX ist eigentlich ein Ferrari 308 GTS.

Soundtrack:

• *Talking In Your Sleep* (The Romantics)

• *Ghostbusters* (Ray Parker, Jr.)

Bedeutung der Folge für die gesamte Serie:

★★★★

Herz / Humor / Action:

★★★★ / ★★★★★ / ★★★★

Gesamtwertung:

★★★★

»Tödliches Kostümfest« / »Halloween Knight« (Folge 46)

Buch: Bill Nuss; Regie: Winrich Kolbe
Filmdaten: 1. – 8. September 1984
Erstausstrahlung USA: So, 28. Oktober 1984 (NBC)
Erstausstrahlung Deutschland: Die, 17. Dezember 1985 (RTLplus)

Bonnie ist krank – und behauptet, von ihrem Fenster aus einen Mord im Nachbarhaus gesehen zu haben. Als Michael sich die angebliche Tatwohnung anschaut, ist sie leer. Hatte Bonnie nur Halluzinationen?

Kommentar:

Nach der Weihnachtsfolge »Eine schöne Bescherung« in Staffel 2 nun also eine Halloween-Folge, ganz in der Tradition vieler amerikanischer Serien. Meist sind diese mit einigen Gruselelementen oder -effekten versehen. *Knight Rider* goes Hitchcock in diesem Fall – und das nicht zum ersten Mal. Bereits für »Der Fassadenkletterer« hatte man sich ja des großen Meisters bedient, damals allerdings mit *Über den Dächern von Nizza* eines eher sympathischen, romantischen Films, offiziell zwar im Thriller-Genre angesiedelt, aber dann doch harmlos.

In »Tödliches Kostümfest« ist‘s mit der Ruhe vorbei, hier finden wir gleich mehrere Anspielungen auf »härtere« Hitchcocks, allen voran *Psycho*.

- Der Hausmeister von Bonnies Haus heißt Norman Baines (in *Psycho:* Norman Bates). Auch er hat offenbar ein Faible für Taxidermie und sieht dem echten Norman Bates durchaus ähnlich.
- Michael und Bonnie besuchen das echte *Psycho*-Haus (das wir in *Knight Rider* schon öfter im Hintergrund erblickt haben, es steht nun einmal auf dem Universal-Gelände), die Adresse lautet: 36 Fairview Road *(Psycho* war in Fairvale angesiedelt). Michael kommentiert entsprechend: »Das kommt mir doch irgendwie bekannt vor.« Am Ende erleben wir, wie der Fenstervorhang zurückgezogen wird.
- Bonnie findet die angebliche Leiche von Linda in der Badewanne, zuvor hat sie den Duschvorhang zurückgezogen (wie Norman Bates in *Psycho).*
- Wir hören immer wieder Varianten der *Psycho*-Melodie, was übrigens Don Peake, verantwortlich für die Musik in *Knight Rider,* damit erklärte, dass Universal die Rechte daran besaß und er explizit gebeten worden war, sich des Themes für diese Folge anzunehmen.

Nichts für schwache Nerven und dunkle Nächte also. Während die Themen in »Eine schöne Bescherung« und »Der Fassadenkletterer« nur Aufhänger, die Fälle doch recht klassisch aufgebaut sind, wirkt in »Tödliches Kostümfest« zu Beginn vieles parodiert; man darf die Folge also nicht zu ernst nehmen. Zum Ende hin schwebt Bonnie dann aber in großer Gefahr, als Michael das Puzzle zusammengefügt hat und man erkennt, dass der Plot schließlich doch Sinn ergibt. Dennoch bleiben wir im Thema »Film«: Die Verfolgungsjagd endet passend im Autokino, der als Rhett Butler kostümierte Michael bringt den Mörder Simon hier zur Strecke und holt sich den Applaus der Zuschauer ab. Im englischen Original hören wir sogar noch ein »Hey, Rhett«, und Michael posiert in alter Tradition.

Wir erleben zudem einen der bekannteren »Turbo Boosts«, als Michael nach seinem Besuch beim Gorillakostümverleih den Wagen von Simon verfolgt und einen beladenen Transporter überspringt. Im Intro zu Staffel 3 sehen wir diesen Sprung regelmäßig, dort in seiner Gesamtheit geschnitten und mit klirrendem Sound unterlegt – deutlich cooler also als im eigentlichen Original.

»Tödliches Kostümfest« hat noch ein Alleinstellungsmerkmal: Es ist das erste und einzige Mal im Verlauf der Serie, dass wir die Privatwohnung eines unserer Helden sehen – weder von Michael, Devon, April oder RC wissen wir, wo und wie sie hausen. Bei Michael bekommen wir erst im Film *Knight Rider 2000* einen Einblick. Zu früheren *Knight Rider*-Zeiten hat er in diesem Häuschen am See aber wohl noch nicht gewohnt. Bonnie wird übrigens trotz aller Geschehnisse in ihrem neuen Appartement bleiben. Am Ende kommen Michael und Devon zu Besuch, was andeutet: Offenbar treffen sich die drei des Öfteren auch einmal privat – ein schöner Gedanke.

Bester Dialog:
Michael: »Jemand hat einen ganz morbiden Sinn für Humor.«
Bonnie: »So würde ich das nicht nennen.«
Michael: »Morbide?«
Bonnie: »Sinn für Humor.«

Trivia:
• »Tödliches Kostümfest« bedient sich nicht nur an *Psycho.* Dass Bonnie einen Mord von ihrem Fenster aus beobachtet, erinnert an *Das Fenster zum Hof* (ebenfalls von Hitchcock), außerdem sehen wir einen Raben am *Psycho*-Haus (wieder eine Anlehnung an Hitchcock, an *Die Vögel).* Beim Kostümball der Foundation ist Michael als Rhett Butler und Bonnie als Scarlett O'Hara verkleidet *(Vom Winde verweht),* Norman trägt einen Kürbis (wie in *Halloween III),* Simon mimt einen bösen Zylonen (siehe: *Kampfstern Galactica,* eine andere Serie von Glen A. Larson). Die rückwärts aufgenommene Adresse ist eine Anlehnung an *Der Exorzist,* und im Autokino wird *Der Schrecken vom Amazonas* gezeigt.
• Kurt Paul (Norman Baines) spielte seine Pseudo-*Psycho*-Nummer nicht nur in *Knight Rider:* Er gab im TV-Film *Bates Motel*

den Norman Bates, und in *Sledge Hammer* war er als Gerichtsmediziner Norman Blates dabei. John Calvin (Simon Grant) ist ein bekanntes Gesicht in TV und bespielte die klassischen Serien. Er war mehrfach in *Dallas, Magnum, Simon und Simon* und *Matlock* zu sehen.

• Taaffe O'Connell (Denise Reynolds) hatte bereits Grusel-Erfahrung dank ihrer Mitwirkung in *Rocknacht des Grauens* und *Planet des Schreckens*. »Ich liebe Horror und Sci-Fi«, gestand sie vor einigen Jahren. »Ich bin mit *Twilight Zone* und *The Outer Limits* aufgewachsen.«

• »Tödliches Kostümfest« wurde am 28. Oktober 1984 ausgestrahlt, also drei Tage vor Halloween. Bonnie murmelt zu Beginn jedoch vor sich hin, es seien noch zwei Tage.

Soundtrack:
• *Self Control* (Laura Branigan)

Bedeutung der Folge für die gesamte Serie:
* *

Herz / Humor / Action:
* * / * * * / * * *

Gesamtwertung:
* * *

»Der schwarze Teufel taucht wieder auf« / »K.I.T.T. vs. K.A.R.R.« (Folge 47)

Buch: Richard C. Okie; Regie: Winrich Kolbe
Filmdaten: 31. Mai – 11. Juni 1984
Erstausstrahlung USA: So, 4. November 1984 (NBC)
Erstausstrahlung Deutschland: Do, 13. März 1986 (RTLplus)

John Stanton findet ein schwarzes Auto am Strand vergraben: K.A.R.R., den »bösen« Prototypen von K.I.T.T. … Er will Michael und K.I.T.T. zerstören und lockt sie in eine Falle.

Kommentar:
Eine der legendärsten und bekanntesten *Knight Rider*-Folgen überhaupt! K.A.R.R. ist tatsächlich wieder da, und Michael und K.I.T.T. müssen am Ende alles riskieren, um ihn zu zerstören. Apropos Ende: Da stoßen K.I.T.T. und K.A.R.R. im Sprung zusam-

men, aber während K.A.R.R. explodiert und in seine Einzelteile zerfällt, erleidet K.I.T.T. anscheinend keinen Kratzer. Wie das sein kann? Wir wissen es nicht. Zwei, drei weitere Ungereimtheiten im Vergleich zur Vorfolge »Der Doppelgänger«: K.A.R.R.s Scanner ist nun gelb, außerdem hat er ein Nummernschild. Lustig ist auch: Als John sich Musik wünscht, spielt K.A.R.R. via Kassette zunächst *Jump (For My Love)* von The Pointer Sisters, und später, als er Mandy im Bikiniladen abgesetzt hat, läuft *Self Control* von Laura Branigan. Beide Songs wurden erst 1983 veröffentlicht. Wie konnte K.A.R.R. an diese Musik herankommen, obwohl er seit November 1982 im Strand vergraben war?

So weit, so fragwürdig – ansonsten ist »Der schwarze Teufel taucht wieder auf« eine der besten, für einige die beste *Knight Rider*-Folge überhaupt. Unterhaltsam, spannend, dazu unterlegt mit einem sommerlichen Soundtrack. Allein der Beginn, als John und Mandy die Entdeckung machen, den Scanner freilegen und das gelbe Licht blinkt, teils noch vom Sand verdeckt, ist stark gefilmt. Allerdings ist die Folge für *Knight Rider*-Verhältnisse auch übermäßig hart. K.A.R.R.s »Turbo Boost« in den Semi bringt Devon und Bonnie in Gefahr. Der Stimmentrick, als er kurz vor Schluss die arme Mandy entführt, sie schließlich einsperrt, ihr erst die Luft entziehen will und sie dann extrem hohen Temperaturen aussetzt, um John zu erpressen – all das ist schwer anzuschauen. K.A.R.R. zeigt hier seine Brutalität und Gnadenlosigkeit in vollem Umfang. Interessant ist auch, wie schon in »Der Doppelgänger«: Zu Beginn ködert er seine Fahrer schlau. Tony und Rev, ohnehin zwei Ganoven, kriegt er schnell mit der Aussicht auf schnellen Reichtum, den gutmütigen John zumindest anfänglich damit, sich kurzzeitig in seine Jugend zurückzubeamen. Als John aussteigen will, ist es für ihn (fast) zu spät. Auffällig ist allerdings auch die Hektik im zweiten Teil. Es wirkt fast so, als hätte man viel Action in zu wenig Folge packen müssen. Wieso hat man aus dieser Episode keine Doppelfolge produziert, nachdem Garthe und Goliath gleich zwei Mal in doppelter Länge die Ehre hatten?

Im Gegensatz zu »Der Doppelgänger« ist K.A.R.R. in »Der schwarze Teufel taucht wieder auf« allein auf Rache an Michael und K.I.T.T. aus. Alles andere ist, wie sich herausstellt, nur der Weg zum Ziel. Das ist beiden lange nicht klar: Alle möglichen Objekte, die K.A.R.R. ansteuern könnte, würden doppelt bewacht, erklärt K.I.T.T. irgendwann. Kurz darauf brettert K.A.R.R. in den Semi …

Gut ist die Idee, K.A.R.R. in der zweiten Hälfte einen neuen Anstrich zu verpassen, ihn von K.I.T.T. damit etwas abzusetzen (auch gut fürs Merchandising). Wer ihn so rasend schnell lackiert hat, bleibt offen, wir lassen es mal John gewesen sein. Er muss ja auch den Laser installiert und den defekten Alphastromkreis repariert haben. Apropos: Erinnert ihr euch noch, wie K.I.T.T. in »Tödliche Manöver« ständig seinen Alphastromkreis erwähnt hatte, der beim Abschleppen beschädigt worden war? Warum er überhaupt so wichtig gewesen sein soll, hatte man damals nicht erklärt. Wegen seines Alphastromkreises rast K.A.R.R. nun aber in den Semi. Im Skript erfahren wir, warum das so ist: Hier erklärt Michael nämlich später, falls K.A.R.R. seinen Alphastromkreis mittlerweile repariert bekommen habe, erlaube ihm das, alle weiteren Reparaturen selbst durchzuführen. Das Teil ist also offenbar durchaus bedeutend.

Die letzte Einstellung ist ein hervorragender Cliffhanger: Wir sehen die zerstörten Einzelteile von K.A.R.R., ebenso eine noch blinkende CPU. Der Gedanke dahinter war offenbar die Andeutung, dass K.A.R.R. noch lebt, um sich eine Fortsetzung offen zu halten. Warum man diese Idee in Staffel 4 nicht aufgriff, obwohl sie doch auf der Hand lag? Man weiß es nicht. Eine andere Idee wäre es gewesen, K.A.R.R.s CPU in Goliath einzubauen. Wenn dieser als brennendes Wrack aus der Wüste gerettet werden konnte, wieso dann nicht auch aus dem Meer? Es hätte die ultimative *Knight Rider*-Episode werden können! Ebenso können wir uns fragen, warum die Foundation offenbar generell nicht aufräumt: Bereits den explodierten Goliath hatte man ja in der Wüste liegen gelassen, mit bekannten Folgen … Aufgegriffen wurde ein Comeback von K.A.R.R. schließlich erst in der *Knight Rider*-Neuauflage in 2008, in einer völlig abstrusen Folge, deren Existenz wir an dieser Stelle lieber vergessen.

Was man hier allerdings loben muss (kritisiert wurde sie ja genug), ist die Miniaturarbeit. Der Sprung am Ende: Miniatur. Der Transporter auf der Brücke: Miniatur. Die Szene, in der K.A.R.R. in den Semi brettert: Miniatur. Und man hat es hier, bei normalem Hinsehen, nicht zwingend bemerkt. Vor allem der Endsprung zwischen K.I.T.T. und K.A.R.R. ist richtig gut gelungen. Die Miniaturmodelle sind in Staffel 3 sehr verbessert. K.I.T.T.s Unterboden wirkt echter, die gesamten Konturen ebenso. Und es wird nicht mehr ständig vom Boden aus gefilmt, mit Miniaturgestrüpp.

Neben K.A.R.R.s Comeback ist »Der schwarze Teufel taucht wieder auf« noch für drei weitere Dinge bekannt. Denn Jeffrey Osterhage, der John spielt, hätte beinahe an David Hasselhoffs Stelle am Steuer von K.I.T.T. gesessen. Osterhage war einer von vier Schauspielern, die im finalen Casting als Michael Knight gelandet waren (ein weiterer war Don Johnson). Rückblickend erinnert er sich, das Casting mit einem guten Gefühl hinter sich gebracht, dann aber wochenlang nichts mehr von *Knight Rider* gehört zu haben. Sein Manager informierte ihn schließlich, dass alle vier Kandidaten abgelehnt worden seien, und noch ein paar Wochen später, dass man sich die Sache überlegt und David Hasselhoff die Rolle gegeben hatte. Ein weiterer Punkt ist, dass man gar nicht sicher war, ob man wie geplant ab dem 31. Mai 1984 drehen konnte. »Der schwarze Teufel taucht wieder auf« sollte als erste Folge der dritten Staffel gefilmt werden, nur der Hauptdarsteller war am ersten Tag angeblich »krank«. In Wahrheit befand sich David Hasselhoff noch in Vertragsverhandlungen, um mehr Gage zu erhalten, am Ende mit Erfolg. Falls dieser Erfolg ihm nicht beschieden gewesen wäre – ob man John alias Jeffrey dann einfach in K.I.T.T. verpflanzt hätte?

Da »Der schwarze Teufel taucht wieder auf« als erste Folge der dritten Staffel gedreht wurde, erleben wir hier auch das eigentliche Comeback von Patricia McPherson als Bonnie. Ihre erste Szene ist äußerst angespannt, als sich Michael gegen ihren Willen ohne den Laser davonmacht. Bei der Verabschiedung stellt sie energisch klar: »Wenn K.I.T.T. was passiert, dann …« Michael grinst. »Ich liebe dich auch«, sagt er, und man spürt: David Hasselhoff grinst gefühlt noch mehr, womöglich vor lauter Wiedersehensfreude.

Bester Monolog:
Michael: »Devon, wissen Sie, ich bewundere Sie ehrlich. Ich bewundere Ihre Güte, Ihre Weisheit, Ihren Realitätssinn. Ich bewundere sogar Ihren Schlips. Aber ich sage Ihnen: K.I.T.T. und ich fahren hier in drei Minuten los, mit oder ohne die Reflektoren. Und ohne Ihren Segen.«

Bester Dialog:
K.I.T.T.: »Falls Ihr Plan schiefgeht, möchte ich nur, dass Sie wissen: Es war eine schöne Partnerschaft.«
Michael: »Das fand ich auch, mein Freund. Ja, das fand ich auch.«

Trivia:
• Jeffrey Osterhage (John Stanton) spielte in der Miniserie *Die Sacketts* an der Seite von Tom Selleck, außerdem die Hauptrolle in der Serie *Polizeibericht.* Jennifer Holmes (Mandy Moran) war eine Staffel lang in *Newhart* dabei, ebenso in *Die Spezialisten unterwegs.* Außerdem war sie in der *Baywatch*-Folge »Überfall in Malibu« zu sehen.
• Im englischen Original hat K.A.R.R. eine andere Stimme als zuvor. In »Der Doppelgänger« sprach ihn Peter Cullen, in »Der schwarze Teufel taucht wieder auf« ist es Paul Frees. Angeblich wollten die Produzenten eine »bösere« Stimme. In der deutschen Übersetzung intoniert ihn wie gehabt Rüdiger Schulzki.
• »Ich wette, George Lucas fährt so‘n Schlitten«, sagt John, als er mit Mandy vom Strand wegfährt. Eine ähnliche Bemerkung hatte Michael im Pilotfilm gemacht, als er erstmals in K.I.T.T. saß und

das Armaturenbrett begutachtete: »Looks like Darth Vader's bathroom«, sagte er hier im englischen Original.
• Mandys Bikiniladen »Endless Summer« gibt es tatsächlich, unter demselben Namen! Er befindet sich in der Main Street in Seal Beach – diese kennen wir schon aus »Eine Kleinstadt lebt gefährlich« (auch Mariettas Rahmengeschäft ist dort angesiedelt).
• Ein lustiger Dialog (aus dem Skript): Devon will Michael einen Tee bereiten und fragt, ob er »the usual«, den üblichen, also Zitrone wolle. Michael erklärt, wenn es um Tee gehe, gebe es keinen »üblichen«, er trinke so gut wie nie Tee. Devons Antwort: Ja, aber wenn er, also Michael, welchen trinke, dann meist Zitrone.

Soundtrack:
• *Jump (For My Love)* (The Pointer Sisters)
• *Self Control* (Laura Branigan)
• *Cruel Summer* (Bananarama)

Bedeutung der Folge für die gesamte Serie:
* * * * *

Herz / Humor / Action:
* * / * * * / * * * * *

Gesamtwertung:
* * * * *

»Viehdiebe – Der gemeine Apfel« / »The Rotten Apples« (Folge 48)

Story: Peter L. Dixon; Drehbuch: Gerald Sanford; Regie: Robert E.L. Bralver
Filmdaten: 22. – 31. August 1984
Erstausstrahlung USA: So, 11. November 1984 (NBC)
Erstausstrahlung Deutschland: Mo, 30. Dezember 1985 (RTLplus)

Michael und K.I.T.T. sollen der Rancherin Rebecca helfen, die mehrfach bestohlen wurde. Als sie ankommen, merken sie schnell, dass nicht alles so ist, wie es scheint.

Kommentar:
Reden wir nicht lange drumherum: »Viehdiebe – Der gemeine Apfel« ist hartes Brot, nicht nur wegen des bescheuerten Episodentitels. Michael und K.I.T.T. müssen wieder auf einer Ranch aushelfen, ähnlich wie in »Die große Dürre«. Und das geht wieder schief.

Schon Michaels Begrüßung mit Rebecca fällt ähnlich distanziert aus wie einst mit Francesca Morgan. Auch Rebecca glaubt nicht so recht, dass er helfen kann. Wo denn die anderen seien, fragt sie. »Nach den Schwierigkeiten, die ich hatte, Devon Miles davon zu überzeugen, dass ich Hilfe brauchte, dachte ich, er schickt eine Armee. Oder wenigsten einen Haufen Killer.« Zwischenzeitlich, relativ plötzlich sogar, führen die beiden dann tiefsinnigere Gespräche um Rebeccas eigentliche Absicht mit der Ranch. Kurz darauf ist sie wieder sauer und irritiert von Michaels großer Ankündigung, dass Devon komme. Wirklich nah kommt man Rebecca also nicht, obwohl ihre Bemühungen, den Kids aus New York eine Zukunft zu geben, natürlich lobenswert sind.

Aber eine *Knight Rider*-Folge ohne wirklichen Bezug zur Gastdarstellerin hat nur selten geklappt, und so ist es auch hier. Zumal auch die Bösen verschlafen sind. Sheriff Lance Barton wirkt, als sei er gerade erst 18 geworden (immerhin war er schon 32); er spielt eigentlich nur an seiner Knarre herum. Auch die anderen beiden Ganoven sind nicht heller. Dennoch ist es mehr als irritierend, als am Ende ihre kindischen Monstertrucks explodieren und Michael nicht einmal ansatzweise einen Rettungsversuch unternimmt, sondern K.I.T.T. in aller Seelenruhe erklärt, wer unter anderem nun herzukommen habe, darunter eben auch ein Krankenwagen. Das ist unwürdig für *Knight Rider*-Verhältnisse. Oder zumindest schlecht geschnitten.

Auch sonst bedient man sich aller Klischees sowohl in Sachen Farm, 80er-Jahre-Jugendgangs und korrupten Sheriffs. Dazu kommen typische Country-Klänge in der Hintergrundmusik bis hin zu Michaels gekünstelter Art, ein Stück Heu zwischen den Zähnen zu knabbern.

Normalerweise rettet in schwachen Folgen oft der Humor, aber auch hier ist diesmal Fehlanzeige. Vielleicht sollte der Rodeo-Tanz in der Bar hierfür herhalten; dass Michael sich um des Beweisstückes willen aber überhaupt darauf einlässt, ist schon weit hergeholt. Dass dann sowohl Michaels als auch des Sheriffs Rodeo derart offensichtlich in Zeitraffer gesendet wurde, zeugt von mangelndem Respekt gegenüber dem Zuschauer. Wir kennen den Zeitraffer teils von Verfolgungsjagden; auch da mindert er die Qualität, auch wenn man es teilweise mit den kleineren TV-Geräten zu jener Zeit entschuldigen kann, auf denen es nicht so sehr auffiel wie auf den heutigen. Der Bullentanz aber ist einfach nur Schwachsinn. Man hat sich zudem kaum Mühe gegeben, einigermaßen genaue Sekundenangaben zu nehmen. Selbst die Stoppuhr zeigt am Ende eine völlig andere Zeit an. Immerhin etwas lustiger ist Michaels Besuch am Tanzabend, bei dem K.I.T.T. die Jukebox hackt und sich eine Schlägerei entspinnt, die allerdings auch aus der *Nackte Ka-*

none-Schule hätte stammen können. Auch das Potenzial von Michaels netter Liebelei mit und um die gutmütige Marilyn wurde verschenkt, sie musste ja den Bus erwischen.

Wir begnügen uns also mit einem Gimmick als positiver Mitnahme: dem kleinen gesanglichen Einschub von Michael alias David Hasselhoff, als er zu Beginn zum Sheriff fährt. In der deutschen Übersetzung summt er hier nur ein paar unverständliche Worte vor sich hin; im englischen Original verstehen wir deutlich »No words for love«. Kommt euch das bekannt vor? *No Words For Love* ist ein Titel von Hasselhoffs Premierenalbum *Night Rocker.* Dieses sollte im Januar 1985 erscheinen, also ein paar Monate nach dem Dreh dieser Folge. Der Verdacht liegt nahe, dass der große Meister die Songs in jener Zeit eingespielt und, so kennen wir ihn ja, immer mal wieder vor sich hingesungen hat.

Trivia:
• Terri Treas (Rebecca Hammond) hat eine überschaubare Liste an Auftritten, vor allem im Vergleich zu den sonstigen Mitstreitern. Der wohl größte heutige Star ist James LeGros, der hier einen der New Yorker Jugendlichen spielt. Le Gros kennt man hierzulande vor allem aus *Ally McBeal,* wo er über zwei Jahre hinweg den Anwalt Mark Albert verkörperte. Seine *Knight Rider*-Rolle ist die erste, die auf *imdb.com* gelistet ist.

Soundtrack:
• *C.C. Waterback* (Merle Haggard & George Jones)
• *No Words For Love* (David Hasselhoff)
• *If You Leave Me Tonight, I'll Cry* (Jerry Wallace)
• *I'm So Excited* (The Pointer Sisters)
• *The Heart Of Rock And Roll* (Huey Lewis & The News)

Bedeutung der Folge für die gesamte Serie:
*

Herz / Humor / Action:
* / * / * *

Gesamtwertung:
*

»Michael fällt in Ungnade« / »Knight in Disgrace« (Folge 49)

Buch: Simon Muntner; Regie: Harvey Laidman
Filmdaten: 22. Juni – 1. Juli 1984
Erstausstrahlung USA: So, 18. November 1984 (NBC)
Erstausstrahlung Deutschland: Mo, 10. Februar 1986 (RTLplus)

Michael wird suspendiert, nachdem Drogen in seiner Jackentasche gefunden wurden. Er heuert bei Gangster LaSalle an, hinter dem er eigentlich her war. Dessen erster Auftrag: Michael soll K.I.T.T. stehlen.

Kommentar:

Eine ganz andere Folge, die lange Zeit viele Fragen aufwirft. Hat Michael wirklich die Seiten gewechselt – und Devon erschossen? Natürlich ahnen wir, dass alles nicht so sein kann, wie es scheint. Offiziell aber dauert es 30 Minuten, bis sich der Fall dreht, konkret, bis Michael das Vertrauen von Linda erwirbt, nachdem er das Geschehen um deren Tochter mitbekommen hat. Wenige Minuten später trifft er auf Devon, die beiden umarmen sich, dann geht's auf zum Finale.

Das Spannende ist freilich die Situation um und mit K.I.T.T. Der wurde nicht in den Plan eingeweiht, aus Angst, LaSalle könne seine Systeme anzapfen. K.I.T.T. befindet sich also im Zwiespalt: Einerseits gehört er der Foundation und heißt Michaels Verhalten nicht gut. Nach der doch sentimentalen Verabschiedung blockt er Michael zunächst ab, als dieser ihn stehlen will. Auch später stellt er sich zwar nicht gegen Michael, unterstützt ihn aber auch nicht; Michael muss manuell übernehmen. Dieser Punkt ist interessant: Wie weit kann Michael auf diese Art und Weise kommen? Würde K.I.T.T., wenn es um gefährdetes menschliches Leben ginge, wieder übernehmen? Ist die ursprüngliche Programmierung noch soweit vorhanden, dass er Michaels Befehle explizit beachten muss?

Bonnie ist ebenso nicht in den Plan eingeweiht. Am Ende verzeiht sie Michael und meint, K.I.T.T. habe gewusst, dass Michael und Devon etwas vor ihm geheimgehalten hätten. Das ist nicht korrekt übersetzt: Im englischen Original erklärt sie: »Devon told me K.I.T.T. might have sensed I was keeping something from him«, es bestanden also Bedenken, K.I.T.T. könnte spüren, wenn Bonnie ein Geheimnis vor ihm hätte! Ein spannender Punkt und ein Zeichen für die innere Verbindung zwischen Bonnie und K.I.T.T.

An Spannung und Action mangelt es also nicht. Wir sehen zudem eine schöne Sequenz, die es auch ins Intro geschafft hat, als K.I.T.T. seitlich beschossen wird. Zum ersten und einzigen Mal im Verlauf der Serie erhaschen wir auch einen Blick auf die Stelle, wo K.I.T.T. innerhalb der Foundation geparkt sein soll, wenn er nicht vor dem Gebäude steht: Offenbar steht eine größere Garage/Werkstatt für ihn parat. Allerdings wurden sowohl diese Szene als auch der Einbruch von Michael nicht im offiziellen Foundation-Hauptquartier gedreht, der Arden Villa. Diese war nur in Staffel 2 besucht worden. Für den Rest der Serie bediente man sich an bereits vorhandenem Material und entsprechenden Schnitten. Man kann es erahnen, wenn man die umliegende Gegend beachtet, bevor Michael einbricht.

Am Ende sind Michael und K.I.T.T. wieder als Team vereint – mehrfach erwähnt Michael ja Butch und Sundance aus dem Film *Zwei Banditen* mit Paul Newman und Robert Redford (Original: *Butch Cassidy and the Sundance Kid).* Das alte Teamwork funktioniert blendend, und Michael bleibt in kritischen Situationen cool wie immer. Als LaSalles bewaffnete Gefolgschaft flieht (»Von Giftgas und einem sprechenden Wagen war nicht die Rede!«), meint er trocken: »Schwer heutzutage, gutes Personal zu bekommen.« Das größte Problem der Folge: Es fehlt an einer sympathischen Nebenrolle, einer Person, für die man mitleidet. Linda soll zwar genau das erfüllen, aber man kann sie zu lange nicht einschätzen; wirklich nahe kommt man ihr nicht. Es dauert schließlich eine halbe Stunde, bis sie sich öffnen darf. Hier hätte man mehr herausholen können, zumal die Trennung von ihrer Tochter natürlich extrem emotional ist.

Eine geniale Idee ist es hingegen, einen neuen Fahrer für K.I.T.T. zu suchen und uns damit den Auftritt von Charles Wallyburton zu schenken. K.I.T.T.s Abneigung gegen den sehr von sich überzeugten Regierungsbeamten entspinnt sich in einem großartigen Dialog bei der Testfahrt. Charles – auch wir können ihn sicher Chuck nennen – nennt K.I.T.T. ständig »kleiner Freund«, also »little buddy« im englischen Original, angelehnt an »buddy«, also »Kumpel«, als den ihn Michael immer bezeichnet. Chuck ist überzeugt, den Job zu bekommen, denn »wenn Chuck Wallyburton an eine Sache rankommen will, kriegt er sie gewöhnlich auch.« Devons Ablehnung ist ebenso großes Kino. Chuck nennt Devon aus freien Stücken »Devvy« (»Dev« im englischen Original) und verspricht: »Sie brauchen mir nur ein Wort zu sagen, und dann heißt es ›Good-bye FBI‹ und ›Hallo Foundation!‹« Devons Antwort ist ein gequältes »Ja.« Auf die Ansage, man teste mehrere Kandidaten, erklärt Chuck: »Ich sage immer dazu: »Wieso sich über Schweinefilet ärgern, wenn Sie Rinderfilet auf dem Teller haben können?« Devons Reaktion: »Das sagen Sie also immer, ja?« K.I.T.T. löst die Sache dann selbst. Als Chuck wissen will, was es mit dem »Eject Left«-Button auf sich habe, empfiehlt K.I.T.T. ihm, diesen doch einfach auszuprobieren. Chuck stimmt zu und fliegt aus dem Fahrersitz. Devon erklärt, das habe er jetzt aber nicht gesehen, und K.I.T.T. braust einfach davon.

Bester Dialog:
Charles Wallyburton: »Ach übrigens, du kannst mich Chuck nennen.«
K.I.T.T.: »Das kann ich, ja. Aber warum sollte ich das wollen?«

Trivia:
• John Considine (Boyd LaSalle) war seit den 1940er-Jahren aktiv und in mehreren Episoden als Gaststar bei *Mord ist ihr Hobby* und *MacGyver* dabei. Wir sehen ihn in *Knight Rider* nochmals in einer größeren Bösewicht-Rolle als Philip Nordstrom zum Auftakt von Staffel 4. Katherine Moffat (Linda) hatte ebenso einige Rollen in den typischen 1980er- und 1990er-Jahre-Serien; eine Hauptrolle spielte sie in der kurzlebigen Serie *Boone.* Charlie Picerni (Willis) hatten wir bereits in »Eine Musterstadt ohne Verbrechen« und »Weißer Vogel« gesehen.
• Zu Beginn »videotelefoniert« Michael mit Devon, und zum einzigen Mal sehen wir, dass der Bildschirm in K.I.T.T. auch im Auto funktioniert. Fast alle anderen »TV-Szenen« wurden im Dashboard-Nachbau im Studio gedreht.
• Auch wenn die Folge in New Orleans spielen soll, wurde nicht dort gedreht, sondern in Pasadena, das teilweise so aussehe, wie Regisseur Harvey Laidman erklärte.
• K.I.T.T. zeigt wieder einmal, dass er musikalisch ein anspruchsvoller Kandidat ist. Michaels Gesangsversuche hat er in »Ich werd‘ ewig dein Freund bleiben« schon hinreichend kritisiert, ohnehin seine Abneigung gegen Rock- und Popmusik ausführlich erörtert. Als die beiden zu Beginn in New Orleans weilen, erfahren wir, dass er auch Dixieland-Jazz nicht leiden kann.
• Michaels Suspendierung ist am Ende härter als im Skript angelegt. Michael entschuldigt sich hierin für einen Kommentar, und Devon erklärt, in einer Woche würde man über die ganze Sache lachen. Bis dahin würde er Michael sehr vermissen.

Soundtrack:
• *Owner Of A Lonely Heart* (Yes)
• *Won‘t You Please Come Home* (Bill Bailey)

Bedeutung der Folge für die gesamte Serie:
* * *

Herz / Humor / Action:
* * / * * * / * * * *

Gesamtwertung:
* * *

»Tödliche Orchideen« / »Dead of Knight« (Folge 50)

Story: Janis Hendler, Tom Greene; Drehbuch: Peter Baloff, David W. Wollert; Regie: Bernard L. Kowalski
Filmdaten: 9. – 16. September 1984
Erstausstrahlung USA: So, 2. Dezember 1984 (NBC)
Erstausstrahlung Deutschland: Mi, 26. März 1986 (RTLplus)

Michael und K.I.T.T. sollen den Verkauf von tödlichem Gift unterbinden, als eine junge Tänzerin versehentlich damit getötet wird. Michael will den Hintermann aufspüren – und bekommt selbst eine Dosis verpasst.

Kommentar:

Es ist selten, dass Devon die Fassung verliert. Hier aber erleben wir ihn in extremer Rage, herausgefordert vom gewissenlosen Sonny. Devon schafft es zunächst, Michael von einem Fausthieb zurückzuhalten; nach dem nächsten blöden Sonny-Spruch ist seine eigene Geduld jedoch auch zu Ende. Schon in der deutschen Übersetzung ist das eine starke Szene, im englischen Original ist sie noch eine deutliche Spur intensiver. »Listen to me, you unconscionable lout«, beginnt Devon im besten wütenden britischen Englisch, »I‘m a man of considerable patience, but once that patience has exhausted itself, it‘s replaced by a rage the like of which you have never seen. I‘m going to ask you one more time and one more time only: Why did you try to kill Michael?« Es ist bei aller Rage die pure Poesie, wie Devon alias Edward Mulhare selbst in größter Aufregung seine sprachliche Klasse bewahrt. Dazu die Einstellung, wie er Sonny am Schlafittchen packt, mit dem ebenso erbosten Michael im Hintergrund. Es ist vielleicht eine der stärksten *Knight Rider*-Szenen überhaupt.

»Tödliche Orchideen« ist allerdings auch ein harter Fall, vor allem für Michael: Denn das tödliche Gift, das Tänzerin Lori abbekommt, war für ihn bestimmt, ebenso die zweite Dosis, die sein Date Cindy aufgrund einer Verwechslung im Orangensaft zu sich nimmt. Michael tut freilich alles, um Cindy noch zu retten (und sich selbst). Wir erleben also den berühmten »extrem entschlossenen« Michael, zum einen in Sachen Wut, zum anderen in Sachen Überlebenswillen, ähnlich wie im Pilotfilm. Umso passender ist der Zufall, dass ausgerechnet hiervon auch Szenen verwendet wurden; dazu weiter unten mehr. »Michael Knight, wie er im Buche steht. Lebt in den letzten Zügen und kämpft weiter«, erkennt Renards Partnerin Ava, als Michael die Injektion erhalten hat. »Michael, dass Sie noch am Leben sind, haben Sie nur Ihrer Willenskraft zu verdanken«, erklärt auch K.I.T.T.

So ernst der Fall ist, so schön sind die amüsanten Zwischenspiele. Zum einen ist da K.I.T.T.s Witzeerzählerei, wobei einer schlechter ist als der andere, im Deutschen noch gefolgt von einem herrlich übertriebenen Lachen – hatte man K.I.T.T. bislang jemals lachen gehört? Zum anderen die Dialoge mit Bodybuilder Arnold. Venice Beach ist natürlich ein Platz der völlig Verrückten, aber dass Arnold seine Gewichte wie selbstverständlich auf K.I.T.T.s Kühlerhaube platziert, hat schon große Klasse. Interessant ist die Aussage von K.I.T.T., als der verletzte Arnold meint, K.I.T.T. (oder die Person, die er im Auto vermutet) sei wohl besonders schlau: Er sei der Knight Industries Two Thousand, mit einer Speicherkapazität von 1.000 Megabits (und, im englischen Original: einer Reaktionszeit von 1 Nanosekunde). Zur Erinnerung: Wir befinden uns im Jahr 1984. Eine Änderung zu einem früheren Skript: Da wütete Arnold eigentlich: »How much do you weigh?«, also eine doppeldeutige Frage, wie schwer K.I.T.T. denn sei. »Thirty-two hundred pounds!«, antwortet K.I.T.T. da, also 3.200 (amerikanische) Pfund, das wären rund 1,45 Tonnen! Arnolds Reaktion: »Myyy – you are a big guy!«

Insgesamt eine starke Folge, mit viel Action für 44 Minuten Laufzeit, inklusive der zwei Verfolgungsjagden auf Sonny, dazu das sonnige, verrückte L.A. mit Leben am Venice Beach. Irritierend sind allerdings die (alten) Schnittbilder, als Michael und K.I.T.T. nach Mexiko fahren: Es geht um Leben und Tod, Cindy liegt im Sterben – und K.I.T.T. fährt in den meisten Szenen doch recht gemächlich. Das hätte man besser lösen können und müssen, selbst wenn die Crew ein paar neue Einstellungen hätte drehen müssen. Dazu kommen die Hasselhoff'schen Leidensszenen, als das Gift zu wirken beginnt; sie wecken deutliche Erinnerungen an den Ohnmachtsanfall in »Goliath«. Sagen wir's so: Leiden ist nicht so ganz sein Ding.

Bester Dialog:
Sonny: »Keine Sorge, Mr. Renard, ich kümmere mich selbst um ihn.«
Renard: »Wie?«
Sonny: »Auf die altmodische Art. Ich bringe ihn einfach um.«

Eine Auswahl von K.I.T.T.s »Witzen«:
• »Neulich war ich in einer Garage geparkt, die war so klein, dass sogar die Mäuse Buckel hatten.«
• »Ich habe neulich angehalten, um zu tanken. Und die Bedienung war so langsam, dass meine Polsterbezüge aus der Mode waren, bevor ich vollgetankt war.«
• »Als ich ein Kind war, waren wir so arm, wir konnten uns nicht

mal den Käse für die Mausefalle leisten. Jedenfalls mussten wir als Köder ein Bild von einem Käse auslegen.« – »Und, was passierte?« – »Wir fingen ein Bild von einer Maus.«
• »Ein Freund von mir ist gestern nach Las Vegas geflogen – und kam als einarmiger Bandit zurück.«
• »Vor Kurzem hat ein Mann in Las Vegas hat beim Spielen seinen Verstand verloren. Er sucht ihn immer noch.«

Trivia:
• Tony Young (Paul Renard) und Karen Kopins (Cindy Morgan) hatten einige Gastrollen im TV – Kopins war unter anderem einige Zeit in *Dallas* zu sehen. Das bekannteste Gesicht ist jedoch Stanley Kamel (Sonny Martin): Er spielte unter anderem in *Melrose Place* und *Beverly Hills, 90210*, Seine bekannteste Rolle ist jedoch die des Dr. Charles Kroger, dem Psychotherapeuten von und in *Monk.*
• Amüsanter Zufall: Rosemary sagt im englischen Original den Satz »It‘s a jungle out there« – genau das ist der Titelsong von *Monk* ab Staffel 2!
• Die Rolle der Rosemary spielt David Hasselhoffs Schwester Jean Hasselhoff. Laut Produzent Gerald Sanford habe sie Hasselhoff um eine kleine Rolle in *Knight Rider* gebeten, daher habe man überhaupt erst die Figur von Sonnys Sekretärin ins Leben gerufen. »David war begeistert, dass er mit seiner Schwester spielen durfte, und wir wollten, dass er glücklich ist.« Die Besetzung hatte eine weitere Folge, so Sanford: »Als meine Frau davon gehört hat, wollte sie auch eine kleine Rolle haben, also haben wir sie als Michelle gecastet. Welche andere Wahl hatte ich?«
• Im ersten Skript-Entwurf trinken Michael und Cindy den vergifteten Orangensaft, Michaels Zustand verschlechtert sich schon von hier an. Der Bodybuilder wird im Skript zunächst als »Mr Body« bezeichnet, später tatsächlich als »Arnold«.
• Üblicherweise trägt Michael seine Einbruchswerkzeuge in einem kleinen Etui, hier hat er den Dietrich allerdings in seiner rechten Socke.
• Für das Finale um das brennende Flugzeug wurde Material aus dem Pilotfilm wiederverwendet. Daher ist Renards Reisegesellschaft entsprechend gekleidet wie Tanya Walker und ihre Gesellen. Wir sehen sogar das Schild »Milston Airport«.
• Der Song *When Doves Cry* lief eigentlich während Cindys Tanzeinlage, als Michael sie rettet, ebenso am Ende. Auf den DVDs ist jedoch ein anderer Song zu hören (bzw. auf US-DVDs gar keiner). Der bekannte Grund: Sänger Prince, von dem bei der Originalausstrahlung ein Coversong zu hören war, hatte verboten, seine Songs zu nutzen.

Soundtrack:
- *Rebel Yell* (Billy Idol)
- *Torture* (The Jacksons)
- *When Doves Cry* (Prince)

Bedeutung der Folge für die gesamte Serie:
* * *

Herz / Humor / Action:
* * * * / * * * * * / * * * *

Gesamtwertung:
* * * *

»K.I.T.T. kriegt einen Schlag« / »Lost Knight« (Folge 51)

Buch: Robert Foster, James M. Miller; Regie: Sidney Hayers
Filmdaten: 12. – 21. Juni 1984
Erstausstrahlung USA: So, 9. Dezember 1984 (NBC)
Erstausstrahlung Deutschland: Mi, 16. April 1986 (RTLplus)

Bei einer Verfolgungsjagd wird K.I.T.T von einem umstürzenden Strommast getroffen. Als Michael den Schaden begutachten will, fährt K.I.T.T. einfach davon – er hat sein Gedächtnis verloren.

Kommentar:

Über Geena Davis hatten wir in »Der Fassadenkletterer« ausführlich gesprochen; in »K.I.T.T. kriegt einen Schlag« ist mit Jason Bateman der heutzutage vielleicht prominenteste Gaststar zugegen. Bateman, damals 15 Jahre alt, hatte zuvor schon in *Unsere kleine Farm* und *Silver Spoons* über viele Folgen hinweg mitgespielt. Nach *Knight Rider* wurde er mit *Der Hogan-Clan* bekannt. Bateman war, nach einem kleinen Karrieretief, in einer langen Reihe bekannter Filme zu sehen, unter anderem in *Super süß und super sexy, Starsky & Hutch, Trennung mit Hindernissen, Juno, Hancock, Umständlich verliebt, Kill the Boss, Bad Words* und vielen anderen. Auch in *Voll auf die Nüsse* – ob es hier sogar zu einem Wiedersehen mit David Hasselhoff kam? Als Star in der Serie *Arrested Development* gewann Bateman zudem einen Golden Globe. Zuletzt spielte er in der Netflix-Serie *Ozark* die Hauptrolle und führte Regie.

War das damals schon abzusehen? Möglich wäre es. Seine Serienmutter Lenore Kasdorf erinnerte sich zumindest vor ein paar Jahren an ihre Zusammenarbeit mit Bateman und »wie geschliffen und gut er für solch einen jungen Schauspieler war«. Das war Bateman tatsächlich, wenn man genauer hinschaut oder hinhört: Sein Dialog mit Michael zu Beginn, als dieser ihn am Fluchtwagen stellt, ist im englischen Original deutlich eleganter als in der deutschen Übersetzung, wie auch viele spätere Szenen. Es lohnt sich somit sehr, speziell diese Episode auch auf Englisch zu schauen.

Selbst wenn man als *Knight Rider*-Fan lange Zeit nicht den mittlerweile bekannten Schauspieler Bateman vor Augen hatte, so hatte man als Kind durchaus einen genaueren Blick auf seinen Doug Wainwright geworfen: Gab es einen anderen Schauspieler, der so viel Zeit mit K.I.T.T. verbringen konnte? Der ihn doch recht lange fahren durfte? Und turboboosten? Der am Ende noch mit David Hasselhoff die Gauner dingfest machte? Geben wir's zu: Man war schon neidisch auf Doug. Zumal er, wenn wir an den eher nervigen Tino in »Eine schöne Bescherung« denken, ein angenehmer Zeitgenosse ist.

Das erkennt man sogleich, als Doug und K.I.T.T. sich erstmals begegnen und K.I.T.T. um Hilfe bittet. Doug bringt ihn in einer Höhle unter und ist völlig baff: »Ein sprechendes Auto, wenn das nicht zum Verrücktwerden ist.« K.I.T.T. erklärt, noch viel mehr zu können, »wenn ich nur wüsste, was das war …« Ebenfalls schön: der Schwenk übers Armaturenbrett, als Doug einsteigt und dabei verschiedenste Funktionen erblickt. Den »Eject«-Button probiert er sofort aus, später dann die »Evade«-Funktion, die wir zum ersten und einzigen Mal erleben. K.I.T.T. kann damit auf sehr wilde Art »ausweichen«. Wie gesagt: Es muss herrlich sein, hier Doug zu spielen, ein derartiges Auto zu fahren und sich hemmungslos ausleben zu dürfen.

»K.I.T.T. kriegt einen Schlag« ist auch unabhängig von der heutigen Berühmtheit seines Gaststars eine ganz besondere Folge. Nachdem Michael in »Gedächtnisschwund« seine Erinnerungen verloren hat, trifft es hier K.I.T.T., der ahnungslos durch die Wälder ruckelt und nicht mehr weiß, wer er ist und was er kann. Michael und K.I.T.T. sind fast die gesamte Folge über getrennt, noch mehr als in »K.I.T.T. sitzt in der Falle«, wo zumindest K.I.T.T., wenn auch in anderer Form, mit Michael vereint und nur der Knight 2000 abhandengekommen war.

Am Ende dieser Episode kommt wieder K.I.T.T.s »dominante« Programmierung, menschliches Leben zu schützen, zum Tragen, als Michael die neue CPU unter dem Scannerbereich installieren muss. Michael verlässt sich allerdings nur halb auf Bonnies Entwarnung, schon mehrere Leute hätten unter K.I.T.T. gearbeitet: »Da wusste er auch ganz genau, wer ihr seid.« Ob der Gedächtnisverlust das »dominante« Programm gelöscht hat, löst sich nicht ganz auf: K.I.T.T. rollt am Ende langsam auf Michael zu, der wiederum installiert äußerst schnell – aber was, wenn es umgekehrt gewesen wäre?

Michael hatte bis dahin eine schwierige Aufgabe: Devon hatte ihn durchweg angewiesen, den gestohlenen Sprengstoff zu finden, während Michael lieber K.I.T.T. aufgespürt hätte. Sein Glück, dass am Ende alles zusammenhängt. Wir erfahren, dass die Foundation einen eigenen Helikopter besitzt, der das Fluchtauto von Bobby und Julius gefunden hat; etwas unklar bleibt, warum kein größerer Polizeieinsatz ersichtlich ist, wenn der Sprengstoff doch angeblich die gesamte Stadt hätte begraben können. Ein weiteres seltenes Bild: Michael erscheint fast die gesamte Episode hinweg in einem weißen Beach-Shirt (er hatte eigentlich einen freien Nachmittag am Strand geplant) und im doch etwas anfälligen Jeep in den Wäldern. Das Shirt passt aus unerfindlichen Gründen gut in die Folge, fast noch besser als die Lederjacke. Diese streift er sich erst in der Foundation über, bevor er Conrad Marrs aufsucht.

Ganz groß ist natürlich – sorry, letztes Mal – der Hasselhoffsche Schwächeanfall nach dem Stromschlag, inklusive Kniefall am Ende. Er ist, Achtung Wortspiel, auch die einzige Schwäche der Folge, wenn man sie überhaupt als solche bezeichnen will. Neben dem Zusammenspiel zwischen K.I.T.T. und Doug haben wir noch ein paar kleine Perlen, wie Bonnies anfängliche Schuldzuweisung, der Sorge um K.I.T.T. geschuldet, oder später ihre kleine Spitze im Rahmen der neuen CPU für K.I.T.T., als Devon sie bittet, Michael den Gedächtnisverlust zu erläutern: »Ich bin Wissenschaftlerin, Wunder vollbringen kann ich nicht.«

Großes Kino ist auch Michaels Überraschungsbesuch bei Conrad Marrs im Hotel: Dessen Freundin (laut Skript mit dem Namen Angel ausgestattet) mustert ihn erst einmal von oben bis unten bis oben und ist angenehm überrascht, was man ihr nicht verdenken kann – sah David Hasselhoff je besser aus als in dieser Szene? Angel ist allerdings nicht die hellste Kerze auf der Torte und daher ebenso überrascht, als sich herausstellt, dass Michael doch kein Freund von »Connie« ist, der sich wiederum schlauerweise Michaels gutgemeinten Rat zu Herzen nimmt (»Halllllo, erst denken, dann prügeln«) und seine Sachen packt (beziehungsweise von seiner Herzallerliebsten packen lässt).

Dennoch steht und fällt die Folge natürlich mit Doug. Nur so ein Gedanke bei allen Nachfolge-Serien- und Filmplänen: Stand Jason Bateman jemals irgendwo zur Debatte als »neuer« Michael Knight? Es hätte wunderbar gepasst, und man hätte den Kreis bestens schließen können.

Bester Dialog:
Krankenschwester Gilmore: »Ich warne Sie, Mr. Knight, Sie verlassen uns gegen den Rat der Ärzte.«
Michael: »Ich bin Ihnen dankbar, Schwester, für das, was Sie getan haben. Aber mir geht's schon besser.«
Krankenschwester Gilmore: »Wenn es Ihnen wieder gut geht, wieso lagen Sie dann wie scheintot auf der Straße und brabbelten irgendwas von einem Auto, das alleine fährt?«

Schwachsinnigste Übersetzung:
Als Bonnie die neue CPU für K.I.T.T. präsentiert, erklärt sie, diese sei neu und verbessert, »mit 5.000 Megateilen weiterer Informationen«. Im Original spricht sie freilich von »5.000 Megabits«. In »Tödliche Orchideen« hatte man »Megabits« noch passend übersetzt, warum hier nicht auch?

Trivia:
• Neben Jason Bateman ist mit Anthony James (Bobby) ein weiteres sehr bekanntes Gesicht dabei, wobei »Gesicht« hier wörtlich gemeint ist. James ist das, was man wohl eine Charakterfresse nennt; er gab entsprechend die unheimlichen Gesellen. Seine mit bekanntesten Rollen spielte er kurz vor seinem Karriereende, in *Erbarmungslos* (1992) und *Die nackte Kanone 2 ½* (1991), wo er natürlich einen Einbrecher mimte, sich mit Leslie Nielsen einen herrlichen Kampf (mit Zahnbürste und Föhn) lieferte und am Ende … nun ja … platzte. Im echten Leben verfolgte er anschließend eine erfolgreiche Karriere als Künstler, dessen Gemälde in New York, Miami und Boston ausgestellt wurden.
• Bill Cross (Conrad Marrs) kennen wir noch als ungläubigen Polizisten mit Radarpistole in »Gangster wider Willen«.
• Michael hat – wenn man dem Gespräch mit Doug Glauben schenken darf – in seiner Jugend auch Baseball gespielt, als »First Baseman« – auch wenn vermutlich in Wahrheit keine »Dinosaurier« in der Defensive standen.
• »K.I.T.T. kriegt einen Schlag« hat eine schöne Referenz an *E.T. – Der Außerirdische.* Als Doug sich an der Höhle von K.I.T.T.verabschiedet, nennt dieser ihn versehentlich Elliott (wie der Junge, der E.T. entdeckt und versteckt hatte). Der Arbeitstitel dieser Folge lautete zudem »K.I.T.T. Phone Home«.
• K.I.T.T.s Sprung über die Schlucht ist ein altbewährter, nämlich der aus »Geheimcode Topaz«. Diesmal wurde er allerdings gespiegelt.
• Noch etwas Bekanntes sehen wir: Als Michael sich bei Doug und seiner Mum verabschiedet, steht der »alte« K.I.T.T. da, mit dem alten Armaturenbrett. Warum? »K.I.T.T. kriegt einen Schlag« wurde

als zweite Folge dieser Staffel gedreht und am neuen »Hero Car« wurde offenbar zeitweise noch herumgebastelt.
• Großteile der Folge wurden in der Gegend um den »Pico Canyon Park«, nördlich von Los Angeles, gedreht – wie viele *Knight Rider*-Episoden, in denen man viel Freifläche brauchte. Auch das »College of the Canyons« befindet sich hier.

Soundtrack:
• *Caribbean Queen (No More Love On The Run)* (Billy Ocean)

Bedeutung der Folge für die gesamte Serie:
* * * * *

Herz / Humor / Action:
* * * * / * * * * / * * * * *

Gesamtwertung:
* * * * *

»Das Chamäleon« / »Knight of the Chameleon« (Folge 52)

Buch: Robert Sherman; Regie: Winrich Kolbe
Filmdaten: 24. Oktober – 2. November 1984
Erstausstrahlung USA: So, 30. Dezember 1984 (NBC)
Erstausstrahlung Deutschland: Mi, 30. April 1986 (RTLplus)

Michael verfolgt den Verwandlungskünstler J. Gordon Baxter, den er schon einmal eingebuchtet hat. Diesmal will »das Chamäleon« ein Jetpack stehlen. Michael setzt auf die Hilfe von Baxters Tochter Tonie.

Kommentar:
Eine Episode, die nach einigen Minuten schon hätte zu Ende sein können: Michael und K.I.T.T. verfolgen Baxter und stellen ihn quasi auf einem Supermarktparkplatz – dennoch entkommt er. »Das ist das Dumme, Kumpel. Das Chamäleon braucht nie mehr als ein paar Sekunden«, weiß Michael – und es beginnt eine unterhaltsame Jagd nach dem Meister der Verkleidung.
»Das Chamäleon« ist eine starke Folge, eine amüsante noch dazu. Baxter taucht fast immer irgendwo auf, wenn eine Szene fast schon ohne ihn geendet hat – die meisten Kostüme geben eine gute Tarnung ab. Mit seiner Serientochter Tonie haben wir zudem eine angenehme, sympathische Nebenfigur. Baxter selbst gehört allein

schon wegen des Vertrauensbruchs zu ihr am Ende lebenslang in den Knast.

Wiederkehrende Schmunzler bringt K.I.T.T.s Kampf mit dem Wurfzettel-Kollegen Harry mit sich. K.I.T.T. wehrt sich anfangs energisch, Harry aber verweist auf seine berufliche Ehre: Wenn er 500 Werbe-Wurfzettel auszuteilen habe, dann tue er das und werfe sie nicht weg wie andere. K.I.T.T. resigniert: »Es gibt offenbar Dinge, mit denen ich mich abfinden muss.« Bei der zweiten Begegnung teilt Harry einen Gewinnspielwisch aus, nicht minder motiviert: »Ich trage die Verantwortung, dass sich das Leben eines Menschen hier total ändern kann«, erklärt er – auch wenn man diese Äußerung beim Blick auf die Preise hinterfragen muss. Das Rätsel sei ein schwieriges, gibt er zu bedenken, was K.I.T.T., zu seinem späteren Verhängnis, sehr motiviert. Als Harry ihm am Ende die Gewinne (darunter Glückswürfel, Gardinen und ein Kompass) präsentiert und Michael sie sarkastisch kommentiert, beichtet K.I.T.T.: »Sie wissen ja, wie ich im Rätselraten bin. Und als ich das eine auf dem Werbezettel sah …« Michael beendet: »Diesem Rätsel konntest du nicht widerstehen.«

Ebenfalls lustig ist Michaels Joggingrunde mit Tonie, im fließenden Übergang mit dem Ausstieg aus dem fahrenden K.I.T.T. heraus – hier wurde das »Right Hand Blind Drive Car« glänzend genutzt. Fast alle amerikanischen Männer würden joggen, verteidigt sich Michael. »Mit ihren Hunden, nicht mit ihren Autos«, kontert Tonie. Neben kurzem Ausdauertraining erledigt Michael in dieser Folge zudem ein kleines Kraft-Intervall – Respekt, wie entspannt er den doch eher vollschlanken Ryles in die Mülltonne hievt. Ohnehin scheint es seine neue Vorliebe zu sein, die Bösewichte im Müll zu entsorgen: In »Tödliche Orchideen« hatte er auf einem ähnlichen Weg auch Sonny ausrangiert.

Wir erleben zudem eine der herrlichsten Szene der Reihe »Devon entgleisen die Gesichtszüge«. Das geschieht nicht zum ersten Mal; hier aber überrascht ihn Michael trotz der bereits langen Zusammenarbeit doch noch. Er brauche etwas Geld zum Angeben, Devon solle bitte die Bank anrufen, erklärt Michael ganz beiläufig. Wie viel, will der noch entspannte Devon wissen. Eine halbe Million, antwortet Michael wie selbstverständlich – und Devon schluckt. »Dollar?«, kriegt er noch schwerfällig heraus. Michaels logischer Konter: »Devon, ich kann doch wohl kaum mit Peseten oder Lire hingehen, oder?« Ach ja: Ganz am Anfang, als Devon anruft, hören wir eine recht lockere Begrüßung, zumindest im englischen Original: »Yo, Devon! What‘s up, buddy?«, grüßt ihn Michael hier. Ein Zusatz, der im originalen Drehbuch übrigens nicht geschrieben stand.

Bei allem Spaß müssen wir eine Sache ansprechen. Natürlich ist es großartig, wie das Chamäleon von einer in die andere Verkleidung huscht, aber dennoch: Wo hatte Baxter zu Beginn eine Perücke her, die zufällig der Haarpracht der Richterin ähnelte? Und wieso hat man nicht dauerhaft Personen zum Imitieren genommen, die ihm von der Statur her ähnlicher waren? Also eben nicht Leute wie Michael am Ende, da dieser doch deutlich größer und schlanker ist? Hier hat man zudem in der deutschen Synchronisation geschlafen. Als der Michael-Baxter die Waffe zückt, spricht er im englischen Original wieder mit der »echten«, der Baxter-Stimme, in der deutschen Übersetzung aber noch mit der von Michael.

Dafür gibt's danach einen wahren Satz von Michael, der sein Ebenbild entdeckt: »Na sowas, ich fand schon immer, es existieren von meiner Sorte nicht genug.« Können wir nur unterschreiben – wobei dank Baxters Konter auch die *Knight Rider*-Hater bedient werden: »Und ich finde, es gab schon immer einen zuviel.«

Bester Dialog:
K.I.T.T.: »Da die Soldaten des Schicksals Decknamen benutzen, haben Sie die Wahl zwischen John Doe, Jack Smith oder Joe Brown.«
Michael: »Dann doch Jack Smith. Klingt nach Gewinner.«

Trivia:
• Dick Gautier (J. Gordon Baxter) war ein etablierter Schauspieler. Vor allem in seiner späteren Schaffensphase lieh er diversen Zeichentrickfiguren seine Stimme. Lustig: Er verkörperte im Jahr 1970 kurzzeitig Batman in einer Werbung für gleichberechtigte Bezahlung von Frauen. Grund: Der Original-*Batman* Adam West wollte sich zu jener Zeit von seiner Paraderolle lösen. Kimberly Foster (Tonie) spielte in 50 Folgen von *Dallas* mit, dazu in einigen Episoden der Soap *All My Children.* Seit 1995 war sie jedoch nicht mehr aktiv.
• Dominick Brascia (Wurfzettel-Harry) sehen wir noch einmal in »Knight hinter Gittern« (Staffel 4), dann im Anzug als Anwalt.
• Laut Bonnie hatte Michael das Chamäleon im August 1982 ins Gefängnis gebracht. Das ist kaum möglich: Michael Long ist gemäß der Folge »Gedächtnisschwund« am 8. August 1982 gestorben. Zuvor hatte er intensiv am Fall um Tanya Walker gearbeitet und diesen nach seiner Operation und Genesung als Michael Knight am 26. September 1982 (US-Ausstrahlung des Pilotfilms) abgeschlossen.
• »Armand's Café« ist eine Hommage an den Film-Klassiker *Casablanca* und »Rick's Café«. Armand alias Byron Webster wurde aufgrund seiner Ähnlichkeit zu Schauspieler Sydney Greenstreet ausgewählt. Michael trifft zudem auf die Tänzerin Ingrid (nach *Casablanca*-Star Ingrid Bergman).

• *The Lucky One,* das Lied, das Tonie ständig singt, stammt im Original von Laura Branigan. Produziert wurde es von Jack White, dem späteren Erfolgsproduzenten von David Hasselhoff.
• In einem Skript fragt Bonnie, als welche Person sich Devon verkleiden würde, und empfiehlt den Schauspieler Laurence Olivier oder Winston Churchill. Michael tippt auf Boy George. Bonnie selbst verrät, sie würde als Marie Curie oder Dichterin Elisabeth Barrett Browning gehen. Michael erklärt, er würde gerne Graf Dracula geben – und fragt Bonnie, ob er sie auf den Nacken küssen dürfe.

Soundtrack:
• *The Lucky One* (Laura Branigan)

Bedeutung der Folge für die gesamte Serie:
* *

Herz / Humor / Action:
* * * / * * * * * / * * * *

Gesamtwertung:
* * * *

»Mord nach Maß« / »Custom Made Killer« (Folge 53)

Buch: Burton Armus; Regie: Harvey Laidman
Filmdaten: 15. – 22. November 1984
Erstausstrahlung USA: So, 6. Januar 1985 (NBC)
Erstausstrahlung Deutschland: Mi, 23. April 1986 (RTLplus)

Michael und K.I.T.T. sollen die Unfälle einiger Chefs aus der Mode-Branche untersuchen und bekommen es bald mit einem aufgemotzten »Killer-Auto« zu tun.

Kommentar:
K.I.T.T. muss es in dieser Staffel mit ziemlich vielen »harten« Autos aufnehmen: Nach den ferngesteuerten Karren im Auftakt waren da bereits die Banzai-Autos, K.A.R.R., die Monster-Trucks und ein speziell betankter Jeep. Nun ist es also ein »Killer-Auto« mit einer speziellen Stoßstange. Wie glaubwürdig das alles in einer Episode im Textilbereich ist? Sei mal dahingestellt. Andererseits: Wirtschaftliche Interessen sind wirtschaftliche Interessen, ginge es um zwei konkurrierende Stahlfirmen, würde man das auch nicht hinterfragen (zumindest nicht in *Knight Rider).*

»Mord nach Maß« ist eine der weniger denkwürdigen Folgen der dritten Staffel. Vieles haben wir so oder anders schon gesehen; erneut mangelt es zudem an einer sympathischen Nebenrolle – Joe Lewis, nach einiger Überredungskunst von Michael, einmal ausgenommen. Dafür bekommen wir wieder erklärt, warum die Foundation den Fall aufgreift und nicht die Polizei: Die Autounfälle hätten an drei verschiedenen Gerichtsbarkeiten in zwei unterschiedlichen Staaten stattgefunden, erklärt Bonnie, man habe keinen Grund für einen Zusammenhang gesehen. Bösewicht Grebbs erklärt es auf seine Weise: »Wieder ein Unfall für die Statistik. Die Mordkommission kümmert es nicht, und die Verkehrsplaner kriegen wieder die ganze Schuld.« Interessant auch Michaels schneller Blick für die Situation: Erpressung hat er gleich auf dem Schirm (Devon: »Ich sehe, Ihr angeborener Instinkt ist noch da«), dann rechnet er hunderte Bekleidungsfirmen auf die neun nächsten möglichen Ziele ziemlich logisch herunter. Michael kommt beim Treffen mit Debra zügig zur Sache, und diese erkennt: »Ein edler Ritter mit einer Lederjacke und einem Blankoscheck in der Tasche.«

Auffällig ist, wie oft Michael sich in letzter Zeit für Sport und Sportquoten interessiert. Diesmal schaut er ein Eishockeyspiel auf K.I.T.T.s Monitor, als Devon durchklingelt und erwähnt, Michael sei am gestrigen Abend schwer erreichbar gewesen. Es entspinnt sich eine Diskussion über die doch unterschiedlichen Arten von Tänzerinnen, und zwischendurch müsse er doch auch mal weg, verteidigt sich Michael. »Weg, von wem?«, interveniert K.I.T.T. angegriffen. Er wisse doch, wie Menschen seien, besänftigt Michael, manchmal brauche man eben eine Pause (vom Leben, wie er im englischen Original hinzufügt). »Du warst damit nicht gemeint, wir sind doch Partner.«

Lustig, wenngleich eigentlich ernsthaft, ist Michaels Zweikampf mit dem »Killer-Auto« auf dem Parkdeck. K.I.T.T. erscheint gerade noch rechtzeitig zur Rettung, nachdem Michael bereits mehrere Zusammenstöße aushalten musste und mächtig angeschlagen ist. K.I.T.T.s Kommentar: »Mein Check-up ergab keine ernsthaften Verletzungen.«

Devon, meist komplett kontrolliert, rutscht in dieser Folge nach dem Tod von O'Malley ein unpassender Kommentar gegenüber Michael heraus; beide merken es augenblicklich, und Devon entschuldigt sich sofort – vergeben und vergessen. Er verabschiedet sich wie in alten Zeiten: »Michael, good luck, old boy.« Danach muss Devon eine kurze Invasion in sein Büro aushalten: Michael legt seine Worte, kein Opfer wäre zu groß, erneut wortwörtlich aus und macht – warum auch immer – das Büro zum Lagerraum für einige Kleiderständer. Lewis kommentiert Devons Anzug nach einem kurzen ungefragten Handgriff mit den Worten: »Nicht schlecht für'n Anzug von der Stange.«

K.I.T.T. hat recht wenig zu tun; der finale Kampf mit dem »Killer-Auto« ist vorhersehbar; dafür hat er sein eigenes Problem: Ein Fotograf will sein Model – gespielt von Fitness- und Gesundheitsexpertin Maria Lauren – auf seiner Kühlerhaube ablichten (wir erinnern uns an »Geheimcode Topaz«). K.I.T.T. räuspert sich zunächst und niest dann; zum Schluss muss er sich auch noch einen Fußtritt gefallen lassen, nachdem er der Dame ihr exaktes Körpergewicht mitgeteilt hat und seinen Faux-pas natürlich nicht erkennt. Das Ende passt hierbei zur gesamten Episode: Irgendetwas fehlt, in diesem Falle eine bessere Punchline. Immerhin rauscht Michael mit einem neuen Outfit ab. Vielleicht ist es ja eins für den nächsten Tanzabend?

Bester Dialog:
Devon: »In letzter Zeit waren Sie etwas schwer zu erreichen, besonders gestern Abend.«
Michael: »Ich werde eben schwach, wenn ich Tänzerinnen sehe.«
Devon: »Tänzerinnen drehen Pirouetten zu den sanften Klängen von Violinen und Flöten, sie zappeln nicht wie wild zu den hämmernden Rhythmen von Bongotrommeln und Saxophonen.«
Michael: »Devon, diese kleinen Tänzerinnen verdienen sich doch nur Geld fürs College.«

Trivia:
• Elaine Giftos (Debra Sands) hat keine besonders lange TV- und Filmliste. Allerdings hat sie bereits mit Größen wie Barbra Streisand, Jack Nicholson und Woody Allen gespielt, mit Letzterem in *Was Sie schon immer über Sex wissen wollten, aber bisher nicht zu fragen wagten.* Alan Oppenheimer (Joe Lewis) hatten wir in »Tödliche Manöver« bereits angesprochen; diesmal spielt er einen der Guten. Kai Wulff darf hingegen erneut einen Autofahrer geben, wie schon in »Ein mysteriöser Saboteur«, diesmal einen bösen.
• Bei den Namen der Textil-Firmen und deren Inhabern, die Michael über K.I.T.T.s Bildschirm durchsieht, hat man einige *Knight Rider*-Insider hineingeschmuggelt. »MCA International« ist eine Anspielung auf die Music Corporation of America, zu der Universal gehörte, und Lew Wasserman war der Chef. Außerdem liest man von »Larson, G.«, ein Wink an Glen A. Larson. Ebenso aufgeführt ist Bruce Golin, ein *Knight Rider*-Produzent. Zudem sind Scherznamen wie Paddy O'Furniture gelistet (Patio Furniture heißt übersetzt: Terrassenmöbel).

Soundtrack:
• *What's Love Got To Do With It* (Tina Turner)

Bedeutung der Folge für die gesamte Serie:
*

Herz / Humor / Action:
* * / * * / * * *

Gesamtwertung:
* *

»Eine Nasenlänge voraus« / »Knight by a Nose« (Folge 54)

Buch: William Elliot; Regie: Bernard McEveety
Filmdaten: 3. – 10. Oktober 1984
Erstausstrahlung USA: So, 13. Januar 1985 (NBC)
Erstausstrahlung Deutschland: Do, 10. April 1986 (RTLplus)

Michael will beim Pferderennen seiner alten Freundin Maxine vorbeischauen, als diese ihm mitteilt, dass ihr Pferd King Jack nach einem Trainingssturz erschossen wurde. Michael glaubt nicht an einen Unfall.

Kommentar:
Gab es je einen schöneren Einstieg in eine Folge? Es ist wunderbar, was sich die Produzenten hier ausgedacht haben: Wir sehen den jungen King Jack auf uns zugaloppieren, dann ein Schnitt zu K.I.T.T., der die Straße entlangbraust. Wir sehen King Jacks Nase – dann K.I.T.T.s Kühlerhaube. King Jacks Beine, K.I.T.T.s Räder. Eine glückliche Reiterin, ein glücklicher … nun ja … Knight Reiter, alles unterlegt von den wunderbaren Klängen des Bob-Seger-Klassikers *Still The Same.* Wie hatte einst ein weiser Mensch gesagt? »Ich brauche keine Handlung, ich will einfach, dass es allen Protagonisten gut geht.« So könnte es weitergehen, dann aber kommt ein scharfer Cut: King Jack wird – vermeintlich – getötet.

Hatte in »Mord nach Maß« noch ein sympathischer Gaststar gefehlt, haben wir hier mit Maxine eine der nettesten Mitspielerinnen. Sie ist eine alte Freundin von Michael, sie kennen sich von einem alten Fall. K.I.T.T. hat King Jack damals angeblich im Anhänger durch den Schnee ziehen müssen. Wir wissen ja, wie sehr K.I.T.T. »abschleppen« liebt. Schade jedoch für uns, dass wir dieses Bild nie gesehen haben. Michael liegt der Fall umso mehr am Herzen, als er von dem Unfall hört; er kann nicht glauben, dass Maxine ihr Pferd falsch geritten habe, und er liegt natürlich richtig (Michael ist ja nicht nur Hobbypsychologe, sondern auch Pferdeflüsterer).

Eigentlich klingt die Story nett, zu viele unpassende Nebenschauplätze machen sie jedoch etwas zerfahren. Ein ausländischer Käufer, die Casino-Szene, Michaels Entführung … irgendwie passt das alles nicht so recht hinein. Man hätte womöglich mehr Zeit auf der Rennbahn einbauen sollen, zumal wir K.I.T.T.s Tricks am Roulette-Tisch bereits in »Goliath« erlebt hatten.

Ein lustiger Einfall ist »Bonnies magische Geldmaschine«, wie Michael sie bezeichnet, auch wenn K.I.T.T. erklärt, dass daran nichts Magisches sei, sondern es sich um einen Auto-Geldautomaten handele; man müsse jeden Dollar abrechnen. Egal wie: Die Geldmaschine bedient den Humorteil über die gesamte Folge hinweg. Beim Besuch im Semi fallen Bonnie die fehlenden 40 Dollar sogleich auf, ebenso eine fehlende Quittung. Er sei nun einmal unterwegs, könne nicht auf jeden müden Dollar achten, verteidigt sich Michael schwach. K.I.T.T. will helfen – ob der Fehler möglicherweise bei ihm liege? Bonnie glaubt kein Wort. »Nein!«, sagt sie energisch. »Und wenn du ihn deckst, überlastest du deine Systeme, K.I.T.T.« Es ist umso erstaunlicher, da K.I.T.T. eigentlich Michaels Verwendung der Kohle für einen Wett-Einsatz missbilligt hat.

Ebenso erstaunlich ist, dass er den Pferdewetter Oscar mit Tipps unterstützt. Interessant hierbei: Auf seinem Monitor erscheint nach einer »wissenschaftlichen Prognose« das Ergebnis unter dem Titel »K.I.T.T.s Pick«. Um Oscar loszuwerden, erklärt er in gepflegtester Sprache: »Und nun ersparen Sie mir Ihre Gegenwart und entfernen Sie sich freundlicherweise in Richtung Wettschalter.« K.I.T.T. ist letztlich derart im Pferdewetten-Modus, dass er einem Valet nach seiner Abfahrt auf dessen »Und wo ist der Tip?« statt Trinkgeld einen Tipp fürs nächste Rennen gibt.

Leider ist das eigentlich schöne Ende (wieder auf der Rennbahn, diesmal mit der gesamten Foundation-Familie) ungut übersetzt. Oscar fährt ein und motzt Michael an, der ihm den vermeintlichen Tipp mit dem Rennpferd »Foster's Folly« gegeben habe, 20 Dollar seien dahin, sein ganzer Wochengewinn. Im englischen Original sagt Oscar jedoch, 20 Dollar habe er für Michael gesetzt (also für K.I.T.T.), sie seien ja kaum der Rede wert. Ihm selbst hingegen sei sein gesamter Wochengewinn verloren gegangen. »Jetzt muss ich doch noch anfangen zu arbeiten«, wütet er und rauscht davon, passend zur Folge in einem Ford Mustang, mit dem Pferde-Symbol vorne.

K.I.T.T. kommt aus der Sache nicht gut heraus. Er verteidigt sich damit, doch nur versucht zu haben, Michaels Schulden in der Kasse zu begleichen. »Statistisch gesehen hätte ich nicht verlieren können«, erklärt er, und Devon kommentiert: »Das sagen alle Spieler.« K.I.T.T.s Bitte an Michael, ihm 20 Dollar zu leihen, unterbindet Devon mit einem klaren Kopfschütteln – und Michael mit einem ebenso klaren »Nein.«

Bester Dialog:
Bonnie: »Sei vorsichtig!«
Michael: »Danke, Bonnie.«
Bonnie: »Und pass auch auf dich auf.«

Trivia:
• Toni Hudson (Maxine Fleming) war nach einigen Gastrollen in den 1980ern kaum noch aktiv, seit 2016 ist sie aber wieder öfter im TV zu sehen. Sie war einst mit Dirk Benedict (»Face« aus *Das A-Team)* verheiratet, mit dem sie auch zwei Kinder hat. Patrick St. Esprit (Tommy Lee Burgess) ist speziell ab den 2010er-Jahren häufig im TV gewesen, unter anderem längere Zeit in *Sons of Anarchy* und zuletzt in *S.W.A.T.* Don Gordon (Randy Cavanaugh) kennen wir noch als am Ende doch gutmütigen Polizisten in »Das endgültige Urteil«.
• Hudson reflektierte die Episode in 2022 und erinnerte sich an eine schöne Szene im Nachklapp. Sie sei über ihren damaligen Mann bei einem *A-Team*-Dreh auf einem Schiff in Mexiko gewesen. Als sie essen gegangen sei, habe sie plötzlich ein kleines, vielleicht achtjähriges Kind getroffen, das sie angeschaut und gefragt habe: »Wie geht's King Jack?«
• King Jack war in einem frühen Skript als »Knightrider« tituliert. Die Beschreibung: »a magnificent black stallion with a reddish blaze on its forehead«, also »ein prächtiger schwarzer Hengst mit einer rötlichen Blesse auf der Stirn«.
• Michael erklärt, Maxine von der »Grimaldi-Sache« zu kennen – ein Wink in Richtung des *Knight Rider*-Produzenten Gino Grimaldi. K.I.T.T.s Erwähnung des Pferdes »Foster's Folly« (das gnadenlos untergeht) ist ein Bezug auf Robert Foster.
• Leigh Lombardi spielte die Dame am Roulettetisch. Beim Casting habe sie Schuhe mit hohen Absätzen getragen – um den Größenunterschied zu David Hasselhoff etwas auszugleichen, erklärte sie. An diesen habe sie indes nur gute Erinnerungen, auch als sie ihn viele Jahre später in einem Restaurant in New York wiedergetroffen habe. »Ich habe Hallo gesagt und ihn daran erinnert, dass wir mal zusammengearbeitet haben. Er war sehr herzlich und hat netterweise so getan, als würde er sich an mich erinnern.«

Soundtrack:
• *Still The Same* (Bob Seger)

Bedeutung der Folge für die gesamte Serie:
*

Herz / Humor / Action:
* * / * * * / * * *

Gesamtwertung:
* *

»Eine schreckliche Falle« / »Junk Yard Dog« (Folge 55)

Buch: Calvin Clements Jr.; Regie: Georg Fenady
Filmdaten: 13. – 21. Dezember 1984
Erstausstrahlung USA: So, 3. Februar 1985 (NBC)
Erstausstrahlung Deutschland: Do, 24. April 1986 (RTLplus)

Als Michael eine illegale Giftmülldeponie untersucht, wird K.I.T.T. dort hineingeworfen und fast vollständig zerstört. Als er technisch wiederhergestellt ist, bleibt ein Problem: K.I.T.T. hat Angst.

Kommentar:

»Er existiert nicht mehr«, sagt Bonnie, als sie im Semi den völlig kaputten K.I.T.T. begutachtet. »K.I.T.T. ist zerstört.«

Dass K.I.T.T. ordentlich demoliert wurde, ist per se nichts Neues. Bereits in den Auftaktfolgen der Staffeln 2 und 3 war dies der Fall (in der von Staffel 4 wird es wieder so sein). Aber in einer »regulären« Episode, mittendrin, geschieht es zum einzigen Mal. Und während K.I.T.T. sonst recht schnell und ohne allzu großes Aufsehen – oder das Einfliegen von Experten – repariert wird, dreht sich hier ein Großteil der Folge um den Prozess der Wiederherstellung, übrigens nicht nur der Funktionen: K.I.T.T. ist so kaputt wie nie. Bislang war er zumindest noch »da«, konnte sprechen, war nur mächtig zerbeult. Als er aus der »schrecklichen Falle« geborgen wird, ist außer seiner Karosserie fast nichts mehr vorhanden. Während der Wiederaufbau ansonsten immer eine klare Sache war, ist nun fraglich, ob K.I.T.T. überhaupt noch einmal der Alte werden würde. Nur noch winzige Spuren seiner Datenbank seien vorhanden, erklärt Bonnie. »Es ist nicht eine Frage der Reparatur. Es ist eine Frage der Neuschaffung.« Bonnie verdeutlicht: »Wir können die Teile wieder neu schaffen, aber ob daraus jemals wieder K.I.T.T. wird, kann ich nicht sagen.« Das Originalteam, das Wilton Knight zusammengestellt hatte, muss nun herhalten: Dr. Von Voorman, Dr. Yamata und Dr. Breeland.

Während sich »Eine schreckliche Falle« vordergründig um K.I.T.T.s Reparatur dreht, lässt sie uns tief in die unterschiedlichen »Funktionsarten« von Bonnie und Michael blicken – und letztlich auch, warum sie einander so gut ergänzen. Bonnie kümmert sich um die technischen Belange, Michael um die emotionalen. Beide geraten dabei heftig aneinander: Als Michael erstmals mit dem teils reparierten K.I.T.T. spricht (über den Fernseher aus »K.I.T.T. sitzt in der Falle«), klingt K.I.T.T. matt, gibt nur einsilbige Antworten, und Michael muss sich für eine optimistische Haltung arg zusammenreißen. »Er ist es nicht«, sagt er, als er mit Bonnie spricht. Die fährt aus der Haut: »Ich weiß nicht, was du von ihm erwartest,

Witze und Geplauder vielleicht?« Als Zuseher versteht man beide, denn genau das ist es, was Bonnie zu Beginn gemeint hatte: K.I.T.T. bestand aus mehr als nur seinen Computerteilen; auch seine Persönlichkeit hatte sich im Lauf der Zusammenarbeit mit Michael entwickelt, seine »menschliche« Art. Ein Computer, der nur Fakten liefert, war K.I.T.T. nie. Wenig später ist man dann einigermaßen beruhigt, die Testfahrt allerdings misslingt: K.I.T.T. fährt ein Hütchen nach dem anderen um, beim »Turbo Boost« über ein kleines Hindernis bleibt er hängen. Bonnie will beruhigen: »Er muss sich einfahren, vielleicht sind die Stoßdämpfer zu hart«, aber Michael spürt mehr: »Nein, das ist es nicht. Sieh ihn dir an.« Von Voorman spricht es aus: K.I.T.T. sei verletzt worden, er sei doch normal, dass er nicht wieder verletzt werden wolle. Man solle ihn vielleicht besser nur noch als Gebrauchswagen einsetzen. Michael interveniert: »K.I.T.T. is the world's greatest automobile«, sagt er (auf Englisch). Als K.I.T.T. nach einem kleinen Brand abgeschleppt werden will, wird Michael deutlich: Es gehe nun zurück in die Werkstatt, beim nächsten Mal fahre man die Teststrecke zusammen, und zwar perfekt. »Hast du das verstanden, K.I.T.T.?«

Michaels Meisterwerk kommt zum Tragen, kurz bevor es ernst wird. Er holt aus bis zum Pilotfilm um Tanya Walker und dem Schuss in sein Gesicht. Noch Tage später habe er den Revolver aufblitzen sehen, noch Monate später sei er zusammengezuckt, wenn ein Streichholz entzündet worden sei oder Autoscheinwerfer sein Gesicht gestreift hätten. Wie er es überwunden habe? Gar nicht. Das sei von selbst geschehen. Er habe nicht nachgegeben und getan, was getan werden musste. K.I.T.T. versteht.

Zum ersten und einzigen Mal sehen wir auch ein weiteres Gelände der Foundation, das mit einem großen »Foundation for Law and Gouvernment«-Schild als solches kenntlich gemacht ist; auch das Testgelände ist offenbar dort angeschlossen. Im Skript ist es als »Foundation Foundry« bezeichnet, also »Foundation-Fabrik«. Es scheint letztlich eine Art Entwicklungszentrum zu sein. Im Inneren stehen Teile von Autos herum, Michael passiert zudem Büros mit den Hinweisen »Electronics« und »Welding« (Schweißen).

Interessant sind die Szenen, als das Originalteam ankommt und sich mit Bonnie ans Werk macht. Michael steht Bonnie mehr oder weniger im Weg, verliert sich in Tagträumen; Bonnie hingegen sehen wir erstmals außerhalb ihrer Arbeit im Semi so richtig in ihrem Element. Das Ganze erinnert an eine typische Krankenhausszene: Der Patient (K.I.T.T.) ist im OP, die Ärztinnen und Ärzte (Bonnie und Kollegen) schwirren um ihn herum, der Angehörige (Michael) kann nur warten, ist machtlos und bekommt irgendwann mitgeteilt, er möge sich doch bitte ein wenig ausruhen. Auch das Skript spricht übrigens von einem »Emergency Room«, in dem sich K.I.T.T. befinde.

Eine eigentlich unerhebliche Kleinigkeit sei auch noch erwähnt: Michaels nächtliche Untersuchung von Birocks Büro. Das sieht verdammt professionell aus, auch in Sachen Kleidung. Michael ist komplett schwarz angezogen; dazu trägt er ein dunkelblaues Halstuch, was allem noch einen Hauch Mystery mitgibt (der tatsächliche Grund war womöglich eher, dass im Dezember gedreht wurde).

Zwei Dinge, die man besser hätte machen können, müssen wir dennoch erwähnen. Zum einen geht es um K.I.T.T.s Tauchgang in der Giftgrube. Die Miniaturarbeit hat sich im Vergleich zu Staffel 2 deutlich verbessert, teils muss man selbst auf großen Fernsehern genau hinschauen, um sie als solche zu entdecken. Hier gibt es einen klaren Rückschritt: Als K.I.T.T. untergeht, wirkt er wie ein Spielzeugauto. Die Dimensionen und vor allem der Scanner sind völlig lächerlich. Hätte man das nicht mit einem echten, alten Trans Am lösen können – zumal man auch einen echten herausgezogen hat? Etwas irritierend ist auch, dass Devon ausgerechnet in dieser Folge wegen Rückenproblemen außer Gefecht gesetzt ist und nur einmal, zu Beginn, kurz zugeschaltet wird. Ob Edward Mulhare zu jener Zeit andere Verpflichtungen hatte?

Und das Ende: Ja, Michael küsst fast immer seinen weiblichen Co-Star, aber Fran – bei aller Liebe – hat hier nichts zu suchen. Zum einen waren sie und Michael sich wirklich nicht nahegekommen, aber vor allem hat eine romantische Anbandelei in dieser Episode kein Recht. Das Finale hätte einzig und allein Michael, K.I.T.T. und vor allem Bonnie gehört.

Bester Dialog:
Michael: »Startklar?«
K.I.T.T.: »Startklar. Und Michael … danke.«

Trivia:

• Ramon Bieri (John Birock) kam vom Theater und hatte eine ordentliche TV-Karriere, in der er meist Bösewichte oder Gangster verkörperte. Wir kennen ihn noch aus »Das endgültige Urteil«. Die Karriere von Heather McNair (Fran) war überschaubarer. Sie spielte amüsanterweise eine Dauerrolle in *Automan,* einer kurzlebigen Serie von Glen A. Larson.

• Die »Foundation Foundry« mit der Teststrecke ist wieder einmal das »College of the Canyons«, das wir bereits aus »Tödliche Manöver« und »Fahrerflucht« kennen.

• Kommt euch die Musik bekannt vor? Don Peake hat sich hier dem *Axel Foley Theme* aus *Beverly Hills Cop* angenähert, wobei er später erklärte, es sei mehr »das Gefühl hieraus«. Auch in der nächsten Folge »Der Konkurs« ist dieses »Gefühl« zu hören. Mehr dazu gibt es im Kapitel »Musik in *Knight Rider«*.

Bedeutung der Folge für die gesamte Serie:
* * * * *

Herz / Humor / Action:
* * * * / * / * * * *

Gesamtwertung:
* * * *

»Der Konkurs« / »Buy Out« (Folge 56)

Buch: George S. Dinallo; Regie: Jeffrey Hayden
Filmdaten: 8. – 18. Januar 1985
Erstausstrahlung USA: So, 10. Februar 1985 (NBC)
Erstausstrahlung Deutschland: Do, 15. Mai 1986 (RTLplus)

Michael und K.I.T.T. untersuchen einen angeblichen Unfall bei einer Karosseriefirma, bei dem der Testfahrer getötet wurde. Als Michael mitbekommt, dass das Management die Firma aufkaufen wollte, hegt er einen Verdacht.

Kommentar:

Einer »Klassiker«-Episode zu folgen, ist nicht immer leicht, hier hat man allerdings vieles richtig gemacht. »Der Konkurs« ist eine unterschätzte, weil richtig gute und kurzweilige Folge, einfach ein »klassischer« *Knight Rider.*

Dabei klingt die Inhaltsbeschreibung eher dröge: ein drohender Konkurs, mangelhafte Autotüren, Testgelände … Aber nichts da! Das fängt bereits bei der herrlichen Musikuntermalung von Don Peake an, als Michael und K.I.T.T. zu Beginn durch die Landschaft cruisen – man ist von Anfang an gut drauf, oder? Dazu haben wir mit Eugene Hanson einen glaubwürdigen Fiesling, dem genügend Raum gegeben wurde und der einem, wäre er etwas sympathischer, fast leidtun könnte, mit einer Frau wie Lilah an der Backe. Auf der anderen Seite haben wir mit Mel eine äußerst sympathische Gastdarstellerin: Mel ist nett, hat ein ehrbares Anliegen mit der Rettung der Firma und der Sorge um die Kollegen, und Michael hat auch sehr schnell ein Auge auf sie geworfen. Hinzu kommen starke Actionszenen für K.I.T.T., der sich zunächst bei einer Testfahrt zeigen kann – Wahnsinn, wie viele 360-Grad-Drehungen am Stück wir hier sehen! Und am Ende, auf der Vorführstrecke, bringt er Hansons Schieß-Maschinerie mit einem »Turbo Boost« zur Strecke. Hanson hatte K.I.T.T. zuvor schlicht, aber effektiv mit einem

Wagenheber außer Gefecht gesetzt. Ein starker Move, da es keine Elektronik gab, die K.I.T.T. aktivieren konnte (was ihn sonst allerdings auch nicht immer abschreckt, K.I.T.T. öffnet schließlich regelmäßig Schlösser). Im Gegensatz zu »Eine Nasenlänge voraus« hat man bei »Der Konkurs« die Handlung schlicht gehalten, ohne ablenkende und verwirrende Nebenszenen, und das tut gut. Michael und K.I.T.T. untersuchen den Fall bei »Armorbuilt«, und gut isses.

Den ganz großen Spaß bringt vor allem die Nebenhandlung um K.I.T.T.s Wert, die sich nicht nur durch die gesamte Folge zieht, sondern gleich drei Personen beschäftigt. »Old Eddie« hat das Thema angefangen, nachdem Michael und K.I.T.T. ihre Vorführung beendet hatten, und K.I.T.T. bombardiert Michael mit absurden Weltuntergangsszenarien, um einen Preis zu hören. Der nimmt das freilich nicht ernst (»Könnte Mel dabei sein?«), was K.I.T.T. nervt: »Was muss ich denn noch tun, um mal eine seriöse Antwort von Ihnen zu bekommen?« Antwort von Michael: »Dann sei doch mal seriös.« Der nächste Versuch endet ebenso erfolglos für K.I.T.T., als Michael ihn als »unerschwinglich« bezeichnet. »Wissen Sie, in letzter Zeit habe ich das Gefühl, dass Sie meine Fragen freudig beantworten, ohne sie wirklich zu beantworten.« Da hat leider die deutsche Übersetzung geschlampt. K.I.T.T. fragt hier »Ist das richtig?«, während er korrekt übersetzt fragen müsste: »Ist das richtig oder falsch?« Denn nur so passt der Gag mit Michaels »Ja« als Antwort.

Eddie selbst hat zwei Mal die Chance zum Gebot, kommt aber nicht zum Punkt – Michael muss die Verhandlungen jeweils abbrechen, weil er K.I.T.T. braucht. Genial gelöst ist dann das Ende: Michael gibt den Überraschungschauffeur für Lilah, die ihn mit 125.000 US-Dollar bestechen will; als K.I.T.T. dazwischenfunkt, bietet sie auch ihm 25.000 US-Dollar an, nicht ahnend, dass sie mit einem Auto verhandelt. K.I.T.T. spielt zu Recht den Beleidigten: Das Angebot sei »nicht akzeptabel«, erklärt er und kommt auf Michaels Angebot zurück, die Aussichtsstraße auf dem Weg zum Gefängnis zu nehmen. »Dann fahre ich schon lieber durch den Park.«

Wir erleben zudem das typische Michael-Knight-Grinsen, als dieser sich überreden lässt, erneut mit den potenziellen Käufern zu verhandeln. Als er aufgefordert wird, sein Können am Steuer vorzuführen, setzt er sich wortlos die Sonnenbrille auf; es folgt ein genialer Schnitt auf K.I.T.T.s durchdrehende Räder. Beim Abfangen der Käufer vor deren Hotel erhaschen wir ein feines Innenraumbild auf K.I.T.T.s Armaturenbrett, und Michael zeigt sich, wie schon in »Eine schreckliche Falle«, als großer Motivationskünstler. Die Idee, ihn zum Schluss als Chauffeur zu besetzen, ist herrlich, ebenso sein »chauffeurhafter« Tonfall, als K.I.T.T. nochmals nachhakt (kommt leider in der deutschen Übersetzung nicht rüber).

Einzig auf Devon müssen wir erneut »in echt« verzichten. Wieder sehen wir ihn nur über K.I.T.T.s Monitor. Bonnie begrüßt Michael und K.I.T.T. dafür im Semi, vertritt den gemeinsamen Boss allerdings standesgemäß mit den besten Vorsichtswünschen in der Teeküche. Nebenbei gefragt: Sah Bonnie jemals besser aus als hier?

Noch eine Kleinigkeit: Liegt's an der Sonne, oder erscheint Michael alias David Hasselhoff in dieser Episode besonders gut gelaunt? Oder ist es das rosafarbene Hemd? Man weiß es nicht. Aber den Spaß an dieser Folge kann er sichtlich nicht verbergen – gut so!

Bester Dialog:
Michael *(als er sich bei Mel vorstellt)*: »Michael. Michael Knight.«
Mel: »Ah, oh, von der Foundation. Devon hat mir alles über Sie erzählt.«
Michael: »Oh ja, das ist eine seiner schlechten Angewohnheiten.«

Trivia:
• Clu Gulager (Eugene Hanson) ist ein extrem profilierter Schauspieler, der noch weitere Male mit David Hasselhoff zusammen spielte, in *Der Schrecken der London Bridge* und *Piranha 2.* Susanne Reed (Lilah Graham) stand ebenfalls nochmals mit Hasselhoff in *Baywatch* vor der Kamera. Robin Dearden (Melanie Mitchell) kennen wir noch aus der Folge »Ein mysteriöser Saboteur« als etwas nervige Liberty.
• Gulagers »Gene Hanson« ist nach dem echten Gene Hanson benannt, der am Buch für »Eine schreckliche Falle« mitgeschrieben hatte, aber nicht in den Credits aufgeführt wurde.
• David Hasselhoff genießt den Ruf, sich nicht immer exakt an Drehbücher zu halten. *Baywatch*-Erfinder Greg Bonann bezeichnete Hasselhoff einst als »den größten Improvisator der TV-Geschichte: Er kommt rein, schaut sich eine Drehbuchszene an und sagt ›Das ist nichts.‹« Es habe einige Schauspielerinnen damals echt verängstigt, wenn Hasselhoff einfach das Skript weggeworfen habe, so Bonann, insbesondere Gena Lee Nolin (als Hasselhoff das klar wurde, habe er sich daraufhin in Szenen mit ihr immer exakt ans Drehbuch gehalten). In *Knight Rider* waren eigenständige Textänderungen nicht in diesem Ausmaß der Fall (im Gegensatz zu *Baywatch* war er hier ja »nur« Schauspieler und nicht auch noch Produzent), allerdings behielt sich Hasselhoff durchaus das Recht vor, einige Zeilen leicht abzuändern, wie die *knightriderarchives* dokumentiert haben. Aus dem im Skript stehenden »Let's go get *me* the job« machte er ein »Let's go get the job«, auf K.I.T.T.s Hinweis des unerlaubten Parkens aus »So is the way I parked« ein »So is the way *we* parked«, und aus »plummeted like a rock« (über K.I.T.T.s Wert) ein »We wouldn't have to worry«. Keine Ände-

rungen aus Qualitätsgründen freilich, sondern um den Teamgeist zwischen ihm und K.I.T.T. hervorzuheben. Ähnliche Änderungen findet man noch viele Male mehr im Verlauf der Serie.

• Nach »Gangster wider Willen« sehen wir auch Stuntman Jack Gill in einer kurzen Nahaufnahme: als Limousinenfahrer im tödlichen Test.

Bedeutung der Folge für die gesamte Serie:
*

Herz / Humor / Action:
* * * / * * * * * * / * * * *

Gesamtwertung:
* * * *

»Ein Neubau mit Wanzen« / »Knightlines« (Folge 57)

Buch: Richard C. Okie; Regie: Charles Watson Sanford
Filmdaten: 20. – 29. Januar 1985
Erstausstrahlung USA: So, 3. März 1985 (NBC)
Erstausstrahlung Deutschland: Mi, 9. April 1986 (RTLplus)

Michael untersucht den Tod des Baustellenarbeiters Kevin Morgan und hat schnell Zweifel an einem Unfall. Bei dessen Frau Janet findet er schließlich ein neuartiges Abhörgerät.

Kommentar:

Wie man eine Folge mit eher kantigen Themen rund um Maschinenbau und Ingenieurskunst gut, lebendig und kurzweilig umsetzt, haben wir gerade bei »Der Konkurs« gesehen. Mit »Ein Neubau mit Wanzen« folgt eine ähnlich angelegte Story, die mit der vorherigen jedoch nicht mithalten kann.

Schon der Beginn ist wirr. K.I.T.T. mokiert sich über die Namen der Bands Twisted Sister, Quiet Riot und Iron Maiden; speziell Iron Maiden waren 1986 auch in Deutschland schon gut bekannt. In der deutschen Übersetzung aber nennt K.I.T.T. die wörtlich übersetzten Begriffe. Michael erklärt K.I.T.T.: »Heavy metal, partner, Heavy metal. Macho rock 'n' roll.« Im Deutschen faselt er etwas von Schwermetall, Eisen und Stahl. Michael fragt dann, wie K.I.T.T. eine Band nennen würde. Im Deutschen will er wissen, was K.I.T.T. zu dem Wort »Band« einfalle; er spricht dann über das »Band der Liebe« oder »Band der Ehe«. Schließlich biegt man, sowohl auf Englisch als auf Deutsch, noch eine Verknüpfung zur Foundation hin, als Devon anruft. Anders gesagt: Der Dialog ist auf Englisch schon fragwürdig, in der deutschen Übersetzung ergibt er überhaupt keinen Sinn.

Barnes und Soltis sind natürlich zwei Widerlinge, das wird früh klar – speziell Barnes aber schaut größtenteils hauptsächlich besorgt, anstatt zu handeln, im Gegensatz zum agilen Gene Hanson in »Der Konkurs«. Immerhin kann er sich offenbar unsichtbar machen: Als Michael sich mit ihm treffen will, soll K.I.T.T. ihn orten, was er aber nicht kann; im nächsten Moment kommt Barnes schon um die Ecke. Und das Finish am Bau: Erneut erleben wir eine ungeschickte Miniaturarbeit, als K.I.T.T. im Schlamm feststeckt. Wenn schon nur seine Reifen gezeigt werden, dann doch bitte auch etwas mehr angelehnt an seine Originalreifen! Und warum er den Stromkreis nicht via »Micro Lock« unterbrechen kann, wie er es sonst immer tut, erschließt sich auch nicht.

Die Lichtblicke: K.I.T.T. als Lehrer für den Schulschwänzer Billy. Wären Geschichte und Physik immer so anschaulich, die Welt wäre sicher eine bessere, wenngleich Michael der nächtlichen Nachhilfe wenig abgewinnen kann. »Du verwirrst ein unschuldiges Kind!« Ach ja, Stichwort Jugendschutz: Darf K.I.T.T. einfach so ein Kind ins Auto locken? Nach der ersten Geschichtslektion rettet er sich: »Und steig nie mehr in das Auto eines Fremden ein!«

Immerhin auf Englisch lustig ist eine Szene zu Beginn. Michael wird von seinen Gegenspielern ja gern mit abfälligen Spitznamen bedacht, wie »Stretch« oder »Wise guy«. Als er hier das beschädigte Geländer begutachtet und entdeckt wird, führt ihn Hannegan gegenüber Barnes als »Gorgeous here ...«, also als »Der Hübsche hier« ein. Im Deutschen hat man leider nur ein »Der Kerl hier ...« daraus gemacht.

Emotional sind dafür Michaels Szenen mit Janet. Dieser stellt er zu Beginn zwar die etwas merkwürdige Frage nach einer möglichen Freundin von Kevin, ohne dass irgendein Zusammenhang im Raum stünde. Danach zeigt er viel Verständnis. Als Janet ihm erklärt, sie habe gearbeitet, damit Kevin sein Elektronikstudium beenden könne, will er wissen, was ihr Deal bei der Sache gewesen sei. Ein Baby zu bekommen, erwidert Janet. Michael erkennt die unglückliche Situation und bietet an, seine Untersuchung zu verschieben. Am Ende kann er die sonst so bedachte Janet gerade noch davon abhalten, Barnes zu erschießen.

Bester und gleichzeitig kitschigster Dialog:
Janet: »Ich weiß nicht, wie ich Ihnen danken soll.«
Michael: »Wenn Sie mir wirklich danken wollen, dann versuchen Sie, glücklich zu werden. Das wäre für mich der schönste Dank.«

Trivia:
• Taylor Miller (Janet Morgan) hat keine allzu lange Schauspiel-Vita, schaffte es aber, in der US-Soap *All My Children* in 54 Folgen über 31 Jahre hinweg (immer wieder) dabei zu sein.

Bedeutung der Folge für die gesamte Serie:
*

Herz / Humor / Action:
* * * / * * / * *

Gesamtwertung:
* *

»Das 19. Loch« / »The Nineteenth Hole« (Folge 58)

Buch: Gerald Sanford, Robert Foster; Regie: Georg Fenady
Filmdaten: 10. – 17. Oktober 1984
Erstausstrahlung USA: So, 10. März 1985 (NBC)
Erstausstrahlung Deutschland: Do, 17. April 1986 (RTLplus)

Auf die Journalistin Jamie werden mehrere Mordanschläge verübt. Ziel ist es offenbar, ein Autorennen zu verhindern, das ihre Zeitung sponsert. Nur warum?

Kommentar:
»Das 19. Loch« ist keine Folge für die Ewigkeit, zumal der Zusammenhang zwischen dem Autorennen und dem Treffen der Mafia-Bosse lange unklar bleibt. Beide Handlungen spielen sich daher mehr oder weniger parallel ab, was etwas merkwürdig wirkt, zumindest bis zum Ende.

Zu Beginn schwelgt Michael in Erinnerungen über seine Kindheit, was K.I.T.T. zu denken gibt. Wie Michael wohl als Kind so war? Und wie er selbst gewesen wäre? »Ob ich als Kind auch schon all meine Funktionen gehabt hätte und die Fähigkeit, über Hindernisse zu springen?«, grübelt er. Michael überlegt. Vielleicht, wenn er klein angefangen hätte, zum Beispiel damit, über Wagen zu springen. »Kombiwagen?«, fragt K.I.T.T. – »Spielzeugwagen«, entgegnet Michael. In diesem Fall, so K.I.T.T., könne er auf seine Kindheit verzichten.

Ein absoluter Klassiker, aber immer wieder gern gesehen: Michael will eigentlich ausspannen, aber ausgerechnet dann klingelt Devon durch. Ein typisches Muster: Michael sei doch zufällig gerade in der Nähe von irgendeinem x-beliebigen Ort, und die Tochter einer alten Freundin … und so weiter. In diesem Fall ist die Enkelin eines alten Bekannten die Verlagschefin der *Marberry Times.* Michaels Rettungsversuch scheitert wie immer: »Ich weiß schon, was Sie wollen. Sie möchten, dass ich dort vorbeifahre und die neueste Ausgabe als Andenken abhole. Sie würden nicht im Traum daran denken, mir schon wieder einen Auftrag zu geben, denn ich sitze ja erst seit drei Tagen hinterm Steuer …«, setzt er an, aber Devon braucht nur ein klares »Michael!« anzustimmen, und schon hat dieser den neuen Auftrag.

Ein Autorennen in *Knight Rider* ist natürlich nichts Neues, ebensowenig K.I.T.T.s herablassende Einstellung dazu. »Michael, wenn Sie mich fragen, ob ich mich für ein Rennen qualifiziere, ist das so, als wenn man Cassius Clay fragt, ob er einen rechten Haken schlagen kann.« Letztlich muss Michael »nur« im Ausscheidungsrennen gegen Rooster antreten, aber das reicht völlig. Rooster ist herrlich großkotzig; er hatte bereits zuvor absurderweise versucht, K.I.T.T. mit einer portablen Kreissäge aufzubekommen. Beim Rennen triumphiert er, nachdem ihm Michael und K.I.T.T. das Leben gerettet haben, was er gar nicht bemerkt. Er ist nicht einmal irritiert, dass K.I.T.T. in einem wirklich schönen »Turbo Boost« über seine Karre gesprungen ist! Am Ende kriegt er immerhin sein Fett weg.

Wir erleben zudem einen der absurdesten Humorteile, als K.I.T.T.s Systeme nach der Berührung mit der Starkstromleitung verrückt spielen. In der Regel hat dies irgendeinen Schaden zur Folge, hier ertönt eine merkwürdige Klimpermusik. Kurze Zeit später, als sich Michael mit dem falschen Koffer im Marberry Motel einschleichen will, mit dem typischen Michael-Knight-Ich-mache-ganz-leise-die-Tür-zu-Gesichtsausdruck, startet das Geklimper erneut!

Was man von Jamie als Gaststar halten soll? Sie ist nett, aber ein spezieller Fall, sagen wir‘s so. Zum einen gibt sie die unerschrockene Kleinstadtjournalistin, die endlich ihre große Story wittert. Zwei Mordanschläge nimmt sie nicht ernst, und als Michael mit ihr ein Wörtchen über den Besuch im Motel reden will, möchte sie einzig wissen, wie er denn auf die Ausrede mit den Flitterwochen gekommen sei. Später erklärt sie, das Problem wäre, dass Michael sie nicht ernst nehme; Michael kontert, das Problem sei, dass sie die Situation nicht ernst nehme. Auch schön ist ihre Reaktion auf die unbrauchbaren Negative. Sie habe ihre beste Kamera genommen, versichert Jamie völlig ernsthaft; ihr Großvater habe diese schon im Krieg gehabt. Kommentar von Michael: »In welchem Krieg war das?«

Bester Dialog:
Rooster: »Hey du. Dein Schlitten da hinten hat wohl nur wenig PS.«
Michael: »Ja. Aber dafür kann er gut springen.«

Lustiger Fehler:
Achtet einmal auf Michaels Kleidung, als er das Rennen gegen Rooster fährt. Hier trägt er eigentlich seine weiß-grüne Sportjacke, zwischendurch aber hat er plötzlich ein blaues Poloshirt an! Es ist ein falsch eingefügtes Schnittbild von Michaels Fahrt am Ende, als er Jamie rettet.

Trivia:
• Wendy Schaal (Jamie Downs) war – neben den üblichen Verdächtigen in Sachen Serienklassiker – im Cast von *Fantasy Island*. In den USA ist sie auch als Stimme in *American Dad* zu hören. Michael McManus (Rooster) kennen Hasselhoff-Fans, auch wenn man zwei Mal hinschauen muss: In *Baywatch* spielte er in Staffel 1 den gutmütigen Sid an der Telefonzentrale! Und John La Motta (Benji Bomper) war natürlich der großartige Trevor Ochmonek in *ALF*.
• Schaal erinnert sich gerne an ihre Drehzeit. »David war bei allem enthusiastisch. Er ist andere Dinge angegangen (wie die Singerei zu jener Zeit), als ob das einfach etwas anderes Nettes wäre. Es war, als ob er nie ein Hindernis gesehen hat, um etwas zu tun – fast wie ein Kind. Er hat dafür gesorgt, dass es Spaß gemacht hat, an der Show zu arbeiten.«
• Devon verrät, früher auch Rennen gefahren zu sein. Über seine Motorradkarriere wussten wir ja schon aus »Schnelle Teufel« Bescheid. Hier erklärt er, hauptsächlich Formel-Wagen gefahren zu haben, beim Strasbourg Grand Prix, in Monte Carlo, bei der Tour de Versailles. Trophäen habe er keine gewonnen, gesteht er ein. Aber er habe alle Rennen beendet.

Soundtrack:
• *Shout At The Devil* (Motley Crue)

Bedeutung der Folge für die gesamte Serie:
*

Herz / Humor / Action:
* * / * * * * * / * * *

Gesamtwertung:
* * *

»Elliot, der Schlaukopf« / »Knight and Knerd« (Folge 59)

Buch: Larry Mollin; Regie: Georg Fenady
Filmdaten: 24. September – 1. Oktober 1984
Erstausstrahlung USA: So, 17. März 1985 (NBC)
Erstausstrahlung Deutschland: Do, 1. Mai 1986 (RTLplus)

Michael untersucht den Diebstahl eines Diamanten, der einen Thermolaser aktivieren kann. Zweifelhafte Unterstützung erhält er von Elliott Sykes, einem Praktikanten der Foundation.

Kommentar:

Erst mal zur Klarstellung: »Elliot« schreibt sich laut Original-Drehbuch eigentlich »Elliott«, also mit zwei »t«; dass für den deutschen Titel die Version mit nur einem »t« gewählt wurde, ist also ein Fehler, zumal Elliott auch in der deutschen Übersetzung ausführt, wie man ihn schreibt. Wir nehmen daher der Richtigkeit halber auch hier Elliott.

Mit ihm sind wir ohnehin schon beim Hauptprotagonisten dieser Folge. Die Idee, der so fortgeschrittenen Foundation einen eher ungeschickten Praktikanten zuzuteilen, ist genial. Weniger genial ist hingegen, wenn man erst im Erwachsenenalter den wahren Sinn des Originaltitels um das Wortspiel »Nerd« und »Knerd« kapiert. Wir schieben es (zumindest teils) auf die deutsche Übersetzung. K.I.T.T. klärt Michael früh über Elliotts Referenzen auf und fügt an, eine Bezeichnung verstehe er nicht: Im Englischen ist das eben der Begriff »nerd«, er wird allerdings mit »erzreaktionär« übersetzt und als »Dickkopf« umschrieben, was überhaupt keinen Sinn ergibt. Selbst wenn der Begriff »Nerd« zu jener Zeit nicht so geläufig war, hätte man ihn doch bitte erwähnen und als »Wissenschaftsfreak« oder »Fachidiot« erläutern können. Schließlich passt auch nur so die Klammer um Elliotts Mofa-Schild, das er am Ende erhält.

Der Aufsichtsrat sei der Ansicht, er könne der Abteilung helfen, erklärt Devon zu Beginn den Sinn von Elliotts Anwesenheit; im englischen Original geht er noch einen Schritt weiter und erklärt, Elliott sei »a Knight Industries fellow« und man glaube: »One day he may be one of us.« Devons Begeisterung hält sich jedoch nur kurz. Elliott schafft es im Verlauf der Folge, Devons Wertobjekte zu ruinieren, zum Amüsement von Michael. Gleich bei der Vorstellung zerstört er Devons Teeservice, als er Tee mithilfe eines Computers aufkochen will. »Die Zeit, die der Tee zum Ziehen braucht, wird auf einen Bruchteil minimalisiert«, erklart er. Eine Vorlage für Michael: »Wie die Teekanne, hab ich recht?« Devon kann darüber nicht lachen (er muss später seinen Tee folgerichtig aus einem Pappbecher trinken). Kurz darauf will Elliott die Bündelung von Licht demonstrieren, wobei er Devons Cricketpokal verbrennt. Den habe er Jahrzehnte besessen, jammert Devon – »Welches Jahrhundert war das?«, quasselt sich Elliott weiter ins Unglück. Ach ja: Schaut euch dabei einmal Michaels Gesichtsausdruck an, als er den Schaden kommen sieht. Lacht er etwa?

Elliott, auch unterwegs mit Taschenrechner am Gürtel bewaffnet, leidet trotz seiner Wissenschaftsfreude darunter, ein »Nerd« zu sein. Nur zu gerne will er Michael tatkräftig unterstützen, was dieser größtenteils zu umgehen weiß. Am Ende schafft es Elliott dennoch, sowohl Ali zu retten als auch das Ziel von Mac und Vanessa herauszufinden. Er will auch zum Finale mit, aber Michael versichert: »Ein richtiger Foundation-Mann würde nie eine Frau in einer Gefahr allein lassen.« Der Schluss ist herrlich: Elliott in klassischer Michael-Knight-Kleidung, sein Mofa mit K.I.T.T.-Scanner. Schade eigentlich, dass es in Staffel 4 kein Wiedersehen mit ihm gibt, auch, weil er die elementaren Voraussetzungen als »Foundation-Mann« schnell erkannt hat: »Wir schlafen nie. Wir essen nie.«

Der Fall an sich ist mittelspannend. Diamantendiebstahl, K.I.T.T.s Wärmemantel, ein Thermolaser … nun gut. Die Einmischung der Takishi ist überflüssig, die Messerwurfszene völlig albern – was will Michael hier gewinnen? Es hätte ausgereicht, alles normal aufzubauen, zumal Elliott genügend Handlungsspielraum bekommt, um die Folge zu tragen. Und Victoria Bass ist perfekt besetzt, eine Frau als Bösewicht hatten wir seit dem Staffelauftakt nicht mehr. Ihr hätte man gerne mehr Handlungsspielraum geben dürfen.

Emotional ist die Szene um Ali. Anfangs muss sie mit ansehen, wie ihr Vater angegriffen wird und kämpft dagegen an, dessen Aufforderung zu folgen, zumindest sich selbst in Sicherheit zu bringen. Dann wird sie von Michael besucht, wobei wir auch einen raren Einblick in seine Familiensituation erhalten: Als sein Vater gestorben sei, erklärt er, habe er fünf Stunden am Stück Basketball gespielt, bis er zu müde gewesen sei, um fühlen oder zu denken.

Eine seltene Einstellung bekommen wir auch zu sehen: Während regelmäßig Devons Bild auf K.I.T.T.s Monitor erscheint, wenn er mit Michael telefoniert, erhalten wir hier einen Blick auf den Computer im Semi mit der Gegeneinstellung! Generell eine positive Entwicklung: Wir sehen in letzter Zeit wieder mehr echte »Turbo Boosts«. Der war in Staffel 2 ja fast durchweg der Miniaturfilmerei zum Opfer gefallen, nun gibt es die leichte Rolle rückwärts. Hier ist es ein sehenswerter Sprung über ein umgefallenes Gerüst.

Amüsant ist zudem ein weiteres Kapitel aus der Michael-Knight-Flirtschule. Als er ins Fitnesscenter kommt, würdigt ihn die Rezeptionistin zunächst keines Blickes; als sie Michael schließlich sieht, frisst sie ihn quasi auf. Michael weiß um seine Wirkung und spielt mit. Der Eintritt sei nur für Karateclubmitglieder ab schwarzem Gürtel. Seine Antwort: »Gut, dann können Sie mich nicht aufhalten.«

Bester Dialog:
Michael: »Okay, Partner?«
Elliott: »Partner? Meinen Sie das ernst?«
Michael: »Mit einem großen P, Partner.«

Trivia:
Arye Gross (Elliott Sykes) ist nach *Knight Rider* durchgestartet: Hier hat er erst seine vierte gelistete Rolle gespielt, danach war er in diversen Filmen und Serien dabei, unter anderem als fester Nebendarsteller in *Ellen.* Victoria Bass (Vanessa Sutton) sehen wir noch einmal als strenge Gefängnischefin in »Knight hinter Gittern«.

Soundtrack:
• *Run To You* (Bryan Adams)

Bedeutung der Folge für die gesamte Serie:
* *

Herz / Humor / Action:
* * / * * * * * / * * *

Gesamtwertung:
* * *

»Shattners Komplott« / »Ten Wheel Trouble« (Folge 60)

Buch: Burton Armus; Regie: Robert Bralver
Filmdaten: 2. Februar – 10. Februar 1985
Erstausstrahlung USA: So, 24. März 1985 (NBC)
Erstausstrahlung Deutschland: Mi, 14. Mai 1986 (RTLplus)

Als ein Trucker einen tödlichen Unfall erleidet, erhält die Foundation einen Hilferuf der jungen Sally Flynn – denn ihr Bruder steht unter Mordverdacht.

Kommentar:
Der nächste Titelfehler gleich hinterher: »Shattner« schreibt sich eigentlich »Shatner«, mit einem »t« weniger. Nun gut. Wir schenken es in Gedanken Elliott aus der Episode zuvor.

Warum Bösewicht Shatner in der deutschen Überschrift auftaucht, ist ohnehin ein Rätsel. Er reiht sich ein in unsere »Büro-Bösewichte«, die selbst nicht in die Hufe kommen und daher nie wirklich das volle Potenzial ausschöpfen. Curtis ist der Mann, der letztlich im Mittelpunkt steht.

Den Aufhänger aus »Shattners Komplott« hatten wir bereits in »Unerwünschte Konkurrenz« in Staffel 1 erlebt, eben der drohende Bankrott unabhängiger LKW-Fahrer. Auch der Semi muss erneut als Ersatz herhalten, zu Devons Schock wird er diesmal mit Zwiebeln beladen. Das Wundersame: Normalerweise sind Episoden mit sich wiederholenden Plots die schwächeren. Hier ist es umgekehrt, der Aufguss ist besser als das Original. Wobei »Unerwünschte Konkurrenz« bei den meisten Fans ohnehin eher am Ende der Beste-Folgen-Liste steht. »Shattners Komplott« ist zwar auch keine Weltfolge, aber sie hat ihre schönen Momente, vor allem dank Sally Flynn, deren Charakter einer der liebenswertesten der gesamten Serie ist und Terry aus »Unerwünschte Konkurrenz« in den Schatten stellt.

Sally ist erst 15, aber sie organisiert – insgeheim – das Familienunternehmen. Sally ist aufbrausend, aber für den guten Zweck. Mit K.I.T.T. versteht sie sich gut und ist als Computerfreak interessiert an seiner Technik. Zu Michael pflegt sie 30 Minuten lang eine Hass-Liebe. Sally wirft ihm vor, ihren Bruder Joe ins Gefängnis gebracht zu haben, dann verliert er auch noch eine Lieferung und einen LKW. Mama Flynn erklärt: Sally habe früh ihren Vater verloren, habe mit anpacken müssen. Nun stünden Joe und die Firma vor dem Aus, sie könne nicht auch noch ihn (Michael) verlieren. Er bittet um Erlaubnis, ein klares Wort mit Sally zu reden – und erhält sie. Michael sucht also das Gespräch, und es wird emotional. Er und Joe seien sich sehr ähnlich, gesteht Sally. Michael bittet am Ende nur um eins: um Vertrauen. Sallys harte Schale weicht endlich auf, sie fällt Michael in den Arm. Wunderbar herzlich ist die Verabschiedung der beiden in der Schlussszene. »Beugst du dich ein bisschen runter«, bittet Sally – und gibt Michael einen schnellen Kuss. Michael lacht. »Wenn sie nur zehn Jahre älter wäre«, grübelt er dann vor sich hin. »Und ein bisschen größer.«

Sehr lustig ist der Beginn: Michael und K.I.T.T. stecken im Stau. Wie das habe passieren können, ärgert sich Michael, aber K.I.T.T. weist die Schuld von sich: Michael sei gefahren, nicht er. Und um ihm die Wahrheit zu sagen, handele es sich um den allmorgendlichen Stau, führt K.I.T.T. im englischen Original herrlich bissig weiter aus, eine Zeit, mit der Michael in aller Regel nichts am Hut habe. Und, etwas leiser: Normalerweise fahre er in die entgegengesetzte Richtung. Michael bittet K.I.T.T. schließlich, ihn irgendwie herauszubringen. »Darf ich fahren?«, fragt der. Nun, das sei zwar ausdrücklich gegen die Bestimmungen der Foundation, »aber ich werde Devon nichts sagen, wenn du es nicht tust«. K.I.T.T. schlägt ein. »Ich werde nichts erzählen«, verspricht er – und fährt seitlich aus dem Stau (eine Funktion, die wir nur dieses eine Mal sehen).

Eine interessante Einstellung sehen wir, als Michael erstmals zu Familie Flynn fährt. Die Ausfahrt aus dem Semi ist toll, mit Schulterblick über K.I.T.T.s Monitore – aus der Totalen leuchtet das neue Armaturenbrett einfach herrlich. Bei der Fahrt zum Haus sehen wir aber auch, dass K.I.T.T.s Voicebox ein paar defekte Lämpchen aufweist. Zudem ist er auf »Pursuit« geschaltet, obwohl die beiden gerade mal 9 mp/h fahren. Die Erklärung: K.I.T.T.s Armaturenbrett in Nahaufnahme (speziell, wenn er spricht) wurde üblicherweise nicht im Auto gefilmt, sondern über einen Nachbau des Armaturenbretts in den Universal Studios. Das echte Armaturenbrett im Auto war des Öfteren leicht angeschlagen.

Lustig ist auch, wie die beiden die Festnahme von Curtis angehen. Bis dahin gab es gerade einige Action (inklusive »Turbo Boost«), nun bittet K.I.T.T., die sanfte Art zu wählen. »Sonst kriege ich wieder Ärger mit Bonnie. Sie kennen sie doch!« Im englischen Original begründet es K.I.T.T. allerdings eher damit, dass er es hasse, Ausreden für Bonnie suchen zu müssen. Sie mache sich schließlich Sorgen.

K.I.T.T. blickt am Ende erneut etwas neidisch auf Sally und Joe. »Es muss schön sein, eine Familie und Freunde zu haben«, überlegt er. Michael zögert keine Sekunde: Sie hätten doch eine Familie: Bonnie, Devon – »und ich hab dich.«

Bester Dialog:
Michael: »Man könnte sagen, Bonnie ist sozusagen K.I.T.T.s Mutter. Sie versorgt ihn mit aller mütterlichen Liebe und verteidigt ihn wie eine Tigerin.«
Bonnie: »Michael macht Spaß. K.I.T.T. gehört ihm. Ich setze ihn nur immer wieder zusammen.«
Devon: »Und Michael gibt ihr immer wieder Gelegenheit dazu.«

Trivia:
• Babette »Renee« Props (Sally Flynn) war in mehreren US-Soaps dabei, in *Zeit der Sehnsucht*, *California Clan* und vor allem in *Jung und Leidenschaftlich – Wie das Leben so spielt* (80 Folgen). In *Schnappt Shorty* spielte sie mit Gene Hackman, Danny DeVito und John Travolta. Auch in *Seinfeld* hatte sie eine recht denkwürdige Gastrolle – als Lois! Props legte dann eine lange Pause ein, erst seit 2010 ist sie wieder vereinzelt aktiv. James Cromwell (Curtis) hat eine lange Schauspielvita vorzuweisen, von *Star Trek: Der erste Kontakt* über *L.A. Confidential* bis zu *The Green Mile*. In *Six Feet Under – Gestorben wird immer* und *24: Twenty-Four* (als Vater von Jack Bauer) hatte er dauerhafte Rollen.

• Props – mittlerweile Babette Props-Rodriguez – spielte die 15-jährige Sally, obwohl sie im wirklichen Leben schon 23 Jahre alt war. »Ich habe meine erste Erwachsenenrolle erst mit 26 bekommen«, erzählte sie später. Dass sie bei *Knight Rider* dabei sein konnte – ein Traum: »Ich bin mit *Knight Rider* aufgewachsen, daher war ich so aufgeregt, dabei zu sein und mit K.I.T.T. zu arbeiten.« Als sie David Hasselhoff habe schlagen müssen, habe sie ordentlich zugelangt – »er war etwas mitgenommen, aber hat dann einfach weitergemacht.« Lustig die Abschlussszene, als sie Michael küssen sollte: »David war ein großer Typ. Ich musste auf drei Apfelkisten stehen.« Sie habe noch das Autogrammfoto von Hasselhoff mit dessen Widmung: »To Props – the best kisser«. Ihre »einzige und wahre« Leidenschaft, so Props, sei aber das Theater.
• K.I.T.T.s Speicherplatz scheint sich rapide vergrößert zu haben: In »K.I.T.T. kriegt einen Schlag« war sie noch limitiert, hier spricht er von unbegrenzter Speicherkapazität. Er habe aktuell »über 50 Millionen Ks auf Lager, und ich könnte jeden Tag eine weitere Million einspeichern«.
• Michael soll eine Lieferung zu »Armorbuilt« bringen, eine Referenz an »Der Konkurs«.

Bedeutung der Folge für die gesamte Serie:
*

Herz / Humor / Action:
* * * * / * * / * * *

Gesamtwertung:
* * * *

»Michael Knight und die Zuflucht« / »Knight in Retreat« (Folge 61)

Buch: Gerald Sanford; Regie: Roy Campanella II
Filmdaten: 27. Dezember 1984 – 5. Januar 1985
Erstausstrahlung USA: Fr, 29. März 1985 (NBC)
Erstausstrahlung Deutschland: Do, 8. Mai 1986 (RTLplus)

Bonnie ist tief getroffen: Ihr ehemaliger Uni-Professor ist bei einem Autounfall verunglückt. Michael greift ein – sein Weg führt ihn in die »Zuflucht«, einem Wochenend-Paradies für Wissenschaftler.

Kommentar:

Es ist eine der größeren Fragen an die *Knight Rider*-Verantwortlichen: Wieso in aller Welt hat man die Rolle der Bianca Morgan mit Ann Turkel besetzt? Nichts gegen Turkel, sie spielt auch hier fantastisch. Allerdings hatte sie in Staffel 2 als Adrianne Margeaux gleich in zwei *Knight Rider*-Klassikern mitgespielt, in »K.I.T.T. sitzt in der Falle« und »Goliaths Rückkehr«. Adrianne ist eine der legendärsten Rollen der gesamten Serie – wie kann man dieselbe Schauspielerin kurz darauf einfach für eine andere Rolle nehmen? Hätte man Bianca nicht zumindest als Adriannes ebenso böse, aber lange verschollene Zwillingsschwester vorstellen können?

Denn generell ist »Michael Knight und die Zuflucht« eine starke Folge, ja sogar ein echtes Vergnügen. Biancas Gehilfinnen erinnern an *Drei Engel für Charlie,* nur umgekehrt; die komischen Strom-Laser-Waffen lassen wir außen vor. Außerdem kann K.I.T.T. endlich einmal Michael loben: In »Händler des Todes« hatte er sich noch gefragt, warum Michael nie als Aristokrat oder Graf getarnt sei. Hier darf er einen Wissenschaftler mimen – mit dem großartigen Decknamen Dr. Michael Knightwood. Musste auch erst mal drauf kommen.

Und auch Bianca, also Ann Turkel, verkörpert unabhängig von der Besetzungsproblematik die gnadenlose Geschäftsfrau eiskalt. Anfangs, bei der Erpressung von Harley Freeman, kann man nur ahnen, um was es geht; bei der Verführung des willensschwachen Jeff Cooper sind wir live dabei, wie sie sich in Szene setzt. Ein absurder Zufall übrigens, Stichwort Garthe und Adrianne: Biancas Zuflucht ist dasselbe Anwesen wie in »Goliaths Rückkehr«. Es macht dabei großen Spaß, Teile davon wiederzuerkennen, wie den Außenpool oder die hintere Ausfahrt.

Daneben haben wir einige großartige Humorszenen. Beginnend mit dem Dialog, als Michael den Plan hegt, K.I.T.T. als motorischen Antrieb zum Parasailing zu nutzen. Hier empfiehlt sich das englische Original: Zum einen ist William Daniels' Sarkasmus großes Kino, zum anderen hat man in der Übersetzung einen Gag versaut. Als K.I.T.T. die einzelnen Schritte rekapituliert, erklärt Michael, K.I.T.T. habe das vollkommen richtig verstanden. Im Deutschen entgegnet K.I.T.T.: »Doch um eins mache ich mir Sorgen ...«, was am Witz vorbeischrammt. Denn im Englischen sagt er eigentlich: »Genau das macht mir Sorgen.« Der nächste Übersetzungsfehler folgt leider auf dem Fuß: Harley Freeman hatte keine »subtile Arbeitsmethode«, die »hoch qualifiziert« war, wie Devon (auf Deutsch) erläutert. Sondern er hatte, lose übersetzt, mit sensiblen Informationen zu tun, die streng geheim waren – daher die offiziellen Untersuchungen und die Bitte, dass Michael sich damit befasst.

Schön zu sehen ist erneut das Verhältnis zwischen Michael und Bonnie: »Du weißt genau, ich würde alles für dich tun«, versichert Michael, mit einem »Aber …« im Blick. Bonnie weiß, was er meint: Was, wenn Michael etwas fände, das Harley belaste? »Was wird dann aus unserer Freundschaft?«, fragt er besorgt. »Ich würd‘s dann auch lieber von dir hören«, erklärt sie.

Was folgt, ist eine spannende, gut aufgebaute Folge – mit der genau passenden Mischung in Sachen Action. Wir erleben über mehrere Szenen hinweg den klassischen Detektiv Michael Knight: Zunächst legt er in der Wohnung von Harley mit Bleistift eine durchgepauste Notiz frei, später beobachtet er in seiner Mission als Dr. Michael Knightwood den abreisenden Ted Cooper und schleicht sich geschickt in Biancas Haus, wo er weiterschnüffelt. Nur das Fensterglas in seiner Brille enttarnt ihn schließlich gegenüber der misstrauischen Tanya. Auch der Aufhänger zu Beginn hat es in die Folge geschafft, als Michael den Fallschirm nutzt, um auf das Grundstück zu segeln. Zum Missfallen von K.I.T.T.: »Wo sind die Zeiten geblieben, als wir noch einfach über Hindernisse turbo-boosterten oder durch Mauern krachten?«

K.I.T.T. bekommt während Michaels Zeit im Haus ebenfalls einiges an Arbeit. Interessant ist sein Austausch mit Devon und Bonnie, als alle um Michaels Sicherheit besorgt sind, K.I.T.T. allerdings auch nicht ausschließt, dass Michael sich mit Bianca vergnügt (»Wie ich Michael kenne …«). Lustig ist ebenso K.I.T.T.s Kampf mit »Hauskatze« Sheeba, die er eigentlich vertreiben will und die plötzlich auf dem Fahrersitz landet (»Das war ein taktischer Fehler.«). Er wird sie schließlich mit Kaltluft los. Den Button »Sub Zero« sehen wir dabei zum einzigen Mal im Verlauf der Serie, dabei ist er (zumindest in dieser Folge) direkt unter dem »Turbo Boost« angebracht (wie so viele »einmalige« Funktionen).

Wieder einmal bewundern wir Michaels hohe Schmerzgrenze, als Bianca ihn mit Stromstößen quält; umso lustiger dann die Szene, als er Monica unter den Pappschachteln begräbt. Und die Verfolgungsjagd zum Ende, mit seinem Sprung auf den LKW, während K.I.T.T. sich den Geländewagen schnappt, ist ebenfalls feinste Action. Einziger Malus: In den Genuss der Ausführungen über Masse und Geschwindigkeit kommen wir nicht mehr.

Bester Dialog:
Michael *(über das Ende der Zuflucht):* »Ach, komm schon, Bonnie, was ist Besonderes an ein paar Bikinimädchen, die darauf aus sind, dir jeden Wunsch zu erfüllen?
Bonnie: »Das weiß ich doch nicht. Sag‘s mir.«
Michael: »Hast du ein paar Stunden Zeit?«

Lustigster Fehler:
Beim Finale springt K.I.T.T. eigentlich fahrerlos über Biancas Wagen – dennoch drückt vorher jemand den »Turbo Boost«!

Unnötigster Fehler:
Das Foto von Bianca, das Michael findet: Erstens stammt es aus der gezeigten Szene zuvor, in der Bianca am Pool der Zuflucht zu Ted Cooper spaziert – es kann also kaum in Harleys Wohnung herumliegen. Und zweitens verändert es sich! Denn als Bonnie es wenig später allein anschaut, blickt Bianca nicht mehr nach oben, sondern nach unten.

Trivia:
• Don Galloway (Harley Freeman) hatten wir bereits in »Weißer Vogel« kennengelernt (als Stevies Boss). Randi Brooks (Tanya), Sandra Kronemeyer (Monica Brown) und Dani Minnick (Veronica) haben allesamt in verschiedenen 1980er-Shows in Nebenrollen agiert, nur Minnick war bis in die 1990er-Jahre hinein aktiv. Fun Fact: Randi Brooks hatte erst 1984 mit David Hasselhoff in *Die Cartier Affäre* gespielt!
• Harley Freeman hat angeblich für Megafax Industries gearbeitet; von dieser Firma war bereits in »Ein Neubau mit Wanzen« die Rede. Er war zudem einer von Bonnies Professoren am MIT (Massachusetts Institute of Technology) sowie ein guter Freund.
• Das Haus der »Zuflucht« befand sich auf der »Saddlerock Ranch« in Malibu, es ist jedoch vor einigen Jahren bei einem Waldbrand abgebrannt.

Soundtrack:
• *Careless Whisper* (Wham!)
• *Strut* (Sheena Easton)

Bedeutung der Folge für die gesamte Serie:
*

Herz / Humor / Action:
* * * / * * * * * / * * * * *

Gesamtwertung:
* * * * *

»Die Waffenbörse« / »Knight Strike« (Folge 62)

Buch: George S. Dinallo; Regie: Georg Fenady
Filmdaten: 1. – 9. Februar 1985
Erstausstrahlung USA: Fr, 5. April 1985 (NBC)
Erstausstrahlung Deutschland: Mi, 21. Mai 1986 (RTLplus)

Michael besucht eine Waffenbörse, bei der gestohlene Waffen verkauft werden. Eine wurde offenbar von der Hostess Sheila verhökert – die jedoch will mit dem Diebstahl nichts zu tun haben.

Kommentar:

Man mag sich bei manchen Episoden fragen, wie sie ohne diesen ganz speziellen Gaststar gelaufen wären. »Die Waffenbörse« ist so eine: Der Plot ist recht überschaubar, die Handlung unspektakulär. Sehenswert ist die Folge dennoch, und das liegt an Judy Landers. Wir hatten sie ja bereits in »Zwischen zwei Frauen« kennen- und liebengelernt, eine der eher vergessenswerteren und auf merkwürdige Weise komplexen Folgen (oder könnt ihr sie in zwei schnellen Sätzen zusammenfassen?).

Hier spielt sie quasi dieselbe Rolle: Sheila, eine wunderhübsche Hostess – naiv, liebenswert und mit dem Herz am richtigen Fleck. Sheila ist tollpatschig und unsicher und auf der Suche nach dem Sinn, nach einer Zukunft, nach einem Mann in ihrem Leben. Judy Landers verkörpert sie perfekt. Leider hat man in *Knight Rider* nie Gebrauch davon gemacht, einen denkwürdigen »regulären« Gaststar in späteren Folgen nochmals in derselben Rolle zu besetzen (von Adrianne, Garthe und Stevie also abgesehen). Hier hätte man uns ein Wiedersehen mit ihr als Micki gönnen können: Eine Schauspielerin, die sich in einem Karrieretief als Hostess verdingt, wäre nicht einmal zu weit hergeholt gewesen. Schade eigentlich, dass das nicht geschehen ist.

Landers kriegt uns schon in ihrer ersten Szene: Sie hält sich schreckhaft die Ohren zu, als »ihre« Waffe im Einsatz präsentiert wird, dann sagt sie ein paar Worte dazu, muss den Namen »HK MP5« allerdings etwas umständlich ablesen. Danach erklärt sie Michael offen, keinerlei Ahnung von Waffen zu haben – in der vergangenen Woche habe sie 25 Mal am Tag ihre Haare für eine Shampoo-Tagung gewaschen, nächste Woche verkaufe sie womöglich Bibeln.

Die »Tagung« an sich ist US-typisch: »Welcome Survivalists« steht in großen Lettern am Empfang. Entsprechend viel geschossen wird im Verlauf der Folge, was normalerweise etwas auf Kosten des Spaßfaktors geht – hier nicht, dank Sheila.

Einen lustigen Dialog zwischen Michael und Sheila hat man leider nicht übersetzt: Als die beiden in K.I.T.T. im Tunnel begraben sind und Michael mit K.I.T.T. über die Möglichkeit des »Turbo Boosts« diskutiert, fragt Sheila im englischen Original, ob sie dabei keine Stimme habe. Michaels klare Antwort: »Ja ja, es steht zwei gegen eins.« Als der Sprung geklappt hat, freut sich Sheila entsprechend: »K.I.T.T., das war unglaublich!« Es ist das erste Mal – nach knapp 40 Minuten –, dass sie überhaupt mit K.I.T.T. spricht. Verrückterweise hat Michael ihn diesmal gar nicht offiziell vorgestellt. Sheila kann man am Ende ohnehin nicht böse sein, dass sie Michael auf eine falsche Fährte gelockt hat, immerhin hat sie noch rechtzeitig ausgepackt. Ein schöner Dreh: Der eigentlich über die gesamte Folge verdächtige O'Malley taucht erst ganz zum Schluss auf, als der Fall gelöst ist. Er scheint ein netter Typ zu sein – und Sheila endlich in guten Händen.

»Die Waffenbörse« beschert uns auch eine der herrlichsten Szenen ohne Worte: Nachdem sich Sheila anfangs umziehen geht, schaut Michael auf die Uhr, als sich vor ihm, etwas erhöht auf einem Fahrzeug, eine andere Hostess platziert. Michael blickt hoch, entdeckt zwei attraktive Beine, schaut weiter und setzt sein breitestes und zufriedenstes Grinsen auf. Im Gegensatz zu ihm bekommen wir den Rest der Dame allerdings nicht zu sehen. Lustig ist auch der Beginn: Michael hat diesmal keinen freien Tag in Aussicht; er hofft einzig darauf, nicht von Devon angerufen zu werden, bevor er zu Hause ankomme. »Auf dem Gebiet hat er ein unglaubliches Geschick«, stimmt K.I.T.T. zu. Nur fünf Sekunden später erfolgt dann schließlich der Anruf … Michaels Zuhause sehen wir also erneut nicht.

Ach ja, im Rahmen von »Die Waffenbörse« wurde übrigens auch eines der besten *Knight Rider*-Promofotos geschossen: K.I.T.T. in voller Fahrt und Michael in Lauerstellung aus dem Schiebedach lehnend, als die beiden am Schluss den Überfall im Edelstahlhaus verhindern. (Es ist nicht auszuschließen, dass dieses Buch auf einem Laptop mit exakt diesem Desktop-Hintergrundbild geschrieben wurde.) Außerdem erhalten wir eine Kurzbeschreibung von Michaels Job für alle, denen die lange Version zu zeitaufwändig ist: »Ich arbeite für das Gesetz und die Verfassung«, erklärt er Sheila zwischenzeitlich, »Jastrow arbeitet gegen sie.« Was ähnlich schön klingt wie die Jobbeschreibung von *MacGyver.* Der definierte seinen Beruf einst so: »Es hat, allgemein gesagt, mit Frieden und Freiheit zu tun und gewissen Leuten, die nichts davon halten.«

Bester Dialog:
Sheila: »Michael, was halten Sie von mir als Person? Ich meine, was denken Sie wirklich über mich als Person?«
Michael: »Wollen Sie das jetzt durchdiskutieren? Wir fahren 180 auf einer kurvenreichen Bergstraße, und Sie wollen das durchdiskutieren, jetzt?«

Lustiger Fehler:
Als Michael nach seiner Schnüffelei bezüglich der Waffen entdeckt wird und in K.I.T.T. flüchtet, sitzt er in der nächsten Einstellung auf der Beifahrerseite. Hier wurde offenbar – warum auch immer – das Bild gespiegelt.

Trivia:
• Judy Landers (Sheila) ist nach »Zwischen zwei Frauen« zum zweiten Mal bei *Knight Rider* dabei, ebenso wie Logan Ramsey (Edgar). Dieser spielt hier den vertrottelten Fahrer, der K.I.T.T. rammt. Wir kennen ihn noch aus »Ein Richter spielt sein Spiel«, dort gab er Richter Paxton. Richard Herd (Lyle Jastrow) ist ein extrem profilierter Schauspieler und seit den 1970ern aktiv. Eine dauerhafte Rolle hatte er in *T.J Hooker.* Jack O'Halloran (Rawleigh) war im früheren Leben ein Schwergewichtsboxer, der beinahe einmal gegen Muhammad Ali gekämpft hätte (gegen George Foreman hat er tatsächlich geboxt, aber verloren). Danach hatte er Filmrollen in *Fahr zur Hölle, Liebling, King Kong, Superman, Superman II – Allein gegen alle* und *Schlappe Bullen beißen nicht.* Biff Yeager (Tom O'Malley) spielte unter anderem in *Wunderbare Jahre* sowie in mehreren Folgen als Bauunternehmer Tom in *Gilmore Girls.*
• Judy Landers ist eine der wenigen Gastdarstellerinnen, die an K.I.T.T.s Steuer durften, zumindest abseits der Kamera. »Cast und Crew hatten Mittagspause und ein Stunt-Supervisor hat mich K.I.T.T. fahren lassen. Es hat so viel Spaß gemacht!«
• O'Halloran hatte seinerzeit wenig Interesse an TV-Shows. Er hatte in einigen Filmen mitgespielt, »und wenn man das Glück hat, neben Schauspielern wie Robert Michum und Marlon Brando zu spielen, ist Fernsehen ein Schritt zurück«, erklärte er. *Knight Rider* habe er zugesagt, weil er ein paar Crew-Leute kannte und die Show selbst mochte. Über David Hasselhoff sagte er: »Es war seine Show. Er hat oft in den Spiegel geschaut. Er hat hart gearbeitet und wusste, was er wollte.«
• K.I.T.T. wird beim Kampf auf der Wiese von einem Laser getroffen, was seinen Scanner außer Gefecht setzt. Sonst scheint nichts passiert zu sein – was verwundert: In »Der Doppelgänger« hatten Bonnie und Devon bezüglich K.A.R.R. erklärt, ein Laser-Treffer in den Scanner würde ihn bewegungsunfähig machen.
• Warum Sheila am Ende zum Telefonieren aus K.I.T.T. aussteigen muss, bleibt etwas unklar – wieso ruft Michael nicht selbst bei Devon an? Ein Blick ins Skript löst es auf: Der Aufprall habe einige Schaltkreise blessiert, erklärt K.I.T.T. zwar, der Drehbuch-Zusatz »communications among them« hat es aber nicht in die Folge geschafft.
• Bereits in »Mord nach Maß« gab es einen Tom O'Malley; es ist das einzige Mal im Verlauf der Serie, dass ein unterschiedlicher

Charakter denselben Namen trägt. Vermutlich war das ein Versehen, zumal die beiden Episoden recht nah beieinander lagen.

Soundtrack:
• *Neutron Dance* (The Pointer Sisters)

Bedeutung der Folge für die gesamte Serie:
*

Herz / Humor / Action:
* * * / * * * / * * *

Gesamtwertung:
* * *

»Der Tod unter der Zirkuskuppel« / »Circus Knights« (Folge 63)

Buch: David R. Toddman; Regie: Harvey Laidman
Filmdaten: 5. – 13. November 1984
Erstausstrahlung USA: So, 5. Mai 1985 (NBC)
Erstausstrahlung Deutschland: Do, 22. Mai 1986 (RTLplus)

Michael und K.I.T.T. heuern im Zirkus Major an, nachdem sie dort Zeugen eines tödlichen Unfalls wurden. Als »Turbo Man« wird Michael ebenfalls schnell zur Zielscheibe.

Kommentar:

Wir kennen ja schon die typischen Serien-Settings im Verlauf der Zeit, und natürlich darf da der Zirkus nicht fehlen. Hier erleben wir »Turbo Man und seinen fliegenden Teppich K.I.T.T.« in Aktion.

Michael geht in seiner Rolle natürlich auf. »Noch nie hat jemand ›Turbo Man‹ engagiert, damit er wie ein Tourist durchs Eingangstor fährt«, erklärt er K.I.T.T. bei der Vorstellungsrunde. Und während er noch von den äußerlichen Vorzügen der Tiger-Lady begeistert ist, trägt er dick auf, als diese K.I.T.T. ein »Zauberauto« nennt: »Das steht nur faul rum. Ich mach die ganze Arbeit.« Nach dem Unfall hat Michael von »Turbo Man« aber genug. Im Semi stichelt Bonnie, er hätte sich ja auch als Erdnussverkäufer einschleichen können; K.I.T.T. erklärt sodann, selbst nur geringe Schäden davongetragen zu haben. »Ich hoffe, ›Turbo Man‹ hatte ebensoviel Glück« (im englischen Original wiederum deutlich sarkastischer).

»Der Tod unter der Zirkuskuppel« erinnert vom Plot her an »Sammys Sensationsshow«: Auch dort wurde der Top-Act geschädigt (Sammy), und Michael tauchte mit K.I.T.T. undercover als neue Sensation auf, um Untersuchungen anzustellen und die Show zu retten. Wie bei Sammy geht es am Ende auch hier um das Grundstück. Trotz der teilweisen Anleihe ist die Folge eigenständig genug. Interessant ist der Dialog zwischen Michael und Terry nach dem Anschlag auf »Turbo Man«, als die beiden über ihre riskanten Jobs sprechen. »Wenn man im Leben so viel riskiert wie wir beide, dann wird es manchmal ein Teil von uns. Und wenn wir anfangen, darüber nachzudenken … ich glaube nicht, dass wir dann weitermachen könnten«, philosophiert Michael. Terry bringt indes im Gespräch mit Devon den Zeitgeist aufs Tapet: der Zirkus als letztes Überbleibsel »in einer Welt von Fernsehen, Satelliten-Antennen und Michael-Jackson-Konzerten.«

Ach ja: Während K.I.T.T. bei Sammy noch mit silbernen Sternchen beklebt wurde (zu seinem Unmut), trägt er hier, nur für den Act, ein abnehmbares Leuchtdiodenkabel. Und während Bonnie die Sternchen noch albern fand, ist sie hier von K.I.T.T.s Optik begeistert (zur Überraschung von Devon, der sich fast am Popcorn verschluckt – eigentlich ein Kapitel für sich, wieso Feinschmecker Devon sich dessen überhaupt annimmt). Die Verbindung zwischen Bonnie und Michael ist nach wie vor ein Traum. Neben der Aufzieherei erleben wir zu Beginn, wie Michael sie (im englischen Original) mit einem herzlichen »Hi, Sweetie« samt Küsschen begrüßt. Am Ende klaut er schamlos ihr Popcorn, will aber von seiner Zuckerwatte nichts abgeben: »Vergiss es, sie ist klebrig, sie schmeckt nicht, und es ist meine!«

Von K.I.T.T. erfahren wir, dass er mit einem neuen Spezialobjektiv ausgestattet ist. Der Hitzemantel, den April in »Ein Ring aus Feuer« angelegt hat, ist aber wohl weiterhin eine Sache der Vergangenheit: Beim Feuer-Finale muss er alles geben, um in Bewegung zu bleiben, denn die Hitze sei ansonsten zu stark für sein pyroplastisches Verbundglas, wie er klarstellt. Absicht oder nicht: Passend zu »Turbo Man« entwaffnen Michael und K.I.T.T. den Konfetti-Feuer-Wagen am Ende mit einem »Turbo Boost«!

Selten hat man Devon übrigens so aufgeregt erlebt wie zu Beginn, als er sich die Show anschauen will. Das hat seinen Grund, wie er (offenbar zum wiederholten Mal) Bonnie erzählt: Devon war selbst für drei Monate im Circus Major, undercover als »Valentino, der Messerwerfer«, im besetzten Frankreich zu seiner Zeit bei der O.S.S. (in der deutschen Version wird diese nur als »Geheimdienst« übersetzt). Sein leitender Offizier sei Gunther Major gewesen, dessen Vater den Circus Major gegründet habe. Peter und Terri wiederum seien Gunthers Kinder. Das Schöne an der Geschichte:

Sie ist fortlaufend hinsichtlich Devons Vergangenheit. Von seiner Zeit bei der O.S.S. in Frankreich hatte er Michael bereits in »Weißer Vogel« erzählt.

Bester Dialog:
Bonnie *(als Michael und K.I.T.T. vor ihrem Auftritt einfahren):* »Also, ich muss zugeben, Devon – er sieht fantastisch aus!«
Devon: »Ja. Obwohl er dieses lächerliche Kostüm anhat.«
Bonnie: »Nein, ich rede von K.I.T.T.«

Trivia:
• Michelle Nicastro (Terry Major) spielte längere Zeit in *California Clan,* aber auch im Film-Klassiker *Harry und Sally* war sie zu sehen. Chuck McCann (Bombo) war vor allem eine bekannte Stimme in Zeichentrickserien, spielte aber auch in *Dracula – Tot aber glücklich, Robin Hood – Helden in Strumpfhosen* oder *Columbo* mit. James T. Callahan (Jeff Barnes) kennen wir noch als am Ende gutmütigen Sheriff aus »Der Bandenkrieg«.
• Regisseur Harvey Laidman erinnert sich noch gut an diese Folge, weil der Orang-Utan sich in ihn verliebt hatte. »Immer wenn er mich gesehen hat, wollte er mich umarmen und mich küssen. Kein Witz! Wenn ich Szenen mit ihm gedreht habe, musste ich mich verstecken, sonst wäre er zu mir gerannt und hätte mir einen dicken, nassen Kuss gegeben.«

Bedeutung der Folge für die gesamte Serie:
* *

Herz / Humor / Action:
* * * / * * * / * * *

Gesamtwertung:
* * *

STAFFEL 3: EIN PERSÖNLICHES FAZIT

Es ist manchmal verrückt: Zwischen Staffel 2 und 3 liegen ja nur ein paar Monate; dennoch wirkt es wie ein Zeitsprung. Staffel 3 kam deutlich 80er-mäßig daher, was Klamotten, Stil und Musik angeht. Vielleicht liegt es auch an K.I.T.T.s neuem Dashboard, das digitaler und bunter wirkt. Nicht zu jedermanns Freude zwar, aber gut.

Auch in Sachen Dreh hat man einiges verändert. Die Miniaturarbeit ist weniger geworden und vor allem besser, bei manchen Aufnahmen muss man selbst auf großen Fernsehern mehrmals hinschauen, um sie als solche zu enttarnen. Speziell der Zusammenprall mit K.A.R.R. wurde super gelöst! Ansonsten gab es auch wieder mehr echte Stunts, nachdem der »Turbo Boost« in der vorigen Staffel fast komplett in Miniatur durchgeführt worden war. Diesmal hat man dafür oft eine Art Zeitlupe genommen, der Effekt – nun ja. Es wird aber auch sichtbar, wie klar das Konzept nun stand. Alle hatten ihre Rolle gefunden; David Hasselhoff spielte sie derart selbstverständlich, dass es teilweise fast schon zuviel war. Die Freude an *Knight Rider* aber sieht man ihm immer wieder an, und das ist schön.

Ansonsten war die Staffel natürlich geprägt vom Comeback von Patricia McPherson: Sie hat sich problemlos wieder eingefügt, den weißen Overall oder die 70er-Jahre-Klamotten aus Staffel 1 hat man ebenfalls eingemottet. Bonnie als Teil des Originalteams gehört zu *Knight Rider* – schade, dass man keinen Weg gefunden hat, sowohl sie als auch April einzubauen, zumindest für eine kleine Übergabe.

Staffel 3 hat über fast die gesamte Laufzeit ein ordentliches Niveau und nur wenige Ausfälle, dafür mit »Der schwarze Teufel taucht wieder auf«, »K.I.T.T. kriegt einen Schlag« und »Eine schreckliche Falle« drei Klassiker. Einzig auf Stevie mussten wir verzichten; es ist die einzige Staffel, in der sie nicht dabei ist. Und Adrianne und Garthe … nun ja, die treiben ihr Unwesen vermutlich in der Hölle.

Betrachtet man die gesamte Staffel, fällt es schwer zu verstehen, wieso die vierte Staffel bereits die letzte sein soll – auf die Gründe gehen wir später noch ein. Ein Problem allerdings ist genau das angesprochene »ordentliche Niveau« dieser Staffel, denn das fehlt in Staffel 4 größtenteils. Wir erleben dort Sternstunden der Serie, aber auch viele, viele unterdurchschnittliche und austauschbare Episoden. Schade eigentlich. Dabei bietet der Auftakt direkt wieder das volle Programm!

KNIGHT RIDER IN DEUTSCHLAND

***Knight Rider* – Die erste Erfolgsserie für RTLplus**

In den USA war *Knight Rider* erfolgreich; in Deutschland wurde die Show gar zu einem Massenphänomen und David Hasselhoff zum Teenie-Star schlechthin. Das Privatfernsehen hatte einiges damit zu tun.

RTLplus ging am 2. Januar 1984 an den Start, aber erst Ende der 1980er-Jahre bekamen mehr und mehr Menschen einen Zugang zu Kabel- oder Satelliten-TV. Bis dahin waren der Sender und damit auch seine Serien und Shows nur einer kleinen Fangemeinde zugänglich. Zur Einordnung: 1985 hatte RTLplus nur 0,4 Prozent Marktanteil, 1988 dann schon 4,1 Prozent, 1989 schließlich 10 Prozent und 1990 bereits 11,5 Prozent!

Am 28. August 1985 flimmerte *Knight Rider* erstmals über die Bildschirme der RTLplus-Empfänger: zunächst montags und dienstags, zeitweise montags und donnerstags. Ab dem 4. Oktober 1988 wurde dann der Dienstag um 19.15 Uhr zum Stammsendeplatz, bis zum 5. Mai 1992. Dann sollte die Zeit der Daily Soaps anbrechen; seit dem 12. Mai 1992 nahm *Gute Zeiten, schlechte Zeiten* den *Knight Rider*-Sendeplatz ein. Kein Problem, das sich nicht lösen ließ: Michael und K.I.T.T. erlebten ihre Abenteuer dann eben am Samstagnachmittag.

Bereits von Anfang an war *Knight Rider* ein Hit für RTLplus: Im Premierenjahr 1985 hatten es nach nur vier Monaten auf Sendung gleich sechs Episoden unter die Top 20 des Jahres geschafft, zwei Folgen sogar unter die Top 5 – mit einer vergleichsweise überschaubaren Zuschauerzahl: 310.000 waren am 25. November 1985 bei »Goliaths Geburt« dabei (Platz 2), 290.000 sahen am 12. November bei »Eine Kleinstadt lebt gefährlich« (Platz 4) zu. Schon damals, bei der Erstausstrahlung, nahm es RTLplus also bei der Episoden-Reihenfolge nicht allzu genau. Verrückt, aber logisch: Dank der immer größer werdenden Reichweite von RTLplus schalteten bei den Wiederholungen deutlich mehr Zuschauer ein als bei den Erstausstrahlungen. Die Sendung vom 2. Januar 1990 kam beispielsweise auf 2,59 Millionen Zuseher, Platz 5 im RTLplus-internen Wochenranking. Und Anfang 1992 sahen, von der GfK mittlerweile für Gesamt-Deutschland berechnet, rund 4 Millionen Fans zu.

Am 23. Mai 1992 feierte die TV-Zeitschrift *Hörzu* die erneute Wiederholung mit wohlwollenden Worten: »Und noch einmal, weil's so schön ist: Michael Knight und sein sprechendes Wunderauto starten durch zur fünften Wiederholung. Seit 1985 ist die Actionserie mit Publikumsliebling David Hasselhoff ununterbrochen im RTL-Programm. Die Fans, fast ausschließlich Kinder und Jugendliche, bleiben ihrem Knight Rider treu. Im vergangenen Jahr sahen im Schnitt über zwei Millionen zu.« Bis zum 30. September 1995 sollte *Knight Rider* letztlich bei RTL laufen, mehr als zehn Jahre ohne Pause.

Seitdem vergeht kaum ein Jahr, in dem die Serie nicht irgendwo im Free-TV ausgestrahlt wird. 1996 und 1997 sorgten Michael und K.I.T.T. im Nachmittagsprogramm von RTL2 für Recht und Ordnung, ein Comeback zum 20-jährigen Bestehen feierte man 2002 und 2003 beim »echten« RTL am Sonntagnachmittag, dazu bei SuperRTL am Freitagabend. 2005 schlug Das Vierte bei seiner Mission »Wir sind Hollywood« zu und hielt bis 2009 an seiner fast täglichen Dosis *Knight Rider* fest, gerne auch wieder zur RTL-Zeit am frühen Abend. Und seit 2012 ist noch kein Jahr vergangen, in dem nicht RTL Nitro unter dem passenden Motto »Fernsehen für Helden« mindestens einen Komplett-Durchlauf *Knight Rider* gezeigt hat, mit überdurchschnittlichen Zuschauerzahlen. *Knight Rider* ist also noch immer ein Quotengarant!

Ausstrahlungsjahre von Knight Rider in Deutschland (Free-TV):

- 1985 – 1995: RTLplus / RTL
- 1996 – 1997: RTL 2
- 2002 – 2003: RTL, Super RTL
- 2005 – 2009: Das Vierte
- 2012 – 2024: RTL Nitro / Nitro
- seit 2024: ProSieben MAXX, Kabel Eins

KNIGHT RIDER – DIE ROMANSERIE

Wie bei vielen Erfolgsserien gab's auch bei *Knight Rider* einzelne Episoden zum Nachlesen. Die ersten fünf *Knight Rider*-Bände stammten noch aus der Feder von *Knight Rider*-Erfinder Glen A. Larson und Roger Hill. Von der Auswahl sind die Titel jedoch fragwürdig: Warum hat man ausgerechnet das durchschnittliche »Herzen aus Stein« oder mit »Goldschmuggel« / »Das Schlangenmaul« eine der schlechtesten TV-Folgen zur Veröffentlichung ausgewählt? Speziell in letzterem Buch erfahren wir dafür jedoch einige Hintergründe: Michael war demnach tatsächlich kurzzeitig mit Bonnie liiert, bevor sie die Leitung der Forschungsabteilung in New York übernahm (was sich mit der TV-Erklärung ihres Verbleibs im Auftakt zur dritten Staffel jedoch beißt). Ebenfalls interessant: Michael erklärt in der Folge, er wisse, wie es sei, jemanden zu lieben und diejenige zu verlieren – was man natürlich auf Stevie bezieht (zumal »Ich werd' ewig dein Freund bleiben« kurz vorher lief). Geht man nach dem Roman, bezog sich dieser Kommentar jedoch auf Bonnie! Am Ende wird zudem April als Tochter von Devon vorgestellt, darauf wurde in der Serie nie eingegangen. Michael wird insgesamt etwas arg als Frauenheld präsentiert, sodass Devon hinsichtlich der Zusammenarbeit mit April durchaus Bedenken hat: Er bekommt große Angst, Michael womöglich als Schwiegersohn zu bekommen!

All diese Zusatz-Infos sind jedoch keine ursprünglichen Gedanken zu *Knight Rider,* sondern ausschließlich solche der Romanreihe, die erst nach den TV-Drehbüchern auf den Markt kam. Deutlich gemacht wurde das durch Formulierungen wie »Based on the Universal television series Knight Rider« oder »Adapted from the episode ...«

Dank des Erfolgs in Deutschland beauftragte man auch lange nach dem Serien-Aus einen deutschen Autor, um neue Episoden in Buchform auf den Markt zu bringen. Im Fall von *Knight Rider* war das Frank Rehfeld, der sich für seine schriftstellerischen Tätigkeiten verschiedene Pseudonyme zurechtgelegt hatte. Die *Knight Rider*-Romane schrieb er als »Frank Garrett«. Rehfeld war von seinem damaligen Auftrag nur mäßig begeistert, wie er einst in einem Interview mit der *Knight Rider*-Fansite *knightsky.de* verriet. *Knight Rider* sei seine erste Arbeit auf dem Gebiet der TV-Adaptionen gewesen, so Rehfeld. Er habe »anfangs erstmal gestöhnt, weil ich die Serie ziemlich grauslig fand, und deshalb auch das Pseudonym Frank Garrett gewählt. Aber dann habe ich gemerkt, dass man aus dem Konzept was machen kann und ganz eigene Handlungen geschrieben, die als unabhängige Krimis ganz gut funktionierten.

Faszinierend ist es aber vor allem, plötzlich Teil einer solchen Serie zu sein, die Personen in seinem Kopf lebendig werden zu lassen und ihre Gefühle und Gedanken zu schildern, als Ergänzung zu dem, was man auf der Mattscheibe sieht.«

Die deutschen Übersetzungen der Ursprungsromane kamen erst ab 1987 im Goldmann Verlag in den Handel, als *Knight Rider* hierzulande eine immer größere Fangemeinschaft aufbaute. Die Romane von Garrett wurden ab 1990 veröffentlicht. Die Bücher sind allesamt nicht mehr erhältlich, auf *ebay* aber kann man immer wieder (zum überschaubaren Preis) zuschlagen.

Die Bücher von Glen A. Larson und Roger Hill (deutscher Titel / englischer Titel)

Band 1: *Gewagtes Spiel* (1987) / *Knight Rider* (1983); im TV: Pilotfilm
Band 2: *Tödliches Vertrauen (1987) / Trust Doesn't Rust* (1984); im TV: »Der Doppelgänger«
Band 3: *Ein mörderisches Geschäft* (1988) / *Hearts of Stone* (1984); im TV: »Herzen aus Stein«
Band 4: *Ein hochkarätiger Killer* (1988) / *The 24-Carat Assassin* (1984, nur UK); im TV: »Goldschmuggel« / »Das Schlangenmaul«
Band 5: *David gegen Goliath* (1989) / *Mirror Image* (1985, nur UK); im TV: »Goliaths Geburt« / »Der Kampf mit Goliath«

Die Bücher von Frank Garrett

Band 6: *Teuflische Rache* (1990)
Band 7: *Flucht nach vorn* (1991)
Band 8: *Jagd auf Michael Knight* (1991)
Band 9: *Geschäfte mit dem Tod* (1991)
Band 10: *Zwischen allen Fronten* (1991)
Band 11: *Narben der Vergangenheit* (1992)
Band 12: *Tödliche Erbschaft* (1992)

KNIGHT RIDER – DIE HÖRSPIELREIHE

Nachdem *Knight Rider* im deutschsprachigen Raum so erfolgreich war, erschienen die Abenteuer von Michael und K.I.T.T. in den Jahren 1989 und 1990 auch auf MC (und teils auf CD, jedoch nur die ersten sechs Folgen). Im Gegensatz zu einigen anderen Serien *(ALF, Baywatch)* hat man jedoch nicht den TV-Ton verwendet. Man vertonte hier neu, allerdings mit den gleichen Sprechern in den Hauptrollen: Andreas von der Meden als Michael, Hans Sievers als Devon, Antje Roosch als Bonnie, Micaela Kreißler als April, Christian Harck als RC und Gottfried Kramer als K.I.T.T. (der leider oft etwas zu leise klang). Als Erzähler fungierte Christian Günther, der auch das deutsche Intro für die Serie gesprochen hatte (»Er kommt. Knight Rider …«). In der Hörspielserie weicht das Intro – warum auch immer – von der TV-Serie ab.

Kennt man die TV-Folgen gut, ist die Hörspielreihe gewöhnungsbedürftig. Oft wurden US-amerikanische Namen oder Begriffe anders ausgesprochen als in der deutschen Übersetzung der TV-Serie, die man als Hardcore-Fan natürlich präsenter hatte.

26 Folgen erschienen letztlich auf Kassette, allerdings in wilder Reihenfolge quer durch alle vier Staffeln hinweg (die meisten stammten aus Staffel 3). Warum nicht mehr? Laut der Website *hoernews.de* kam es in den 1990er-Jahren zum »Game-Boy-Knick«: Hörspiele waren plötzlich nicht mehr angesagt.

Alle Hörspielfolgen im Überblick:

1. *Wie alles begann*
   (Pilotfilm)
2. *Wettlauf mit dem Tod*
3. *Der schwarze Teufel taucht wieder auf*
4. *Blindes Vertrauen*
5. *Elliot, der Schlaukopf*
6. *»Kitt«-napping*
   (Originaltitel: »Kidnapping«)
7. *Der Konkurs*
8. *Computerspiele*
9. *Duft einer Rose*
10. *Eine schreckliche Falle*
11. *Die Helios-Nadel*
12. *Eine Nasenlänge voraus*

13. *Ein Richter spielt sein Spiel*
14. *Michael fällt in Ungnade*
15. *Ein Neubau mit »Wanzen«*
    (eigentlich: »Ein Neubau mit Wanzen«)
16. *Gangster wider Willen*
    (falscher Titel, es handelte sich um »Geheimversteck Cadiz«)
17. *Der Erpresser*
18. *Diamantenschmuggel*
19. *Tödliche Orchideen*
20. *Das endgültige Urteil*
21. *Michael Knight und die Zuflucht*
22. *Die Schatzsuche*
23. *Tödliches Kostümfest*
24. *Fahrerflucht*
25. *Der Fassadenkletterer*
26. *Eine kleine Stadt lebt gefährlich!*
    (eigentlich: »Eine Kleinstadt lebt gefährlich«)

DIE *KNIGHT* FOUNDATION

Der erste deutsche *Knight Rider*-Fanclub: Nachgefragt bei Clubgründer Achim Dörr

Achim Dörr, Thomas Zimmer und Markus Roth gründeten im Sommer 1986 den ersten deutschen *Knight Rider*-Fanclub: die *Knight Foundation.* Im September 1986 erschien die erste Ausgabe der Clubzeitschrift *Knight Lines.* Die *Knight Foundation* bestand bis 2005, insgesamt erschienen 71 Ausgaben der *Knight Lines.* Achim Dörr war der entscheidende Mann hinter dem Club, Mitgründer und mit Unterbrechungen für die längste Zeit der Clubleiter.

Achim, du warst einer der glücklichen Menschen, die *Knight Rider* bereits am Tag der ersten Ausstrahlung am 28. August 1985 auf RTLplus gesehen haben. Hattest du so früh schon Kabelfernsehen?

Wir hatten damals eigentlich auch nur drei Fernsehprogramme. Aber ich wohne nicht weit von Luxemburg entfernt, in Bexbach im Saarland. Von *Knight Rider* hatte ich im Vorfeld schon gehört – ich wollte das unbedingt schauen! Wir haben uns daraufhin eine Antenne gekauft, extra für RTLplus. Der Empfang war aber schlecht. Ich wollte *Knight Rider* außerdem nicht nur schauen, sondern auch auf Videokassette aufzeichnen. Aber ich hatte Glück: In Bexbach lief zu dieser Zeit ein Pilotprojekt für Kabelfernsehen an. Man konnte sich anmelden und bekam es günstiger. Als *Knight Rider* lief, habe ich es störungsfrei angeschaut und aufgenommen.

Woher hattest du von *Knight Rider* gehört?

Ich war damals begeisterter Leser des *Starlog*-Magazins, einer englischen Zeitschrift über Science-Fiction-Serien. Die haben über englische und amerikanische Serien berichtet, eben auch über *Knight Rider.* In den USA lief es ja schon seit drei Jahren. Ich habe immer wieder davon gelesen, Fotos gesehen, aber konnte es nicht anschauen. Als ich dann erfahren habe, dass RTLplus es ausstrahlen würde, war ich natürlich begeistert.

Wie kamst du darauf, einen Fanclub zu gründen?

Das war damals die goldene Zeit der Fanclubs! Anfang der 1980er-Jahre hat das angefangen, es gab zu allem Fanclubs – nur nicht zu *Knight Rider.* Ich war bereits Mitglied in den zwei größten *Star Wars*-Fanclubs, hatte dadurch Connections in ganz Deutschland. Mit zwei Freunden habe ich dann beschlossen, die *Knight Foundation* zu gründen. Im September 1986 ist die erste Ausgabe der *Knight Lines* erschienen.

Das lief ganz klassisch über Kopierer und Hefter?

Es gab ja kein Internet, keine Computer. Wir haben den Text mit Schreibmaschine geschrieben, Fotos eingeklebt, das Heft für alle Mitglieder kopiert. *Knight Lines* erschien damals alle drei Monate, also vier Mal im Jahr. Über viele Jahre hinweg ging das problemlos, es war genug Material da, *Knight Rider* lief im Fernsehen, es gab viele Berichte in Zeitschriften. Wir haben die Schauspieler vorgestellt, Gaststars, K.I.T.T.s Tricks, über Auftritte von David Hasselhoff berichtet … Erst gegen Ende der 1990er-Jahre wurde es schwieriger, neue Themen zu finden.

Wie viele Mitglieder hattet ihr zu euren besten Zeiten?

Anfang 1987 habe ich für ein *Knight Rider*-Special bei RTLplus in Luxemburg ein Interview gegeben und dabei auch Werbung für unseren Fanclub gemacht. Kurz später hatten wir 350 Mitglieder – und wenn man bedenkt, dass RTLplus damals noch kaum Reichweite hatte, war das ziemlich viel. Wir konnten das auch kaum bewältigen. Ein weiteres Problem: Unter unseren Mitgliedern waren viele Kinder, die haben selbstgemalte Bilder und Briefe geschickt, die wir an David Hasselhoff weiterleiten sollten, sie haben die Telefonnummer von David angefordert … Und wenn wir darauf nicht reagiert haben, kamen die Eltern und haben sich beschwert: »Ihr seid doch ein offizieller Fanclub, wieso macht ihr das nicht?« Das war dermaßen stressig, dass wir die Altersgrenze auf 16 Jahre angehoben haben. Das hat uns allerdings viele Mitglieder gekostet.

Wie hoch war euer Mitgliedsbeitrag damals?

Ich glaube, es waren 20 DM im Jahr – das Geld ging aber allein für die Papier-, Kopier- und Versandkosten drauf. Nicht für die Zeit, die wir investiert haben, auch nicht für den Sprit für die Fahrt zum Kopierladen oder die Farbbänder. Wenn ich Gewinn gemacht haben sollte, dann waren das ein paar Pfennige *(lacht).*

Wie bist du an die Fotos gekommen, gab es da rechtliche Probleme – auch mit dem Begriff *Knight Foundation?* Oder hat das damals noch niemanden interessiert?

Das hat damals keinen interessiert. Es hat auch keiner mitbekommen. Es gab hunderte solcher »Fanzines«, also Fan-Magazine. Einmal gab es ein hochoffizielles Schreiben von *Lucasfilm* bezüglich *Star Wars,* dass man das bitte bleiben lassen solle. Das hat sich allerdings als Fälschung herausgestellt: Es war ein Fake-Schreiben eines Konkurrenz-Fanclubs!

Wann erschien die letzte Ausgabe der *Knight Lines?*

2005 haben wir das Heft eingestellt, nach 71 Ausgaben. Im Internet hat man damals alle möglichen News zu *Knight Rider* gefunden, warum sollten die Fans also auf ein kopiertes und zusammengeheftetes Fanzine warten? Zu dieser Zeit waren viele Fanclubs am Ende. Ich hatte damals leider auch keine Internet- oder Computerkenntnisse, konnte den Club nicht ins Internet übertragen. Ich musste ihn also schließen, was mir unglaublich weh getan hat. Aufgegeben habe ich den Club aber nie, wir haben ihn dann doch noch mal online wiederbelebt.

Ihr hattet auch Fantreffen, habt euch also persönlich kennengelernt.
Zwei Mal haben wir das gemacht, auch mit Leuten vom *A-Team*-Fanclub, da war ich ebenfalls im Redaktionsteam drin. Auch vom *Airwolf*-Fanclub waren Leute dabei. Zu zwei Schwestern habe ich bis heute noch Kontakt, ansonsten hat sich das verlaufen. Vor ein paar Jahren war in meiner Nähe eine Autoausstellung, da war auch eine K.I.T.T.-Replika dabei. Dort habe ich tatsächlich einen Mann getroffen, der damals Mitglied im Fanclub war.

War das einmal ein Thema für dich, eine K.I.T.T.-Replika zu bauen oder zu kaufen?
Früher schon, das war der große Traum, aber damals hatte ich nicht das Geld dafür. Heute hätte ich es vielleicht, aber das ganz große Verlangen habe ich nicht mehr. Technisch bin ich zudem überhaupt nicht versiert, müsste mir im Zweifel eine komplett fertige Replika kaufen. Ein Kumpel aus meinem Nachbarort schickt mir immer per WhatsApp irgendwelche Angebote, wenn er was im Internet entdeckt. Da bin dann doch oft nah dran. Aber es wäre mir wohl auch zu schade, damit rumzufahren. Aber ich habe mal in einem Original-K.I.T.T. gesessen, in den Universal-Studios in Los Angeles.

Hast du David Hasselhoff auch mal getroffen?
Ja, mehrmals sogar. Das erste Mal wurde ich über einen Bekannten von RTL eingeladen, zur Live-Show *20 Jahre RTL,* das war im Januar 2004. Mit ein paar anderen Fans durften wir auch zur Aftershow-Party, da saßen wir schräg gegenüber vom Tisch, an dem David platziert war – da gab's ein kurzes »Thumbs up«, wie in *Knight Rider.* Vor ein paar Jahren habe ich ihn noch bei der *Comic Con* in Dortmund getroffen, habe mir ein Fotoshooting-Ticket gekauft. Dort haben wir etwas gequatscht, ich habe ihm eine Kopie einer *Knight Lines* geschenkt, auch mit einem Brief über den Fanclub – in der Hoffnung, dass er sich vielleicht mal meldet. Leider kam nie etwas zurück, vielleicht hat er das auch alles weggeschmissen *(lacht).* Aber wir haben uns etwas unterhalten über den Fanclub, bis mir die Security irgendwann höflich auf die Schulter geklopft hat.

Wie sieht‘s bei dir heute aus, schaust du *Knight Rider* noch regelmäßig?

Eher vereinzelt. Ab und zu habe ich Lust auf eine spezielle Szene, die schaue ich mir dann an. Da passiert‘s dann doch, dass ich die gesamte Folge ansehe, und vielleicht noch eine *(lacht)*. »Duft einer Rose« ist meine absolute Lieblingsfolge, die schaue ich immer wieder mal. Auch die Musik darin war einfach toll. Das war ohnehin die große Sache: »Der geheimnisvolle Ohrclip« als die finale Folge, das war ja keine Glanznummer, speziell als Ende der Serie. Das ist für mich »Duft einer Rose«.

Damit sprichst du wohl vielen Fans aus der Seele – mir auch. Vielen Dank, Achim, für das Gespräch!

DAVID HASSELHOFF

Liebling in Deutschland

Manchmal spielt der Zufall die größte Rolle im Leben. Anfang 1987 war's, als David Hasselhoff den vielleicht wichtigsten Anruf seines Lebens tätigte.

Was war passiert? *Knight Rider* war 1986 eingestellt worden und Hasselhoff arbeitslos. Zu sehr war er gelabelt als Michael Knight, als dass ihm neue Angebote unterbreitet wurden. Hasselhoff-Typen wurden gesucht – aber immer, wenn er sich daraufhin meldete, wurde ihm erklärt: »Wir suchen einen Typen wie dich. Nicht dich.«

1987 kam schließlich Niki zu Besuch. Das junge Mädchen aus Österreich wollte mit ihrem Idol frühstücken – Hasselhoff hatte an diesem Tag gar keine Lust darauf, ließ sich von seiner Managerin jedoch überreden. Zu allem Unglück demolierte Niki Hasselhoffs noch Mini-K.I.T.T., den ihm das *Knight Rider*-Team zum Serienende vermacht hatte. Plötzlich fragte Niki: »Singst du eigentlich noch?« Hasselhoff hatte 1984 die Platte *Night Rocker* aufgenommen, im Schlepptau der *Knight Rider*-Folge »Ich werd' ewig dein Freund bleiben«, in der sich Michael einer Rockgruppe anschließt. *Night Rocker* war in den USA ein gigantischer Flop. Man habe nur sieben Exemplare davon verkauft, erzählt Hasselhoff immer wieder gerne, »meine Eltern haben drei gekauft, ich ebenfalls, und noch irgendein Idiot hat eins genommen.« Niki erklärte: »Dein Album ist in meinem Land auf Platz 1!« Hasselhoff suchte auf der Landkarte nach Österreich und fackelte nicht lange. Er rief den österreichischen Promoter Herbert Fechter an und gab sich als sein eigener Manager Michael Schwartz aus. Ob denn Interesse bestehe, dass David Hasselhoff nach Österreich auf Tour käme? Wenig später erfolgte der Rückruf: Das Opening steht! K.I.T.T. nahm Hasselhoff gleich mit. Der Gedanke dahinter: Wenn die Leute ihn nicht sehen wollten, dann vielleicht das Auto? Ein Geniestreich! Hasselhoff tourte nur zwei Wochen später für 14 Tage durch Österreich.

Nach und nach wurde er zum TV-Gast in Deutschland. Bei einem Auftritt mit Harald Juhnke und K.I.T.T., bei dem alle drei (ja, auch K.I.T.T.!) ein Liedchen trällerten, spielte wieder der Zufall mit, denn die Schwiegermutter des deutschen Schlagerproduzenten Jack White befand sich unter den Zuschauern und gab ihrem Schwiegersohn den Tipp, sich Hasselhoff genauer anzuschauen. Die beiden trafen sich in Los Angeles, und obwohl White nicht wusste, ob oder wie gut Hasselhoff tatsächlich singen kann, war ihm klar, dass er ihn produzieren würde. »Oft liegt das Geld auf der Straße, man muss sich nur bücken und es aufheben – das war

bei David so«, erinnert er sich an die positive Ausstrahlung Hasselhoffs beim ersten Treffen.
Für den ersten großen Auftritt versuchte White, seinen Neuzugang bei *Wetten, dass..?* unterzubringen. Geht nicht, erklärte Freund und ZDF-Unterhaltungschef Wolfgang Penk. Der TV-Star eines Privatsenders bei der öffentlich-rechtlichen Konkurrenz? Unmöglich. Als Penk diese Geschichte aber beim Abendessen erzählte, bekam er Ärger mit seinen Kindern, zwei glühenden Hasselhoff-Fans. Penk sprang über seinen Schatten und buchte Hasselhoff für den 2. März 1989 in der Gottschalk-Show. Der Rest ist Geschichte: *Looking For Freedom* stürmte die Charts und blieb acht Wochen lang auf Platz 1. Es folgten weitere Hits wie *Crazy For You, Do The Limbo Dance* und *Everybody Sunshine.*

Die Fernsehmacher hatten jedoch ein Problem. Nur zu gerne hätte man mehr vom neuen Liebling der Deutschen gezeigt, am liebsten neue *Knight Rider*-Folgen. Doch die Serie war bereits 1986 in den USA eingestellt worden, und die Rechte lagen bei Universal. Hasselhoffs neue Serie *Baywatch* war in den USA zudem nach nur einer Staffel abgesetzt worden. Aufgrund der Erfolge der Serie in Deutschland (damals noch in der ARD) und England kamen Hasselhoff und die *Baywatch*-Erfinder jedoch auf eine Idee: Warum nicht mit Fremdkapital auf eigene Faust weiterdrehen und die Serie an einzelne TV-Stationen lizenzieren? Der Rest ist Fernsehgeschichte: *Baywatch* wurde zur erfolgsreichsten TV-Serie der Welt!

Die Hasselhoff-Manie in Deutschland sollte noch bis Mitte der 1990er-Jahre anhalten. Am Ende stehen mehr als 40 Platin-/Gold-/Silberauszeichnungen sowie 11 Bravo-Ottos und vieles mehr. David Hasselhoff war in den 1990er-Jahren außerdem der Star, der es am häufigsten aufs *Bravo*-Titelbild geschafft hatte.

STAFFEL 4 (1985–1986)

»K.I.T.T.s Unfall mit Folgen (I) und (II)« / »Knight of the Juggernaut« (Folge 64 – Doppelfolge)

Buch: Burton Armus, Robert Foster; Regie: Georg Fenady
Filmdaten: 24. Juni – 16. Juli 1985
Erstausstrahlung USA: Fr, 20. September 1985 (NBC)
Erstausstrahlung Deutschland: Mi, 28. / Do, 29. Mai 1986 (RTLplus)

Michael und K.I.T.T. sollen ein neuartiges Isotop in Chicago beschützen. Das ist allerdings auch für einen internationalen Terroristen interessant. Er entführt Devon, neutralisiert K.I.T.T.s unzerstörbare Außenschicht und lässt ihn mithilfe eines Kampfpanzers fast komplett zerstören.

Kommentar:

Das ist wieder einmal ein starker Staffelauftakt! Und war man in Staffel 3 zwar von K.I.T.T.s neuem Armaturenbrett überrascht worden, aber von den neuen »Tricks« etwas enttäuscht, kriegen wir hier drei wunderbare Gimmicks: den »Super Pursuit Mode« (SPM), das »Emergency Braking System« (EBS) und K.I.T.T. als Cabrio. Alle drei werden uns die kommenden Folgen immer wieder begleiten.

Wir sind dennoch teilweise in der Wiederholungsfalle. K.I.T.T. wird (wieder einmal) zu Beginn einer Staffel zerstört. Devon wird geklont, wie auch Klaus Bergstrom im zweiten »Goliath«. Und Pamela Susan Shoop ist ebenfalls wieder dabei, wie schon im Pilotfilm (amüsanterweise war auch Shawn Southwick sowohl im Piloten als auch im Auftakt zu Staffel 2 dabei). Aber all das stört wenig. Auch wenn Michael nach ersten Zweifeln ob des falschen Devons einen ähnlichen Trick anwendet wie einst bei Klaus Bergstrom: Hier ist es »Nennt mich Ismael«, der erste Satz aus *Moby Dick* von Herman Melville (und eben nicht von Hemingway); damals waren es die Tickets für Disneyland.

K.I.T.T.s Zerstörung ist die vielleicht brutalste überhaupt: War er zuvor mit Goliath »nur« kollidiert oder von Raketen beschossen worden, ist er ohne seinen Molekularversiegelungsschutz quasi hilflos. Wie wir aus der ersten »Goliath«-Folge wissen, ist die Formel dafür auf drei Menschen aufgeteilt; jeder weiß zwei Teile davon. Man braucht also zumindest zwei Leute, um sie zu komplettieren. Darauf geht Devon auch gegenüber Nordstrom ein und erhält als Antwort, man brauche in diesem Falle nur die chemischen Daten zum Neutralisieren. Wir müssen schließlich erschüttert dabei zusehen, wie K.I.T.T. mehrfach vom Kampfpanzer, dem »Juggernaut«, weggedonnert und zusammengequetscht wird. Ob es Zufall ist, dass dieser einen ähnlichen Triumphlaut abgibt wie Goliath? Wie immer könnten wir die Frage aufwerfen, warum Michael nicht vollends aus dem Weg geräumt wurde. Ebenfalls wie immer würden wir die einfache Antwort erhalten: Weil *Knight Rider* dann zu Ende gewesen wäre.

Etwas irritierend ist die Rolle von Marta. Michael verdächtigt sie zunächst, schenkt ihr dann jedoch Glauben. Dann verdächtigt er sie erneut und liegt damit richtig, dass sie zu den bösen Jungs gehört. Mit ihrem Geständnis aber gehört sie dann quasi zum Team, darf am Ende sogar mit K.I.T.T. davonbrausen. Bedenkt man, dass Hower erwähnt hatte, sie schon mehrfach für böse Zwecke eingesetzt zu haben, wirkt das bedenklich. Zudem wird sie auch dem Zuschauer tatsächlich lange Zeit als eine Gute präsentiert, unterlegt von sentimentaler Musik und der Geschichte um ihren Hund Roger. Vermutlich hatte man Pamela Susan Shoop gebeten, Marta äußerst treuherzig zu spielen, was Shoop auch getan hat – nur etwas zu arg. Vielleicht hätte man sie besser als »echte« Assistentin von Dr. Quinlin präsentieren sollen, die ebenfalls gerettet werden musste? Es hätte runder gewirkt.

Den Bösewichten Nordstrom und Hower kommt man hingegen nie nahe. Nordstroms merkwürdige Hand ist Blödsinn, Hower nervt einerseits mit seiner fast panischen Angst und Demut ihm gegenüber, andererseits mit seinem selbstzufriedenen Grinsen im »Juggernaut« und der Behandlung seiner Untergebenen, obwohl er selbst nicht allzuviel auf die Kette kriegt. Aber so läuft es ja oft auch im wahren Leben, sogar in langweiligen Bürojobs.

Eine nicht unspannende Nebenhandlung ist die um Jennifer Knight und deren geplante Schließung der Foundation für Recht und Verfassung. Alle Staffel-Starts hatten bislang irgendeine Verbindung zu Wilton Knight, insofern bleibt man konsequent. Von Jennifer Knight hören wir allerdings zum ersten Mal, trotz ihrer höheren Position in der Knight Foundation. Bislang hatte man gedacht, Garthe Knight sei der einzige Abkömmling von Wilton Knight, auch wenn dies nie ausdrücklich erwähnt worden war.

Dass Devon auf die existenzielle Konferenz verzichten muss, wirkt etwas unglaubwürdig; schön ist dafür seine Ansage, Michael solle sich gut benehmen. Der verzichtet schließlich auf einen Anzug und taucht in Lederjacke auf, und es geht ihm wie Columbo: »Entschuldigen Sie, sind Sie einer der Chauffeure?«, wird er begrüßt. Das Treffen verläuft ungut: Jennifer lässt Michael ihre volle persönliche Abneigung spüren, Garthe hat auch bei ihr seine Spuren hinterlassen. Die Foundation sei eine Verschwendung der Mittel, erklärt sie, Michael und K.I.T.T. »eine wildgewordene James-Bond-Fantasie«. Michael aber trifft die richtigen Worte. Er sei nicht reich geboren, kein Doktor der Physik. Die Welt brauche Hilfe, so habe auch Wilton Knight gefühlt. »Ihr Vater hielt auf dem Sterbebett meine Hand, und er bestärkte mich in dem Glauben, dass ein Mensch etwas verändern kann«, erklärt er. Das sei es, was die Foundation ausmache. Jennifer macht er später klar: »Tatsache ist: Sie können mich nicht leiden. Und abgesehen davon, dass Sie die Tochter eines Mannes sind, den ich mochte, kann ich Sie auch nicht besonders leiden.« Danach geht er so weit, ihr seine Kündigung auf den Tisch zu legen. »Alles, was wichtig ist für mich, alles, woran ich glaube, hebe ich mit der Kündigung auf.« Am Ende ist man schließlich versöhnt, Jennifer Knight wird in der Serie jedoch nie wieder erwähnt.

Auch Michaels Verhältnis zu Devon kommt zur Sprache. »Devon Miles ist wie ein Vater für mich!«, erklärt er Marta. Als er ein wenig Zeit mit Devons Doppelgänger verbracht hat, gesteht er Bonnie, eine Abneigung gegenüber Devon zu verspüren – ein Gefühl, das er noch nie gehabt habe.

Schön gelöst ist der Übergang zu K.I.T.T.s Umbau, der vor allem auf den »Super Pursuit Mode« und den Cabrio-Modus herausläuft, also auch optische Veränderungen mit sich bringt. Denn sein Aussehen hatte K.I.T.T. verunsichert, als zwei Autoknacker von ihm Abstand genommen hatten, weil er »out« sei. Er sehe toll aus, wie immer, versichert ihm Michael auf Nachfrage. »Genau das meine ich: Ich verändere mich nie«, erklärt K.I.T.T., und Michaels Versuch der Beruhigung, K.I.T.T. sei ja erst drei Jahre alt, also noch im Kindergarten, beruhigt nicht. Autos würden schneller altern. »Du nicht, K.I.T.T., du alterst nie. (…) Du trotzt der Zeit.«

Das Beste ist freilich ist die Einführung von Peter Parros als RC3 (Reginald Cornelius, der Dritte). Er wirkt von Beginn an grundsympathisch und fügt sich in die Foundation-Familie wunderbar ein, auch dank seiner großen Euphorie. Was genau RCs Job sein wird oder später ist, wird nie so ganz klar. Teilweise fährt er den Semi, dann wieder ist er mit Michael unterwegs. Sein schrottreifes Motorrad wird ab »Killer K.I.T.T.« ein schöner Running Gag für den Rest der Serie. Hier hat er mit seinem ebenso schrottreifen Auto schon einmal einen Vorgeschmack gegeben. Woher Bonnie und RC sich kennen, bleibt allerdings unklar. In der deutschen Übersetzung antwortet Bonnie auf Michaels Frage, wer RC sei: »Ein Freund von mir.« Im englischen Original sagt sie nur: »The Street Avenger.«

Parros erinnerte sich noch gut an sein Casting. »Ich wollte immer einen Actionhelden spielen, und als den habe ich RC3 gesehen«, sagte er Jahre später. Vier Mal habe er vorsprechen müssen, am

Ende sei die Entscheidung zwischen ihm und Blair Underwood gefallen. Parros glaubt, dass sein letzter Abgang mitentscheidend gewesen sei. »I‘m badder than Mr. T. and prettier than Ali, so hire me for RC3«, habe er gedichtet, bevor er den Raum verlassen habe. Underwood bekam immerhin eine kleinere Rolle als Autoknacker.

Ein etwas trauriger Gedanke: Wenn man »K.I.T.T.s Unfall mit Folgen« schaut, mit all seiner Action, K.I.T.T.s neuer Ausstattung, dazu dem guten RC … Wer hätte gedacht, dass dies der Auftakt zur tatsächlich letzten Staffel unserer Lieblingsserie sein würde?

Bester Dialog:
Jennifer Knight: »Erwarten Sie nicht, dass ich Ihnen vertraue.«
Michael: »Ihr Vater tat es.«
Jennifer: »Er ist tot.«
Michael: »Nicht, solange die Foundation lebt.«

Trivia:
• Mary Kate McGeehan (Jennifer Knight) war in 34 Folgen von *Falcon Crest* dabei und Gaststar in vielen 1980er-Klassikern. Zuletzt sah man sie in der Sitcom *Mike & Molly.* John Considine (Philip Nordstrom) kennen wir noch als Gangster Boyd LaSalle in »Michael fällt in Ungnade« und Nicholas Worth (Hower) aus »Das Chamäleon«. Blair Underwood (Potts) schaffte nach *Knight Rider* seinen Durchbruch; unter anderem spielte er in *Die Bill Cosby Show, L.A. Law – Staranwälte, Tricks, Prozesse, City of Angels, Sex and the City und Marvel‘s Agents of S.H.I.E.L.D.*
• Jennifer Knights Zusammenschnitt von K.I.T.T.s Tricks stammt aus »Gedächtnisschwund«, »Gefährliches Spielzeug«, »K.I.T.T. kriegt einen Schlag« und einer unveröffentlichten Szene aus »Die Schatzsuche«.
• Die Zufahrt nach Chicago (Minute 7.20) kennen TV-Fans nur zu gut, aus *Eine schrecklich nette Familie*. Und nicht nur das: Es ist exakt dieselbe Szene (achtet mal auf die Autos)! Da die Sitcom um Al Bundy erst ab 1987 gedreht wurde, sehen wir sie in *Knight Rider* sogar früher. Auch die »Buckingham Fountain« erleben wir am Ende, als K.I.T.T. das Geheimnis um den »C-Knopf« lüftet.
• Immer wieder sehen wir in *Knight Rider* kleinere Menschenmassen, wo eigentlich keine sein sollten – Fans also, die beim Dreh zuschauen. Hier besonders auffällig, als Michael und K.I.T.T. zu Beginn »dem Schwarzen Rächer«, dem uns noch unbekannten RC, zu Hilfe eilen.
• Im Teaser hören wir in der englischen Version die Stimme von Devon: »This is Edward Mulhare. Tonight, a special two-hour *Knight Rider* from Chicago«, kündigt er an.
• Erneut sehen wir auch das tragbare Fernsehgerät aus »K.I.T.T.

sitzt in der Falle«, als Michael während der Reparaturarbeiten mit K.I.T.T. spricht (wie auch in »Eine schreckliche Falle«).

• Es ist das einzige Mal im Verlauf der Serie, dass in einer Folge gleich drei Mal der »Super Pursuit Mode« zum Einsatz kommt.

• »Juggernaut« heißt übersetzt »Koloss« oder »Riesenlaster«. Und »Juggernaut« hat sogar einen Wikipedia-Eintrag: »Er steht für eine unaufhaltsame Kraft, die alles vernichtet, was ihr im Wege steht. Der Wortursprung liegt bei den riesigen, viele Tonnen schweren Prozessionswagen (Ratha), die während einer bestimmten hinduistischen Prozession (Ratha Yatra) zu Ehren des Gottes Jagannatha verwendet werden. Einmal in Fahrt gebracht, sind diese Wagen von Menschen kaum zu stoppen.«

• Wieder einmal sehen wir auch einen eigenen Vorspann für diese Folge, unter anderem mit dem herrlichen »Turbo Boost« von K.I.T.T. aus »Das 19. Loch«, der auch im Auftakt zu Staffel 3 im Intro zu sehen war, sonst aber nicht mehr. Der Grund: Der »Super Pursuit Mode« sollte noch nicht vor dem Einbau vorgestellt werden.

• Peter Parros ist stolz darauf, im Verlauf der Staffel viele Kampfszenen ohne Double durchgeführt zu haben. Bei seinem ersten Auftritt hier verletzte er jedoch versehentlich seinen gegnerischen Stuntman – und war ziemlich mitgenommen. »Ich dachte, ich werde gefeuert«, sagte er. Danach habe er von Seiten des Produzenten Burton Armus seinen Spitznamen erhalten: »Peter one-punch.«

• Lustige Info: RC stammt ja aus Chicago, das Thema wird auch weiterhin direkt oder indirekt (durch T-Shirts) aufgegriffen. Parros selbst war allerdings bis zu diesem *Knight Rider*-Dreh noch nie dort gewesen!

Soundtrack:

• *We Don't Need Another Hero* (Tina Turner)

Bedeutung der Folge für die gesamte Serie:

★ ★ ★ ★ ★

Herz / Humor / Action:

★ ★ / ★ ★ / ★ ★ ★ ★

Gesamtwertung:

★ ★ ★ ★

»Kidnapping« / »KITTnap« (Folge 65)

Buch: Skip Webster; Regie: Bernard McEveety
Filmdaten: 6. – 14. August 1985
Erstausstrahlung USA: Fr, 27. September 1985 (NBC)
Erstausstrahlung Deutschland: Mi, 2. Juli 1986 (RTLplus)

Jeff Cavanaugh, den Michael einst eingebuchtet hatte, bricht aus dem Gefängnis aus. Als Michael und K.I.T.T. ihm und seinem Partner auf den Fersen sind, wird Michaels Freundin Karen entführt – und kurz darauf auch K.I.T.T.

Kommentar:
Eine starke Einstiegsfolge, die vor allem eine Frage aufwirft: Wieso hat man sich nicht am US-amerikanischen Titel angelehnt und die Episode »KITTnapping« genannt – wie es später zumindest die Hörspielreihe um *Knight Rider* getan hat?

Nun gut, ein Schönheitsfehler. Denn ansonsten hat »Kidnapping« fast alles, was eine runde Folge ausmacht. Schon zu Beginn wollte man offenbar zeigen, was man hat: Bereits im Teaser erleben wir den »Super Pursuit Mode« in voller Entfaltung, in der ersten regulären Szene fährt Michael ohne Verdeck. Und der »Super Pursuit Mode« kommt später gleich zwei Mal zum Einsatz. *Knight Rider* ist in Staffel 4 angekommen, kein Zweifel, auch wenn die Folge erst nach »Wie die Axt im Walde« und »Die heilige Grabstätte« gedreht wurde.

Bereits in »Das Chamäleon« hatte man auf einen früheren Fall Bezug genommen, in dem Michael den Bösewicht eingebuchtet hatte, der nun entkommen ist. Hier geschah das also wieder. Schade, dass man nicht einen »echten« Fall der Serie genommen hat, mit einem alten Bekannten. Bis auf »Goliaths Rückkehr« mit Garthe und Adrianne ist das leider nie passiert. Die erpresserische Konstruktion um Cavanaugh und Julian Martin ist dennoch geschickt, ebenso wie die Idee um K.I.T.T.s Entführung: Gabelstapler an sich waren ja schon immer eine Gefahr für ihn; ihm aber eine Falle zu stellen, in die er (wörtlich) hineinfällt, hat seinen Charme. Wobei die Frage erlaubt sein muss, was mit seinem »Trajectory Guide« passiert ist: In »Blindes Vertrauen« hatte sich K.I.T.T. aus einer ähnlichen Situation heraus-geturboboostet.

So kommt immerhin RC zu seinem ersten Einsatz. Dieser hatte schon zu Beginn seine »Superverstärkung« angeboten. Michael war zu dem Zeitpunkt noch von Karen als Beifahrerin überzeugter, und RC musste sich im Gegenzug eine Rüge von Devon anhören, als er seine Getränkedose auf dessen Schreibtisch platziert hatte. Am Ende ist er dann doch gefragt: RC hat die geniale Idee, den

Semi vom Laster zu trennen und K.I.T.T. zu suchen. Auf der Fahrt zum Hafen bezieht er sich auch auf seine Arbeit in Chicago: Er habe schon die Action vermisst in den vergangenen Wochen, sagt er auf Deutsch; im englischen Original nimmt er konkret Bezug auf »the Street Avenger action«.

Vorm Finale erinnert er an den jungen, ungestümen Michael Knight. »Dann bring ich das Baby auf Touren und wir brettern sofort durchs Tor«, kündigt er euphorisch an, und es ist Michael, der zur Vernunft aufruft: »Wir können ja später sagen, dass wir‘s so gemacht haben. Aber jetzt bleibst du hier und drehst Däumchen. Ist das klar?« Michaels Sprung in die Halle, bei dem er gleichzeitig K.I.T.T. befreit, ist tolle Action, am Ende darf K.I.T.T. auch noch von einem Parkdeck auf das andere springen. Trotz anfänglicher Skepsis: »Das sind fast zehn Meter mehr als mein letzter Rekord«, erklärt er – ein Bezug auf »Gefährliches Spielzeug«, als er vom Parkdeck in ein Appartement gesprungen ist? »Rekorde werden aufgestellt, um sie zu brechen«, kontert Michael nüchtern.

K.I.T.T. bekommt es mal wieder mit einem Hund zu tun und zeigt sich diesmal von seiner sozialen Ader: Er gewährt dem Vierbeiner, der vom Hundefänger verfolgt wird, netterweise Unterschlupf. »Aber bitte lass das nicht zur Gewohnheit werden, meine Systeme sind nicht auf Hundepfoten eingestellt«, gibt er »Schnuffi« mit.

Ach ja: Michael ist natürlich wieder im Flirtmodus, obwohl Karen doch eigentlich K.I.T.T.s Programme für ihre Doktorarbeit studieren soll. Wir erleben sogar den extrem privaten Michael nach einer Übernachtung bei Karen, als K.I.T.T. ihn unerwünscht anfunkt. Am Ende hat sich Karens Thema entsprechend verschoben: Der Titel ihres Werkes heißt nun: »Michael Knight. Der sexy Verbrecherjäger aus Amerika.« Geben wir‘s zu: Diese Doktorarbeit hätten wir nur zu gerne gelesen.

Bester Dialog:

Michael *(als er die Autotür öffnet und der Hund rausspringt)*: »Habe ich richtig gesehen oder träum ich vielleicht noch?«
K.I.T.T.: »Was haben Sie denn gesehen?«
Michael: »Ich sah einen … ach, vergiss es. Ich hätte doch erst einen Espresso trinken sollen.«

Trivia:

• Robert F. Lyons (Jeffery Cavanaugh) war seit den 1960ern ein gern gebuchter Gaststar, unter anderem in den TV-Klassikern *Rauchende Colts*, *Quincy*, *Ein Colt für alle Fälle*, *Magnum*, *Das A-Team* … Janine Turner (Karen Forester) hatte später mit *Ausgerechnet Alaska* ihre eigene Hitserie. Robert O‘Reilly (Snyder) hatten wir in »Gefährliches Spielzeug« schon mal gesehen, er spielte

in *Raumschiff Enterprise: Das nächste Jahrhundert* und *Star Trek: Deep Space Nine* eine wiederkehrende Rolle.
• Turner über ihre Gastrollen in den 1980er-Shows: »Ich war immer das Opfer der Woche, habe ‚Bitte helft mir!' geschrien, bevor der Knight Rider oder das A-Team zur Rettung kamen.«
• Nachdem die Kugeln aus der Uzi abprallen, gehen wir davon aus, dass K.I.T.T. seine Molekularaußenschicht mittlerweile wieder hat. Konkret bestätigt K.I.T.T. dies erst in »Der Militärputsch«.
• Ob Michael sein (leckgeschlagenes) Segelboot aus »Ein geheimnisvoller Roboter« / »Der chinesische Tunnel« repariert hat? Er kündigt Karen gegenüber zumindest ein letztes Interview bei Kerzenlicht auf einem Segelboot an.
• Wie wir sehen, sind K.I.T.T.s Sitze nicht kugelsicher. Zudem kann er durch die bleiverstärkten Container nicht senden – Bonnie stellt klar, dass er mit Blei immer so seine Probleme habe.
• Peter Parros über seine Fahrt des Semi: »Das Studio hat mich tatsächlich in eine Fahrschule geschickt und ich habe einen echten Führerschein, um einen Semi zu fahren.« Man habe ihm gar versichert, er könne problemlos Trucker werden, weil er sich so gut angestellt habe.

Bedeutung der Folge für die gesamte Serie:
* *

Herz / Humor / Action:
* * / * * * / * * * *

Gesamtwertung:
* * * *

»Die Flugzeugentführung« / »Sky Knight« (Folge 66)

Buch: Carlton Hollander, Dennis Rodriguez; Regie: Jeffrey Hayden
Filmdaten: 15. – 22. August 1985
Erstausstrahlung USA: Fr, 18. Oktober 1985 (NBC)
Erstausstrahlung Deutschland: Do, 3. Juli 1986 (RTLplus)

Bonnie will zur Hochzeit ihrer Schwester, als ihr Flugzeug von einer revolutionären Bewegung entführt wird. Gefordert wird die Freilassung von 197 Gefängnisinsassen, ansonsten werde man die Passagiere des Flugzeugs erschießen. Bonnie steht als Erste auf der Liste …

Kommentar:

Uff – diesmal wird's so spannend wie lange nicht mehr, Juggernaut hin oder her. Bonnie ist in tödlicher Gefahr; die Lage erscheint zwischenzeitlich ohne Aussicht auf Erfolg. Minen, Raketen, Selbstschussanlagen und ein Selbstvernichtungssprengsatz sichern den Bereich um das entführte Flugzeug ab, ein Militärgelände um das einst staatliche Projekt »Deep Sleep«. Dessen ehemaliger Mitgründer Holmes ist bei einer Notbesprechung ratlos, aber Michael macht klar: »Devon, Sie wissen, ich werde da reingehen.« Auch als Holmes dies als aussichtslos erachtet, wütet er: »Ich hab doch gar keine andere Wahl!« Um dann verzweifelt anzufügen: »Bonnie ist da drin.«

Erstmals seit »Tödliches Kostümfest« steht Bonnie also wieder im Mittelpunkt einer Folge, und es wurde auch Zeit. Denn seither war sie nur selten gefragt, von den Aufbauarbeiten an K.I.T.T. in »Eine schreckliche Falle« und dem aktuellen Staffel-Beginn abgesehen. Hier aber steht die Sorge um ihr Überleben im Mittelpunkt, und der Ernst der Sache ist Michael und Devon ins Gesicht geschrieben.

Der Trick um das Spielzeugauto ist eine geschickte Idee, wenn auch schade ist, dass er einzig dafür verwendet wird, die Zahl der Wachen herauszufinden – die letztlich keine Rolle spielt. Aus dieser Idee hätte man mehr machen können! Ansonsten ist die Folge rund. Auch aufgrund der Nebencharaktere: Nick als in Bonnie verliebter Teenager ist nett, Sheriff Amos mit seiner tragbaren Parkuhr am Ende lustig; die angedeutete Flirterei von Lloyd mit Stewardess Mary hätte man vor allem zum Ende hin, nachdem er ihr offenbar schon einen Zettel mit seiner Telefonnummer zugesteckt hat, noch weiterspinnen dürfen. Das Problem war wohl die knapp bemessene Zeit, die für die recht hektische Action am Ende draufging. Dass Michael und K.I.T.T. nach dem Pflug übers Minenfeld noch in die Luft müssen und via Fallschirm wieder hinunter, ist fast zuviel des Guten. Es bestätigt auch die Sorge von David Hasselhoff, mit der er immer wieder ans Studio und an den Sender herantrat: Von NBC war in *Knight Rider* möglichst viel Action gewünscht; nach Hasselhoffs Ansicht hätte das Menschliche mehr Platz gebraucht. Zumal die wirklich schönen Actionszenen dann doch die Fahrt nach Cactus via »Super Pursuit Mode« waren (hier hat man fast die 300 mp/h geknackt) und ein paar Drifts auf dem Rückweg von »Deep Sleep«.

Wir erhaschen wieder einen Blick in den »Backlot« der Universal Studios, was immer nett und interessant ist – der Ort »Cactus« ist nämlich genau hier angesiedelt. Wir sehen also den »Courthouse Square« und im Hintergrund auch das Kino aus *Zurück in die Zukunft.*

Schön stringent ist der Beginn, als Bonnie ihre Angst vor dem Fliegen äußert – und klar wird, dass auch K.I.T.T. kein Fan davon ist. Fliegen sei sicher, stimmt er Michael zu. »Aber es besteht kein Zweifel, dass das Fliegen eine der unnatürlichsten Arten der Fortbewegung ist, die sich der menschliche Geist je ausgedacht hat«, erklärt er unaufgefordert weiter – und ist damit wenig hilfreich, um Bonnie zu beruhigen. Seine Angst vor dem Fliegen hatte K.I.T.T. schon in »Diamantenschmuggel« erwähnt, und Bonnie nimmt ihn hier in Schutz: »Darauf wurde er programmiert!« Michael sieht den Zusammenhang: »Du hast ihn programmiert!«

Eine weitere Bonnie- oder Devon-Episode gibt es leider nicht mehr, und das ist schade: Bis auf den Totalausfall »Die Helios-Nadel« waren Aufhänger um die Foundation-Familie meist extra-spannend oder im Fall von »Devon Miles in Nöten« lustig. Etwas mehr davon hätte speziell in Staffel 4 gut getan, vor allem, wenn man die doch arg unterdurchschnittlichen Folgen zum Ende hin betrachtet. Immerhin bekommt RC noch »seine« Folge mit »Die Bodenspekulanten«.

Bester Monolog:
Michael *(zu sich selbst):* »Ich werd dir helfen, Bonnie. Ich versprech‘s, ich werd dir helfen!«

Trivia:
• Robbie Rist (Nick) war während der Dreharbeiten bereits 21 Jahre alt – auch wenn er einen doch eher jüngeren Charakter mimt. Rist war schon als Kind im TV-Business aktiv und ist es bis heute, zudem ist er eine gefragte Stimme in Zeichentrickserien und Videospielen. Jack Starrett kennen wir noch als Bösewicht aus »Geheimcode Topaz« und »Der Fassadenkletterer«; hier spielt er den erfinderischen (und am Ende gutmütigen) Sheriff.
• Patricia McPherson über Robbie Rist: »Er war ein super Typ. Eigentlich war er nur ein paar Jahre jünger als wir, aber er sah eher wie ein kleines Kind aus. Es war lustig, mit ihm zu arbeiten.«
• Brian Thompson (Kurt) über seine Freundschaft zu David Hasselhoff (im Jahr 2001): »Ich spiele noch immer Golf mit ihm. Obwohl er das letzte Mal bei jedem Loch gesungen hat. Das war eine der lustigeren Runden, die ich je gespielt habe.«
• Am Flughafen wird »Robert Ewing« ausgerufen – ein Produzent der vierten Staffel.
• Das »Passive Laser Restraint System«, also die unsichtbaren Gurte, haben wir schon öfters im Einsatz erlebt, aber nie gesehen, wie sie aktiviert werden. Hier schon: mit dem »Protect«-Button.
• Für K.I.T.T.s Fahrt über das Schussfeld wurden Szenen aus »Tödliche Manöver« wiederverwendet.

Bedeutung der Folge für die gesamte Serie:
* * *

Herz / Humor / Action:
* * * / * * / * * * * *

Gesamtwertung:
* * * *

»Die heilige Grabstätte« / »Burial Ground« (Folge 67)

Buch: Michael Eric Stein; Regie: Chuck Bail
Filmdaten: 25. Juli – 5. August 1985
Erstausstrahlung USA: Fr, 25. Oktober 1985 (NBC)
Erstausstrahlung Deutschland: Mi, 9. Juli 1986 (RTLplus)

Ein Archäologe wird gekidnappt, als er den Beweis dafür gefunden hat, dass ein Stück Land den Indianern gehört. Verdächtig ist ein Geschäftsmann, der auf ebendiesem Land nach Öl bohren will.

Kommentar:

Manche Dinge vermisst man erst, wenn man daran erinnert wird. Hier gibt's genau das, gleich zu Beginn, als Michael und K.I.T.T. zum Indianerreservat fahren, und wenig später nochmals, auf dem Weg zur heiligen Grabstätte: die guten alten »Cruise«-Szenen, wo K.I.T.T. irgendwo im Land herumfährt, unterlegt von guter Musik, meist im Country-Stil; hier ist es *Country Road,* im Original von James Taylor (nicht: *Country Roads!).* Solche Szenen gab es in Staffel 1 wahnsinnig viele, danach sind sie deutlich seltener geworden. Schade eigentlich, denn K.I.T.T. unterwegs in irgendwelchen Landschaften ist immer ein Blickfang. Die Montagen hätten vielleicht so legendär werden können wie Jahre später jene in *Baywatch* (apropos Blickfang).

Ein zweiter Punkt, den wir immer gerne sehen, ist Michael auf eigenen Wegen. Er gerät innerhalb der ersten zwanzig Minuten gleich in drei Schlägereien. So richtig kritisch wird's aber erst gegen Ende, als er in Oakes' Gelände einbricht und versucht, Dr. Tanner zu befreien. Dabei zeigt Michael alias David Hasselhoff beim Zaunklettern und Hürdenspringen lässige Eleganz, alles dazu im persönlichen »Silent Mode« mit den typisch hasselhoffig gefletschten Zähnen, um noch leiser zu wirken (nach einem Selbsttest sei versichert, dass das gar nichts bringt). Auch die erste Befreiungsaktion ist stark, zumal ohne K.I.T.T.s Hilfe, als er dem Wärter einfach die Deckenlampe an den Latz knallt. Auch K.I.T.T.s »Smoke Release« ist immer wieder ein Hingucker (oder eben nicht). Und dann freilich der »Super Pursuit Mode«, mit dem K.I.T.T. erstmals sichtbar die 300 Meilen pro Stunde knackt, wobei der eigentliche Hingucker hier Dr. Tanners ungläubiger Gesichtsausdruck ist.

Eine lustige Szene: Als Oakes an Simpson den Auftrag herausgibt, Thorne umzubringen, erklärt er: »Versuchen Sie, beide zu erledigen. Den Mann da, und diesen Knight.« Im englischen Original sagt er: »Him and that Knight character.« Es ist nicht das erste Mal, dass Michael so bezeichnet wird – schade, dass es keine passende Übersetzung gibt. Für die ebenfalls gerne genommene Beschreibung »some joker named Knight« gab es immerhin einmal »ein Scherzkeks namens Knight«. Ungut gelöst ist allerdings die folgende Untergrabungsszene, die fast durchweg mit Miniaturautos gedreht wurde. Zwar mit besseren als in Staffel 2, zuletzt hatte man einige Szenen gut bewerkstelligt (auch in »Die Flugzeugentführung«); hier sind die Miniaturen aber klar als solche zu erkennen.

Schön – wenn auch leider nur kurz – ist der Pitstop im Semi, wo wir RC in einem weißen »Knight Industries«-Overall bewundern können. Ob er den von Bonnie geerbt hat? Sein Einsatz ergibt Sinn: Bonnie ist größtenteils für die elektronischen Belange zuständig, etwas Man-Power im mechanischen Bereich vor Ort somit nicht verkehrt (zumal Michael diesbezüglich von fast gar nichts Ahnung hat). RC wird danach jedoch fast unfreundlich wieder hinters Steuer geschickt und uns indirekt als Fahrer des Semi präsentiert, was vor allem in der kommenden Folge ein wichtiger Faktor wird. Dazu erfahren wir, dass Bonnie offenbar einen Automatikmodus für die mobile Zentrale entworfen hat. Ob dieser früher bereits im Einsatz war oder es einen (uns unbekannten) Fahrer gab? Es wird nicht aufgelöst.

Nur den Einstieg in die Episode haben wir in zig Variationen mittlerweile zu oft erlebt. Michael muss wieder einen Urlaub aufschieben, diesmal sollte es Maui sein. Ebenso scheitert der Versuch einer Ausflucht aus der Kategorie »Devon, es scheint mir, dass das eher ein Fall für die Polizei ist«; schließlich waren die Forschungen von Dr. Tanner von der Foundation gefördert worden. Das Positive an Devons Intervention: Wir ersparen uns den vermutlich fragwürdigen Anblick von Michael im Hawaii-Hemd. Dafür gibt‘s ja auch *Magnum.*

Nicht wichtig, vielleicht herrschen hierzulande einfach andere Sitten, aber: Es ist schon auffällig, wie viele Frauen Michael »rein freundschaftlich« auf den Mund küssen, im Zweifel nur zur Verabschiedung und als Dank für die Hilfe. Hier ist es Susan, trotz ihrer langjährigen Liaison mit Eagle, der dafür angeblich Verständnis habe. Eagle hatte sich bis dahin nicht als umgänglichster Zeitgenosse präsentiert, besser ist es also schon, dass er von dem Kuss nichts mitbekommen hat. Denn für eine bloße Verabschiedung war es doch ein recht ausführlicher solcher, mit handgestoppten 3,15 Sekunden.

Trivia:

• Robert Pine (Cyrus Oakes) war Ensemble-Mitglied der Serie *ChiPs;* in *Magnum* gab er in einer Flashback-Folge dessen Vater. Überhaupt war Pine in mehr als 200 Serien und Filmen dabei. Gina Gallego (Susan Christopher) hat ebenfalls eine lange Reihe an TV-Auftritten vorzuweisen. Eine denkwürdige Rolle spielte sie auch in *Seinfeld* als energische Gina (die Jerry küsst, als ihr Freund im Koma liegt). Auch in *Erin Brockovich, Minority Report* und *Die Wutprobe* war sie in kleinen Rollen zu sehen.

Soundtrack:

• *Country Road* (James Taylor)

Bedeutung der Folge für die gesamte Serie:

*

Herz / Humor / Action:

* * / * * / * * * *

Gesamtwertung:

* * *

»Aus Spaß wird bitterer Ernst« / »The Wrong Crowd« (Folge 68)

Buch: George S. Dinallo; Regie: Chuck Bail
Filmdaten: 9. – 17. September 1985
Erstausstrahlung USA: Fr, 1. November 1985 (NBC)
Erstausstrahlung Deutschland: Do, 9. Juli 1986 (RTLplus)
Der Foundation-Semi wird gekapert, wenn auch irrtümlich. Als die Diebe erkennen, was sie damit anstellen können, begehen sie einen großen Fehler und bringen sich in tödliche Gefahr.

Kommentar:

Man mag nach 67 Folgen ab und an in die Wiederholungsfalle tappen, diesmal jedoch haben wir einen tollen Plot. K.I.T.T. wurde bereits entführt, Devon und Bonnie ebenso und Michael sowieso – diesmal ist der Semi dran, allerdings unabsichtlich. Denn eigentlich wollte die Motorradgang eine Wagenladung Whiskey klauen.

Es ist kein guter Einstand für RC, immerhin erst in seiner fünften Episode. Kann man ihm einen Vorwurf machen? Eher nicht. Devon hätte wohl Schnappatmung bekommen, wenn er RCs entspannte Semi-Fahrerei zu Beginn miterlebt hätte – die Füße auf dem Armaturenbrett, am Lenkrad gerade noch den Ellenbogen dran, die Augen auf ein Basketballspiel gerichtet; gegen die Motorradgang hätte er jedoch auch bei voller Aufmerksamkeit nichts ausrichten können. Ein Glück, dass Michael und K.I.T.T. noch in der Nähe waren. RCs Sorge um den Semi, mehr als um sich selbst, spricht für ihn.

Der Clou ist stark: Was kann man mit einer derart ausgestatteten Computerzentrale alles anfangen? Das Thema wäre heute noch aktuell. Ebenso, wie schnell man in die Fänge der falschen Leute geraten kann. Der gute Nicholas kriegt am Ende immerhin die Kurve und setzt sein eigenes Leben aufs Spiel, um die gefesselte Ann und ihren Vater zu retten. Und den Semi nebenbei auch.

Die erste Hälfte der Folge ist ein schönes Katz-und-Maus-Spiel, das für *Knight Rider*-Verhältnisse ziemlich logisch abläuft. Das Finale um das Ferret ist vielleicht etwas zu arg; es muss ja nicht immer irgendein neuartiges motorisiertes Gerät sein, mit dem K.I.T.T. es aufnehmen muss. In Staffel 1 hätte der erste Teil der Handlung diese wohl auch so bis zum Ende getragen.

Wie dem auch sei, die Folge macht großen Spaß. Auch, weil die Bösewichte durchweg selbst aktiv sind, ohne einen Oberboss, der in seinem überteuerten Büro hockt. Michael muss vollen Einsatz zeigen und kommt gleich zu Beginn im Diner der guten Ann zu Hilfe, mit dem herrlichen Satz: »Die Lady steht nicht auf der Speisekarte!« Auch seine Computerkenntnisse haben sich offenbar im Lauf der Jahre verbessert. »Ich erkenne ein Aufhebungsprogramm, wenn ich eins sehe«, erklärt er energisch, als er zwischenzeitlich den Semi zurückerobert. Er fährt ihn zudem aus der Garage heraus. Es ist das erste Mal, dass er hier hinter dem Steuer sitzt, wenn auch nur kurz.

Schön ist auch, dass Bonnie zum Einsatz kommt. Als Michaels Beifahrerin haben wir sie zuletzt in »Der Doppelgänger« erlebt. Sie ist nach dem Semi-Raub sichtlich erschüttert und erklärt, sie wisse nun, wie Michael sich gefühlt habe, als K.I.T.T. zerstört war. »Es ist, als fehlte mir eine Hälfte.«

Auch K.I.T.T. darf zeigen, was er kann. Als Michael am Ende schnellstens zum Semi muss, die Motorradfahrer ihm aber zu entkommen drohen, blockiert er zunächst Lenkräder und Bremsen und lässt dann die Reifen überhitzen und platzen – ein geschickter Zug in der einsamen Gegend, bis (hoffentlich) die Polizei den Rest erledigt hat. K.I.T.T. kommt lediglich etwas spät an, nachdem der Trick um die Ablenkung der Gang aufgeflogen ist; wieso er hier nicht schneller als die Motorradfahrer wieder an der Tankstelle angekommen ist, erschließt sich nicht ganz. Ebenso, warum Michael ihn, als er das Bewusstsein wiedererlangt hat, erst auffordern muss, das Feuer zu löschen. Hier hätte K.I.T.T. durchaus selbst darauf kommen können.

Was bleibt? Eine kurzweilige Episode mit dem wohlwollenden Ende, dass ein Charakter, der abzurutschen droht, noch die Kurve kriegt, im Gegensatz zu seiner (Ex-)Freundin. Aber vielleicht wäre das auch zuviel des Guten gewesen.

Trivia:

• Gary Hershberger (Nicholas Arkett) hatte eine seiner ersten Rollen in *Knight Rider.* Es folgten ein starker *Columbo* und mehrere Gastauftritte in *Das Geheimnis von Twin Peaks, Mord ist ihr Hobby* und *Six Feet under – Gestorben wird immer.* Scott Valentine (Colton) schaffte kurz später seinen Durchbruch als Nick in der Sitcom *Familienbande* mit Michael J. Fox. Julie Ronnie (Erika) hat leider keine allzu lange Schauspielvita, aber in *Knight Rider* haben wir sie schon einmal (kurz) gesehen: In »Die Schatzsuche« spielte sie Stacey, die junge Dame, die gerne mit Katherine getauscht hätte, als Michael ebenjene rücklings aus dem Tanzlokal entführt hat.

• Michael spielt im Gespräch mit RC erneut auf Chicago an, wenn auch nur im englischen Original. RC erklärt auf dem Weg zu Galloway's Junction, dort gebe es die besten Blaubeer-Pfannkuchen, und Michael kontert bezüglich RCs Dampfplauderei, er wisse nun, warum man Chicago als »Windy City« bezeichne. Am Ende bekommt Sportfan RC sogar eine Jacke der Baseballmannschaft »Chicago Cubs« geschenkt!

Bedeutung der Folge für die gesamte Serie:
* * *

Herz / Humor / Action:
* * / * * / * * * * *

Gesamtwertung:
* * * *

Buch: Herman Miller; Regie: Sidney Hayers
Filmdaten: 27. September – 7. Oktober 1985
Erstausstrahlung USA: Fr, 8. November 1985 (NBC)
Erstausstrahlung Deutschland: Mi, 16. Juli 1986 (RTLplus)

Michael, Devon, Bonnie, RC und K.I.T.T. müssen gemeinschaftlich eine Mission bestehen: einen Behälter mit tödlichen Bakterien aus dem Anwesen eines kriminellen Botschafters herausschaffen.

Kommentar:
Generell ist die Idee, alle aus der Foundation-Familie in einen Fall einzuspannen, eine gute. Das Drehbuch erklären sich alle gegenseitig in Devons Büro, offenbar aber nur für die Zuschauer. Bonnie hat jedenfalls ihr elegantes Outfit schon dabei. Und als sie, Verzeihung, Alicia Craven-Hall, Carascas das Verkaufsangebot unterbreitet, ist man auch als ohnehin langjähriger Bonnie-Fan völlig hin und weg. Ein Hoch auf die schauspielerische Leistung von Patricia McPherson an dieser Stelle, die (vor allem im englischen Original) derart verführerisch agiert, dass 50.000 US-Dollar mehr oder weniger nun wirklich keine Frage sind. Und RC als gewiefter Autohändler ist ebenfalls ein Hingucker – oder Hinhörer, wiederum vor allem im Original, wo er noch eine Spur gerissener daherkommt.

Dass der Plan recht einwandfrei funktioniert, bis fast zum Ende jedenfalls, nehmen wir einmal hin. So richtig unter die Top-Episoden schafft es »Tödliche Bakterien« trotz des feinen Zusammenspiels nicht. K.I.T.T. hat beinahe nichts zu tun, das Highlight ist letztlich ein »Turbo Boost« zu Beginn, danach ist er in der Verkleidung des Lynx gefangen und ausschließlich zum Sprechen und zu ein paar Tricks verdammt. Der beste Trick ist hier der wohl schlichteste, nämlich die Videoaufnahme der Kartenspielerei von Michael alias Johnny Hajeck.

Dass wieder einmal, wie schon im Staffelauftakt, ein besonderes chemisches Material im Mittelpunkt steht, macht die Sache … irgendwie unpersönlich. Wir erinnern uns an die Folge »Gekidnappt« aus Staffel 1, eine der besten regulären Episoden, die ihre Stärke vor allem aus dem Menschlichen gezogen hat – ein entführtes Mädchen, eine verzweifelte Mutter, ein brutaler Gangster. Warum man zuletzt so sehr die chemische Keule oder ständig größere Gerätschaften als Gegner für K.I.T.T. auspacken muss, erschließt sich nicht wirklich.

Einen bislang unbekannten Blick erhaschen wir dafür in die Art Garage der Foundation, wo der Lynx und K.I.T.T. vor dem Umbau stehen. Dass es noch einen derartigen Bereich geben muss, hatten wir schon in »Michael fällt in Ungnade« gesehen, als K.I.T.T. dort vor Michaels Flucht parkt. Was genau sonst hier geschieht, bleibt offen; im Hintergrund jedenfalls werkeln noch einige Herrschaften herum.

Ein Pluspunkt neben Bonnie ist wieder RC, denn der ist einfach ein Mann der Tat. Er schlägt zunächst vor, Carascas' Botschaft zu stürmen und von oben bis unten umzukrempeln – so habe man das in seiner alten Gegend auch gemacht. Devon lehnt ab. Als Michael jedoch kurz darauf den Einsatz der gesamten Truppe vorschlägt, strahlt RC übers ganze Gesicht. »Ich bin bereit«, erklärt er fröhlich. Und am Ende darf RC doch etwas Heimatliebe zeigen und trägt sein »Chicago«-Shirt.

Trivia:

• Walter Gotell (Simon Carascas) ist vor allem bekannt als General Gogol, den er in mehreren *James Bond*-Filmen mimte. Auch in diversen Serienklassikern, darunter *MacGyver, Das A-Team* oder *Miami Vice,* war er ein markantes Gesicht.

• Der »Turbo Boost« aus dieser Folge hat es in den Film *Mr. Baseball* geschafft, als Tom Selleck durchs japanische TV-Programm zappt.

• Als Michael einen der Bösewichte neben dem »geschmolzenen« K.I.T.T.-Umbau niederschlägt und dieser darauf wegrutscht, sagt er (im englischen Original): »You've just been slimed!« Offenbar ist das eine Anspielung auf den in 1984 veröffentlichten Film *Ghostbusters – Die Geisterjäger.*

• Das Anwesen von Carascas kennen wir noch aus »Die Helios-Nadal«, leider.

• Während das eigentliche Auto-Highlight dieser Folge ja der Lynx sein soll, hatte Peter Parros ein anderes: »Ich war völlig hin und weg, das Mercedes 450L Cabrio fahren zu dürfen«, verriet er. »Das war zu jener Zeit mein Lieblingsauto.« Parros musste jedoch auch eine kleine bittere Pille schlucken: Er heiratete am 5. Oktober und hatte geglaubt, den Tag vorher frei zu haben – dann habe man doch noch spät abends gedreht.

Bedeutung der Folge für die gesamte Serie:
* * *

Herz / Humor / Action:
* * / * * / * * *

Gesamtwertung:
* *

»Herzlichen Glückwunsch« / »Many Happy Returns« (Folge 70)

Buch: Michael Halperin; Regie: Georg Fenady
Filmdaten: 26. August – 4. September 1985
Erstausstrahlung USA: Fr, 15. November 1985 (NBC)
Erstausstrahlung Deutschland: Do, 17. Juli 1986 (RTLplus)

Michael feiert Geburtstag – aber nur kurz: Ein neuartiges Luftkissenboot wurde gestohlen; er und K.I.T.T. sollen es wiederfinden.

Kommentar:

Man muss sich nun wirklich nicht mehr wundern, dass Michael in »Duft einer Rose« ausgebrannt ist. Er bekommt zum wiederholten Mal in kurzer Zeit einen Auftrag, obwohl er frei hat – diesmal sogar im Urlaub weilt, an seinem Geburtstag.

Jemand habe ihr erzählt, wie Michael sich benehmen würde, erklärt die im Hotelpool badende Amy, und sogleich schwant Michael Böses. »Sagen Sie nichts weiter. Ein komischer Vogel, um die 60.« Devon also, von wegen Luxusurlaub in einem feinen Hotel … »Normalerweise würde ich Ihnen aus tiefstem Herzen dankbar sein, dass Sie für mich diesen Kontakt hergestellt haben, wenn es nicht Ihre hinterhältige Art wäre, meinen Urlaub zu streichen, bevor er anfängt«, motzt er Devon im Anschluss an. Der führt gnadenlos den Fall weiter aus und erklärt Amys Position, was Michael weiterhin wenig beeindruckt. »Devon, wenn ich schon mal eine junge Frau treffe, dann soll sie mir zärtliche Sachen in mein Ohr flüstern. Nette Sachen, und nicht irgendwas über militärische Waffen.« Immerhin gibt's später einen kleinen Muffin mit zwei Kerzen von Amy und einen Kuss sowie den Dialog, der einer gar nicht so guten Seifenoper entsprungen sein könnte: »Ich bin froh, dass du da bist.« – »Ich möchte um nichts in der Welt woanders sein.« Gefolgt von einem weiteren, intensiveren Kuss … der natürlich von K.I.T.T. unterbrochen wird – die Arbeit ruft, schon wieder.

Die ist leider recht unaufregend. Michael und K.I.T.T. fahren quasi ständig von Lowell Industries los; die Episode um Quincy ist recht ausführlich und dafür unergiebig. Am Ende muss K.I.T.T. es erneut mit einer größeren Maschine aufnehmen, diesmal eben dem Hovercraft. Beinahe hätten wir immerhin drei Mal in einer Episode den »Super Pursuit Mode« erlebt. Bei der Fahrt auf den Berg verzichtet Michael allerdings, weil er K.I.T.T.s Manövrierfähigkeit brauche. Dabei hätte man doch meinen können, der »SPM« verbessere diese sogar.

Dafür gibt es auch ein paar schöne Momente. Zum einen natürlich mit Amy, die eine Gute ist und mit der Michael am Ende tatsächlich seinen Urlaub verbringen darf – wenngleich er (vermutlich wohlweislich) auf Devons Angebot verzichtet, das Resort der Foundation in der Karibik aufzusuchen. Zum anderen mit Schatzsucher Chuck. Dem erspart K.I.T.T. zunächst eine sinnlose Graberei und weist auf wertvollere Ecken zum Suchen hin. Er lässt den armen Chuck dann aber gleich zwei Mal stehen, als Michael ruft. »Wir hätten gemeinsam so schöne Pläne machen können«, jammert Chuck zunächst und versucht K.I.T.T. beim zweiten Treffen mit seinen gefundenen »Schätzen« zu überreden, Michael als Partner zu verlassen und mit ihm zusammenzuarbeiten. »Verlassen Sie ihn. Und all das gehört Ihnen.« Ohne Erfolg.

Zudem erfahren wir, dass Michael und RC offenbar auf Football wetten. RC hört bei der Arbeit ein Spiel seiner »Chicago Bears« übers Radio und informiert Michael, er laufe Gefahr, seine Tina-Turner-Tickets zu verlieren (was am Ende allerdings nicht passiert). Schön ist hier die erneute Chicago-Referenz.

Der Episodentitel ist freilich einer der sinnlosesten, die möglich wären. Am Ende werden wir auf Michaels vierten Geburtstag hingewiesen, auch wenn das nicht ganz stimmen kann: Der Pilotfilm stammte aus dem Sommer 1982, diese Folge aus dem November 1985; ganze vier Jahre ist man also noch nicht zusammen. Michaels »echter« Geburtstag bleibt ohnehin ein Geheimnis: Michael Long wurde am 9. Januar 1949 geboren, wie wir in »Gefährliches Spielzeug« erfahren haben. Aber Michael Knight? Laut Führerschein im Pilotfilm am 13. Januar 1953. Offiziell erfahren haben wir es bislang jedoch nicht.

Bester Dialog:
Schatzgräber Chuck *(nachdem K.I.T.T. ihn auf eine vergrabene Uhr hingewiesen hat):* »Mein Name ist Chuck. Wir könnten doch Partner werden.«
K.I.T.T.: »Einen Partner habe ich. Aber Freunde könnten wir werden.«
Chuck: »Befreundet? Mit einem Auto? Das ist doch wohl ein bisschen lächerlich.«

Trivia:
• Nicholas Pryor (Vince) hat eine lange Schauspielvita. Mehrmals konnte man ihn in *Dallas, Mord ist ihr Hobby* und *Beverly Hills, 90210* sehen, wo er in 26 Episoden mitspielte. Arthur Batanides (Quincy) steht dem kaum nach: Er spielte unter anderem in *Kobra, übernehmen Sie, Happy Days* und vier *Police Academy*-Filmen mit, einmal auch in *Quincy.* D.D. Howard (Amy Lowell) bespielte einige klassische Serien, Peter Mark Richman (Kleist) kennen wir freilich noch als Dr. Klaus Bergstrom aus dem zweiten »Goli-

ath«-Klassiker. Seine Besetzung in einer neuen Rolle wirkt daher fragwürdig.

Soundtrack:
• *Obsession* (Animotion)

Bedeutung der Folge für die gesamte Serie:
*

Herz / Humor / Action:
* * / * * / * *

Gesamtwertung:
* *

»Der Tod fährt mit« / »Knight Racer« (Folge 71)

Buch: Paul Diamond; Regie: Charles Watson Sanford
Filmdaten: 18. – 26. September 1985
Erstausstrahlung USA: Fr, 29. November 1985 (NBC)
Erstausstrahlung Deutschland: Mi, 23. Juli 1986 (RTLplus)

Elena bittet ihre alte Freundin Bonnie um Hilfe: Ihr Rennteam wird offenbar sabotiert. Michael mischt sich als Ersatzmann ein und muss bald auf die Rennstecke – allerdings ohne K.I.T.T.

Kommentar:

Okay, K.I.T.T. beim Auto/Motorradrennen ist ein Klassiker über alle Staffeln hinweg, es liegt natürlich auch auf der Hand. Einiges aus »Der Tod fährt mit« haben wir daher schon gesehen, andererseits haben wir eine stabile Folge vor uns, mit einigen netten Inhalten.

K.I.T.T. hat wie schon in »Sammys Sensationsshow« seine Probleme mit den bunten Rennautos. »Die Farbe ist egal, solang es schwarz ist«, zitiert er den Automobilpionier Henry Ford und verspricht, als Michael um eine diskrete Einfahrt bittet: »Im Gegensatz zu diesen Reklametafeln auf Rädern werde ich mich äußerster Zurückhaltung befleißigen.« Wie schwer ihm das fällt, sehen wir wenig später auf der Rennstrecke: Er könne die Strecke zwei Mal so schnell fahren wie die anderen Wagen, erläutert K.I.T.T; sogar mit einem Rad hinter seine Achse gebunden, ergänzt er im englischen Original.

Die Zeiten, die Mac und Elena vorgeben, irritieren jedoch: Der Rundenrekord sei 131,5, Michael aber solle bitteschön 117 oder

120 hinlegen, um den Beweis zu erbringen, dass er fahren könne. Im Rennauto schafft er dann 128,3, was wiederum für Freude sorgt, aber dennoch für Kritik von Elena. Alles etwas komisch: Hat er nicht gerade den Rundenrekord gebrochen? Oder ging es gar nicht um die Zeit, sondern die Höchstgeschwindigkeit? Offenbar war dem so. Das hätte man aber erklären sollen. Wie dem auch sei: Schade ist's jedenfalls, dass Michael das Rennen an sich nicht mit K.I.T.T. fahren darf, der im »Super Pursuit Mode« einem Rennauto ja gar nicht so unähnlich sieht.

Etwas weit hergeholt ist das Ende, als Michael aufdeckt, dass Elena eigentlich die Tochter von Wayne ist – warum man diesen Dreh hineinbringen musste, bleibt ein Geheimnis der Autoren. Und wie Michael darauf kam, nach nur einem Tag unter der Crew? Andererseits: Er ist bekanntlich Hobbypsychologe und Pferdeflüsterer, wieso nicht auch Hellseher?

Lustig ist der Beginn der Folge. Michael im Cabrio-K.I.T.T., hellauf begeistert von einem Kim-Wilde-Musikvideo, damals ja noch völliges Neuland. K.I.T.T. kann dem nichts abgewinnen, auch wenn Michael ihn auffordert, doch einmal genauer hinzusehen. »Ich muss es nicht nur sehen, sondern auch vorführen«, beschwert er sich. Und den Beat fühlen? »Wenn ich den Beat noch länger fühlen muss, werde ich nicht nur locker. Dann falle ich auseinander.« Schließlich hat Devon wieder das richtige Timing mit seinem Anruf. »Devon ist dran. Wenn Sie mich fragen: Keine Sekunde zu früh«, ist K.I.T.T. erleichtert und schaltet den Monitor liebend gern um.

Devon zeigt erneut seine herzliche Seite, auch wenn Bonnie einige Überredungskunst braucht. Am Ende lenkt er ein, Michaels Auftrag in Cincinnati (ein Schwindler mit gefälschten Rembrandts) hintanzustellen. »Ihr Herz ist schon am richtigen Fleck. Nur müssten Sie's öfter zeigen«, meint RC, wenngleich Devon dieses »Kompliment« nicht sehr schätzt. Als die Zeit am Ende knapp wird, muss Michael persönlich um Aufschub bitten, den er bekommt. »Oh Michael, Sie kennen mich eigentlich viel zu gut«, stöhnt Devon. Andererseits ist es doch genau ein Fall, für den die Foundation gegründet würde, und einer, der in Staffel 1 von Devon persönlich hätte übertragen werden können. Wie bei Sammy und seinem Familienunternehmen, bei dem ebenfalls sabotiert wurde und das auch vor dem Ruin stand.

Ein privater Hingucker dieser Folge ist der Auftritt von Pamela Bach – der späteren Frau Hasselhoff – als Bikini-Lady Betty auf dem Boot. Michael hat natürlich gleich ein Auge auf sie geworfen, und es entspinnt sich ein herrlicher Dialog mit K.I.T.T., als Betty am Pier entlangspaziert. »Die scheint seetüchtig zu sein«, meint K.I.T.T. (im Hinblick auf das Boot), »Hmmmm, an Land aber auch nicht schlecht«, erwidert Michael (im Hinblick auf Betty).

Bester Dialog:
Lon: »Sagen Sie, der Wagen von Ihnen. Haben Sie den auch schon reden gehört?«
Michael: »Mein Auto, reden?«
Lon: »Ja.«
Michael: »Also manchmal, wenn ich so dahinfahre, in einer langen, heißen Sommernacht … könnt ich schwören, ich hörte ihn auch schon sprechen.«
Lon: »Ach wirklich? Und was tun Sie dann?«
Michael: »Ich schmiere sein Getriebe, und sofort hört's auf.«

Trivia:
• Jourdan Fremin (Elena Thomas) war in einigen 1980er-Serien zu sehen, ihre Schauspielvita ist allerdings überschaubar. John Crawford (Mac Thomas) hatten wir in »Eine Musterstadt ohne Verbrechen« als Sheriff erlebt. Er hatte bereits eine lange Karriere hinter sich und ist vielen aus *Die Waltons* bekannt (ebenfalls als Sheriff). William Windom (Wayne) steht dem kaum nach. Eine langjährige Rolle spielte er in *Mord ist ihr Hobby* als Dr. Seth Hazlitt. Grainger Hines (Steve Cochran) kennen wir noch als Officer Rex Saunders in »Ein Richter spielt sein Spiel«, auch wenn er nun eine neue Frisur hat. Tom Williams (Lon) hatten wir als Ringmaster in »Der Tod unter der Zirkuskuppel« erblickt und Cliff Carnell (Tunkel) als Joey in »Das 19. Loch«.
• Pamela Bach, die zweite Frau von David Hasselhoff, hat eben ihren kleinen Auftritt als Betty, die Bikini-Begleitung von Lurani auf dessen Boot. Hasselhoff war zu jener Zeit noch mit Catherine Hickland verheiratet, Bach heiratete er erst 1989. In *Baywatch* spielte Bach im Verlauf der Zeit drei unterschiedliche Rollen.
• Während man für den Soundtrack der einzelnen Folgen oft bekannte Hits nahm, sie aber aus Kostengründen (Lizenzgebühren!) von unbekannten Interpreten nachsingen ließ, hat man hier tatsächlich ein Originalvideo von Kim Wilde eingebaut. In den Endcredits ist dies explizit erwähnt: »Music video courtesy of MCA Record. Kim Wilde - ›Go For It‹«
• Die Folge weicht in ihrer finalen Version extrem vom ersten Skript ab. Der Originalgedanke von Autor Paul Diamond war offenbar der, einen speziellen Motor zu entwickeln, der gestohlen und in ein gepanzertes Fahrzeug eingebaut werden sollte. K.I.T.T. hätte sich mit diesem Fahrzeug schließlich ein Wettrennen durch die Straßen von Long Beach liefern sollen, bis zum Anlegeplatz der Queen Mary.

Soundtrack:
• *Go For It* (Kim Wilde)

Bedeutung der Folge für die gesamte Serie:
*

Herz / Humor / Action:
* * * / * * * / * * *

Gesamtwertung:
* * *

»Knight hinter Gittern« / »Knight Behind Bars« (Folge 72)

Buch: Richard C. Okie; Regie: Bernard McEveety
Filmdaten: 22. – 30. Oktober 1985
Erstausstrahlung USA: Fr, 6. Dezember 1985 (NBC)
Erstausstrahlung Deutschland: Do, 26. Juni 1986 (RTLplus)

Architekt Matt Erickson wird bei seiner Party von zwei Taschendiebinnen bestohlen. Michael verdächtigt schnell die ehemalige Turnerin Julie Rogers – die steckt jedoch eigentlich im Gefängnis.

Kommentar:

Man tut sich manchmal schwer damit, in die Auswahl der allerbesten *Knight Rider*-Episoden auch »reguläre« Episoden aufzunehmen (ohne K.I.T.T.-Zerstörung, ohne Goliath, ohne K.A.R.R., ohne Stevie) – wir sprachen davon ja schon in »Gekidnappt« in Staffel 1, das es in diese Auswahl geschafft hat, und ebenso ist es mit »Knight hinter Gittern«. Denn hier haben wir wieder das volle Paket!

Da ist zum einen Julie. Mit ihr fühlt man von Beginn an mit, als klar ist, dass sie nur das arme Opfer zweier gerissener Ganoven ist und nichts anderes will, als irgendwie aus der Sache herauszukommen. Als Kollegin Samantha, die weniger empfindlich erscheint, den Wachmann vom Stromwerk niederschlägt, ist Julie sofort besorgt um dessen Wohlergehen, obwohl sie sich selbst in großer Gefahr befindet. Ex-Turnerin Julianne McNamara wurde wohl aufgrund ihres athletischen Könnens für die Rolle gecastet, sie spielt aber auch ansonsten wundervoll.

Dann haben wir Michael alias David Hasselhoff, der eine seiner stärksten Leistungen abruft und als Erster dahinterkommt, um was sich eigentlich alles dreht – dem Zuschauer bleibt das recht lange verborgen. Die Idee, Bonnie ins Gefängnis einzuschleusen, ist ebenfalls klasse; es sorgt wie immer für Extra-Spannung, wenn einer aus dem Foundation-Team in Gefahr gerät. Auch RC ist diesmal von praktischer Hilfe, und Victoria Bass ist als strenge Gefängnischefin glänzend besetzt!

Der Plot ist geschickt von Anfang bis Ende. Einzig der Clou mit den Turnschuhen ist etwas weit hergeholt: Hat Michael wirklich sofort bemerkt, dass es sich um eine seltene Schuhmarke handeln muss (ohne Nike- oder Adidas-Logo)? Wie K.I.T.T. zu Recht feststellt, werden Millionen von Sportschuhen verkauft; einen gängigen Treter hätte er kaum nachverfolgen können. Vielleicht wäre es glaubhafter gewesen, K.I.T.T. diese Idee zuzustecken, zum Beispiel dass er am Abdruck erkannt hätte, wie selten der »Sportop«-Schuh ist? Dafür darf K.I.T.T. erstmals bei Nacht im »Super Pursuit Mode« rasen, und er sieht großartig aus (das zweite Mal wird er das in »Zauberspiele« tun).

»Knight hinter Gittern« lässt uns auch über den Familienstand unserer Foundation-Helden nachdenken. Um die Geschichte mit Michael und Stevie wissen wir, auch über seine sonstigen flüchtigen Bekanntschaften. Aber was ist mit Devon, abseits seiner unvollendeten Liebe in Paris (siehe: »Weißer Vogel«) und der Schwärmerei für Amelia Clermont (siehe: »Händler des Todes«)? Was war mit April? Oder RC? Bonnie scheint zumindest Single zu sein, nur ein paar Folgen später datet sie Zauberer Templeton (wieder: »Zauberspiele«). Hier hat sie ein Auge auf Matt Erickson geworfen. Jedenfalls beobachtet sie interessiert seine Tanzeinlage mit Samantha, was Michael umgehend bemerkt. Bonnie zögert und gibt schließlich zu: »Die ist ja auch sehr niedlich.« Michaels leicht fiesen Kommentar: »Ja, aber kann sie einen Entfernungsmesser programmieren?«, quittiert sie mit einem (liebevollen) Stoß in seine Hüftgegend.

In dem Zusammenhang spielt sich auch ein herrlicher Dialog ab, als Bonnie, Matt und Michael nach Samantha suchen, und der ist im englischen Original noch eine Spur amüsanter. Matt hatte Michael zuvor mit den Worten begrüßt: »The Lone Eagle of the highway finally landed«, was so viel bedeutet wie: »Der einsame Adler des Highways ist endlich angekommen.« Das hat K.I.T.T. offenbar mitgehört, denn als Michael ihn darum bittet, nach einem hübschen, dunkelhaarigen Mädchen zu suchen, flachst er: »Did the Lone Eagle strike out again?«, also etwa »Hat der einsame Adler wieder zugeschlagen?«

Dem »Lone Eagle« müssen wir anschließend ein Sonderlob in Sachen Sportlichkeit und Fahrkunst ausstellen. Es ist nicht das erste Mal, dass Michael über K.I.T.T.s Dach gleitet (als dieser ihn vor dem Hotel abholt), aber die fließende Bewegung, mit der er sich dann in die entgegengesetzte Richtung auf den Fahrersitz schwingt, ist große Klasse. Ebenso der direkte Start mit quietschenden Reifen.

Die zwei Episoden um die Joggerin sind natürlich kompletter Klamauk, und zwei lustige Kommentare von K.I.T.T. hat man leider nicht passend übersetzt. Zum einen erklärt er: »For some, exercise is a spectator job.« Zum anderen stellt er fest: »I'velnever seen a happy jogger.« Und ganz ehrlich: So richtig glücklich sehen Jogger wirklich selten aus.

Absolut gelungen ist die Schlussszene. Wir lieben es ja, wenn der gute alte Devon etwas Hops genommen wird, hier hat er es allerdings nicht verdient. Devon verkündet großzügig, den »Julie-Rogers-Trainings-Fond« einzurichten, und als Julie ihn zum Dank umarmt und ihre eindrucksvollen (Magnesia)-Spuren auf seinem Anzug hinterlässt, spottet Michael, er solle doch auch einen »Trockenreinigungs-Fond« anlegen. Devons Reaktion, auf Englisch: »Ha, bloody, ha.«

Das Fazit? »Knight hinter Gittern« ist *Knight Rider* at its best, von Anfang bis Ende, mit Herz, Humor und Action! Und nicht zu vergessen: mit einer weiteren Aktion aus der Michael-Knight-Flirtschule. Er darf zwischenzeitlich nämlich kurz mit der Leiterin des Fitnessstudios schäkern, die schlagfertig zurückflirtet: »Leider tragen die Mitglieder der Jury keine Sonnenbrillen.« Dem setzt unser Held noch eins drauf. Auf die Ansage, dass die »Sportop«-Schuhe sich nicht gut verkauft hätten, erklärt er charmant: »Sie hätten sie mit Ihrem Autogramm versehen sollen.«

Er ist halt ein Könner.

Bester Satz:
Michael zu Julie: »Gäb's eine Medaille für Courage: Du würdest Gold kriegen.«

Trivia:
• Julianne McNamara (Julie Rogers) ist eine ehemalige US-Kunstturnerin. 1984 hatte sie bei den Olympischen Spielen am Stufenbarren die Goldmedaille gewonnen. Kurz nach ihrer Sportkarriere begann sie mit der Schauspielerei. *Knight Rider* war ihre erste bei *imdb.com* gelistete Rolle. Wirklich lange war sie nicht tätig, aber sie hatte mehrere Auftritte in der Sitcom *Charles in Charge.* Peter Brown (Jason Nelson) spielte in einigen US-Soaps mit; auch in *Baywatch* hatte er einen Gastauftritt in der ersten Staffel. Victoria Bass (Christine Brooks) kennen wir noch als Vanessa Sutton in »Elliot, der Schlaukopf« (wo sie zufälligerweise auch hinter einem speziellen Diamanten her war), Dominick Brascia (Anwalt) als Gewinnspielwisch-Austräger in »Das Chamäleon« und Rosalind Ingledew (Samantha Lawton) als Autokäuferin in »Gefährliches Spielzeug«. Sie hatte auch eine recht legendäre Rolle als It-Girl im *Seinfeld*-Klassiker »Der Meeresbiologe«.
• Julianne McNamaras Tochter Hanna Zeile ist ebenfalls Schauspielerin und größtenteils bekannt aus der Serie *This Is Us,* in der sie die junge Kate Pearson spielt.

• Die Folge war unter dem Titel »Girl's Knight Out« eigentlich für die dritte Staffel geschrieben worden, wurde nun aber leicht angepasst – auch RCs Charakter kam natürlich jetzt erst hinzu.
• Matt Erickson hat angeblich das Gebäude der Foundation entworfen.
• In Matts Büro checkt Michael ausgerechnet die zweite weiße Schranktür. Wieso nicht bereits die erste? Eine völlig irrelevante Frage … aber manche Fans, ähem, beschäftigt sie seit 30 Jahren.
• Das Gefängnis ist dasselbe wie in »Ein Richter spielt sein Spiel«. Hieraus hat man auch K.I.T.T.s Befreiungsaktion wiederverwertet.
• RCs hält seine »10« in der Abschlussszene zunächst falsch herum. Der Verdacht liegt nahe, dass Peter Parros dies tatsächlich versehentlich passiert ist. Da Michael alias David Hasselhoff aber direkt reagiert, hat man die Szene wohl einfach drin gelassen.

Soundtrack:
• *Walking On A Thin Line* (Huey Lewis & The News)

Bedeutung der Folge für die gesamte Serie:
*

Herz / Humor / Action:
* * * * * / * * * / * * * * *

Gesamtwertung:
* * * * *

»Die Bodenspekulanten« / »Knight Song« (Folge 73)

Buch: Burton Armus; Regie: Georg Fenady
Filmdaten: 11. – 21. Oktober 1985
Erstausstrahlung USA: Fr, 13. Dezember 1985 (NBC)
Erstausstrahlung Deutschland: Do, 24. Juli 1986 (RTLplus)

Der Manager von Sänger Charley Conners wird übel zusammengeschlagen. Michael und RC kommen zur Hilfe und finden heraus, dass der Musikclub bedroht wird. Schnell unter Verdacht: ein alter Kumpel von RC …

Kommentar:
»Die Bodenspekulanten« gilt unter Fans nicht als Highlight, auch NBC hatte wohl ordentlich am Skript gemeckert. Aber wieso eigentlich? Okay, die Folge gehört nicht in die Top-10-Liste, aber sie hat ihren Reiz.

Warum? Nun, sie ist anders als andere Episoden, aber fällt nicht komplett aus dem Raster (was erfahrungsgemäß mal gut, mal schlecht ausgeht). Der nette Plot, dass Michael, Bonnie und RC quasi ausbrechen aus dem Alltag, kommt nicht zu oft vor und ist doch ein netter Gedanke in die Richtung, als dass die drei auch privat eng miteinander verbunden sind (wir hatten darüber ja schon in »Tödliches Kostümfest« philosophiert). Während RC seiner alten Heimat Chicago einen Besuch auf der Durchreise abstatten will, macht Bonnie die Einkaufsmeile unsicher, und zudem teilen alle – inklusive K.I.T.T. – ihr Dasein als Fan von Charley Conners.

Zudem hat man mit Chicago einen guten Ort für das Zusammenspiel gefunden, wie Bonnie begründet: »Wir sind dieser Gegend etwas schuldig. Besonders der Mannschaft, die RC besorgt hat. Ohne deren Hilfe wäre K.I.T.T. noch ein riesiger Schrotthaufen, Michael.« Ein Hinweis auf den Einsatz in »K.I.T.T.s Unfall mit Folgen«. Die Verbindung wird übrigens auch durch den wiederkehrenden Soundtrack gehalten und dem Besuch des Cafés, in dem auch Michael und Marta gespeist hatten. (Auch wenn die Episode in Wirklichkeit kostengünstig auf dem Universal-Gelände gedreht wurde, die Chicago-Shots eben übrig gebliebene Schnipsel vom Staffelauftakt waren.)

Vor allem aber hat RC endlich seine »eigene« Folge. Er war bislang kaum gefordert, teilweise absurd wenig, was sich noch insofern ändern wird, als dass er künftig ab und an mit Michael auf eine Mission fährt. Bislang war RC eher als »Mr. Gute Laune« da, und auch hier sorgt er anfangs für die gute Stimmung beim stau-gestressten Michael, der offenbar tatsächlich zu wenig Urlaub hat (was man zuletzt ja immer wieder besorgt zur Kenntnis genommen hat). »Wir haben Air-Condition, schlürfen Sprudel mit Kirschgeschmack und hören einer Live-Probe von Charley Conners zu. Das ist das süße Leben, Michael!«, sagt RC entspannt. Kurz später wird es ernster, als er den Fall persönlich angehen will und darf. Er stellt klar, dass er zur Foundation gehört, aber auch zu seiner alten Heimat. Michael spricht daraufhin deutliche Worte: »Du hast das Recht, dich mit diesem Fall zu befassen«, erklärt er, wobei er im Original eher meint: »Du hast es dir verdient, mehr in die Angelegenheiten der Foundation involviert zu werden.« Aber er macht klar, wie RC, Herzblut und Herkunft hin oder her, auftreten muss: »Das ist ein Fall der Foundation.«

RC hat dennoch daran zu knabbern, als er realisiert, dass sein alter Kumpel Keith tatsächlich der gesuchte Mann ist. Bei einem zweiten Treffen stellt der ihn vor dieselbe Wahl: »Ich gehöre zur Foundation«, antwortet RC entschlossen, unterlegt vom typischen Foundation-Trompeten-Einspieler.

Eine nette Idee ist es, K.I.T.T. in musikalische Sphären zu schicken. So gut er sich aber als Ratgeber für die »Kids« zeigt, so grauenvoll sind seine Gesangseinlagen. Und das, nachdem er sich in »Weißer Vogel« und »Ich werd' ewig dein Freund bleiben« noch über Michael ausgelassen hat. Als K.I.T.T. am Ende die Generalprobe von Charley mitträllert, stöhnt Michael ernüchtert: »Das wird ein langer Trip« – nachdem er K.I.T.T. nur Sekunden zuvor noch erklärt hatte, sich nichts Schöneres vorstellen zu können, als mit ihm zusammen zu sein.

Ein kleiner Übersetzungsschlamper zu Beginn, der nicht weitreichend ist, aber dennoch klargestellt werden sollte: Natürlich weiß K.I.T.T., was ein Alibi ist. Im englischen Original fragt er vielmehr, was genau das Alibi in diesem Fall sein soll – Michael und RC hatten sich gegenüber Devon offenbar noch keines zurechtgelegt.

Zudem erleben wir einen der spektakulärsten und gleichsam absurdesten Stunts, der an »Gefährliches Spielzeug« erinnert, wo Michael »blind« aus dem Fenster springt und punktgenau in K.I.T.T. landet. Hier flüchtet er ebenfalls auf diese Art, nur dass er als Zwischenhalt noch ein Lasterdach mitnimmt. Wir hinterfragen es natürlich nicht, sondern erinnern uns an die Vorgabe von David Hasselhoff in Sachen *Knight Rider*: zurücklehnen und genießen!

Bester Dialog:
K.I.T.T. *(zu den Kids):* »Denkt dran: Lernt den Text, achtet auf die Einsätze und stolpert nicht über die Möbel.«
Michael *(nach kurzer Irritation):* »K.I.T.T., alter Kumpel. Spencer Tracy sagte das mal zu Darstellern und nicht zu Musikern.«
K.I.T.T.: »Nun … Der Rat eines großen Künstlers ist immer und für jeden lehrreich.«

Trivia:
• Tom Sullivan (Charley Conners) ist auch im wirklichen Leben blind und lebt nach den »Sullivan-Regeln«: Er sagt, alles Negative könne in etwas Positives gewendet werden. Seine Autobiografie *If You Could See What I Hear* wurde 1982 verfilmt. Neben Gastrollen in *M*A*S*H, Mork vom Ork* oder *Ein Engel auf Erden* erlangte er auch als Korrespondent in *Good Morning America* auf ABC einigen Ruhm. Shelley Berman (Josh Bevins) hat eine lange Schauspiel-Vita, war unter anderem in *MacGyver, Friends, King of Queens* zu sehen sowie als Vater von Larry David in *Lass es, Larry (Curb Your Enthusiasm).* Mark Venturini (Keith Lawson) war vor seiner Schauspielkarriere ein Kandidat bei *The Price Is Right,* er starb schon im Alter von 35 Jahren an Leukämie.
• Eigentlich hätte Ray Charles die Rolle des Charley Conners übernehmen sollen, sprang aber wohl einen Tag vor Produktionsbeginn ab.
• »G. Sanford Enterprises« ist ein Wink an *Knight Rider*-Produzent Gerald Sanford.

• Die musikalischen Jungs sind die Band »The New Edition«, die äußerst erfolgreich ist: 1983 hatte sie mit *Candy Girl* in Großbritannien einen Nummer-1-Hit, in Deutschland kam der Song auf Platz 22. *Count Me Out,* das sie in *Knight Rider* anstimmen, schaffte es auf Platz 51 der US-Charts. Ihr Album *Home Again* schoss 1996 an die Chartsspitze!
• Peter Parros war froh, in dieser Folge mehr über RCs Vergangenheit einbringen zu dürfen. »K.I.T.T.s Unfall mit Folgen« und »Die Bodenspekulanten« haben RCs Werte hervorgehoben. In »Die Bodenspekulanten« geht es darum zu zeigen, dass man nicht vergessen hat, wo man herkommt, wenn man es ›geschafft‹ hat. Positive amerikanische Werte aufzuzeigen, Ehrbarkeit, Gemeinschaft, Veränderungen bringen zu können – das war ein großer Teil von *Knight Rider.* Darum ging es in dieser Show.«

Soundtrack:
• *Old Time Rock & Roll* (Bob Seger)
• *Count Me Out* (The New Edition)

Bedeutung der Folge für die gesamte Serie:
* * *

Herz / Humor / Action:
* * * / * * * / * * * *

Gesamtwertung:
* * *

»Duft einer Rose« / »The Scent of Roses« (Folge 74)

Buch: E. Nick Alexander; Regie: Sidney Hayers
Filmdaten: 8. – 18. November 1985
Erstausstrahlung USA: Fr, 3. Januar 1986 (NBC)
Erstausstrahlung Deutschland: Mi, 4. Juni 1986 (RTLplus)

Michael wird schwer verletzt, überlebt nur knapp und trifft eine Entscheidung: Er will die Foundation verlassen und seine große Liebe Stevie heiraten.

Kommentar:
Man muss es ganz klar sagen: Wer hier nicht weint, auch in der zigsten Wiederholung, hat kein Herz. Denn »Duft einer Rose« ist die beste, schönste und traurigste *Knight Rider*-Episode überhaupt.

Allerdings eine, die man im Gesamtbild womöglich erst ab dem frühen Erwachsenenalter zu schätzen weiß.

Die Vorgeschichte um Stevie ist natürlich die große Voraussetzung für das große Ganze, und auch wenn es E. Nick Alexander war, der das Drehbuch schrieb, ging die Idee zu »Duft einer Rose« offenbar auf David Hasselhoff zurück. Er habe auf eine weitere Folge mit Stevie lange gedrängt und eben auch den Titel beigesteuert, so liest man immer wieder.

»Duft einer Rose« ist außergewöhnlich. Der Dreh wirkt »filmischer«, die schauspielerische Leistung des gesamten Teams, allen voran von David Hasselhoff, ist die beste der gesamten Laufzeit. Man war sich der Aufgabe offenbar bewusst: Gaststar Aharon Ipalé, der Durant verkörperte, erinnerte sich daran, dass man am Set das Gefühl bekommen habe, dass es sich um eine große, eine wichtige Folge handele.

Für *Knight Rider*-Verhältnisse völlig unüblich ist der Tod eines sympathischen Mitstreiters der Serie, mit dem man eine tiefe Beziehung aufgebaut hat. Ja, der Moment, als Wilton Knight im Pilotfilm im Sterbebett liegt, ist sehr berührend, allerdings kannte man ihn noch kaum. Bei Stevie ist es anders: Man weiß um die Beziehung zwischen Michael und ihr, zwischen Michael Long und Michael Knight und ihr. Bereits »Weißer Vogel« und »Ich werd' ewig dein Freund bleiben« sind nur schwer auszuhalten, speziell am Ende, beim tränenreichen Abschied. »Duft einer Rose« ist schon mit Michaels Krankenhausaufenthalt hochemotional, Stevies Tod kurz nach dem »Ja«-Wort ist brutal, und das Ende, als Michael alleine am Strand steht und Möwen füttert, völlig in Gedanken verloren, ist traurige Perfektion. Unterlegt mit dem großartigen Soundtrack von Don Peake, mit *White Bird* und dann, bei Michaels Spurt zu K.I.T.T., mit dem »Foundation-Sound« in Orchester-Version. Ein Gänsehaut-Moment. Es wird oft behauptet, der Tod einer Hauptfigur oder der großen Liebe des Serienhelden sei eine »Aufwertung« für eine Serie; ob es dazu immer kommen muss – für Fans ist es schließlich nicht leicht zu verkraften –, darüber mag man gerne streiten. Ein weiterer »besonderer« Punkt der Folge: Die Hochzeit von Michael und Stevie gleicht fast durchweg der Hochzeit von David Hasselhoff und Catherine Hickland im echten Leben anderthalb Jahre zuvor: Auch hier hatte Edward Mulhare die Ehre, Catherine zum Altar zu geleiten (mit ihrem Vater hatte sie sich entzweit). Selbst der Pfarrer, Henry Cutrona, war derselbe (er ist kein Schauspieler).

Michael sehen wir im Wechselbad der Gefühle, anfangs vom Leben ermüdet, dann – dank Devons Einsatz um Stevie – mit neuem Lebenssinn, zumindest vorübergehend. Nach Stevies Tod erleben wir den »entschlossenen« Michael, der drauf und dran ist, den einen Schritt zu weit zu gehen. »Hierfür brauche ich keinen Richter und Geschworenen!«, warnt er Devon, als er sich auf die Suche nach Durant macht. Den bemitleidenswerten Autoteilehändler Purdue vermöbelt er mächtig, selbst nachdem er den Kontakt zu Durant hergestellt hat. Und als er Durant stellt, kann K.I.T.T. ihn gerade noch davon abbringen, Selbstjustiz ausüben. Derart am Rande rechtlicher Grenzen haben wir ihn bislang nur ein Mal erlebt, im Pilotfilm, als er die Waffe auf Tanya Walker gerichtet hatte. Eine ähnliche Entschlossenheit erleben wir allerdings nochmals in *Knight Rider 2000,* als er nach Devons Tod zur Sache schreitet, wenngleich dort erst nach eindringlichen Worten von Shawn.

Um Devons Beziehung zu Michael, und seiner Besorgnis, wissen wir natürlich; wie eng die beiden sind, kriegen wir hier wieder mal aufgezeigt. Als Devon spürt, dass Michael der Lebenswille abhanden gekommen ist, grübelt er in der deutschen Übersetzung: »Irgendetwas muss ihn wieder aufrichten.« Im Original sagt Devon allerdings, Michael brauche wieder einen Grund zum Leben, und er, Devon, müsse ihn finden. Auch, wenn die Foundation ihn dadurch verlieren könne. Devon weiß, dass nur Stevie helfen kann. Als sie ihn im Foyer des Restaurants erblickt, ahnt sie Schreckliches: »Er ist tot, nicht?« Nein, aber ein Teil von ihm sei gestorben, erklärt Devon. »Er braucht Sie, Stevie.«

Später, kurz vor der Hochzeit, kommt es zwischen Devon und Stevie zu einem kleinen Disput. Devon erklärt, wieviel ihm Michael bedeutet. »Ich liebe Michael wie einen Sohn«, versichert er. Eines Tages sei ihm das Leben nur noch als Pflicht vorgekommen sei, dann sei Michael zur Foundation gestoßen, mit all seinem Einsatz, seiner Lebensfreude. »Und Sie können mit ansehen, wie er jeden Tag dem Tod ins Auge sieht, so viel, wie er Ihnen bedeutet?«, entgegnet Stevie. Das verstehe sie nicht. »Er will, dass das endlich aufhört, sehen Sie das doch ein.«. Devon wirkt geknickt. »Ja, ich weiß«, gibt er zurück. »Glauben Sie mir: Ich möchte nur, dass Michael glücklich ist.« Sekunden später sind beide versöhnt, als Stevie darum bittet, dass Devon sie zum Altar geleitet.

Man findet zu *Knight Rider* online für die meisten Folgen die entsprechenden Skripte – teils auch in den einzelnen Stadien –, und bei »Duft einer Rose« lohnt sich ein Blick ganz genau. Im Gegensatz zu manch anderer Folge, bei der die eine oder andere Kürzung nicht ins Gewicht fallen würde, gibt's hier keinerlei Füllmaterial. Es ist vielmehr schade, dass zwei Dialogteile es nicht in die finale Folge geschafft haben. Zunächst als Michael auf dem Krankenhaus-Gelände gegenüber Bonnie und Devon äußert, die Foundation verlassen zu wollen. Das werde nicht einfach, entgegnet Devon, er wisse das, Michael habe zu viel gesehen, an Gewalt, an Ungerechtigkeit, und ihm sei bewusst, wie viel Gutes die Foundation tun könne. Im Skript ergänzt Devon, dass bestimmte Männer auserwählt seien, nur wenig zu genießen und viel auszuhalten: Er, Michael, sei so ein Mann. Michael aber stoppt Devon. »Nein, Devon, Sie sind solch ein Mann. Ich will einer mit wenig Verantwortung sein. Ich will nicht in die so genannten ›großen‹ Pläne dieser Welt involviert sein«, sagt er (grob übersetzt). Der Dialog ist interessant: Schätzt Michael sich wirklich so ein? Oder kennt Devon ihn besser? Schließlich wissen wir um Michaels großes Verantwortungs- und Gerechtigkeitsgefühl. Um die großen Pläne der Welt ging es in *Knight Rider* zudem nur selten (meist in den schlechten Fortsetzungsversuchen). Das Motto war doch: »Ein Mann kann etwas verändern.« Und dabei ging es meist eben um die »kleinen« Leute, die persönlichen Geschichten, die uns die besten Storys gebracht haben (von den Spezialfolgen um Garthe, Goliath oder K.A.R.R. abgesehen). Womöglich hat man den Dialog auch wegen dieser Diskrepanz ausgelassen? (Interessant ist, dass auch diese Szene indirekt in *Knight Rider 2000* aufgenommen wird, als Shawn versucht, Michael zur Rückkehr zu bewegen und dabei auf Devons unermüdliche Einstellung verweist.)

Dass womöglich Michael falsch liegt, oder sich etwas vormacht, glaubt allerdings auch Stevie: Als Michael am Strand erklärt, er wolle sie heiraten, zögert sie, »weil in deinem Leben etwas ist, das du wichtiger findest als Glück oder Unglücklichsein. Das ist die Lücke zwischen uns.« Michael aber macht klar: Die Lücke sei die Foundation – und er werde nicht zurückgehen.

Eine zweite ausgelassene Szene ist ebenfalls bedauerlich, nämlich als Michael im Restaurant auf Stevie trifft. »Devon hat mir erzählt, dass du immer gewusst hast, wo ich war … in welchem Club ich arbeite … Ich habe immer auf einen Anruf gewartet«, erklärt sie (übersetzt). Michaels knappe Antwort: »Es hätte nur in einer weiteren Verabschiedung geendet.«

In der Restaurant-Szene gibt‘s übrigens einen kleinen Übersetzungsschlamper: Als der Kellner zum Tisch schreitet, ist nur für zwei Leute gedeckt. Michael erklärt im Deutschen irritiert: »Der ist doch für vier Personen« – was aus seiner Sicht richtig gewesen wäre, er rechnet ja mit Devon, Bonnie und RC. Im Original meint er passenderweise: »Das kann nicht unser Tisch sein«, bis er sich umdreht und Stevie hinter sich erblickt.

K.I.T.T. hat actionmäßig nicht allzuviel zu tun, ist aber dennoch ein elementarer Bestandteil der Folge. Natürlich wegen Michaels Rettung am Anfang, natürlich auch am Ende, als er in der Fabrikhalle beschossen wird. Auch die Spaß-Szenen am Strand machen Spaß – wann darf schon mal nur so aus purer Lust ein »Turbo Boost« her? Wirklich schön ist die emotionale Ebene: K.I.T.T. wartet neun Tage lang auf dem Parkplatz vorm Krankenhaus und wacht via Videokamera über Michael in seinem Zimmer. Und ausgerechnet er, der mit menschlichen Emotionen lange Zeit große Verständnisprobleme hatte, erkennt schnell, dass Michael eine Krise durchlebt. Er sei bereit, ihm zuzuhören, erklärt er (auch wenn er womöglich nicht in der Lage sei, die Krise zu lösen, wie er im englischen Original ergänzt). Sein wichtigster Einsatz dann beim Finale, als Michael wieder und wieder auf Durant einprügelt: »Michael, hören Sie auf! Machen Sie sich nicht unglücklich!«, fleht er.

»Duft einer Rose« ist die beste Folge der Serie, und sie wäre ein perfekter Schlusspunkt gewesen, mit allen Elementen, die dazugehört hätten. Zumal mit dem schönen Gedanken, dass Michael und K.I.T.T. eben nicht aufhören, sondern »zur Familie« zurückfahren und man sie, zumindest gedanklich (irgendwie will man das ja), immer irgendwo antreffen könnte. Immer wieder liest man, es sei auch David Hasselhoffs Wunsch gewesen, diese Folge als Serienende auszustrahlen: Hasselhoff schrieb das in seiner Autobiografie und hatte auch anderweitig erklärt, er habe sich »Duft einer Rose« als finale Folge gewünscht, nachdem es Gerüchte um das Ende von *Knight Rider* gegeben hatte. Mit dem Mythos, dass »Duft einer Rose« tatsächlich als finale Episode angedacht war, müssen wir jedoch brechen. »Duft einer Rose« wurde bereits im November 1985 gedreht und im Januar 1986 gesendet, und damals war noch nicht klar, dass *Knight Rider* eingestellt werden würde.

Peter Parros sagte einst, man habe bis zuletzt Hoffnung auf eine fünfte Staffel gehabt. Joe Huth von den *Knight Rider Historians* erklärte, die Crew habe von der Einstellung erst beim Dreh der finalen Folge »Der geheimnisvolle Ohrclip« erfahren. Offenbar existiert sogar ein Foto beim Dreh dieser Folge, auf dem David Hasselhoff einem traurigen Jack Gill Trost zu spenden versucht. Produzent Burton Armus berichtete, Hasselhoff habe sich »Duft einer Rose« als finale Staffel(!)-Folge erbeten, ohne Erfolg.

Egal ob Endfolge oder »Beinahe«-Endfolge: Michaels Burn-out hatte sich angekündigt, hier war er unübersehbar, und es wäre wohl nicht einmal weit hergeholt gewesen, sich vorzustellen, Michael habe sich nach Stevies Tod erst recht in Arbeit gestürzt, um dann tatsächlich bald komplett »leer« zu sein. Insoweit, und auch wenn *Knight Rider 2000* an vielen Stellen hakt, passt es, dass diese Thematik im Gespräch zwischen »Rentner« Michael und Devon ein paar Jahre später aufgegriffen wird.

Wichtigster Dialog:
K.I.T.T.: »Wo fahren wir hin, Michael?«
Michael: »Wir fahren nach Hause, K.I.T.T., zur Familie. Wir fahren zur Foundation.«

Trivia:

• Aharon Ipalé (Durant) spielte einige Gastrollen, seine bekanntesten Auftritte hatte er in den Filmen *Die Mumie* und *Die Mumie kehrt zurück.* In der Serie *Alias – Die Agentin* war er in vier Folgen zu sehen. Reid Smith (Stocker), optisch eine Mischung aus dem frühen Stefan Edberg und MacGyver, war im Ensemble der Serie *Chase* dabei und hatte ebenso wie Robert Feero (Martoni) einige Nebenrollen in TV-Klassikern. Roy Jenson (Purdue) ist mit wahnsinnigen 218 Credits auf *imdb.com* gelistet, unter anderem spielte er auch eine kleine Rolle im Hasselhoff-Film *Wings of Freedom.*

• Stevie hatte aufgrund des Zeugenschutzprogramms ihren Namen von Stephanie Mason (in »Weißer Vogel«) in Stevie March ändern müssen (in »Ich werd' ewig dein Freund bleiben«). Auf ihrem Konzertplakat wird sie hier allerdings als Stevie Mason angekündigt. Es passt insofern, als dass sie in »Ich werd' ewig dein Freund bleiben« auf das Ende des Zeugenschutzprogramms hingewiesen hat.

• K.I.T.T. stellt aufwändig eine Spiegelung von Durants Gesicht über den Metallkoffer her. Das wäre gar nicht nötig gewesen: Kurz vorher ist seine eine Gesichtshälfte auf dem Videoband gut erkennbar.

• Das Lokal, in dem Michael auf Stevie trifft, ist das »Le Petit Chateau«. Wir kennen es bereits aus »Der Bandenkrieg«.

• Der Titel stammt aus Stevies Geschichte, die sie am Ende, in Michaels Erinnerung, erzählt. »Du zerbrichst vielleicht irgendwann mal eine Vase. Aber der Duft einer Rose wird noch ewig da sein. Der Duft einer Rose wird ewig verweilen. Ewig.« / »You may break, you may shatter the vase. But the scent of the roses will hang around it still. The scent of the roses will linger forever. Forever.«

• Die Zeilen stammen aus dem Gedicht *Farewell! – but whenever* von Thomas Moore. Hier heißt es: »You may break, you may shatter the vase, if you will, But the scent of the roses will hang round it still.«

• »Duft einer Rose« wurde von Rob Hedden als Referenz verwendet, als er die Story für *Knight Rider 2000* schreiben sollte.

Soundtrack:

• *For All We Know* (The Carpenters)
• *As Time Goes By* (Dooley Wilson)
• *White Bird* (It's A Beautiful Day)

Bedeutung der Folge für die gesamte Serie:
* * * * *

Herz / Humor / Action:
* * * * * / * / * * * *

Gesamtwertung:
* * * * *

»Killer K.I.T.T.« / »Killer K.I.T.T.« (Folge 75)

Buch: Simon Rose; Regie: Chuck Bail
Filmdaten: 30. Oktober – 7. November 1985
Erstausstrahlung USA: Fr, 10. Januar 1986 (NBC)
Erstausstrahlung Deutschland: Do, 5. Juni 1986 (RTLplus)

Marco Berio, ein ehemaliger Computerspezialist der Foundation, ist auf Rache aus: Er kapert K.I.T.T. und setzt ihn auf Michael an. Der kann gerade so entkommen, aber K.I.T.T. wird zu einer gefährlichen Waffe.

Kommentar:

Ganz klar: »Killer K.I.T.T.« ist ein ganz großes Highlight der gesamten Serie, wenngleich leider eines der letzten. K.I.T.T. ist so böse wie nie zuvor; Michael, Bonnie und RC müssen großes Teamwork beweisen, und wir erleben 44 Minuten vollgepackt mit Action! Sogar die Humorabteilung ist glänzend besetzt, denn erstmals taucht RCs Motorrad auf, was zur allgemeinen Belustigung beiträgt – außer bei RC.

Der Plot ist ausgezeichnet und äußerst rund: Ein verdienter Mitarbeiter der Foundation, Dr. William Albert, soll ausgezeichnet werden. Devon spricht davon, man habe ihm die »Vorherrschaft auf dem Gebiet der Computertechnologie« zu verdanken. Bösewicht Marco Berio, so erzählt Devon später, habe unter Dr. Albert als Computerspezialist gearbeitet und die Foundation verlassen, weil ihm die gebührende Anerkennung nicht zuteilgeworden war. Berios Timing und die Art seiner Rache wird im englischen Original klarer herausgestellt. »Rache ist die Kur der Verbitterung«, sagt er hier zu Bronwyn, »und je besser das Timing, umso süßer ist sie.« Er spielt also konkret auf die Preisverleihung an und macht in seinem Wahn auch klar, dass nicht er die Menschen im Convention Center umbringen würde, sondern die Foundation selbst, wenn K.I.T.T. durchbrettere: »Fahrzeug der Foundation im Convention Center außer Kontrolle, Dutzende getötet«, phantasiert er.

Während sich *Knight Rider* – trotz der guten deutschen Synchronsprecher – immer auch im englischen Original lohnt, ist die deutsche Version hier angenehmer. Denn als Berio Zugriff hat, klingt K.I.T.T. im Original extrem »evil« (ist das noch William Daniels?), während er im Deutschen nur etwas aggressiver spricht. Andererseits verpasst man ein paar Feinheiten, unter anderem, dass der »böse« K.I.T.T. plötzlich »I ain't« sagt, also die englische Slangform von »I am not«. Als Michael ihn am Ende darauf hinweist, ist K.I.T.T schockiert: »Ugh, unforgivable!«

Warum Berios Modul etwas Zeit braucht, um seine Wirkung zu entfalten (und das von Bonnie später nicht), wird nicht so ganz klar. Die Dialoge zu Beginn, als K.I.T.T. langsam »böse« wird, sind dafür amüsant. »Gib mir bitte die direkte Strecke«, bittet Michael auf dem Weg zu Farrell. »Sie brauchen doch nur auf den Monitor zu sehen«, entgegnet K.I.T.T. zunächst. Nach der Rettung bekommt er Michaels Frage in den falschen Hals, woher Farrell denn wissen konnte, dass man zu ihm unterwegs sei. »Soll das heißen, dass Sie mich verdächtigen?« Michaels Erklärung fasst er wiederum als Vorwurf auf. Und ob er Michael bitte mit Bonnie verbinden könne? »Jetzt nicht, ich fühle mich nicht wohl.« Auch wiederholtes Nachfragen hilft nicht: »Sie können sie doch selber anwählen.«

»Killer K.I.T.T.« steckt von Beginn an voller Tempo. Bereits bei der Verfolgungsjagd zu Beginn driften Farrells Auto wie auch K.I.T.T. wunderbar auf die »Malibu Pier«; es folgt die Fahrt mit Michael auf der Kühlerhaube. K.I.T.T. kann sich seiner nur schwer entledigen und muss in eine Imbissbude brettern. Der Übersetzer am Ende von RCs Motorrad ist ebenfalls fein, dann geht‘s weiter mit K.I.T.T.s Crash ins Convention Center, wo er Tische und Stühle umnietet, bis Michael das Modul endlich ausgetauscht hat. Am Ende muss man noch Berios LKW aufhalten, den K.I.T.T. von der Straße abdrängt. Um Berio kümmert er sich schließlich persönlich.

Etwas Fantasie braucht man, um zu schlucken, dass die als Bonnie verkleidete Bronwyn einfach so an K.I.T.T. herumbasteln kann. Klar: dass K.I.T.T. »von außen« geknackt wird, hatten wir bereits in »K.I.T.T. sitzt in der Falle«, man wollte wohl für Abwechslung sorgen. Dennoch: Sollte K.I.T.T. die Verkleidung wirklich nicht bemerkt haben? Eine kleine Ungereimtheit in diesem Zusammenhang: Der »CPU-Zusatzverstärker« bzw. das »Gedächtnis-Computermodul«, das Bronwyn einsetzt und das Michael letztlich austauschen muss, ist innerhalb des Autos installiert, offenbar unter dem Armaturenbrett. In »K.I.T.T. kriegt einen Schlag« musste Michael ein ebensolches Modul ebenfalls einsetzen, allerdings von außen, unter dem Auto.

In »Killer K.I.T.T.« taucht auch erstmals RCs Motorrad auf, das er euphorisch repariert, für das er jedoch die gesamte Episode hinweg mit blöden Sprüchen aufgezogen wird. »Das ist ja auch nur noch ein Schrotthaufen«, findet Devon, als RC stolz erklärt, er habe nicht mal was dafür zahlen müssen. Im englischen Original ist der Witz besser: Auf RCs Hinweis, er habe es gratis erhalten, entgegnet Devon trocken quasi: »Reginald, man hat Sie übers Ohr gehauen.« Später erzählt Devon von seiner Vergangenheit als Motorradfahrer, von der wir bereits aus »Schnelle Teufel« wissen. Diesmal geht er auf seine Zeit im Krieg ein: Er sei eines Abends von einem Übungsflugzeug gestreift worden und in hohem Bogen durch die

Luft geflogen. Und als er sich wieder aufgerichtet habe, »sah mein Motorrad genauso aus wie Ihres.«

Hier kommt RCs Mühle für Michael aber gerade recht: Nachdem K.I.T.T. weg ist, muss er sich irgendwie bei »Berio Electronics« einschleichen, und wie RC zu seinem späteren Leidwesen feststellt, könne er dabei schlecht im Semi aufkreuzen. RCs »Baby« wird auch im restlichen Verlauf der Serie zu einem herrlichen Running Gag, denn egal, wie gut und liebevoll er das Teil repariert, am Ende ist es meist wieder ein Schrotthaufen. Hier kurioserweise nicht, obwohl Bonnie aus eigener Erfahrung (K.I.T.T.!) das Schlimmste befürchtet, als Michael damit losbrettert: »Du weißt ja, wie gut er seine Sachen behandelt …«

Bester Dialog:
Michael *(als K.I.T.T. plötzlich Bierzeltmusik anstimmt)*: »Das ist doch gar nicht dein Geschmack. Du hasst doch eigentlich Tuba.«
K.I.T.T.: »Man muss entwicklungsfähig sein.«
Michael: »Ja, K.I.T.T., nur nicht auf Kosten anderer.«

Trivia:
• Harvey Jason (Marco Berio), gebürtig in London, ist ein bekanntes Gesicht und war früh im Theater aktiv. Im Fernsehen war er bereits in der *Batman*-Serie dabei und hiernach in diversen anderen Klassikern: *Columbo, Drei Engel für Charlie, Ein Colt für alle Fälle, Picket Fences: Tatort Gartenzaun, Seinfeld und im Film Vergessene Welt: Jurassic Park.* Auch Tony Epper (Nicholas Farrell) ist weit rumgekommen, war ebenfalls in *Batman* zu sehen, in *Das A-Team, Airwolf, MacGyver, Simon und Simon …* hier spielt er mit Bruder Andy Epper (Gordon), der hauptsächlich als Stuntman unterwegs war.
• Anne Ramsey (die arme Straßengehilfin) kennt man hierzulande wohl am besten aus der *ALF*-Folge »Ein Widersacher auf vier Beinen«, wo sie die grantige Ethel Buttonwood spielt. Fun Fact: Ihr dortiger Liebhaber Vince war ihr »echter« Ehemann, Logan Ramsey nämlich. Und den kennen *Knight Rider*-Fans noch gut als Richter Paxton in »Ein Richter spielt sein Spiel« sowie als wirren Autofahrer Edgar in »Die Waffenbörse«.
• Berio bezeichnet K.I.T.T. als »it«, als »Werkzeug«. Alle anderen, die ihm nahestehen, bezeichnen K.I.T.T. durchweg »ihn«. Auch auf Vorgabe in der *Knight Rider Bible,* denn K.I.T.T. sollte so ein wenig vermenschlicht werden.
• Michaels Comlink wird zerstört, das war bislang nur in »Das endgültige Urteil« der Fall. Er geht in »Der geheimnisvolle Ohrclip« nochmals kaputt.

• Ein Dialog ergibt im englischen Original keinen Sinn. Nach dem Besuch bei Farrell fragt sich Michael: »How did you know those two were coming, anyway?« David Hasselhoff hat sich hier versprochen. Eigentlich sollte es heißen: »How did those two know we were coming?«
• K.I.T.T. ist offenbar ein Freund klassischer Musik: Michael will ihn – hier vergeblich – mit Vivaldi aufheitern.
• Als Michael die Musik einschaltet, wirkt er kurz noch entspannt, obwohl schon die berüchtigte Bierzeltmusik läuft. Der Grund: Laut Skript hätte K.I.T.T. erst durch einige Radiosender zappen sollen, bevor er dabei hängengeblieben wäre. Konkret heißt es: »Michael clicks on the radio. The soothing strains of the Four Seasons waft from K.I.T.T.´s speakers. A few beats before we hear fast blurts of various kinds of music and news as K.I.T.T. scans the dial, finally settles on a blasting loud, horrendous German Um-pah-pah band.«
• Beim Crash in die Imbissbude war natürlich ein Stuntman aktiv, teilweise aber auch David Hasselhoff auf dem Kühler positioniert. »Wir haben David auf der Haube festgebunden, damit er nicht runterrutschen konnte«, erinnert sich Jack Gill.
• »Killer K.I.T.T.« ist die einzige Episode, die im Original und im Deutschen denselben Titel hat.

Unnützes Wissen:
Der Begriff »tschingderassabum«, den K.I.T.T. für seine erwünschte Bierzeltmusik verwendet, steht sogar im Duden und wird definiert als »lautmalend für den Klang von Becken und Trommel«. Im englischen Original spricht K.I.T.T. übrigens von »Beer hall music. Nothing like a little Um-pah and a lot of brass«.

Soundtrack:
• *Finally Found A Home* (Huey Lewis & The News)

Bedeutung der Folge für die gesamte Serie:
* * * * *

Herz / Humor / Action:
* * / * * * / * * * * *

Gesamtwertung:
* * * * *

»Wie die Axt im Walde« / »Out of the Woods« (Folge 76)

Buch: Gregory S. Dinallo; Regie: Harvey Laidman
Filmdaten: 17. – 25. Juli 1985
Erstausstrahlung USA: Fr, 17. Januar 1986 (NBC)
Erstausstrahlung Deutschland: Mi, 30. Juli 1986 (RTLplus)

Eric Whitby randaliert bei einer privaten Party der Sägewerk-Familie Dutton, dessen Chef mit Devon befreundet ist. Michael nimmt sich des Falles an und zeigt bald Verständnis für Whitbys Ausraster.

Kommentar:

Hach, die Bilder, die schönen Bilder! Man muss *Knight Rider* einfach allein dafür lieben, dass K.I.T.T. durch die Gegend kreuzt, unterlegt von wunderbaren musikalischen Klängen … diesmal übrigens recht lange als Cabrio durch Waldgebiete. Herrlich. Auch wenn es zunächst gar nicht K.I.T.T. ist, den wir heranfahren sehen, sondern Devon und Bonnie – nicht in Devons Mercedes, sondern einem anderen Wagen der Foundation mit dem Kennzeichen FLAG-1.

Der schöne Beginn, der schöne Wald, er entschuldigt für einiges, was wir danach schlucken müssen. Jaja, wir wollen nicht übermäßig Manöverkritik üben, aber manchmal ist es doch zuviel des Guten. Dass Whitby direkt bei Michaels erstem Antritt die Flinte herausholt und auf den Kopf, respektive den Hut, zielt – okay. Dass Michael konkrete Vorkenntnisse im Holzbusiness hat, nehmen wir auch noch hin. Aber dann wird es kritisch.

K.I.T.T.s Fähigkeit, aus jeglicher Lage vernünftige Fotos zu schießen – auch aus Perspektiven, die er von seinem Standort aus nie und nimmer abbilden kann –, haben wir bislang stillschweigend toleriert. Manchmal konnte man sich ja einreden, dass er fremde Videokameras angezapft hat. Hier aber, im Nationalpark, steht er mit dem Scanner dicht vor einem Gebüsch und fotografiert jegliche Szenen, die sich um ihn herum abspielen, aus der Nähe und Ferne. Warum hat man nicht zumindest Michael ein wenig herumlaufen und K.I.T.T. via Comlink fotografieren lassen? Auch dass K.I.T.T.s Reifen immer quietschen, sogar auf Sandboden, ist nichts Neues; hier, quasi durchweg im Waldgebiet, ist es etwas zu auffällig. Dann haben wir den Holzstapel, der K.I.T.T. unter sich begräbt: Es ist zum einen ein famoses Timing, zum anderen schlecht geschnitten (die Miniaturarbeit ist hier deutlich zu sehen). Dass es für die Ruckelei zum Lösen des »Holzkäfigs« zwei gesonderte Buttons gibt, verwundert da kaum noch, nachdem wir kurz zuvor auch erstmals einen für das »Speech Synthesis Module« entdeckt haben, der, wie meist, wenn eine einmalige Funktion her muss, unter dem »Turbo

Boost« angebracht ist. Und dass Michael erst noch einen Spruch bringen muss, als er mit Eric und Ellen vor dem Feuer in K.I.T.T. geflüchtet ist, bevor sie losfahren … Nun gut, genug gemeckert. Wir denken wieder zurück an den Wald und die schönen Dinge.

Als da wäre der offenbar feierwütige Devon, der bei gegebenen Anlässen, wie wir hören, auch schon einmal auf dem Tisch tanzt, wobei man sich in Hinblick auf das Anwesen der Duttons wohl eine eher standesgemäße Feier vorstellen muss. Jonathan und Samantha Dutton könnten optisch ohnehin einer Soap entsprungen sein (die beiden Schauspieler haben zwar einmal in einer solchen mitgespielt, aber nur kurz).

Sympathien bringen vor allem die Whitbys ein, auch wenn der gute Eric seine Zeit braucht, um Michael zu vertrauen. Am Ende ist es ein »typischer« *Knight Rider,* mit dem Herz und der Hilfe für die kleinen, ehrlichen Leute, wie eben Eric und Ellen Whitby.

Für Schmunzler sorgt der Wackelkontakt von K.I.T.T.s Akzentmodul, das ihn mehrfach zum vergangenen Fall in New York und zu seinem Gespräch mit dem Parkwächter zurückversetzt und aufgrunddessen er Michael dauernd »Mickey« nennt – im englischen Original ist das noch um einiges amüsanter. Auch Michaels Cowboy-Hut, den er offenbar in New York gewonnen hat, ist eine schöne Klammer.

Souverän verläuft freilich auch Michaels erste Vorstellung bei Nash als Mitarbeiter von »White Wood Pulp and Paper«, was soviel heißt wie »Weißholz Zellstoff und Papier«, aber im Englischen deutlich imposanter klingt. Lustiger wäre es gewesen, wenn Michael sein altes Alias aus »Michael Knight und die Zuflucht« wiederbelebt und die Firma »Knightwood Pulp and Paper« genannt hätte. Aber man kann nicht alles haben.

Bester Dialog:
K.I.T.T.: »Ich hoffe, es stellt sich heraus, dass Whitby unschuldig ist. Ich schulde ihm noch einen Gefallen.«
Michael: »Ach ja? Also gut, raus damit.«
K.I.T.T.: »Er hat Sie gezwungen, den Hut abzunehmen.«

Trivia:

- J. Eddie Peck (Eric Whitby) ist in den USA vor allem als Soap-Darsteller bekannt. Er spielte unter anderem in *Der Denver-Clan, Dallas, Zeit der Sehnsucht und Schatten der Leidenschaft.* Nancy Everhard (Samantha Dutton) spielte eine wiederkehrende Rolle in *Everwood* und in *Wo brennt's, Daddy,* in der auch Peter Parros mitmischte – eine gemeinsame Folge hatten die beiden jedoch nicht. M.C. Gainey (Gerry Nash) hat eine weitläufige Vita. Unter anderem war er in *Club Mad, Born to Be Wild – Saumäßig unterwegs* und *Ein Duke kommt selten allein* zu sehen. Wir kennen ihn noch als Jason Keller in »Das Gipfeltreffen«.

• »Wie die Axt im Walde« ist die einzige Folge der vierten Staffel, in der RC nicht zu sehen ist. Der Grund: Sie wurde als erste Episode nach dem Staffelauftakt gedreht, und offenbar war beim (vorherigen) Drehbuchschreiben noch nicht entschieden, ob RC eine dauerhafte Rolle einnehmen würde.

Soundtrack:
• *Workin' Man Blues* (Merle Haggard)

Bedeutung der Folge für die gesamte Serie:
*

Herz / Humor / Action:
* * / * * / * * *

Gesamtwertung:
* * *

»Zauberspiele« / »Deadly Knightshade« (Folge 77)

Buch: Philip John Taylor; Regie: Sidney Hayers
Filmdaten: 3. – 11. Dezember 1985
Erstausstrahlung USA: Fr, 24. Januar 1986 (NBC)
Erstausstrahlung Deutschland: Mi, 18. Juni 1986 (RTLplus)

Michael, Bonnie und RC besuchen eine Zaubershow in einem Hotel, während der ein Gast ermordet wird. Angeblich hat niemand den Raum verlassen, Michael aber hat jemanden in Verdacht: den Magier Templeton.

Kommentar:
Das Faszinierendste an dieser Folge ist natürlich Templeton. Einen Schauspieler zu finden, der dermaßen überzeugend einen Zauberer spielen kann, ist wohl über alle Maßen schwierig. Hier hatte man das Problem fein gelöst: Man nahm einfach einen Zauberer, der schauspielern konnte – wenngleich Lance Burton (also Templeton) ansonsten kaum in Filmen oder Serien auftrat. *Knight Rider* war seine erste Serie; im TV war und ist Burton jedoch durchaus öfter zu sehen, meist in seinen Zaubershows, aber auch in diversen Late-Night-Shows war er zu Gast, unter anderem bei Johnny Car-

son, Jay Leno und David Letterman. Beim Film *Die fantastische Welt des Oz* war er als Berater engagiert. Burton hatte sogar 14 Jahre lang seine eigene Show in Las Vegas. Und er schlägt sich als Schauspieler in *Knight Rider* richtig gut!

Das Schöne ist hierbei: Templeton ist Michael von Beginn an unsympathisch, und die beiden verbringen viel Sendezeit miteinander, im Gegensatz zu den meisten Folgen, in denen Michael den Bösewicht jagt, aber erst zum Ende hin auf ihn trifft. Hier liefern sich die zwei ein herrliches Katz- und Maus-Spiel, und Templeton schafft es mit seinen Tricks mehrfach, Michael blöd aus der Wäsche schauen zu lassen: gleich zu Beginn, als er nach dem Mord entspannt auf der Bühne erscheint; als er das verlorene rote Tuch, das ihm Michael präsentiert, kaum beachtet und ihm weitere aus der Jacke zieht; und schließlich nach der Verfolgungsjagd, bei der er dem Unfallwagen offenbar entkommen ist und es ihm gelingt, wieder in seinem Zauberzimmer zu sitzen, bevor Michael und K.I.T.T. angehetzt kommen. Das Tolle: Man selbst bleibt bei einigen Tricks sprachlos vor dem Fernseher sitzen, der Magier mogelt sich meisterlich durch die Folge!

Michael steht auch aus privater, freundschaftlicher Sicht zwischen zwei Stühlen: Bonnie hat ein Auge auf Templeton geworfen, und das passt ihm gar nicht. Weil ihm Templeton ohnehin unsympathisch ist? Weil er ihn schon früh verdächtigt? Weil er immer noch leicht in Bonnie verliebt ist? Oder weil er nur das Beste für sie will? Womöglich ist es eine gesunde Mischung aus allem. Bonnie immerhin entschuldigt sich am Ende, dass sie Michael misstraut hat.

Ebenfalls fein: Das gesamte Foundation-Team kriegt ordentlich Sendezeit, und Devon befindet sich am Ende in großer Gefahr. Sowohl diese Szene als auch der Mord an Henderson zu Beginn sind hart anzuschauen für *Knight Rider*-Verhältnisse.

Wir erhalten zudem einen weiteren Einblick in K.I.T.T.s Erfinderteam. Dr. Ian Browning hat laut Bonnie viele von K.I.T.T.s Systemen entwickelt, was eine gute Lösung dafür ist, dass K.I.T.T. den Trick mit dem Tiger nicht auflösen konnte. Offenbar hatte Browning hier seine Finger im Spiel. Er folgt damit nur kurze Zeit später auf Marco Berio als einer, der die falsche Richtung einschlagen sollte. Ein Klassiker ist es zudem, dass K.I.T.T. anfangs einen Verdächtigen verfolgt, dann aber abbrechen muss. In aller Regel liegt es daran, dass derjenige im Fluchtauto entkommt, ein Laster irgendwo dazwischenrauscht oder ein »Turbo Boost« aus Sicherheitsgründen nicht möglich ist. Hier entkommt Templeton in der Sackgasse des Hotels, was K.I.T.T. irritiert. Den ehemaligen Notausgang entdeckt er erst am kommenden Tag und ist bedrückt. Michael aber entschuldigt ihn: »Du hast keine Struktur analysiert. Du hast nach einer Person gesucht.«

Fazit: Eine spannende, kurzweilige Folge, die womöglich eine Fortsetzung erfahren hätte, wäre *Knight Rider* in eine fünfte Staffel gelangt. Lance Burton jedenfalls hatte sich offenbar schon überlegt, die Produzenten mit seiner Idee zu kontaktieren, dass Templeton sich an Michael und K.I.T.T. rächen wolle. Und wenn es einem gelingen würde, aus dem Gefängnis auszubrechen, dann wohl einem Zauberer!

Bester Dialog:
Nancy *(über die aufgebrachte Tigerin):* »Das Einzige, was funktioniert, ist Mozart: ›Eine kleine Nachtmusik‹. Das besänftigt sie wirklich.«
Michael: »Hast du gehört?«
K.I.T.T.: »Danke. Wenigstens hat der Tiger Geschmack.«

Trivia:
• Lance Burton erinnert sich gerne an seine Drehzeit: »Ich war bereits ein großer *Knight Rider*-Fan, lange bevor ich in der Show aufgetreten bin.«
• Auch an seine Zeit mit David Hasselhoff denkt Burton gerne zurück: »Er ist Professionalität in Vollendung! Er hat dafür gesorgt, dass sich jeder am Set wohlfühlt. Jeder, der an *Knight Rider* mitgearbeitet hat, liebte David. Er war sehr nett zu mir und hat mir sogar ein signiertes Foto für meine Mutter gegeben. Sie war ein großer David-Hasselhoff-Fan aus seinen Soap-Zeiten, als er Snapper gespielt hat. Er hat das Foto unterschrieben mit: ›To Hilma, Love, Snapper‹«. Burton und Hasselhoff verbrachten eine weitere gemeinsame Zeit bei Burtons Auftritten in Spanien und in Los Angeles. Dort, Mitte der 1990er-Jahre, durfte ihm eine von Hasselhoffs Töchtern aushelfen.
• Bei Michaels Taubentrick am Ende sieht man links unten ganz kurz einen Kopf: Es ist Lance Burton, der die Taube hat fliegen lassen!
• Peter Parros über Fahrszenen mit David Hasselhoff: »Ich war überrascht, als ich realisiert habe, dass David ein so guter Fahrer ist. Manchmal bin ich etwas nervös gewesen, wenn er in eine Szene gerast ist, aber üblicherweise hat er eine Punktlandung hingelegt und wir sind ausgestiegen, als ob es eine Kleinigkeit gewesen wäre.« Parros bedauert jedoch eine Sache: »Leider hatte RC nie die Möglichkeit, K.I.T.T. zu fahren.«
• Mary Beth Adams (Nancy Marston) kennen wir noch aus »Eine Kleinstadt lebt gefährlich« als Cindy.
• Die drei Sekunden, die Templeton hatte, um aus der »Todesfalle« zu entkommen, werden in der Folge exakt eingehalten.

Soundtrack:
- *Eine kleine Nachtmusik* (Wolfgang Amadeus Mozart)

Bedeutung der Folge für die gesamte Serie:
* *

Herz / Humor / Action:
* * / * * * * * / * * * * *

Gesamtwertung:
* * * * *

»Die Boxmeisterschaft« / »Redemption of a Champion« (Folge 78)

Buch: E. Nick Alexander; Regie: Chuck Bail
Filmdaten: 13. – 23. Dezember 1985
Erstausstrahlung USA: Fr, 31. Januar 1986 (NBC);
Erstausstrahlung Deutschland: Do, 19. Juni 1986 (RTLplus)

Michael und K.I.T.T. untersuchen den Mord an einem Sportreporter. Sie finden heraus, dass Boxer Bo Keeler nochmals in den Ring steigen soll, trotz einer gefährlichen Erkrankung.

Kommentar:
Man hat in Staffel 4 einige Prominenz aufgefahren: Julianne McNamara in »Knight hinter Gittern«, Lance Burton in »Zauberspiele«, die Band »The New Edition« in »Die Bodenspekulanten«. Und in »Die Boxmeisterschaft« zieht man erneut alle Register. Ein »and« in den Credits zu Beginn stellt ja immer eine gewisse Hervorhebung dar; hier ziert es Kenneth H. Norton, den Darsteller des Bo Keeler. Norton besiegte 1973 sogar Muhammad Ali; sechs Monate später gewann Ali in einem hochqualifizierten und nicht unumstrittenen Rückkampf. Einen dritten Kampf in 1976 gewann Ali nach Punkten; die meisten Boxjournalisten und viele Beobachter bescheinigten Norton jedoch, den Kampf gewonnen zu haben.

Nortons Einsatz löst ein althergebrachtes Problem: Ein Schauspieler kann noch so gut sein – einen Profisportler glaubhaft zu mimen, gelingt nur selten. Speziell in Tennisfilmen hat man hier schon die grausamsten Darstellungen miterleben müssen. Ein Sportler, der zum Schauspieler umsattelt, löst die Sache meist besser. Wir erinnern uns nochmals an die großartige Julianne McNamara.

Michael wird zu Beginn (und am Ende!) zum x-ten Mal in Staffel 4 von einem Date ferngehalten oder abgezogen; diesmal hatte er sogar seinen Comlink ausgeschaltet. Aber es nützt nichts: K.I.T.T. klingelt via Festnetz für Devon durch und erwischt einen sichtlich genervten Michael. »Erklär ihm, wieviel der ganze Abend mich kostet. Der Wein. Das Dinner wurde geliefert. Weißt du, was Rosen allein kosten?« Man sei in 24-Stunden-Rufbereitschaft, entgegnet K.I.T.T. und ergänzt: »Michael, Sie haben Verpflichtungen, ich habe Verpflichtungen.«

Michael zeichnet sich wieder einmal als Sportfan und Boxexperte aus, überrascht uns allerdings ebenso als Parfümkenner. »Avec Moi« sei teuer, aber nicht ungewöhnlich, erklärt Devon einer irritierten Bonnie, und Michael ergänzt: »Ich kannte eine, die darin badete. Es war, als ob man durch ein Veilchen-Beet ging.«

»Die Boxmeisterschaft« hat auch sonst ihre feinen Momente, wie z.B. Michaels Kampf nach der Pressekonferenz, in dem er es zunächst mit drei Leuten aufnimmt (wir sehen hier auch, dass David Hasselhoff selbst am Start war und kein Double). Auch der Plot um einen erpressten Boxer, der trotz schwerer gesundheitlicher Risiken noch einmal kämpfen soll und dessen besorgte Ehefrau sich deswegen Sorgen macht, ist ein guter. Dazu gibt es Szenen im uns bereits bekannten Los Angeles River, in dem K.I.T.T. den letzten originalen »Turbo Boost« der Serie hinlegt (alle folgenden sind Archivmaterial). Der Abschluss im Ring ist auch durchaus passend, wenngleich die gesamte Folge nicht das hohe Tempo aus »Zauberspiele« mitgehen kann und wieder an dem Problem zu knabbern hat, dass Bösewicht Lou Davis fast nur durch seine Schlägerbande aktiv wird. Etwas irritierend ist die Tatsache, dass K.I.T.T. am Ende die angelehnte Tür weiter öffnet, aber wir nehmen es einmal hin.

Ach ja, um auf die Gaststars zurückzukommen: In den Credits wird auch das seltene »Special Appearance by« vergeben: an den legendären Box-Promoter Don King. Dieser hatte 1974 den »Rumble in the Jungle« zwischen Ali und George Foreman veranstaltet sowie 1981 für den Kampf zwischen Sugar Ray Leonard und Roberto Duran für damalige Verhältnisse sensationelle zehn Millionen US-Dollar ausgelobt. King vertrat unter anderem auch Mike Tyson und Evander Holyfield. In den 1990er-Jahren wurde er auch im vom Boxfieber gepackten Deutschland ein Begriff. Neben *Knight Rider* spielte King auch in *Miami Vice* (als Don Cash) mit; in *Das Model und der Schnüffler* mimte er sich selbst.

Laut Burton Armos sei King sehr glücklich gewesen, in *Knight Rider* mitspielen zu können, und ebenso darüber, in der ersten Klasse eingeflogen worden zu sein.

Bester Dialog:
Ruth Keeler *(in Bezug auf K.I.T.T., laut Michael ein früher 87er-Jahrgang):* »Er kann reden?«
Michael: »Ja.«
Ruth: »Was kommt denn 88?«
Michael: »Hoffentlich ruhigere Autos.«

Trivia:
• Terry Kiser (Lou Davis) hat eine imposante Schauspielvita vorzuweisen. Seine bekannteste Rolle spielte er vielleicht als Bernie in *Immer Ärger mit Bernie*. Norman Burton (Damon Leland) kennen wir noch aus »Eine Musterstadt ohne Verbrechen«, Ken Foree (Spiderman) aus »Michael fällt in Ungnade«. Jerry Quarry, den Michael bei der Pressekonferenz anfragt und behauptet, dass er ihn habe kämpfen sehen, war ebenfalls Boxer und trat gegen Ali und Frazier an. Auch Danny Lopez und Carlos Palomino waren ehemalige Boxer und Weltmeister.
• Michael gibt sich als Investigativreporter der fiktiven Zeitschrift »Tombstone Variety« aus, was übersetzt soviel heißt wie »Grabstein-Vielfalt«. Technisch fragwürdig ist freilich, dass sein frisch »gedruckter« Presseausweis in K.I.T.T.s Analyzer liegt. Wieso hat man ihn nicht ausdrucken lassen?
• Die Wiederholung dieser Folge war die letzte *Knight Rider*-Episode, die auf NBC in ihrem Primetime-Slot zu sehen war – am 8. August 1986.
• Es ist die einzige Folge außerhalb der zweiten Staffel, in der man den »Trajectory Guide« sieht.
• Peter Parros freute sich über die prominenten Gastauftritte: »Ich war Fan von Ken Norton. Einer der wenigen Boxer, die Muhammad Ali besiegt haben, und ich durfte ihn in dieser Folge kennenlernen.«

Bedeutung der Folge für die gesamte Serie:
*

Herz / Humor / Action:
* * / * * * / * * *

Gesamtwertung:
* * *

»Wer andern eine Grube gräbt« / »Knight of a Thousand Devils« (Folge 79)

Buch: Peter Allan Fields; Regie: Gino Grimaldi
Filmdaten: 6. – 15. Januar 1986
Erstausstrahlung USA: Fr, 7. Februar 1986 (NBC)
Erstausstrahlung Deutschland: Mi, 11. Juni 1986 (RTLplus)

Ein Freund und Kollege von Michael wird bei einem gemeinsamen Einsatz ermordet. Der Killer, Ronald Becker, will bei einem Autorennen über die mexikanische Grenze fliehen.

Kommentar:

Wir machen weiter mit einer Riege an Gaststars, wenngleich diesmal eher aus der Kategorie »optischer Aufputz«: Kathy Shower (Beckers Freundin Claudia Torrell) war *Playboy*-Playmate des Monats im Mai 1985 und Playmate des Jahres in 1986; mit Dona Speir, Marlene Slieter und Venice Kong, die erst RC, dann Michael den Kopf verdrehen, haben wir weitere Bunnys am Start. Ihre schauspielerischen Erfahrungen sind allesamt recht überschaubar; zur Handlung tragen sie wenig bis nichts bei. Und ebenjene Handlung ist auch recht zahm.

Der Beginn ist ungewohnt: Michael assistiert dem FBI, offenbar nicht zum ersten Mal, wie sich aus dem Gespräch und der Wette mit Lew ergibt. Was folgt, ist nur mit Mühe zu schlucken: Becker ist laut Devon einer der »erfolgreichsten Gangster in der amerikanischen Geschichte«, und trotzdem schickt das FBI nur drei Leute vorbei, die dann durchs Haupteingangstor einlaufen? Und K.I.T.T.: Hätte er nicht erkennen müssen, dass eine Überwachungskamera installiert ist? Nun gut. Michael geht der Fall so nahe, dass er Becker kriegen will, »auch wenn es das Letzte ist, was ich tue«. Komisch, dass man von seinem Freund Lew bislang noch nie etwas gehört hatte.

Warum Michael und K.I.T.T. zunächst in die Lagerhalle beordert werden, damit man sie dort in die Luft schießen kann, und Michael später in eine x-beliebige Grube geschafft wird, statt dass man ihn eliminiert, bleibt offen. Auch wenn die Antwort wie immer klar ist *(Knight Rider* wäre sonst zu Ende), hatte man hier schon bessere Ideen. Warum Michael unbedingt sprechen muss, damit K.I.T.T. ihn orten kann, obwohl er seinen Comlink trägt, ergibt ebensowenig Sinn. Zumal er nach Staffel 1 zum Sprechen keinen Knopf mehr drücken muss und auch in der Grube keinen betätigt. Gangster Becker zeigt ebenfalls nur wenig Action, obwohl er vom Typus her wie einer erscheint, der auch einmal selbst zur Handlung beitragen könnte.

Ansonsten erleben wir eine neue (und letzte) »K.I.T.T. fährt ein Autorennen«-Variante, die überraschend unspektakulär verläuft: K.I.T.T. hat von den Buggys nun wirklich nichts zu befürchten, und warum er im direkten Duell nicht schneller wird (»Super Pursuit Mode«?), erschließt sich nicht. Ebensowenig wird klar, warum nicht RC, sondern Michael mit K.I.T.T. bei der doch nur verletzten Ana Lucia bleibt.

Das Schönste an der Folge ist die Einbindung von RC und seinem Motorrad; er ist bereits zu Beginn wieder mit Reparaturen beschäftigt. »Das sieht aus wie ein sorgfältig zusammengebauter Haufen Metall«, sagt Devon, was RC auf seine Mühle bezieht – Devon meinte jedoch die Zeichnungen der Baja-Buggys. RC bietet Michael wieder seine Mithilfe an, und der schlägt diesmal zu RCs großer Freude zu. RC erhält während des Rennens auch noch Michaels Comlink und schaut ob dieses Ritterschlags mächtig stolz aus der Wäsche – wenngleich man fragen kann, warum die Foundation ihm nicht einen eigenen Comlink gönnt (wenn er schon auf seinem eigenen Motorrad herumfahren muss). Das Motorrad ist am Ende schrottreifer als am Anfang, was sein Fahrer dennoch mit Stolz goutiert. »Das Baby hat das Rennen gut überstanden«, erklärt RC, und er bekommt natürlich wieder eins auf die Mütze, diesmal von Michael: »Ganz zu schweigen davon, dass es schon wieder aussieht wie ein Staubwedel.«

Bester Dialog:
K.I.T.T. *(als Michael die drei Mädels mit der kaputten Klimaanlage vertröstet)*: »Michael, ich muss gestehen: Ihr ausgeprägtes Pflichtbewusstsein beeindruckt mich stets aufs Neue.«
Michael *(genervt)*: »Ja, ich bin ein toller Kerl … *(stöhnt)* … eisenhart.«

Trivia:
• Kathy Shower war nach Gastauftritten in einigen 1980er-Serien hauptsächlich in Erotikfilmen zu sehen. In *Knight Rider* hatte sie bereits einen kleinen Auftritt in »Eine schreckliche Falle«. In Sachen *Playboy* war sie mit 33 Jahren einst die älteste Frau, die als Playmate abgelichtet wurde.
• Jonathan Goldsmith (Ronald Becker) hatte diverse Gastauftritte in den typischen Serien-Klassikern; in *Rauchende Colts* und *Dallas* war er für mehrere Episoden zu sehen. Bruce Neckels (Lew) haben wir bereits in Nebenrollen in »Ein Richter spielt sein Spiel« und »Shattners Komplott« erlebt.
• Das »Baja-Rennen« gibt es tatsächlich (»Baja 1000«), und David-Hasselhoff-Fans wissen: Mitch aus *Baywatch* fuhr in »Das Baja-Rennen« mehr oder weniger freiwillig mit.

Bedeutung der Folge für die gesamte Serie:
* *

Herz / Humor / Action:
* * / * * / * *

Gesamtwertung:
* *

»Der Brandstifter« / »Hills of Fire« (Folge 80)

Buch: Jackson Gillis; Regie: Robert E.L. Bralver
Filmdaten: 18. – 26. November 1985
Erstausstrahlung USA: Fr, 14. Februar 1986 (NBC)
Erstausstrahlung Deutschland: Mi, 6. August 1986 (RTLplus)

Michael und K.I.T.T. retten den jungen Darryl aus einem Feuer. Diesem wird bald zur Last gelegt, er sei der gesuchte Brandstifter.

Kommentar:
Es sind harte Zeiten, selbst für Hardcore-Fans. »Der Brandstifter« ist nichts Halbes und nichts Ganzes – dabei hatte man eigentlich ein altbewährtes Rezept zur Hand: einen Jungen, hier Darryl, der etwas verloren wirkt in der Welt, ein gutes Herz hat und dank Michael und K.I.T.T. in die Spur findet. So gesehen in verschiedenen Varianten in »Eine schöne Bescherung« mit Nervensäge Tino, in »K.I.T.T. sitzt in der Falle« mit Randy oder in »K.I.T.T. kriegt einen Schlag« mit Doug.

Das Problem ist: eine wirklich glaubwürdige Beziehung zwischen Michael und Darryl kommt nicht auf – sie kann nicht aufkommen, weil die beiden zu wenig Zeit miteinander verbringen. Dennoch hält Michael im Knast (bei ihrer erst zweiten Begegnung!) bereits eine seiner berühmten »Glaub an dich und du kannst alles erreichen«-Reden. Auch mit Tess hat Michael keinerlei Zeit zusammen. Nachdem er Darryl am Anfang abgesetzt hat, macht er sich nach nicht einmal zwei Minuten wieder auf den Weg, spricht aber beim zweiten Besuch auch mit ihr so vertraut, als habe er bereits die gesamte Familienhistorie erzählt bekommen. Auch das haben wir schon deutlich realistischer erlebt, beispielsweise in der ansonsten kaum spektakulären Folge »Die große Dürre« mit Fran oder, nach einiger Zeit des Vertrauensaufbaus, in »Gekidnappt« mit Nicole. Dabei hätte man aus diesem Aufhänger, auch weil man ihn längere Zeit nicht mehr hatte, eine schöne emotionale Folge aufbauen können, zumal Darryl wirklich sympathisch daherkommt. Aber dazu reichen die kurzen Dialoge nicht, trotz des Versuchs mit emotionalen Keyboard-Klavierklängen als Hintergrund.

Man könnte nun sagen, es sei vor lauter Action keine Zeit dafür gewesen, aber gerade das ist nicht der Fall. Denn auch der Plot ist semispannend. Das gelegte Feuer ergibt für die gesamte Transaktion um den Drogendeal kaum Sinn; der Einsatz einer Drohne mag generell eine interessante Variante sein, allerdings doch nicht, wenn K.I.T.T. bereits mit den »Traction Spikes« ausgerüstet ist und sich mit dem »Silent Mode«, wie sonst auch, hätte anschleichen können. Und ganz naiv gefragt: Hätte Michael nicht vorher einfach den Anstieg hochklettern können, um zu schauen, was um die Ecke so los ist?

Nun denn. Immerhin erscheint Michaels Motivation noch intakt: Als Devon ihn nach seinem ersten Telefonat mit Sandra Rusk abziehen will, interveniert er deutlich und erhält von Devon das Okay, einen Einsatz zumindest abzuklären. Die Idee um S.I.D. (»Satellite Infiltration Drone«) ist prinzipiell gut, wenngleich die Verkleidung als Fußball etwas weit hergeholt anmutet. Und das Ende, als selbst Darryl um ihn trauert wie um einen alten Freund, ist etwas zu sehr gewollt. Immerhin erleben wir K.I.T.T. wieder einmal eifersüchtig: »Ich hoffe doch, dass Sie diese Aluminiumkiste nicht ernst nehmen«, sagt er zunächst, bis er dank Michael realisiert, dass er der Boss ist, weil S.I.D. durch seinen Computer gesteuert wird. »Solange er meine Anweisungen brav befolgt …«, willigt er ein.

Das Beste ist noch K.I.T.T.s Aufeinandertreffen mit dem Obdachlosen am Geldautomaten, dem er fünf Dollar sponsert; angeblich hat die Foundation ein Konto bei der entsprechenden Bank. »Aber legen Sie es gut an, verschleudern Sie es nicht«, bittet er, und wenn ein Lotterielos keine gute Anlage ist, zumal eines, das gewinnt ..? Die Kohle zurückhaben will K.I.T.T. nicht: »Behalten Sie es und geben Sie es dem nächsten. Diesmal suchen Sie ihn sich aus«, gibt er dem Glückspilz und seinen beiden Ladys am Ende mit.

Trivia:

Tess Hubbard (Zohra Lampert) gehörte in den 1970er-Jahren zum Cast der kurzlebigen Serie *Meiner Frau bleibt nichts verborgen.* Ebenso war sie in *Doctors Hospital* dabei. David Raynr (Darryl Staples) hatte eine wiederkehrende Rolle in *21 Jump Street.* Nana Visitor (Sandra Rusk) ist die mit Abstand prominenteste Mitspielerin: Sie spielte 173 Folgen in *Star Trek: Deep Space Nine* als Colonel Kira. Auch in *Dark Angel* war sie mehrfach zu sehen, neben diversen Gastauftritten in anderen Serien.

Bedeutung der Folge für die gesamte Serie:
*

Herz / Humor / Action:
* * * / * * / * *

Gesamtwertung:
* *

»Der Militärputsch« / »Knight Flight to Freedom« (Folge 81)

Buch: George S. Dinallo; Regie: Winrich Kolbe
Filmdaten: 16. – 27. Januar 1986
Erstausstrahlung USA: Fr, 21. Februar 1986 (NBC)
Erstausstrahlung Deutschland: Do, 12. Juni 1986 (RTLplus)

Michael und RC sollen einen amerikanischen Botschafter aus San Duarte rausholen. Dort hat das Militär den Präsidenten abgelöst. Michaels Tarnung fliegt jedoch auf.

Kommentar:
»Der Militärputsch« gilt unter Fans – wie die meisten finalen Folgen der letzten Staffel – als eher magere Kost. Es kommt allerdings darauf an, wie man die Sache betrachtet. Denn mangelnde Action kann man hier nicht beanstanden, zumindest nicht für Michael und RC.

RC ist erstmals direkt von Beginn an involviert, wenngleich wohl einige Überredungskunst nötig war: »Michael, danke dass du Devon überzeugt hast und ich mit durfte«, sagt er, bevor es so richtig losgeht. Wie es ohne RC ausgegangen wäre? Man mag nicht daran denken. Er ist am Ende der entscheidende Mann, um Michael vor dem Tod zu bewahren. Und man muss es hier nochmals bewerten: Oft tut es einer Serie nicht zwingend gut, wenn der Hauptcast erweitert wird. Im Fall von *Knight Rider* und RC ist das Gegenteil der Fall. Schade, dass RC nicht schon früher verstärkt zum Einsatz gekommen ist und speziell ihm eine fünfte Staffel verwehrt blieb.

RCs Bewunderung für Michael ist trotz der erst kurzen Zusammenarbeit grenzenlos. »Sie müssen schnell überlegen, wie wir ihn da rauspauken können. Weil Sie ohne ihn nämlich gleich einpacken können«, erklärt er Lisa irgendwann. Dabei ist es am Ende er selbst, der es schafft. Und sich wiederum ein Sonderlob von K.I.T.T. abholt. »RC ist sehr erfinderisch, wenn es um derartige Dinge geht.«

Am Ende siegt freilich das Gute, auch wenn Michael noch eine kurze Rede braucht, damit Reporterin und Freiheitskämpferin

Lisa nach dem fiesen Doppelspiel von Raoul nicht zur Selbstjustiz greift. »Er hat das Recht auf einen fairen Prozess. Wofür kämpfen Sie, Lisa? Ich dachte immer, Sie kämpfen für die Demokratie.« Generell ist »Der Militärputsch« ungewohnt politisch für *Knight Rider*-Verhältnisse, aber alles ist selbst für heutige Zeiten gar nicht so weit hergeholt. Warum ausgerechnet die Foundation sich darum kümmern muss, Botschafter Harrington wieder in die USA zu holen, bleibt allerdings offen. Die Folge ist also okay, aber es ist kein typischer *Knight Rider*.

Während Michael und RC ordentlich zu kämpfen haben, ist K.I.T.T. größtenteils mit Hintergrundaufgaben beauftragt, was aber nicht per se schlecht ist. Er muss gleich zwei Mal undercover agieren, einmal verkleidet als schrottreife Karre mit entsprechenden Synthie-Sounds, einmal versteckt in einem Laster, was ihm beides freilich nicht passt. Das Highlight aus seiner Sicht ist die zweimalige Fahrt durch die Lava, was natürlich spektakulär anmutet, zumindest in kleineren Fernsehern der Drehzeit. Auf größeren Bildschirmen erkennen wir deutlich die Miniaturarbeit. Und wie er es schafft, in den Folgeszenen wieder zu funkeln, als sei nichts gewesen, bleibt sein Geheimnis. Vermutlich, anders kann man es nicht erklären, ist er zwischendurch mehrfach durch eine Waschanlage gefahren …

Ansonsten sind wir in der Wiederholungsfalle gelandet – Sparmaßnahmen zum Staffelende waren wohl das Stichwort, um eine fünfte Staffel durchgewunken zu bekommen, leider ja ohne Erfolg. Dazu später mehr. Das Zimmer des Präsidenten haben wir nun schon einige Male in *Knight Rider* gesehen (mehr dazu in: »Der geheimnisvolle Ohrclip«), den »Turbo Boost« über den ausgetrockneten Flussteppich ebenso; er dürfte der meistgezeigte Sprung von K.I.T.T. überhaupt sein, aber es ist ja auch ein äußerst spektakulärer (mehr dazu bei »Geheimcode Topaz«). Es ist übrigens der letzte »Turbo Boost« der Serie. Und der Durchbruch der Gefängnismauer ist ebenfalls bekannt, gedreht für »Ein Richter spielt sein Spiel« und kürzlich erst wiederverwendet in »Knight hinter Gittern«. Die immer wieder eingespielten Schnipsel vom ausbrechenden Vulkan sowie verschiedene Straßenszenen aus San Duarte setzen sich zudem ungut ab; es ist klar, dass sie anderem Filmmaterial entstammen.

Während RC diesmal mittendrin statt nur dabei ist, sehen wir Devon und Bonnie einzig zum Ende hin beim »Familientreffen« im Semi. Die beiden haben in Staffel 4 leider ohnehin wenig eigene Storys und auch sonst recht wenig zu spielen – schade eigentlich.

Trivia:

- Man konnte wohl davon ausgehen, dass K.I.T.T. nach dem Staffelauftakt und der Rückkehr nach Los Angeles wieder seinen Molekularversiegelungsschutz aufgetragen bekommen hatte. Konkret ausgesprochen wurde es aber nie – bis zu dieser Folge, als er durch die Lava fährt.

• Lina Raymond (Lisa Corrales) hat eine kurze Schauspielvita. Sie spielte in einigen der typischen 1970er- und 1980er-Serien in Gastrollen mit; nach *Knight Rider* war sie nur noch zwei Mal aktiv. Eloy Casados (Raoul) hingegen ist ein etablierter Schauspieler, ohne die ganz große Masse an Auftritten, dafür aber dauerhaft aktiv. Eine wiederkehrende Rolle hatte er in *Walker, Texas Ranger* als Sheriff.

• Casados erinnert sich gerne an seine Zeit mit David Hasselhoff. Der habe ihn beim Dreh gefragt, ob er schon mal eine 180-Grad-Drehung erlebt hätte. »Spring in K.I.T.T. und schnall dich an«, habe Hasselhoff gesagt und K.I.T.T. die Straße hinuntergejagt. »Meine erste 180, mit jemandem, der wusste, wie man sie durchführt – das war ein extra Thrill zusammen mit einem verrückten Typen. Das stand nicht im Skript, David hat es nur aus Spaß an der Sache gemacht.«

• Er habe *Knight Rider* zuvor noch nicht gesehen, gestand Casados zudem, und sich gefragt, wie K.I.T.T. durch Lava fahren könne. Hasselhoffs Antwort: »Denk nicht drüber nach, K.I.T.T. kann alles. Das ist Fernsehen!«

• Als er Hasselhoff gebeten habe, einen Dialog zu proben, um seinen Text zu lernen, habe Hasselhoff erklärt, er kenne seinen Text auch nicht – und damit begonnen, Papierfetzen mit seinem Text an das Armaturenbrett und den Rückspiegel zu kleben. Überhaupt habe sich Hasselhoff verhalten »wie ein sehr glücklicher, normaler Typ mit einem großartigen Job«.

• Singen habe er Hasselhoff nie gehört – und Hasselhoff habe ihn davor gewarnt, danach zu fragen. »Ich fand, dass David einen gesunden selbstironischen Sinn für Humor hatte.«

• Miguel Fernandes (Colonel Peralta) gehörte zum Cast der Polizeiserie *Einsatz in L.A.,* in der Peter Parros die Hauptrolle spielte. Mit David Hasselhoff war er 1996 im TV-Film *Gridlock – Die Falle* zu sehen.

Bedeutung der Folge für die gesamte Serie:
* * *

Herz / Humor / Action:
* * / * * / * * * *

Gesamtwertung:
* * *

Story: James Byrnes, Samm Smith; Drehbuch: James Byrnes, Samm Smith, Leonard Kaufman; Regie: Gilbert M. Shilton
Filmdaten: 24. Januar – 3. Februar 1986
Erstausstrahlung USA: Fr, 7. März 1986 (NBC)
Erstausstrahlung Deutschland: Do, 31. Juli 1986 (RTLplus)

Michael wird an das Set des Films *Raging Sky* geschickt, wo sich zuletzt Unfälle gehäuft hatten. Ob tatsächlich das legendäre »Phantom von Studio 28« seine Finger im Spiel hat?

Kommentar:

Ob dies ein Wink auf David Hasselhoffs Zukunft war? Vielleicht. »Der Strandfilm wird ein Zimmer weiter gedreht«, wird Michael zur Begrüßung erklärt. Es ist optisch nicht zu weit hergeholt: Ob David Hasselhoff bereits zu *Knight Rider*-Zeiten seine Liebe zu Selbstbräuner entdeckt hatte? Wir wissen es nicht. Dennoch muss die Frage erlaubt sein: Sah David Hasselhoff je besser aus als hier?

Nun, zurück zum Thema. Eine Serienfolge am Filmset ist freilich ein Klassiker, und hier hat man damit zudem eine zweite Fliege mit derselben Klappe geschlagen, nämlich auch diejenige, weiterhin kostengünstig zu produzieren. Für Film- und Serienfans ist die Folge auch deshalb ein Hingucker, weil man gratis eine Universal-Tour erhält. Wir sehen erneut den »Courthouse Square« und am Ende eine feine Verfolgungsjagd mit K.I.T.T., der unter anderem den »Ice Tunnel« durchfährt sowie das »Flash Flood Set«. Dafür müssen andere teuer bezahlen!

Ein lustiger Dreh: Michael soll ja den Stuntman für den (verletzten) Star des Films geben. Dieser wird dargestellt von Matt McColm, anfangs sieht man ihn kurz. McColm ist wiederum der »echte« Stuntman für David Hasselhoff in Staffel 4 von *Knight Rider*. Michael doubelt also David Hasselhoffs Stuntman, der wiederum Hasselhoff auch in der Szene doubelte, sodass am Ende also doch er selbst die Szene spielte! Alles klar!?

Die Folge hätte ein ganz großer Spaß werden können, wie es oft der Fall ist, wenn TV-Ermittler am TV-Set ermitteln – *Columbo* ist ein guter Beweis dafür, auch wenn dieser stets eher in den Kulissen herumgestolpert ist. Hier fehlt jedoch etwas. Michael fährt ständig zwischen dem einem Studio und dem anderen hin und her, was letztlich bis kurz vor Schluss auch K.I.T.T.s einzige Beschäftigung bleibt, ein paar Warnungen und technische Hilfen außen vorgelassen. Da hätte man mehr herausholen und die Filmcrew, die doch alles schon einmal gesehen haben dürfte, in Erstaunen versetzen können. Auch ein »Turbo Boost«, ein »Ski Mode« oder was auch immer wäre passend gewesen, aber nein. Auch auf den »Super Pursuit Mode« müssen wir erneut verzichten.

Immerhin wird logisch erklärt, was Michael überhaupt am Filmset zu suchen hat: Die »McKee Studios« hätten der Foundation sowohl Zeit als auch Geld für das Lehrfilm-Programm gespendet, erklärt Devon zu Beginn. »Sie wollen unsere Hilfe, also werden sie sie kriegen.«

Michael zeigt sich erneut bodenständig ohne Ende. Am Schluss gönnt er sich etwas »Herzhaftes« zu essen, so wie wir ihn kennen, zum Erstaunen von Karen. »Michael, eigentlich wollte ich den Mann, der uns vor einer großen Katastrophe bewahrt hat, zu Champagner und Kaviar einladen. Und nicht zu Cola und Hotdogs.« Immerhin blickt sie nicht ganz so entsetzt drein wie Devon in »Der Bandenkrieg«, als Michael ebenso herzhaft in seinen Hamburger gebissen hat.

Bester Dialog:
Michael: »Warum fahren wir mit getönten Scheiben, Kumpel?«
K.I.T.T.: »Wir sind in Hollywood, Michael. Da trägt man Sonnenbrillen.«

Trivia:
• Robert Englund (Edward Kent) ist die perfekte Besetzung für das Phantom: Er spielte seit 1984 in der legendären *Nightmare*-Reihe *(A Nightmare on Elm Street)* und gab dort in allen acht Teilen den Serienmörder Freddy Krueger, der zur Horror-Kultfigur avancierte. Englund hat eine weitreichende Schauspiel-Laufbahn und war immer wieder in Horrorfilmen zu sehen.
• Lenore Kasdorf (Karen Bennett) kennen wir noch aus »K.I.T.T. kriegt einen Schlag«. Sie erinnert sich aus ihrer Zeit bei »Der unheimliche Mönch« daran, dass David Hasselhoff über die Make-A-Wish-Foundation einen Jungen mit ans Set gebracht hatte, der an Krebs litt. »Er wollte einfach nur ›den Knight Rider‹ treffen und David war so nett zu ihm.«
• Sie selbst sei 2004 nach einer Infektion zeitweise gelähmt gewesen und habe im Rollstuhl gesessen. Bei einer Beerdigung habe sie draußen gewartet, und als die Leute an ihr vorbeigelaufen seien und sie kaum wahrgenommen hätten, habe sie plötzlich eine Stimme von der Treppe gehört: »Hey, was ist mit dir passiert?« Dann habe sie erkannt: »Es war David. Er ist sofort die Treppe runtergekommen und hat geschaut, ob alles okay ist bei mir. So ein Typ war er. Das werde ich nie vergessen.«
• Als Michael durch das Kostümlager läuft, kann man ein Zylonen-Kostüm aus *Battlestar Galactica* erblicken, einer weiteren Hitserie von Glen A. Larson.

• Der »Mitarbeiter« des Films, der Michael den Mantel gibt, ist Barry Downing – er war in der zweiten bis vierten *Knight Rider*-Staffel tatsächlich der Verantwortliche für die Kostüme.
• Ellie, der RC mit dem Elektroauto hilft und sie nebenbei um ein Date bittet, war zu jener Zeit die Frau von Peter Parros: Jerri Parros.
• Bonnie erklärt ihre Liebe für Westernfilme, die sie auch mit Patricia McPherson selbst teilt.

Bedeutung der Folge für die gesamte Serie:
*

Herz / Humor / Action:
* * / * * * / * * *

Gesamtwertung:
* * *

»Der japanische Geheimdienst« / »Knight of the Rising Sun« (Folge 83)

Story: Burton Armus, Bruce Lansbury; Drehbuch: E. Nick Alexander; Regie: Winrich Kolbe
Filmdaten: 5. – 13. Februar 1986
Erstausstrahlung USA: Fr, 14. März 1986 (NBC)
Erstausstrahlung Deutschland: Mi, 12. August 1986 (RTLplus)

Nick O'Brien, ein alter Freund von Devon, bittet um Hilfe, weil seine Firma von einem japanischen Kollegen angegriffen wurde. Bald stellt sich heraus: Das eigentliche Ziel ist O'Briens Sohn Coy.

Kommentar:
Eigentlich eine bewährte Formel: Ein Freund von Devon braucht Hilfe. Er ist grundsympathisch und selbst bei seinen Angestellten beliebt, sein Sohn ebenso. Die beiden lieben einander sehr. Michael ist mit Herzblut dabei und legt wieder auf eigene Faust los. Er gerät in große Gefahr, schafft es auch wieder heraus, mit Hilfe des Sohnes, den er beschützen sollte und dem er dann eine Standpauke hält. Am Ende geht alles gut aus.

Was in so vielen Fällen – mit leichten Abwandlungen – das Rezept für eine klassisch gute *Knight Rider*-Folge war, reicht hier leider nicht aus. Dabei hätte man mit ein paar Kleinigkeiten mehr daraus machen können.

Nick O'Brien ist wirklich einer, den man mögen kann: Er und Devon hatten beim Alliierten-Kommando in den 1950er-Jahren in

Korea gedient, erfahren wir, die beiden sind langjährige Freunde. Es hätte hierbei gutgetan, die beiden einfach einmal in Devons Büro zusammenkommen und eine Tasse Tee trinken zu lassen, aber der Kontakt findet quasi nur per Telefon statt. Die gute Beziehung zwischen Nick und seinem Adoptivsohn Coy wird angerissen, aber auch die beiden verbringen fast keine Zeit miteinander – und wenn, sind eine Menge anderer Leute dabei. Dafür gibt's wie schon zuletzt ordentlich Prügel, immer und immer wieder, und das noch dazu im doch eher ungemütlichen Baubereich. Der Versuch, Baseball als durchgezogenes Element für Coy in die Folge zu bringen und am Ende als Klammer für erfolgreiches Teamwork, wirkt allzu gewollt und halbherzig.

Dabei hätte etwas mehr gezeigte Wärme die Folge retten können, wie es sonst oft der Fall ist, wenn anderweitig auf Sparflamme gekocht wurde, was wieder einmal so war: K.I.T.T. könnte, bis auf seinen Computer, ein völlig normaler Trans Am sein (wie schon in der Folge zuvor), bis auf ein paar Tricks und die eine oder andere Fluchtaktion sehen wir wenig von ihm. Was, wie gesagt, in manchen Episoden überhaupt nicht schlimm ist, weil es dort ausgebügelt wird. Wie dürftig K.I.T.T.s Präsenz diesmal ist, wird schon im Teaser deutlich, in dem bis auf Schlägereien nur zwei kurze Fahrszenen ohne Action mit ihm enthalten sind.

Ein paar schöne Dialoge halten wir immerhin fest. Als Michael gewohnt entschlossen ans Werk schreitet, ist RC beunruhigt. »Wenn er in dieser Stimmung ist, rennt er doch direkt immer in die Höhle des Löwen, Devon«, befürchtet er. Was Devon überzeugt: »Würden Sie die Maschine, die Sie als Motorrad bezeichnen, besteigen und ihm folgen? Bleiben Sie in seiner Nähe, falls er Sie braucht. Aber engen Sie ihn nicht ein.«

Coy drückt die enge Verbindung zu seinem Vater ebenfalls schön aus: »Mein Vater würde sich vor einen ausgewachsenen Bulldozer stellen, um mich zu beschützen.« Die Antwort von Michael: »Du kommst zu uns, damit er das nicht zu tun braucht.«

Der gesamte Aufhänger um die »Uyoku« (aktuell ein Überbegriff für die politisch extreme Rechte in Japan, deren knapp hunderttausend Aktivisten und mehrere hundert Gruppierungen ebenfalls mit diesem Begriff bezeichnet werden) ist irritierend, nicht nur für Zuseher. Coy sei »dazu ausersehen, die Uyoku wiederzubeleben und die Macht zu proklamieren, ihr göttliches Anrecht, die Welt zu regieren«, erklärt Tanika. Als er später erklärt, Coy müsse erst zum Prinzen von Uyoku geweiht werden, bevor er die Kontrolle erhalte, bringt Coy seine Verwunderung klar auf den Punkt: »Wollen Sie mich verarschen?«

Weiterhin ist die Fortführung von RCs Aufgabenfeld schön. Er darf (mit seinem Motorrad, das diesmal nicht zu Schaden kommt)

Michael erneut unterstützen und bekommt von Devon nun ebenso den Ratschlag, vorsichtig zu sein, als er mit Michael loszieht. Im englischen Original klingt es dabei noch schöner, als Devon den beiden Jungs mitgibt: »Gentlemen, be careful.«

Trivia:
Ken Swofford (Nick O'Brien) hat eine illustre Karriere hinter sich, mit Gastrollen in quasi allen bekannten Serien jener Zeit. Eine wiederkehrende Rolle spielte er in *Dallas* und *Mord ist ihr Hobby,* auch in *Baywatch* war er zwei Mal zu sehen. Nicht minder bekannt ist George Cheung (Suki Tanika), unter anderem mit jeweils drei Gastauftritten in *Magnum* und *MacGyver;* auch in den Filmen *Rush Hour* und *Starsky & Hutch* war er dabei.

Bedeutung der Folge für die gesamte Serie:
*

Herz / Humor / Action:
* * * / * / * *

Gesamtwertung:
* *

»Der geheimnisvolle Ohrclip« / »Voo Doo Knight« (Folge 84)

Story: R. Timothy Kring; Drehbuch: R. Timothy Kring, Deborah Dean Davis; Regie: Georg Fenady
Filmdaten: 18. – 25. Februar 1986
Erstausstrahlung USA: Fr, 4. April 1986 (NBC)
Erstausstrahlung Deutschland: Do, 13. August 1986 (RTLplus)

Michael wohnt einem scheinbaren Selbstmord bei. Er findet bald heraus, dass eine geheimnisvolle Voodoo-Prinzessin offenbar hinter einem Schatz her ist.

Kommentar:
Nun denn. Die letzte *Knight Rider*-Folge, und wir bekommen keinen Abschied. Zum einen, weil angeblich erst beim Dreh klar geworden sei, dass *Knight Rider* zu Ende gehen würde (dazu später mehr). Zum anderen, weil es bei Actionserien jener Zeit nicht üblich war, den Fans ein spezielles Finish zu schenken. Obwohl man dies mit »Duft einer Rose« hätte tun können … Aber lassen wir das.

»Der geheimnisvolle Ohrclip« reiht sich leider in die sparsamen Folgen der letzten Zeit ein, eben auch, weil Sparmaßnahmen angestanden hatten, um eine fünfte Staffel zu retten. Wieder einmal wird das jedoch sowohl in Sachen Drehbuch als auch Action deutlich. Den Plot um die Ohrclips lassen wir noch stehen; das Nervigste ist dabei die ständige Voodoo-Musik im Hintergrund. Ansonsten fehlt erneut viel, eigentlich alles, was *Knight Rider* ausgemacht hat: Herz. Humor. Action. Und Bonnie: Denn Patricia McPherson war mit dem Dreh eines Filmes beschäftigt und daher nicht an Bord. Das eigentlich Traurige: So richtig fällt es nicht einmal auf, denn sie hatte schon zuletzt kaum Szenen.

Die Action-Abteilung ist ebenso schwach besetzt: K.I.T.T. könnte abermals als ganz normales Auto durchgehen, das eben sprechen kann – auf nennenswerte Tricks müssen wir verzichten, der letzte originale »Turbo Boost« stammt noch aus »Die Boxmeisterschaft«! Immerhin kommen wir zu Beginn auf einen Klassiker zurück, das Nicht-Verständnis zwischen Mensch und Computer, als Michael den Gedanken äußert, auf den Kauf einer Jacke verzichtet zu haben, obwohl sie doch so gut zu seinen Schuhen gepasst hätte. »Ihre Stiefel sind doch sehr weit von Ihrer Jacke entfernt. Glauben Sie, jemand bemerkt, dass sie zusammenpassen?«, fragt K.I.T.T., wobei man ihm hierfür eigentlich einen Punkt geben muss. Neu ist hingegen, dass K.I.T.T. orten kann, welche Personen sich in Räumen befinden. Normalerweise hat er das aus bestimmten Situationen geschlossen (dass jemand bewaffnet war, der andere nicht). Hier jedoch erkennt er Elisabeth anhand der Struktur ihrer DNA.

Ein letztes Mal erfahren wir, wie ein nicht-typischer Fall zu einem der Foundation wird. Michael wird diesmal über K.I.T.T. auf den Alarm aufmerksam gemacht und will helfen, bis die Polizei auftaucht. Als er weiter untersuchen will, erklärt Devon, er versuche, einen Fall der Foundation daraus zu machen. Zwar wisse der Vorstand noch nichts davon, aber er werde wohl einwilligen müssen.

Die Humorabteilung: Nun ja. Amüsant sind immerhin die Szenen, als sich Michael ständig mit den hypnotisierten Muskelmännern angelegen muss. Ihm schwant bereits Böses, als sein Schlag beim ersten Kampf nichts anrichtet, was er mit einem irritierten »Oh nein!« quittiert. RCs Mühle ist wieder einmal schrottreif, wenngleich man Devon einen schöneren One-Liner hätte schenken können als »Na, Kopf hoch«. Dafür erfahren wir endlich etwas über die Familie von RC, wenn auch nur die entferntere: Er habe eine Großtante gehabt, die ebenfalls eine Voodoo-Show abgezogen habe, erklärt er. »Sie war keine Prinzessin, aber sie machte die Sache sehr gut.« Und sein Onkel habe sich mithilfe eines Ohrrings und der entsprechenden Frequenz über die elektrochemische Reaktion im Gehirn das Rauchen abgewöhnt.

Vielleicht ist es bislang nicht allzu sehr aufgefallen, aber der Raum, in dem die Party der Voodoo-Prinzessin stattfindet, kommt einem mittlerweile äußerst bekannt vor, speziell die Treppe. Kein Wunder: Dieses Set wurde Anfang der dritten Staffel dauerhaft errichtet. Wir sahen es erstmals in »Das zweite Gesicht« (beim Diebstahl der Diamanten), dann in »Tödliches Kostümfest« (als Teil der Foundation, in dem die Party stattfindet), in »Michael fällt in Ungnade« (Computerraum), »Das Chamäleon« (Kellerraum von Armand's Café), »Wie die Axt im Walde« (Wohnzimmer der Duttons, in dem Eric Whitby randaliert), »Der Brandstifter« (Foundation-Lab, als Bonnie die Spikes vorstellt), »Der Militärputsch« (Botschaft) und »Der unheimliche Mönch«, dort sogar explizit als Set!

Immerhin die Schlussszene ist nett und etwas fürs Herz. Michael will Elisabeth noch ausführen, Devon zeigt sich als guter Freund und bucht ihren Flug erst ein paar Tage später als geplant. »Ich schulde Ihnen etwas«, murmelt Michael. »Nur etwas?«, kontert Devon. Wenn man Elisabeth doch nur etwas besser hätte kennenlernen dürfen …

Trivia:
- Henry Gibson (Donald Crane) war bereits als Kinderstar in den 1940ern aktiv und Zeit seines Lebens in Film und TV zu sehen – zuletzt als Richter in der Serie *Boston Legal.* Rosalind Cash (Harana) bespielte mehrere klassische Serien, Christie Houser (Elisabeth Wesley) nur einige wenige. John Vernon (Claude Watkins) kennen wir noch als Cameron Zachary aus »Gefährliches Spielzeug«.
- Die letzte gefilmte Szene der Folge (und damit der Serie) war der Dialog zu Beginn zwischen Michael und K.I.T.T., als die beiden sich über Michaels nicht gekaufte Jacke unterhalten.

Soundtrack:
- *Tush* (ZZ Top)

Bedeutung der Folge für die gesamte Serie:
*

Herz / Humor / Action:
* / * * / *

Gesamtwertung:
*

STAFFEL 4: EIN PERSÖNLICHES FAZIT

Wie sich die Geschmäcker ändern können! Als Kind habe ich die vierte Staffel geliebt: Sie wirkte moderner als die bisherigen, und der »Super Pursuit Mode« war einfach das ganz große Highlight! In den vergangenen Jahren habe ich (unbewusst) deutlich mehr Folgen der ersten beiden Staffeln geschaut. Rückblickend beim nunmehr analytischen Betrachten der gesamten Serie habe ich festgestellt, wie lange ich bestimmte Episoden (vor allem die letzteren) gar nicht mehr gesehen hatte. Das hat sie teils »interessanter« gemacht als eigentlich gerechtfertigt – und dennoch haben sie nicht das Bedürfnis geweckt, sie zeitnah nochmals anschauen zu wollen. Speziell das letzte Viertel hat den Qualitätsschnitt der Staffel einfach enorm nach unten getrieben.

Was bleibt, sind die ganz großen Highlights, interessanterweise zwei aufeinanderfolgende Episoden mit »Duft einer Rose« und »Killer K.I.T.T.«, dazu tolle Teile mit »Knight hinter Gittern« und »Zauberspiele«. Hier hat *Knight Rider* noch einmal gezeigt, was möglich ist! Am Ende waren aber die Sparmaßnahmen auch deshalb zuviel, weil sie nicht einmal durch gefühlvolle oder gut geschriebene Storys ausgeglichen wurden. Die Drehbücher waren einfach schlecht, aber offenbar hatte auch NBC am Ende keine Lust mehr auf Kritik, zumal das Verlangen nach »menschlicheren«, erwachseneren Storylines ohnehin beschränkt war. Diese waren stets David Hasselhoffs Wunsch, NBC wollte vor allem Action.

Quotentechnisch wäre eine weitere Staffel wohl drin gewesen, auch wenn man zuletzt in den kritischen Bereich abgerutscht, immer öfter auf Plätzen zwischen Rang 40 und 50 gelandet war. Ob man sich inhaltlich einen Gefallen getan hätte oder womöglich nach einer halben Staffel abgesetzt worden wäre … darüber mag man spekulieren. Es hätte zumindest einiger neuer, besserer Autoren bedurft (nach Staffel 3 waren einige gegangen). Und wie hätte man K.I.T.T. noch verbessern wollen? Das Positivste an allem war die Einführung von RC (und seinem Motorrad), leider gefühlt auf Kosten von Devon und Bonnie, die zuletzt kaum im Mittelpunkt standen und auch keine »eigenen« Folgen mehr hatten. Wie alle zusammen ordentlich Spielzeit bekommen und ihren Teil zum Erfolg beitragen konnten, hat man in »Killer K.I.T.T.« gesehen.

Spannend wäre freilich gewesen, einen erneuten Auftritt von »alten Bekannten« zu erleben. Ein Comeback von Garthe und Adrianne mit Goliath hätte man hinbiegen können. Wie oft hat Murdoc in *MacGyver* überlebt? Eine Rückkehr von K.A.R.R. wurde durch die blinkende CPU in »Der schwarze Teufel taucht wieder auf« absichtlich offengelassen. Es hätte der Staffel gutgetan!

DIE BESTEN FOLGEN

Eine persönliche Anmerkung: Mir ist völlig klar, wie riskant, ja geradezu absurd es ist, eine Reihenfolge der besten Folgen aufzustellen. Denn natürlich kann man objektive Kriterien heranzuziehen, vieles ist und bleibt jedoch subjektiv. Und überraschend, selbst für mich: Ich habe *Knight Rider* in den vergangenen 30 Jahren immer und immer wieder geschaut, manche Folgen öfter (okay: manche extrem oft), andere seltener. Aber noch nie habe ich sie bewusst in der komplett richtigen Reihenfolge, von Anfang bis Ende angesehen. Genau das hat sich jedoch gelohnt.

Die meisten Fans werden sich einig sein, dass Folgen wie »Der schwarze Teufel taucht wieder auf«, »K.I.T.T. sitzt in der Falle« oder die Episoden rund um »Goliath« zu den besten gehören. Ebenso, dass »Die große Dürre«, »Der japanische Geheimdienst« oder »Der geheimnisvolle Ohrclip« zu den schwächeren zählen. Aber dann wird es schon schwierig: Die Episoden rund um Michael und Stevie werden viele Fans spalten, für nicht alle zu den absoluten Highlights gehören, weil K.I.T.T. recht wenig gefordert wird. Wenngleich wiederum Einigkeit besteht, dass »Duft einer Rose« das eigentliche Finale hätte sein sollen. Für mich, alter Romantiker ist das Stichwort, sind alle Teile der »Trilogie« große Highlights.

Und die ersten Folgen? Sie haben aus meiner Sicht auch einen anderen Stellenwert, der sie womöglich in einem besseren Licht abbildet als ein objektiver Blick darauf. Denn vieles war neu und noch im Findungsprozess, der Humor aber so fein gestrickt wie am Ende nur noch selten. Man muss lobend anerkennen, wie schnell sich Michael und K.I.T.T., aber auch die gesamte F.L.A.G.-Familie gefunden haben. Stichwort Bewertung: Neben objektiven Kriterien setze ich also subjektive Maßstäbe an. Die Einzel-Bewertungen am Ende der Folgenbesprechungen geben hierbei nur Teile meiner Gesamtwertung wieder, die wichtigsten Kriterien sind eben: Herz, Humor, Action. Andere fließen aber ebenso ein, sodass die Endwertung nicht zwingend hieraus zu berechnen ist.

Noch ein Hinweis: Ich habe versucht, kritisch zu betrachten, also nicht jede halbwegs gute Folge mit fünf Sternen bedacht. Auch wenn wir uns sicher einig sind, dass jede auch nur mittelprächtige *Knight Rider*-Folge fast alles andere in den Schatten stellt.

Verrückt ist: Hätte ich die Liste aus dem Gedächtnis aufgestellt und aufgrund der Erfahrung, doch wirklich jede Folge sehr gut zu kennen und sehr oft geschaut zu haben, wäre die Reihenfolge eine andere geworden. Episoden wie »Gekidnappt«, »Der Fassadenkletterer« oder »Blindes Vertrauen« hätte ich wohl nicht so weit oben notiert, wie ich es nun getan habe. Beim expliziten Anschauen für dieses Buch habe ich allerdings meine Gründe für diese »versteckten Perlen« entdeckt (und beschrieben).

Lange Rede, kurzer Sinn: Jeder *Knight Rider*-Fan wird seine eigene Liste haben.

Das ist meine.

*** * * * ***

Duft einer Rose (74)
Goliath kommt zurück / Goliath wird vernichtet (38)
Weißer Vogel (18)
Killer K.I.T.T. (75)
K.I.T.T. kriegt einen Schlag (51)
Der schwarze Teufel taucht wieder auf (47)
Ich werd' ewig dein Freund bleiben (41)
Gekidnappt (21)
Pilot (1)
Der Doppelgänger (8)
Knight hinter Gittern (72)
Goliaths Geburt / Im Kampf mit Goliath (22)
Zauberspiele (77)
K.I.T.T. sitzt in der Falle (29)
Michael Knight und die Zuflucht (61)
Ein Richter spielt sein Spiel (7)

*** * * ***

Gangster wider Willen (9)
Sammys Sensationsshow (4)
Fahrerflucht (45)
Der Konkurs (56)
Wettlauf mit dem Tod (36)
Tödliche Orchideen (50)
K.I.T.T.s Unfall mit Folgen (I) und (II) (64)
Gedächtnisschwund (31)
Der Bandenkrieg (3)
Das endgültige Urteil (10)
Der Fassadenkletterer (27)
Aus Spaß wird bitterer Ernst (68)
Die Schatzsuche (33)
Eine schreckliche Falle (55)
Ein geheimnisvoller Roboter (I) / Der chinesische Tunnel (II) (43)

Das Chamäleon (52)
Eine schöne Bescherung (32)
Ein Ring aus Feuer (30)
Geheimcode Topaz (15)
Blindes Vertrauen (25)
Devon Miles in Nöten (28)
Shattners Komplott (60)
Die Flugzeugentführung (66)
Kidnapping (65)

* * *

Tödliche Manöver (2)
Eine Kleinstadt lebt gefährlich (35)
Die Waffenbörse (62)
Die Bodenspekulanten (73)
Einer spielt falsch (41)
Die Boxmeisterschaft (78)
Der Tod unter der Zirkuskuppel (63)
Elliot, der Schlaukopf (59)
Das 19. Loch (58)
Das Gipfeltreffen (11)
Der Tod fährt mit (71)
Die heilige Grabstätte (67)
Michael fällt in Ungnade (49)
Schnelle Teufel (37)
Herzen aus Stein (13)
Gefährliches Spielzeug (39)
Wie die Axt im Walde (76)
Diamantenschmuggel (34)
Tödliches Kostümfest (46)
Der Erpresser (23)
Minister auf Abwegen (5)
Der unheimliche Mönch (82)
Der Militärputsch (81)
Das zweite Gesicht (44)

* *

Eine Nasenlänge voraus (54)
Computerspiele (20)
Ein mysteriöser Saboteur (14)
Zwischen zwei Frauen (12)

Unerwünschte Konkurrenz (19)
Ein Neubau mit Wanzen (57)
Die große Dürre (6)
Mord nach Maß (53)
Tödliche Bakterien (69)
Geheimversteck Cadiz (26)
Händler des Todes (24)
Herzlichen Glückwunsch (70)
Eine Musterstadt ohne Verbrechen (16)
Der japanische Geheimdienst (83)
Goldschmuggel / Das Schlangenmaul (40)
Wer andern eine Grube gräbt (79)
Der Brandstifter (80)

*

Der geheimnisvolle Ohrclip (84)
Die Helios-Nadel (17)
Viehdiebe – Der gemeine Apfel (48)

WARUM GING *KNIGHT RIDER* ZU ENDE?

Um das Ende von *Knight Rider* gibt es mehrere Erzählungen. »Die Axt fiel im November 1985, als Brandon Tartikoff mir für die vier Jahre dankte und mich informierte, dass *Knight Rider* nicht für die 1986/87er-Season zurückkehren werde«, schrieb Hasselhoff in seiner Autobiografie im Jahr 2006. Ob er sich hierbei – zeitlich – richtig erinnerte?

Denn dass ein Serienende bereits im November 1985 beschlossen war, scheint unwahrscheinlich. Dafür sprechen die Rückblicke von anderen Experten und Crew-Mitgliedern. Joe Huth, einer der *Knight Rider Historians*, erklärte in einem Videobeitrag in 2021, die Crew habe erst beim Dreh der letzten Folge »Der geheimnisvolle Ohrclip« von der Absetzung erfahren. Es soll auch ein Foto vom Set mit einem niedergeschlagenen Jack Gill geben, der von David Hasselhoff getröstet wurde. Produzent Burton Armos erinnerte sich sogar daran, dass man selbst beim Abschluss der letzten Folge noch mit einer Verlängerung gerechnet hatte.

Als Grund für die Absetzung einer TV-Serie wird meist die schwache Quote angeführt, bei *Knight Rider* war das jedoch nicht zwingend der Fall. Man hatte zwar nicht mehr die starken Reichweiten aus Staffel 2, vor allem aber hatte man hausintern stärkere Konkurrenz bekommen. Denn NBC war wieder gefragter als vor vier Jahren: War *Knight Rider* in Staffel 1 noch auf Platz 9 im NBC-internen Ranking gelistet, war die Serie zum Ende von Staffel 4 nur noch auf Platz 25, auf Rang 53 allgemein. Das ist ein Bereich, in dem es Glückssache ist, ob man verlängert oder abgesetzt wird.

Zum Problem seien jedoch die »Syndication rights« geworden, die Wiederholungsrechte also, erklärte Burton Armus. »Wenn ein Studio zu dieser Zeit die Rechte verkauft hat, erhielt es 1,5 Millionen Dollar für 110 Folgen, für das gesamte Paket. *Knight Rider* hat es auf 84 Folgen gebracht, mit den Doppelfolgen auf 90. Aber wir haben kein Angebot für 1,5 Millionen erhalten.« Das Studio, glaubt Armus, hätte wohl auch 1 Million Dollar akzeptiert. Doch am Ende habe es nur ein Angebot für 100.000 Dollar gegeben – peinlich für Universal. »Normalerweise ist ein Fernsehsender für die Absetzung verantwortlich. Aber im Falle von *Knight Rider* war es das Studio. Universal hat *Knight Rider* eingestellt.« Armus habe versichert, er könne jede (folgende) Episode für 900.000 Dollar drehen, aber es sei kein Interesse vorhanden gewesen. »Wenn ein gutes Syndication-Angebot gekommen wäre, hätte es sicher eine fünfte Staffel gegeben. Aber im Jahr 1986 war der Markt dafür nicht mehr da.« Auch Hasselhoffs Erzählung, er habe sich »Duft einer Rose« als Abschlussepisode gewünscht, kommt somit nicht ganz hin. Vielleicht hat er sie als Staffelende gefordert oder eben im

Fall einer eventuellen Absetzung, sollte es entsprechende Gerüchte bereits zum Ende des Jahres 1985 gegeben haben.

Auch Peter Parros hatte mit einer fünften Staffel gerechnet. »*Knight Rider* war ein Hit, ich war sicher, dass es eine fünfte Staffel geben würde.« Er sei völlig enttäuscht gewesen, erinnerte sich Parros. »Es hat sich mir nicht erschlossen. Die Show war immer noch extrem populär. Wir haben unseren Timeslot gewonnen. Ich habe die Show geliebt und den Charakter, den ich gespielt habe, und die Leute, mit denen ich gearbeitet habe. Für mich war es der perfekte Job.« *(Anm.: Im Timeslot war man – die gesamte Staffel betrachtet – nur Zweiter.)*

Auch Parros machte die nicht begehrten Wiederholungsrechte als Grund für die Einstellung verantwortlich: »NBC wollte die Show ein Jahr verlängern, aber Universal hat das Geld für die Syndication nicht erhalten.« Zu jener Zeit seien Sitcoms extrem populär gewesen und die großen Actionshows eher beendet worden. Man habe noch versucht, einen Folgedeal zu bekommen, daher für die finalen Folgen viel auf dem Universal-Gelände gedreht, um die Kosten gering zu halten, also nur für die Lizenzgebühr (für NBC) zu drehen und Universal damit zu einer weiteren Staffel zu überreden. »Wir hatten große Hoffnung bis zum Ende, dass wir noch ein Jahr weitermachen können.«

Die Hoffnung wurde nicht erfüllt. Rückblickend aus Universal-Sicht wohl ein Fehler, denn *Knight Rider* war in Wiederholungen sehr erfolgreich. Im Ausland noch dazu! In Deutschland mauserte sich *Knight Rider* zum Dauerbrenner. David Hasselhoff wurde auf dem Höhepunkt seiner Popularität immer wieder nach neuen Folgen gefragt, die er nicht liefern konnte, weil ihm die Rechte nicht gehörten. *Baywatch* hingegen wurde durch ausländische Geldgeber gerettet, hier hatte Hasselhoff mit dem ehemaligen Studio und den Produzenten einen Deal abschließen können.

Bröckelnde Quoten, wenig Interesse an den Syndication-Rechten: Vermutlich lag die Absetzung an einer Mischung aus beidem. Hätte die Quote gestimmt, wäre wohl auch NBC mehr daran gelegen gewesen, die Serie fortzusetzen, womöglich zu einer höheren Lizenzgebühr. »Universal wurde Anfang des Jahres verletzt, als es den Sendern mitteilte, dass man teure Projekte aufgeben würde, wenn die Lizenzgebühren nicht steigen würden«, schrieb auch der *TV Guide* im August 1986. »Universal stellte mindestens zwei Serien ein und begann, sich von den einstündigen Actionsendungen zurückzuziehen, die bisher seine Stärke waren. Universals *Knight Rider* zum Beispiel war teuer in der Produktion und es sieht bisher nicht so aus, als ob es ein großer Erfolg in der Syndication sein wird.«

Eine Frage, die man ehrlicherweise stellen muss, ist jedoch: Hätte eine fünfte Staffel der Serie gutgetan? Wenn man die vierte Staffel begutachtet, muss man ein Fragezeichen anbringen. Es gab große Highlights, allen voran »Duft einer Rose« und »Killer K.I.T.T.«, aber speziell zum Ende hin schwache Kost. Ob man das nur auf die günstige Produktion schieben kann, ist fraglich. Gute Drehbücher hätten auch einiges retten, die Action auf ein paar Highlights beschränkt werden können. Aber gerade die Drehbücher waren zum Ende hin einfallslos oder führten am Kern der Serie vorbei. Ob sich das in einer weiteren Staffel zum Besseren gewendet hätte?

Zumal die Action das war, was NBC gefordert hatte – zum Unmut von David Hasselhoff. Im Rahmen des Drehs zum Staffel-4-Auftakt in Chicago hatte Hasselhoff der *Chicago Tribune* erklärt, dass nicht alles Friede, Freude, Eierkuchen sei. »Das Network hat eine bestimmte Idee zur Serie. Ich habe das auch. Und wir liegen weit auseinander«, so Hasselhoff. »Für mich spiegelt diese Serie die Idee wider, dass ein Mann etwas bewirken kann. Wir sehen einen Mann, der mit Dingen umgehen kann, mit denen das Gesetz nicht klarkommt, mit persönlichen Problemen, und der Charme der Serie ist die Beziehung zwischen Michael und K.I.T.T. Es ist wie früher zwischen dem Lone Ranger und Silver.« Die Kids würden K.I.T.T. lieben, weil er wie ein perfekter Elternteil sei: freundlich, großzügig, vertrauensvoll, jemand, der einem nie Unrecht tun wird, meinte Hasselhoff. »Ich denke, wir legen zu viel Wert auf Metall und nicht genug auf die Schauspieler, und das ist ein Fehler. Ich kann meinen Mund nicht halten. Ich möchte, dass die Serie erwachsener wird, mit menschlichen Geschichten. Ich will nicht, dass K.I.T.T. gegen einen ›Panzer der Woche‹ kämpft.«

Knight Rider war für Staffel 4 vom sonntäglichen Sendeplatz wieder auf den Freitag geschoben worden (an dem es in Staffel 1 lief), sollte nun allerdings nicht mehr direkt gegen *Dallas* antreten. Vor allem der große Zuspruch von Kindern und Jugendlichen soll ein Grund dafür gewesen sein. Aber wollten die Kids nun mehr Action (wie es NBC vorgab) oder gefühlvolle Storys (wie Hasselhoff sie sich wünschte)? Robert Foster als ausführender Produzent war mittendrin gefangen. »David hat eine Ansicht. Auf der anderen Seite hat NBC eine demografische Vorstellung davon, was ein 7-Uhr-Publikum von einem sprechenden Auto erwartet. Wenn es hart auf hart kommt, gewinnt das Network, weil es der Käufer ist.« NBC wolle nicht an einer Formel rütteln, die funktioniere, erläuterte Foster. »Aber sie wollen auch keine unzufriedenen Schauspieler haben. Irgendwie werden wir das schon hinkriegen.«

Leider gelang das eben nur zum Teil: Die emotionalen, die menschlichen Folgen waren Mangelware am Ende, und die Action hatte man – Stichwort Kosten – ebenfalls reduziert.

Ein weiteres Problem war, dass bewährte Kräfte nicht mehr an Bord waren oder ihre Arbeit zurückgefahren hatten. Robert Foster hatte zum Ende der dritten *Knight Rider*-Staffel die Möglichkeit bekommen, *Dalton: Code of Vengenace* zu schreiben. »*Knight Rider* hat darunter gelitten«, sagte er. Auch Richard Okie und Gerald Sanford, beide Autoren der ersten drei Staffeln, waren in der vierten nicht mehr dabei. »Ich hätte eine fünfte Staffel der Show ohne zu zögern gemacht«, so Hasselhoff. »Aber die meisten Drehbücher waren qualitativ schwach.«

Die Trauer über das Ende war dennoch groß, vor allem bei Hasselhoff. »Ich bin nach Hause und habe geweint«, schrieb er. »Michael Knight war die beste Rolle überhaupt und ich war fassungslos und bitterlich enttäuscht für das Ensemble, die Crew und mich selbst. Die Show war immer noch die beste Actionserie im TV, aber sie hat dasselbe Schicksal getroffen wie andere Actionserien.«

Damit traf Hasselhoff ins Schwarze. Actionserien verabschiedeten sich ab Mitte der 1980er-Jahre nach und nach, weil die Blütezeit der Sitcoms anbrechen sollte. Deren unschlagbarer Vorteil: Sie waren deutlich günstiger zu produzieren, schließlich befand man sich meist nur auf einer Bühne, ohne Außendrehs oder teure Stuntszenen. *Cheers, Die Bill Cosby Show, Wer ist hier der Boss?, Golden Girls, ALF, Eine schrecklich nette Familie, Alle unter einem Dach* oder *Seinfeld* sollten bald die Zuschauerherzen erobern.

Die Action-Helden hingegen verschwanden nach und nach vom Bildschirm. *Ein Colt für alle Fälle* endete ebenfalls in 1986, nachdem die Quoten in der fünften Staffel drastisch eingebrochen waren. *Hardcastle & McCormick* ging es in der dritten Staffel ähnlich. *Das A-Team* löste 1987 seinen letzten Fall; hier wurde aufgrund rapide sinkender Zuschauerzahlen inmitten der fünften Staffel abgebrochen. *Magnum* war 1988 mit dem letzten Auftritt betraut, nachdem man einer eigentlich finalen siebten Staffel doch noch eine kürzere achte hinterhergeschoben hatte. *Simon & Simon* lief immerhin bis 1989, auch wenn die letzte, verkürzte achte Staffel nicht einmal zu Ende gesendet wurde (das Finale war erst in der Syndication zu sehen). Aber fast alle Serien sind dennoch in Wiederholungen und in Sachen Kultstatus sehr erfolgreich – bis heute. Wie *Knight Rider* auch.

WAS HABEN DIE SCHAUSPIELER SONST SO GEMACHT?

David Hasselhoff

Hasselhoff (geb. in Baltimore, Maryland) wartete lange auf seinen Durchbruch im Abendprogramm. Nach seinem Ausstieg bei *The Young and the Restless* wurde er durch die Rolle des Michael Knight weltberühmt. Im Anschluss hatte Hasselhoff allerdings Probleme, neue Rollen zu ergattern: Hasselhoff-Typen wurden zwar gesucht, er aber galt als »verbrannt«, zu festgelegt in den Köpfen der TV-Zuseher als der Mann, der mit seinem Auto gesprochen hatte. Auch Greg Bonann, der Schöpfer von *Baywatch,* erinnerte sich an die Reaktion im Raum, als Hasselhoff für die Rolle des Mitch Buchannon vorgeschlagen wurde: »Der Knight Rider?« Zwischen *Knight Rider* und *Baywatch* hatte Hasselhoff sich mit seiner damals noch recht überschaubaren Gesangskarriere beschäftigt, hier und da einen Film gedreht, dann schaffte er als Rettungsschwimmer das fast Unmögliche: eine zweite Hauptrolle in einer Erfolgsserie zu bespielen, die ihn als meistgesehener TV-Star ins *Guinness Buch der Rekorde* katapultieren sollte – und ihn als Mit-Produzent zu einem reichen Mann machte.

Nach *Baywatch* verwirklichte Hasselhoff seinen Traum vom Broadway, spielte in New York die doppelte Hauptrolle in *Jekyll and Hyde*, später am Londoner West End in *Chicago.* Die nächste große Serie oder der wirklich große Film blieben indes aus. Seine bekanntesten Kino-Auftritte hatte er 2004 in *Der SpongeBob Schwammkopf Film* und 2006 in *Klick* mit Adam Sandler. Gesundheitliche Probleme aufgrund seiner Alkoholsucht machten Hasselhoff viele Jahre zu schaffen, erst 2010 bekam er sie in den Griff. Hasselhoff spielt seinen Kultstatus seither hauptsächlich in Gastrollen aus (als er selbst) und veröffentlicht weiterhin Musik, wenngleich nicht mehr mit dem Erfolg, den er in den 1990er-Jahren hatte. Mit dem Album *Open Your Eyes* gelang ihm 2019 ein Kritiker-Hit, mit *Party Your Hasselhoff* in 2021 stürmte er bis auf Platz 4 der deutschen Charts. Schade: Seine hochgelobte Comedyserie *Hoff the Record* (2015 bis 2016) brachte es nur auf zwei Staffeln, obwohl sie einen internationalen Emmy abräumte.

Anschautipp: Das Hasselhoff-Porträt Being David Hasselhoff, das 2019 auf Arte lief.

Edward Mulhare

Mulhare (geb. in Cork, Irland) war ein bekannter Theaterdarsteller, er trat unter anderem in *Othello* auf und schaffte seinen Durchbruch als Prof. Henry Higgins in *My Fair Lady* am New Yorker Broadway.

Im Fernsehen spielte er von 1968 bis 1970 in *Der Geist und Mrs. Muir*, die Rolle des Devon Miles in *Knight Rider* aber machte ihn weltberühmt. Mulhare gab zudem Gastspiele in *Kampfstern Galactica, MacGyver, Mord ist ihr Hobby, Hart aber herzlich* und *Die Straßen von San Francisco.* Seine letzte TV-Rolle lieferte er 1997 in *Baywatch Nights* an der Seite von David Hasselhoff ab, dem er auch nach *Knight Rider* freundschaftlich verbunden blieb.

Patricia McPherson

McPherson (geb. in Oak Harbor, Washington) lebte lange Zeit in Frankreich, als ihr Vater – ein Navy-Offizier – dort stationiert war. Sie studierte Marketing, arbeitete als Model und wurde mit *Knight Rider* bekannt.

McPherson hatte anschließend Gastrollen in *MacGyver, Der Denver-Clan, Raumschiff Enterprise – Das nächste Jahrhundert, Mord ist ihr Hobby* und *Matlock.* 1991 verabschiedete sie sich vom Fernsehen und setzt sich seither für Umweltschutz ein. Angaben, dass sie auch im Film *Men in Black* (1997) und der Serie *Warehouse 13* (2019) mitgespielt hätte, sind falsch.

Rebecca Holden

Holden (geb. in Dallas, Texas) hatte Gastrollen in *Magnum, Love Boat, Taxi, Quincy* und *Die nackte Pistole,* bevor sie für *Knight Rider* gecastet wurde.

Zwar spielte Holden zuletzt nach ein paar Jahren Auszeit in einigen (weniger bekannten) Filmen und Serien, größtenteils verfolgt sie jedoch ihre eigentliche Leidenschaft, das Singen. Kein Wunder: Sie hatte in den 1970ern in New York bereits Gesang studiert. Zwei ihrer Singles schafften es 1989 in die US-Country-Charts.

Peter Parros

Parros (geb. in Brooklyn, New York City) gelang mit *Knight Rider* sein früher Durchbruch, er ist bis heute als Schauspieler aktiv.

Parros hatte anschließend Gastrollen in *Seinfeld, CSI: Miami* sowie *Bones: Die Knochenjägerin.* Tragende und dauerhafte Rollen spielte er in *Einsatz in L.A.,* der Soap *As the World Turns* und zuletzt *The Haves and the Have Nots.*

Er war mit Schauspielerin Jerri Morgan verheiratet, die in der *Knight Rider*-Folge »Der unheimliche Mönch« einen Gastauftritt hatte.

William Daniels

Daniels (geb. in Brooklyn, New York City) ist neben David Hasselhoff wohl der berühmteste Schauspieler des Stamm-Ensembles, zumindest in den USA. Er war über Jahre hinweg am Broadway tätig, danach in vielen Filmen zu sehen, unter anderem in *Die Reifeprüfung* und *Die blaue Lagune.* Einem großen Publikum bekannt wurde er durch die Serie *Chefarzt Dr. Westphall,* hierfür gewann er zwei Mal den begehrten Emmy. Die Serie lief von 1982 bis 1988 und »kollidierte« dadurch mit *Knight Rider.* Daniels hatte allerdings den recht entspannten Job, seine Zeilen als K.I.T.T. nur im Studio einlesen zu müssen. Von 1993 bis 2000 spielte er zudem in *Das Leben und ich.*

Daniels war lange Zeit in der US-Schauspielergewerkschaft Screen Actors Guild engagiert, zeitweise auch als deren Vorsitzender.

MEHR ÜBER *KNIGHT RIDER*

Bücher über Knight Rider

Über *Knight Rider* sind einige Hintergrundbücher entstanden, einige davon sogar erst in den vergangenen Jahren mit neuen Blickwinkeln und Interviews – ein Zeichen dafür, wie beliebt *Knight Rider* nach wie vor ist! Das Schöne: Jedes lohnt sich auf seine eigene Art und Weise, keines ist ein bloßer Abklatsch des anderen. Kauftipps? Sind somit alle, sofern man sie noch erhält. Ein Überblick.

The Knight Rider Album (von Chip Lovitt, 1984)
Das erste Hintergrundbuch zur Serie! *The Knight Rider Album* kam noch während der Drehzeit heraus, ist mit 40 Seiten allerdings eher ein kleiner Blick hinter die Kulissen. Dennoch: Wir erfahren etwas über David Hasselhoffs Leben, die Geschichte um sein Casting bei *Knight Rider,* die Stunts und den typischen Tagesablauf beim Dreh. Dazu gibt's viele Fotos. Und nette Infos: Wusstet ihr, dass zur damaligen Zeit beispielsweise Paul Newman der Lieblingsschauspieler und Jacqueline Bisset die Lieblingsschauspielerin von David Hasselhoff waren – und *Magnum* seine liebste TV-Serie?

Knight Rider: Das erste große Buch über David Hasselhoff und K.I.T.T.
(von Uschi Fellner und Peter Leopold, 1987)
Quasi das deutsche Pendant, das 1987 während Hasselhoffs Österreich-Popularität herauskam. Mit 100 Seiten ist es deutlich dicker und eine absolute Pflichtlektüre – auch, weil es wunderbare (farbige) Fototeile darin gibt. Neben *Knight Rider* geht es vor allem um Davids Gesangskarriere, die damals mit *Night Rocker* begonnen hatte, das in Österreich überraschend auf Platz 1 der Charts gelandet war. Das Buch wird regelmäßig noch auf *ebay* gelistet, zumal es ein paar Jahre später noch einen Nachdruck für den deutschen Markt gab.

Knight Rider – Das Fan-Buch (Heyne Mini, 1990)
Ein kleines, aber feines Büchlein! Davids Leben im Kleinformat, immerhin auf 130 Seiten. Und mit vielen Fotos, die man bislang noch nicht gesehen hatte, eben auch von den ersten Konzertauftritten in Deutschland oder als Gast bei Thomas Gottschalk. Am Ende gibt's sogar einen kleinen Ausblick auf Davids »neue« TV-Serie *Baywatch.* Einst ein Schnäppchen für 3 DM, mittlerweile ein eher selteneres Fundstück im Netz.

Knight Rider Legacy (von Joe Huth IV und Richie F. Levine, 2004)
Ein großartiges Buch, und das erste, das so richtig die Hintergründe zur Serie aufzeigt: vom Casting bis zu Behind-the-scenes-Infos der einzelnen Staffeln und einem Überblick und Kurzeinschätzungen zu allen Folgen. Dazu gibt's ein Vorwort von Glen A. Larson und ein langes Q & A mit Armaturenbrett-Designer Michael Scheffé. 418 Seiten prallgefüllte Infos zu allem, was mit *Knight Rider* zu tun hat, am Ende auch ein Blick auf die Entstehung der Nachfolgeserie *Team Knight Rider* und die Filme *Knight Rider 2000* und *Knight Rider 2010.* Ein Muss für alle Fans. Leider nicht mehr im Handel erhältlich und auf *ebay* nur zu Höchstpreisen.

Making Waves (von David Hasselhoff, 2006)
Die Autobiografie von David Hasselhoff kam 2006 zunächst in Großbritannien heraus und wurde dort zum Bestseller, angeblich war es das zweitmeistverkaufte Buch des Jahres in England! Natürlich geht's hier um weit mehr als um *Knight Rider,* Hasselhoffs Liebe und Leidenschaft für die Serie aber klingen wunderbar durch. Und außerdem: Die Lebensweisheiten unseres Helden können nie schaden! In der deutschen Übersetzung kam das Buch unter dem Titel *Wellengang meines Lebens* im Jahre 2010 in aktualisierter Fassung heraus. Das Original liest sich aber lebendiger!

Knight Rider Companion (von Nick Nugent, 2008)
Während der *Knight Rider Legacy* textlich glänzt und nur wenige Schwarz-weiß-Fotos beinhaltet, hat der Grafiker Nick Nugent den Bildband zur Serie herausgebracht, auf Hochglanzpapier mit wunderbaren, teils seltenen Fotos vom Dreh und hinter den Kulissen. Mit Vorworten von Glen A. Larson und Tom Greene sowie Q & As mit Larson, Scheffé, Robert Foster, Greene, David Hasselhoff, William Daniels, Patricia McPherson, Rebecca Holden, Jack Gill, Stu Phillips, Don Peake und »Michael Long« Larry Anderson. Dazu gibt es Auszüge aus der *Knight Rider Bible,* Merchandising-Fotos und vieles mehr. Nugent hatte sein Buch auf 2.000 Exemplare limitiert, mittlerweile ist es ausverkauft. 2021 kam allerdings die »Abridged Version« heraus: auf normalem Papier, mit einer reduzierten Fotos-Auswahl in Schwarz-Weiß, aber mit ordentlich Zusatzmaterial, wie Q & As mit Paul LaGreca, Jeffrey Osterhage und Catherine Hickland (die Q & As stammen größtenteils von *Knight Rider*-Festivals).

Das Knight Rider Buch (von Elmar A. Schulte, 2009)
Elmar hat *Das Knight Rider Buch* im Rahmen der Neuauflage geschrieben und veröffentlicht, aber es dreht sich natürlich hauptsächlich um das Original. Facts zu einzelnen Folgen, zu den Stunts

und Tricks, Infos zu den Schauspielern und Charakteren sowie zum Replika-Bau – all das findet ihr in aller Ausführlichkeit auf 344 Seiten. Besonders schön auch die wichtigsten Drehorte der Serien, geordnet nach einzelnen Gegenden in und um Los Angeles, falls ihr euch auf Spurensuche begeben wollt. Leider ist das Buch nicht mehr im Handel erhältlich, allerdings in aktualisierter Fassung und mit Fotos in der großen *Knight Rider*-Bluray-Box enthalten!

Knight Rider – 30 Years of a Lone Crusader and His Talking Car (von Joe Huth IV und David Bronstein, 2012)

Ein »Bonus«-Buch für die ganz dicken Fans: Zum 30-jährigen Jubiläum haben Joe Huth und David Bronstein zu fast allen Folgen einen Gaststar interviewt – ein großartiger Blick also auf die Drehzeit und die Stimmung hinter den Kulissen. Und das freut den Fan: Die scheint wirklich toll gewesen zu sein. Vor allem David Hasselhoff wird durchweg gelobt – er sei herzlich, entspannt, großzügig gewesen und völlig am Boden geblieben. Ein Typ, der seinen Job und sein Leben geliebt habe, so liest man es immer und immer wieder. Wie schön! Ebenfalls gut: Das Buch ist nach wie vor im Handel erhältlich!

Online-Infos über Knight Rider

Natürlich findet man auch im Web einiges über unsere Lieblingsserie. Was Infos zu einzelnen Folgen angeht, sei ***knightriderarchives.com*** erwähnt. Der News-Bereich wird zwar nur noch rudimentär gepflegt, dafür gibt zu allen Episoden viele Hintergrundinfos, unter anderem auch Drehorte (mit Verweis auf *Google Maps!),* Links zu Drehbüchern, eine Auflistung von K.I.T.T.s Funktionen für jede Episode sowie Behind-the-scenes-Fotos. Auch via Twitter über @KRArchives gibt‘s schöne (seltene) Fotos und Verweise auf aktuelle Artikel zu *Knight Rider.*

Ein Klassiker ist die deutsche Seite ***knightsky.de*** von Achim Dörr. Es ist der Internetauftritt der *Knight Foundation,* dem ersten deutschen *Knight Rider*-Fanclub, der einst auch die Clubzeitschrift *Knight Lines* veröffentlicht hatte. Achim ist ein Fan der ersten Stunde; speziell Nostalgiker finden allerlei Material zum Schmökern, von Lebensläufen der Protagonisten bis hin zu Hintergrundinfos zu den Nachfolgeprojekten und einigen Berichten der *Knight Lines.* Aktualisiert wird die Seite allerdings nicht mehr.

Wer auch an der Nachfolgeserie *Knight Rider* (2008) interessiert ist, findet auf ***knight-online.info*** viel Material. Es ist der Online-Auftritt von Elmar A. Schulte, der auch *Das Knight Rider Buch* geschrieben hat. Neben der Originalserie hat er zum Nachfolger viele Fragen beantwortet, stellt die Charaktere und den neuen K.I.T.T. vor. Und natürlich auch die Originalserie.

Eine gute Seite war lange Zeit auch ***knightrideronline.com***, auch sie wird jedoch nicht mehr gepflegt, viele Unterseiten funktionieren nicht mehr. Was jedoch noch läuft, ist das Forum – hier sind insbesondere die Infos (und Fotos!) zu den Drehorten interessant.

Und wenn ihr euch auf Deutsch über *Knight Rider* austauschen wollt: Dann seid ihr auf ***knight-rider-board.de*** dabei!

Eine schöne Seite zum Schmökern ist zudem ***knight-rider.fandom.com***, eine Art gemeinschaftliche Enzyklopädie zum gesamten *Knight Rider*-Franchise mit hübschen Lebensläufen unserer Helden.

Über Facebook seid ihr bei ***The Knight Rider Companion*** bestens aufgehoben. Das ist natürlich die Seite von Nick Nugent, der das gleichnamige Buch geschrieben hat. Nick informiert regelmäßig über News, postet seltene Fotos vom Dreh und beruhigt die Gemüter, wenn wieder einmal Gerüchte über eine Neuauflage oder einen Kinofilm aufflammen. Oft stürzen sich nämlich alle möglichen Medien gerne auf uralte Aussagen von David Hasselhoff.

Die wohl wichtigste Quelle zur Originalserie sind die ***Knight Rider Historians***, AJ und Joe. Joe ist Joe Huth, der bereits zwei großartige Bücher veröffentlicht hat. Die *Knight Rider Historians* informieren auf ihrer Website *knightriderhistorians.com,* vor allem aber über ihren YouTube-Kanal *Knight Rider Historians Official* über ihre neuesten Errungenschaften. Sie selbst besitzen zwei der fünf noch verbliebenen »originalen« Trans Ams aus der Drehzeit. Vor einiger Zeit haben sie den Foundation-Semi ausfindig gemacht und wieder zum Laufen gebracht. Joe informiert auf *YouTube* regelmäßig über alle möglichen Themen rund um *Knight Rider,* beantwortet Fan-Fragen und zeigt in seiner Garage immer wieder kleine Gimmicks, wie alte Fotos, Drehbücher oder Gerätschaften aus der Serie. Die »Episode Commentaries« sind vor allem für Hardcore-Fans ein Geschenk und speziell für technikaffine Freunde Pflicht. AJ und Joe schaffen es nämlich, die diversen Autos, die im Lauf der Serie verwendet wurden, auseinanderzuhalten, und erklären, welches Auto wann, wie und warum genutzt wurde. Ein absoluter Tipp zum Abonnieren oder via *Patreon* zu unterstützen!

Wer sich seinen eigenen K.I.T.T. zusammenbasteln will, sollte einen Blick auf **myKITT.de** werfen. Andreas Winkler hat sich seinen Kindheitstraum erfüllt und informiert auf seiner Seite über den Weg dorthin. Andreas ist zudem immer wieder auf Events wie Comic Cons anzutreffen, natürlich mit K.I.T.T.! In dem haben übrigens schon viele Beteiligte an *Knight Rider* gesessen, unter anderem David Hasselhoff bei diversen TV-Auftritten!

DIE *KNIGHT RIDER* HISTORIANS
Interview mit AJ Palmgren

AJ Palmgren und Joe Huth sind die *Knight Rider Historians,* die wohl größten *Knight Rider*-Experten weltweit. Beide haben sich der Aufgabe gewidmet, Originalteile der Serie ausfindig zu machen und im Zweifel wieder aufzupolieren. Ihr *YouTube*-Channel ist eine wahre Fundgrube für Fans. Beide waren zudem an zwei Büchern beteiligt: dem *Knight Rider Legacy* und *Knight Rider – 30 Years of A Lone Crusader and His Talking Car.* Von den (vermutlich) fünf »überlebenden« Original-Autos besitzen AJ und Joe zwei Stück, dazu haben sie auch den legendären Semi gefunden und wieder auf Trab gebracht.

Für *Es lebe Knight Rider* hat sich AJ die Zeit genommen, über seine Leidenschaft zu *Knight Rider* zu sprechen. Als *Google Meet* zu Beginn hakt, schickt er kurz darauf einen *Zoom*-Link und grüßt plötzlich aus der mobilen Einsatzzentrale der Foundation …

AJ, das ist ja großartig! Jetzt erzähl mir aber nicht, dass du tatsächlich im Semi sitzt …

Ist das nicht besser als vorher? *(lacht)* Das ist der Semi aus der ersten Staffel, wir können uns aber auch in den Semi der vierten Staffel setzen. Ist aber nur ein Foto. Mit Google Meet geht das nicht, da ist Zoom besser! Über was wollen wir sprechen?

Lass uns doch über dein Auto sprechen. Es gibt vermutlich nur noch fünf »überlebende« K.I.T.T.-Fahrzeuge, die in der Serie genutzt wurden. Du besitzt eines davon. Wie ist es dazu gekommen?

Das ist schon eine ganze Weile her. Zwischen den Jahren 1999 und 2004 haben Joe und ich uns dran gemacht, die originalen Autos der Serie ausfindig zu machen. Wir haben Fotos und Videos verglichen und sind auf die Zahl 20 gekommen: So viele verschiedene Autos kamen wohl in den vier Staffeln von *Knight Rider* vor. Wir haben verschiedene Dinge entdeckt, hier eine Delle, da eine Schraube, dort ein Kabel … Das ist wie ein Fingerabdruck, der ein Auto vom anderen unterscheidet und die Autos einzigartig macht. Wir haben auch herausgefunden, dass es mehr als nur ein Auto geben muss, das überlebt hat. Ich habe mir gesagt: Wenn ich mal die Möglichkeit dazu bekomme, eines der verbliebenen Original-Autos zu kaufen, werde ich einen Weg finden, es zu tun. 2007 ist es mir gelungen. Das Coole war: Es war meine eigene Recherche, dank der ich herausgefunden habe, dass es ein Original-Auto war.

Ihr sprecht von 20 Autos, die in *Knight Rider* verwendet wurden. Jack Gill behauptete mal, man habe pro Jahr rund 60 Autos gecrasht. Wie passt das zusammen?

Lass uns eines klarstellen: Das Letzte, was wir tun würden, ist es, Jack Gill zu widersprechen *(lacht)*. Denn Jack war am Set, ist mit den Autos durch die Gegend gesprungen. Wir nicht. Also werden wir nichts Gegenteiliges behaupten. Aber wir folgen den Beweisstücken, und so sind wir bei 20 Autos gelandet. Wir könnten vielleicht um zwei oder drei Autos danebenliegen. Aber für 60 Autos pro Jahr gibt es keinen Beweis. Vielleicht meinte Jack das etwas anders.

Dass vielleicht 60 Autos im Jahr kaputtgegangen sind, aber repariert wurden?

Möglicherweise. Die Stuntautos wurden ja immer repariert, so gut das ging. Wir waren teils geschockt, ein Auto bei einem Sprung zu sehen, das kurz vorher völlig demoliert worden war. Aber wir wissen, dass es dasselbe war, weil wir den Hinweisen gefolgt sind.

Nimm uns doch mal mit auf deine Reise zum *Knight Rider Historian*. Wann hat deine *Knight Rider*-Begeisterung begonnen?

Knight Rider ist in den USA am 26. September 1982 angelaufen, an einem Sonntag. Ich war damals zehn Jahre alt und großer Fan von *The Dukes of Hazzard (Ein Duke kommt selten allein)*. Im Juli oder August habe ich eine Werbung gesehen, in der man erklärte, dass *Knight Rider* noch mehr könne als der »General Lee«. Ich dachte: Wie, die machen sich über meine Lieblingsserie lustig? Nun ja, es hat meine Aufmerksamkeit geweckt. Am 26. September sagten meine Eltern dann so nebenbei: Diese neue Serie aus der Werbung kommt heute Abend, vielleicht magst du sie schauen?

Und das hast du getan.

Es war eine andere Zeit damals. In 1982 konnte man entweder draußen spielen oder fernsehen, das war so ziemlich alles. Ich habe also den Pilotfilm gesehen. In dem Moment, in dem ich das Auto erblickt habe, vor allem das Armaturenbrett, war ich gefesselt. Nichts zuvor in meinem Leben – möglicherweise auch danach – hat meine Vorstellungskraft derart beeinflusst wie diese Show und dieses Auto.

Du hast ab dann jede Folge gesehen und aufgezeichnet?

Wir hatten leider keinen Videorekorder. Das war zu teuer damals, meine Eltern wollten dafür kein Geld ausgeben. Aber sie haben mir eine Fotokamera geschenkt, das war zu dieser Zeit eine ziemlich große Sache. Ich wollte Bilder von K.I.T.T. machen, vom Armaturenbrett. Also habe ich es vom Fernseher abfotografiert und mir einen Überblick über die Details verschafft. Habe Zeitungsausschnitte aus dem *TV Guide* gesammelt, habe die Episoden nummeriert. Dann gab es *Knight Rider* auf Müslipackungen. Es gab Spielzeug dazu, ich habe meine Kamera mit in Geschäfte genommen und Fotos geschossen, von K.I.T.T. als sprechendem Spielzeugauto. Oder Katalogseiten ausgeschnitten. Das war sozusagen mein Start als *Knight Rider Historian (lacht).*

Da ging es mir ähnlich: Ich halte meinen Hasselhoff-Ordner nach wie vor in großen Ehren, darin befindet sich auch ein Extra-Büchlein mit *Knight Rider*-Ausschnitten aus TV-Zeitungen der späten 1980er- und frühen 1990er-Jahre. Wie ging es bei dir weiter?

Irgendwann habe ich meine Eltern überredet, mir Audio-Kassetten zu kaufen, mit denen ich ab der zweiten Staffel die Folgen als Hörspiel aufnehmen konnte. Ab der dritten Staffel hatten wir endlich einen Videorekorder, mit dem ich alle restlichen Folgen aufgezeichnet habe. Aber bevor *Knight Rider* in die Syndication kam, wurden nur wenige alte Folgen wiederholt, wenn eine Staffel zu Ende war. Die Anfangsfolgen hatte ich also erst mal nicht auf Band.

***Knight Rider* lief in den USA bis 1986 auf NBC, dann wurde es eingestellt.**

Als es zu Ende war, habe ich auch mein Interesse etwas verloren und meine Kiste mit den *Knight Rider*-Sachen beiseite gestellt. Erst viele Jahre später habe ich mit einem Freund über eine neue kitschige Serie gesprochen, die spätabends auf einem kleinen Sender lief. Er hatte davon gehört, ich noch nicht. Sie hieß *Team Knight Rider.* Wir haben dadurch angefangen, über das »alte« *Knight Rider* zu reden. Ich hatte damals ein Haus gekauft, hatte meine Fan-Kiste natürlich noch und habe sie geöffnet. Als ich meinen Ordner rausgeholt und durchgeschaut habe, dachte ich: Wahnsinn, ich war so verrückt nach dieser Serie! Und der nächste Gedanke: *Knight Rider* war aber auch cool! Am nächsten Tag bei der Arbeit bin ich online gegangen, habe nach »Knight Rider« gesucht. Das Internet stand damals noch am Anfang, aber es gab schon Foren und Fanseiten. Ich dachte: Wow, es gibt Leute, die sich daran erinnern? Und sie haben Fragen gestellt, auf die ich Antworten wusste. Ich bin schnell auf *Knight Registries* gestoßen, eine Seite über Replikas. Zwei Tage später habe ich mich für das kommende Treffen angemeldet, in Dayton/Ohio. Und ich habe auch eine andere Seite entdeckt: e*bay!*

Da hast du direkt deine Sammlung erweitert, nehme ich an.

Weißt du, was das Erste war, das ich ersteigert habe? Das sprechende Auto aus dem Katalog, dessen Seite ich in meinem Ordner aufgehoben hatte! Das Auto sah etwas anders aus als der »echte« K.I.T.T., aber egal. Ich war erwachsen, ich hatte mein eigenes Geld, hatte Internet, hatte *ebay*. Und gerade eine Gehaltserhöhung bekommen. Rate mal, wofür die drauf ging *(lacht)*.

Und wenig später bist du nach Dayton gefahren?

Genau. Es gab eine »Agenda« für die Show, und ich dachte mir, ich schmeiße eine »Episoden-Party« am Vorabend. Also habe ich Flyer gedruckt und am Hotelempfang gebeten, sie auszugeben. Dem Organisator der Show wurde auch eine zugesteckt – mit der Info, dass es eine Show bei seiner Show gäbe *(lacht)!* Ich hatte alles Mögliche mitgebracht aus meiner Sammlung, dazu alle Folgen auf Videokassette. Es sind also Leute in meinem Hotelzimmer aufgetaucht, wir haben *Knight Rider* geschaut, und am späten Abend kam der Organisator. Er fragte: »Wer hat denn das in die Wege geleitet?« Er war völlig baff. Am nächsten Morgen hat er mich gebeten, in seinem Team mitzuhelfen, als »Knight Rider Archivist«. Habe ich natürlich gemacht!

Wie hast du Joe kennengelernt, deinen Partner bei den *Knight Rider Historians?*

Das war auch zu jener Zeit, über ein *Knight Rider*-Forum. Joe war gerade dabei, ein Buch über *Knight Rider* zu schreiben. Irgendwie habe ich ihm verkauft, dass ich ihm helfen könnte. Das wurde letztlich der *Knight Rider Legacy,* mittlerweile ist er gar nicht mehr im Handel. Wir haben zwar die Rechte daran, es war ein »Self-Publishing«-Buch, aber wir drucken es nicht mehr. Das ist jetzt ein Sammlerstück!

Wann habt ihr beiden die *Knight Rider Historians* gegründet?

Das war 2008, als bekannt wurde, dass es eine Neuauflage von *Knight Rider* geben sollte. Ich war damals gerade in Südkalifornien und dachte: Mal schauen, ob ich einen Kontakt zu einem der Verantwortlichen herstellen kann. Ich habe überlegt: »Knight Rider Archivist« klingt nicht so professionell. Ich habe Joe angerufen und ihm gesagt: »Joe, von nun an nennen wir uns die *Knight Rider Historians!«* Das klingt akademischer. Meine Schwester hat uns sogar Visitenkarten gedruckt, aber dann haben wir die Hollywood-Welt kennengelernt. Ich war nur ein Typ, der daran interessiert war, dass sie den Gedanken der Serie richtig hinbekommen. Es hat niemanden gekümmert, man wollte nicht mit mir sprechen, weil ich keinen Manager hatte. Aber das Positive: Wir waren nun die *Knight Rider Historians!*

Joe und du lebt ja ein ganzes Stück auseinander – Joe in Pennsylvania, du in Iowa. Wo hebt ihr eure Errungenschaften auf?
Es sind mehr als 12 Stunden Fahrt, die wir auseinanderwohnen! Der Großteil unserer Sachen liegt bei Joe, weil er die meisten Videos für unseren Channel dreht.

Plant ihr womöglich mal eine Art *Knight Rider*-Museum?
Unser YouTube-Channel ist ja fast ein Museum. 2007 haben wir tatsächlich unsere eigene Auto-Show veranstaltet, aber das war eine einmalige Sache. Wir hatten dazu drei der fünf »überlebenden« Autos zusammen, unsere beiden und noch eines. Wir mussten die Show jedoch zum dritten Auto bringen, weil es das Museum nicht verlassen konnte. Die Show fand also in einem Museum statt.

Hattet ihr auch etwas mit den Las-Vegas-Shows zu *Knight Rider* zu tun, die es vor ein paar Jahren gab?
Nein, aber ich habe sie besucht. Und einmal mein Original-Auto mitgebracht. Ich habe viele Leute aus der Original-Crew kennengelernt und am Tag darauf auch mit Fans aus der ganzen Welt viel Zeit verbracht und mich ausgetauscht.

2019 habt ihr auch David Hasselhoff getroffen, habt ihm für seinen Auftritt bei *Good Morning America* eines eurer Autos zur Verfügung gestellt. Konntet ihr mit ihm sprechen und ihm von eurer Arbeit erzählen?
Ja – aber leider nur für 45 Sekunden. Er war durchaus interessiert, aber hatte kaum Zeit. Wir haben ihm Bilder gezeigt, ihm etwas über die Geschichte des Autos erzählt, haben ein Foto mit ihm geschossen. Leider lief es bislang immer so, wenn ich David getroffen habe: Es war wundervoll, ihn zu sehen und mit ihm zu sprechen. Ich würde mir nur wünschen, dass er einmal keinen so straffen Zeitplan hat und direkt woanders hin muss.

Wo hast du ihn noch erlebt?
Bei seinem *Comedy Central Roast*. Der Regisseur wollte ein Original-Auto und kam auf mich zu. Er war aber unschlüssig, ob er es extra aus Iowa kommen lassen wollte, und fragte nach einer Replika. Ich habe ihm jemanden aus Südkalifornien empfohlen, und derjenige hat mich im Gegenzug als Teil seiner Crew mitgenommen. Am Tag vor der Sendung fand die Probe statt, da musste David warten und wir konnten miteinander sprechen, eigentlich völlig entspannt, ohne Druck. Aber nach 30 Sekunden wurde er wieder zum Set gerufen.

Schade eigentlich, dass es nie für mehr gereicht hat – wo er doch selbst solch ein große Liebe für die Show hegt.

Alle Leute, die David persönlich kennen, sagen nur gute Sachen über ihn, beschreiben ihn als wundervollen Menschen. Das ist er wohl. Aber es ist verrückt: Normalerweise lernt man sich kennen wie wir beide, über ein Gespräch. Er ist der einzige Mensch auf der Welt, den ich nur indirekt kenne, indem ich mitbekomme, was andere über ihn sagen. Ich habe lange Gespräche mit Menschen geführt, die ihn richtig gut kennen, wie mit Catherine Hickland. Sie ist wundervoll! Ich kenne aber auch Leute, die mehr Glück hatten bei ihm als ich, weil die Umstände andere waren.

***Team Knight Rider* hat dich quasi wieder zum *Knight Rider*-Fan gemacht – was hältst du generell von den Nachfolge-Projekten?**

Das stimmt, ohne *Team Knight Rider* würden wir heute nicht miteinander sprechen. Wobei, vielleicht wäre das auch so passiert, dass ich wieder zum Fan geworden wäre. *Team Knight Rider* habe ich natürlich geschaut. Habe ich es gemocht? Nein. Genau so war es mit *Knight Rider 2008.* Ich habe sogar eine Auktion gewonnen, war als Gast am Set in Santa Clarita in 2008. Die Serie war okay, aber sie haben den Grundgedanken nicht verstanden, das Motto »Ein Mann und sein Auto« oder »One man can make a difference«. Justin Bruening hat durchaus einen guten Job gemacht. Aber da habe ich auch noch eine spezielle Geschichte.

Erzähl!

Justin war bei einer der *Knight Rider*-Shows in Las Vegas, in dem Jahr, als ich mein Original-Auto aus der Show mitgenommen hatte. Jemand hat ihn eingeladen, sich hineinzusetzen, das wurde auch gefilmt. Wir haben also ein Foto gemacht, ich saß neben ihm. Und ich erinnere mich an seine Reaktion, als er ins Auto stieg: »Sah das wirklich so aus?«, fragte er. Die Kamera lief, also habe ich versucht, die Fassung zu bewahren. Aber dieser Moment hat es auf den Punkt gebracht, dass etwas nicht gepasst hat. Justin war nicht der Autor der neuen Serie, er war Schauspieler, hat die Rolle gut gespielt. Aber die Verbindung war nicht da. Er hatte nie wirklich gesehen, wie das ursprüngliche Auto aussah! Klar, er hatte ein paar Folgen geschaut, aber der Unterschied zwischen dem Live-Erlebnis und über den Bildschirm ist nun mal groß. Es ist eine andere Erfahrung.

Hast du Hoffnung, dass *Knight Rider* noch mal »richtig« wiederbelebt wird?

Jeder Versuch, *Knight Rider* zurückzubringen, hat nicht funktioniert. Und das ist okay. Die Originalserie kommt auch für sich alleine gut klar. Das ist auch der Grund, warum wir das alles machen. Alles, was wir tun, ist ein Beitrag, um die Originalserie zu feiern. Wir haben als *Knight Rider Historians* so viel aufgedeckt, aber ich kann dir sagen: Unser YouTube-Channel hat die gesamte Geschichte bislang nur angekratzt! Viele Leute sagen uns: Es ist, als ob ihr neue *Knight Rider*-Folgen produziert. Und das freut uns sehr.

AJ, ganz herzlichen Dank für das Gespräch!

KNIGHT RIDER IN LISTEN

Die fiesesten und gemeinsten Bösewichte

1. Garthe Knight (»Goliaths Geburt« / »Der Kampf mit Goliath«, »Goliath kommt zurück« / »Goliath wird vernichtet«)
2. K.A.R.R. (»Der Doppelgänger«, »Der schwarze Teufel taucht wieder auf«)
3. Durant (»Duft einer Rose«)
4. Adrianne Margeaux (»K.I.T.T. sitzt in der Falle«, »Goliath kommt zurück« / »Goliath wird vernichtet«)
5. Marco Berio (»Killer K.I.T.T.«)
6. Tanya Walker (Pilot)
7. Margo Sheridan (»Ein geheimnisvoller Roboter« / »Der chinesische Tunnel«)
8. Cameron Zachary (»Gefährliches Spielzeug«)
9. J. Gordon Baxter (»Das Chamäleon«)
10. Templeton (»Zauberspiele«)

Die denkwürdigsten Frauen im Leben des Michael Knight

1. Stevie (»Weißer Vogel«, »Ich werd‘ ewig dein Freund bleiben«, »Duft einer Rose«)
2. Sherry (»Der Bandenkrieg«)
3. Maggie (Pilot)
4. Grace (»Der Fassadenkletterer«)
5. Lauren (»Diamantenschmuggel«)

Die besten Nebenrollen

1. Marty (»Das endgültige Urteil«)
2. Becky (»Wettlauf mit dem Tod«)
3. Tino (»Eine schöne Bescherung«)
4. Sally (»Shattners Komplott«)
5. Jim Courtney (»Fahrerflucht«)
6. Doug (»K.I.T.T. kriegt einen Schlag«)
7. Julie (»Knight hinter Gittern«)
8. Sheila (»Die Waffenbörse«)
9. Maggie (»Minister auf Abwegen«)

K.I.T.T.s wichtigste Funktionen

1. Turbo Boost
2. Ski Mode

3. Auto Cruise
4. Eject Left / Eject Right
5. Surveillance Mode
6. Super Pursuit Mode
7. Emergency Braking System
8. Micro Jam
9. Oil Slick
10. Silent Mode

Devons liebste Leidenschaften

1. Teetrinken (ständig – am glücklichsten wirkt er in »Diamantenschmuggel«)
2. Croquet (siehe: »Sammys Sensationsshow«)
3. Cricket (erwähnt in: »Computerspiele«, »Elliot, der Schlaukopf«)
4. Motorradrennen (er erzählt davon in »Schnelle Teufel«)
5. Autorennen (Erinnerungen in »Das 19. Loch«)
6. der Zirkus (er war einst als »Valentino, der Messerwerfer« aktiv, siehe: »Der Tod unter der Zirkuskuppel«)

Michaels beste Outfits

1. schwarze Lederjacke (alle Folgen außer »Einer spielt falsch«)
2. graue Jeans (vor allem in Staffel 3)
3. als »Man in Black« (immer wieder, beste Szene mit blauem Halstuch nachts in »Eine schreckliche Falle«)
4. roter Rollkragenpulli unter schwarzer Lederjacke (Pilot)
5. Jackett mit rosa Hemd (nachdem er in »Mord nach Maß« eingekleidet wurde)
6. rot-kariertes Hemd unter schwarzer Lederjacke (»Killer K.I.T.T.«)
7. im Muscle-Shirt undercover am Venice Beach (»Tödliche Orchideen«)
8. weißes Strand-Shirt (»K.I.T.T. kriegt einen Schlag«)
9. Bill-Cosby-Pullover (im Halbruhestand in »Duft einer Rose«)
10. Basecap der L.A. Dodgers, die ihm aufgrund seiner Haarpracht viel zu klein ist (»Blindes Vertrauen«, »Ich werd‘ ewig dein Freund bleiben«)

Die legendärsten Serien-Fahrzeuge neben K.I.T.T.

1. Magnums Ferrari
2. Batmobil
3. Fred Feuersteins fußbetriebenes Auto
4. der Truck aus dem A-Team
5. der Dodge von Al Bundy

Knight Rider-Folgenvorschlagsreihenfolge für Einsteiger

1. Pilot (Wie alles begann)
2. »Gangster wider Willen« (feine reguläre Folge)
3. »Der Doppelgänger« (erster Auftritt von K.A.R.R.)
4. »Weißer Vogel« (erste Folge um Stevie)
5. »Gekidnappt« (klassisch reguläre Folge)
6. »Goliaths Geburt« / »Der Kampf mit Goliath« (Geschichte um Garthe und Goliath)
7. »Der Fassadenkletterer« (schöne reguläre Folge)
8. »K.I.T.T. sitzt in der Falle« (zur Unterscheidung zwischen dem Knight 2000 und K.I.T.T.)
9. »Knight hinter Gittern« (starke reguläre Folge)

Knight Rider-Folgenvorschlagsreihenfolge für Fortgeschrittene

1. »Goliath kommt zurück« / Goliath wird vernichtet« (Fortsetzung um Garthe und Goliath, Wiedersehen mit Adrianne Margeaux)
2. »Ich werd‘ ewig dein Freund bleiben« (Folge 2 um Stevie)
3. »Der schwarze Teufel taucht wieder auf« (K.A.R.R.s Comeback)
4. »K.I.T.T. kriegt einen Schlag« (Klassiker)
5. »Killer K.I.T.T.« (Klassiker)
6. »Duft einer Rose« (Letzte Folge der Stevie-Trilogie und finale *Knight Rider*-Folge der Herzen)

Gaststars, die man gerne noch einmal in derselben Rolle gesehen hätte

1. Judy Landers (Micki in »Zwischen zwei Frauen«)
2. Pamela Susan Shoop (Maggie im Pilot)
3. Anne Lockhart (Sherry in »Der Bandenkrieg«)
4. Jason Bateman (Doug in »K.I.T.T. kriegt einen Schlag«)
5. Arye Gross (Elliott in »Elliot, der Schlaukopf«)

Tennis in Knight Rider

»Computerspiele« (Datendieb Julian nimmt Trainerstunden bei seiner Abnehmerin Conny)
»Der Fassadenkletterer« (Grace unterrichtet eine Kindergruppe und führt einen einigermaßen fähigen Aufschlag durch)
»Tödliches Kostümfest« (Tennisfreund und Mörder Simon zeigt sein Interesse an Bonnie, aber Michael erklärt, sie habe eine schwache Rückhand)
»Michael fällt in Ungnade« (Devon trägt eine Krawatte mit zwei Tennisschlägern und drei Bällen drauf)

»Michael Knight und die Zuflucht« (Michael entschuldigt sich nach seinem Fallschirmsprung in die »Zuflucht« damit, auf der Suche nach den Tennisplätzen zu sein)
»K.I.T.T.s Unfall mit Folgen« (Jennifer Knight präsentiert sich im Tennisoutfit und mit Schläger auf dem Tisch, sie kam wohl gerade vom Spielen)
»Zauberspiele« (Bonnie hat Templeton beim Tennis getroffen und sich bereits dort in ihn verguckt. Oder wie sie RC erklärt: »Seine Rückhand ist fantastisch.«)

Die besten oder wichtigsten Episoden um Michael

1. »Duft einer Rose«
2. »Weißer Vogel«
3. »Ich werd' ewig dein Freund bleiben«
4. »Fahrerflucht«
5. »Gedächtnisschwund«

Die besten oder wichtigsten Episoden um K.I.T.T.

1. »Killer K.I.T.T.«
2. »Der schwarze Teufel taucht wieder auf«
3. »K.I.T.T. kriegt einen Schlag«
4. »K.I.T.T. sitzt in der Falle«
5. »Der Doppelgänger«

Die besten oder wichtigsten Episoden um Devon

1. »Ein Richter spielt sein Spiel«
2. »Devon Miles in Nöten«
3. »Händler des Todes«

Die besten oder wichtigsten Episoden um Bonnie oder April

1. »Wettlauf mit dem Tod«
2. »Eine schreckliche Falle«
3. »Tödliches Kostümfest«
4. »Die Flugzeugentführung«

Die besten oder wichtigsten Episoden um RC

1. »K.I.T.T.s Unfall mit Folgen«
2. »Die Bodenspekulanten«

Die wichtigsten Drehorte für die persönliche Knight Rider-Reise

1. El Mirage Dry Lake (Drehort der legendären Szene im Vorspann, in der uns K.I.T.T. entgegenbrettert, ein ausgetrocknetes Flussbett im Nordosten von Los Angeles)
2. College of the Canyons (bekannt aus »Tödliche Manöver«, »Fahrerflucht«, »Das Chamäleon«, »Eine schreckliche Falle«, »Die Waffenbörse«, »Aus Spaß wird bitterer Ernst«)
3. Le Petit Chateau (Lokal, in dem Devon in »Der Bandenkrieg« speist und in dem sich Michael und Stevie in »Duft einer Rose« wiedersehen; firmiert mittlerweile unter »The Comedy Chateau«)
4. Saugus Speedway (die Rennstrecke aus dem Pilotfilm, »Sammys Sensationsshow«, »Fahrerflucht«. Hier hat Jack Gill auch David Hasselhoff einige Tricks beigebracht!)
5. Arden Villa (Hauptquartier der Foundation ab »Weißer Vogel«, gedreht wurde hier noch für »Der Erpresser«, »Die Schatzsuche«, »Goliath kommt zurück«. Steht unter Denkmalschutz und ist nur über eine private Zufahrtsstraße zugänglich)
6. Caesars Palace (legendäres Casino in Las Vegas, bekannt aus »Goliaths Geburt« / »Der Kampf mit Goliath«)
7. Stevies zweite Wohnung (in »Ich werd‘ ewig dein Freund bleiben«; ist nur wenige Meter von »Le Petit Chateau« / »The Comedy Chateau« entfernt!)
8. Bonnies Wohnung (sie ist die Einzige aus dem Foundation-Team, bei der wir einen Blick in die Wohnung werfen dürfen – in »Tödliches Kostümfest«)
9. Paradise Cove (hier ist K.A.R.R. in »Der schwarze Teufel taucht wieder auf« begraben; direkt darüber führt der Pacific Coast Highway vorbei, auf dem John und K.A.R.R. später entlangfahren)
10. Endless Summer (Mandys Bikinishop aus »Der schwarze Teufel taucht wieder auf«, der Laden heißt übrigens tatsächlich so. In derselben Straße in Seal Beach wurde auch ausgiebig für »Eine Kleinstadt lebt gefährlich« gedreht)
11. The Sidewalk Cafe (Tanz-Café aus »Tödliche Orchideen« am Venice Beach)
12. Stevies Strandhaus (»Duft einer Rose«)
13. Malibu Pier (hier fand die Verfolgungsjagd zu Beginn von »Killer K.I.T.T.« statt!)

KNIGHT RIDER-SAMMELSURIUM

• Anspielungen auf *Knight Rider* tauchten gleich mehrfach bei *Die Simpsons* auf. In der Folge »Am Anfang war das Wort« reflektieren Homer und Co. die ersten Worte von Lisa, und diese waren: »Bart«, »Mami«, »David Hasselhoff« (hierbei sehen wir ein *Knight Rider*-Coverbild auf der US-Fernsehzeitschrift *TV Guide).* Hasselhoff erklärte später, er habe zehn Jahre zuvor Jeff Martin, dem Autor der *Simpsons,* ein Autogramm für dessen Tochter gegeben – die Szene sei ein kleiner Dank dafür gewesen. Die Folge »Und Maggie macht drei« beginnt damit, dass sich die Simpsons eine Folge der fiktiven Serie *Knight Boat* anschaut: ein sprechendes Boot mit Bademeister Michael am Steuer (eine Anspielung auf *Knight Rider* und *Baywatch).* In der Episode »Im Schatten des Genies« spricht K.I.T.T. zu Homer, im Original übrigens mit der echten Stimme von William Daniels, ebenso wie in »Milhouse lebt hier nicht mehr«, in der K.I.T.T. mit dem sprechenden Pferd Mister Ed im Fernsehmuseum steht. Titel der Ausstellung: »Dinge, die nicht sprechen sollten«.

• Catherine Hickland, also Stevie, heiratete nach ihrer Ehe mit David Hasselhoff den Schauspieler Michael E. Knight (kein Scherz!). Mittlerweile arbeitet sie als Hypnotiseurin und fährt eine K.I.T.T.-Replika.

• Viele Umbauten an den *Knight Rider*-Autos, unter anderem die Entwicklung des »Right Hand Blind Drive Cars«, oblag dem Team um Autodesigner George Barris. Auch das »Super Pursuit Mode«-Auto und der »Cabrio-K.I.T.T.« lag in seiner Verantwortung. Barris war zuvor auch mit dem Bau des Batmobils aus der *Batman*-Serie mit Adam West betraut gewesen.

• Man kann behaupten, dass David Hasselhoffs Karriere durch zwei Autos entscheidende Verläufe nahm. Zum einen natürlich dank K.I.T.T., zum anderen durch den weißen Bronco von O.J. Simpson. Zeitgleich zu dessen Flucht vor der Polizei hatte Hasselhoff im Jahr 1994 in Atlantic City ein Pay-per-View-Konzert gegeben, finanziert von Donald Trump. Das Konzert sollte ihm seinen Durchbruch als Sänger in den USA bringen. Seine Zuschauerzahlen waren freilich ernüchternd: Fast die gesamte USA hatte O.J.s Flucht verfolgt.

• Während Glen Larson genau zwischen dem Knight 2000 (dem Auto) und K.I.T.T. (dem Computer) unterschied, gehört für David Hasselhoff alles zusammen. »Larson hat K.I.T.T. nie als den Namen des Autos angesehen, aber für mich waren das Auto und der Computer unzertrennbar; sie waren ein und dasselbe«, schrieb Hasselhoff in seiner Autobiografie.

• Wer Humor hat, sollte sich einmal die »alkoholgetriebene Analyse« von *Knight Rider* anschauen. Die Jungs der Website »Sprittwoch« haben sich im Rahmen einer »Spritt for Fun«-Aktion viele *Knight Rider*-Folgen unter deutlichem Alkoholeinfluss angeschaut und auseinandergenommen. Logikfehler, Drehbuchpannen, Promialarm und Co. bringen einen herrlichen Zeitvertreib!

• *Columbo* sollte man sich ja generell angucken, als *Knight Rider*-Fan aber speziell die Folge »Alter schützt vor Torheit nicht«: Hier spielen gleich drei legendäre *Knight Rider*-Gesichter mit: Richard Basehart (Wilton Knight) gibt die tragende Nebenrolle als Teil des Mörderpärchens, Bernard Fox (Commander Smythe aus »Devon Miles in Nöten«) den britischen Kommissar sowie Harvey Jason (Marco Berio aus »Killer K.I.T.T.«) den Theater-Regisseur.

• *Knight Rider* hatte auch eine kurze Laufzeit als Comicreihe, nämlich in den *Knight Rider Annuals* und in der Zeitschrift *Look-In* während oder kurz nach der Original-Laufzeit, außerdem in neuen Graphic Novels, die 2013 auf den Markt kamen. *Knight Rider* wurde hier an die Neuzeit angepasst, die Reihe jedoch nach wenigen Ausgaben eingestellt. Alte Comics aus den *Knight Rider Annuals* und *Look-in* sind auf *knightriderarchive.com* verfügbar.

• Auch in *Baywatch* gab's mehrere *Knight Rider*-Anspielungen. In »Das Pokerschiff« sind Mitch und Harvey hinter einem Amphibienfahrzeug her, und Harvey ist am Ende begeistert davon. Der einzige Schwachpunkt sei, dass es nicht spreche, worauf Mitch erklärt, dann nicht daran interessiert zu sein. In »Filmteam am Strand« soll eine Serie über *Baywatch* gedreht werden, sie wird am Ende jedoch nicht gekauft. Auch hier wird auf *Knight Rider* verwiesen, und Mitch antwortet, die Serie kenne er doch. (Im englischen Original dreht sich das Gespräch um einen Verkauf der Serie für den »Syndication«-Markt und das Ausland, also wird eigentlich auf die Geschichte von *Baywatch* verwiesen!) In »Schöne Träume« findet Logan ein ausgesetztes Baby, und als Mitch sich darum kümmert, fragt er, ob es vielleicht fernsehen möchte – zum Beispiel *Knight Rider*. Und zuletzt ist »Mitch in der Talkshow« von Jay Leno, der backstage darauf hinweist, eine Serienidee um ein sprechendes Auto zu verfolgen.

• Und, wie die *Knight Rider Historians* erblickt haben: In der Folge »Wellenangst« nimmt Kaye (Pamela Bach!) die kleine Lili mit in den »Universal Theme Park« – in einer Einstellung ist hierbei im Hintergrund der ausgestellte K.I.T.T. zu sehen!

• Die Szene, die im Intro der Spielshow *Sterntaler* auf RTLplus auftauchte, stammt aus »K.I.T.T. kriegt einen Schlag«.

• Apropos RTLplus: Hier hatte man in den frühen Jahren öfter einmal falsche Titel erhascht. »Weißer Vogel« wurde hier einst (mit roter Schrift) im Intro als »Heißer Vogel« angekündigt. Und »Michael Knight und die Zuflucht« wurde gar als »Mikel Knight und die Zukunft« gelabelt! Was hat man sich zu jener Zeit doch den

Kopf darüber zerbrochen, ob sich Michael nun »Michael« oder »Mikel« schreibt …

• Noch einmal RTLplus: Was waren das noch für Zeiten mit der guten alten Programmansagerin, die *Knight Rider* noch standesgemäß präsentierte! Und einfallsreich war man auch: Im Vorfeld der Ausstrahlung von »Duft einer Rose« am 8. Mai 1990 gab's vom Kollegen sogar live und überraschenderweise eine Rose zum Geburtstag überreicht!

• Eine köstliche Serie mit vielen *Knight Rider*-Anspielungen ist *Hoff the Record,* eine Mockumentary, in der David Hasselhoff eine fiktionalisierte Version von sich selbst spielt. In Folge 1 (»The Movie«) muss er in einem Casting für eine Filmbiografie über sich selbst teilnehmen und hierbei auch eine Szene in K.I.T.T. improvisieren. Hasselhoff sitzt also in einem Stuhl und versucht energisch, einen »Turbo Boost« hinzulegen. Kommentar des Konkurrenten: Er glaube nicht, dass Michael Knight so sprechen würde! In Folge 5 (»The Warlord«) lässt sich Hasselhoff zu einem privaten Auftritt bei einem Fan breitschlagen – der stellt sich jedoch als durchgedrehter Warlord heraus, der auch einen nachgebauten K.I.T.T. sein Eigen nennt (einen Opel Monza GSE mit Digitalcockpit!). *Hoff the Record* brachte es leider nur auf zwei Staffeln, wurde aber mit einem internationalen Emmy ausgezeichnet.

• David Hasselhoff war zu *Knight Rider*-Zeiten (und eine Weile danach) auch privater Trans-Am-Fahrer: Pontiac hatte ihm einen 1983 Recaro Trans Am geschenkt – als Dank für die vielen Autoshows, die Hasselhoff zur Promotion von *Knight Rider* vor allem zu Beginn der Serie mit seiner Anwesenheit beglückt hatte. Später hatte er noch eine andere Version bei sich zu Hause.

• Ein nahezu echtes Wiedersehen zwischen David Hasselhoff und K.I.T.T. gibt es in der achtteiligen Serie *Ze Network,* die 2022 auf RTL+ lief. Christian Alvart hat hier ein Meisterstück abgeliefert, ein Verwirrspiel, das kaum adäquat beschrieben werden kann und das jeder *Knight Rider*-Fan sehen sollte. »Mittendrin taumelt der Serien-Hasselhoff rum, den der echte Hasselhoff dermaßen verdattert und belämmert spielt, als sei er tatsächlich im falschen Film, und das ist fantastisch. Vor allen Dingen ist *Ze Network* eine großartige David-Hasselhoff-Metaserie«, jubelte DIE ZEIT. Das Tolle: Speziell in den finalen Folgen spielt K.I.T.T. eine große Rolle und es gibt einige Fahrt- und Dialogszenen mit Hasselhoff! Eine zweite Staffel wurde direkt geplant, leider kam es dazu aufgrund zu geringer Abrufzahlen nicht. Die Serie ist auf Bluray und DVD erschienen und ein absoluter Kauftipp!

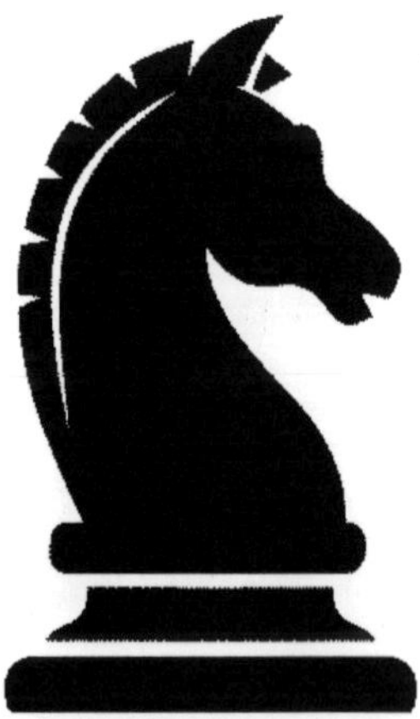

TEIL 2

WAS DANACH KAM ...
... UND WAS NOCH KOMMT?

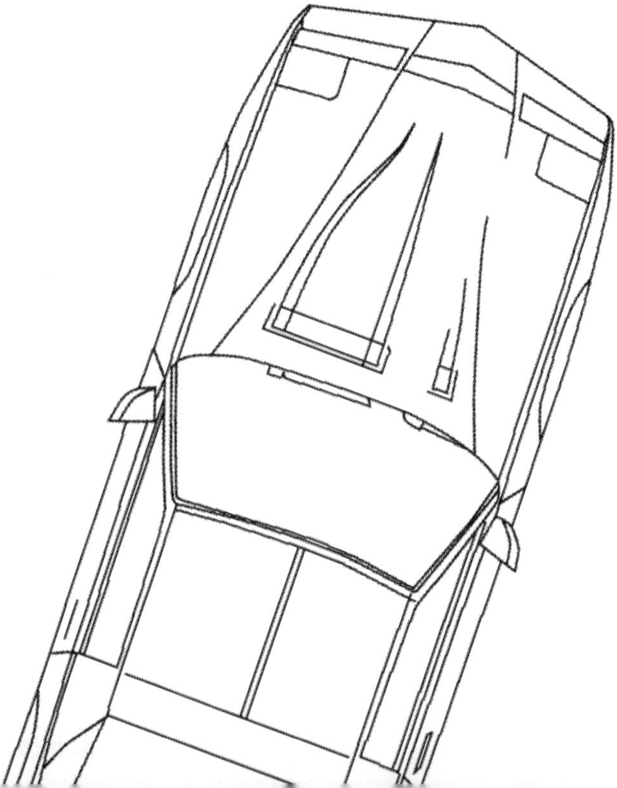

Ein Kapitel, das wir eigentlich getrost verschweigen und vergessen könnten. Denn nach *Knight Rider* kam nicht viel, was der Ursprungsserie auch nur ansatzweise würdig gewesen wäre. Die Denkweise »Ach, *Knight Rider,* das war doch das mit dem fliegenden Auto!« hatte sich wohl in den Köpfen der Entscheidungsträger festgesetzt und das, wo man doch jedem, der einem diesen Satz liefert, entgegenschreien möchte: »K.I.T.T. konnte nicht fliegen, er konnte springen, du Idiot!« Auch der Sci-Fi-Ansatz wurde gerne missverstanden, es musste immer absurder werden und vor allem immer die gesamte Welt gerettet werden. Und warum man in allen Fortsetzungsversuchen darauf verzichtet hat, K.I.T.T. in seiner ursprünglichen Form als Pontiac Trans Am zurückzubringen, der doch auch heute noch einen solchen Kult- und Wiedererkennungswert bietet, bleibt die große Frage. Neue Tricks hätte man doch auch hier einfügen können, oder?

Knight Rider 2000 nimmt eine Ausnahmestellung ein, es gehört vor allem dank David Hasselhoff, Edward Mulhare und William Daniels als K.I.T.T.s Stimme (und auch noch der von Gottfried Kramer in der deutschen Übersetzung) zumindest ansatzweise zum »alten« *Knight Rider* dazu. Alles, was danach kam, tat das nicht mehr. Ein persönlicher Disclaimer: Ich habe allen Nachfolgeprodukten zur Zeit ihrer Ausstrahlung eine faire Chance gegeben, vor allem auf die Neuauflage 2008 große Hoffnungen gesetzt. Ich wurde stets enttäuscht, wie viele andere Fans auch. *Team Knight Rider* habe ich vor einigen Jahren noch einmal im Rahmen einer TV-Wiederholung versucht, es aber nur wenige Minuten ausgehalten. *Knight Rider* (2008) habe ich trotz anfänglicher Skepsis nochmals komplett auf DVD geschaut und bin etwas sanftmütiger geworden, speziell in Anbetracht der finalen Folgen. Mit dem Original hatte das alles aber nichts zu tun, von daher mag ich dem Ganzen hier keinen entsprechenden Platz einräumen. Das hat die Ursprungsserie nicht verdient. Die folgenden Kapitel – mit Ausnahme von *Knight Rider 2000* – sind also eher als Überblick gedacht.

Die stille Hoffnung, dass es mit *Knight Rider* irgendwann würdig weitergeht, sie lebt dennoch. Dann bitte unter der Regie des offenbar einzigen Menschen in Hollywood, der weiß, welche Werte *Knight Rider* ausgemacht haben und ausmachen sollten: David Hasselhoff.

Knight Rider 2000

Buch: Rob Hedden; Regie: Alan J. Levi
Erstausstrahlung USA: So, 19. Mai 1991 (NBC); Erstausstrahlung Deutschland: Mi, 28. April 1993 (20.15 Uhr, RTL)
Filmdaten: 11. März – 15. April 1991

Das Thema *Knight Rider* ließ David Hasselhoff nie ganz los. Wie auch? Die Rolle des Michael Knight war Hasselhoff auf den Leib geschrieben. Und während in den USA zwar *Knight Rider*-Wiederholungen auf diversen Kanälen liefen, war es speziell der deutschsprachige Raum, der die Abenteuer von Michael Knight und seinem Wunderauto erst nach und nach entdeckte (siehe: »*Knight Rider* in Deutschland«). Hasselhoff erinnert sich an die drei Fragen, die ihm stets und überall gestellt wurden: »Warum bist du so groß? Wo ist das Auto? Wann kommt *Knight Rider* zurück?« Seine Antwort auf alle drei Fragen: »Ich weiß es nicht.«

Vor allem Deutschland wollte mehr *Knight Rider,* David Hasselhoff aber konnte es nicht liefern. Die Rechte lagen bei Universal. Und dort, ebenso beim Sender NBC, zeigte man kein Interesse an einer Neuauflage. Zunächst.

Irgendwann, so erzählte es Hasselhoff einst, habe er seinen alten Kumpel Brandon Tartikoff beim Einkaufen getroffen. Er schlug ihm vor, *Knight Rider* als Film zurückzubringen. Tartikoffs Frau habe sich zu ihrem Mann gedreht und gesagt: »Brandon, das ist eine großartige Idee!« Dann habe sich Tartikoff zu ihm gedreht und gemeint: »Das ist eine großartige Idee!« Universal habe sich kurz später gemeldet, man sei schließlich vor der Produktion gestanden, dann sei das Projekt verworfen worden. Einige Zeit später der erneute Versuch. Hasselhoff erinnert sich an den Moment, als er das Skript las. »Ich konnte es nicht glauben und habe es durch die Küche geschmissen. Michael Knight war erledigt und lebte im Wald, konnte mit dem Leben nichts mehr anfangen. Devon sollte getötet und die Foundation an ein junges Mädchen übergeben werden – und das Auto würde rot sein!« Hasselhoffs Bedenken: Hätte er abgesagt, hätte man das Projekt wohl ohne ihn durchgezogen und behauptet, Michael Knight sei tot. »Ich habe mich gefühlt, als würde mir jemand mein Baby wegnehmen. Ich war derjenige, der bis an sein Lebensende Michael Knight sein sollte!«

Der Film wurde also gedreht, und zur Verteidigung: Von allen *Knight Rider*-Wiederbelebungsversuchen war *Knight Rider 2000* noch der beste. Gewissermaßen schrieb man eine stringente Fortsetzung, schließlich war Michael in »Duft einer Rose« schon dem Burn-out nahegewesen.

Die sonstige Handlung? Nun ja. Man schreibt also das Jahr 2000, echte Waffen sind verboten, Bösewichte werden nicht in Gefängnisse verfrachtet, sondern eingefroren, bis sie ihre »Haftzeit« verbüßt haben. Die Foundation wird mittlerweile von Russ Maddock geleitet, der K.I.T.T. für veraltet gehalten und seine Einzelteile verkauft hat. Ein Chip befindet sich im Gehirn der Ex-Polizistin Shawn McCormick, die angeschossen wurde. Ein neues Auto, der Knight 4000, soll gebaut werden. Während Shawn sich bei der Foundation bewirbt, sucht Devon die Hilfe von Michael, der sich im Ruhestand befindet und sein Leben damit verbringt, zu fischen und seinen alten Chevy zu reparieren. Michael kommt zurück, bastelt K.I.T.T. wieder zusammen und baut ihn erst in seinen Chevy, später dann in den Knight 4000, einen Dodge Stealth. Am Ende bringen Michael, Shawn und K.I.T.T. den Bösewicht Watts zur Strecke.

Alles klar? Nun denn. Es war aber nicht alles schlecht an *Knight Rider 2000.* Die futuristische Handlung war freilich unnötig und etwas arg optimistisch. Das Jahr 2000, die Älteren werden sich erinnern, begann in der wirklichen Welt größtenteils mit der Panik, dass einige Computer den Jahrtausendwechsel nicht mitmachen und eventuell die Kaffeemaschine streiken würde. *Knight Rider 2000* war also seiner Zeit weit voraus. Dass K.I.T.T. nun rot war und kein Trans Am mehr, war unnötig, dass Devon getötet wurde, einfach nur grausam. Ein Hintergrund zum Verständnis: Edward Mulhare hatte kein Interesse an einer dauerhaften Fortsetzung – und genau damit hatte man damals noch geplant. K.I.T.T. immerhin war noch K.I.T.T., stimmlich (auch in der deutschen Übersetzung) und in Sachen Humor.

Die schönste, emotionalste Szene erleben wir, als Devon bei Michael vorbeischaut und ihn zu einem Comeback überreden will. Der Blick, als Michael ihn sieht, spricht für sich (das kann Hasselhoff einfach!), ebenso die innige Umarmung der beiden. Zur Erinnerung: Hasselhoff und Mulhare waren auch privat gute Freunde, die Freude beim Wiedersehen ist echt. Er sei aus zwei Gründen gekommen, sagt Devon: Um einen alten Freund wiederzusehen. Und weil er seine Hilfe brauche. Michael lehnt zunächst ab. »Ich bin nicht mehr der, der ich mal war. Dieses Leben habe ich aufgegeben. Ich lebe jetzt wohl mein drittes Leben.« Devon erklärt, vor langer Zeit ein Versprechen gegeben zu haben, »den Traum eines Mannes zu verwirklichen.« Interessant ist sein Rückblick auf Wilton Knights Vision, als er die Foundation gegründet habe: Intelligente Lösungen zu finden bei gewalttätigen Problemen, bei Verbrechen, die sich doch wenig verändert hätten. Das habe auch ihn, Devon, immer angetrieben, weiterzumachen. Er teile diesen Traum. »Ich brauche Sie«, erklärt er Michael und verweist auf das Leitbild, das Wilton Knight gesetzt hatte: »Ein Mann kann etwas verändern.« Niemand habe je behauptet, dass das, was die Foundation tue, einfach sei, sagt er und fügt den tollen Satz an: »Nichts ist einfach, wenn es wichtig ist.« Es entsteht eine Pause. »Lassen Sie mich nicht betteln, Michael.«

Michael kommt zurück – und steht ebenso wie der Zuschauer vor der großen Frage des Films: Der Knight 2000 wurde also auseinandergebaut und Teile verkauft, um liquide zu bleiben. Aber wieso wurde K.I.T.T. überhaupt zehn Jahre lang stillgelegt? Es wird nicht erklärt. Michael war im Ruhestand – aber wieso gab bis jetzt keinen Nachfolger? Schön ist, dass Michael und K.I.T.T. sich auch nach ihrem Wiedersehen wie zu den guten alten Zeiten der ersten Staffel dissen, als wären sie nie getrennt gewesen. Herrlich die Szene, als K.I.T.T. über den Chevy die Polizeiakten übertragen soll und den Bedarf nach Starthilfe simuliert. Michael erklärt dem Polizisten: »Wissen Sie, ich habe manchmal das Gefühl, dass die Kiste mich ärgern will. Sie ist ein richtiger Dickschädel.« K.I.T.T.s Kommentar: »Das haben Sie wohl richtig genossen, wie?«

Einen guten Eindruck hinterlässt Susan Norman als Shawn. Sie erinnert fast durchweg an Michael im Pilotfilm: einerseits stur, andererseits entschlossen, ihren Attentäter zu finden und für Gerechtigkeit zu sorgen. Eine Anlehnung an den Pilotfilm: Shawn sieht in ihrer Vorstellung, ebenso wie Michael damals, immer wieder den Schuss, der sie niedergestreckt hat. Michael hat anfangs seine Probleme mit ihr (wie Devon einst mit ihm), langsam aber finden die beiden Vertrauen zueinander. Als Devon stirbt, erleben wir Michael hochemotional, man wird sehr an seine Reaktion nach dem Tod von Stevie erinnert, er schreckt auch nicht davor zurück, Maddock niederzuschlagen. Dann aber zieht er sich erneut zurück. »Glauben Sie denn, ich weiß nicht, wovor ich jetzt weglaufe? Niemand hat Devon so nahegestanden wie ich. Niemand sonst, verstehen Sie!«, erklärt er Shawn unter Tränen. Er zweifelt gar am Leitbild von Wilton Knight – ein Mann könne doch nichts verändern, erklärt er verbittert. Shawn schafft es, ihn umzustimmen. Er sei wohl ausgebrannt gewesen vor zehn Jahren, habe den Sinn im Ganzen nicht mehr gesehen, vermutet sie. Bei Devon sei das nie der Fall gewesen. »Wenn Sie gestorben wären, was hätte er wohl getan?«

Eine der größeren Fragen, die sich durch die gesamten Fortsetzungsversuche ziehen soll, ist die, warum man sich – neuer Wagen hin oder her – von K.I.T.T.s legendärer Voice-Box verabschiedet hatte, wenn er sprach. Hätte man das nicht entsprechend anpassen können, ohne alles zu verändern? Andererseits enttäuscht der Knight 4000 auch sonst auf ganzer Linie, selbst als K.I.T.T.s CPU eingebaut ist. Okay, er hat ein paar neue Tricks drauf, unter anderem die Umschaltmöglichkeit auf eine virtuelle Anzeige des Geschehens oder das Fahren auf Wasser. Auf die guten alten »Turbo

Boost« oder »Ski Mode« wurde allerdings verzichtet – genau solche Stunts aber haben *Knight Rider* doch geprägt! Auch sonst sehen wir nichts Spektakuläres, selbst das Armaturenbrett kann nicht annähernd mit den beiden Varianten des Knight 2000 mithalten, es gibt ohnehin kaum etwas davon zu sehen (vermutlich, weil einfach nichts da war.) Und das sollte also das neue Aushängeschild von *Knight Rider* werden?

Knight Rider 2000 erzielte dennoch starke Einschaltquoten, mit einem Rating von 16,1 landete man auf Platz 4 im Wochenranking! NBC wollte es zunächst als neue Serie weiterführen. Hasselhoff jedoch hatte seine Verpflichtungen bei *Baywatch,* und Susan Norman als neue Hauptdarstellerin war beim Publikum nicht gut angekommen. Man einigte sich daher auf Hasselhoffs Vorschlag, einzelne Filme zu drehen, sogenannte »Movies of the week«. Allerdings wurde zunächst nur ein weiterer in Auftrag gegeben, was Universal vor ein Problem stellte: Würde man nicht mindestens zwei Filme am Stück produzieren, würde es sich für das Studio nicht rechnen. NBC jedoch stellte sich quer – und das *Knight Rider*-Comeback war zu Ende, bevor es so richtig angefangen hatte.

Bester Dialog:
K.I.T.T.: »Sind Sie das, Michael? (...) Sie sehen sehr mitgenommen aus.«
Michael: »Du auch, Kumpel.«

Trivia:
• Regisseur Alan J. Levi (u.a. *Magnum*, *Columbo*, *J.A.G. - Im Auftrag der Ehre*) heiratete 1989 Sondra Currie, die in der *Knight Rider*-Folge »Die große Dürre« Francesca Morgan verkörpert hatte.
• Die Szene, als K.I.T.T. auf dem Fluss fahren sollte, ging beim ersten Test schief, das Auto sank – ein gefundenes Fressen für die lokale Zeitung. Man löste das Problem, indem man anders ausbalancierte. K.I.T.T.s Schale war ohnehin auf ein Boot gesetzt, das nur 5 mph schnell fuhr. Die Szenen wurden im Nachhinein beschleunigt.
• Der Film sollte ursprünglich in Houston gedreht werden, man entschied sich dann aber für San Antonio.
• *Knight Rider 2000* hatte acht bis zwölf Minuten Überlänge; hier wurden vor allem emotionale Szenen gekürzt, weil NBC so viel Action wie möglich drinhaben wollte.
• Die (gute) Musik in *Knight Rider 2000* stammt von Filmmusiker Jan Hammer, bekannt vor allem durch den Soundtrack von *Miami Vice.* Das *Miami Vice Theme* erreichte Platz 5 in den deutschen Charts (und Platz 1 in den USA), *Crockett's Theme* kam auf Platz 4.
• James Doohan (Scotty aus *Raumschiff Enterprise*) hat einen Gastauftritt am Geldautomaten. Als K.I.T.T. ihn versehentlich auf-

grund seines unpassenden Chips betäubt, zitiert Doohan Dialoge aus *Raumschiff Enterprise.*

• *Knight Rider 2000* wurde in Deutschland zunächst auf Videokassette veröffentlicht, bis es 1993 – zwei Jahre nach der US-Erstausstrahlung – endlich im TV zu sehen war.

Knight Rider 2010

mit Richard Joseph Paul (Jake McQueen), Hudson Leick (Hannah Tyrie), Michael Beach (Marshal Will McQueen)
Drehbuch: John Leekley; Regie: Sam Pillsbury
Erscheinungsdatum USA: 13. Februar 1994

Im März 1992 titelte die Klatsch-Zeitschrift *Die Zwei*: »David Hasselhoff: Nie wieder Abenteuer mit K.I.T.T.«, Untertitel: »Der Star kämpfte um ›*Knight Rider*‹ – doch er wurde gemein ausgebootet«.

Was war passiert? *Knight Rider 2000* war abgedreht, eine Fortsetzung abgelehnt. Und Hasselhoff hatte angeblich einer Zeitschrift entnehmen müssen, dass Universal die Rechte an *Knight Rider* verkaufen wolle. *Die Zwei* schrieb: »Ihn aber, den Michael Knight persönlich, hatten die Filmbosse nicht gefragt. David nämlich hätte die Rechte gerne gekauft. Wenn nicht als Schauspieler, so hätte er dann wenigstens als Produzent die Wiederaufnahme der Serie garantieren können. Doch als er nachfragte, wurde er nur höhnisch abgefertigt: ›Wieso? Die Rechte sind doch längst verkauft.‹ Und zwar an John Badham und Bob Cohen.«

Laut *imdb.com* waren am Ende »John Leekley Productions« und »Rob Cohen Productions« neben Universal verantwortlich. Und was sie verzapft haben, hat mit *Knight Rider* sehr wenig bis überhaupt nichts zu tun.

Als »eine verquaste Mischung aus kruder Action und an Lächerlichkeit grenzender Science-Fiction« bezeichnete das *Lexikon des internationalen Films* das gute Stück, vermutlich zu Recht. Es geht um Leben in der fernen Zukunft, einen rechtsfreien Raum, um einen gewissen Jake McQueen, der Menschen netterweise, aber ebenso illegalerweise über die Grenze hilft. Seine alte Liebe Hannah holt ihn aus dem Knast, er baut sich dann mit einem Freund ein Auto zusammen auf Basis eines 1969er-Mustangs (eigentlich ein Ford Thunderbird). Hannahs Geist wird irgendwann darin eingebaut, das Auto spricht also tatsächlich, aber erst gegen Ende.

Nun denn.

Knight Rider 2010 wird als *Mad Max*-Aufguss beschrieben, dessen Drehbuch oft und viel verändert wurde. Angeblich waren in der ersten Fassung tatsächlich Michael Knight und K.I.T.T. eingeplant, Michael als Firmenleiter der Foundation. Jeder Mitarbeiter sei hier als »Knight Rider« bezeichnet worden und habe sein eigenes K.I.T.T.-Fahrzeug gefahren. Im zweiten Entwurf habe das neue Auto ähnliche Waffen und Tricks draufgehabt wie K.I.T.T., unser Protagonist Jake sei sogar der Sohn von Stevie Mason und Michael Long gewesen (und geboren, bevor Michael für tot erklärt geworden war). Viele dieser Schlüsselszenen seien bereits gedreht (natürlich ohne David Hasselhoff), dann aber aus Kostengründen wieder aus dem Film entfernt worden.

Knight Rider 2010 war Teil eines Action-Packs von Universal, für das sechs Pilotfilme für eine eventuelle Serie gedreht wurden. Zwar habe der Film die beste Einschaltquote gehabt, als Serie wurde er aber nicht umgesetzt. Zu dieser Ehre kam schließlich *Herkules,* das es immerhin auf 111 Folgen brachte (dessen Ableger *Xena* schaffte sogar 134 Episoden und machte Lucy Lawless zum Star).

In *Die Zwei* hatte man einen guten Hinweis parat: »Ein Tipp für die Fans von David Hasselhoff und seinem Wunderauto K.I.T.T.: Sie sollen die *Knight Rider*-Folgen, die derzeit bei RTL wiederholt werden, besonders intensiv genießen. Denn inzwischen steht es fest: Der hochintelligente, sprechende, schwarze Sportflitzer und sein blauäugig-markanter Menschen-Kumpel werden nie wieder gemeinsame Abenteuer erleben.«

So ist es – bislang zumindest – tatsächlich gekommen. Daran haben auch die weiteren *Knight Rider*-Versuche nichts geändert.

Team Knight Rider

mit Brixton Karnes (Kyle Steward), Nick Wechsler (Kevin Sander), Kathy Trageser (Erica West), Christine Steel (Jenny Andrews), Duane Davis (Duke DePalma)
22 Folgen
Erstausstrahlung USA: 6. Oktober 1997 in Syndication
Erstausstrahlung Deutschland: 12. Oktober 1997 auf RTL

»Weniger ist mehr.« Der gute Spruch hat selten besser gepasst als hier, auch wenn manche Menschen wohl eher nach dem Motto »Mehr ist mehr« agieren.

Ein Denkfehler, den die Herrschaften Rick Copp und David A. Goodman besser anderen überlassen hätten. Glen A. Larson hat das zumindest getan, auch wenn er als »Creator« und »Executive Producer« genannt wird. Larson hatte seine Finger allerdings nicht im Spiel, er hatte sich nur frühzeitig die Rechte gesichert für alles, was mit *Knight Rider* zusammenhängen würde. Darunter eben auch, bei Fortsetzungen »Executive Producer« bezeichnet zu werden. Glücklich war er damit bei *Team Knight Rider* nicht, auch wenn er mitverdient hat. »Es war desaströs«, so Larson rückblickend. »Da muss jemand ganz oben in der Chefabteilung gedacht haben: ›Wenn ein Mann, der mit seinem Auto spricht, unterhaltsam sein kann – da ist es ja noch besser, wenn wir sechs Leute mit sechs Vehikeln haben, die alle auf einmal sprechen.‹« Auch wenn er nichts damit zu tun gehabt habe, »so schmerzt es doch, dass so etwas Gutes so schrecklich falsch laufen kann«.

Wir haben bei *Team Knight Rider* tatsächlich »nur« fünf sprechende Supermaschinen, die Autos Danté (ein Ford Expedition), Domino (Ford F-150) und Attack Beast (Ford Mustang GT) sowie die Motorräder Kat und Plato, allesamt mit ihren Fahrern. Alle Maschinen haben Stärken und Schwächen, teilweise Humor und Leidenschaften (Attack Beast ist großer Fan von Alanis Morissette). Aber *Knight Rider* kam am Ende nicht heraus.

Ein großes Problem war, dass eine der grundlegenden Ideen verworfen wurde, die das Original so erfolgreich gemacht hatte: die Hilfe für jedermann. Fast über alle Folgen hinweg ging es quasi um die Rettung der Welt, ums große Ganze – als wären fünf Maschinen nicht schon technisch genug. Zu große Teile der Folgen gingen zudem für Verfolgungsjagden drauf (klar, bei fünf Maschinen). Auch das war bei *Knight Rider* nicht so. Ebenfalls irritierend: Keines der Vehikel verfügte über den »Turbo Boost«, eines der prägendsten Kunststückchen von K.I.T.T., der auch den bemitleidenswerten Nicht-Fans bekannt war.

David Hasselhoff habe abgewunken, heißt es – zu Recht. Und wohl nicht nur, weil er mit *Baywatch* genug zu tun hatte. Auch William Daniels (die originale K.I.T.T.-Stimme) sei nicht verfügbar oder zu teuer gewesen. Wie sehr der Erfolg von *Knight Rider* mit beiden zu tun hatte, merkten nun auch diejenigen, denen dies zur Laufzeit der Ursprungsserie gar nicht so bewusst war.

Immerhin tauchten teils Hinweise zur Originalserie auf. Bei Jenny wird angedeutet, sie sei die Tochter von Michael Knight. Zum Ende der letzten Folge trat schließlich ein Mann ins Bild, der behauptete, Michael Knight gewesen zu sein, im Umriss ist er nur von hinten zu erkennen. Es ist allerdings nicht David Hasselhoff, sollte aber zumindest eine Art Cliffhanger für eine zweite Staffel darstellen.

Die es dankenswerterweise nicht gab.

Knight Rider (2008)

Autor (Pilotfilm): David Andron; Regie (Pilotfilm): Steve Shill; Produktion (Serie): Gary Scott Thompson, Dave Bartis, Doug Liman, Matt Pyken, David Andron, Sean Ryerson
mit Justin Bruening (Mike Traceur / Michael Knight), Deanna Russo (Sarah Graiman), Bruce Davison (Dr. Charles Graiman), Paul Campbell (Billy Morgan), Smith Cho (Zoe Chae), Sydney Tamiia Poitier (Carrie Rivai), Yancey Arias (Alex Torres)
Pilotfilm + 17 Folgen
Erstausstrahlung USA: 17. Februar 2008 auf NBC (Pilotfilm), 24. September 2008 (Serienstart)
Erstausstrahlung Deutschland: 8. Oktober 2009 auf RTL

Die jüngste Neuauflage war mit großen Hoffnungen verbunden. Zum einen, weil man an das Originalkonzept »ein Mann und sein Auto« anknüpfen wollte. Zum anderen, weil auch David Hasselhoff involviert schien.

Die Ausgangslage war ähnlich wie die in 1982. NBC war wieder abgeschlagen in Sachen Einschaltquoten, der neue Programmdirektor Ben Silverman, so heißt es, suchte sein Glück in Neuauflagen bekannter Marken – unter anderem *Knight Rider.* Silverman war offenbar vom Erfolg des Films *Transformers* beeindruckt; die neue *Knight Rider*-Serie weist auch deshalb entsprechende Ähnlichkeit auf. Am 26. September 2007 gab NBC einen *Knight Rider*-TV-Film bekannt, der als »Backdoor Pilot« herhalten sollte: Bei einem Erfolg des Films würde man eine neue Serie in Angriff nehmen.

Inhaltlich versuchte man, den Bogen zur Originalserie zu spannen. Wir haben einen »neuen« K.I.T.T., der zu Beginn die junge Sarah rettet, deren Vater in der Nacht überfallen worden war (er hatte K.I.T.T. gebaut). Wir haben Mike Traceur, den Ex-Freund von Sarah, der ihr schließlich hilft und, wie sich herausstellt, der Sohn von Michael Knight ist. Den trifft er bei der Beerdigung seiner Mutter erstmals. Michael überredet Mike schließlich mit den Worten des alten Wilton Knight (»One man can make a difference«), bei der wiederbelebten Foundation für Recht und Verfassung einzusteigen, was er am Ende tut.

Die krasseste Änderung natürlich: K.I.T.T. ist kein Trans Am mehr, sondern ein Ford Shelby GT500KR Mustang. K.I.T.T. steht nun für »Knight Industries *Three* Thousand«, es ist also auch in Sachen Computer nicht der »alte« K.I.T.T., den wir erleben. Das Auto ist neben Klassikern wie dem »Turbo Boost« auch mit neuen Gimmicks ausgestattet. Die beeindruckendsten: seine Fähigkeit, sich selbst zu reparieren (wenn er beschossen wird) und sein Aussehen zu verändern (in andere Ford-Autos). Hintergrund, klar: Ford gab sich diesmal als Sponsor der Serie die Ehre. Ganz zu Beginn des Films bekommen wir in der Garage zudem alte Teile des Original-K.I.T.T. zu sehen, wie das legendäre Lenkrad und das Nummernschild. Auch der rote Scanner ist wieder dabei, wenngleich in anderem Modus. Über den »Attack Mode« mag man geteilter Meinung sein, immerhin bringt K.I.T.T. direkt zu Beginn des Pilotfilms aber zum Ausdruck, darauf programmiert zu sein, menschliches Leben zu schützen.

Zudem versuchte man, die *Knight Rider*-Geschichte stringent weiterzuführen: Charles Graiman hatte also am originalen K.I.T.T. mindestens mitgebaut, der alte Michael Knight musste die Verbindung zu seinem Sohn Mike aufgrund seines gefährlichen Jobs abbrechen. Und Mike muss ebenso in der ersten regulären Folge eine neue Identität annehmen, er wurde offiziell getötet und macht als Michael Knight weiter – ähnlich wie im Original in der Story um Michael Long alias Michael Knight.

Es waren also durchaus gelungene Gedanken um eine Fortführung ins neue Jahrhundert dabei. Positiv ist auch, dass der »neue« Michael Knight ein Netter und Guter ist, auch wenn er zu Beginn als Frauenheld und Pokerspieler dargestellt wurde. Auch Sarah macht ihre Sache gut, für sie baut man ebenso schnell Sympathien auf. Mit Justin Bruening und Deanna Russo, bislang vor allem aus US-Soaps bekannt, hatte man eine gute Wahl bei der Besetzung getroffen. Auch der Vorspann hatte seinen Charme, die alte *Knight Rider*-Melodie wurde neu aufgelegt, und das wirklich passend. Und der Mustang ist (äußerlich) ein Blickfang, er verfügt ab Serienbeginn zudem über das typische »Scanner-Geräusch«.

Was also lief schief, dass kein »echtes« *Knight Rider* daraus wurde? Zum einen bestand das altbekannte Problem, wenn Nicht-Liebhaber der Originalserie mit einem Remake-Auftrag um die Ecke kommen: Es wird zu technisch. Die Knight Industries Research and Development wird von NSA und FBI überwacht, ständig muss die gesamte Welt gerettet werden. Wir wissen: Die besten *Knight Rider*-Folgen waren nun einmal die, in denen Michael und K.I.T.T. den kleinen Leuten geholfen haben, die anderweitig allein auf sich gestellt waren. Zum anderen war die Originalserie auf einen Mann und sein Auto angelegt, mit etwas Hilfe vom Team. In der Neuauflage hatte man zu viele Leute an Bord: In der ersten Folge rennen zig Leute durch den »K.I.T.T. Cave«, angeblich sollen 1.700 Menschen im Gebäude des SSC (Satellite Surveillance Center) werkeln!

Der Pilotfilm vom 17. Februar 2008 war mit 12,8 Millionen Zusehern dennoch ein voller Erfolg für NBC, bei der ersten regulären Episode waren allerdings nur noch 7,35 Millionen Fans dabei. Am 21. Oktober orderte NBC eine gesamte Staffel anstatt der ursprünglichen 13 Folgen, die in Auftrag gegeben waren. Am 5. November brachen die Quoten auf 5,14 Millionen Zuschauer ein, am 3. Dezember schließlich nahm NBC die Order zurück, wollte nur noch 17 Episoden haben. Den Tiefpunkt erreichte man am 31. Dezember mit 4,5 Millionen Zusehern.

Dabei war das neue *Knight Rider* inhaltlich zu diesem Zeitpunkt auf einem besseren Weg. Im November hatte Produzent Gary Scott Thompson erklärt, die Serie neu auszurichten. »Wir verabschieden uns von der Terrorist-der-Woche-Formel und rücken näher ans Original ran, machen eine Show über einen Mann und sein Auto, die den normalen Menschen helfen – eben jedermann.« Auf dem Weg dorthin strich man zudem einige Nebencharaktere, um Kosten zu sparen und sich mehr auf Michael, K.I.T.T. und Sarah zu konzentrieren.

Knight Rider pendelte sich bis zum Ende bei rund 5,5 Millionen Zusehern ein, aber das war zu wenig. Die 17. Folge lief am 4. März 2009. Am 19. Mai tauchte *Knight Rider* nicht mehr in der Planung für die neue TV-Season auf, auch wenn man offiziell das Wort »abgesetzt« nicht in den Mund genommen hatte. Als zwei weitere Gründe neben den schwachen Einschaltquoten gelten die hohen Produktionskosten sowie die Automobilkrise in den USA, die auch die Bereitschaft von Ford zum Sponsoring abflachen ließ.

Der neuen *Knight Rider*-Serie mangelte es trotz ihrer guten Ansätze an einigem. K.I.T.T.s legendäres Armaturenbrett war im Original in beiden Varianten ein Hingucker, in der Neuauflage quasi nicht vorhanden. Warum man (wie schon in *Knight Rider 2000* und *Team Knight Rider)* auf die legendäre Voice-Box verzichtet hat, ist ebenfalls eine der größeren Fragen. K.I.T.T. sprach nun mit einem roten Punkt, der mehr oder weniger stark aufleuchtete (leichte »Streifen« im Hintergrund sollten wohl an das Original erinnern). Als Stimme wurde Val Kilmer verpflichtet, nachdem der ursprünglich besetzte Will Arnett wegen Interessenskonflikten zurücktreten musste, weil er Werbung für GMC-Trucks sprach. Kilmer war natürlich ein bekannter Name, vor allem aus *Batman Forever.* Sein K.I.T.T. aber kam nicht annähernd an den von William Daniels heran, wirkte zu brav, zu unlustig, kaum sarkastisch. Die angedachte Humorebene verflachte größtenteils. Die Szenen von Michael in K.I.T.T. wurden größtenteils via Greenscreen gedreht und wirken entsprechend unnatürlich; die Transformations-Szenen und der »Turbo Boost« wirken billig und künstlich, obwohl man doch schon im Jahr 2008 angekommen war. Dazu hatte man offenbar das Gefühl, die Folgen durchweg mit austauschbarer Metal-Musik unterlegen zu müssen, warum auch immer.

Der bitterste Punkt der Serie war ein anderer: der Ausschluss von David Hasselhoff. Der hatte in seinem Kurzauftritt im Pilotfilm auf die Frage von Mike, ob er ihn wiedersehen würde, geantwortet: »Das will ich doch hoffen.« Damit hatte er auch indirekt den großen Wunsch eingebracht, in der Serie eine dauerhafte Rolle einzunehmen. Warum man ihn nicht als Chef der Foundation oder als Berater eingebracht hat, ist nicht verständlich, zumal weitere Auftritte wohl nicht per se ausgeschlossen schienen. In einem Interview mit der Zeitschrift *Starlog* erklärte Thompson: »David ist ein Kerl, der geradeheraus seine Meinung sagt, und er erzählte mir, dass er einige Probleme mit dem Film gehabt hatte. Ich sagte ihm, dass ich nichts damit zu tun gehabt hatte, und erklärte ihm meinen Standpunkt bezüglich der Serie. Wir haben mit einigen Ideen für eine mögliche Story gespielt, in dem es um seinen Charakter geht, aber bisher ist nichts in Stein gemeißelt. Ich weiß, dass er nicht nur an einem Kurzauftritt interessiert ist. Ich denke, es wäre großartig, eine Episode oder sogar einen Handlungsbogen um Michael Knight zu machen. Können Sie sich vorstellen, wie cool es wäre, den neuen und den alten K.I.T.T. Seite an Seite zu sehen?«

Hasselhoff erklärte in 2014 sein großes Bedauern darüber, bezeichnete die Geschichte um die *Knight Rider*-Neuauflage als einen der Tiefpunkte seiner Karriere. Er habe die Idee an NBC geliefert, mit der Finanzierung, Produktionsidee und Story im Gepäck. Dann sei der NBC-Verantwortliche, der ihn zurückgebracht habe, gefeuert worden, der damalige Chef von NBC. »Man hat mich angerufen und erklärt: Du wirst nicht dabei sein. Aber wir behalten deine Story.« Er sei im Zwiespalt gewesen, was er tun solle, erklärte Hasselhoff, schließlich sei er zu jener Zeit bei einem anderen NBC-Projekt involviert gewesen, als Juror in *America's Got Talent,* und habe kaum seinen Sender verklagen können. »Das war wohl der Tiefpunkt meiner Laufbahn. Als ich realisiert habe, dass das Leben nicht fair ist«, so Hasselhoff. Er hätte problemlos eine Hintergrundposition in der Serie einnehmen können, als neuer Devon, sagte er weiter. Auch die Szene des Pilotfilms, in der er aufgetaucht sei, habe er geschrieben, am Grab von Mikes Mutter. Aber dann habe er im Wald verschwinden müssen. Hasselhoff verbittert: »Sie war wunderschön. Und liebevoll. Ich bin dein Vater. Aber ich muss gehen. Ich bin nicht in der Serie dabei.« Er habe einige Jahre gebraucht, um darüber hinwegzukommen.

Bei aller Kritik an *Knight Rider* (2008): Man kann die Serie durchaus schauen – wie erwähnt, Justin Bruening macht seine Sache gut, Deanna Russo ebenso! Man darf die Serie halt nicht am Original messen. Auch die Gags wurden teilweise zu sehr als Gags platziert; im Original hatte man das Gefühl, sie entstehen im Rahmen der Plauderei zwischen Michael und K.I.T.T. wie von selbst. Ob es an den Drehbüchern lag? Oder ob es eben doch die große Kunst von David Hasselhoff war, ein völlig normales Gespräch mit einem Auto führen zu können? Denn hin und wieder war doch ein guter Witz dabei, wie in »Michael Knight geht zu weit«, als K.I.T.T. erklärt, ein vermeintlicher Flugzeugabsturz werfe einige Ungereimtheiten auf, und man müsse sie angehen: »Wir werden dafür bezahlt, genau das herauszufinden.« Antwort Michael: »Du wirst bezahlt?« So etwas hätte man öfter einmal bringen können.

Leider hat man es verpasst, direkt nach dem Pilotfilm in die richtige Bahn einzulenken. Die erste reguläre Folge war grausam, wirklich besser wurde es zunächst nicht, und die mit Spannung erwartete Episode um K.A.R.R. geriet völlig daneben. Spätestens zu diesem Zeitpunkt war wohl auch die Resthoffnung der Fans auf Besserung verflogen.

Die Verkleinerung des Casts zum Ende hin hat dem Ganzen gutgetan. Sie kam vermutlich zu spät; nach der Kürzung hatte man nur noch fünf Folgen für das neue alte Konzept. Und vielleicht hätte man noch einen Schritt weitergehen sollen. Paul Campbell (Billy Morgan) und Smith Cho (Zoe Chae) spielen ihre Rollen gut, bringen etwas Absurdität hinein. Wirklich etwas anderes zu tun als Sarah haben sie jedoch nicht, sie sind fast durchweg mit ihren Computern beschäftigt. Womöglich hätte man den Fokus nach dem Cut noch mehr auf Sarah legen sollen, vielleicht in Zusammenarbeit mit einem Mentor, dem »alten« Michael Knight. Es wäre ein guter Dreh gewesen, David Hasselhoff doch noch einzubringen, speziell nachdem offensichtlich geworden war, dass die Serie nicht rund läuft. Ein solcher Move hätte wieder für Schlagzeilen und auf Fan-Seite für einen Schub gesorgt, insbesondere mit dem veränderten Konzept. Denn die finalen Folgen waren ansprechend, eine zweite Staffel in dieser Gangart (mit David Hasselhoff) hätte die Serie retten könnten.

Leider ist es dazu nicht gekommen.

UND NUN?

Wie geht es weiter mit *Knight Rider* – kommt endlich der so lange angekündigte Kinofilm? Wir wüssten es zu gerne. Aber werden schon seit mehr als 20 Jahren hingehalten. Großen Ankündigungen folgte meist nichts.

Bereits im Jahr 2000 hatte David Hasselhoff in der *Late Night with Conan O'Brien* erklärt: »Es gibt Gespräche darüber, *Knight Rider* wiederzubeleben. Es ist an der Zeit dafür, und meine Tochter sagt: ›Dad, du machst das besser bald, denn du siehst langsam nicht mehr aus wie der Typ.‹ Wir haben die Filmrechte, und ja, es entwickelt sich da was. Wir denken darüber nach, *Knight Rider* in die Zukunft zu bringen; wir nehmen Michael Knight aus den 80ern und bringen ihn in die Zukunft – so eine Art *Mad Max.* Vielleicht reist er auch vor und zurück, wir wissen es noch nicht.«

Nun ja: Von diesen Gedanken hat sich Hasselhoff dankenswerterweise verabschiedet. *(Mad Max* hatten wir ja schon in *Knight Rider 2010.)* 2004 verriet er, einen neuen Vertrag abgeschlossen zu haben für einen *Knight Rider*-Spielfilm, »wir haben 75 Millionen Dollar, und wir werden sie in die Luft jagen«. Man sei in der Schlussphase des Drehbuchs, er produziere den Film und spiele die Hauptrolle. Er verwies darauf, dass das Studio bereits erfolgreich *Black Hawk Down* gedreht habe.

2006 hieß es dann, die Weinstein Company habe die *Knight Rider*-Filmrechte gekauft. David Hasselhoff erklärte bei einer Pressekonferenz im Sommer: »Der *Knight Rider*-Film wird gerade von Miramax entwickelt, und er wird überraschend großartig. Und ihr werdet überrascht sein zu sehen, ob ich dabei bin oder nicht.« Das Vielversprechende daran: Glen A. Larson sollte offenbar das Skript liefern. Nick Nugent, Autor des *Knight Rider Companion,* legte 2021 die Pläne von Larson offen (Nugent selbst war angeblich als Berater beteiligt). Seine Idee war es offenbar, den Mythos *Knight Rider* auf die heutige Zielgruppe für einen Kinofilm umzumünzen. Er wollte also keine Fortsetzungsgeschichte, sondern eine Adaption des Pilotfilms schreiben, düsterer und moderner als das Original. Als Auto hatte Larson einen getunten Camaro angedacht. Um Absurditäten wie bei *Knight Rider 2000* (rotes Auto!) oder *Team Knight Rider* (fünf Fahrzeuge!) zu vermeiden, hatte er in den Vertrag mit der Weinstein Company hineinschreiben lassen, dass K.I.T.T. schwarz sein müsse, sprechen könne und einen roten Scanner im Grill habe. David Hasselhoff hätte in dieser Umsetzung wohl keinen Platz gehabt, anders als in einer Fortsetzungsgeschichte nicht als neuer Chef der Foundation fungieren können, als Nachfolger von Devon. Mehr als ein Cameo-Auftritt (mit dem alten Trans Am) wäre wohl nicht drin gewesen. Die Ideen klangen dennoch spannend, wenngleich Larson mit diversen störenden Anmerkungen seitens des Studios zu kämpfen hatte. So hätte K.I.T.T. dank des neuen »Super Speed Mode« (SSM) kurze Strecken »hovern« können, also abheben (nicht fliegen!). Larsons Vorgabe: So modern K.I.T.T. sei, er müsse insoweit limitiert sein, als dass er immer noch ein Auto wäre (und kein Flugzeug). Aus der »Entwicklungshölle« kam dieser Filmversuch jedoch nie. Glen A. Larson starb im Jahr 2014.

Es folgten diverse Ankündigungen. 2014 hieß es, Chris Pratt und Danny McBride seien Hauptrollen in einer *Knight Rider*-Verfilmung der Weinstein Company angeboten worden. 2016 hörte man, eine Webserie sei seitens Justin Lin *(The Fast and the Furious)* angedacht. 2017 wiederum wurde gemunkelt, *Knight Rider* solle als Comedyfilm (nach dem Kinovorbild von *21, Jump Street)* ins Kino kommen, mit Wrestling-Star John Cena in der Hauptrolle und Comedian Kevin Hart als K.I.T.T.s Stimme. Hierzu wurde sogar ein Foto veröffentlicht, außerdem ein Vorschauvideo der Produktionsfirma Village Roadshow Pictures.

David Hasselhoff indes gab zu Protokoll, Robert Rodriguez um eine Adaption gebeten zu haben, nach einem Vorbild des Films *Logan,* also düsterer. »Michael Knight kommt zurück und ist genervt …«, so Hasselhoffs Vision. Ebenfalls 2017 hatte Hasselhoff in *Guardians Of The Galaxy 2* mit Produzent James Gunn zusammengearbeitet und den Soundtrack beigesteuert – Gunn gilt als großer *Knight Rider*-Fan, weswegen Hasselhoff ihn entsprechend bearbeitet hatte. Ohne Erfolg. Anfang 2022 erklärte Gunn auf Twitter, mit Hasselhoff mehrfach über eine neue Serie diskutiert zu haben. Das Problem: »Der Tag hat nicht genügend Stunden, damit ich all die coolen Sachen machen kann, die ich will.«

2018 schien Hasselhoff die Zügel wieder in der Hand zu haben. Bei einem Vortrag jubelte er: »Ich war vor fünf Minuten noch am Telefon, um mir einen 20 Jahre alten Traum zu verwirklichen: Aktuell (…) bin ich in der Entwicklung, um *Knight Rider* als Kinofilm zurückzubringen. (…) Und alles, weil dieser Weinstein-Typ in den Knast gesteckt wurde. Jetzt sind neue Leute am Start, und die haben gesagt: ›Mr. Hasselhoff, wir wollen, dass Sie im neuen *Knight Rider*-Film mitspielen, und wir möchten mit ihnen darüber sprechen, ihn zu produzieren.‹« Im Rahmen seiner Konzerttour im Frühjahr erklärte er auf der Bühne ebenfalls, aktuell in Verhandlungen zu stecken. Anfang des Jahres 2019 sagte er auf ABC schließlich: »Ich darf nicht darüber sprechen. Aber wenn ich jemand wäre, der wettet: Dann würde ich drauf wetten, dass ihr in vielleicht einem Jahr etwas Popcorn mit ins Kino nehmen könnt und den neuen *Knight Rider* mit David Hasselhoff sehen könnt.«

Inwieweit diese Pläne mit der doch größeren Ankündigung vom 6. August 2020 zusammenhingen? Hier wurde berichtet, die Spyglass Media Group sei mit James Wan und Michael Clear dran, einen neuen *Knight Rider*-Kinofilm anzugehen. Berechtigte Hoffnungen gab es vor allem, weil TJ Fixman, ein Videospieleschreiber, mit dem Drehbuch beauftragt wurde. Fixman bekannte sich schnell als alter *Knight Rider*-Fan: »*Knight Rider* war eine meiner Lieblingssendungen als Kind. Es fühlt sich an, als ob ich gerade durch einen Zeittunnel gelaufen sei und mein achtjähriges Ich abgeklatscht hätte. Hey, David Hasselhoff, können wir jetzt Freunde sein?«, schrieb er auf Twitter. Am 11. August 2020 postete er ein Foto mit der *Knight Rider*-Bluray-Box und dem Hinweis auf Hausaufgaben, am 23. August eines von einer *Knight Rider*-Tasse mit dem Hinweis auf seine Tradition, sich immer eine kleine Sache zur Inspiration zu kaufen, sobald er ein neues Projekt angehe. Fixman warf immer wieder kleine Infos hinterher, aber auch: »*Knight Rider*-Fans, danke fürs Folgen, und ich verspreche, dass ich euch stolz mache – aber bitte schickt mir keine Ideen auf Twitter oder Instagram. Das bringt mich rechtlich und ethisch in Schwierigkeiten.« Am 5. Dezember erklärte er dann, die verrückteste Actionszene seines Lebens geschrieben zu haben, am 2. Februar 2021 wiederum kam ein Post mit der nun bekannten Tasse und dem Hinweis: »Rewrite day.«

Inwieweit David Hasselhoff mit dem Projekt verbunden ist? Am 16. Januar 2021 war er bei *Access Hollywood* zu Gast und erklärte, rund zehn Jahre lang versucht zu haben, die Show wiederzubeleben. Jetzt stünden die Sterne gut, ein Film sei in Arbeit. Ob er dabei sei? Unklar. Falls nicht, versuche er es wieder im Fernsehen. Hasselhoff aber zeigte sich angetan vom Autor: »Der Film wird von einem Typen namens TJ Fixman geschrieben. Er saß schon im *Knight Rider*-Auto bei Universal, als er acht Jahre alt war. Er hat mir einen Brief geschrieben: ›Vielleicht folgst du mir jetzt auf Twitter.‹ Er schreibt den Film. (…) Wir werden in den nächsten sechs bis acht Wochen mehr wissen.

Fixman indes gab am 11. Mai 2021 ein Interview, noch unwissend, wie es weitergehe. Möglicherweise komme in einem Jahr ein Regisseur, der sein eigenes Ding durchziehen wolle. Allerdings stehe er in Kontakt mit David Hasselhoff. Der habe ihm getwittert, als Fixman das Foto von sich als Kind in K.I.T.T. veröffentlicht habe. Man habe überlegt, wann ein guter Zeitpunkt wäre, um zu sprechen, weil es noch kein Skript gegeben habe, dann habe man hin- und hergeschrieben, schließlich einfach telefoniert. Hasselhoff habe ihm sogar ein David-Hasselhoff-Chia-Pet geschickt und einem Freund (einem alten Fan) diverse signierte Fotos. Hasselhoff sei großartig, so Fixman: »Ein richtig guter Typ. Und ich hoffe, dass wir zusammenarbeiten werden.«

Fixman deutete auch an, in welche Richtung es gehen könnte. Er wolle keinen Film nur für die Fans schreiben, sagte er. »Ich will ein größeres Publikum erreichen, ohne das zu verlieren, was die Show so speziell gemacht hat.« Mit der Filmgesellschaft sei es toll zu arbeiten, man sei sehr glücklich gewesen mit dem, was er geschrieben habe. »Aber ich habe keine Ahnung, was die Zukunft bringen wird. (…) Ich hoffe aber, dass der Film gedreht wird. Es war der größte Spaß, den ich jemals hatte, wenn ich ein Skript geschrieben habe.« K.I.T.T., so gab Fixman sicherheitshalber noch mit, sei natürlich im Film dabei.

Daraus geworden ist leider nichts. Wieder mal wurde es einfach nur still um die Pläne. Zumindest bis zum August 2025, als der *Hollywood Reporter* berichtete, dass Jon Hurwitz, Hayden Schlossberg und Josh Heald, die Macher von *Cobra Kai,* sich in ersten Verhandlungen zu einem *Knight Rider*-Kinofilm befänden. Produziert werden solle das Ganze zudem von 87North mit Kelly McCormick und David Leitch, die unter anderem *The Fall Guy (Ein Colt für alle Fälle)* ins Kino gebracht hatten, und Spyglass mit Gary Barber und Chris Stone.

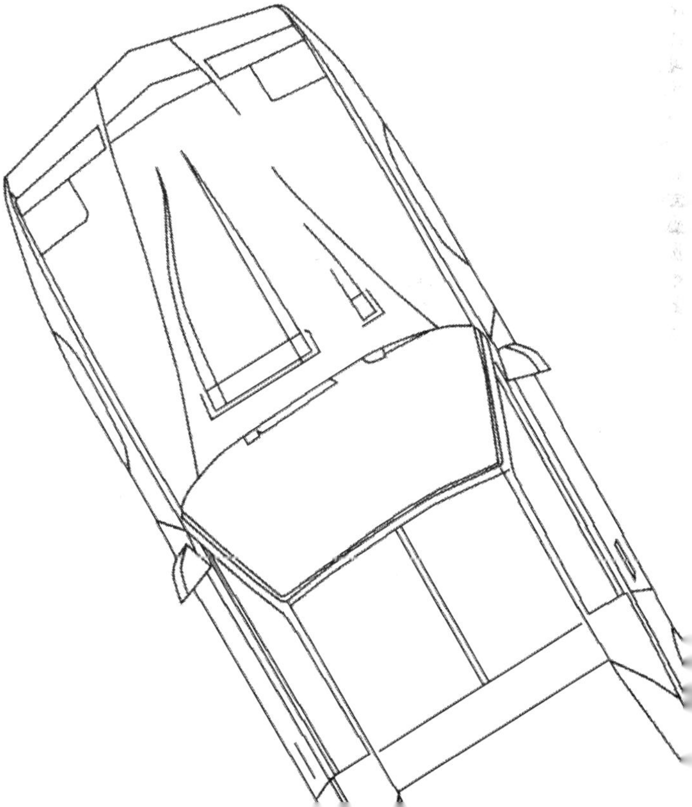

Anhang I: *Knight Rider* – alle Episoden im Überblick

Staffel 1

Ausstr.-Reihenfolge	Prod.-Reihenfolge	Deutscher Titel	Originaltitel	Erstausstrahlung USA	Erstausstrahlung DE	Rating (Wochenranking) USA
1	1	Pilotfilm (Doppelfolge)	Knight Rider	26. 9. 1982	28. / 29. 8. 1985	21,7 (5.)
2	4	Tödliche Manöver	Deadly Maneuvers	1. 10. 1982	2. 9. 1985	15,4 (38.)
3	3	Der Bandenkrieg	Good Day at White Rock	8. 10. 1982	9. 9. 1985	17,2 (26.)
4	6	Sammys Sensationsshow	Slammin' Sammy's Stunt Show Spectacular	22. 10. 1982	23. 9. 1985	13,7 (50.)
5	7	Minister auf Abwegen	Just My Bill	29. 10. 1982	3. 9. 1985	11,5 (63.)
6	8	Die große Dürre	Not a Drop to Drink	5. 11. 1982	3. 12. 1985	15,1 (43.)
7	9	Ein Richter spielt sein Spiel	No Big Thing	12. 11. 1982	10. 9. 1985	15,2 (37.)
8	10	Der Doppelgänger	Trust Doesn't Rust	19. 11. 1982	16. 12. 1985	17,5 (30.)
9	2	Gangster wider Willen	Inside Out	26. 11. 1982	16. 9. 1985	15,6 (39.)
10	11	Das endgültige Urteil	The Final Verdict	3. 12. 1982	24. 9. 1985	14,5 (47.)
11	5	Das Gipfeltreffen	A Plush Ride	10. 12. 1982	9. 12. 1985	15,9 (37.)
12	12	Zwischen zwei Frauen	Forget Me Not	17. 12. 1982	17. 9. 1985	12,5 (62.)
13	13	Herzen aus Stein	Hearts of Stone	14. 1. 1983	30. 9. 1985	16,2 (41.)
14	14	Ein mysteriöser Saboteur	Give Me Liberty… or Give Me Death	21. 1. 1983	15. 10. 1985	18,6 (23.)
15	15	Geheimcode Topaz	The Topaz Connection	28. 1. 1983	1. 10. 1985	16,1 (34.)
16	17	Eine Musterstadt ohne Verbrechen	A Nice, Indecent Little Town	18. 2. 1983	14. 10. 1985	15,6 (51.)
17	16	Die Helios-Nadel	Chariot Of Gold	25. 2. 1983	21. 10. 1985	15,9 (40.)
18	18	Weißer Vogel	White Bird	4. 3. 1983	7. 10. 1985	15,6 (33.)
19	19	Unerwünschte Konkurrenz	Knight Moves	11. 3. 1983	22. 10. 1985	15,9 (37.)
20	20	Computerspiele	Nobody Does it Better	29. 4. 1983	29. 10. 1985	15,3 (32.)
21	21	Gekidnappt	Short Notice	6. 5. 1983	8. 10. 1985	12,5 (47.)

Staffel 2

Ausstr.-Reihenfolge	Prod.-Reihenfolge	Deutscher Titel	Originaltitel	Erstausstrahlung USA	Erstausstrahlung DE	Rating (Wochenranking) USA
1	6	Goliaths Geburt / Der Kampf mit Goliath (Doppelfolge)	Goliath	2. 10. 1983	25. / 26. 11. 1985	20,3 (14.)
2	5	Der Erpresser	Brother's Keeper	9. 10. 1983	20. 3. 1986	17,0 (27.)
3	3	Händler des Todes	Merchants of Death	16. 10. 1983	28. 10. 1985	18,2 (25.)
4	7	Blindes Vertrauen	Blind Spot	23. 10. 1983	19. 3. 1986	18,0 (25.)
5	1	Geheimversteck Cadiz	Return to Cadiz	30. 10. 1983	5. 11. 1985	17,8 (26.)
6	8	Der Fassadenkletterer	K.I.T.T. the Cat	6. 11. 1983	19. 11. 1985	17,5 (24.)
7	9	Devon Miles in Nöten	Custom K.I.T.T.	13. 11. 1983	18. 11. 1985	17,3 (26.)
8	10	K.I.T.T. sitzt in der Falle	Soul Survivor	27. 11. 1983	18. 2. 1986	17,7 (21.)
9	2	Ein Ring aus Feuer	Ring of Fire	4. 12. 1983	4. 11. 1985	15,7 (39.)
10	11	Gedächtnisschwund	Knightmares	11. 12. 1983	10. 12. 1985	18,6 (19.)
11	12	Eine schöne Bescherung	Silent Knight	18. 12. 1983	24. 12. 1985	18,5 (17.)
12	13	Die Schatzsuche	A Knight in Shining Armor	8. 1. 1984	7. 5. 1986	17,5 (34.)
13	14	Diamantenschmuggel	Diamonds Aren't a Girl's Best Friend	15. 1. 1984	11. 11. 1985	16,3 (37.)
14	15	Eine Kleinstadt lebt gefährlich	White-Line Warriors	29. 1. 1984	12. 11. 1985	17,6 (28.)
15	16	Wettlauf mit dem Tod	Race For Life	5. 2. 1984	11. 2. 1986	19,5 (22.)
16	17	Schnelle Teufel	Speed Demons	12. 2. 1984	2. 12. 1985	20,7 (13.)
17	18	Goliath kommt zurück / Goliath wird vernichtet	Goliath Returns	19. 2. 1984	2. / 3. 4. 1986	19,3 (18.)
18	19	Gefährliches Spielzeug	A Good Knight's Work	4. 3. 1984	7. 2. 1986	16,4 (29.)
19	21	Goldschmuggel / Das Schlangenmaul (Doppelfolge)	Mouth of the Snake	8. 4. 1984	25. 2. / 3. 3. 1986	16,0 (22.)
20	20	Ich werd' ewig dein Freund bleiben	Let it Be Me	13. 5. 1984	17. 2. 1986	13,7 (29.)
21	4	Einer spielt falsch	Big Iron	27. 5. 1984	27. 3. 1986	12,2 (30.)

Staffel 3

Ausstr.-Reihen-folge	Prod.-Reihen-folge	Deutscher Titel	Originaltitel	Erstaus-strahlung USA	Erstausstrahlung DE	Rating (Wochen-ranking) USA
1	5	Ein geheimnisvoller Roboter / Der chinesische Tunnel (Doppelfolge)	Knight of the Drones	30. 9. 1984	4. / 12. 3. 1986	18,9 (9.)
2	4	Das zweite Gesicht	The Ice Bandits	7. 10. 1984	31. 12. 1985	15,6 (33.)
3	6	Fahrerflucht	Knights of the Fast Lane	14. 10. 1984	23. 12. 1985	19,3 (13.)
4	8	Tödliches Kostümfest	Halloween Knight	28. 10. 1984	17. 12. 1985	16,6 (30.)
5	1	Der schwarze Teufel taucht wieder auf	K.I.T.T. vs. K.A.R.R.	4. 11. 1984	13. 3. 1986	16,7 (24.)
6	7	Viehdiebe – Der gemeine Apfel	The Rotten Apples	11. 11. 1984	30. 12. 1985	16,1 (21.)
7	3	Michael fällt in Ungnade	Knight in Disgrace	18. 11. 1984	10. 2. 1986	17,4 (26.)
8	9	Tödliche Orchideen	Dead of Knight	2. 12. 1984	26. 3. 1986	14,0 (41.)
9	2	K.I.T.T. kriegt einen Schlag	Lost Knight	9. 12. 1984	16. 4. 1986	14,6 (38.)
10	13	Das Chamäleon	Knight of the Chameleon	30. 12. 1984	30. 4. 1986	16,8 (18.)
11	15	Mord nach Maß	Custom Made Killer	6. 1. 1985	23. 4. 1986	18,8 (20.)
12	11	Eine Nasenlänge voraus	Knight by a Nose	13. 1. 1985	10. 4. 1986	17,2 (31.)
13	16	Eine schreckliche Falle	Junk Yard Dog	3. 2. 1985	24. 4. 1986	16,4 (37.)
14	18	Der Konkurs	Buy Out	10. 2. 1985	15. 5. 1986	18,3 (21.)
15	19	Ein Neubau mit Wanzen	Knightlines	3. 3. 1985	9. 4. 1986	16,9 (29.)
16	12	Das 19. Loch	The Nineteenth Hole	10. 3. 1985	17. 4. 1986	16,2 (29.)
17	10	Elliot, der Schlaukopf	Knight and Knerd	17. 3. 1985	1. 5. 1986	15,8 (28.)
18	20	Shattners Komplott	Ten Wheel Trouble	24. 3. 1985	14. 5. 1986	17,0 (23.)
19	17	Michael Knight und die Zuflucht	Knight in Retreat	29. 3. 1985	8. 5. 1986	15,5 (36.)
20	21	Die Waffenbörse	Knight Strike	5. 4. 1985	21. 5. 1986	16 (24.)
21	14	Der Tod unter der Zirkuskuppel	Circus Knights	5. 5. 1985	22. 5. 1986	11,8 (44.)

Staffel 4

Ausstr.-Reihen-folge	Prod.-Reihen-folge	Deutscher Titel	Originaltitel	Erstaus-strahlung USA	Erstausstrahlung DE	Rating (Wochen-ranking) USA
1	1	K.I.T.T.s Unfall mit Folgen (Doppelfolge)	Knight of the Juggernaut	20. 9. 1985	28. / 29. 5. 1986	15.3 (24.)
2	4	Kidnapping	KITTnap	27. 9. 1985	2. 7. 1986	14,1 (41.)
3	5	Die Flugzeugentführung	Sky Knight	18. 10. 1985	3. 7. 1986	13,1 (51.)
4	3	Die heilige Grabstätte	Burial Ground	25. 10. 1985	9. 7. 1986	12,0 (52.)
5	7	Aus Spaß wird bitterer Ernst	The Wrong Crowd	1. 11. 1985	10. 7. 1986	13,2 (54.)
6	9	Tödliche Bakterien	Knight Sting	8. 11. 1985	16. 7. 1986	13,8 (46.)
7	6	Herzlichen Glückwunsch	Many Happy Returns	15. 11. 1985	17. 7. 1986	15,4 (39.)
8	8	Der Tod fährt mit	Knight Racer	29. 11. 1985	23. 7. 1986	13,4 (46.)
9	11	Knight hinter Gittern	Knight Behind Bars	6. 12. 1985	26. 6. 1986	12,75 (54.)
10	10	Die Bodenspekulanten	Knight Song	13. 12. 1985	24. 7. 1986	14,1 (52.)
11	13	Duft einer Rose	The Scent of Roses	3. 1. 1986	4. 6. 1986	14,7 (39.)
12	12	Killer K.I.T.T.	Killer K.I.T.T.	10. 1. 1986	5. 6. 1986	14,4 (47.)
13	2	Wie die Axt im Walde	Out of the Woods	17. 1. 1986	30. 7. 1986	14,1 (47.)
14	15	Zauberspiele	Deadly Knightshade	24. 1. 1986	18. 6. 1986	13,1 (53.)
15	16	Die Boxmeisterschaft	Redemption of a Champion	31. 1. 1986	19. 6. 1986	14,9 (45.)
16	17	Wer andern eine Grube gräbt	Knight of a Thousand Devils	7. 2. 1986	11. 6. 1986	13,7 (44.)
17	14	Der Brandstifter	Hills of Fire	14. 2. 1986	6. 8. 1986	16,9 (28.)
18	18	Der Militärputsch	Knight Flight to Freedom	21. 2. 1986	12. 6. 1986	13,9 (48.)
19	19	Der unheimliche Mönch	Fright Knight	7. 3. 1986	31. 7. 1986	13,5 (45.)
20	20	Der japanische Geheimdienst	Knight of the Rising Sun	14. 3. 1986	12. 8. 1986	15,0 (37.)
21	21	Der geheimnisvolle Ohrclip	Voo Doo Knight	4. 4. 1986	13. 8. 1986	13,7 (43.)

Anhang II
Beim Hasselhoff-Festival in Gmunden

Seine Freunde zu überzeugen, auf ein viertägiges David-Hasselhoff-Festival in Österreich mitzukommen, ist kein leichtes Unterfangen. Eine Erinnerung an den Weg zur Hoff-Mania 2013 im schönen Gmunden.

10. Februar
Das Plakat auf der Fanseite meines Vertrauens knallt ins Auge und sieht aus wie das Last-Minute-Projekt eines zugedröhnten Grafik-Designers. »Film-, Soap- und Musikstar David Hasselhoff kommt für ein paar Konzerte nach Gmunden an den Traunsee«, steht darunter, als Hoff-Mania wird der Spaß beworben. »Knight Rider«, »Baywatch«, »Looking For Freedom« – dieser Mann hat seine Spuren nicht nur im Sand von Malibu, sondern auch in meinem Leben hinterlassen. Ich bin ihm etwas schuldig, das Konzertwochenende ist Pflicht. Aber: Wo in aller Welt liegt Gmunden?

14. Februar
Gmunden liegt in Österreich, das habe ich mittlerweile herausgefunden. Aber es macht die Sache nicht besser. Allein hinfahren ist blöd, und meiner Freundin kann ich das nicht zumuten, nicht ohne ernsthafte Konsequenzen. Ich schreibe eine Rundmail an Freunde: ein gemeinsames Hasselhoff-Konzert – das wäre doch eine feine Sache!

22. Februar
Auf meine Mail habe ich keine Antwort bekommen. Die Eintrittspreise sind aber auch gesalzen: Tickets für das exklusive Romantik-Konzert im Stadttheater starten bei 80 Euro, die für das Open-Air-Konzert mit allen Hassel-Hits kosten 68 Euro. Dafür gibt's freien Eintritt zum Knight-Rider-Day, bei dem aus irgendeinem Grund die Gmundener Miss Baywatch gewählt werden soll. Schnelle Autos, schöne Frauen – haben die Jungs das überlesen? Ich schreibe eine zweite Mail.

1. März
Wider Erwarten bekomme ich eine Rückmeldung, zumindest indirekt: Ein Freund sagt den Gardasee-Urlaub eines anderen ab. »Weiterhin steht ja ein Hasselhoff-Konzert im Raum, aber hierzu müsste der Experte noch die Details liefern«, schreibt er. Mit »Experte« bin vermutlich ich gemeint. Ich liefere gerne. Die Reaktionen sind gespalten. »Gibt's da auch Burger?«, kommt zurück, und:

»Zum Romantik-Konzert gehen wir auf keinen Fall. Das findet in einem geschlossenen Raum statt, da kommt man im Zweifel nicht schnell genug raus. Außerdem macht Hasselhoff da wohl einen auf ernst.« An der Ernsthaftigkeit der Hoff-Mania sind auch mir mittlerweile Zweifel gekommen, da die Veranstalter schreiben, »auch der oder das K.I.T.T.« sei vor Ort und es werde »Hoff-grazy«. Hm. Dafür bestätigt ein Freund aus Bayern, dass Gmunden landschaftlich ein Traum ist. Als ich jedoch gefragt werde, ob 68 Euro der Preis für alle Besucher zusammen ist, gebe ich auf. Banausen! Ich ziehe mir aus Frust zwei Dokus über Hasselhoffs Leben rein, die ich den Jungs eigentlich am Hoff-freien Freitag im Hotel präsentieren wollte. Haben sie halt Pech gehabt.

18. Mai

Gmunden war die letzten Wochen kein Thema, bei wem auch. Dann gibt es einen Hoff-Nungsschimmer: Wir sind mit Freunden meiner Freundin unterwegs, als sie mit breitem Grinsen die Hoff-Mania erwähnt. Ich mache mich auf spöttische Kommentare gefasst. Da sagt ihre beste Freundin: »Ach, das hört sich lustig an, wieso gehen wir nicht zusammen hin?« Ein Freund ergänzt: »Das wäre doch mal was.« Ich versichere, dass das bestimmt was wäre.

15. Juni

Meine persönliche Hoff-Mania nimmt Gestalt an: Die beiden haben zugesagt, und ich habe Tickets bestellt. Plötzlich hat sogar meine Freundin Lust. Oder verströmt zumindest eine gewisse Gleichgültigkeit. Euphorisch verspreche ich, die nächsten Wochen höchstens einmal am Tag das Wort »Hasselhoff« in den Mund zu nehmen und trotz meiner Wasserpanik an allen vier Tagen in den Traunsee zu springen.

9. Juli

Ich checke noch mal die Ticketseite – und kriege einen Schock: Alle Resttickets, selbst die für ursprünglich 250 Euro, wurden auf 50 Euro reduziert! Und Karten für Nino de Angelo im Oktober kosten nur 22 Euro. Ein Skandal!

17. Juli

David Hasselhoff feiert heute seinen 61. Geburtstag. Ich singe leise »Hoffy Birthday«.

18. Juli

15.35 Uhr

Willkommen in Gmunden. Wir zuckeln in der Einschienenbahn zum Stadtplatz. Eine Rentnerin rät uns, Linie drei zum Hotel zu nehmen. »Den Dreier«, ruft sie uns noch mal zu, als wir aussteigen. Nett sind sie hier. Und landschaftlich ist Gmunden tatsächlich ein Traum.

16.07 Uhr

Meine Freundin ist müde, ich muss heute nicht in den See. Dafür muss sie heute auch nicht mit zum Konzert. Romantik ist nicht so ihr Ding. Eine Win-Win-Situation.

17 Uhr

Mein Puls steigt. Ich dusche kalt und wähle aus meinen Hoff-Shirts den Klassiker: sein Gesicht und der Schriftzug »Don't Hassel The Hoff«. Schlicht und schwarz – perfekt für einen Theaterbesuch.

19.06 Uhr

Wie erwartet ist die gesamte Bandbreite an Fans da: Baywatch-Doppelgänger, glückliche Rentnerinnen, Hardcore-Fans. Ich erkenne einige von diversen Fanseiten, halte mich aber bedeckt.

19.53 Uhr

Mein Sitznachbar berichtet seinem Nebenmann, von welchen Knight-Rider-Konstrukteuren er Autogramme hat.

20.13 Uhr

Er kommt! Ein Einspieler. Hasselhoffs Leben und Wirken, zusammengepresst auf fünf Minuten. Cool. I love The Hoff!

20.18 Uhr

»This Is The Moment«: David Hasselhoff betritt das Stadttheater und legt los – mit Balladen, jazzigen Songs und einem Bob-Seger-Cover. Hierfür bittet er eine junge Dame aus dem Publikum zum Duett. Sie erzählt, dass ein Song von ihm auf ihrer Hochzeit lief.

20.35 Uhr

Hoff-Time: Hasselhoff zeigt Fotomontagen von sich als »Harry Hoffer«, »Desperate Hoffwive« und »FuckHoff«. Danach berichtet er mit abstrusen Hoff-Wortspielen aus seinem Leben und schwelgt in Erinnerungen an Österreich, wo seine Musikkarriere 1987 startete. Es sind Geschichten, die seine Fans schon kennen, aber immer gerne hören.

21.10 Uhr

Ask The Hoff: Die Chance fürs Publikum, ein paar Fragen zu stellen. Ob Hasselhoff, wie gemunkelt wird, am Wochenende in

Gmunden heiraten werde, fragt keiner. Michael vertraut sein Anliegen zunächst Hasselhoffs Übersetzerin an, die es dem Hoffmeister ins Ohr flüstert. Hasselhoff bittet ihn auf die Bühne, dann dessen Freundin Janine. Und Michael tut es: Er stellt einen Hoff-Zeits-Antrag. Hasselhoff verfolgt das Geschehen gebannt. Als die beiden überglücklich die Bühne verlassen, meint er: »Maybe I should marry people.«

21.30 Uhr
Pause. Hach, es ist ein Weltabend! Ich schreibe ein paar SMS und fühle mich wieder wie zwölf. Glücklich und sorglos. Hasselhoff ist einfach eine coole Socke.

21.50 Uhr
Die Show geht weiter. Hasselhoff packt seine Hits aus, »Is Everybody Happy«, »Crazy For You«, »Do The Limbo Dance«. Hierzu werfen er und sein Bandleader Wasserbälle ins Publikum. Einige Zuschauer stürmen auf die Bühne und tanzen unter einer Limbo-Stange durch.

22.29 Uhr
Oh, das war ein kurzer zweiter Teil. Und für die wirkliche Zugabe meinte Hasselhoff nur: »Okay, dann machen wir noch mal ›Looking For Freedom‹.«

23 Uhr
Ich lungere noch etwas im Theater herum, will schauen, ob Hasselhoff noch mal herauskommt. Das tut er. Erfüllt Autogrammwünsche, redet lange mit einem schwerbehinderten jungen Mann, bringt ihn mit netten Worten zum Lachen. Ein berührender Moment.

23.30 Uhr
Auf dem Weg zum Hotel lasse ich den Abend Revue passieren: ein feines Konzert, Hasselhoff in guter Form und publikumsnah wie immer. Nur etwas viel Party für ein Romantik-Konzert. Andererseits: Wer Hasselhoff erwartet, der erwartet auch »Looking For Freedom«.

20. Juli
Tag des Open-Air-Konzerts. Der Stadtplatz ist noch gesperrt, aber der frühe Vogel fängt den Hoff: Denn hinter dem Zaun erkennt und erhört man The Man himself beim Soundcheck. So langsam werde ich nervös. Als mich später ein Besucher auf Deutsch anspricht und ich stotternd antworte, fragt er allen Ernstes: »Which language do you speak?« Die nächsten zwei Stunden erlebe ich wie die meisten

der 3000 Fans in Trance. Das ist David Hasselhoff at his best, mit alten Fan-Favorites, vielen Covern und den großen Hits. Zwischendurch bittet er seine schüchterne Freundin Hayley auf die Bühne und nimmt mit dem Publikum einen Videogruß für seinen Dad auf, der im Krankenhaus liegt. Ihm widmet er das Konzert. Gute Besserung, Joe! Nach gut zwei Stunden bin ich heiser. Nur meine Freundin ist etwas enttäuscht: Neben den üblichen Verdächtigen hatte ich ihr »Everybody Sunshine« beigebracht, das nun nicht lief. Ich entschädige sie mit dem Song auf CD. »Everybody sunshine, everybody fun time, we've got the power, we've got The Lord …«

21. Juli

Knight-Rider-Day und Miss-Baywatch-Wahl. Um 10 Uhr sollte es losgehen, um 11 Uhr wird immer noch auf der Bühne herumgewerkelt. Dafür stehen schon 13 mehr oder weniger detailgetreue Ausgaben von K.I.T.T. auf dem Stadtplatz. Martin Hahn, der seinen K.I.T.T. täglich fährt, gibt dem Hoff-Mania-Begleitsender BTV ein Interview. Er hat auch den A-Team-Truck mitgebracht und baut gerade ein Batmobil. »Ich habe als Kind wohl zuviel ferngesehen«, sinniert er. Ich frage, ob ich mich kurz in K.I.T.T. setzen darf. Ich darf. Netter Typ, der Martin.

Dann hat Hans seinen Auftritt. Hans moderiert den Knight-Rider-Day, und da noch nicht viel los ist, schwadroniert er ohne Punkt und Komma und stellt seine bescheidenen Baywatch-Kenntnisse unter Beweis. Als Hasselhoff endlich kommt und Fotos mit Replika-Besitzern und Fans macht, wird er fast erdrückt. Auch kein beneidenswerter Job, sich in der Gluthitze durch das Menschengetümmel zu pressen.

Die Miss-Wahl geht dann ziemlich schnell. Aus den besten Zehn wurde schon eine Auswahl getroffen, verkündet Hans, die Jury werde nun die besten Drei bewerten. Die »Jury« besteht unter anderem aus Hasselhoff, dem Bürgermeister und einem Typ aus der Fernarmee. Der Fremdschäm-Faktor ist hoch, als Doris, Elisabeth und Anita in Baywatch-Badeanzügen eine Mischung aus Tanz und Strip hinlegen. Hans unterstützt den Wahnsinn im Selfmade-Baywatch-Shirt mit dem leicht missglückten Aufdruck »Liveguard« und schwachsinnigen Kommentaren. Hasselhoff hat seinen Spaß und fragt den Bürgermeister nach dessen Bestwertung für Elisabeth amüsiert: »Is this your Frau?« Nach einer knappen Stunde gewinnt Doris einen Wellness-Gutschein und einen Keramik-Krug. Hasselhoff bedankt sich, und Hans wird auf Lautlos gestellt.

Das war sie also, die erste Hoff-Mania. Wenn man den Veranstaltern glauben darf, wird die zweite gerade geplant. Ich bin auf alle Fälle wieder am Start! Die Frage ist nur: Wer kommt mit? Ich schreibe schon mal eine Rundmail …

Literaturverzeichnis

Tim Brooks and Earle Marsh: *The Complete Directory to Prime Time Network and Cable TV Shows, 1946 – Present*, Ballantine Books Trade Paperback Edition, 2007

Uschi Fellner, Peter Leopold: *Knight Rider – Das erste große Buch über David Hasselhoff und K.I.T.T.*, Edel, 1987

David Hasselhoff (with Peter Thompson): *Making Waves – The Autobiography*, Hodder & Stoughton, 2006

Joe Huth, David Bronstein: *Knight Rider – 30 Years of a Lone Crusader and His Talking Car*, 2012

Joe Huth IV and Richie F. Levine: *Knight Rider Legacy – The Unofficial Guide to the Knight Rider Universe*, iUniverse Star, 2002, 2004

Harald Keller, *Kultserien und ihre Stars*, Rowohlt Taschenbuch, 1999

Chip Lovitt: *The Knight Rider Album*, Scholastic, Inc., 1984

Nick Nugent: *The Knight Rider Companion*, Will Garris Publishing, 2008

Nick Nugent: *The Knight Rider Companion, Abridged Edition – The Ultimate Guide to Original Knight Rider Mythology*, Black Pawn Press, 2021

Elmar A. Schulte: *Das Knight Rider Buch*, Books on Demand GmbH, 2007 – 2009

Jack White: *Mein unglaubliches Leben*, Riva, 2010

Anmerkungen, Quellen und weiterführende Infos

Infos zu den Schauspielern und ihren bisherigen Rollen: *imdb.com*, *Wikipedia*
Sendetermine, Beteiligte: *Wikipedia*, *wunschliste.de*
Soundtracks: *http://www.knightriderarchives.com*, *Knight Rider – 30 Years of a Lone Crusader and His Talking Car*
Alle Links gültig zum Zeitpunkt: September 2022
»Knight Rider« / Pilot (Folge 1 – Doppelfolge)
NBC-Trailer: *https://www.youtube.com/watch?v=DR0GXMu6hYo*
Stimme von Lance LeGault vier Oktaven tiefer als die von Gott; Gag von Glen Larson, warum nicht Larry Anderson die Rolle als Michael Knight bekommen habe; Hasselhoffs Ehrfurcht vor Edward Mulhare und Richard Basehart: *Knight Rider* DVD – Audiokommentar von Glen Larson und David Hasselhoff
Nachträglicher Dreh der Szenen mit Jackson und Browne: http://www.knightriderarchives.com/knight_rider/season_one/pilot/
Synchronisation von Phyllis Davis: https://youtu.be/yFtoJaGFyGE?t=389
Skript: http://www.knightriderarchives.com/knight_rider/season_one/pilot/scripts/9/
Infos zum Soundtrack: Aufgelistet sind die Originalinterpreten, in *Knight Rider* hat man die Songs aus Kostengründen nachsingen lassen.
Bedeutung der Folge für die gesamte Serie: Wie entscheidend war die entsprechende Episode zum Verständnis der Serie, zum Kennenlernen oder für den Zusammenhalt unserer Helden? Darum geht es hier. Der Rest erklärt sich von selbst (hoffentlich). 5 Sterne: Sensationell!; 4 Sterne: Sehr stark!; 3 Sterne: Guuuut!; 2 Sterne: Was für zwischendurch; 1 Stern: Nix! Die Gesamtwertung ist auch ein Gefühl, also keine strenge Mathematik aus Addition und Division. Die Anzahl der Sterne für die Bedeutung der Folge spielt hierfür ohnehin nicht hinein, auch eine insoweit »unbedeutende« Folge kann richtig gut sein!
»Tödliche Manöver« / »Deadly Maneuvers« (Folge 2)
Bob Shayne über den Namen der Robin Ladd: https://youtu.be/ZXokf6gmOvo?t=516
»Der Bandenkrieg« / »Good Day at White Rock« (Folge 3)
Der englische Originaltitel ist angelehnt an den Film *Bad Day at Black Rock*: http://www.knightriderarchives.com/knight_rider/season_one/good_day_at_white_rock/
Skript: http://www.knightriderarchives.com/knight_rider/season_one/good_day_at_white_rock/scripts/2/
Story über Burt Reynolds und den Trans Am: https://www.imdb.com/title/tt0076729/trivia/?ref_=tt_trv_trv
Ratings: http://www.ratingsryan.com/2021/02/weekly-nielsen-ratings-1982-83-tv-season.html

»Minister auf Abwegen« / »Just My Bill« (Folge 5)
David Hasselhoff über den Helikopter-Stunt: *The Knight Rider Album*, S. 20
»Die große Dürre« / »Not a Drop to Drink« (Folge 6)
Edward Mulhares Gruß mit dem Ohr: https://youtu.be/B62U-TeNzX3g?t=329
»Der Doppelgänger« / »Trust Doesn't Rust« (Folge 8)
»Es war das Jekyll and Hyde der sprechenden Autos«: *Making Waves*, S. 69
William Sandersons Anekdote: http://www.knightriderarchives.com/knight_rider/season_one/trust_doesnt_rust/
»Gangster wider Willen« / »Inside Out« (Folge 9)
Bonnie, ihr Overall und Bob Mackie: https://de.wikipedia.org/wiki/Bob_Mackie
»Das endgültige Urteil« / »The Final Verdict« (Folge 10)
Marvin Karon über Hasselhoff: *Knight Rider – 30 Years of a Lone Crusader and His Talking Car*, S. 80 f.
Autor Tom Greene und Cheryl Burns : *Knight Rider Legacy*, S. 148
»Das Gipfeltreffen« / »A Plush Ride« (Folge 11)
Story zum Kartenspiel: https://m.facebook.com/nt/screen/?params=%7B%22note_id%22%3A442713346699200%7D&path=%2Fnotes%2Fnote*%2F&_rdr*; *Knight Rider Companion*, Abridged Edition, S. 116
»Zwischen zwei Frauen« / »Forget Me Not« (Folge 12)
Einschaltquote Großbritannien: *http://www.knightriderarchives.com/knight_rider/season_one/forget_me_not/*
»Herzen aus Stein« / »Hearts of Stone« (Folge 13)
Änderungen von Robert Foster: *Knight Rider Legacy*, S. 155 (Auch wenn Michael weiterhin nicht durchweg seine schwarze Lederjacke tragen sollte)
Der Dialog zur Änderung der Voice-Box stand übrigens nicht im Drehbuch, er wurde offenbar erst während der Dreharbeiten eingearbeitet.
»Ein mysteriöser Saboteur« / »Give Me Liberty … or Give Me Death« (Folge 14)
Werbung und Ärger bezüglich »The Competition is NO Competition«: *https://www.youtube.com/watch?v=QAuvfd6HSek*
Devons Erklärung zum Fall und der Blick abgewendet von der Kamera: *http://www.knightriderarchives.com/knight_rider/season_one/give_me_liberty_or_give_me_death/*
»Geheimcode Topaz« / »The Topaz Connection« (Folge 15)
Infos zu Natalie Carroll: *https://youtu.be/gWKLPnQHWKQ?t=681, https://vintagecarbrochures.com/products/1983-pontiac-natalie-carroll-brochure?variant=12641784332332*
Erinnerungen von Jack Gill zum Sprung über das Flussbett: *Knight Rider – 30 Years of a Lone Crusader and His Talking Car*, S. 105

»Eine Musterstadt ohne Verbrechen« / »A Nice, Indecent Little Town« (Folge 16)

Erinnerungen von Jack Gill zum beleidigten Professor: *https://youtu.be/ATKhlJE3Eh8?t=1313*

»Weißer Vogel« / »White Bird« (Folge 18)

Skript: *http://www.knightriderarchives.com/knight_rider/season_one/white_bird/scripts/4/*

»Weißer Vogel« war allerdings nicht die letzte produzierte Folge der ersten Staffel, wie David Hasselhoff fälschlicherweise in seiner Autobiografie schrieb.

Catherine Hicklands Behauptung, die Rolle der Stevie entwickelt zu haben: *http://www.knightriderarchives.com/knight_rider/season_one/white_bird/*

Infos zur Arden Villa: *https://youtu.be/N8d4e5CG_VM?t=1132*, *https://www.imdb.com/search/title/?locations=Arden%20Villa%20-%201145%20Arden%20Road,%20Pasadena,%20California,%20USA&ref_=ttloc_loc_2*

Infos zu *It's A Beautiful Day*: *Das Knight Rider Buch*, S. 87; *https://en.wikipedia.org/wiki/It%27s_a_Beautiful_Day_(album)*

»Unerwünschte Konkurrenz« / »Knight Moves« (Folge 19)

Die Truckersprache ist generell amüsant. So bezeichnet man hier einen Anfängerpolizisten als »Baby Bear« und eine Radarkontrolle als »Bear trap«. Vom »Smokey with a Customer« spricht man, wenn ein Fahrer einen Strafzettel bekommen hat. Mehr dazu: *https://en.wikipedia.org/wiki/List_of_CB_slang*

»Gekidnappt« / »Short Notice« (Folge 21)

Infos zu William Smith: *https://www.imdb.com/name/nm0810342/bio?ref_=nm_ov_bio_sm*

Skript: *http://www.knightriderarchives.com/knight_rider/season_one/short_notice/scripts/3/*

Verlängerung für die zweite Staffel: *Knight Rider – 30 Years of a Lone Crusader and His Talking Car*, S. 134

***Knight Rider* – Staffel 1: Ein persönliches Fazit**

Einschaltquoten: *http://www.ratingsryan.com/2021/02/weekly-nielsen-ratings-1982-83-tv-season.html*

Kritiken: *https://www.washingtonpost.com/archive/lifestyle/1984/11/03/the-cartier-affair/18c29e49-b126-4cc0-95bc-c49e9d82c0d9/*, *Making Waves*, S. 65

»Ich bin der Knight Rider!« – So wurde David Hasselhoff zu Michael Knight

Kritiken zu *Knight Rider*: *Making Waves*, S. 65

Tartikoff im Flugzeug, Reaktion von Glen Larson: *Making Waves*, S. 58 f.

Jeffrey Osterhage über sein Casting: *The Knight Rider Companion*, Abridged Edition, S. 223 f.

Reaktion von Joe Hasselhoff: *Being David Hasselhoff* (ARTE)

Tipp von Hasselhoff – zurücklehnen und genießen: *Making Waves*, S. 59
Tom Greene über Hasselhoff: Bonusmaterial der Turbine-Bluray-Box

»Was war das?« – »Ein Pontiac!«

Wer einen genauen Überblick mag und sehen möchte, wie man die Autos auseinanderhalten kann – hier haben es die *Knight Rider Historians* aufgeklärt: *https://www.youtube.com/watch?v=nzutzbY0rv8*
Train-Wreck-Cars: *Knight Rider Companion*, S. 3 f.
Insgesamt 20 Autos im Laufe der Serie: Aus einer Frage/Antwort-Session der *Knight Rider Historians*: *https://youtu.be/a27hp5YQ-t4?t=374*

Gestatten, mein Name ist Michael: Die Foundation-Familie im Überblick

Beinhaltet sind nur Informationen, die sich direkt aus der Serie erschließen. Weitere Hintergrundinfos zu den Charakteren, die sich aus offiziellen Vorgaben ergeben, sind im Kapitel »Die *Knight Rider* Bible« aufgeführt.

Die Idee zu *Knight Rider*

Brandon Tartikoff und die Entstehung von *Knight Rider*: *California* Magazine, *The Complete Directory to Prime Time Network and Cable TV Shows, 1946 – Present*, S. 742
Glen Larson nach dem Pilotfilm: *Knight Rider Legacy*, S. Xiv
Glen Larson und das Augenzwinkern: *Making Waves*, S. 60
Ratings Staffel 1: *http://www.thetvratingsguide.com/2020/03/written-asking-where-cheers-is-by.html*
Ratings Staffel 2: *TV Guide's Television Almanac, 1995 Edition*, S. 92; *The Complete Directory to Prime Time Network and Cable TV Shows, 1946 – Present*, S. 1690; nach anderen Berechnungen auf Platz 26: *http://www.thetvratingsguide.com/2020/03/1983-84-ratings-history.html*

»Looks like Darth Vader's bathroom«

Michael Scheffé über Vergleich zu Radio Shack: *Knight Rider Companion*, S. 19
Scheffé über Glaubwürdigkeit: *Knight Rider Companion*, S. 21
Scheffé über den schmalen Grat: *Knight Rider Companion*, S. 29

»Goliaths Geburt«, »Im Kampf mit Goliath« / »Goliath« (Folge 22 – Doppelfolge)

Garthe und das ›e‹: *https://www.facebook.com/photo/?fbid=487708579049523*, Skript: *http://www.knightriderarchives.com/knight_rider/season_two/goliath/scripts/2/*

»Der Erpresser« / »Brother's Keeper« (Folge 23)

Mountain Lee Drive, Hollywood-Schriftzug: *https://youtu.be/VKeFNGo8vHE?t=1670*

»Blindes Vertrauen« / »Blind Spot« (Folge 25)

Skript: *http://www.knightriderarchives.com/knight_rider/season_two/blind_spot/scripts/5/*

»Geheimversteck Cadiz« / »Return to Cadiz« (Folge 26)

Jack Gill über die Miniaturautos: *Knight Rider – 30 Years of a Lone Crusader and His Talking Car*, S. 168

Anne Lockhart über Hasselhoff im Wasser: *Knight Rider Legacy*, S. 182
»Der Fassadenkletterer« / »K.I.T.T. the Cat« (Folge 27)
Amazon-Rezension: *https://www.amazon.de/gp/customer-reviews/R2UK-B8ERVPMRYQ/ref=cm_cr_arp_d_rvw_ttl?ie=UTF8&ASIN=B006W3H-J8A*
Hasselhoffs heimliche Hilfe gegenüber Geena Davis: Bonus-Material der Turbine-Bluray-Box
Tom Greene über Geena Davis: *Knight Rider Legacy*, S. 183
»Devon Miles in Nöten« / »Custom K.I.T.T.« (Folge 28)
Infos zum Pennington Ascot Regency: *Das Knight Rider Buch*, S. 101; *https://m.facebook.com/KnightRiderHistorians/photos/a.289299607861840/386157754842691*
»K.I.T.T. sitzt in der Falle« / »Soul Survivor« (Folge 29)
Ann Turkel über ihre Freundschaft zu Glen Larson: *Knight Rider – 30 Years of a Lone Crusader and His Talking Car*, S. 182
»Ein Ring aus Feuer« / »Ring of Fire« (Folge 30)
Rebecca Holden über ihre mütterlichen Instinkte: *Knight Rider – 30 Years of a Lone Crusader and His Talking Car*, S. 190
»Gedächtnisschwund« / »Knightmares« (Folge 31)
Swamp Fox: *https://de.wikipedia.org/wiki/Francis_Marion*
Anspielungen auf *2001: Odysee im Weltraum*: *Knight Rider Legacy*, S. 191
»Eine schöne Bescherung« / »Silent Knight« (Folge 32)
Paul LaGreca im ausführlichen Video-Interview mit Jacob Pedersen: *https://www.youtube.com/watch?v=JkPkoNViEhg*
»Die Schatzsuche« / »A Knight in Shining Armor« (Folge 33)
Ashbrook über ihre Erinnerung an Thomas Wilson: *Knight Rider – 30 Years of a Lone Crusader and His Talking Car*, S. 207
Skript: *http://www.knightriderarchives.com/knight_rider/season_two/a_knight_in_shining_armor/scripts/5/*
Tom Greene und die Weigerung, einen echten Schatz ins Drehbuch zu schreiben: *Knight Rider Legacy*, S. 84
»Diamantenschmuggel« / »Diamonds Aren't a Girl's Best Friend« (Folge 34)
Michaels neue Lederjacke: *https://www.youtube.com/watch?v=4UK-WfQ_TYNY*
»Wettlauf mit dem Tod« / »Race for Life« (Folge 36)
Erinnerung von Robyn Lively: *https://www.instagram.com/p/Cse871up-K8Z/, https://www.instagram.com/p/CShe_ysFMU8/*
Erinnerungen von Mario Marcelino und sein Wiedersehen mit Hasselhoff: *Knight Rider: Knight Rider – 30 Years of a Lone Crusader and His Talking Car*, S 225
Marcelino über die Widmung für seinen Sohn: *Knight Rider – 30 Years of a Lone Crusader and His Talking Car*, S 229

»Schnelle Teufel« / »Speed Demons« (Folge 37)
Skript: *http://www.knightriderarchives.com/knight_rider/season_two/speed_demons/scripts/3/*
»Goliath kommt zurück«, »Goliath wird vernichtet« / »Goliath Returns« (Folge 38 – Doppelfolge)
Hasselhoffs Szene mit Ann Turkel: *Knight Rider – 30 Years of a Lone Crusader and His Talking Car*, S. 239 ff.
Rebecca Holden und Garthe Knight: *Knight Rider – 30 Years of a Lone Crusader and His Talking Car*, S. 242
Ann Turkels Abneigung gegen Vollbärte: *Knight Rider – 30 Years of a Lone Crusader and His Talking Car*, S. 239
»Gefährliches Spielzeug« / »A Good Knight's Work« (Folge 39)
Greatest Knight Rider sequence EVER: *https://www.youtube.com/watch?v=7WIK5QxWjDQ*
»Goldschmuggel (I)«, »Das Schlangenmaul (II)« / »Mouth of the Snake« (Folge 40 – Doppelfolge)
Code of Vengeance: *https://de.wikipedia.org/wiki/Code_of_Vengeance*
»Ich werd' ewig dein Freund bleiben« / »Let it Be Me« (Folge 41)
Hasselhoff in der *Merv Griffin Show*: *https://www.youtube.com/watch?v=mOzmEedGMy8*
Hasselhoffs Album *Night Rocker*: *https://en.wikipedia.org/wiki/Night_Rocker*
»Einer spielt falsch« / »Big Iron« (Folge 42)
Skript: *http://www.knightriderarchives.com/knight_rider/season_two/big_iron/scripts/3/*
Premiere im britischen Fernsehen, Foto mit Geburtstagstorte: *http://www.knightriderarchives.com/knight_rider/season_two/big_iron/*
***Knight Rider* – Staffel 2: Ein persönliches Fazit**
Platz 25 in Season 1983/84: *TV Guide's Television Almanac, 1995 Edition*, S. 92
»Turbo Boooooooost!!!« – Stunts in *Knight Rider*
https://de.wikipedia.org/wiki/Lee_Majors
Unknown Stuntman: https://www.youtube.com/watch?v=abvmA9o1etM; Lyrics: *https://www.songtexte.com/songtext/lee-majors/unknown-stuntman-g63e3521f.html*
Erinnerungen von Jack Gill: Video-Interview mit Jacob Pedersen, auch im Hinblick auf *Knight Rider* heutzutage: *https://www.youtube.com/watch?v=KLfdilfClcw*
Dass David Hasselhoff die »180-Grad-Drehung rückwärts« wirklich drauf hat, zeigt er in diesen schönen Videos aus 2014 und 2015, in denen er generell über die Stunts und die Stuntleute in *Knight Rider* spricht: *https://youtu.be/XfxPWkQIOk8?t=308*, *https://youtu.be/PcVbpVEHT3Y?t=54*
Jack Gill in jeder Folge: *https://www.youtube.com/watch?v=wsXd6TGxGhg*

David Hasselhoff über die unglaublichen Stunts: *The Knight Rider Album*, S. 23
Das Fahren in und aus dem Semi haben auch die *Mythbusters* probiert: *https://www.youtube.com/watch?v=BBacN9IgjrA*
Und wie es funktioniert: *Knight Rider Companion*, S. 130
Hasselhoff über Buzz Bundy: *The Knight Rider Album*, S. 23

Miniaturarbeit in *Knight Rider*

Mehr zu Sessums & Slagle findet ihr auf dem Kanal der *Knight Rider Historians*: *https://www.youtube.com/watch?v=HB_weelAG58*
Jack Gill und seine Abneigung gegen die Miniaturen: *Knight Rider – 30 Years of a Lone Crusader and His Talking Car*, S. 168

Musik in *Knight Rider*

Sphinx: *https://www.youtube.com/watch?v=Zge__luTQpc*
Cortège de Bacchus: *https://www.youtube.com/watch?v=U8BMcPjZcUw*
Cinderella Project: *Knight Rider Companion*, S. 10
Wer sich etwas *Knight Rider*-Feeling geben will, hier gibt‘s eine wunderschöne Zusammenstellung: *https://youtu.be/4p5I57KTNM8*
Neuaufnahme der Titelmusik für jede Staffel: *Knight Rider Companion*, S. 152
Glen Larsons Anruf bei NBC: *Knight Rider Legacy*, S. 79
Knight Rider-Musik zum Kaufen: *stuwho.com*, *donpeakemusic.com*, *soundtrackcorner.de*, *knightriderhistorians.com* (hier gibt's auch weiteres fantastisches Merch!)

Bonnie und April: K.I.T.T. zwischen zwei Frauen

Hasselhoffs Selbstvorwürfe: *Knight Rider Companion*, S. 77

Rebecca Holden im Interview

»Happy Set« – Rebecca Holden im Gespräch mit Jacob Pedersen: *https://www.youtube.com/watch?v=meeZBG9Z8vw*

»Ein geheimnisvoller Roboter (I)«, »Der chinesische Tunnel (II)« / »Knight of the Drones« (Folge 43 – Doppelfolge)

Gino Grimaldi über den Umbau: *http://www.knightriderarchives.com/knight_rider/season_three/knight_of_the_drones* / *Knight Rider Annual, U.K. Edition*, 1985
Neues Armaturenbrett von Scheffé und Universal: *https://www.youtube.com/watch?v=7eFMSCQ5xYk*
Die *Knight Rider Historians* haben die Intros gegenübergestellt – die US-DVDs zeigen offenbar zumindest eine Version ohne Peter Parros: *https://youtu.be/7N7gTPnFKOM?t=1472*
Erstes Skript zur Folge und Wiedersehen zwischen Bonnie und K.I.T.T.: *http://www.knightriderarchives.com/knight_rider/season_three/knight_of_the_drones/scripts/1/*
Neuer Semi: *https://youtu.be/7N7gTPnFKOM?t=3180*; Mehr zum Semi: *https://www.youtube.com/watch?v=MYoAe1fZU-4*
Erinnerungen von Tyler Ham: *Knight Rider – 30 Years of a Lone Crusader and His Talking Car*, S. 270f., *https://www.youtube.com/watch?-*

v=7N7gTPnFKOM
Überblick zur Unfunkionierung der Autos: *https://youtu.be/7N7gTPnF-KOM?t=1657*
»Das zweite Gesicht« / »The Ice Bandits« (Folge 44)
Skript: *http://www.knightriderarchives.com/knight_rider/season_three/the_ice_bandits/scripts/3/*
Janet Julian und der Neffe von Bruce Lansbury: *Knight Rider – 30 Years of a Lone Crusader and His Talking Car*, S. 281
L.A. River: *https://en.wikipedia.org/wiki/Los_Angeles_River*
Videos zum »Right Hand Blind Drive Car«: *https://youtu.be/n1bkkjF-cU7E?t=534*, *https://youtu.be/n1bkkjFcU7E?t=738*
https://en.wikipedia.org/wiki/College_of_the_Canyons
Inspiration von Robert Foster: *Knight Rider Companion*, S. 468
Dagger DX: *http://www.knightriderarchives.com/knight_rider/season_three/knights_of_the_fast_lane/*
»Tödliches Kostümfest« / »Halloween Knight« (Folge 46)
Anspielungen auf *Psycho* und weitere Gruselfilme: *http://www.knightriderarchives.com/knight_rider/season_three/halloween_knight/*
Psycho-Melodie: *Knight Rider Companion*, S. 149
Erinnerungen von Taaffe O'Connell: *Knight Rider – 30 Years of a Lone Crusader and His Talking Car*, S. 288 f.
»Der schwarze Teufel taucht wieder auf« / »K.I.T.T. vs. K.A.R.R.« (Folge 47)
Skript: *http://www.knightriderarchives.com/knight_rider/season_one/trust_doesnt_rust/scripts/9/*
Erinnerungen Jeffrey Osterhage: *Knight Rider – 30 Years of a Lone Crusader and His Talking Car*, S. 296
Endless Summer: *https://goo.gl/maps/AoMM6BYrPwUVZQ4j6*, *https://www.youtube.com/watch?v=ZeHpBkR22w0*
»Michael fällt in Ungnade« / »Knight in Disgrace« (Folge 49)
New Orleans und Pasadena: *Knight Rider – 30 Years of a Lone Crusader and His Talking Car*, S. 309
Skript: *http://www.knightriderarchives.com/knight_rider/season_three/knight_in_disgrace/scripts/10/*
»Tödliche Orchideen« / »Dead of Knight« (Folge 50)
Skript: *http://www.knightriderarchives.com/knight_rider/season_three/dead_of_knight/scripts/1/*
Erinnerungen von Gerald Sanford: *Knight Rider Companion*, S. 486
»K.I.T.T. kriegt einen Schlag« / »Lost Knight« (Folge 51)
Erinnerungen Lenore Kasdorf: *Knight Rider – 30 Years of a Lone Crusader and His Talking Car*, S. 319
Pico Canyon Park: *https://goo.gl/maps/UtEVRGaeeTvvaUPf7*
»Das Chamäleon« / »Knight of the Chameleon« (Folge 52)
Skript: *http://www.knightriderarchives.com/knight_rider/season_three/knight_of_the_chameleon/scripts/2/*

Dick Gautier als Batman: *https://www.youtube.com/watch?v=jisXvxeW9p8*
Byron Webster und Sydney Greenstreet: *http://www.knightriderarchives.com/knight_rider/season_three/knight_of_the_chameleon/*
Laura Branigan – *The Lucky One*: *https://www.youtube.com/watch?v=XRg0mSg4Htg*
Verkleidungswünsche unserer F.L.A.G.-Helden: *Knight Rider Legacy*, S. 232f

»Mord nach Maß« / »Custom Made Killer« (Folge 53)

Maria Lauren: *https://marialauren.com/*
Lustige Namen der Textilfirmen: *https://youtu.be/Pvg1phFDQoU?t=350*

»Eine Nasenlänge voraus« / »Knight by a Nose« (Folge 54)

Toni Hudson im Gespräch mit Jacob Pedersen: *https://youtu.be/CgU3Pfbp4bc?t=4313*
Skript: *http://www.knightriderarchives.com/knight_rider/season_three/knight_by_a_nose/scripts/1/*
Erinnerungen von Leigh Lombardi: *Knight Rider – 30 Years of a Lone Crusader and His Talking Car*, S. 339

»Eine schreckliche Falle« / »Junk Yard Dog« (Folge 55)

Skript: *http://www.knightriderarchives.com/knight_rider/season_three/junk_yard_dog/scripts/7/*
https://de.wikipedia.org/wiki/Automan
Musik – Gefühl von Beverly Hills Cop: *Knight Rider Companion*, S. 149

»Der Konkurs« / »Buy Out« (Folge 56)

Herrliche Musik von Don Peake: *https://www.youtube.com/watch?v=v0Lr_F-9uvw&t=329s*
Gene Hanson: *https://www.imdb.com/name/nm0361266*, *http://www.knightriderarchives.com/knight_rider/season_three/buy_out/*
Skript-Änderungen von David Hasselhoff: *E! True Hollywood Story: Baywatch*, *http://www.knightriderarchives.com/knight_rider/season_three/buy_out/*

»Das 19. Loch« / »The Nineteenth Hole« (Folge 58)

Erinnerungen von Wendy Schaal: *Knight Rider – 30 Years of a Lone Crusader and His Talking Car*, S. 355

»Shattners Komplott« / »Ten Wheel Trouble« (Folge 60)

Erinnerungen von Babette Props: *Knight Rider – 30 Years of a Lone Crusader and His Talking Car*, S. 364 f.

»Michael Knight und die Zuflucht« / »Knight in Retreat« (Folge 61)

Saddlerock Ranch: *https://youtu.be/S75G6RCGdgg?t=1016*

»Die Waffenbörse« / »Knight Strike« (Folge 62)

Arbeitsbeschreibung von MacGvyer: *Kultserien und ihre Stars*, S. 266
Erinnerungen von Judy Landers und Jack O'Halloran: *Knight Rider – 30 Years of a Lone Crusader and His Talking Car*, S. 380 f.
Skript: *http://www.knightriderarchives.com/knight_rider/season_three/knight_strike/scripts/1/*

»Der Tod unter der Zirkuskuppel« / »Circus Knights« (Folge 63)
Harvey Laidman und der Orang-Utan: *Knight Rider – 30 Years of a Lone Crusader and His Talking Car*, S. 386

***Knight Rider* in Deutschland**

***Knight Rider* – Die erste Erfolgsserie für RTLplus**
https://de.wikipedia.org/wiki/RTL_Television; Marktanteile der einzelnen Jahre seit Sendestart: 1985: 0,4 %, 1986: 0,7 %, 1987: 1,2 %, 1988: 4,1 %, 1989: 10 %, 1990: 11,5 %, 1991: 14,4 %, 1992: 16,7 %, 1993: 18,9 %, 1994: 17,5 %, 1995: 17,6 %
Zuseher im Januar 1990: *Funk Uhr*, Telemeter
Zuseher Anfang 1992: GfK

***Knight Rider* – Die Romanserie**
Verbleib von Bonnie: *Knight Rider – Ein hochkarätiger Killer*, S. 21 f.
Michaels Liebe zu Bonnie: *Knight Rider – Ein hochkarätiger Killer*, S. 30
Erinnerungen von Frank Rehfeld: http://www.knightsky.de/HTML-Dateien/BestofKnightWriter.htm
The 24-Carat Assassin: Auf der Rückseite ist vermerkt, dass es von »All That Glitters« adaptiert sei, dem Arbeitstitel der TV-Folge.
Generelle Anmerkung zu den Büchern: Der TV-Reihenfolge entsprechend hätten Band 4 und Band 5 umgekehrt erscheinen bzw. benannt werden müssen.

***Knight Rider* – Die Hörspielreihe**
Game-Boy-Knick: *https://www.hoernews.de/KnightRider/*
Weitere Infos, Besprechungen usw: *https://www.hoerspielland.de/hl-3.1.137-1.1.137.html*, *https://talker-lounge.de/neu-produzierte-hoerspiele-knight-rider-co/*
Die *Knight Foundation* – Nachgefragt bei Achim Dörr: Die Cover und die Inhaltsverzeichnise aller Knight Lines gibt es hier: *http://www.knightsky.de/HTML-Dateien/Knight%20Lines%20Neu.htm*
20 Jahre RTL: https://www.youtube.com/watch?v=G5fFnPWx3Wg, Achims Erlebnisbericht: *http://www.knightsky.de/HTML-Dateien/BestofDavidKittundIch.htm*

David Hasselhoff: Liebling in Deutschland
Niki und David: *Making Waves*, S. 110, *Being David Hasselhoff*
Erinnerungen von Jack White: *Mein unglaubliches Leben*, S. 229

»K.I.T.T.s Unfall mit Folgen (I) und (II)« / »Knight of the Juggernaut« (Folge 64 – Doppelfolge)
In der deutschen Übersetzung heißt es leider fehlerhaft: »Nenn mich Ismael.«
Peter Parros über sein Casting: *Knight Rider – 30 Years of a Lone Crusader and His Talking Car*, S. 401; und seine bisherige Nicht-Beziehung zu Chicago: S. 402
Intro *Eine schrecklich nette Familie*: *https://www.youtube.com/watch?v=-MALO4GIzz5s*
https://de.wikipedia.org/wiki/Juggernaut

Peter one-punch: *Knight Rider – 30 Years of a Lone Crusader and His Talking Car*, S. 403

»Kidnapping« / »KITTnap« (Folge 65)

Turner über ihre Gastrollen: *http://www.knightriderarchives.com/knight_rider/season_four/kittnap/*

Peter Parros über seine Fahrt des Semi: *Knight Rider – 30 Years of a Lone Crusader and His Talking Car*, S. 417

»Die Flugzeugentführung« / »Sky Knight« (Folge 66)

Patricia McPherson über Robbie Rist: *Knight Rider Legacy*, S. 258, 259

Brian Thompson über seine Freundschaft zu David Hasselhoff: *http://www.knightriderarchives.com/knight_rider/season_four/sky_knight/*

»Die heilige Grabstätte« / »Burial Ground« (Folge 67)

Die herrliche Cruise-Szene zu *Country Road*: *https://youtu.be/4p5I57KTNM8?t=934*

»Tödliche Bakterien« / »Knight Sting« (Folge 69)

Anspielung zu *Ghostbusters*: *https://m.imdb.com/title/tt0620837/movieconnections*

Peter Parros und das Mercedes 450L Cabrio : *Knight Rider – 30 Years of a Lone Crusader and His Talking Car*, S. 434

»Der Tod fährt mit« / »Knight Racer« (Folge 71)

Henry Ford: *http://www.hyperwrite.com/Articles/showarticle.aspx?id=90*

Abweichung vom ersten Skript: *Knight Rider – 30 Years of a Lone Crusader and His Talking Car*, S. 443

»Knight hinter Gittern« / »Knight Behind Bars« (Folge 72)

Falls ihr euch vom Können von Julianne McNamara überzeugen wollt – hier ihr Gold-Auftritt am Stufenbarren bei den Olympischen Spielen 1984: *https://youtu.be/a9Gpo24jN_g?t=232*

»Die Bodenspekulanten« / »Knight Song« (Folge 73)

Peter Parros über RCs Vergangeheit und die Werte in *Knight Rider*: *Knight Rider – 30 Years of a Lone Crusader and His Talking Car*, S. 452 f.

»Duft einer Rose« / »The Scent of Roses« (Folge 74)

Erinnerungen von Aharon Ipalé: *Knight Rider – 30 Years of a Lone Crusader and His Talking Car*, S. 460

Schlussszene mit der emotionalen Musik: *https://www.youtube.com/watch?v=Jv3jYsHvCRA*

Skript: *http://www.knightriderarchives.com/knight_rider/season_four/the_scent_of_roses/scripts/4/*

Wunsch nach finaler Folge: *Making Waves*, S. 94, *Knight Rider Companion*, S. 588

Erfahrung von Einstellung der Serie in »Der geheimnisvolle Ohrclip«: *https://www.youtube.com/watch?v=yFtoJaGFyGE*

Wunsch von Hasselhoff nach finaler Staffel-Folge: *Knight Rider – 30 Years of a Lone Crusader and His Talking Car*, S. 461 f.

Farewell! – but whenever: https://www.bartleby.com/360/3/64.html

»Duft einer Rose« als Referenz für *Knight Rider 2000*: *Knight Rider Companion*, S. 588

»Killer K.I.T.T.« / »Killer K.I.T.T.« (Folge 75)

Skript: *http://www.knightriderarchives.com/knight_rider/season_four/killer_kitt/scripts/5/*

Stunt auf der Motorhaube: *Knight Rider – 30 Years of a Lone Crusader and His Talking Car*, S. 468

»Wie die Axt im Walde« / »Out of the Woods« (Folge 76)

Grund für die Abwesenheit von RC: *Knight Rider Companion*, S. 597

»Zauberspiele« / »Deadly Knightshade« (Folge 77)

Lance Burton über *Knight Rider* und David Hasselhoff: *Knight Rider – 30 Years of a Lone Crusader and His Talking Car*, S. 477 ff.

Peter Parros über die Fahrkünste von David Hasselhoff: *Knight Rider – 30 Years of a Lone Crusader and His Talking Car*, S. 479 f.

»Die Boxmeisterschaft« / »Redemption of a Champion« (Folge 78)

Don King und der Flug in der ersten Klasse: *Knight Rider – 30 Years of a Lone Crusader and His Talking Car*, S. 486

Peter Parros über die bekannten Gaststars: *Knight Rider – 30 Years of a Lone Crusader and His Talking Car*, S. 486

»Der Militärputsch« / »Knight Flight to Freedom« (Folge 81)

Erinnerungen von Eloy Casados: *Knight Rider – 30 Years of a Lone Crusader and His Talking Car*, S. 498 ff.

»Der unheimliche Mönch« / »Fright Knight« (Folge 82)

Erinnerungen von Lenore Kasorf: *Knight Rider – 30 Years of a Lone Crusader and His Talking Car*, S. 506 f.

Patricia McPherson, Bonnie und die Liebe zum Western: *http://www.knightriderarchives.com/knight_rider/season_four/fright_knight/*

»Der geheimnisvolle Ohrclip« / »Voo Doo Knight« (Folge 84)

Szene vom berühmten Set, das zu Beginn der dritten Staffel errichtet worden war: *https://youtu.be/n1bkkjFcU7E?t=401*

Letzte gedrehte Szene der Serie: *Knight Rider Companion*, S. 622

Warum ging *Knight Rider* zu Ende?

David Hasselhoffs Erinnerungen: *Making Waves*, S. 93 f.

Jack Gill und der Trost von David Hasselhoff: *https://www.youtube.com/watch?v=yFtoJaGFyGE*

Burton Armus – noch mit Verlängerung gerechnet: *Knight Rider – 30 Years of a Lone Crusader and His Talking Car*, S. 516

Ratings der letzten Staffel: *http://www.thetvratingsguide.com/1991/08/1985-86-ratings-history_15.html*

Peter Parros – mit fünfter Staffel gerechnet: *Knight Rider – 30 Years of a Lone Crusader and His Talking Car*, S. 516 f.

Schlechte Aussichten in Syndication: *TV Guide*, *http://www.knightrider-archives.com/knight_rider/season_four/voo_doo_knight/*

David Hasselhoffs andere Vorstellungen der Serie: *https://www.chicagotribune.com/news/ct-xpm-1985-07-21-8502170550-story.html*

Hasselhoff verglich sich und K.I.T.T. neben Lone Ranger und Silver auch gerne mit (dem singenden Cowboy) Roy Rogers und seinem Pferd Trigger
Abschied der bewährten Kräfte: *Knight Rider Legacy*, S. 108
Hasselhoff über die schwächer gewordenen Drehbücher: *Knight Rider Legacy*, S. 109
Hasselhoff über den Abschied der Actionserien zu der Zeit: *Making Waves*, S. 93 f.

Was haben die *Knight Rider*-Schauspieler sonst so gemacht?

Greg Bonann über Hasselhoff: *E! True Hollywood Story: Baywatch*
Hasselhoff als *Jekyll and Hyde*: *https://www.youtube.com/watch?v=-amTgdQhf_c*
Hasselhoff-Doku *Being David Hasselhoff*: *https://www.youtube.com/watch?v=PMJFO0HUTEA*
Mehr zur TV-Karriere von Patricia McPherson findet ihr bei den *Knight Rider Historians*: *https://www.youtube.com/watch?v=mNuVPEaWfoI*

Die *Knight Rider Historians* – Interview mit AJ Palmgren

Wer AJ und Joe bei ihrer Arbeit unterstützen und noch mehr über *Knight Rider* erfahren will, kann das über ihre *Patreon*-Seite tun: https://www.patreon.com/knightriderhistorians
Knight Registries auf Instagram: *https://www.instagram.com/knightregistries*
Auftritt bei *Good Morning America*: *https://www.youtube.com/watch?v=txxjIjE3P4M*

***Knight Rider* in Listen**

El Mirage Dry Lake: *https://en.wikipedia.org/wiki/El_Mirage_Lake*; *https://goo.gl/maps/chD4yk8NGYVxzsydA*
College of the Canyons: 26455 Rockwell Canyon Rd, Valencia, CA 91355; *https://goo.gl/maps/YcmUsBEbFkYieZGF7*
Le Petit Chateau: *https://goo.gl/maps/pFmRSKAHduQt35tAA*; 4615 Lankershim Blvd, North Hollywood, CA 91602; seit Frühjahr 2021 als »The Comedy Chateau« neu eröffnet: *https://www.instagram.com/p/CMu28lBgk8e/*
Saugus Speedway: 22500 Soledad Canyon Road, Santa Clarita, CA 91350, *https://goo.gl/maps/fGdpohuXhjQfFmBn8*
Arden Villa: Siehe: »Weißer Vogel«; *https://youtu.be/N8d4e5CG_VM?t=1133*, *Das Knight Rider Buch*, S. 266 f.
Caesars Palace: *https://de.wikipedia.org/wiki/Caesars_Palace*; *https://goo.gl/maps/42VmCGte6pN8pkSL8*
Stevies zweite Wohnung: 10945 Hortense St., North Hollywood, CA91602
Bonnies Wohnung: *https://youtu.be/8gOtgwHFhe4?t=1935*
Paradise Cove: *https://youtu.be/bmnzkCAxsIE?t=825*; *https://goo.gl/maps/EFMqFmKMsJnfrvkaA*
Endless Summer: 124 Main St, Seal Beach, CA 90740; *https://goo.gl/maps/FDkGdZ9BJZypukkE7*

The Sidewalk Cafe: 1401 Ocean Front Walk, Venice, CA 90291; *https://goo.gl/maps/n947Q5GC3vbEnkwq9*
Stevies Strandhaus: 25036 Malibu Road, Malibu, CA 90265; in der Folge wird zwar nicht erwähnt, wem das Haus gehört, im Skript wird es jedoch als »Stevie's Beach House« bezeichnet: *http://www.knightriderarchives.com/knight_rider/season_four/the_scent_of_roses/scripts/4/*
Malibu Pier: 2300 CA-1, Malibu, CA 90265; *https://goo.gl/maps/JpdXFNVkdZs8H3UU6*

***Knight Rider*-Sammelsurium**

Hasselhoff und die *Simpsons*: *Making Waves*, S. 7
Ausschnitt vom Hasselhoff-Pay-per-view-Konzert: *https://www.youtube.com/watch?v=V5RkQpYPP-M*
Auto und K.I.T.T. ein und dasselbe: *Making Waves*, S. 60
Knight Rider – die alkoholgetriebene Analyse: *http://www.regelt.org/knightrider/sprittforfun/knightrider.html*
K.I.T.T. in *Baywatch*: *https://youtu.be/wj0dBaUKjkk?t=172*
George Barris: *https://en.wikipedia.org/wiki/George_Barris_(auto_customizer)*, *https://www.youtube.com/watch?v=F8Hwe8Ai5ag*
Intro *Sterntaler*: *https://www.youtube.com/watch?v=Xrg2VK9O0os*
DIE ZEIT-Kritik zu *Ze Network: https://www.zeit.de/kultur/film/2022-10/david-hasselhoff-ze-network-rtl-serie-kritik;* Mehr zu Entstehung und Produktion: *https://www.youtube.com/watch?v=_XBCtSoDfLY*

Knight Rider 2000

Hasselhoff und die drei Fragen: *Making Waves*, S. 150
Hasselhoffs Enttäuschung über das Drehbuch: *Knight Rider Companion*, S. 648 f.
Ratings: *https://www.tampabay.com/archive/1991/05/24/nbc-s-l-a-law-finishes-in-first-place-cbs-wins-week/*

Knight Rider 2010

Der Film wurde in Deutschland auch unter *Metal Force – Apokalypse in L.A.* veröffentlicht.
Umschreibungen des Films: *https://de.wikipedia.org/wiki/Knight_Rider_2010*

Team Knight Rider

Kritik von Glen Larson: *The Knight Rider Companion*, S. XI f.

Knight Rider (2008)

Allgemeine Infos: *https://knight-rider.fandom.com/wiki/Satellite_Surveillance_Center*
Quotenverlauf: *https://en.wikipedia.org/wiki/Knight_Rider_(2008_film)*, https://en.wikipedia.org/wiki/Knight_Rider_(2008_TV_series)
Neuausrichtung von Gary Scott Thompson: *https://archive.ph/20081205160421/*, *http://tvseriesfinale.com/articles/knight-rider-nbc-reduces-episode-order-essentially-cancelled/#selection-543.3-543.183*
Ideen von Thompson mit David Hasselhoff: *Starlog* – übersetzt von knightsky-Gründer Achim Dörr, hier geht's zum gesamten Interview:

http://www.knightsky.de/HTML-Dateien/KnightLifeInterview.htm
Hasselhoffs Bedauern: *https://youtu.be/oJVmzWIKofY?t=2948*
Und nun?
Hasselhoff bei Conan O'Brien: *https://de.wikipedia.org/wiki/Knight_Rider#Ver%C3%B6ffentlichungen*
Hasselhoffs Pläne 2004: *Alert – Das Interviewmagazin*, Heft #15, S. 30
Hasselhoff nach Rechteverkauf an Weinstein: *https://web.archive.org/web/20071011224923/*, *http://ugo.com/ugo/html/article/?id=17251&sectionId=7*
Pläne von Glen Larson: *The Knight Rider Companion*, Abridged Edition, S. 268 ff.
Ankündigung 2014: *https://screenrant.com/knight-rider-digital-series-machinima-justin-lin/*
Ankündigung 2017: *https://screenrant.com/knight-rider-movie-reboot-john-cena-kevin-hart/*, *https://www.moviepilot.de/news/knight-rider-produktionsstudio-bestatigt-reboot-mit-john-cena-und-kevin-hart-199071*
Hasselhoff Vision nach Logan: *https://screenrant.com/knight-rider-movie-david-hasselhoff-robert-rodriguez/*
James Gunn: *https://screenrant.com/knight-rider-reboot-david-hasselhoff-james-gunn-updates/*
Hasselhoffs Ankündigung 2018: *https://youtu.be/UD7L4gk34sA?t=483*
Hasselhoffs Ankündigung bei ABC in 2019: *https://twitter.com/ABCGMA3/status/1100127142791110656*
Spyglass-Entwicklung: *https://deadline.com/2020/08/knight-rider-feature-spyglass-media-james-wan-tj-fixman-scripting-1203006206/*
TJ Fixman und seine Updates: *https://twitter.com/TJFixman/status/1291435229333172225*, *https://www.instagram.com/p/CEPK5b-8Jx6p/*, *https://twitter.com/tjfixman/status/1293007503890853888*, *https://www.instagram.com/p/CIbKhqWpo8d/*, *https://www.instagram.com/p/CKy8vs5Jlg4/*
Hasselhoff bei *Access Hollywood*: *https://youtu.be/uCkPN8mnIJ0?t=236*
Fixman-Interview: *https://youtu.be/o2r12uF8FD0?t=4820*
Fixmans Foto mit K.I.T.T.: *https://twitter.com/TJFixman/status/1347417357967257600?s=20&t=r6xJESvv-Y8B63DmSQI7Yw*
Hasselhoffs Geschenk: *https://www.instagram.com/p/CM8Di5ZJFL2/*
Neue Pläne in 2025: *https://www.hollywoodreporter.com/movies/movie-news/cobra-kai-creators-tackling-knight-rider-movie-universal-1236353961/*

Anhang I: *Knight Rider* **– alle Episoden im Überblick**
Ratings in den USA:
http://www.ratingsryan.com/2021/02/weekly-nielsen-ratings-1982-83-tv-season.html
http://www.ratingsryan.com/2021/02/weekly-nielsen-ratings-1983-84-tv-season.html

http://www.ratingsryan.com/2021/03/weekly-nielsen-ratings-1984-85-tv-season.html
https://www.ratingsryan.com/2021/05/weekly-nielsen-ratings-1985-86-tv-season.html

In den USA unterscheidet man zwischen »Rating« und »Share«: »Rating« ist die Prozentzahl der TV-Haushalte, in denen zu der entsprechenden Zeit die Sendung eingeschaltet war; hier werden als Bezugsgröße alle Haushalte mit TV-Geräten eingeschlossen (auch wenn diese nicht angeschaltet waren). »Share« entspricht dem deutschen »Marktanteil«, hier nimmt man also nur die TV-Geräte zum Maßstab, die zur entsprechenden Zeit auch eingeschaltet waren. Der »Share« ist daher natürlich immer höher (hier aber nicht aufgeführt).
In den USA waren im TV-Jahr 1982/1983 rund 83,3 Millionen Haushalte mit Fernsehern ausgestattet, 1 Ratingpunkt (1 Prozent) entsprach also 833.000 Haushalten. Somit hatten ungefähr 18,08 Millionen Haushalte den *Knight Rider*-Pilotfilm eingeschaltet (21,7 x 833.000). Interessanter Punkt: Speziell in der ersten Staffel (auch wenn hier nicht aufgeführt) holten die Wiederholungen auf demselben Sendeplatz teils bessere Quoten als die Erstausstrahlungen. Ein Zeichen dafür, dass *Knight Rider* im Lauf der Zeit an Popularität gewann!
Broadcast-History: *The Complete Directory to Prime Time Network and Cable TV Shows, 1946 – Present*, S. 742

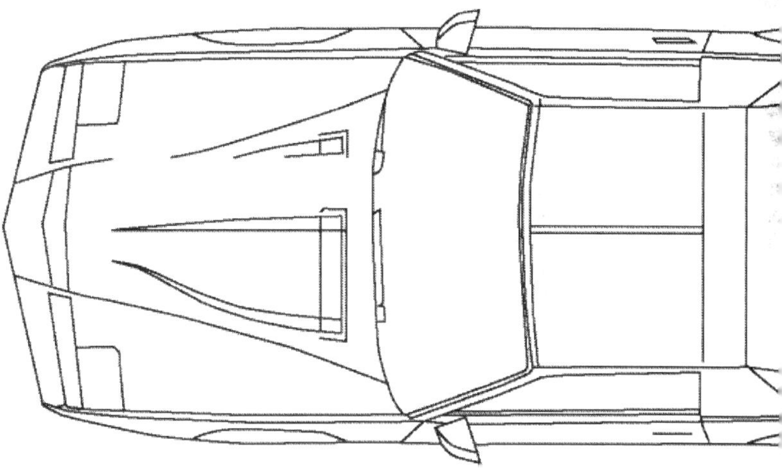

DER VERLAG

Lesen ist wie Fernsehen im Kopf!

So lautet ein Slogan, den wir für uns aufgegriffen haben.

Seit fünf Jahren ist es unser Anliegen, Ihnen ein spannendes Programm in diesem "Kopf-Fernsehen" zu bieten, das im Gegensatz zu den schwarzen Zeichen auf weißem Grund in Ihrem Kopf gerne in Farbe und so bunt wie möglich ablaufen darf.

Richtig bunt sollen die Welten also sein, in die wir Sie mit unseren Büchern entführen wollen. Nicht beliebig, nicht von der Stange. Unsere Geschichten sind nicht durch die Marktforschung gegangen, aber kommen von Herzen.

Entdecken Sie unsere Visionen.
Folgen Sie uns in fantastische Welten. In Farbe und Bunt.

Der **Verlag in Farbe und Bunt** bietet Romane, Biografien, Sachbücher, Comics, E-Books, Kinder-, Jugend- und Hörbücher aus allen Bereichen und für jedes Alter.